TOP®
100

Inhalt

Baden-Württemberg

Bayern

Berlin
Brandenburg

Bremen/Hamburg
Mecklenburg-Vorpommern
Niedersachsen
Schleswig-Holstein

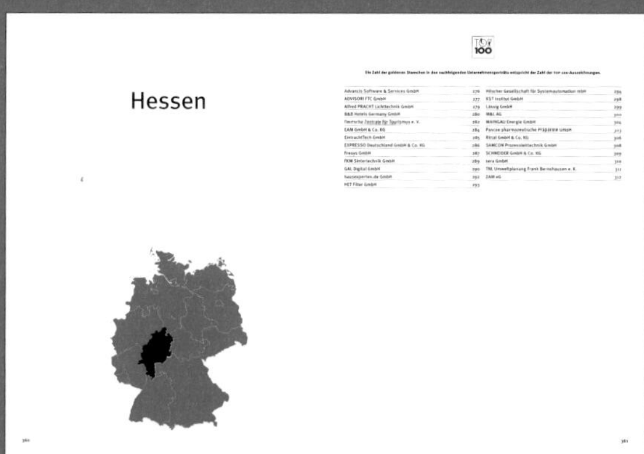
Hessen

Nordrhein-Westfalen

Rheinland-Pfalz
Saarland

Sachsen
Thüringen

Ranga Yogeshwar gehört zu den führenden Wissenschaftsjournalisten Deutschlands. Als Moderator zahlreicher TV-Sendungen und als Buchautor wurde der Diplom-Physiker vielfach ausgezeichnet. Sein besonderes Engagement gilt den Themen Innovation und Wissensvermittlung.

Lust auf Zukunft

Folgt man den Medien, drängt sich folgender Eindruck auf: Die guten Zeiten liegen hinter uns, alles wird schlechter. Und wenn Politiker über die Zukunft reden, dann oft in einem verbissenen Ton. Es heißt dann, wir müssen digitaler, innovativer, nachhaltiger werden. An diesen Zielen ist nichts falsch – und doch ist Zukunft viel mehr, als nur auf Herausforderungen reagieren zu müssen: Sie ist vor allem eine Chance und eine Gestaltungsmöglichkeit.

Müssen wir uns für die Zukunft rüsten, weil sie ohnehin schrecklich wird – oder wollen wir sie gestalten, weil sie uns viele Chancen bietet? Wie man sich zu dieser Frage positioniert, macht einen gewaltigen Unterschied. Denn welches Unternehmen wird wohl auf Dauer erfolgreicher sein: dasjenige, das in den Jammergesang einstimmt und sich zähneknirschend auferlegt, innovativ sein zu müssen – oder dasjenige, das unbändige Freude daran hat, innovativ zu sein, das neugierig auf die Zukunft ist und spielerisch seine Gestaltungsmöglichkeiten nutzt?

In der Vergangenheit waren wir auf vielen Gebieten führend, und Deutschland steht auch noch immer gut da. Aber die Zukunft ist keine Fortschreibung der Vergangenheit, sie ist vielmehr offen und gestaltbar. Sie bricht nicht wie ein Sommergewitter von außen über uns herein, sondern ist das, was wir aus ihr machen. Und das Beste daran ist: In dem Moment, in dem wir Lust am Gestalten entwickeln, gibt es nicht nur eine Zukunft, sondern es werden viele verschiedene „Zukünfte" möglich – eben weil wir sie selbst gestalten.

Ich freue mich, Ihnen auch in diesem Jahr wieder die mittelständischen Unternehmen präsentieren zu können, die leidenschaftlich gern innovativ sind, weil sie neugierig und hungrig sind; die also Zukunftsgestalter sind, keine Vergangenheitsbewahrer. Innovations-Champions, die mit Elan ins Neue aufbrechen. Macherinnen und Macher, die mit einer optimistischen „Yes, we can!“-Haltung den Blick nach vorne richten.

Fortschritt entsteht durch Tun und Ausprobieren, nicht durch Reden und Lamentieren. Lassen Sie sich inspirieren von den TOP 100-Preisträgern, die ich Ihnen in diesem Buch vorstelle – und lassen Sie sich anstecken von ihrer Kreativität, ihrer Gestaltungskraft und ihrer Lust auf Zukunft.

Ranga Yogeshwar
Mentor von TOP 100

Prof. Dr. Nikolaus Franke ist seit 2002 der wissenschaftliche Leiter von TOP 100. Er ist Direktor des Instituts für Entrepreneurship und Innovation der Wirtschaftsuniversität Wien, Gastforscher am Massachusetts Institute of Technology (MIT) und wurde mit dem renommierten „Schumpeter School Award“ ausgezeichnet. Mit 14 Mio. Euro an Drittmitteln und mehr als 200 internationalen Publikationen, die über 16.000-mal zitiert wurden, zählt er zu den weltweit führenden Innovationsforschern. Mehr als 1.000 Praxisprojekte und 300 Ausgründungen und Spin-offs zeigen seine Praxisnähe.

Innovation im Zeitalter der künstlichen Intelligenz

Die Leistungsstärke von Generative Artificial Intelligence wie ChatGPT, Gemini und anderen Anwendungen ist ungeheuer. Die Experten sind sich einig, dass AI die Wirtschaft und die Gesellschaft ähnlich radikal verändern wird, wie es auch schon das Smartphone oder das Internet getan hat. Fundamentale Änderungen und Innovationen treffen in Deutschland jedoch reflexhaft auf Skepsis, Ängste und Widerstand. Gilt das auch für die TOP 100? **Univ.-Prof. Dr. Nikolaus Franke** ist optimistisch.

Der Weg zum Ziel
Das TOP 100-Auswahlverfahren umfasst mehrere Stationen:

Das Thema künstliche Intelligenz ist in Deutschland in der öffentlichen Debatte weitestgehend negativ besetzt: Werden durch KI Arbeitsplätze vernichtet? Unterläuft oder verletzt sie gesellschaftliche Werte? Was ist mit Missbrauch? Öffnet KI neuen Betrugs- und Manipulationsmöglichkeiten Tür und Tor? Übernimmt sie die Macht über die Menschheit? Gerät die Welt dadurch außer Kontrolle? All dies sind wichtige Fragen. Innovatoren fragen jedoch nicht nur nach Risiken und Problemen. So ist AI im Silicon Valley das alles bestimmende Thema, und auch die TOP 100-Firmen nutzen sie für neue unternehmerische Ansätze. Denn AI schafft Möglichkeiten sowohl für neuartige Produkt- und Serviceangebote als auch für enorme Effizienzgewinne innerhalb der Prozesse.

Um die Chancen dieser fundamentalen Veränderung zu nutzen, wird eine Führung benötigt, die Rollenvorbild ist und die zu Innovation anregt und ermutigt. Man braucht klare Prozesse und eine bewusste Gestaltung der Organisation, um die notwendige Flexibilität und Kreativität zu erreichen. Das Geschehen im Unternehmen muss von einer Kultur getragen werden, die Innovation als Wert begreift und unterstützt, auch wenn Experimente schiefgehen. Und schließlich entstehen Gelegenheiten zur Innovation fast immer außerhalb des Unternehmens, das Management der „Open Innovation"-Schnittstelle ist somit wichtiger als je zuvor. An den TOP 100-Unternehmen lässt sich studieren, wie man aus der scheinbaren Bedrohung durch AI einen Produktivitätssprung macht.

Die TOP 100-Innovationsanalyse

Im Rahmen des TOP 100-Wettbewerbs wird die Innovativität der Teilnehmenden gründlich untersucht: Wer TOP 100-Innovator werden möchte, durchläuft ein anspruchsvolles und wissenschaftlich fundiertes Auswahlverfahren, in dem die Konsequenz in der Ausrichtung auf Innovation differenziert geprüft wird. Das Bewertungsverfahren, die TOP 100-Innovationsanalyse, ist von mir und meinem Mitarbeiter Dr. Rudolf Dömötör erarbeitet worden. Auf der Basis eigener Untersuchungen, des aktuellen Stands der internationalen Innovationsforschung und der Erfahrung aus vielen Tausend Analysen entwickeln wir das Bewertungsverfahren kontinuierlich weiter. Wir untersuchen jeweils die schon jetzt sichtbaren Leistungen in Bezug auf Produkt-, Prozess- und Geschäftsmodellinnovationen, aber auch die Ausgestaltung der innovationsfördernden Strukturen. Dadurch können wir auch das zukünftige Innovationspotenzial des Unternehmens abschätzen. Das TOP 100-Siegel bildet also auch die Zukunftsfähigkeit des Unternehmens ab.

Die Analyse umfasst mehr als 100 verschiedene Kennzahlen und Leistungsindikatoren in den folgenden fünf Kategorien:

- innovationsförderndes Top-Management
- Innovationsklima
- innovative Prozesse und Organisation
- Außenorientierung/Open Innovation
- Innovationserfolg

Damit wird die Innovationsleistungsstärke der teilnehmenden Unternehmen gesamthaft erfasst. Die auf diesem Weg gewonnenen Informationen sind auch die Grundlage für das umfassende Benchmarking in der individuellen Innovationsbilanz, die jede TOP 100-Firma erhält.

Der Ablauf der Analyse

Jedes TOP 100-Unternehmen hat die TOP 100-Innovationsanalyse mit Auszeichnung bestanden. In diesem Jahr haben mehr als 3.000 mittelständische Firmen den TOP 100-Fragebogen angefordert. Aus zahlreichen Gesprächen wissen wir, dass schon allein die Auseinandersetzung mit den Analysekategorien wertvolle Denkanstöße geben kann. Viele der Unternehmen, die sich noch nicht als hinreichend qualifiziert einschätzten, planen jedoch die Teilnahme am Wettbewerb in ein bis zwei Jahren.

388 Firmen kamen nach eingehendem Studium der Kriterien zu dem Schluss, dass eine Teilnahme angesichts ihrer Leistungen erfolgreich sein könnte. Sie füllten den Fragebogen aus und traten damit offiziell in den Wettbewerb ein.

Es ist jedes Jahr aufs Neue eine Freude für mich und meine Mitarbeiter zu sehen, wie innovativ der Mittelstand sein kann – und wie bewusst er dieses Ziel anstrebt. Einige der Teilnehmer sind sehr bekannt, andere arbeiten in Nischen und entsprechen mehr dem Typus des Hidden Champions. Naturgemäß variieren die Strukturen je nach Firmengröße: Die Art, wie Innovation in einem jungen Start-up mit 25 Beschäftigten organisiert wird, und die Instrumente, die dort sinnvollerweise zum Einsatz kommen, unterscheiden sich stark vom Innovationsmanagement eines Unternehmens mit 500 Beschäftigten. Wir unterteilen die Innovatoren daher nach Größenklassen:

Seit 1993 vereinigt der Innovationswettbewerb TOP 100 die innovativsten Mittelständler Deutschlands. Sie werden jährlich durch ein unabhängiges, wissenschaftliches Benchmarking ermittelt und erhalten das begehrte TOP 100-Siegel – die Eintrittskarte zum Netzwerk der Besten.

Die Größenklasse A umfasst Firmen mit bis zu 50 Mitarbeitern, Größenklasse B solche mit 51 bis 200 Mitarbeitern und Größenklasse C solche mit mehr als 200 Mitarbeitern.

Das TOP 100-Analyseinstrument umfasst mehr als 100 Kriterien. Sie erlauben uns eine detaillierte Analyse der grundsätzlichen Ausrichtung auf Innovation und der Innovationserfolge der Teilnehmer. Die Richtigkeit der Angaben in den Fragebögen wurde uns von den Firmenvertretern rechtsverbindlich zugesichert. Zudem haben wir zur Verifikation der Angaben verschiedene Querchecks und Plausibilisierungen vorgenommen. Bei Unklarheiten wurden die Unternehmen zwecks Rückfragen kontaktiert.

Jene maximal 100 Firmen pro Größenklasse, die von allen Bewerbern das stärkste Innovationsprofil aufwiesen, wurden schließlich in den Kreis der herausragend innovativen TOP 100-Unternehmen aufgenommen und dürfen fortan den Titel „Top-Innovator" tragen.

Die jeweils drei besten Kandidaten jeder Größenklasse hat mein langjähriger Mitarbeiter Dr. Rudolf Dömötör besucht und einem mehrstündigen gründlichen Audit unterzogen, um von ihnen ein ganzheitliches Bild jenseits der Zahlen und Fakten aus dem Fragebogen zu gewinnen. Alle so gesammelten Informationen dienten dann der hochkarätig besetzten Jury als Entscheidungsgrundlage für die Vergabe der Titel „Innovator des Jahres 2024".

Qualitätssiegel TOP 100

Im Umfang, in der Präzision, der Verlässlichkeit und der wissenschaftlichen Fundierung ist dieser Innovationswettbewerb wohl einzigartig. Mein Ziel als Wissenschaftler ist es, die Top-Innovatoren des deutschen Mittelstands zu identifizieren. Ich fälle mein Urteil in notariell bestätigter Neutralität und vollkommen unbeeinflusst. Es existiert auch kein „indirektes Geschäftsmodell" – anders als bei zahlreichen Wettbewerben von Unternehmensberatungen, Wirtschaftsprüfern etc. Die TOP 100-Auszeichnung ist deshalb ein besonders wertvolles Qualitätssiegel gegenüber (potenziellen) Kunden, Geschäftspartnern und Mitarbeitern. Als effizientes PR- und Marketinginstrument kann sie ein wertvolles Differenzierungskriterium gegenüber Wettbewerbern darstellen. Und die Pressearbeit durch das compamedia-Team sichert den TOP 100-Firmen die Aufmerksamkeit unterschiedlichster Zielgruppen.

Diese Publizität ist der erste Schritt zur Zukunftssicherung. Der zweite besteht in der Nutzung der weiteren Unterstützungs- und Vernetzungsmöglichkeiten in der TOP 100-Community. Dazu zählt zum Beispiel die TOP 100-Innovationsbilanz, also ein individueller Benchmarkingbericht über die Ausgestaltung des eigenen Innovationsmanagements. Die darin aufgezeigten Potenzialfelder enthalten wichtige Hinweise zur Weiterentwicklung: Worin sind wir im Vergleich zu anderen schon jetzt Weltspitze? Wo haben wir noch Potenziale? Vielen Unternehmern fehlen diese Informationen. Für jene Firmen, die bereits in früheren Jahren an unserem Wettbewerb teilgenommen haben und auch damals den Sprung in die TOP 100 schafften, bieten wir zusätzlich zur Innovationsbilanz die individuelle „TOP 100-Fortschrittsbilanz" an. Sie zeigt die Entwicklung der Innovativität des Unternehmens im Lauf der Zeit und ist somit ein wertvolles Instrument zur Evaluierung des eigenen Handelns.

Zudem fördert TOP 100 mit verschiedenen Veranstaltungsformaten den Austausch zwischen den Innovations-Champions. Ein Beispiel dafür ist der jährlich stattfindende „Elitezirkel" zu aktuellen Themen des Innovationsmanagements mit dem Ziel des Ideenaustausches und des Voneinander-Lernens. Ein anderes Beispiel ist die Denkerrunde® in den Alpen, bei der TOP 100-Unternehmer in exklusiver Atmosphäre gemeinsam mit Ranga Yogeshwar konkrete Fragen aus ihren Unternehmen diskutieren. Die gemeinsamen Exkursionen ins „Mekka" der Innovation, ins Silicon Valley, und zu anderen innovativen Hotspots sind für mich Höhepunkte des Wettbewerbs. Und mit „Innoconnect" bieten wir Lösungen, Partner oder Inspiration in Sachen Innovation an. Denn wer innovativ sein will, darf sich mit dem Status quo auf keinen Fall zufriedengeben.

Die drei besten Unternehmen jeder Größenklasse werden von Dr. Rudolf Dömötör besucht und einer weiteren Analyse unterzogen. Aus diesen Kandidaten wählt dann die hochkarätig besetzte TOP 100-Jury jeweils den „Innovator des Jahres“, also den Klassenbesten jeder der drei Größenklassen. Detaillierte Porträts aller Juroren finden Sie unter **www.top100.de/jury.**

Christoph Ahlhaus

Dorothee Bär

Achim Berg

Prof. Dr. h. c. Roland Berger

Prof. Dr. Helge Braun

Edelgard Bulmahn

Ulrich Dietz

Anja Förster

Dr. Nikolaus Förster

Prof. Marcel Fratzscher

Dr. Jörn Großmann

Dr. Gregor Gysi

Prof. Dr. Holger Hanselka

Lars Hinrichs

Dr. Anton Hofreiter

Christoph Keese

Prof. Dr. Fredmund Malik

Simone Salden

Prof. Dr. Dr. August-Wilhelm Scheer

Prof. Dr. Dr. h. c. Hermann Simon

Frank Thelen

Michael Theurer

Jens Tönnesmann

Dr. Frank-Steffen Walliser

Miriam Wohlfarth

Einsparungen durch Prozessinnovationen 2022
Durchschnitt aller TOP 100:

7,8 %

(Durchschnitt KMU*: 1,7 %)

Umsatzanteil Innovationen und innovative Verbesserungen der vergangenen drei Jahre
Durchschnitt aller TOP 100:

33 %

(Durchschnitt KMU*: 5,8 %)

… % der TOP 100-Unternehmen sind nationale Marktführer:

29 %

Durchschnittliches Wachstum der TOP 100 über dem jeweiligen Branchendurchschnitt:

14
Prozentpunkte

… % der TOP 100-Unternehmen sind Weltmarktführer:

10 %

Von den TOP 100 für die kommenden drei Jahre geplantes Personalwachstum:

17.400
Mitarbeiter

… % der TOP 100-Unternehmen haben besonders nachhaltige Innovations- und Leistungserstellungsprozesse:

85 %

… % der TOP 100-Unternehmen haben Business-Model-Innovationen:

68 %

… % der TOP 100-Unternehmen beschäftigen sich mit der Digitalisierung als Wettbewerbsfaktor:

97 %

*Quelle: ZEW – Leibniz-Zentrum für Europäische Wirtschaftsforschung

Die TOP 100-Innovationselite 2024

Innovation bedeutet die aktive Veränderung von Unternehmen, Organisation, Produkten, Märkten und Geschäftsmodellen. Die wirklich revolutionären Innovationen kommen selten von den in den Märkten etablierten größeren Unternehmen, sondern fast immer von Newcomern und innovativen Mittelständlern. Die Ergebnisse der diesjährigen TOP 100-Analyse unterstreichen eindrucksvoll die starke Innovationskraft der Top-Innovatoren.

Innovator des Jahres Größenklasse A

Die **Trailer Dynamics GmbH** ist Pionierin in Sachen grüne Innovation im Schwerlastverkehr. Die anerkannte Position als weltweiter Innovationsführer ist das Ergebnis technischer Präzision, kombiniert mit der Fähigkeit zur agilen Anpassung an das Marktfeedback. Die herausragende technologische Kompetenz, die beeindruckende Außenorientierung und eine ambitionierte Wachstumsstrategie überzeugten die Jury. Sie kürt den Mittelständler daher zum „Innovator des Jahres“ in der Größenklasse A.

Trailer Dynamics hat einen Sattelauflieger entwickelt, der über einen eigenen batterieelektrischen Antriebsstrang verfügt. Dieser „e-Trailer" unterstützt die Sattelzugmaschine auf der gesamten Fahrstrecke. Seine Besonderheit liegt darin, dass er herstellerunabhängig mit jeder Sattelzugmaschine kombiniert werden kann. Wird er mit einer batterieelektrischen Sattelzugmaschine verbunden, ermöglicht er eine Verdoppelung der Reichweite des Fahrzeugs auf mehr als 600 Kilometer. Bei der Kopplung mit einem konventionellen Diesel-Lkw verringert sich der Kraftstoffverbrauch und damit auch der CO_2-Ausstoß des Sattelzugs um 40 % bis 50 %. Das CleanTech-Start-up leistet damit einen wertvollen Beitrag zu grüner Logistik und Klimaneutralität im Güterschwerlastverkehr.

Das Unternehmen ist 2018 mit der Vision gegründet worden, die Güterschwerlastlogistik zu dekarbonisieren, und ist heute weltweiter Innovationsführer. Aktuell befindet sich Trailer Dynamics in der Phase der finalen technischen Validierung für die Straßenzulassung und kooperiert hier sehr intensiv mit Trailer- und Lkw-Herstellern, Logistikfirmen und Behörden. Die Vorzeichen für einen erfolgreichen Markteintritt sind sehr gut: Trailer Dynamics hat schon mehr als 6.500 Vorbestellungen von 150 Kunden erhalten. Das Top-Management ist der wichtigste Erfolgsfaktor hinsichtlich der Innovativität des Unternehmens. Die zwei Gründer verfügen als Team über hervorragende technologische und unternehmerische Kompetenzen und ergänzen einander in ihren Fähigkeiten und Stärken in idealer Weise. Die bisherige Firmenentwicklung zeugt von einer vorbildlich systematischen Herangehensweise, vom Konzept über die jetzt bevorstehende Serienüberleitung bis zum Markteintritt.

Das herausragende Innovationsklima ist stark vom Fokus des Start-ups auf eine komplexe und radikale technologische Innovation geprägt. Nahezu alle Mitarbeiter sind deshalb in der Entwicklung tätig. Das Top-Management hat die Bedeutung von Freiräumen und einem team- und lösungsorientierten Führungsstil erkannt und in beeindruckender Weise realisiert. So können die Mitarbeiter 60 % ihrer Arbeitszeit für die Entwicklung eigener Ideen nutzen. Das Unternehmen zeichnet sich insgesamt durch einen weit überdurchschnittlich hohen Professionalisierungsgrad der Innovationsprozesse aus. Dabei sticht vor allem das umfassende Monitoring von Markt- und Technologieentwicklungen sowie des regulatorischen Umfelds hervor.

Platz 1
Trailer Dynamics GmbH
Eschweiler

Platz 2
rising systems AG
Düsseldorf

Platz 3
EintrachtTech GmbH
Frankfurt am Main

Innovator des Jahres Größenklasse B

Die **AUMÜLLER AUMATIC GmbH** verzeichnet dank ihrer außergewöhnlichen werteorientierten Innovationskultur bemerkenswerte Innovationserfolge und konnte damit die TOP 100-Jury überzeugen. Außerdem imponiert der diesjährige „Innovator des Jahres“ der Größenklasse B mit seiner durchgängigen Methodenkompetenz und mit umfassenden Kooperationsaktivitäten – entscheidende Erfolgsfaktoren in der Gesamtbetrachtung.

AUMÜLLER AUMATIC entwickelt, fertigt und vertreibt Rauch- und Wärmeabzugssysteme sowie natürliche Lüftungssysteme. Diese Systeme bestehen aus einer Steuerungszentrale und Fensterantrieben und bewirken ein automatisches Öffnen und Schließen von Fenstern. Im Brandfall sorgen sie bis zum Eintreffen der Feuerwehr für Belüftung und vermindern das Risiko einer Rauchgasvergiftung. Das hervorstechende Merkmal des Unternehmens ist die vertrauens- und respektvolle Zusammenarbeit. Nach dem Credo der „Aumüller-Familie" erfolgt die Zusammenarbeit im Team, aber auch mit Kunden und Partnern stets auf Augenhöhe. Dieses besondere Klima schafft Sicherheit und macht Mut und Lust darauf, Neues zu versuchen. Es stellt den wichtigsten Erfolgsfaktor für die Innovationsleistungen dar.

Die Geschäftsführerin Ramona Meinzer ist seit ihrem Antritt 2012 die Architektin des Innovationssystems. Mit einer konsequenten strategischen Neuausrichtung auf Innovation führte sie die Firma aus einer existenzbedrohenden Lage zur Innovationsführerschaft der Branche. Die Unternehmensführung ist in außergewöhnlicher Weise werteorientiert, sodass menschliche und wirtschaftliche Aspekte in den Unternehmenswerten gleich stark gewichtet werden. Der Mittelständler wird diesem hohen Anspruch in der Praxis gerecht und hat ein breites Set an Maßnahmen zur Förderung eines kreativen Innovationsklimas implementiert. Im Vordergrund steht dabei die umfassende Weiterentwicklung der Mitarbeiter mittels einer vorbildlich realisierten individuellen Laufbahnplanung. Hier handelt es sich sowohl um fachliche als auch um persönlichkeitsbildende Maßnahmen bis hin zum berufsbegleitenden Studium. Die bemerkenswerte Gestaltung des Innovationsklimas wirkt sich auch auf die Arbeitgeberattraktivität positiv aus: Pro Monat erhält das Unternehmen mehr als 200 Initiativbewerbungen – in Zeiten zunehmenden Fachkräftemangels ein nicht zu unterschätzender Wettbewerbsvorteil im Hinblick auf das Erreichen der Innovationsziele.

Die Innovationsprozesse von AUMÜLLER sind herausragend professionell strukturiert. Ein umfangreiches Methodenset wird eingesetzt. Besonders hervorzuheben ist die geschickte Gestaltung des Spannungsfelds zwischen Exploration (Erneuerung) und Exploitation (Optimierung). Das Unternehmen zeichnet sich durch eine überdurchschnittliche Anwenderorientierung aus und setzt damit in seiner Branche Maßstäbe. Die Einbindung der Partner und Kunden ist im Rahmen von Design-Sprints und regelmäßigen Veranstaltungsformaten mustergültig institutionalisiert.

Platz 1
AUMÜLLER AUMATIC GmbH
Thierhaupten

Platz 2
attempto GmbH & Co. KG
Oberhaching

Platz 3
Neodigital Versicherung AG
Neunkirchen

Innovator des Jahres Größenklasse C

Die **FENECON GmbH** leistet mit ihren richtungsweisenden Innovationen einen essenziellen Beitrag zur Realisierung der Energiewende. Unternehmerischer Weitblick und eine herausragende Innovationskultur verhalfen dem Mittelständler schon 2023 zum Titel „Innovator des Jahres“. Aktuell glänzt er mit der konsequenten Weiterentwicklung seiner innovationsfördernden Aufbau- und Ablauforganisation, wodurch ihm eine souveräne Titelverteidigung in der nächsthöheren Größenklasse C gelang.

FENECON entwickelt und produziert Stromspeichersysteme und bietet individuelle Energiemanagementlösungen für Energieversorger, Fahrzeughersteller und Solarparkbetreiber an. Das Unternehmen wurde 2011 mit dem Ziel gegründet, die „100 % Energiewende" mit intelligenten Stromspeichern zu unterstützen. Nach dem Start mit kleineren Speicherlösungen hat man das Hardware- und Softwareportfolio sukzessive erweitert. FENECON ist einer der wenigen Anbieter auf dem deutschen Markt, die das komplette Portfolio abdecken: von Heimspeichern über Gewerbespeicher bis zu großen Industriespeichern. Trotz des jüngst herausfordernden Markt- und Branchenumfelds weist die Firma in jedem Marktsegment überdurchschnittliche Wachstumsraten aus.

Ihre Innovations- und Unternehmenstätigkeit ist durch einen eindrucksvollen Plattformansatz und ein starkes Nachhaltigkeitsdenken geprägt: Die selbst entwickelte proprietäre Energiemanagementsoftware wurde als Open-Source-Software angelegt. Dies gestattet den Kunden ein netz- und energiewendedienliches Energiemanagement bis hin zu intelligenter Sektorenkopplung von Strom, Mobilität und Wärme. Das Unternehmen reagierte damit auf den seiner Einschätzung nach Kardinalfehler der Energiewende: Geräte unterschiedlicher Hersteller funktionieren nur in geschlossenen Softwareumgebungen und haben somit keine Möglichkeit, miteinander zu kommunizieren. Offene Schnittstellen ermöglichen hingegen das Einbinden einer Vielzahl von Erzeugern und Verbrauchern.

Zudem ist FENECON durch eine überdurchschnittlich starke Anwenderorientierung charakterisiert. Hierbei ist hervorzuheben, dass man nicht nur ein sehr gutes Gespür für die Bedürfnisse der Endanwender hat, sondern auch die komplette Wertschöpfungskette mit berücksichtigt. Deshalb und dank permanenter Produktinnovation ist es gelungen, Branchenmaßstäbe zu setzen. Wie erfolgreich die Strategie des Unternehmens ist, zeigt das rasante Personalwachstum: In nur zwei Jahren vervierfachte sich die Beschäftigtenzahl nahezu, von 80 auf 300. Es ist beachtlich, wie gut es der FENECON GmbH gelingt, ihre Innovationsfähigkeit im Spannungsfeld zwischen Start-up und Industriebetrieb, in dem sie sich aufgrund ihres dynamischen Wachstums bewegt, weiter auszubauen. Der Schlüssel dazu sind die kontinuierliche Weiterentwicklung der soziokratischen, agilen Organisationsstruktur und die intelligenten Maßnahmen zur Stimulierung des Innovationsklimas. Die wichtigsten Faktoren hierbei: eine geschickte Mitarbeiterakquisestrategie, planvolles Onboarding neuer Mitarbeiter, transparente Information und ein vorbildliches Bonussystem.

Platz 1
FENECON GmbH
Deggendorf

Platz 2
IPG Automotive GmbH
Karlsruhe

Platz 3
DATASEC information factory GmbH
Siegen

Innovationsbudget in Relation zum Umsatz
Durchschnitt aller TOP 100:

11 %

(Durchschnitt KMU*: 1,3 %)

Verbesserungsvorschläge und Ideen der Mitarbeiter
Ergebnisverbesserung durch realisierte Ideen der Mitarbeiter in % des Umsatzes:

3,1 %

Budget für Open Innovation in Relation zum Umsatz
Ausgaben für kurzfristige Projekte und Maßnahmen:

3,8 %

Ausgaben für langfristige Kooperationen und Initiativen:

4,9 %

Arbeitszeit des Top-Managements für Innovation:
Durchschnitt aller TOP 100:

33,1 %

Ausgestaltung des Innovationsprozesses
Systematische Verfolgung und Bewertung der Entwicklung von Markt, Technologie und Wettbewerb:

98 %

Flexible Anpassung des Innovationsprozesses an geänderte Rahmenbedingungen:

99 %

Zusammensetzung der Innovationsprojektteams aus Mitarbeitern verschiedener Bereiche:

94 %

... % der TOP 100-Firmen haben Maßnahmen ergriffen, um Agilität und Flexibilität zu erhöhen:

94 %

... % der TOP 100-Firmen haben ein Innovationsklima geschaffen, das ein innovatives Agieren der Mitarbeiter fördert:

99 %

Die wichtigste Gemeinsamkeit der TOP 100 sind ihre imponierenden Innovationserfolge. Sie sind das Ergebnis einer konsequenten Ausrichtung der Firmen auf die Fähigkeit zur agilen und kreativen Reaktion auf Veränderung. Wie innovativ ein Unternehmen ist, ist keine Frage der Branche, sondern eine der Entscheidung jedes einzelnen Unternehmers. Gerade in einem konservativeren Umfeld kann eine systematische Innovationsorientierung ein großer Wettbewerbsvorteil sein. Jede Firma muss ihren eigenen Weg finden und sich ein auf ihr Umfeld abgestimmtes Innovationsmanagement erarbeiten. Die vier Kategorien, auf denen unsere Untersuchung basiert, sind dafür die wesentlichen Elemente. Die TOP 100 haben Wege gefunden, diese „Zutaten“ in einzigartiger Weise, angepasst an ihre jeweilige Branchensituation, zu kombinieren:

Das „Top-Management“ hat gerade bei Mittelständlern eine Schlüsselfunktion. Die Top-Manager der TOP 100 sind sich dieser Funktion bewusst. Dies zeigt sich an den hohen relativen Investitionen in Innovationstätigkeiten von im Schnitt 11 % des Umsatzes.

Das „Innovationsklima“ wird vom Top-Management maßgeblich (mit-)geprägt und entfaltet eine machtvolle Wirkung auf die Erneuerungsfähigkeit des Unternehmens. Die TOP 100 setzen unterschiedlichste Maßnahmen zur Förderung des Innovationspotenzials ihrer Beschäftigten ein. Die Mitarbeiter zu Mitunternehmern zu machen zahlt sich für sie aus: Allein durch die Realisierung von Mitarbeiterideen konnten sie ihr Ergebnis um 3,1 % des Umsatzes verbessern.

In der Kategorie „innovative Prozesse und Organisation“ ist erfreulich, dass die TOP 100 die nötige Formalisierung der Innovationsprozesse sensibel handhaben. Der Grat zwischen Chaos und Bürokratie ist schmal – die Firmen gehen ihn sicher und ergreifen proaktiv Maßnahmen, um ihre Agilität und ihre Flexibilität stetig zu steigern.

Hinsichtlich der „Außenorientierung/Open Innovation“ brillieren die TOP 100 in allen Phasen des Innovationsprozesses mit ihrer Offenheit für die Einbindung externer Partner. Dies zeigt im Zeitalter von KI ihren zentralen Fokus: Innovation.

Fazit: Mit Innovation die Veränderung gestalten

Unsere Analysen zeigen, dass es im deutschen Mittelstand zahlreiche beeindruckend innovative Unternehmen gibt. Sie alle kennen die wichtigsten Erfolgsfaktoren der Innovation und setzen sie bewusst und gezielt ein. Auf diese Weise schaffen sie Innovationsmanagementsysteme, mit deren Hilfe sie den Veränderungen im Markt, in den Technologien, in der Politik und der Gesellschaft flexibel, agil und proaktiv begegnen können.

Baden-Württemberg

Die Zahl der goldenen Sternchen in den nachfolgenden Unternehmensporträts entspricht der Zahl der TOP 100-Auszeichnungen.

A·M·T Schmid GmbH & Co. KG

Design-Thinking bestimmt das Produkt

Kleine und große Entscheidungen im Team fällen, Ideen, Bedenken und Vorschläge diskutieren und dann gemeinsam den besten Weg finden. Mit diesem Managementstil möchte der Geschäftsführer Enzo Viola die Führungsposition der A·M·T Schmid GmbH & Co. KG in Europa und weltweit ausbauen. In den nächsten fünf Jahren will er den Umsatz daher mindestens verdoppeln. Schließlich steigt der Bedarf an hochwertigen Elektromotoren im Gesundheitsbereich stetig, zum Beispiel für Rollstühle und Treppenlifte.

Auch wenn die Kunden der A·M·T Schmid Unternehmen sind, so haben der Geschäftsführer Enzo Viola und sein Marketingteam doch immer den Endabnehmer im Blick: Die Motoren sollen zuverlässig und leistungsfähig sein und dabei auch noch gut aussehen. Dafür ist das Top-Management regelmäßig mit Endverbrauchern im Gespräch, um deren Wünsche und Bedarfe zu erfahren. Diese werden dann mithilfe der Design-Thinking-Methode auf die jeweiligen Produkte übertragen. Die Marketingabteilung des Mittelständlers soll den Endnutzern zudem die Vorteile der hochwertigen Motoren nahebringen.

Recycling einplanen

Gleichzeitig beobachtet Enzo Viola intensiv die Konkurrenz – auch die aus anderen Branchen und Ländern wie den USA und Asien. Von ihnen lässt er sich in Sachen neuer Features und Varianten inspirieren. Und auch mit dem Thema Nachhaltigkeit beschäftigt sich das innovationsfördernde Top-Management sehr intensiv. So nutzt der Mittelständler etwa Recyclingkunststoff. Gleichzeitig achtet das Team darauf, dass Kunststoffe so verbaut werden, dass sie am Ende ihres Produktzyklus gut recycelbar sind. Immer wieder ruft der Geschäftsführer seine Angestellten dazu auf, weitere Möglichkeiten der Wiederverwertung oder der Einsparung von CO_2-Ausstoß zu finden – selbst, wenn dies etwas mehr Aufwand in der Verarbeitung verursacht. Um weiteres Einsparpotenzial zu entdecken, nutzt er auch die Hilfe von KI und Big Data. So sucht Enzo Viola beispielsweise nach weiteren Möglichkeiten, interne Prozesse zu vereinfachen und die Montage zu transformieren.

Persönlich die Mitarbeiter überzeugen

Zusätzlich zu den wöchentlichen Meetings der Abteilungen trifft sich das Steering-Committee regelmäßig mit Vertretern aller Abteilungen. Dort wird unter Leitung des Top-Managements fachübergreifend über Projektdetails entschieden, und es werden Innovationsvorschläge besprochen. Dem Geschäftsführer ist es aber auch wichtig, regelmäßig durch den Betrieb zu gehen und persönlich mit den Beschäftigten zu sprechen. Denn nur im direkten Gespräch, so seine Überzeugung, kann man Menschen wirklich von neuen Ideen überzeugen.

A·M·T Schmid GmbH & Co. KG
88605 Sauldorf
https://www.amt-schmid.com
Beschäftigte (D): 51 bis 200
Anlagen-/Maschinenbau

Geschäftsführer
Enzo Viola

Acandis GmbH

★★

Mikro-Implantate, die Leben retten

Ärzte in mehr als 60 Ländern arbeiten schon mit Implantaten und Kathetern der Acandis GmbH mit Sitz im baden-württembergischen Pforzheim. Spezialisiert auf Produkte zur Behandlung neurovaskulärer Erkrankungen, ist die Firma gut vernetzt mit Kliniken und Forschungseinrichtungen. Das engagierte Top-Management setzt auf Flexibilität und Agilität. So gelang auch die perfekte Überführung der Produkte in die neue EU-Regulierung „MDR". Die Implantate werden jetzt sogar im eigenen Haus hergestellt.

Seit Mai 2021 ist die „Medical Device Regulation", kurz MDR, für alle Hersteller von Medizinprodukten verpflichtend anzuwenden. Diese ersetzt die bis dahin geltende Medizinprodukterichtlinie „Medical Device Directive", kurz MDD, und die Richtlinie über aktive implantierbare medizinische Geräte. Eine große Herausforderung für die Branche. Acandis nahm sie an und schaffte einen weiteren Innovationserfolg: Alle erforderlichen Device-Technologien und auch die Produktion von Implantaten wurden ins Haus geholt. „Das ist eher ungewöhnlich für Firmen unserer Größe, aber wir haben dadurch auch kürzere Entwicklungszeiten", berichtet der Geschäftsführer Dr. Andreas Schüßler.

Kompetenzen ins Haus geholt

So gelang es, die Übergangsfristen zu nutzen und die Zertifizierung der bestehenden Medizinprodukte unter der alten Gesetzgebung zu verlängern. Gleichzeitig konnten die neuen Vorgaben der MDR-Verordnung erfüllt und eine deutlich umfangreichere Produktakte zur Prüfung und Zertifizierung eingereicht werden. Parallel dazu konnte Acandis die Abhängigkeit von Zulieferern und externe Kosten reduzieren. Investitionen erfolgten in den Aufbau eines Teams klinischer Experten, das die internationalen Vertriebspartner in der Geschäftsentwicklung und der Akquise unterstützt. Hinzu kamen neue eigene Vertriebsgesellschaften in Frankreich, Polen und Großbritannien. Schon jetzt werden die Produkte in mehr als 60 Ländern eingesetzt, und der Umsatz steigert sich jährlich um 20 % bis 30 %. Dies gelingt aber nur, weil der Geschäftsführer auf die Innovationskraft seiner Mitarbeiter baut und eine rollenbasierte, agile Produkt- und Technologieentwicklung etabliert hat.

Top-Management fördert Agilität

Der Geschäftsführer ist stets im Austausch mit allen Bereichen: „Wir geben jeder guten Idee eine Chance." Wegen der neuen und umfangreichen MDR-Anforderungen waren vor allem die Bereiche Innovation und Compliance gefordert. Der Chef unterstützte die Verantwortlichen und schaffte optimale Arbeitsbedingungen für Flexibilität und Agilität. Stolz ist man auch auf das neue Entwicklungs- und Produktionsgebäude, das über eine 66 kWp-starke Photovoltaikanlage und ein eigenes Blockheizkraftwerk mit Energie versorgt wird.

Acandis GmbH
75177 Pforzheim
https://www.acandis.com
Beschäftigte (D): über 200
Medizintechnik

Geschäftsführer
Dr. Andreas Schüßler

AFS Airfilter Systeme GmbH

Auf direktem Weg zu sauberer Luft

Dicke Luft möchte niemand, schon gar nicht Fertigungsunternehmen. Um die Luft von Partikeln, Aerosolen und Staub zu befreien, entwickelt und installiert die AFS Airfilter Systeme GmbH Absaug-, Luftreinigungs- und Lüftungsanlagen. Das Top-Management geht mit seinem Team dank innovativer Prozesse kurze Wege. Das spiegelt sich im energieautarken Firmenneubau des Mittelständlers wider, der in Modulbauweise entstanden ist, Airfilter-Anlagen inklusive. Quasi ein Showroom.

Saubere Luft ist alles andere als selbstverständlich. Die Geschäftsführer der AFS Airfilter Systeme GmbH, die Ingenieure Kai und Dr. Jan Kuppinger, kennen die Anforderungen: Reduzierung von Aerosolen, hocheffiziente Abscheidung von Öl- und Emulsionsnebel und Befreiung von jeglichen Partikeln. Das Unternehmen hat sich mit selbst entwickelten Luftreinigungsgeräten vor allem für Metall verarbeitende Betriebe einen Namen gemacht. Die Geräte finden weltweiten Einsatz. Doch es geht um mehr, wie Kai Kuppinger erklärt: „Uns ist wichtig, für unsere Kunden einen sauberen, attraktiven Arbeitsplatz zu schaffen und Projekte insgesamt nachhaltig zu realisieren."

Kurze Wege für flexible Entwicklungen

Für betrieblichen Umweltschutz sorgt die AFS durch ihre Geräte, und sie produziert energie- und CO_2-effizient. „Wir verzichten auf lange Lieferketten und arbeiten mit lokalen Zulieferern", erklärt Dr. Jan Kuppinger. Bei dem 36-köpfigen Unternehmen zeigt sich der Vorteil flacher Strukturen: Wird eine Innovation als förderlich erachtet, stellt die Geschäftsleitung kurzfristig Budget und Manpower bereit. „Es muss nicht immer skizziert, nummeriert und danach gefertigt werden", sagt Kai Kuppinger. „Durch unser Know-how und einen guten Kontakt zu Lieferanten und Kunden testen wir viele Aufbauten schon im Prototypenstatus unter Realbedingungen. Das reduziert Entwicklungszeiten und -prozesse." So etwa aktuell mithilfe eines 3-D-Druckers, mit dem das Team Teile selbst herstellen kann.

Prozesse ganzheitlich betrachten

Auch wenn das engagierte Top-Management die strategische Richtung vorgibt, hat das gesamte Team freie Hand. „Die meisten Ideen kommen von den Mitarbeitern", sagt Dr. Jan Kuppinger. Es sind die vielen kleinen Schritte, die zählen. Jeden einzelnen Entwicklungsschritt und jedes Produkt betrachtet man holistisch unter den Aspekten Energieverbrauch, Ressourcen und Umweltschutz. Das zeigt auch der hochinnovative, energieautarke Firmenneubau in nachhaltiger Holzmodulbauweise mit hauseigener Lüftungsanlage. Die 350 kWp-Photovoltaikanlage produziert mehr Energie, als verbraucht wird. Genug Energie also, um in den hellen Räumen der AFS die Verwirklichung neuer Ideen voranzutreiben.

AFS Airfilter Systeme GmbH
74547 Übrigshausen
www.afs-airfilter.de
Beschäftigte (D): bis 50
Anlagen-/Maschinenbau

Geschäftsführer
Kai Kuppinger und
Dr. Jan Kuppinger

AKE Knebel GmbH & Co. KG

Auch Sägeblätter können innovativ sein

Außerhalb gewohnter Bahnen denken, neuen Ideen Raum geben – damit ist der Werkzeugspezialist AKE Knebel GmbH & Co. KG seit 64 Jahren erfolgreich. Alexander Knebel, Geschäftsführer in zweiter Generation des Familienbetriebs, ist es wichtig, die Ideen seiner Mitarbeiter zu hören und ihnen für deren Entwicklung genügend Zeit einzuräumen. So konnte sich der mittelständische Sägeblatt- und Fräswerkzeughersteller mit Sitz in Baden-Württemberg auch international behaupten.

Ein erfolgreiches Beispiel für das Denken „outside the box" ist das Sägeblatt „SuperSilent" – es ist beim Sägen um rund 75 % leiser als herkömmliche Blätter. Alexander Knebel kam dabei auf eine völlig neue Idee: Abweichend von der Lehrmeinung ließ er zwischen den Sägezähnen keinen Raum zum Abführen der entstehenden Sägestäube, sondern designte stattdessen den Randbereich des Sägeblatts dünner. So können die Holzstäube in diesem Chip-Belt abgeleitet werden statt über die Zahnzwischenräume. Zudem reduziert das neue Design die Verletzungsgefahr. Dieses Prinzip wurde mittlerweile auch auf Fräswerkzeuge adaptiert.

Aufbauen auf dem Wissen der Mitarbeiter

Regelmäßig tauscht sich der Geschäftsführer mit Universitäten und Verbänden aus, um frische Trends mitzubekommen oder neue Materialien und Verfahren kennenzulernen. Die vierköpfige Abteilung „Innovation und Qualität" sowie die Fachabteilung „Anwendungstechnik" unterstützen ihn dabei. Darüber hinaus verlässt sich das Top-Management jedoch auf das Wissen und die langjährige Erfahrung der Mitarbeiter. „Verbesserungen im Mikrometerbereich etwa können bei uns einen enormen Leistungsboost bringen", sagt Knebel. „Im Fertigungsprozess gehen wir völlig neue Wege." Dabei kommt es AKE Knebel zugute, dass das Unternehmen seine Maschinen selbst bauen kann und daher deswegen auch genau kennt. So sind Veränderungen leicht möglich.

Digitalisiertes Wissen

Derzeit treibt der Geschäftsführer die Digitalisierung voran: Einerseits sollen seine Mitarbeiter ihr Spezialwissen digital und für alle auffindbar ablegen. Andererseits sollen während der Produktion viele technische Produktdaten gesammelt werden. So können die Kunden ihre Maschinen schneller auf die Sägeblätter einstellen und Fehler vermeiden. Die dafür notwendigen Maschinen musste das Team von AKE Knebel erst entwickeln. Auch KI soll zukünftig in der Produktion genutzt werden. Sie soll berechnen, wie der Spannring auf dem individuellen Sägeblatt angebracht werden muss. Bisher ist dafür sehr viel manuelle Erfahrung nötig, da das Material je nach Charge anders reagiert. Der Fortschritt macht es möglich.

AKE Knebel GmbH & Co. KG
72336 Balingen
https://ake.de
Beschäftigte (D): über 200
Anlagen-/Maschinenbau

Geschäftsführender Gesellschafter
Alexander Knebel

an.kox GmbH

★★

Austausch zwischen Entwicklung und Baustelle

Der direkte Austausch seiner Beschäftigten ist Andreas Kogel, Geschäftsführer der an.kox GmbH, sehr wichtig. So gehen etwa Ideen für neue Produkte zur Bauwerksabdichtung direkt von der Baustelle in die Entwicklungsabteilung. Von dort werden Prototypen sofort wieder an die Kollegen vor Ort geschickt. Rückmeldungen innerhalb von 24 Stunden dazu, wie gut die Neuerung funktioniert, motivieren die Ideengeber. Praxistests dieser Art sind entscheidend in einer Branche, die auf Innovation oft konservativ reagiert.

Zur Förderung des gegenseitigen Verständnisses im Team gibt es bei an.kox regelmäßige Feste für die Mitarbeiter und ihre Familien. Zudem fährt das gesamte 24-köpfige Team auch schon mal für mehrere Tage in ein Haus im Schwarzwald. Dort kochen alle gemeinsam, entdecken bei Events neue Stärken der Kollegen, aber sprechen auch über Herausforderungen und Projekte. „Da entstehen zum Teil heftige Diskussionen, aber immer mit Ergebnis", erklärt Andreas Kogel mit Blick auf das lebendige Innovationsklima.

Vorschläge aus der Belegschaft

Die offene und vertrauensvolle Atmosphäre bewirkt, dass viele Verbesserungsvorschläge aus der Belegschaft kommen. Rund 60 % der Beschäftigten nutzen rund ein Fünftel der Arbeitzeit, um eigene Ideen zu entwickeln und auszuprobieren – sowohl für neue Produkte als auch für die internen Abläufe. „Das sorgt für viel Effizienz in unseren Prozessen und spiegelt sich im Ergebnis und in der Motivation unserer Mitarbeiter wider", berichtet Andreas Kogel. Ein Kollege hatte beispielsweise die Idee, einen Paternoster in die Produktion einzubauen. Denn bisher mussten beim Frischbetonverbundsystem die Mutterrollen für verschiedene Ausführungen immer per Hand aus dem Ablauf entfernt und ins Lager geschafft werden. Mit dem Paternoster funktioniert das automatisch – das spart Zeit und Manpower. Alle Vorschläge werden in einem Team aus Einkauf, Vertrieb, Produktentwicklung und Controlling diskutiert und entschieden.

Qualität hat viele Vorteile

Ein hoher Qualitätsanspruch befeuert auch das lebhafte Innovationsklima: Alle Mitarbeiter erhalten regelmäßig interne und externe Schulungen. Und ein Wirtschaftsingenieur ist nur für die Qualitätssicherung zuständig, sowohl bei den ankommenden Rohstoffen als auch bei den fertigen Produkten, bei Zertifikaten und Nachweisen. Eine gute digitale Ausstattung führt dazu, dass Informationen auch zwischen Baustellen und Büro gut fließen und dann so abgelegt werden, dass sie schnell wieder auffindbar sind. Denn nur mit einer guten Datengrundlage, betont der Geschäftsführer, ist eine Entscheidung für oder gegen eine Innovationsidee möglich. Last, not least: Erfolgreiche Vorschläge werden am Jahresende mit Boni belohnt.

an.kox GmbH
72108 Rottenburg a. N.
https://www.an-kox.de
Beschäftigte (D): bis 50
Baugewerbe/Handwerk

Geschäftsführer
Andreas Kogel

ANDREAS STIHL AG & Co. KG

★★

Plattformen für kreative Ideen

Innovation nicht als Zufall zu sehen, sondern sie gezielt mit gut strukturierten Prozessen und einem lebendigen Innovationsklima zu fördern: Damit hat sich die ANDREAS STIHL AG & Co. KG auch international an die Spitze gesetzt, was motorgetriebene Garten- und Forstgeräte betrifft. So hatten die Mitarbeiter die Idee zu einem handlichen, per Akku betriebenen Gehölzschneider und haben ihn eigenständig entwickelt. Er ist jetzt bei Privatkunden äußerst beliebt und erfüllt gleichzeitig moderne Anforderungen an nachhaltiges Werkzeug.

Bei STIHL im baden-württembergischen Waiblingen gibt es einen globalen Innovationsprozess über alle Geschäftsbereiche hinweg. Aus Unternehmensstrategie, Trendradar, Umfeldanalysen, Marktforschungen sowie Patentanalysen wird eine Innovationstrategie abgeleitet und strategische Innovationsfelder priorisiert. Diese bilden die Grundlage für zukünftige Innovationen in Produkten.

Mitarbeiter profitieren vom Unternehmenserfolg

Dieser Fokus auf die Innovationskraft jedes Einzelnen bringt deutliche Effizienzsteigerungen und innovative Produkte hervor, steigert aber auch die Zufriedenheit und Motivation innerhalb der Belegschaft. Die persönliche Übergabe der Prämien für besondere Innovationsleistungen durch den Vorstand sorgt für ein großes Gemeinschaftsgefühl. Mit Ausschreibungen zur Ideenfindung zu bestimmten Themen schafft es die Geschäftsführung, Brainstormings zu befeuern. So brachten die beiden realisierten Top-Ideen 2022 dem Unternehmen fast zwei Mio. Euro Einsparung. Davon profitieren alle Beschäftigten, denn jeder von ihnen kann Genussrechte erwerben, über die er zehn Jahre lang am Gewinn von STIHL beteiligt wird. Dabei bezuschusst der Arbeitgeber die Anteile mit zwei Dritteln des Nennwerts.

KI hilft beim Sortieren von Informationen

Derzeit erweitert STIHL das Produktportfolio vor allem im Akkubereich. Für diese Transformation sind gute Innovationsprozesse ganz besonders wichtig. Hierfür nutzt STIHL zum Beispiel KI: Sie hilft durch das Organisieren von Informationen, Wissen nutzbar zu machen. Zudem kann sie komplexe Themen gut zusammenfassen. Um die nötigen KI-Fachleute zu finden, hat man einen Hackathon für junge Programmierer veranstaltet. Mit einem Start-up-Forum beteiligt sich das Unternehmen darüber hinaus weltweit an Start-ups mit zukunftsträchtigen und besonders nachhaltigen Geschäftsideen und Technologieentwicklungen. So erhält STIHL von innen und von außen immer wieder kreativen Input.

ANDREAS STIHL AG & Co. KG
71336 Waiblingen
https://www.stihl.de/de
Beschäftigte (D): über 200
Anlagen-/Maschinenbau

Die Vorstände

TOP 100

ANSMANN AG

★★

Produkte zum Leben erwecken

In intensiver Kooperation mit Universitäten und Start-ups entwickelt die ANSMANN AG ihre Geschäftsfelder stetig weiter. Neben dem Handel mit Batterien und Elektroartikeln stehen nun Produkte rund um hochwertige und spezialisierte Akkus sowie deren Recycling im Fokus. Die vor zwei Jahren gegründete Innovationsabteilung ist inzwischen auf sechs Mitarbeiter angestiegen. Sie sucht im Sinne der Außenorientierung immer neue Partner für innovative und zukunftsweisende Projekte.

Die Innovationsexperten der ANSMANN AG sind eng mit all ihren Fachabteilungen vernetzt und bekommen aus der Produktion und aus dem Vertrieb regelmäßig Ideen für Verbesserungen zugespielt. So hatte etwa die Qualitätssicherung den Wunsch, nach der Bestückung der Akkus zu prüfen, ob alle Zellen richtig gepolt sind. Andernfalls bestünde eine hohe Brandgefahr im nächsten Verarbeitungsschritt. Die Innovationsabteilung gab diese Frage sogleich an ihr Netzwerk weiter und erhielt schnell eine Liste mit passenden Firmen. Auf diese Weise fand der Mittelständler einen geeigneten Kooperationspartner, der mithilfe von Kameras und KI die Überprüfung realisierte.

An der Spitze der Forschung mit dabei

Bewusst engagiert sich ANSMANN in Netzwerken wie dem Cluster E-Mobilität Südwest und bei BayStartUp. „Das hat unser Unternehmen verändert. Früher haben wir nur auf den Markt reagiert, jetzt wollen wir proaktiv vorangehen", erzählt der Vorstand Thilo Hack. Das zeigt sich auch daran, dass man ganz vorne mit dabei ist, wenn es um das Recycling von Akkus und deren Inhaltsstoffen geht. So entwickelt man im Moment in Zusammenarbeit mit der TU Braunschweig und weiteren Industriepartnern im Forschungsprojekt „VaTreBat" Lösungen für das effiziente Zerlegen und Trennen von Akkupacks. Dazu gehört auch die Frage eines Batteriepasses, der künftig Daten über die gesamte Lebenszeit eines Akkus hinweg sammeln soll, um so das Recyceln zu erleichtern.

Digitalisierung erleichtert die Arbeit

Derzeit ist ANSMANN an sechs Forschungsprojekten beteiligt, die vom Bund gefördert werden. Mit Sorge blickt das Innovationsteam deshalb auf die Kürzung dieser Forschungsförderung durch den Bund. Innovative Projekte, etwa zur Nutzung von KI in der Verwaltung oder Produktion, könnte das Unternehmen ohne Förderung nur in kleinerem Umfang finanzieren. Gerade angesichts des Fachkräftemangels sieht die Innovationsabteilung jedoch große Vorteile in der Digitalisierung, die an vielen Stellen die Arbeit erleichtern kann. Und dafür ist der stetige Input von Wissenschaftlern, aber auch von Start-ups immer wieder sinnvoll.

ANSMANN AG
97959 Assamstadt
https://www.ansmann.de
Beschäftigte (D): über 200
Elektronik/Elektrotechnik

Vorstände
Markus Fürst,
Thilo Hack und
Ulrike Unterwandling

aquadetox international GmbH

Wasser biologisch aufbereiten

Sauberes Wasser zählt zu den wertvollsten Ressourcen unseres Planeten. Die Spezialisten der aquadetox international GmbH bewirken mit ihren Reinigungsanlagen vor allem in Autowaschstraßen, dass das Abwasser möglichst umweltschonend wieder in den Aufbereitungskreislauf zurückfließen kann. Für den Erfolg des baden-württembergischen Unternehmens spielen sowohl das herausragende Innovationsklima als auch das innovationsorientierte Top-Management eine wichtige Rolle.

Frische Ideen dürfen alle der rund 30 Beschäftigten der Firma einbringen, beispielsweise bei der jeden Freitagmorgen stattfindenden Besprechung. Am runden Tisch tauschen sich dabei alle Kollegen über Nachrichten aus der Branche sowie neue Innovationsideen und Verbesserungsvorschläge aus. Die Entscheidungsfindung dauert nicht lange. So stimmt das Plenum stets direkt nach der Besprechung darüber ab, ob eine Idee angegangen wird oder nicht.

Praktisch denken

Bei einer der Besprechungen hatten zwei Mitarbeiter eine Idee dazu, wie man einen Brauchwasserbehälter der Abwasserreinigungsanlagen optimieren könnte. Man hatte dafür einen sogenannten Strömungsgleichrichter entwickelt. Die Anmerkung der beiden Mitarbeiter, dass durch die Frischwassernoteinspeisung viel Spritzwasser entstehe, die Technikräume feucht würden und die Gefahr einer Rückverkeimung gegeben sei, war Gold wert: Die Ideengeber entwickelten eigenständig mithilfe von 3-D-Modellen diverse Prototypen, die sie testeten. Am Ende war ein fertig entwickeltes Bauteil entstanden, das jetzt per 3-D-Druck in Serie produziert wird und das im Materialverbrauch optimiert ist. Es war sofort einsetzbar, sodass das Problem vollständig gelöst wurde. Den Entwicklungsabschluss feierte man mit einem spendierten Kuchen gemeinsam mit allen Mitarbeitern.

Innovation gehört zum Geschäft

Neue Ideen sind beim Geschäftsführer Roland Lorch jederzeit willkommen. Er selbst geht mit gutem Beispiel voran und macht sich kontinuierlich Gedanken darüber, welche neuen Ansätze und Novitäten sein Unternehmen weiterbringen könnten. „Als die Automobilbranche mit einem Rückgang der Absatzzahlen zu kämpfen hatte, lag es für mich nahe, dass auch unser Geschäft davon betroffen sein könnte", berichtet Lorch. Daher entstand bei dem Geschäftsführer der Gedanke, Reinigungsanlagen mit biologischer Wasseraufbereitung nicht nur für Autos, sondern auch für Fahrräder herzustellen. Gedacht, getan: Ein Jahr später war die neue, voll automatisierte E-Bike-taugliche Fahrradwaschanlage fertig.

aquadetox international GmbH
88317 Altmannshofen
http://aquadetox-international.de
Beschäftigte (D): bis 50
Umweltschutz/-technik

Geschäftsführer
Roland Lorch

Foto nicht erwünscht

TOP 100	TOP 100	TOP 100	TOP 100	TOP 100	TOP 100	TOP 100	TOP 100	TOP 100	TOP 100
TOP 100	TOP 100	TOP 100	TOP 100	TOP 100	TOP 100	TOP 100	TOP 100	TOP 100	TOP 100
TOP 100	TOP 100	TOP 100	TOP 100	TOP 100	TOP 100	TOP 100	TOP 100	TOP 100	TOP 100
TOP 100	TOP 100	TOP 100	TOP 100	TOP 100	TOP 100	TOP 100	TOP 100	TOP 100	TOP 100
TOP 100	TOP 100	TOP 100	TOP 100	TOP 100	TOP 100	TOP 100	TOP 100	TOP 100	TOP 100
TOP 100	TOP 100	TOP 100	TOP 100	TOP 100	TOP 100	TOP 100	TOP 100	TOP 100	TOP 100
TOP 100	TOP 100	TOP 100	TOP 100	TOP 100	TOP 100	TOP 100	TOP 100	TOP 100	TOP 100
TOP 100	TOP 100	TOP 100	TOP 100	TOP 100	TOP 100	TOP 100	TOP 100	TOP 100	TOP 100
TOP 100	TOP 100	TOP 100	TOP 100	TOP 100	TOP 100	TOP 100	TOP 100	TOP 100	TOP 100
TOP 100	TOP 100	TOP 100	TOP 100	TOP 100	TOP 100	TOP 100	TOP 100	TOP 100	TOP 100
TOP 100	TOP 100	TOP 100	TOP 100	TOP 100	TOP 100	TOP 100	TOP 100	TOP 100	TOP 100
TOP 100	TOP 100	TOP 100	TOP 100	TOP 100	TOP 100	TOP 100	TOP 100	TOP 100	TOP 100
TOP 100	TOP 100	TOP 100	TOP 100	TOP 100	TOP 100	TOP 100	TOP 100	TOP 100	TOP 100
TOP 100	TOP 100	TOP 100	TOP 100	TOP 100	TOP 100	TOP 100	TOP 100	TOP 100	TOP 100

Augenzentrum Eckert

★★★★★★★★

Sehenden Auges zum Erfolg

Augenheilkunde auf höchstem Niveau – das verspricht das Augenzentrum Eckert, dessen Spezialisten die Patienten in deren Wohnnähe und mit modernster Technik behandeln. In Süddeutschland ist das Unternehmen an 70 Standorten vertreten. Das enorme Wachstum des Mittelständlers, der noch vor fünf Jahren nur über 20 Standorte verfügte, ist eng mit seinem herausragenden Innovationsklima verbunden. Von den Innovationserfolgen profitieren nicht nur die Augenspezialisten selbst, sondern auch ihre Patienten.

Dr. Christoph Eckert, der mit seiner Frau Dr. Sophie Eckert die Geschäfte des Unternehmens leitet, besucht regelmäßig alle Standorte. Nicht nur, weil er sich versichern will, ob alles in Ordnung ist, sondern auch, um mit den Ärzten und den Teams über Verbesserungsmöglichkeiten zu sprechen. Dabei wird jede neue Idee wohlwollend geprüft. Denn auch vermeintliche Kleinigkeiten können dazu beitragen, dass der Workflow vereinfacht oder optimiert wird. So erläuterte ein Mitarbeiter ein digitales Tool, das er privat nutzt, mit dem Hinweis, dass es auch für interne Bestellungen in einer Filiale Vorteile bieten könnte. Gesagt, getan: Die Idee wurde realisiert.

Augenschonende High-End-Tech im Einsatz

Auch bei den Innovationen sind es oft die scheinbar kleinen Dinge, die zum Wachstum des Unternehmens beitragen. „Wir betreuen unsere Patienten individuell. Das fängt damit an, dass wir vor der Bestellung einer Augenlinse die Maße und Daten exakt bestimmen", sagt Sophie Eckert. Darüber hinaus profitieren Patienten von der High-End-Technologie des Augenzentrums, über die nicht alle Wettbewerber verfügen. Ein Beispiel dafür ist die Behandlung des Grauen Stars, bei der neben dem üblicherweise verwendeten Femtolaser zusätzlich ein Nanolaser zum Einsatz kommt. Dieser kann die vom Femtolaser bereits fragmentierten Stücke weiter zerstäuben. „Das ist die schonendste Methode, denn bei diesem Verfahren entsteht keine Wärmeentwicklung. Sämtliche Strukturen des Auges werden geschont", erläutert die Geschäftsführerin.

Das Beste für die Patienten

Ihr Mann, Christoph Eckert, hält über die Standortbesuche hinaus jede Woche eine kurze Telefonkonferenz mit allen, um die Lage zu checken und die Entwicklung von Neuerungen am Laufen zu halten. Zudem werden im Unternehmen regelmäßig Weiterbildungen für die Beschäftigten organisiert. Dazu zählen Schulungen für Einsteiger, Experten und Fortgeschrittene sowie monatliche Videofortbildungen für Augenärzte. Qualifiziertes Personal und modernste Geräte, wohin das Auge reicht. „Für unsere Patienten nur das Beste", betonen die beiden Chefs einstimmig.

Augenzentrum Eckert
71083 Herrenberg
https://augenzentrum-eckert.de
Beschäftigte (D): über 200
Gesundheitswesen

Geschäftsführer
Dr. Christoph Eckert und
Dr. Sophie Eckert

Baljer & Zembrod ist ein international führender Anbieter von Holzbearbeitungsmaschinen für den Rundholzplatz im Sägewerk sowie von elektrobetriebener Umschlagtechnik für die Holz- und die Recyclingbranche.

Baljer & Zembrod GmbH & Co. KG

Der Ideenmotor läuft und läuft

Wer mit Peter Schaeidt über Materialumschlagmaschinen spricht, merkt schnell, dass dieser Mann ein Unternehmer mit Herzblut ist und seine Expertise täglich in die Firma einbringt. Der engagierte Geschäftsführer der Baljer & Zembrod GmbH & Co. KG hat viele innovative Ideen, wie die Kunden mit seinen Maschinen effizienter arbeiten können. Zudem generiert er durch seine starke Außenorientierung neues Wissen, indem er mit Hochschulen gemeinsam Projekte anschiebt.

Zu den Abnehmern des erfolgreichen Maschinenbauers gehören hauptsächlich Sägewerke und Recyclingbetriebe. So hat der Geschäftsführer gemeinsam mit seiner motivierten Mannschaft aus dem bestehenden Geschäft mit Materialumschlagmaschinen für Sägewerke auch elektrobetriebene Sortierwagen und Stationärkrane für die Recyclingbranche entwickelt. Mittlerweile werden diese Umschlaggeräte auch „remote", also ferngesteuert, bei den Kunden eingesetzt. Gerade bei Problemabfällen muss der Bediener so nicht mehr von einer Krankabine heraus den Kran bedienen, sondern kann das sicher und bequem vom Büro aus tun.

Sich mit Kunden austauschen

Die zweite Stufe der Digitalisierung des Materialumschlags sind Assistenzsysteme, bei denen Stationärkrane automatisiert den Greifer zu einer vorher definierten Position bewegen. So muss der Bediener nur einen Knopf drücken und der Kran positioniert den Greifer beispielsweise über einen Trichter. Die letzte Digitalisierungsstufe ist die Vollautomatisierung der Krananlagen, dann arbeitet der Kran „mannlos" ohne Bediener. Das Material wird automatisch erkannt und umgeschlagen. Der innovationsorientierte Geschäftsführer trifft sich regelmäßig mit Kunden, um mit ihnen über den Maschinenbedarf und mögliche technische Verbesserungen zu diskutieren. „Dies geschieht auf der Baustelle, aber auch mal in lockerer Atmosphäre beim Essen", sagt er.

Mit Hochschulen zusammenarbeiten

Die Schienenfahrzeuge, welche auch bei Sägearbeiten zum Einsatz kommen, werden seit den 1960er-Jahren mit Elektromotoren angetrieben. Nicht nur im eigenen Haus wachsen Innovationen, sondern auch durch den stetigen Austausch mit Universitäten. Der Mittelständler ist beispielsweise Verbundpartner bei dem von der Hochschule Bremen initiierten Projekt „Smart Recycling Up", das vom Bund gefördert wird. Dabei geht man der Frage auf den Grund, wie Abfälle mittels künstlicher Intelligenz effizienter wiederverwertet werden können. Auch ein Kran des Maschinenbauers ist hier am Start, der beim Recycling dank KI Fremdstoffe erkennt. Eines ist klar: Der Ideenmotor des Maschinenbauers läuft wie geschmiert.

Baljer & Zembrod GmbH & Co. KG
88361 Altshausen
https://www.bz.ag
Beschäftigte (D): 51 bis 200
Anlagen-/Maschinenbau

Geschäftsführer
Peter Schaeidt

Jens Tönnesmann verantwortet „ZEIT für Unternehmer“, das Wirtschaftsmagazin der „ZEIT“. Er ist zudem Redakteur im Wirtschaftsressort der Wochenzeitung und Co-Host des Wirtschaftspodcasts „Ist das eine Blase?“. Zuvor arbeitete er freiberuflich, etwa für die „Wirtschaftswoche“ und „brand eins“, und er war Leiter der Lehrredaktion an der Kölner Journalistenschule.

Biete Firma – suche Sinn

Eine wachsende Zahl von Unternehmern denkt radikal um: Ihre Firmen sollen für alle Zeiten nur den Mitarbeitern und der Gesellschaft dienen, dafür verzichten sie sogar auf ihr Eigentum. Sind die verrückt geworden? **Jens Tönnesmann** hat für „DIE ZEIT" mit vielen Unternehmern gesprochen und gibt Einblicke in ihre Hintergründe und die zugrunde liegende Motivation.

Schüttet elobau Gewinne aus, so fließen sie fast vollständig an die unternehmenseigene Stiftung, die damit gemeinnützige Projekte fördert.

Wenn Arne Habermann erzählt, was er mit seiner Firma vorhat, dann zeigt er Fotos jener zwei Menschen, denen er Leben und Arbeit zu verdanken hat – und die er bald enteignen will: seine Eltern. Auf einem Bild aus dem Jahr 1983 sind Vater Hans-Joachim im Anzug und Mutter Ilse im Kostüm zu sehen, sie lachen, gerade haben sie ihre Firma HBT gegründet, von nun an verkaufen sie maßgeschneiderte Software. Heute, fast 40 Jahre später, zählt HBT 50 Beschäftigte und erzielt 50 Mio. Euro Umsatz im Jahr. Arne Habermann macht das stolz: „Ich kenne keine Softwarefirma aus den 80er-Jahren, die nicht längst verkauft wurde, fusioniert ist oder Insolvenz anmelden musste."

Habermann möchte, dass die Firma, die heute noch zu 75 % seinen Eltern gehört und zu 25 % ihm selbst, auch in Zukunft nie in die Hände von Investoren fällt. Deswegen würde er sein „typisch hanseatisches Unternehmen" gerne ganz untypisch umbauen – so, dass es künftig nicht mehr die Gesellschafter lenken, sondern jene Menschen, die im Unternehmen arbeiten. Sie können dann die Gewinne reinvestieren. Und wenn sie doch eine Dividende beschließen, so fließt die einer Stiftung zu, die gemeinnützige Projekte unterstützt. Das Unternehmen, so will es Habermann, soll „sich selbst gehören" und den Mitarbeitern und der Allgemeinheit nutzen. Habermann selbst bekommt dann nur noch sein Gehalt, seine beiden Kinder gehen leer aus. „Man kann das Verrat an der Familie nennen", sagt Habermann, „ich aber würde sagen: Wir werden damit unserer Verantwortung gerecht."

Purpose statt Gewinnmaximierung

Was Arne Habermann vorhat, klingt ungewöhnlich, wenn nicht gar verrückt: auf Eigentum verzichten – ohne Gegenleistung? Was spricht dagegen, Gewinne zu kassieren, die man unter Inkaufnahme großer Risiken erarbeitet hat? Warum sollten die Nachkommen nicht von dem profitieren, was man aufgebaut hat? Und wie soll sein Modell eigentlich ganz praktisch funktionieren?

Arne Habermann ist weder ein Spinner noch ein Einzelgänger. Viele Unternehmer stellen im Moment die Frage, wozu ihre Firma eigentlich dient. Sie finden, dass es bei Weitem nicht genügt, wenn Firmen Gewinne maximieren und ihren Eigentümern dienen, obwohl Milton Friedman das einst als ihre „einzige soziale Verantwortung" bezeichnete. Der Ökonom zählte zur Chicagoer Schule, die auf die Stärken des Marktes setzte und darauf vertraute, dass das Profitstreben Einzelner den Wettbewerb befeuere, Kosten senke, Produkte verbessere – und dieser Egoismus der Allgemeinheit mehr nutze als jeder Altruismus. Die neuen sinnsuchenden Unternehmer hingegen wollen mit ihren Unternehmen einen tieferen Sinn und Zweck verfolgen: einen „purpose".

Für Leute wie Arne Habermann ist dieser Purpose das Ziel des Unternehmertums selbst – und somit untrennbar mit der Frage verbunden, wem ein Unternehmen gehört. Sie glauben: Solange Aktionäre oder Familien die Eigentümer sind, wird ein Unternehmen vor allem darauf aus sein, deren Vermögen zu mehren.

Sechs Jahre hat Michael Hetzer daran gearbeitet, sein Unternehmen loszuwerden. elobau heißt die Firma, von Leutkirch im Allgäu aus erwirtschaftet sie mehr als 100 Mio. Euro Umsatz im Jahr. Ein erfolgreicher Mittelständler seit Jahrzehnten – aber seit Kurzem kein normales Familienunternehmen mehr.

Entkopplung von Gewinnrechten und Stimmrechten

Vor fast zehn Jahren beschloss Hetzer, die Firma in ein Modell zu überführen, in dem sie sich zum Wohle der Mitarbeiter selbst lenkt. Auf der einen Seite steht in diesem Modell eine gemeinnützige Stiftung, die 99 % der Anteile an elobau besitzt, aber nur 1 % der Stimmrechte. Schüttet elobau Gewinne aus, so fließen sie fast vollständig an die Stiftung, die damit gemeinnützige Projekte fördert. Das eine Prozent der Stimmrechte ist fast nutzlos, erlaubt ihr aber, einen Verkauf der Firma zu blockieren – ein Vetorecht für Notfälle. Gelenkt wird die Stiftung von einem dreiköpfigen Vorstand, in dem Michael Hetzer als Stifter selbst nicht vertreten ist.

Auf der anderen Seite gibt es eine Familienstiftung, die nicht gemeinnützig ist. Sie besitzt nur 1 % der Anteile, erhält also so gut wie keine Gewinne; dafür besitzt sie 99 % der Stimmrechte, sie steuert elobau über einen Beirat und bestimmt zum Beispiel die Geschäftsführung. Kurz gesagt: Das Modell entkoppelt Gewinnrechte und Stimmrechte und verhindert, dass Hetzers Nachfolger die Firma verkaufen oder die Gewinne absaugen können. Mit dem Effekt, dass auch seine Familie keine Dividenden mehr erhält; bezahlt wird nur, wer auch in der Firma arbeitet.

Doch so durchdacht das Modell ist, so schwer war es für Hetzer, es auch zu realisieren. Sechs Jahre vergingen, bis das Finanzamt das Konstrukt geprüft hatte; Tausende Euro kosteten Berater, Anwälte, Notare. Wie es leichter gehen kann?

Stiftungslösung „von der Stange"

Darüber hat sich Armin Steuernagel viele Gedanken gemacht. Er will anderen Unternehmern den Weg frei machen, den Hetzer sich mühsam bahnen musste. Die Argumente hat er drauf: „Bisher wurde Macht in der Wirtschaftswelt nach zwei Prinzipien verteilt: nach dem Blutsprinzip, also durch Vererbung, und nach dem kapitalistischen Prinzip, also mithilfe von Geld", sagt Steuernagel. Wenn ein Unternehmen sich hingegen selbst gehöre, zählten die besten Ideen der besten Köpfe, „das ist ein Upgrade für den Kapitalismus".

Steuernagel hat schon als Schüler und Student gegründet. Unternehmertum begeisterte ihn früh – und es bereitete ihm früh Kopfzerbrechen: Wie abhängig auf einmal erwachsene Menschen von ihm waren! Und obwohl er davon überzeugt war, dass seine Firmen guten Zwecken dienen, zweifelten Angestellte daran: Arbeiten wir nicht in Wirklichkeit für dein Vermögen? „Als mich eine Mitarbeiterin das gefragt hat, ist mir klar geworden, dass ich mit meinem Unternehmen wie mit einem Sack Kartoffeln machen kann, was ich will", sagt Steuernagel. „Ein Unternehmen ist ein Spekulationsobjekt, selbst wenn dahinter viele Menschen stehen, die für einen Sinn arbeiten wollen."

Steuernagel machte sich auf die Suche nach Alternativen – und wurde aufmerksam auf das Unternehmen ZEISS, dessen einstiger Eigentümer Ernst Abbe schon vor mehr als 130 Jahren ähnliche Gedanken hegte und ZEISS damals in eine Stiftung überführte. Steuernagel las, dass Abbes Modell Krisen und Kriege überstanden hatte; und er wurde aufmerksam auf die Studien mehrerer Ökonomen, die festgestellt haben, dass eigenverantwortlich konstruierte Unternehmen seltener scheitern und treuere Mitarbeiter haben.

Also gründete Steuernagel das Purpose-Netzwerk, eine Bewegung, die Mittelständlern und Start-ups eine Stiftungslösung „von der Stange" anbietet. Wer sein Unternehmen heute zum „sich selbst gehörenden" Unternehmen machen will, kann der Stiftung die Kapitalanteile sowie 1 % der Stimmanteile abtreten. Mit ihrem Vetorecht wacht sie darüber, dass zwei Grundsätze nicht mehr angetastet werden: Die Kontrolle über das Unternehmen haben nur noch jene Menschen, die dort arbeiten – nicht ferne Anteilseigner. „Mit unserem Modell wird das Steuerrad im Unternehmen an Menschen weitergegeben, die über Werte und Fähigkeiten verbunden sind, nicht über ihre Gene", sagt Steuernagel. Und: Die Gewinne dienen nur noch dem Unternehmen selbst.

Hinweis der Redaktion:
Es handelt sich hier um eine gekürzte Fassung des Beitrags „Biete Firma, suche Sinn", der im November 2019 im Magazin „ZEIT für Unternehmer" erschienen ist. Inzwischen hat die Purpose-Bewegung um Armin Steuernagel erreicht, dass sich SPD, Grüne und FDP nach der Bundestagswahl 2021 in ihrem Koalitionsvertrag vorgenommen haben, „für Unternehmen mit gebundenem Vermögen (...) eine neue geeignete Rechtsgrundlage (zu) schaffen." Bis zum Redaktionsschluss dieses Buchs ist dies allerdings noch nicht geschehen.

BARTH Präzisionstechnik GmbH

Diese Schwaben nehmen es ganz genau

Präzises Arbeiten ist ihr Job. Sonst wäre es wohl kaum möglich, dass diese Profis für zerspanende Metallfertigung seit Jahrzehnten Branchen wie die Automobilindustrie, den Anlagen- und Maschinenbau oder die Energietechnik zuverlässig beliefern. Die Rede ist von den Experten der BARTH Präzisionstechnik GmbH: Sie verstehen es dank eines positiven Innovationsklimas, den fortschrittlichen Geist des Familienbetriebs in Baden-Württemberg immer weiter zu stärken. Das zeigt sich auch darin, dass sie offen sind für Open Innovation.

Hier grüßt nicht allmorgendlich das Murmeltier, sondern die Kollegen grüßen sich in ihrer täglichen Runde: Sie treffen sich immer um 8 Uhr, um über aktuelle Projekte und über Vorschläge zu diskutieren, die das Unternehmen weiterbringen könnten. Frische Ideen gedeihen aber auch bei Messebesuchen. So war die Geschäftsleitung einmal mit einigen Mitarbeitern auf einer Maschinenmesse. Da sie allesamt vor allem von einer Maschine begeistert waren, wurde sie umgehend gekauft. Noch während des Kaufprozesses begann bei einem der Mitarbeiter das Kopfkino.

Gesehen, gedacht, gemacht

Er hatte konkrete Vorstellungen davon, wo die neue Maschine aufgebaut werden sollte, welche Teile darauf laufen könnten, welches Werkzeug benötigt wird und mit wem man beim Aufbau und bei der Installation zusammenarbeiten könnte. Dieser Mann wurde in das Projektteam aufgenommen und ließ seinen Gedanken freien Lauf. „Wir haben seine Ideen fast vollständig übernommen und die einzelnen Bestandteile auf sein Anraten hin beschafft", berichtet Wolfram Barth, der mit seinem Vater Wolfgang Barth die Firma leitet. „Dank dieses Mitarbeiters wurde das Projekt ein voller Erfolg." Die Kollegen bringen allesamt gern ihre eigenen Ideen ein, denn sie wissen, dass sie gehört und ihre Vorschläge bestenfalls realisiert werden. Die Geschäftsführer fördern ein lebendiges Innovationsklima und haben grundsätzlich für alle potenziellen Neuheiten ein offenes Ohr.

Der Blick über den Tellerrand

Außerdem sind die Chefs stets bereit, einen Blick über den Tellerrand zu werfen und sich dabei Expertise und Know-how von außen ins Haus zu holen. Ein Beispiel dafür ist der Austausch mit der Technischen Universität Berlin, die dem Mittelständler mit einer Applikation weiterhelfen konnte. Darüber hinaus gibt es Entwicklungspartnerschaften mit ausgewählten Herstellern, die ihre Maschinen in die Hallen der BARTH Präzisionstechnik GmbH bringen. Deren Zerspanungsprofis können sich dann die Hardware der neuen Maschinen genauer ansehen und gemeinsam mit den Maschinenbauern neue Produkte entwickeln.

BARTH Präzisionstechnik GmbH
88521 Ertingen
https://www.barth-praezisionstechnik.de
Beschäftigte (D): 51 bis 200
Metallverarbeitung

Geschäftsführer
Wolfram und Wolfgang Barth

Die BeneVit-Gruppe ist ein Familienunternehmen und wurde vor vielen Jahren von Kaspar Pfister für die Pflege von älteren und pflegebedürftigen Menschen gegründet.

BeneVit Holding GmbH

Versorgungslücke mit Ideen füllen

Wohnen oder doch lieber leben? Die BeneVit Holding GmbH ist der größte Anbieter von stationären Hausgemeinschaftskonzepten für pflegebedürftige Menschen. Dabei gestalten die Bewohner ihren Alltag zusammen mit den Mitarbeitern in Wohngemeinschaften. Das Konzept zeigt, dass sich Menschen durch gute und aktivierende Fürsorge wohlfühlen und ihr Allgemeinzustand sich dadurch verbessert. Die kreativen Ideen des Top-Managements haben dazu beigetragen, dass dieses außergewöhnliche Konzept zu einem echten Innovationserfolg geworden ist.

Das Innovationskonzept „stambulant" ist eine Weiterentwicklung des BeneVit-Hausgemeinschaftskonzepts und verbindet die Vorteile der stationären Sicherheit mit der Flexibilität ambulanter Dienstleistung. „In den Wohngemeinschaften können Angehörige aktiv mithelfen", sagt der Geschäftsführer Kaspar Pfister. Der Mittelständler hat eine ganz neue Organisation etabliert, mit der dank des effektiven Einsatzes des Personals und der aktiven Einbindung der Angehörigen der Eigenanteil um über 1.000 Euro pro Monat gesenkt werden kann.

Wohngemeinschaften für Pflegebedürftige

Der Wohlfühlfaktor spielt bei dem Modell eine zentrale Rolle. Wenn Familienangehörige gemeinsam mit den hilfebedürftigen Menschen kochen oder auch Gemeinschaftsspiele spielen, hebt das die Stimmung. Über die reine Versorgung und Hygiene hinaus wird auch das Bedürfnis nach Zuwendung, Sicherheit und Eigenständigkeit erfüllt. „Die Erhaltung des Selbstwertgefühls, der Selbstbestimmung und der Lebensfreude sind wesentliche Bestandteile unseres Konzepts", sagt Pfister. Der Allgemeinzustand verbessert sich bei vielen derart, dass sie wieder zurück nach Hause oder zu ihren Familien könnten. Die meisten wollen jedoch lieber in der Wohngemeinschaft bleiben. Selbst wenn Angehörige keine Zeit haben, die Bewohner zu besuchen und sie zu unterstützen, ist das kein Problem, denn Flexibilität wird hier großgeschrieben. Die Nachfrage nach einem Platz bei BeneVit ist somit groß.

Roboter als Helfer

Mit Innovationen beschäftigt sich der Chef fast täglich. Da die Zahl der Pflegebedürftigen steigt und Pflegekräfte rar sind, hat sich Pfister dazu entschieden, computergesteuerte Hilfsroboter weiterzuentwickeln und künftig Hilfsprogramme einzusetzen, die tägliche Routineaufgaben erledigen, etwa Schränke mit Handtüchern oder Windeln aufzufüllen. In seinem Buch „Die Pflegekatastrophe: ... und wie wir sie durch gute Konzepte in der Altenpflege verhindern können" zeigt er auf, welche Innovationen das Pflegesystem verbessern können. „Es genügt nicht, die schwierige Situation zu beklagen – wir müssen neue Dinge ausprobieren, um die drohende Versorgungslücke zu füllen", erläutert Kaspar Pfister.

BeneVit Holding GmbH
72116 Mössingen
https://www.benevit.net
Beschäftigte (D): über 200
Gesundheitswesen

Geschäftsführer
Kaspar Pfister

Die Bernd Meffle GmbH ist ein Systempartner, wenn es um komplexe Kunststoffprodukte geht. Sie wirkt schon bei der Produktentwicklung mit und bietet alles aus einer Hand – von der Spritzgießform bis zur veredelten Baugruppe.

Bernd Meffle Kunststoffverarbeitung GmbH

★★★★★★

Prämien für Top-Ideen

Ob für die Elektro-, die Hausgeräte-, die Reinigungs- oder die Automobilindustrie: Genauestens passende Teile aus thermoplastischen Kunststoffen werden in vielen Bereichen benötigt. Als Systempartner wirken die Experten der Bernd Meffle Kunststoffverarbeitung GmbH schon am Design und der Produktentwicklung mit und bieten den Kunden alles aus einer Hand, von der Spritzgießform bis zur veredelten Baugruppe. Das Top-Management und der Innovationserfolg tragen maßgeblich zum Erfolg der Firma bei.

Innovationen sind in dem Unternehmen Chefsache. Schließlich wissen die Geschäftsführer Andy Meffle und Dr. Thomas Meffle, dass davon auch die Zukunftsfähigkeit ihres Unternehmens abhängt. Bei ihnen entstehen neue Ideen und Weiterentwicklungen häufig während der Produktion. Zudem wurden Innovationsprogramme ins Leben gerufen, bei denen Mitarbeiter Ideen und Verbesserungsvorschläge einbringen können. Für Top-Ideen, die realisierbar sind, werden Prämien vergeben. „Wichtige Ideengeber sind aber auch unsere Kunden“, sagt Dr. Thomas Meffle.

Austausch mit den Kunden

Wenn die Auftraggeber zum Beispiel Kunststoffteile benötigen, die noch nicht am Markt sind, sprechen die Experten gemeinsam mit den Kunden über Lösungen. Dazu benötigt man das entsprechende Knowhow und auch eine gehörige Portion Kreativität. Die Geschäftsführer verweisen auf kontinuierliche Verbesserungsprozesse, die den Ideenmotor am Laufen halten. „Aus einer Problemstellung heraus entwickeln wir Innovationen. Dafür erhalten unsere Mitarbeiter die notwendigen Freiräume“, sagt Andy Meffle. Darüber hinaus nehmen die Beschäftigten an Schulungen teil, in denen sie lernen, Standardprodukte weiterzuentwickeln, zum Beispiel durch Veredelung. Allen Beteiligten ist klar, dass die Innovationen stets einen wirtschaftlichen Nutzen haben sollten – für die Kunden und für das eigene Unternehmen.

Vom Nischen- zum Serienprodukt

„Aus Innovationen ergeben sich Marktanteile und Umsatzwachstum“, erklärt Dr. Thomas Meffle. Noch wichtiger sei aber die Kundenbindung. Ein Erfolg ist für ihn, wenn aus einem Nischenprodukt ein Serienprodukt wird. Wenn sich also ein neues Nischenprodukt in kleinerer Stückzahl später auch in großem Stil etabliert, sich die Qualität verbessert, die Produktionskosten sinken und am Ende daraus Großaufträge werden, darf man getrost von einem Innovationserfolg sprechen. Innovativ und erfolgreich ist der Mittelständler auch bei der Stromerzeugung. Mit der firmeneigenen Solar- und Windkraftanlage ist er nämlich CO_2-neutral unterwegs.

Bernd Meffle Kunststoffverarbeitung GmbH
72589 Westerheim
https://www.meffle.de
Beschäftigte (D): 51 bis 200
Chemie/Kunststoff

Geschäftsführer
Dr. Thomas Meffle
und Andy Meffle

TOP 100

BETEK GmbH & Co. KG

★★★★★★

Die Hellen aus dem Schwarzwald

Dieses Schwarzwälder Unternehmen verkauft seine Hartmetall-Werkzeuge in die ganze Welt – und das sehr erfolgreich. Ein Grund für die starke Zukunftsorientierung der BETEK GmbH & Co. KG ist ihr Fokus auf Open Innovation. So fließt dank zahlreicher Kooperationen neuestes Wissen aus der Forschung in das Unternehmen. Hinzu kommen äußerst innovative Prozesse. Ein Beispiel: Künstliche Intelligenz setzt man nicht nur bei der Automatisierung ein, sondern seit Kurzem auch in der Material- und der Produktentwicklung.

Für Global Player ist Innovation überlebenswichtig: „Viele Wettbewerber weltweit haben eine ganz andere Kostenstruktur als wir. Da halten wir unsere Position als Marktführer nur dank unserer Innovationsfreude", erklärt der Geschäftsführer Dr. Marc Siemer. Mit Blick auf steigende Energie-, Material- und Lohnkosten sind neueste Technologien aktuell auch essenziell, um im internationalen Wettbewerb zu bestehen. Darüber hinaus hilft die ausgesprochen starke Zukunftsausrichtung dem Unternehmen, einzigartige Materialien und Produkte zu entwickeln und zu fertigen: „Unsere Kunden weltweit wissen, dass sie bei uns auf hohe Qualität und innovative Lösungen vertrauen können", betont Dr. Marc Siemer.

Früh die richtigen Weichen gestellt

Vor allem bei seinen internen Strukturen und Prozessen hat der Mittelständler schon früh die richtigen Weichen gestellt: Mehr Automatisierung durch künstliche Intelligenz ist längst eine Selbstverständlichkeit. Auf der Suche nach weiterem Know-how und relevanten Technologien kooperiert das Unternehmen kontinuierlich mit renommierten Forschungseinrichtungen und Universitäten. „Wir haben aktuell acht Partner aus der Forschung", bestätigt der Geschäftsführer Tobias Hilgert. Mit der Hochschule Furtwangen entwickelte man zuletzt die Idee, künstliche Intelligenz in der Produkt- und der Materialentwicklung einzusetzen. Dafür wurde eigens ein interdisziplinäres Team zusammengestellt, das die Idee effektiv realisierte und an die hauseigenen Abläufe adaptierte.

Mit KI zum perfekten Hartmetall

Bei der Entwicklung von langlebigem Hartmetall war der KI-Einsatz besonders erfolgreich. Denn im Herstellungsprozess dieses Werkstoffs müssen viele unterschiedliche Parameter, zum Beispiel die Temperatur, der Druck und das Verfahren, perfekt zusammenspielen. Die künstliche Intelligenz analysierte rund 40 relevante Parameter und konnte schnell Optimalpunkte identifizieren, mit denen das Team dann weiterarbeitete. „Das auch mithilfe der KI entwickelte Hartmetall ist bis zu 30 % langlebiger als herkömmliche Werkstoffe am Markt", betont Hilgert. Mit solchen Innovationen sichert sich die BETEK GmbH & Co. KG ihren herausragenden Ruf am Weltmarkt.

BETEK GmbH & Co. KG
78733 Aichhalden
https://www.betek.de
Beschäftigte (D): über 200
Metallverarbeitung

Geschäftsführer
Tobias Hilgert und
Dr. Marc Siemer

Die BURGER GROUP bietet kundenspezifische Antriebslösungen. Durch die Integration von zehn Partnerunternehmen kann sie ein breites Spektrum an Kundenbedürfnissen mit entsprechenden Produkten abdecken.

BURGER GROUP

Roboter, die Freiräume schaffen

Einer für alle, alle für einen: Die traditionsreiche SBS-Feintechnik erweiterte sich um zehn Partnerunternehmen. Als BURGER GROUP besitzt sie heute ein geballtes Know-how sowie eine enorme Fertigungstiefe. Die Zusammenarbeit in der Gruppe erzeugt ein glänzendes Innovationsklima und bringt beachtliche Innovationserfolge mit sich. Eine beträchtliche Zahl von Robotern unterstützt die „Mitdenker" bei der Herstellung moderner Antriebstechnik. Für die Belegschaft des Mechatronikspezialisten bleibt damit mehr Raum für Forschung, Innovation und Experimente.

Jedes Produkt, das in Mittel- und Großserien hergestellt wird, ist ein Unikat für sich: Die Antriebslösungen dieses Mittelständlers decken genau das ab, was die Kunden brauchen. Erfindungsreichtum ist eine Voraussetzung dieses Geschäftsmodells. Und doch baute das Unternehmen seine Innovationskraft zuletzt stetig weiter aus, indem es nach und nach zehn Partnerfirmen integrierte. „Als Gruppe bündeln wir jetzt viele Wissensbereiche, was Synergien geschaffen hat. Zudem können wir Trends schneller aufgreifen und abbilden", erläutert der geschäftsführende Gesellschafter Thomas Burger.

Pionier für Robotik und Kobotik

Um in die Zukunft zu denken, braucht der Mittelständler seine Kunden – und auch ein innovationsbegeistertes Team. Systematisch investiert die Gruppe deshalb in ihr Innovationsklima, zum Beispiel mit der „Burger Academy", in der sich Mitarbeiter gezielt und breit weiterbilden können. Oder im engen Austausch mit externen Wissensgebern, zum Beispiel der Hochschule Offenburg. „Wir sind dort Stifter des Lehrstuhls ‚Kobotik' und treiben zusammen Forschung und Entwicklung voran", erzählt Burger. Schon heute ist der Mittelständler Pionier auf dem Gebiet: „Wir produzieren aktuell mit mehr als 100 Robotern – kollaborativ und klassisch. Das ermöglicht uns einen sehr hohen Grad an Automatisation", sagt der geschäftsführende Gesellschafter.

Mit KI den Standort Deutschland verteidigen

Damit bleibt mehr Raum für die Beschäftigten, um Zukunftstechnologien zu erforschen und zu adaptieren: von der Automatisation über künstliche Intelligenz bis zur Industrie 4.0. Das hauseigene Testcenter ermöglicht es, Ideen direkt vor Ort zu erproben und zu qualifizieren. Für Thomas Burger sichern solche Freiräume nichts weniger als die Zukunft seiner Firma: „Wir brauchen Innovation. Nur mit kreativen Köpfen, angereichert durch Roboter und KI, können wir den Standort Deutschland verteidigen und die Gehälter unserer Mitarbeiter sichern." Innovation bedeutet für ihn auch, Verantwortung für die Menschen vor Ort zu übernehmen. Und diese Haltung hat in dem Familienunternehmen schon mehr als 160 Jahre Tradition.

BURGER GROUP
78136 Schonach Im Schwarzwald
https://www.burger-group.com
Beschäftigte (D): über 200
Antriebstechnik

Geschäftsführender Gesellschafter
Thomas Burger

cab Produkttechnik GmbH & Co KG

★ ★ ★

Macht Eindruck

Erklären, was drin ist, und dabei noch einen guten Eindruck machen: Etiketten sollten im besten Fall beides können. Die Etikettendrucker der Karlsruher cab Produkttechnik GmbH & Co KG bewältigen sowohl Standardaufgaben als auch besonders kniffelige. Dafür ist Innovationskraft gefragt. Diese zieht das Unternehmen aus vielfältigen Open-Innovation-Aktivitäten. Seit Jahren tüftelt man etwa an Etikettierungslösungen für die Industrie 4.0. – dabei sind die Spezialisten permanent im engen Austausch mit Universitäten, Start-ups und Kompetenzzentren.

Mit Chips ausgestattet, chemieresistent oder zur Verwendung in Reinräumen, über Eck, gewickelt oder im Kleinstformat von nur wenigen Millimetern: cab stellt hochinnovative Drucker und Spender her, mit denen ihre Kunden alle erdenklichen Produkte, Verpackungen und Bauteile fachgerecht etikettieren können. An gesetzliche Vorschriften, an die spezifischen Anforderungen diverser Branchen und an veränderte Produktionsstandards passen sich die Geräte hochflexibel an. „Es gibt selten eine Anforderung, für die wir nicht das geeignete System anbieten können", erläutert der Geschäftsführer Alexander Bardutzky.

Etikettierung 4.0

Seit Jahren forschen die Karlsruher an Lösungen, die der automatisierten Prozessgestaltung dienen. Schon längst sind ihre Geräte deswegen fit für die Herausforderungen im Bereich Digitalisierung: „Unsere Drucker und Spender können dank intelligenter Schnittstellen mit Netzwerken, Robotern, Datenbanken oder externen Steuerungen kommunizieren", erklärt Bardutzky. Dank einer modularen Schnittstelle, welche man für den Softwarebaukasten des Start-ups Toolify entwickelte, passen sich die Geräte außerdem kostengünstig und individuell an jede Prozesstechnik an. Zukunftsorientierte Produkte wie diese entstehen oft im Verbund mit Partnern: „Ob mit Hochschulen wie der TH Wildau oder Kompetenzzentren wie dem Mittelstand-4.0-Kompetenzzentrum Cottbus – wir sind immer in engem Austausch mit Anwendern, Partnern und Entwicklern, um die Digitalisierung gemeinsam voranzutreiben", sagt der Geschäftsführer.

Profis für Open Innovation

Und das tut das erfolgreiche Unternehmen weltweit: Mit 820 Händlern rund um den Globus verteilt, besitzt es ein starkes internationales Netzwerk. „Aus Asien oder den USA bekommen wir immer wieder Input, den wir systematisch nutzen. Oft sind es aber auch wir, die den unterschiedlichen Märkten Impulse geben", erklärt der Geschäftsführer. Damit füllt das gesamte Team die Idee von Open Innovation mit Leben: Immer wieder überschreitet es die eigenen Grenzen, um sich damit gezielt neues Wissen anzueignen. Auf diese Weise gelingt es der cab Produkttechnik, zukunftsfähige, innovative Produkte zu entwickeln.

cab Produkttechnik GmbH & Co KG
76131 Karlsruhe
https://www.cab.de
Beschäftigte (D): über 200
Anlagen-/Maschinenbau

Geschäftsführer
Alexander Bardutzky

TOP 100

Calvatis GmbH

★★★

Sauber gearbeitet

Was zu Hause der Geschirrspüler erledigt, übernehmen in der Industrie meist große Maschinen. Die Calvatis GmbH liefert ihren Kunden unter dem Markennamen „calgonit“ Reinigungs- und Desinfektionsmittel und baut die dazu passenden individuellen Dosier- und Ausbringungsanlagen. Innovativ ist der Mittelständler dank zahlreicher Kooperationen mit Partnern. Dabei geht es immer öfter um Nachhaltigkeit – und um die Frage, wie Reinigen ohne Chemie funktionieren kann. Eine Antwort liefern Mikroben, die Schmutz einfach auffressen.

Hygiene ist in zahlreichen Branchen von essenzieller Bedeutung, etwa bei der Herstellung von Lebensmitteln oder Getränken, in der Landwirtschaft oder in der Gastronomie. Und doch wollen viele Unternehmen heute nicht mehr nur auf Chemie setzen: „Einerseits werden die Hygienestandards immer höher, andererseits suchen viele Firmen nach nachhaltigen Lösungen. Da ist momentan viel Entwicklungsarbeit nötig“, erzählt die Marketingleiterin Katharina Fischer.

Bakterien, die Schmutz lieben

Daher erforscht der Mittelständler in mehreren Projekten das Reinigen jenseits von Chemie. Konsequent setzt er dazu auf Kooperationen mit Universitäten, Kunden oder auch anderen Unternehmen. Ende 2022 übernahm die Calvatis GmbH ein Unternehmen, mit dem sie bereits zuvor an einer vielversprechenden Innovation arbeitete. Dabei geht es um den Einsatz von Mikroben, die das chemische Reinigen revolutionieren könnten. „Diese Bakterien verteilen sich mit den Reinigungsmitteln auf den Oberflächen und fressen den Schmutz einfach auf“, erklärt Fischer. Auch bei vielen anderen Projekten geht es um Lösungen, die den Einsatz von Chemie reduzieren. So auch bei einer Zusammenarbeit mit der Technischen Universität München: „Bei diesem Projekt haben wir Enzyme getestet, die Chemikalien in Reinigungsmitteln ersetzen könnten“, sagt Katharina Fischer.

Mehr Automatisierung, weniger Energie

Neues entsteht bei Calvatis nicht nur durch Grundlagenforschung, sondern auch in Kundenprojekten, zum Beispiel durch Automatisierung. Automatische Anlagen übernehmen dann Aufgaben, die zuvor Mitarbeiter manuell erledigten. Eine solche Vorgehensweise erhöht meist die Präzision des Reinigens. Und sie dient dem Arbeitsschutz, da sie die körperliche Belastung reduziert. Energiesparen ist aktuell ebenfalls ein großes Thema. Auch hier tüftelt der Mittelständler gemeinsam mit Kunden an individuellen Lösungen: Manchmal kann die Temperatur gesenkt werden, und manchmal helfen auch Datenerfassung und -analyse, Wasser und Energie einzusparen. Fest steht: Das Team der Calvatis GmbH erforscht in einem lebendigen Netzwerk die Zukunft des Reinigens.

Calvatis GmbH
68526 Ladenburg
https://www.calvatis.com/de.html
Beschäftigte (D): über 200
Chemie/Kunststoff

Marketingleiterin
Katharina Fischer

Christian Maier GmbH & Co. KG

Wenn sich alles um die Zukunft dreht

Auch kleinste Bauteile können Produktionsketten mal eben lahmlegen – oder aber sie geschickt optimieren. Die Christian Maier GmbH & Co. KG in Heidenheim hat ihre Drehdurchführungen daher mit einer patentierten Sensorik ausgestattet. Damit bietet sie Kunden effiziente Bauteile für die Industrie 4.0, die Kosten und Energie einsparen. Das Thema Innovation hat der Geschäftsführer konsequent im Unternehmen verankert. Außerdem setzt er auf Partnerschaften und Wissensaustausch, die ihn fit machen für die Zukunft.

„Innovation first" hätte das zukunftsgerichtete Credo von Christian Maier lauten können, als der Geschäftsführer 2015 zu dem 100 Jahre alten Familienunternehmen stieß. Er richtete den Hersteller von Drehdurchführungen in konsequenter Weise auf das Morgen aus. „Innovation war eine klare Priorität in meiner Unternehmensstrategie", erklärt Maier. Doch bei dem bloßen Vorhaben blieb es nicht: Schon ein Jahr nach seiner Ankunft gab es bereits einen Innovationsmanager mit eigener Abteilung.

Ein eigenes Team für die Zukunft

Heute arbeiten vier Mitarbeiter ausschließlich daran, Innovationen und neueste Technologien im Blick zu behalten. Und sie für eigene Produkte zu adaptieren. „Wir decken alle wichtigen Zukunftsthemen mit unserem engagierten Innovationsteam ab", berichtet Florian Maier. Das ist sehr wichtig, weil der Wettbewerbsdruck in vielen Märkten stark zunimmt. Schon kurze Ausfallzeiten ziehen hohe Kosten nach sich. „Intelligente Bauteile sind für Unternehmen heute zukunftskritisch." Die Drehdurchführungen seines Betriebs sind daher mit Sensorik und künstlicher Intelligenz ausgestattet. „Damit können wir wesentlich gezielter warten, wir senken die Kosten, bieten mehr Sicherheit, sparen Energie und optimieren die Prozesse unserer Kunden", fasst Maier zusammen.

Know-how aus der Forschung nutzen

Der frische Wind, den der engagierte Geschäftsführer brachte, weht nicht nur durch die eigenen Unternehmensflure. Man pflegt außerdem gezielt Kooperationen mit Universitäten wie der RWTH Aachen und der regionalen HTW Aalen. Daraus entstanden zuletzt neue Laserbeschichtungsverfahren, die den Lebenszyklus kritischer Bauteile verlängern. Oder auch KI-Modelle, die präzise Verschleiß und Wartungszeiten vorhersagen. „Zusammen mit den Fakultäten Maschinenbau und Informatik haben wir dank Simulationen viel neues Wissen generiert. Das ist direkt in die Entwicklung unserer Komponenten geflossen", sagt Florian Maier. Diese dynamische Haltung – nach innen und nach außen – hat den Mittelständler und seine Kunden weit nach vorn gebracht.

Christian Maier GmbH & Co. KG
89520 Heidenheim
http://www.maier-heidenheim.de
Beschäftigte (D): 51 bis 200
Anlagen-/Maschinenbau

Geschäftsführer
Florian Maier

colordruck Baiersbronn W. Mack GmbH & Co. KG

★★

Mit jeder Faser

Nachhaltigkeit ist in vielen Unternehmen angekommen, doch eine echte Strategie haben nur wenige. Anders die colordruck Baiersbronn W. Mack GmbH & Co. KG: Der Hersteller von hochwertigen Verpackungen aus Vollkarton arbeitet mit einem Nachhaltigkeitsteam daran, die Verpackungsindustrie umweltfreundlicher zu machen. Auch den digitalen Wandel treibt das Top-Management entschlossen voran und investiert konsequent in modernste Maschinen und Informationstechnologien. Damit gehört das Familienunternehmen zu Europas Technologieführern.

Verpackungen, die nach Gebrauch in Bergen von Plastikmüll enden? Dieser Verpackungsspezialist mit Sitz im Schwarzwald setzt lieber auf Recycling und Umweltschutz. Mittels einer Nachhaltigkeitsmanagerin samt Team hat die Geschäftsführung diese Themen fest im Unternehmen verankert. Für die Kunden schlüpft man immer öfter in die Rolle des „grünen" Entwicklungspartners: „Wir haben viel Know-how rund um innovative, faserbasierte Materialien und natürliche Farben. Die Möglichkeiten für kreative und nachhaltige Verpackungen sind mit uns nahezu unbegrenzt", erläutert der Geschäftsführer Martin Bruttel.

Profis für Digital-Full-Service

Auch das große Zukunftsthema Digitalisierung wird von der Firma seit Jahrzehnten mit großer Entschlossenheit vorangetrieben. So gehören ein vollautomatisiertes Warenlager, fahrerlose Transportfahrzeuge und Palettierroboter längst zum Alltag. 2016 gründete das Unternehmen den Geschäftsbereich PACKAGING DIGITAL: „Damit können die Kunden ihre Verpackungen komplett online konfigurieren. Die Daten werden an unsere Maschinen übertragen und mit modernster Digitaldruck-Technologie produziert", sagt der zweite Geschäftsführer Mike Günther. Auch das vollautomatisierte Befüllen, das sogenannte Co-Packaging, zählt zum Angebotsspektrum. „Wir kennen die Erfordernisse der Industrie 4.0 und verstehen uns als moderner Digital-Full-Service-Dienstleister", fasst Günther zusammen.

Klares Bekenntnis zur Zukunft

Die Innovationskraft dieses Familienunternehmens ist auch durch den Mut zu großen Investitionen geprägt: Fast ein Achtel des Umsatzes floss zuletzt zurück in Neuerungen – in automatisierte Prozesse, ein modernes ERP-System, in Hightechmaschinen und innovative Materialien: „Wir sind überzeugt davon, dass nur Innovationen uns und auch den Standort Deutschland zukunftsfähig machen", unterstreicht Martin Bruttel. Die Verpackungsindustrie gibt schon ein hohes Innovationstempo vor. „Wir wollen da aber nicht nur mithalten, wir möchten Visionen entwickeln und neue Akzente setzen", betont Bruttel. Denn Innovation ist bei diesem Mittelständler schließlich Chefsache.

colordruck Baiersbronn
W. Mack GmbH & Co. KG
72270 Baiersbronn
https://www.colordruck.net
Beschäftigte (D): über 200
Druck/Papier/Verpackung

Geschäftsführer
Mike Günther und
Martin Bruttel

crossbase mediasolution GmbH

Endlich Ordnung im Datensalat

In vielen Unternehmen herrscht Datenchaos, gerade beim Management von Produktdaten und Mediencontent. Die crossbase mediasolution GmbH entwickelt Anwendungen für eine effiziente Produkt- und Unternehmenskommunikation, die kundenindividuell angepasst werden können. Dafür vertieft sich das engagierte Top-Management gern und regelmäßig in digitale Innovationen und übersetzt sie in handhabbare IT-Lösungen. So begleitet der Mittelständler seine Kunden ganz unkompliziert beim digitalen Wandel.

Produktdaten und Mediencontent automatisch erstellen und zuordnen: Gerade bei Unternehmen mit Tausenden von Produkten und einer großen Medienpalette spart das Zeit und Kosten. Die modulare Lösung „crossbase" basiert auf einer Datenbank, die es Kunden aus diversen Branchen ermöglicht, ihren Content zentral zu verwalten und automatisiert in unterschiedliche Verkaufskanäle beziehungsweise Märkte auszuspielen. Die Software kann dabei wahlweise On-Premise, also innerhalb der eigenen IT-Infrastruktur, oder alternativ in einer Cloud betrieben werden.

Von Innovationen zu echten Lösungen

Mit solchen automatisierten Lösungen versteht sich der Mittelständler als wichtiger Partner beim digitalen Wandel: „Die Digitalisierung eröffnet viele Chancen in den beiden Bereichen Management und Marketing. Diese möchten wir für unsere Kunden stringent nutzen", sagt Jochen Muffler, der zusammen mit zwei Maschinenbauingenieuren, die auch Informatik studiert haben, das Unternehmen leitet. Alle verfügen über ein umfassendes technisches Know-how und eine bejahende Einstellung zum Thema Innovation. „Wir können nicht anders, als Neues auszuprobieren", ergänzt Muffler. Systematisch behalte man deshalb digitale Technologien wie künstliche Intelligenz und ChatGPT im Blick: „Vor allem für automatisierte Marketinglösungen haben diese Technologien viel zu bieten. Wir binden sie vollständig in unsere Anwendungen ein." Ihre Kernaufgabe sehen die Experten jedoch darin, aus neuen Technologien einfache, kundenspezifische Produkte zu entwickeln.

Unkompliziert auf ein neues digitales Niveau

Dies gelingt auch dank eines transparenten Baukastensystems, welches sich den individuellen Anforderungen ganz unterschiedlicher Firmen und Branchen anpasst. crossbase lässt sich an alle ERP-Systeme anbinden. Bei Bedarf übernimmt crossbase die komplette Datenbankadministration. „Mit unseren smarten Cloud-Services haben unsere Kunden keine Extraarbeit mehr und müssen zudem keine neue Hardware anschaffen", sagt der Geschäftsführer. So schafft dieser Mittelständler leicht handhabbare IT-Lösungen, die Kunden auf ein neues digitales Niveau heben.

crossbase
mediasolution GmbH
71034 Böblingen
www.crossbase.de
Beschäftigte (D): bis 50
IT-Entwicklung/-Beratung

Geschäftsführer
Albrecht Bosler,
Thomas Kern und
Jochen Muffler

Dr. Fritz Faulhaber GmbH & Co. KG

★★★★★

Antriebe für ein besseres Morgen

Wenn moderne chirurgische Roboter präzise Schnitte ausführen, dann stecken in vielen Fällen Miniaturmotoren der in Schönaich ansässigen Dr. Fritz Faulhaber GmbH & Co. KG dahinter. Seit seiner Gründung 1947 hat sich das baden-württembergische Unternehmen einen weltweiten Ruf als Anbieter kleinster Antriebe erarbeitet. Das innovationsorientierte Top-Management fördert den Ideenreichtum der Mitarbeiter. Darüber hinaus sind Seminare für Kunden und der Dialog mit ihnen die Basis für eine erfolgreiche Außenorientierung.

Ob besonders kleine oder leicht zu reinigende Antriebe für medizinische Geräte oder auch besonders robuste Kleinstmotoren für die Luft- und Raumfahrttechnik: „Unsere Aufgabe beginnt da, wo extreme Bedingungen außergewöhnliche neue Antriebe erfordern", sagt der Geschäftsführer Dr. Udo Haberland. Damit Antworten auf Kundenfragen von morgen schon heute gefunden werden, fördert das Top-Management eine lebhafte Innovationskultur im Haus.

Freiraum für Experimente

Für Haberland sind vor allem die kreativen Lösungsideen seiner Beschäftigten der größte Innovationsschatz, den es im Unternehmen zu heben gilt. In der Entwicklung von Mikroantrieben gehört die interdisziplinäre Zusammenarbeit von Spezialisten aus Gebieten wie Elektronik, Mechanik und Prozesstechnik zum Alltag. Damit jeder von jedem lernen kann und Ideen einmal frei ausgetüftelt werden, rief die Geschäftsführung 2022 die „Innovation Challenge" ins Leben. „Wir wollten Freiraum schaffen, um neue Technologieansätze im Team kreativ auszutesten", erklärt Haberland. Auf der Weihnachtsfeier der Firma gab es daher ein kleines Konzert, bei dem die Instrumente durch Antriebe zum Klingen gebracht wurden. Für Haberland ist der persönliche Austausch wichtig: Jeden Freitag können die Mitarbeiter Terminfenster buchen, um mit ihm Projektentscheidungen zu besprechen.

Kunden als Ideenpartner

Mit ihren Kunden ist die Firma oftmals über eine langjährige Entwicklungsarbeit verbunden, die viele neue Ideen angestoßen hat. Gemeinsame Gespräche über Branchentrends und neue Herausforderungen auf der Kundenseite sind daher Teil der erfolgreichen Außenorientierung des Mittelständlers. Auf der jährlichen Veranstaltung „FAULHABER Innovation & Trends", die man regelmäßig für die Kunden organisiert, sprach auch schon der Zukunftsforscher Matthias Horx über Megatrends. „Innovation in motion driving a better tomorrow", der Slogan des Hauses, steht sinnbildlich für diese Initiative: Antriebe von Faulhaber sollen auch immer ein besseres Morgen ermöglichen.

Dr. Fritz Faulhaber GmbH & Co. KG
71101 Schönaich
www.faulhaber.com
Beschäftigte (D): über 200
Elektronik/Elektrotechnik

Die Geschäftsführer

Ebert HERA Esser Holding GmbH

Verlässlicher Partner der Industrie

Industrieanlagen laufen oft im Dauerbetrieb, müssen aber auch gewartet, repariert oder modernisiert werden. Für die vielfältigen Anforderungen im Lebenszyklus einer Produktionsanlage ist die Ebert HERA Esser Holding GmbH die richtige Ansprechpartnerin. Als Firmengruppe bietet sie Leistungen an, die Anlagen erhalten und pflegen. Die dritte Unternehmergeneration hat neue Themen ins Visier genommen und so die Basis für einen Innovationserfolg des Familienunternehmens gelegt.

Seit der Gründung 1949 durch Hans Esser sind das Unternehmen und sein Leistungsportfolio kontinuierlich gewachsen. „Wir übernehmen alle Schritte der Betriebs- und Umbauphase im Anlagenlebenszyklus. Sie reichen von der Planung und Beratung über Instandhaltungs- und Shutdownmaßnahmen bis hin zur Anlagendokumentation", erklärt die Prokuristin Elena Kern. Europaweit realisieren mehr als 2.500 Beschäftigte dieses breite Maßnahmenangebot – unterstützt von einer innovationsorientierten Geschäftsführung. Die besteht seit 2019 auch aus der dritten Generation des Familienbetriebs: den Geschwistern Elena und Raphael Kern sowie ihrem Cousin Marc Brenner.

Wechsel und Wandel

Gemeinsam setzten sie neue Standards, die die Entwicklung der Firmengruppe verändert haben. „Unsere Ausrichtung auf digitale und nachhaltige Themen hat neue Möglichkeiten für Ebert HERA geschaffen", sagt Elena Kern. Neue Softwarelösungen erlauben zum Beispiel ein papierloses Lieferanten- und Personalmanagement, E-Arbeitsmaschinen werten den Fuhrpark nun nachhaltig auf. Dem Personalmangel begegnete das Top-Management durch ein zeitgemäßes Recruiting: „Wir lancieren unsere Stellenangebote jetzt auch über Social-Media-Kanäle und konnten dadurch ein jüngeres Publikum erreichen", erzählt Kern. Mit Erfolg: Dank der Einstellung neuer Kollegen konnte man das Angebot des Unternehmens weiter verbessern.

Neue Kollegen, besseres Ergebnis

So führte die Einstellung weiterer Experten zu erweiterten Dienstleistungen auf den Betriebsfeldern Mess- und Regeltechnik sowie Transport und Schwermontage. „Wir sind froh, für diese Gebiete Spezialisten gefunden zu haben, die unser Angebot erweitern", sagt die Prokuristin. Zudem wird nun im Engineering auf modernste Technologie gesetzt: Durch Realitätsaufnahmen mit 3-D-Laserscan können Rohrleitungen in Prozessanlagen nun kostengünstiger, schneller und genauer geplant werden. Und ein digitales Lagerverwaltungssystem verbessert außerdem die internen Abläufe. Insgesamt stieg durch diese Veränderungen das Betriebsergebnis um 30 % – ein Erfolg, der unter anderem auf der innovativen Ausrichtung des Familienunternehmens beruht.

Ebert HERA Esser Holding GmbH
76530 Baden-Baden
https://ebert-hera-esser.de
Beschäftigte (D): über 200
Metallverarbeitung/Industriedienstleistungen

Die Geschäftsführung

Eisele GmbH

Spezialist für gute Verbindungen

Wo Flüssigkeiten, Gase oder Druckluft durch Schläuche fließen, müssen die Anschlüsse eine einwandfreie Verbindung garantieren. Seit 80 Jahren entwickelt die baden-württembergische Eisele GmbH deshalb ausgereifte, spezialisierte Anschlusssysteme aus Ganzmetall. Das positive Innovationsklima und die kreativen Ideen der Mitarbeiter sind mit ein Grund für den Erfolg des Unternehmens – genau wie die strukturierten Prozesse, die Einfälle zur Realität werden lassen.

So vielfältig die Einsatzgebiete für Substanzen sind, die über Schläuche geleitet werden, so zahlreich sind auch die Anschlusskomponenten, die Eisele zu bieten hat: Mit 8.000 Standardartikeln und 2.000 Sonderlösungen unterstützt das Unternehmen Kunden aus dem Maschinenbau, der Elektrotechnik oder der Lebensmittel- und Pharmaindustrie. Die Ideen der 130 Beschäftigten am Gründungsort Waiblingen spielen eine zentrale Rolle bei der Entwicklung neuer Komponenten.

Eine App als Ideenpate

Will ein Mitarbeiter einen neuen Vorschlag oder eine Produktidee einbringen, wendet er sich vertrauensvoll an „HENNry“: Das Ideenmaskottchen ist Symbol der gleichnamigen App, die mit Eintritt in die „HENN Connector Group“ 2021 Anwendung fand. „Damit können unsere Mitarbeiter ohne große Hürden ihre Ideen beisteuern – im eigenen Unternehmen oder aber in der HENN-Gruppe“, sagt der Geschäftsführer Johannes Jeitler. Das Ergebnis der verwirklichten Vorschläge wirkte sich 2022 direkt auf den Umsatz aus und verbesserte ihn um 3 %. Mit ein Grund dafür war die Produktidee eines Mitarbeiters, die zur Entwicklung des ausgeklügelten Anschlusssystems „2-in-1-Connector“ führte: Erstmals können dadurch Schläuche mit verschiedenen Durchmessern und verschiedenen Maßsystemen, etwa deutsche Meter- und amerikanische Zoll-Einheit, innerhalb eines Anschlusses verbunden werden.

Plattform für neue Prozesse

Durch die App ist das Unternehmen auch mit der Innovationsplattform „HENNovation“ verbunden, auf der neue Ideen gesammelt, strukturiert und bewertet werden. Eine eigene Innovationssoftware erlaubt zudem eine bessere und transparentere Darstellung des Projektmanagements. „Dadurch lassen sich Projektthemen schnell überblicken, sodass die Mitarbeiter fundierte und zeitnahe Entscheidungen treffen können“, sagt Jeitler. Aktuelle Projekte, zum Beispiel die Überarbeitung des Webshops oder die Entwicklung von 3-D-Modellen für Kunden, werden so in unternehmensübergreifenden Teams realisiert – auch ein Beweis dafür, dass die Stärke der Eisele GmbH in guten Verbindungen liegt.

Eisele GmbH
71332 Waiblingen
http://www.eisele.eu
Beschäftigte (D): 51 bis 200
Anlagen-/Maschinenbau

Geschäftsführer
Johannes Jeitler

Eltroplan Engineering realisiert Elektronikgeräte und -baugruppen für zahlreiche Kunden aus verschiedenen Branchen. Dank des mit PV-Modulen überdachten Mitarbeiterparkplatzes versorgt sich das Unternehmen überwiegend mit selbst erzeugtem Strom.

Eltroplan Engineering GmbH

★★★★

Auf die Idee folgt die Technologie

Wo hochkomplexe elektronische Schaltungen E-Autos, Flugzeuge und medizinische Geräte steuern, benötigt man Expertenwissen wie das der Eltroplan Engineering GmbH im baden-württembergischen Endingen. Seit mehr als 45 Jahren entwickelt sie Leiterplatten und ist heute als Systemanbieterin in vielen Technikbranchen vertreten. Das Top-Management achtet auf strukturierte Innovationsprozesse, und die Mitarbeiter steuern immer wieder neue Ideen zum Erfolg des Mittelständlers bei.

Etwa 5.000 Leiterplatten-Layouts hat das Unternehmen bereits realisiert, hauptsächlich für die Bereiche Industrie, Automotive und Luftfahrt. „Wir haben uns schon früh mit Schlüsseltechnologien auseinandergesetzt, bevor diese am Markt relevant wurden", sagt der Geschäftsführer Michael Pawellek. Heute bietet Eltroplan als Systemanbieter alle Entwicklungsstufen einer elektronischen Baugruppe oder eines Geräts: vom Prototypen bis zur Serienreife, von der Beratung bis zur Zertifizierung oder auch von der Neuentwicklung bis zur Optimierung.

Minutiöse Planung

Um dem Markt immer mindestens einen Schritt voraus zu sein, werden alle Projekte bei Eltroplan sowohl weit im Voraus als auch im täglichen Ablauf minutiös geplant. Auf der jährlichen Klausurtagung sprechen Top-Management und Bereichsleiter über technologische Ziele, die in zwei und fünf Jahren erreicht werden sollen. Das Ergebnis daraus ist Teil des Geschäftsplans – der sich anschließende Innovationsprozess wird per ERP-System überwacht. Bei der Zusammenarbeit an Projekten gehört eine vorausschauende Haltung zum normalen Entwicklungsalltag. „Unsere Abteilungen Engineering, Produktion und Forschung arbeiten interdisziplinär zusammen, um neue Lösungen zu entwickeln", erzählt Pawellek. So konnte etwa der Funktionalitätstest von Leiterplatten bei Temperaturen zwischen –50 °C und 80 °C mithilfe eines neuartigen Heiz- und Kühlsystem optimiert werden. „Hierdurch sparen wir jede Menge Zeit und Energie", sagt der Geschäftsführer.

Jede Woche neue Wissenshäppchen

„Zusammen mehr erreichen", dieser Gedanke stand auch bei der Entwicklung der Austauschrunde „Wissen vor 12" Pate: Jeden Freitag vor der Mittagspause können Mitarbeiter eine halbe Stunde lang „Wissenshäppchen" aus ihren innovativen Projekten mit ihren Kollegen teilen. Diese Veranstaltung ist gut besucht und generiert immer wieder neue, fachübergreifende Antworten auf diverse Fragestellungen. „Unsere ausgeprägte Innovationskultur funktioniert nur mithilfe motivierter Mitarbeiter, die sich regelmäßig in neue Wissensbereiche vorwagen", erklärt Michael Pawellek abschließend stolz.

Eltroplan Engineering GmbH
79346 Endingen
https://www.eltroplan-group.com
Beschäftigte (D): bis 50
Elektronik/Elektrotechnik

Geschäftsführer
Michael Pawellek

„Offen sein
für neue Dinge –
diese Haltung
definiert die
Innovationskultur
bei uns.“

Michael Pawellek
Geschäftsführer

Wo finden Sie Inspiration für Ihr tägliches Tun?
Die erfolgreiche Kollaboration mit Forschungseinrichtungen und Universitäten ist für uns immer inspirierend. Durch gemeinsame Forschungsprojekte erhalten wir Zugang zu Know-how, welches wir sonst nicht hätten. Ein Beispiel dafür ist das gemeinsame Förderprojekt mit dem Klinikum rechts der Isar der Technischen Universität München, das im Moment ein Messgerät zur Hautanalyse in Form einer Armbanduhr entwickelt. Wir steuern als Systemanbieter die Sensoren und die Software bei. Nach der Entwicklungsphase wird ein schon ausgewähltes Unternehmen, das einen entsprechenden Zugang zum dermatologischen Markt hat, das Produkt übernehmen.

Hatten Sie schon mal eine ungewöhnliche Quelle für neue Ideen?
Ja, denn wir haben vor etwa drei Jahren die CO_2-Ampel einer Schulklasse zu einem Luftreiniger auf Ionenbasis weiterentwickelt. Wir haben hierfür einen physikalischen Prozess aus der Natur genutzt und das Produkt durch das Fraunhofer-Institut in Stuttgart testen lassen. Der Luftreiniger hat hervorragend abgeschnitten und eignet sich etwa dazu, in Krankenhäusern Keime und Gerüche aus der Luft zu filtern.

Wie wirkt sich der Kontakt zu Kunden auf die Innovationskraft Ihres Unternehmen aus?
Die Kooperation mit unseren Kunden und die gemeinsame Suche nach neuen Lösungen bringt immer wieder innovative Verbesserungen hervor. Zu einem inspirierenden Forum haben sich beispielsweise unsere „Technologietage" entwickelt: Dort berichten Experten aus der Industrie und der Forschung über neueste technologische Trends. Die Gespräche danach veranlassen unsere Ingenieure oft dazu, neue Themenfelder ins Visier zu nehmen.

Welche anderen Gelegenheiten nutzen Sie noch, um neue Impulse aufzunehmen?
Unsere Gewerbeschau in Endingen in Baden-Württemberg ist immer eine gute Sache. Hier kommen selbst sonntags häufig mehr als 1.000 Besucher vorbei. Das zeigt uns, dass die Menschen Eltroplan Engineering als innovatives High-Tech-Unternehmen wahrnehmen. Wir erhalten nach dieser Veranstaltung zudem regelmäßig Initiativbewerbungen, und es konnten zum Teil nur wenige Tage später neue Arbeitsverträge unterschrieben werden.

Wie die starke Außenorientierung
bei Eltroplan zu neuen Innovationen führt,
erklärt **Michael Pawellek.**

TOP 100

TOP 100
TOP 100
TOP 100
TOP 100
TOP 100
TOP 100
TOP 100
TOP 100
TOP 100
TOP 100
TOP 100
TOP 100
TOP 100
TOP 100

Endress+Hauser Conducta GmbH+Co. KG

★★★★★★★★★

Messbar gute Ideen

Nur absolut sauberes Wasser eignet sich als Trinkwasser, deshalb sind regelmäßige Kontrollen unerlässlich. Auf die Analyse unseres wichtigsten Lebensmittels und noch vieler weiterer Flüssigkeiten mittels Messgeräten hat sich die Endress+Hauser Conducta GmbH+Co. KG spezialisiert. Dabei profitiert das Unternehmen mit Sitz im baden-württembergischen Gerlingen von seinen ideenreichen Beschäftigten und einem innovationsorientierten Top-Management.

Als eine von insgesamt vier Produktionsgesellschaften der schweizerischen Endress+Hauser Gruppe hat sich der Mittelständler ganz vorn im Markt positioniert. Mit seinen 1.300 Beschäftigten fertigt er innovative Produkte, die fehlerfreie Messergebnisse im Feld und mobiles Arbeiten, ob in der Natur oder im Labor, ermöglichen. „Wir konnten uns als Innovationsführer auf diesem Gebiet etablieren“, erläutert der Managing Director Dr. Manfred Jagiella. Marktfähige Ideen zur Weiterentwicklung der Messgeräte stammen oft von den Mitarbeitern.

Mehr Patente als Mitarbeiter

Für ein förderliches Innovationsklima stellt das Top-Management die richtigen Weichen, indem es gelungene Ideen feiert und sogar regelmäßig patentiert. Neben dem „Celebration Breakfast“, das Ideengeber persönlich vorstellt, finden auch Patent-Workshops und ein jährlicher „Innovator‘s Day“ statt. Technische Neuerungen werden per Patentanmeldung geschützt. Die Produktivität der Mitarbeiter wird hier besonders deutlich: „Wir führen über 1.300 Patente, haben also mehr Patente als Mitarbeiter“, berichtet Jagiella. Tatsächlich steuern jedes Jahr 80 % der Kollegen neue Ideen bei, die größtenteils zeitnah verwirklicht werden. 2022 war darunter das kompakte Handmessgerät „Liquiline mobile“, das verschiedene Werte mithilfe von passenden Aufstecksensoren misst und die Ergebnisse per Bluetooth sicher und fehlerfrei auf mobile Endgeräte überträgt.

Im Austausch mit Kunden

Das Top-Management setzt sich in besonderer Weise für neue Ideen von Kundenseite ein: Über das jährliche Technology-Forum hinaus, zu dem man internationale und deutsche Großkunden einlädt, fängt die Geschäftsführung Stimmungen auch persönlich ein. So nimmt sie sich zweimal im Jahr Zeit, um mit einem ausgewählten Unternehmen intensiv ins Gespräch zu kommen – am Standort des Kunden. Dabei werden neuen Lösungen erwogen und Blicke in die Zukunft gewagt. „Dieser Austausch schafft Verständnis und Vertrauen auf beiden Seiten“, erklärt Jagiella. Damit legt man die Basis für weitere gute Ideen, die auch in Zukunft messbar zum Erfolg der Endress+Hauser Conducta beitragen werden.

Endress+Hauser Conducta GmbH+Co. KG
70839 Gerlingen
https://www.endress.com
Beschäftigte (D): über 200
Mess-/Prüftechnik

Die Geschäftsleitung

ENGMATEC entwickelt und produziert Prüfsysteme und Montagetechnik. In der Automation von Prüf- und Montagetechnik für elektromechanische Komponenten und Produkte ist die Firma eine feste Größe auf dem Markt.

ENGMATEC GmbH

Hier prüfen die Experten

Komplexe Technik, die in Autos, Kameras oder Sensoren eingesetzt wird, muss vor ihrem Gebrauch genau geprüft werden. Seit 30 Jahren entwickelt die in Radolfzell ansässige ENGMATEC GmbH entsprechende Prüfsysteme und zunehmend auch Automatisierungslösungen für die Elektronikindustrie. Dank der Zusammenarbeit mit wissenschaftlichen Experten und regelmäßiger Messebesuche bekommen die Spezialisten in Baden-Württemberg stetig frische Ideen. Mit neuen Kunden und einer veränderten Unternehmensorganisation gelang ein Innovationserfolg.

Leiterplatten, Sensoren, elektronische Baugruppen: Im Cockpit eines Autos gibt es für ENGMATEC viel zu prüfen. Ob Funktions-, Temperatur- oder Softwaretest – die entwickelten Prüftechniken lassen sich in zahlreichen Branchen der Elektronikproduktion einsetzen. Dabei werden von der Kundschaft zunehmend automatisierte Lösungen bevorzugt. „In unseren automatisierten Montageanlagen kommt selbstverständlich ebenfalls unsere ausgereifte Testtechnologie zum Einsatz", erklärt der Geschäftsführer Peter Sauter.

Personalmangel als Ideentreiber

Nach einigen schwierigen Jahren hat sich das Unternehmen mittels einer konsequenten Außenorientierung neu aufgestellt. ENGMATEC wurde 2019 von der Beteiligungsgesellschaft Schauenburg International übernommen, die einige Neuerungen anregte. Zum Beispiel wurde 2021 gemeinsam mit der Hochschule Furtwangen am Alleinstellungsmerkmal des Sondermaschinenbauers gefeilt. Nach Marktrecherchen und IT-Messebesuchen war für den Mittelständler klar: Der Fachkräftemangel in der Elektronikprüfung wird den Einsatz automatisierter Prüf- und Montageanlagen weiter vorantreiben. „Wir konzentrieren uns deshalb auf innovative und pragmatische Lösungen für den Mittelstand in diesem Segment", berichtet Sauter. Gemeinsam mit Lieferanten spezialisierte das Unternehmen zum Beispiel einen kollaborativen Roboter, einen sogenannten Cobot, für den Einsatz bei automatischen Leiterplattentests.

Organisation im Wandel

Da das Unternehmen hauptsächlich Kundenlösungen entwickelt, konnten mit diesem neuen Produkt auch andere Zielgruppen angesprochen werden. Die Bereiche Robotik, Kameratechnik sowie vollautomatische Lösungen steigerten den Umsatz und auch die Projektmenge erheblich. Aus diesem Grund strukturierte man sich neu: Nun verantworten nicht mehr nur Projektleiter die Organisation, sondern neu aufgestellte Abteilungen. „Bei 150 laufenden Projekten pro Jahr sind so die Aufgaben und Verantwortlichkeiten klarer verteilt", erklärt der Geschäftsführer. Bei ENGMATEC erfahren also nicht nur Elektronikkomponenten, sondern auch die eigenen Unternehmensprozesse eine innovative Prüfung.

ENGMATEC GmbH
78315 Radolfzell
https://www.engmatec.de
Beschäftigte (D): 51 bis 200
Anlagen-/Maschinenbau

Geschäftsführer
Peter Sauter

eta plus electronic gmbh

Die unsichtbare Superkraft

„UV-Licht beschleunigt Prozesse extrem", sagt Christian-Marius Metz, der Inhaber und Geschäftsführer der METZ BETEILIGUNGEN GmbH, zu der auch die eta plus electronic gmbh gehört. Diese Herstellerin von UV-Mitteldrucklampen, elektronischen Vorschaltgeräten sowie kompletten Schaltschränken erschließt sich das Anwendungsspektrum ihrer Technologien im hauseigenen Campus in Nürtingen. Da viele Einsatzzwecke zwar denkbar, nicht aber realisierbar sind, konzentriert sich der Mittelständler auf die wirtschaftlich interessanten Wachstumsfelder.

Ist es nicht erstaunlich, dass Glas auf eine Berührung mit der Fingerkuppe reagiert? Für einen winzig kleinen, aber unverzichtbaren Schritt bei der Fertigung von Touchscreens wird eta-plus-Technologie eingesetzt: Erst die UV-basierte Oberflächenreinigung ermöglicht es, das Glas mit Elektroden zu verbinden. Da mobile Endgeräte allgegenwärtig sind, liegt es auf der Hand, dass sich das Geschäft lohnt – einer der wenigen UV-Anwendungsfälle, die es bis zur Marktreife geschafft haben. Viele Ideen werden schon im Vorfeld aussortiert. Allerdings gelangen immer noch eine Menge in den Anwendungscampus.

Von Glasbläsern gefertigte Meisterstücke

Das positive Innovationsklima im Haus lädt zum regen Austausch ein. Eingebunden sind von vornherein nicht nur Mitarbeiter aus der F&E und der Produktion, sondern auch Kollegen, die die Wirtschaftlichkeit einer Idee berechnen und das Marktpotenzial beurteilen. Vieles gelangt in den Trichter, das meiste wird aussortiert; aber das, was dann am Ende herauskommt, ist ein Produkt, das sich rechnen wird. Das Innovationsklima in Nürtingen hat sich herumgesprochen: Obwohl sich im Speckgürtel von Stuttgart attraktive Konzerne ballen, wählen Ingenieure mitunter bewusst das Umfeld eines Mittelständlers, wo sie ihre eigenen Ideen verwirklichen können. Visionäre bei eta plus arbeiten Hand in Hand mit Traditionshandwerkern aus dem Glasbläsergewerbe. „Jede einzelne UV-Lampe ist ein handgefertigtes Meisterstück", erklärt Christian-Marius Metz begeistert.

Für sauberes Wasser – gegen invasive Arten

Auch zum Artenschutz trägt die Firma bei: Das aggressive Lichtspektrum der UV-Lampen zerstört die DNA von Viren, Bakterien und Keimen. So setzen Seeschiffe die Anlagen für ihr Ballastwasser ein, um schädliche Wasserorganismen und Krankheitserreger zu vernichten, bevor es ins Meer abgelassen wird. Bestens verkaufen sich auch Lösungen für die Lebensmittel- und Getränkeindustrie, für Schwimmbäder und Beschneiungsanlagen sowie vor allem für die Trink- und Abwasserbehandlung. Besonders gutes Wasser kommt in Basel, Paris und San Francisco aus dem Hahn – mit der Technologie der eta plus electronic gmbh chemikalienfrei desinfiziert.

eta plus electronic gmbh
72622 Nürtingen
https://www.eta-uv.com
Beschäftigte (D): 51 bis 200
Elektronik/Elektrotechnik

Inhaber
Christian-Marius Metz

EYPro Mugrauer & Schnele GmbH

★★★★★★★★

Mit Präzision zum Innovationserfolg

Weniger ist nicht automatisch mehr: Das engagierte Top-Management der EYPro Mugrauer & Schnele GmbH ist erst dann so richtig zufrieden, wenn Schmiermittel in technischen Anwendungen absolut exakt dosiert sind. Die Produktinnovationsstrategie des Mittelständlers in Neresheim wird getrieben von wirtschaftlichen Gründen, vom Bestreben, die Umwelt so wenig wie möglich zu belasten, und davon, den Wirtschaftsstandort Deutschland gezielt zu stärken.

Die Dosiertechnologie von EYPro hat es schon in die Lastenhefte von Herstellern geschafft. Deshalb brauchen Zulieferer, die die Produkte anderer Anbieter verbauen, sich bei diesen Unternehmen gar nicht erst für einen Auftrag zu bewerben. Hohe regulatorische Anforderungen spiegeln sich in der Innovationsstrategie des Spezialisten für Dosieren, Automatisieren und Prüfen wider. „Wir arbeiten stetig daran, dass unsere Anwendungen noch schneller, genauer und nachhaltiger werden", sagt der Geschäftsführer Alexander Mugrauer.

Technisch saubere Lösungen

Viele Bauteile stellt der Mittelständler im 3-D-Druck her. So entstehen Dosiergeometrien, die sich mit herkömmlichen Verfahren nicht darstellen lassen. Außerdem vereinen die Teile mitunter Funktionen, die sonst auf mehrere Elemente verteilt sind. Für überzeugende Innovationserfolge gibt das Top-Management in Kundenprojekten die technische Umgebung vor. „Nur so können wir auch die technische Sauberkeit garantieren, die unsere Kunden zu Recht von unseren Produkten erwarten", erläutert Mugrauer. Da Schmiermittel die Umgebung leicht kontaminieren können und für die Kunden einen erheblichen Kostenfaktor darstellen, gilt bei der Dosierung die Faustformel: so wenig wie möglich. Neben individuellen Schmiermitteln bietet die Firma ihren Kunden Standardsysteme wie den Rotationsdosierer „EYSpinn", dessen Funktionsweise man sich wie die Salzstreuer von Räumfahrzeugen vorstellen kann.

Wirtschaftsleistung im Land stärken

Als „Automatisierungsturbo" liegt „EYSpinn" ganz auf der Linie der Innovationsstrategie der Experten. Auch die Dosiersteuerung „EYCon" hat man selbst entwickelt und die Platine unlängst überarbeitet. Unverändert lassen sich so unterschiedlichste Anwendungen steuern, was wiederum der modularen Produktstrategie entspricht. In der Beschaffung geht das innovationsfördernde Top-Management einen eigenen Weg, der das Unternehmen vom Wettbewerb differenziert: Statt aus China zu importieren oder gar dort fertigen zu lassen, kauft EYPro lieber lokal ein. „Damit leisten wir einen Beitrag dazu, die Arbeits- und Wirtschaftsleistung in Deutschland zu stärken", erläutert der Geschäftsführer Markus Schnele stolz.

EYPro Mugrauer & Schnele GmbH
73450 Neresheim
https://www.eypro.de/de
Beschäftigte (D): bis 50
Anlagen-/Maschinenbau

Geschäftsführer
Markus Schnele und
Alexander Mugrauer

TOP 100

Georg Reisch GmbH & Co. KG

★★★★★★★★

Leidenschaft für nachhaltige Architektur

Bündelt eine Baufirma schon in der Geschäftsführung fundiertes Wissen aus Architektur, Bau- und Wirtschaftsingenieurswesen, kommt dieser Output der gesamten Belegschaft zugute. Dies ist eine exzellente Grundlage für beständige Innovationskraft. Bei der Georg Reisch GmbH & Co. KG in Bad Saulgau in Baden-Württemberg erzielen die 320 Beschäftigten im fachübergreifenden Austausch beachtliche Innovationserfolge – intern wie extern. Ihre Ideen entstehen aus strukturierter Kreativität und dem Mut, Neues zu wagen.

„Anpacken" ist das Motto des 1933 gegründeten Baubetriebs, der sich mit den Jahren zum ganzheitlichen Dienstleister entwickelte. Heute leistet die Firma mit zwei Spin-offs in dritter Generation den kompletten Immobilienzyklus – von der Planung und dem Projektmanagement über die Bauweisen wie Roh-, Tief- und Ingenieurbau bis zum umfassenden Gebäudemanagement. Eine sehr große Triebkraft: die kollektive Neugierde, immer wieder unbekannte Wege zu ergründen. „Auch oder gerade bei neuen Innovationsvorhaben, deren Gelingen zunächst ungewiss ist", erklärt Sebastian Geiger, der zuständig ist für die Stabsstelle Forschung und Entwicklung.

Neues entsteht aus Synergien

Der Bau- und Umweltingenieur begleitet die 2021 eingerichtete Stabsstelle Forschung und Entwicklung. Dort laufen alle Ideen aus der Belegschaft ein. Eine interdisziplinäre Expertenrunde bewertet die eingebrachten Vorschläge, bevor das Top-Management final darüber entscheidet. Die effizient gegliederten Innovationsprozesse zielen primär auf Nachhaltigkeit ab. „Unsere Konstruktionen und Baustoffe sowie das Gebäudedesign sind starke Hebel dafür", sagt Geiger. Vor Kurzem verwandte man etwa in einem Projekt an ausgesuchten Stellen Betonteile mit Hohlkörpern, um kein Material zu verschwenden. Dem gleichen Zweck dient „R-Estrich", der Rezyklat enthält. Die Expertise, Werkstoffe wie diese auf den Punkt genau zu entwickeln, kommt aus dem eigenen Haus. Zur Kreislaufwirtschaft tragen Cradle-to-Cradle-Systeme bei, zum Beispiel wiederverwendbare Balkone.

Rundum effizient – von Anfang an

Energieeffiziente Gebäude spiegeln den Innovationserfolg wider. Stichwort „Maximale Ressourcenschonung": Zwecks Optimierung prüft der Mittelständler den Energieverbrauch auf ausgesuchten Baustellen. Auch setzte er jüngst erstmals bei drei grundrissgleichen Wohngebäuden unterschiedlicher Bauweise ein Monitoringsystem ein, um langfristig die effizienteste Kombination herauszufinden. Nicht zuletzt ist man auch intern nachhaltig aufgestellt. Dazu tragen etwa CO_2-Zertifizierung und mehrere Photovoltaikanlagen bei, aber auch CSC-Zertifikate für die betriebseigene Kiesgrube, Transportbeton und Fertigteilwerk.

Georg Reisch GmbH & Co. KG
88348 Bad Saulgau
https://www.reisch-bau.de
Beschäftigte (D): über 200
Baugewerbe/Handwerk

Geschäftsführer
Wolfgang Müller, Hans-Jörg Reisch und Andreas Reisch

Gramm Technik GmbH

★★★

Ausgereift von der Idee bis zur Serie

Was Open Innovation angeht, macht den rund 185 Beschäftigten der Gramm Technik GmbH mit Sitz im baden-württembergischen Ditzingen wohl niemand etwas vor. Die Spezialisten für umweltfreundliche und emissionsreduzierte Oberflächentechnik leisten internationale Pionierarbeit. Sie lösen branchenübergreifend Herausforderungen für Industriekunden – und treiben mit Fachwissen und Erfahrung aus über 90 Jahren Unternehmensgeschichte die externe Forschung und Entwicklung voran.

Die Referenzen lesen sich wie eine kleine Prominentengala aus Forschung und Industrie: CERN Europäische Organisation für Kernforschung, Deutschlands größtes Beschleunigerzentrum DESY, das Fraunhofer-Institut für Werkstoffmechanik IWM und das Karlsruher Institut für Technologie KIT. „Unser Innovationsprozess und der Umgang mit Neuentwicklungen sind bestens strukturiert. Institute, Universitäten und Firmen fragen dazu unsere Beratung an", erläutert Peter Schilderoth, der Geschäftsführer des Anbieters von selektiver Beschichtung in einem einzigartigen geschlossenen System.

In Kooperation noch innovativer

Seit 2014 bündelt das Oberflächentechnische Institut Bodensee ein eigenes Zentrum mit Laboren und Fachkräften alle F&E-Aktivitäten der Gramm-Gruppe. Das Ziel ist: galvanische Oberflächenbeschichtungen und Anlagen von der ersten Idee bis zur Serie praxisnah, nachhaltig und effizient auszugestalten. Das geschieht Schilderoth zufolge stets in Zusammenarbeit mit Auftraggebern, Zulieferern und weiteren möglichen Partnern gemäß ihren Anforderungen. Produziert wird unter eigenem Dach an einem der Gruppenstandorte auf mehr als drei Hektar Fläche. Innovationsmarketing betreiben alle Mitarbeiter in regelmäßigen Gesprächen, während laufender Aufträge und auf Messen. „Sie sind dazu angehalten und darin geschult, Neuerungen mit unserer Technologie als Alleinstellungsmerkmal breit in den Markt zu kommunizieren", sagt Schilderoth.

Individuelle Bedarfe als Ideentreiber

Bei Interesse der Kunden übernehme ein starkes Technikteam die Aufgabe, vor Ort detailliert zu beraten. „Unser Produkt ist chemisch, physikalisch und technisch komplex, daher erklärungsbedürftig", sagt der Inhaber Gerhard F. Gramm. Entwicklung und Herstellung richtet man stets am individuellen Bauteil aus. Häufig kreieren die Fachleute schon Lösungen, bevor der Bedarf in den unterschiedlichen Märkten entsteht. „Weil wir von Anfang an dabei sind, sichern wir unseren Wettbewerbsvorteil, den technologischen Vorsprung." Aktuell testet man wieder neue Beschichtungsarten. Die kommen zukünftig womöglich in der Automobil- und Chipindustrie, der Luft- und Raumfahrttechnik oder im Maschinenbau zum Einsatz.

Gramm Technik GmbH
71254 Ditzingen
https://www.gramm-technik.de
Beschäftigte (D): 51 bis 200
Anlagen-/Maschinenbau

Die Geschäftsleitung
Peter Schilderoth und Gerhard F. Gramm

Gutekunst Formfedern GmbH

★★★★★★★★★★★★★★★★

Trendsetter in der Spezialfederntechnologie

Der direkte Austausch zwischen allen 130 Beschäftigten ist ein Treiber des hervorragenden Innovationsklimas bei der Gutekunst Formfedern GmbH – aber nicht der einzige: Das innovationsorientierte Top-Management unterstützt den Mut zu neuen Ideen mit einem offenen Mindset ebenso wie mit Prämien und Verantwortungsübertragung. Seit der Gründung im Jahr 1990 erweitern die Experten für kundenspezifische Federnlösungen konsequent und erfolgreich ihr Portfolio und ihre internationale Marktpräsenz.

Ob für Automobile und Flugzeuge, Maschinen und Anlagen, für Medizin-, Elektro-, Sanitär- oder Lebensmitteltechnik, ob CAD-Konstruktion, Laserschneiden, Biegen oder Stanzen: Wer sich mit derart großer Branchen- und Fertigungsvielfalt aufstellt, erbringt allein damit schon einen Beweis für ausgeprägtes Streben nach Weiterentwicklung. In der Gutekunst Formfedern GmbH existiert diese Haltung seit ihrer Gründung vor 34 Jahren. Inzwischen entwickeln die findigen Mitarbeiter am Standort Pfalzgrafenweiler im Nordschwarzwald rund 3.500 Federnlösungen pro Jahr und führen damit den internationalen Markt an.

Freier Blick auf Innovationspotenziale

Der Aufbau dieses Engagements beginnt im ganz Kleinen, schildert der Geschäftsführer Hagen Gutekunst: etwa mit kostenlosem Kaffee. Denn an der Maschine oder im Outdoorpavillon lässt es sich gut miteinander „babbeln". „Raum für Kommunikation zu schaffen ist extrem wichtig", sagt er, ebenso wie ein offenes Ohr für Anliegen aller Art zu haben. Das zeigt der nahbare Geschäftsführer seiner Belegschaft, indem er mitten im Großraumbüro sitzt. Ein Gespräch von Angesicht zu Angesicht löst seiner Erfahrung nach Herausforderungen unmittelbar – und beflügelt so manche Innovationsidee. Feste Regeln zur Koordination hält er hingegen für wenig sinnvoll, er gibt lieber viel Freiheit. Auch bei der Weiterbildung: „In mehr als 30 Jahren in der Firma habe ich noch keinen Wunsch abgelehnt. Die Interessen sind querbeet. Es ist toll, dass meine Leute über den Tellerrand schauen."

Produktives Geben und Nehmen

Keine noch so vermeintlich verrückte Idee soll verloren gehen, daher fördert Hagen Gutekunst schöpferisches Potenzial in allen Abteilungen. Für Personal ohne PC-Zugang liegen überall eigens zu diesem Zweck gefertigte Postkarten mit motivierenden Sprüchen parat. Andere tun ihre Vorschläge via Intranet kund. Es gibt sogar ein Prämiensystem für gute Einfälle. Vertrauen in die Beschäftigten inspiriert ihre Produktivität und Innovativität noch mehr, erzählt Gutekunst. Derzeit etabliert er ein neues Zeiterfassungsmodell, um ihnen mehr Freiheit und Eigenverantwortung zu schenken. Er sagt: „Jeder soll das Gefühl haben, hier vorwärtskommen zu können. Das zu erleben, macht uns stark."

Gutekunst Formfedern GmbH
72285 Pfalzgrafenweiler
https://www.gutekunst-formfedern.de
Beschäftigte (D): 51 bis 200
Metallverarbeitung

Geschäftsführer
Hagen Gutekunst

Habmann Group GbR

★★

Die Wegbereiter

Innovation ist Zukunft, und Zukunft ist ein Stück Abenteuer. So nehmen sich die 31 Beschäftigten der Habmann Group GbR mit Sitz im baden-württembergischen Ludwigsburg gern die Freiheit, grenzenlos zu denken. Intrinsisch motivierte Neugier und große Lust aufs Bessermachen kumulieren im regen Austausch zu wegweisenden Veränderungen. Aus dem vitalen Innovationsklima der national führenden Akademie für digitale Weiterbildung erwachsen auf diese Weise progressive Erfolge: für die Kunden und für das Unternehmen selbst.

Es ist diese eine Frage, die dem stetigen Fortschritt der „Habmann AufstiegsAkademie" vorausgeht: „Was brauchen wir?" Schließlich gründe Erfolg auf gezielter Planung, sagt Gabriel Habmann. Mit seiner Mutter Silvia Habmann leitet er die 2008 ins Leben gerufene Weiterbildungseinrichtung. Ihren kreativen Vorwärtsdrang teilen die beiden mit ihren engagierten Mitarbeitern: „Wir suchen immer nach Trends und neuen Technologien, um die bestmögliche Ausbildung zu bieten", sagt Silvia Habmann. Seit 2023 managt ein interdisziplinäres Innovationsteam die Ideen der Belegschaft. „So bleiben wir noch professioneller am Ball."

Der Bruch mit Althergebrachtem

Alle Mitarbeiter haben das Outside-the-Box-Denken verinnerlicht. Innovationswettbewerbe, Workshops und Prämien erhöhen ihren Antrieb. Der bisher größte Innovationserfolg auf Kundenseite, der den Umsatz zuletzt um mehr als 50 % steigerte, ist eine komplett virtuelle Lernumgebung mit interaktivem Online-Live-Unterricht. Eine User-Schnittstelle bietet personalisiertes Lernen, Kollaborationstools und Gamificationbausteine wie Quiz und Planspiele. Manchmal lässt sich ein kreatives Vorhaben nicht sofort realisieren: „Dann warten wir, bis der Markt dafür reif ist", sagt Gabriel Habmann. Auch intern bricht das Team mit Althergebrachtem. Digitalisierung etwa habe viele Prozesse enorm verschlankt: „Gute Ansätze implementieren wir schnell, denn sie helfen dem ganzen Team."

Niederschwellig zum größtmöglichen Vorteil

2024 steht für die Spezialisten der Akademie ganz im Zeichen von „Amy – Academy meets you". Silvia Habmann: „Wir entwickeln im Moment eine digitale Plattform, die es nahezu allen Menschen ermöglicht, die eigene berufliche Ausbildung oder Weiterbildung leistbar zu gestalten." Ob karge Deutschkenntnisse, kleines Budget oder häufige Ortswechsel, ob nicht oder hoch qualifiziert: Die barrierearmen, teils spielerisch gestalteten Ausbildungen und Kurse sollen später den Nutzern rund um die Uhr zur Verfügung stehen und sie per begleitetem Video-E-Learning am Ende zu zertifizierten Abschlüssen führen, damit sich so optimale Arbeitsmarktchancen für sie ergeben.

Habmann Group GbR
71634 Ludwigsburg
http://habmann.info
Beschäftigte (D): bis 50
Weiterbildung

Geschäftsführer
Gabriel und
Silvia Habmann

Hansgrohe SE

★★★★★★★★

Innovativ zur grünen Transformation

Sie belassen es nicht nur beim Können, sie fördern auch das Machen: Dem innovationsorientierten Top-Managementteam bei der Hansgrohe SE ist es ein großes Anliegen, dass sich idealerweise alle 5.400 Beschäftigten auf ihre Art mit frischen Ideen für den Armaturen- und Brausenhersteller mit Sitz im baden-württembergischen Schiltach einbringen. Die Schöpfungskraft beschränkt sich dabei keinesfalls nur auf neue Produkte: Über allen Bestrebungen steht eine umfassende Nachhaltigkeitsstrategie – im Innen und im Außen.

Duschbrausen mit Oberflächenmakeln, egal, wie winzig, kommen nicht in den Verkauf. Vernichten? Nein. CO_2-intensiv ausbessern? Auch keine Option. Die Firmenführung der Hansgrohe SE ließ in Offenburg eine weltweit einmalige Recyclinganlage bauen: In einem auf Schockwellen basierenden Verfahren lassen sich die Chromschicht der Brause und der darunter liegende Kunststoff trennen – beide Materialien können nahezu sortenrein verwertet werden. „Dass wir diese Technologie für verchromte Brausen entwickelt haben, ist ein starkes Beispiel für die grüne Denkweise, die wir im Unternehmen leben“, sagt der Vorstandsvorsitzende Hans-Jürgen Kalmbach.

Zukunftsdenken in alle Richtungen

Innovationsengagement ist bei Hansgrohe demnach erwünscht und wird vielfältig unterstützt. Seit einigen Jahren gibt es dafür eigens eine start-up-ähnliche Abteilung. Dort denken zwölf Mitarbeiter disruptiv und auch in Szenarien, die heute noch nicht möglich sind, Stichwort: Recyclingdusche. Viele andere Ideen wurden schon realisiert, so auch eine Hundebrause. Die „InnoLab“-Fachleute berichten direkt an den Vorstand und dürfen die Kollegen anderer Abteilungen mit ihren kreativen Gedanken auch schon mal herausfordern, wie Kalmbach sagt. Der hauseigenen F&E-Abteilung, die die Innovationsprojekte koordiniert, arbeiten mehrere hundert Beschäftigte zu. Unter anderem befassen sie sich mit Prototypen, Technologien oder Materialien. Mehr als 16.000 Patente verdeutlichen die gemeinsam hervorgebrachte Innovationskraft.

Fortentwicklungen im Sinne von Mensch und Umwelt

Oberstes Ziel aller Produktentwicklungen: den Wasserverbrauch in der langjährigen Nutzungphase reduzieren. „Das merken die Kunden noch nicht einmal unbedingt. Für uns als Firma ist das aber enorm wichtig.“ Denn spätestens 2030 sollen alle wasserführenden Produkte, also das komplette Brausen- und Armaturenportfolio des Mittelständlers, ausschließlich mit Wasserspartechnologien verfügbar sein. „Diese Ressource ist zu wichtig, um sie zu verschwenden. Das positive Duscherlebnis darf sich dadurch natürlich nicht verändern“, betont der Vorstandsvorsitzende. Das nachhaltige Bad der Zukunft: Es ist im Entstehen.

Hansgrohe SE
77761 Schiltach
https://www.hansgrohe-group.com
Beschäftigte (D): über 200
Klima/Sanitär/Heizung

Vorstandsvorsitzender
Hans-Jürgen Kalmbach

hawo GmbH

★★★★★★★★★★

Vordenker und Impulsgeber

Wenn Christian Wolf über Nachhaltigkeit in seinem Unternehmen spricht, kann er nur schwer verbergen, wie sehr er für dieses Thema brennt. Das will er aber auch gar nicht. Seine Devise ist: Tue Gutes, und rede darüber. Als Geschäftsführer der hawo GmbH mit Sitz in Obrigheim hat er seit jeher eine Menge zu berichten. Denn es ist das engagierte Top-Management, das den rund 80 Beschäftigten Innovativität vorlebt und das die Firma, die sich auf Verpackungssysteme spezialisiert hat, international zum Branchenführer macht.

Ganz oder gar nicht: Christian Wolf hält nichts davon, Nachhaltigkeitssiegel für die eigenen, an zwei Standorten entwickelten Produkte zu erwerben. Lieber legt er selbst die Kriterien dafür fest, wie sich Belegschaft und Geschäftsführung für mehr Ressourcenschonung und einen kleineren CO_2-Fußabdruck einsetzen. Und warum? Weil er die Dinge konsequent zu Ende denkt. In dem 1975 gegründeten Unternehmen, das er in der zweiten Generation leitet, entstehen Verpackungsmaterialien und Siegelgeräte unter anderem für die Textil- und die medizinische Industrie. Das Potenzial für nachhaltige Innovationen schöpft Wolf voll aus.

Innovative Produkte, begleitet von Sachverstand

Wissen, was kommt, und die Zukunft so aktiv mitgestalten. Diese Handlungsmaxime bestimmt auch das Engagement des oberen Managements in nationalen und internationalen Normenausschüssen. „Nachhaltige Innovationen setzen fundierte Fach- und Branchenkenntnis voraus", erklärt Wolf. Deshalb teilt sein Team die eigene Expertise mit Vertretern verschiedener Gremien. Derzeit wirkt es etwa an Verpackungsleitlinien für medizinische Einrichtungen mit. Aktuelle Erkenntnisse und normative Anforderungen fließen sofort in die Produktentwicklung ein. Dieses Knowhow sei inzwischen wettbewerbsentscheidend, denn: „Einwandfreie, einfach zu bedienende und nachhaltige Qualitätsprodukte zu liefern reicht bei der weltweiten Konkurrenz nicht mehr", sagt Wolf. Bei hawo gehört der Sachverstand zum Service – essenziell vor allem für die Kundschaft aus dem Medizinsektor.

Ärmel hoch für eine aussichtsreiche Zukunft

Der Plan wäre nicht rund, zielten nicht Einsatz und Vorwärtsdenken auch nach innen. Mit vielen Maßnahmen arbeitet man daran, beide Standorte langfristig weitestgehend plastikfrei zu machen. „In dieses Vorhaben binden wir auch unsere Zulieferer ein", sagt Wolf. Wer ein wirksames Konzept vorlegt, das die bei hawo entwickelten Prüfkriterien erfüllt, erhält zur Anerkennung das entsprechende Logo. Auch solche Partnerschaften setzen Impulse für mehr Innovativität hinsichtlich Nachhaltigkeit, so Wolf. Davon könne es nicht genug geben: „Man muss es selbst in die Hand nehmen. Wir alle wollen doch eine Zukunft, die auch für unsere Enkelkinder noch funktioniert", betont er.

hawo GmbH
74847 Obrigheim
https://www.hawo.com
Beschäftigte (D): 51 bis 200
Gesundheitswesen

Geschäftsführer
Christian Wolf

TOP 100

HB microtec GmbH & Co. KG

★★

Unverkäufliches Nischen-Know-how

Acht von zehn ihrer Aufträge kommen mittlerweile aus der Medizintechnik: Die HB microtec GmbH & Co. KG ist nationale Spitzenreiterin in der Fertigung von Präzisionsschneidwerkzeugen. Der Tuttlinger Mittelständler nähert sich dieser Position konsequent auch im internationalen Markt. Ein essenzieller Bestandteil der Wachstumsstrategie ist seine gute und gezielte Außenorientierung. So profitieren die Mitarbeiter von einem großen Netzwerk, das sich seit der Stunde Null mitentwickelt.

Als der Maschinenbauingenieur Robert Bede 2017 in seiner Garage begann, hochkomplexe Komponenten zu erfinden, war seine Vision eine „Arbeit, für die man Methoden und Hirnschmalz braucht". Er entwickelte Mikrowerkzeuge zum Fertigen von Präzisionsbauteilen aus schwer bearbeitbaren Werkstoffen, etwa für die Medizintechnik und die Luft- und Raumfahrt. Für die Fertigung hatte er damals noch keine Mittel, also holte er sich Partner ins Boot. Ihre Anzahl stieg – das Interesse des Markts an den Produkten ebenso.

Stark in Tool-Entwicklung und Fertigungsmethoden

Unter anderem Zulieferer und Forschungseinrichtungen gehören zu dem umfangreichen Netzwerk, das seit jeher wesentlich zum Innovationserfolg des Zerspanungsexperten beiträgt. Seine Partner sind in die Prozesse involviert. Dabei entsteht ein enormer Technologietransfer. Kürzlich entwickelte das Team einen Semi-Standard für einen T-Nutenfräser: Über ein Softwaretool können Kunden diesen nach ihren individuellen Material- und Dimensionsanforderungen konfigurieren. „So etwas in solch einem Formenspektrum zu standardisieren, hat sich bislang noch niemand getraut", erklärt der Geschäftsführer, der einen vollwertigen Onlineshop für Sonderlösungen plant. Input von unterschiedlichen Auftraggebern soll auch dort über parametrisierte Fragen einfließen können. „Als verlässlicher Servicepartner, der die schneidende Geometrie erzeugt, unterstützen wir unsere Kunden in der Entwicklungsphase neuer Produkte. Das ist unsere Kernkompetenz", fügt Bede hinzu.

Das Netzwerk wächst – das Potenzial auch

Dieser Ruf spricht sich international herum. Derzeit öffnet sich mit Blick auf die Medizintechnik der amerikanische Markt. Angesichts der gewaltigen Nachfrage arbeitet Bede an einer Strategie, sein Netzwerk weltweit auszubauen: „An potenziellen Standorten wollen wir bestehende Märkte und Kontakte nutzen." Anfragen, das firmeneigene Nischen-Know-how zu verkaufen, lehnt er kategorisch ab: „Wir haben die Prozesse akribisch ermittelt. Selbst das Kopieren würde mehrere Jahre dauern. Das bekennen Marktbegleiter ganz offen." Wohl aber plant Robert Bede in den nächsten drei Jahren spannende Joint-Venture-Projekte. Das Optimierungspotenzial setzt sich also fort.

HB microtec GmbH & Co. KG
78532 Tuttlingen
https://www.hb-microtec.de
Beschäftigte (D): bis 50
Medizintechnik

Geschäftsführer
Robert Bede

Hekatron Technik GmbH

Im Miteinander unschlagbar

Ihr Erfolgsgeheimnis? Sie sind Hekatronerinnen und Hekatroner. Und die haben eine Superkraft: Aus einem innigen Zusammenhalt heraus schöpfen sie täglich Antrieb, Energie und neue Ideen, um ihren Arbeitsergebnissen das gewisse Etwas zu verleihen. Dieses ergiebige Innovationsklima und die konsequent gestaltete Prozessorganisation der Hekatron Technik GmbH in Sulzburg sind Merkmale, die das baden-württembergische Unternehmen für Electronic Manufacturing Services von seinen Wettbewerbern unterscheidet.

Knapp 580 Beschäftigte und ein hart umkämpfter Markt: In diesem Kontext eine familiäre Atmosphäre zu bewahren ist weder leicht noch selbstverständlich, hat jedoch für den Geschäftsführer der Hekatron Technik GmbH oberste Priorität. Etliche Aspekte machen den Dienstleister für elektronische Fertigung zu einer Heimat: unter anderem Sportgruppen, gemeinsame Freizeitaktionen, ein Gratisshuttle vom Bahnhof zur Firma, Sommerferienbetreuung für den Nachwuchs. Auf Festivals, Benefizkonzerten und Messen im In- und Ausland spielt sogar eine firmeneigene Big Band auf.

Gemeinsames Erfolgsstreben ist Teil des Mindsets

Dieser seit Jahren gewachsene soziale Zusammenhalt ist der eine Treiber des kreativen Klimas in der Hekatron Technik. Die eigenständige Gesellschaft gehört zusammen mit der Hekatron Brandschutz zur familiengeführten Securitas-Gruppe Schweiz. Der zweite atmosphärische Treiber: eine potente Verbindung aus erstklassigem Know-how, außerordentlichem Ehrgeiz sowie dem gemeinsamen Streben, im konstruktiven Miteinander Bestleistungen zu erbringen. „Die Wettbewerber zu übertrumpfen ist in unserer Branche eine große Herausforderung, aber auch Teil unseres Mindsets“, sagt der Geschäftsführer Arno Hohmann. Das übergeordnete Ziel haben alle im Blick: den Standort und die eigenen Produkte „made in Germany“ zu erhalten. Die werden für jeden einzelnen Kunden, beispielsweise aus der Sicherheitstechnik, dem Industrieelektronik- oder dem Automotivesektor, maßgeschneidert.

Mit Strategie in die Zukunft

„Unsere Auftraggeber kommen etwa mit einer Produktidee zu uns. Vom Prototypen bis zur Serie gestalten wir daraufhin den Industrialisierungsprozess, den wir jeweils im Sinne bester Qualität und Wirtschaftlichkeit neu erfinden“, sagt Hohmann. Optimierungen resultieren oft aus sogenannten Fertigungsreviews im Zusammenspiel verschiedener Abteilungen. Die Ergebnisse reichen von einer einfachen Umstellung der Anlieferform bis zum Redesign einer gefertigten Elektronikkomponente. Weil nachhaltige Wettbewerbsfähigkeit eine Langzeitstrategie benötigt, befassen sich interne Teams außerdem mit Themen wie Unternehmensentwicklung, Digitalisierung, Automatisierung sowie KI. Auch das gehört zur Superkraft.

Hekatron Technik GmbH
79295 Sulzburg
https://www.hekatron-manufacturing.de/de
Beschäftigte (D): über 200
Elektronik/Elektrotechnik

Geschäftsführer
Arno Hohmann

Die Hirschmann Automation and Control GmbH mit Sitz im baden-württembergischen Neckartenzlingen ist einer der weltweit führenden Anbieter von Automatisierungs- und Netzwerktechnik.

Hirschmann Automation and Control GmbH

★★★

Voller Fokus auf digitale Transformation

Wer Unternehmensziele erreichen möchte, braucht ein leistungsfähiges, sicheres und produktives Netzwerk. Eines, das zudem zuverlässig und effizient ist. Die Hirschmann Automation and Control GmbH ist Technologie- und Marktführer im Bereich der industriellen Netzwerktechnik und bietet innovative Produkte, die speziell für ihre Kundschaft konzipiert und entwickelt werden. Das innovationsfördernde Top-Management trägt Sorge dafür, dass das auch in Zukunft so bleibt.

Schon 2020 hat die Unternehmensführung die digitale Transformation sowie die Entwicklung hin zum Lösungsanbieter als Hauptziel initiiert und Innovation in diesem Bereich im Unternehmen massiv gefördert. Eine externe Beratungsfirma begleitet das aktuelle Transformationsprojekt. Neue organisatorische Einheiten und physische Lokationen wie etwa ein Customer-Innovation-Center sind bereits entstanden. Ein Transformation-Office steuert und begleitet die digitale Transformation.

Führungskräfte halten Motivation hoch

Seit 2021 hat das innovationsfördernde Top-Management außerdem die Produkt-, Prozess- und organisatorische Entwicklung in einem holistischen Nachhaltigkeitsprozess verankert, der sich über alle Bereiche und Business-Units erstreckt. Die Verantwortung dafür hat der Geschäftsführer Wolfgang Schenk übernommen. Auch Oliver Kleineberg, Chief-Technology-Officer Industrial Automation und Vizepräsident Technology, gehört zu den Führungskräften, die Neuerungen aktiv vorantreiben. In seinem Büro laufen die Fäden für den Innovationsprozess zusammen. „Wir setzen sowohl auf inkrementelle, als auch auf disruptive Neuerungen", sagt Schenk. Mitarbeiter müssen dabei unterstützt werden, den „Spirit of Innovation" hochzuhalten. Dafür arbeitet der Betrieb in Baden-Württemberg mit einem „Incentivierungs"-System: Ein Vergütungsprogramm honoriert gute Ideen nicht nur monetär. Auch die Einladung zu Senior-Leadership-Meetings und vergleichbaren Anlässen ist ein wichtiger Teil der Motivationsstrategie.

Neben Anreizen spielt Umsetzung eine große Rolle

„Mindestens innovationsfördernd wirkt bei unseren Angestellten aber auch der Wunsch, sich und ihre Vorschläge langfristig in ein Produkt einzubringen und es zum Erfolg zu führen", sagt der Geschäftsführer. Deswegen bietet Hirschmann nicht nur Anreize, sondern auch die Sicherheit, dass gute Ideen im firmeninternen Innovation-Management-System bearbeitet und realisiert werden. Im strategischen Planungsprozess haben Innovationen eine hohe Priorität – stets gefördert und gefordert vom Top-Management.

Hirschmann Automation and Control GmbH
72654 Neckartenzlingen
https://www.hirschmann.com
Beschäftigte (D): über 200
Automatisierungs-/Verfahrenstechnik

Geschäftsführer
Wolfgang Schenk

Huber Gebäudetechnik GmbH & Co. KG

Mit respektvollem Umgang zum Erfolg

Ohne Respekt gegenüber den Mitarbeitern, Kunden und Lieferanten ist Unternehmenserfolg nicht möglich. Davon ist Gerold Huber überzeugt. Seine Huber Gebäudetechnik GmbH & Co. KG bietet Leistungen der Gebäude-, Industrie- und Medientechnik sowie nachhaltige Energiekonzepte an. Die Kunden aus Industrie, Gewerbe und Privathaushalten wissen die Firmenphilosophie zu schätzen. Auch der jüngste Innovationserfolg hat unmittelbar damit zu tun.

„Wir sind ein Handwerksbetrieb, der nichts produziert, sondern Dienstleistungen verkauft. Daher haben wir keine Innovationserfolge im eigentlichen Sinn vorzuweisen", erklärt Gerold Huber. Und dennoch gibt es viele Neuerungen im Betrieb, die ihn mit Stolz erfüllen. Dabei haben für ihn nicht Ertrag und Zahlen die oberste Priorität, sondern seine rund 100 Beschäftigten. „Unser Ziel ist es, ihnen einen Job zu bieten, der zu ihnen passt, und ein Betriebsklima, in dem sie gern arbeiten. Dann spiegelt sich das auch unmittelbar im Geschäftserfolg wider", erklärt er.

Eine zweite Managementebene zahlt sich aus

Die jüngste Geschäftsmodellinnovation, die auch zur Umsatzsteigerung beigetragen hat, ist die zusätzliche Managementebene, die er eingerichtet hat. Die erweiterte Geschäftsleitung besteht aus weiteren drei Mitarbeitern, die sich in den vergangenen Jahren durch ihren Einsatz und ihre guten Ideen hervorgetan haben. „Sie fungieren wie die Beisitzer in einem Verein", erklärt Huber. Wichtig ist den Geschäftsführern, dass sich ihr Team aktiv am Erfolg des Unternehmens beteiligt und auch dafür Verantwortung übernimmt. Mit den neuen Strukturen hat Huber sein Ziel erreicht, sich noch besser aufzustellen. Dabei geht es nicht nur um unternehmerische Entscheidungen, sondern auch um ideelle. Denn wohin die 10.000 Euro Spendengelder fließen sollen, mit denen jedes Jahr regionale Projekte unterstützt werden, entscheidet ebenfalls ein Gremium aus Mitarbeitern.

Geringe Fluktuation dank der Unternehmenswerte

Der größte Erfolgsfaktor jedoch, den Gerold Huber identifiziert hat, ist einer seiner wichtigsten persönlichen, aber auch unternehmerischen Werte: Respekt. „Anders als viele andere Betriebe sind wir mit Fachkräften hervorragend aufgestellt. Die meisten Mitarbeiter sind schon sehr lange im Betrieb, und auch die Jüngeren bleiben gern. Der respektvolle Umgang, den wir hier auf allen Ebenen pflegen, trägt ganz entscheidend zur Stabilität im Unternehmen bei. Ohne diese Stabilität würden wir längst nicht so gut dastehen", betont der Geschäftsführer.

Huber Gebäudetechnik GmbH & Co. KG
77749 Hohberg
https://huber-gebaeudetechnik.de
Beschäftigte (D): 51 bis 200
Elektronik/Elektrotechnik

Geschäftsführer
Stefanie Huber,
Stefan Gutmann und
Gerold Huber

TOP 100

IBS GmbH

Revolution für den Straßenbau in Deutschland

Upcycling, also das Umwandeln von ausgedientem Material in etwas Neues, ist einer der vielversprechendsten Trends im Hinblick auf den achtsamen Umgang mit Ressourcen. Eine besondere Form dieser Aufwertung betreibt die IBS GmbH mit Sitz im baden-württembergischen Herrenzimmern. Ihr mineralisches Additiv namens „NovoCrete“ kommt bei der Bodenstabilisierung zum Einsatz. Von dem Innovationserfolg profitiert dieser Full-Service-Anbieter genauso wie seine Auftraggeber aus Erd-, Tief- und Straßenbau.

„NovoCrete“ kommt bei der Sanierung von Rad- und Wirtschaftswegen zum Einsatz, aber auch auf Landes- und Bundesstraßen sowie auf Autobahnen. „Wir kümmern uns zudem um hochbelastete Verkehrsflächen wie Containerterminals, Logistikflächen für Speditionen, Flughäfen und Bahntrassen“, erzählt Julian Bihl, der geschäftsführende Gesellschafter. Dabei liefert das Unternehmen alle Ingenieurdienstleistungen, die mit dem Produkt verbunden sind, gleich mit. Dieses Servicepaket ist zum Alleinstellungsmerkmal geworden, durch das sich der Mittelständler von der gesamten Konkurrenz abhebt.

Einsparung von Geld, Zeit und Material

„Mit unserem Zement-Additiv können wir sämtliche Tragschichten einer Fahrbahndecke wiederverwerten. Das gilt für den Asphalt und den Schotter genauso wie für den Boden. Dank unserer Innovation muss kein einziges Gramm Material mehr von der Baustelle weggefahren werden“, erklärt Julian Bihl. Die Einsparungen, die dadurch möglich werden, betreffen nicht nur das Finanzielle: Zu den 50 % an Kosten, die wegfallen, kommen pro Jahr noch in etwa 130 Millionen Tonnen an Baustoffen hinzu, die nicht mehr einfach entsorgt, sondern weiter genutzt werden können. Das Hinzufügen von „NovoCrete“ verbessert zudem die Haltbarkeit und die Qualität des Bodens um 50 % und senkt den Bedarf an Rohstoffen um stolze 85 %. Und der Zeitaufwand – ein wichtiger Faktor für die Auftraggeber, zu denen inzwischen vermehrt Bund, Länder und Gemeinden zählen – halbiert sich sogar.

Vorreiterrolle dank Innovation

Dadurch, dass dank „NovoCrete“ das Baumaterial an Ort und Stelle upgecycelt wird, gehören zudem teure Transport- und Lagerkosten sowie Entsorgungsgebühren der Vergangenheit an. Kein Wunder, dass diese Erfindung der IBS eine Vorreiterrolle in der Branche eingebracht hat. Und weitere Neuerungen sind schon in der Pipeline: „Wir entwickeln ständig neue Produkte und stehen dafür in engem Kontakt mit Forschungseinrichtungen, Hochschulen und Laboren“, berichtet Julian Bihl. Eines haben die geplanten Novitäten alle gemeinsam: Sie zielen darauf, den Straßen- und Infrastrukturbau günstiger und ökologischer zu machen.

IBS GmbH
78662 Bösingen-Herrenzimmern
https://www.ibs-novocrete.de
Beschäftigte (D): bis 50
Baugewerbe/Handwerk

Geschäftsführer
Julian Bihl

Intelligent Media Systems AG

Digitalisierung im Training

Haben Sie sich je gefragt, wie Zahnärzte lernen, Implantate zu setzen? Die Intelligent Media Systems AG unterstützt diese Experten und viele andere Spezialisten in fast allen Branchen durch die Digitalisierung von Training. Seit mehr als 20 Jahren setzt das Unternehmen Maßstäbe und bietet mit „hiveQ“ eine führende Lernplattform. Davon profitieren weltweit Hunderttausende von Fachkräften im Produkt- und Branchentraining. Das Top-Management gewährleistet, dass der Mittelständler weiterhin als Early Mover in seiner Branche agiert.

Der Vorstand Christoph Gebauer sagt dazu: „Innovation ist die treibende Kraft bei uns. Dies hilft uns auch nach 20 Jahren, der Konkurrenz einen Schritt voraus zu sein.“ Hier sieht er das innovationsfördernde Top-Management in der Verantwortung, das sehr viel Zeit dafür aufbringt, Trends zu erkennen und daraus eine Strategie abzuleiten. In den Ideation-Process sind neben den Führungskräften auch sämtliche Mitarbeiter eingebunden.

Das Top-Management bringt sich aktiv ein

Damit die guten Ideen tatsächlich verarbeitet werden können, gibt die Geschäftsleitung die Strukturen und die Templates vor, in denen sie beschrieben werden müssen. Sie hält zudem zweiwöchentliche Meetings ab, um die Neuerungen zu kategorisieren und zu priorisieren. Damit Christoph Gebauer immer auf dem Laufenden ist, erhalten Themen, die besonders relevant sind, wie aktuell etwa die künstliche Intelligenz, einen „Owner“, der dafür verantwortlich ist. Dieser berichtet direkt an den Vorstand, um Geschwindigkeit zu erzeugen. Er ist auch beim sechswöchentlichen Strategie-Audit des Top-Managements dabei. Dieses Audit dient dazu, gegebenenfalls die Strategie anzupassen, wenn es neue Impulse gibt. „So gewährleisten wir, dass wir stets agil und dynamisch bleiben und Innovationen bereits frühzeitig fördern“, erklärt der Vorstand.

Sechs Monate von der Idee bis zur Messereife

Weil es sich bei der Intelligent Media Systems AG mit Sitz im baden-württembergischen Karlsruhe um ein mittelständisches Familienunternehmen handelt, ist sie nicht nur kleiner, sondern auch schneller als die Marktbegleiter. Kontinuierliche Innovationsförderung durch das engagierte Top-Management sieht dann mitunter so aus, dass im September 2023 eine Idee zur Integration von künstlicher Intelligenz ins digitale Training aufgesetzt und schon sechs Monate später auf einer Messe präsentiert wurde. Von dieser Technologie werden zukünftig nicht nur die Zahnärzte unter den Kunden des Mittelständlers profitieren, sondern auch alle anderen Branchen.

Intelligent Media Systems AG
76185 Karlsruhe
https://www.im-systems.com/de
Beschäftigte (D): bis 50
IT-Entwicklung/-Beratung

Vorstand
Christoph Gebauer

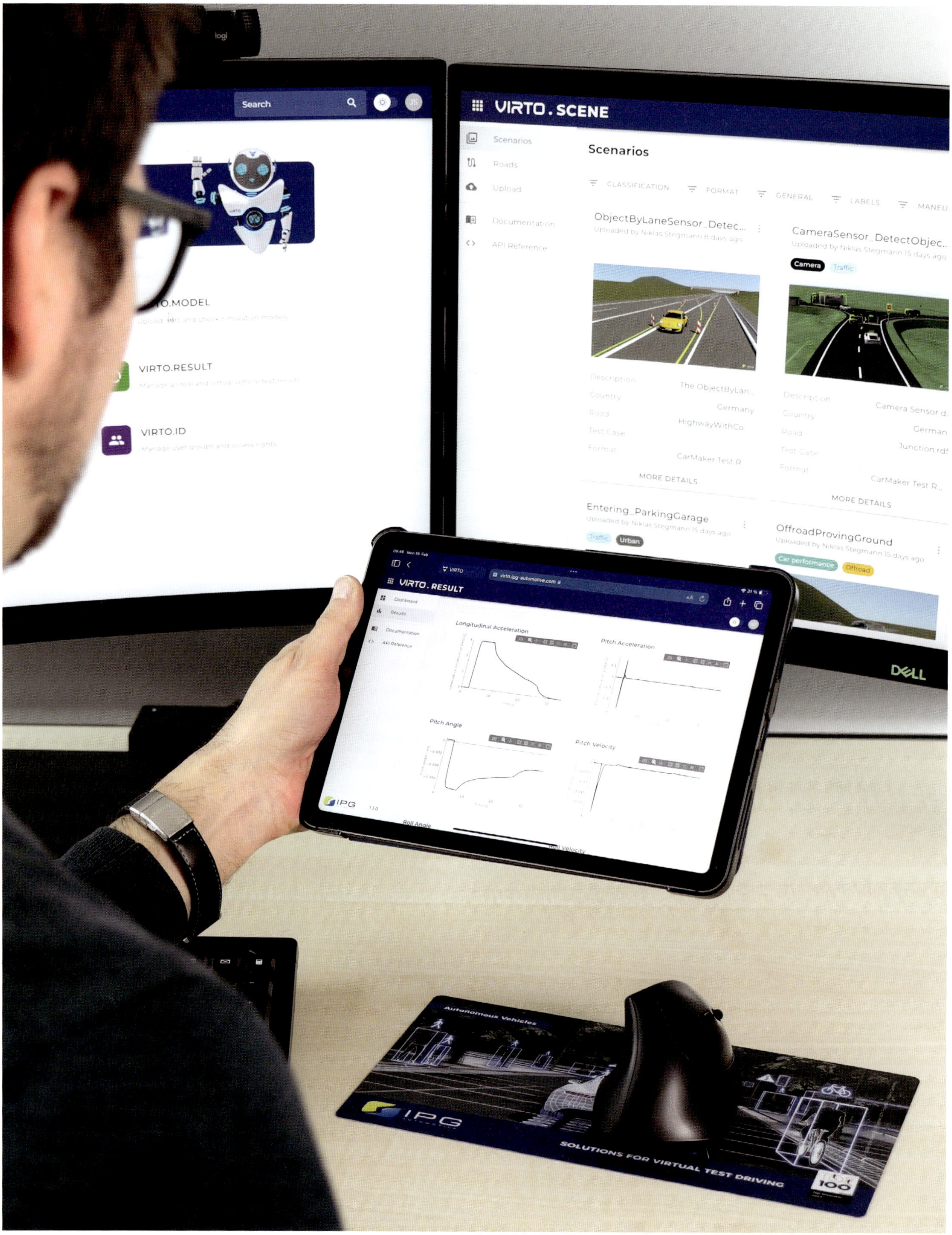

IPG Automotive ist ein führender Anbieter von Soft- und Hardware für die Automobil- und die Zulieferindustrie. Das neue Produkt VIRTO bringt Parameter, Modelle und Testergebnisse zusammen und vereinfacht so die Workflows der Entwicklung.

TOP 100

IPG Automotive GmbH

★★★

Virtuell zum Fahrzeug der Zukunft

Als weltweit agierender Technologieführer für virtuelle Fahrversuche entwickelt die IPG Automotive GmbH innovative Simulationssysteme für die Fahrzeugindustrie. Im Fokus ihrer täglichen Innovationsarbeit stehen sowohl umweltfreundliche Systeme als auch nachhaltige Lieferketten, die der Automobilindustrie ressourcenschonende Wege zum Fahrzeug der Zukunft ermöglichen. Zu den Strategien des innovationsorientierten Top-Managements zählt eine Philosophie der offenen Tür – und ein bestens gepflegtes Innovationsklima.

Die Soft- und Hardwaresysteme dieses dynamischen Familienunternehmens sind auf die Zukunftsmärkte der Fahrzeugindustrie ausgerichtet. Zu den Anwendungsfeldern gehören Bereiche wie autonomes Fahren und Fahrerassistenzsysteme, Elektromobilität und Fahrzeugmodellierung. Anhand der Simulationssysteme der IPG Automotive GmbH können die Kunden reale Fahrzeugtests durch virtuelle Prozesse ersetzen – das ist kostengünstiger und umweltschonend.

Individuelle Förderungen prägen Innovationsklima

Die Beschäftigten des Technologieführers profitieren von einem umfangreichen Maßnahmenpaket aus Kursen und Trainings, mit denen sie ihr Know-how kontinuierlich weiterentwickeln. So können sie stets auf dem neuesten Stand der Technik agieren. Mit einer positiven Kommunikationskultur fördert man den produktiven Austausch zwischen den zahlreichen jungen Kollegen, die direkt von der Hochschule kommen, und den langjährig erfahrenen Spezialisten, von denen viele aus der Automobilindustrie kommen. Im Bereich Development, zu dem auch das strategische Innovationsteam zählt, werden spezielle Tools eingesetzt, mit denen sich kreative Ideen systematisch erfassen und weiter ausarbeiten lassen. Mit einer Kultur der offenen Tür begünstigt das Top-Management außerdem interne Stellenwechsel, um jeden Einzelnen optimal zu fördern. Dies steigert wiederum die Motivation und das Engagement in der Belegschaft.

Virtuelles Tool zur Fahrzeugentwicklung

Zu den jüngsten Innovationserfolgen des Mittelständlers zählt die Toolsuite VIRTO: ein System aus sieben speziellen Web-Apps, die simulationsbasierte Prozesse über Abteilungs- sowie Firmengrenzen hinweg ermöglichen. „Die Toolsuite adressiert den gesamten virtuellen Fahrzeugentwicklungsprozess und lässt sich flexibel in bestehende Prozesse integrieren", erklärt der Geschäftsführer Steffen Schmidt. Die Ziele sind effiziente und kostensenkende Prozesse sowie ein erweiterter Nutzerkreis, der auch Nichtexperten in Entwicklungsprozesse einbindet. Schmidt fügt hinzu: „Mit VIRTO und unserem gesamten Produktportfolio sind wir ein wegweisender Player für die optimierte und nachhaltige Entwicklung künftiger Fahrzeuge."

IPG Automotive GmbH
76137 Karlsruhe
https://ipg-automotive.com
Beschäftigte (D): über 200
Automobilzulieferer/Fahrzeugbau

Geschäftsführer
Steffen Schmidt

itdesign ist eine international agierende Softwarefirma
und bietet Software für das Projekt- und Portfoliomanagement
sowie für das Kundenbeziehungsmanagement an.

itdesign GmbH

Exzellente Software durch starkes Miteinander

Was kann ein innovationsorientiertes Top-Management tun, um im Unternehmen kontinuierlich neue Ideen zutage zu fördern? Da fallen Christoph Adamczyk, dem Geschäftsführer der itdesign GmbH mit Hauptsitz in Tübingen, viele Dinge ein. Dazu gehört auch, auf der Führungsebene ein gutes Maß zu finden: „Sich Neuerungen zu widmen, ohne den Fokus auf die eigene Arbeit zu verlieren, spielt bei der Innovationsförderung eine große Rolle", sagt er überzeugt.

Der Mittelständler bietet Beratung und Software aus einer Hand. Zum Portfolio zählt CRM-Software, aber auch solche fürs Projekt- und Portfoliomanagement, sowohl eigene Produkte als auch die seiner Partner. Die selbst entwickelte Cloudsoftware „Meisterplan" wird von Unternehmen und Organisationen weltweit genutzt. Wer in diesem Sektor langfristig ganz vorn mit dabei sein will, kommt um fortlaufende Neuerungen nicht herum. Deshalb steckt die Geschäftsführung durchschnittlich rund ein Drittel ihrer Arbeitszeit in das Thema Innovation und hat 2022 fast 40 % des Umsatzes für Innovationstätigkeiten aufgewandt.

Alle Strukturen sind auf Innovation ausgelegt

Um die Entwicklung von Neuerungen zu fördern, setzt das Unternehmen auf innovative Strukturen und Prozesse: Zentral für die Steuerung des internen Projektportfolios ist die eigene Software „Meisterplan". Sie macht sichtbar, wer an welchen Projekten arbeitet, wie die Projekte priorisiert sind und welche Bottlenecks entstehen können. „Jeden Monat werfen wir von der Geschäftsführung mit den Portfolioverantwortlichen der Einheiten einen kritischen Blick auf diese Aufstellung. Wenn neue Projekte hereinkommen oder sich die Planung ändert, können wir somit flexibel reagieren", erklärt Christoph Adamczyk. Auf anderen Ebenen arbeiten Teams mit „Jira", „Trello" oder „Asana" und reagieren eigenverantwortlich auf Änderungen. Eine Einheit arbeitet zudem nach dem Holacracy-Modell, das in Kreisen und Rollen organisiert ist, nicht in Hierarchien. Die dazugehörigen Meetingformate erlauben es, unkompliziert Entscheidungen zu treffen.

Spaß und Erfolg bedingen sich gegenseitig

Das Top-Management kommt beim Fördern von Neuem nicht drum herum, die Unternehmensziele fest im Blick zu behalten. „Gleichzeitig bleiben wir aber neugierig in allen Belangen. Das gilt für Organisationsformen, Entwicklungen und Technologien ebenso wie für die nicht technischen Bereiche. Wir probieren viel aus. Denn die beste innovationsfördernde Maßnahme überhaupt ist, dafür zu sorgen, dass alle Spaß haben", erklärt Christoph Adamczyk verschmitzt. Dafür, dass sich dann auch der wirtschaftliche Erfolg einstellt, ist itdesign ein gutes Beispiel.

itdesign GmbH
72072 Tübingen
https://itdesign.de
Beschäftigte (D): über 200
IT-Entwicklung/-Beratung

Geschäftsführer
Johannes Koppenhöfer,
Christoph Adamczyk,
Dr. Christoph Hirnle und
Dr. Jörg Leute

TOP 100

Joachim Goldbeck Holding GmbH

Solarenergie nachhaltig nutzen

Bei der Konzeption gewerblicher und industrieller Solaranlagen verfolgt die Joachim Goldbeck Holding GmbH das Ziel, die Anlagen besonders wirtschaftlich und nachhaltig zu gestalten. Um Innovationserfolge zu erzielen und die Expansion voranzutreiben, hat das Top-Management ein Innovationsteam gebildet, das Neuerungsprojekte anstößt und bearbeitet. Im Mittelpunkt stehen die Themen CO_2-Neutralität, Artenvielfalt und Ressourceneffizienz.

Der Spezialist für Photovoltaiksysteme gehört zu den Top 5 in Deutschland und zu den größten Anbietern in Europa. „Viele Länder sehen Solarenergie als die vielversprechendste Strategie der erneuerbaren Energien. Wir arbeiten in diesem Markt professionell und innovativ nach sehr hohen Standards", unterstreicht Ralf Steinheiser, Leiter des Departments Innovation, Prozesse und Systeme. Inzwischen betreibt das Unternehmen den größten Solarpark der Niederlande und konnte an der Seidenstraße in der kasachischen Region Karaganda auf 160 Hektar ein 100 Megawatt-Projekt ans Netz nehmen.

Zukunftweisende Anlagen und Systeme

Einen richtungsweisenden Innovationserfolg erzielt der Mittelständler mit einem Ecovoltaiksystem zur ökologischen Aufwertung von Photovoltaikanlagen, etwa durch das Einrichten von Biotopen in Freilandanlagen. Weitere Erfolge verspricht das „Modular-Arc-System" zum Einsatz in landwirtschaftlichen Arealen: Die Innovation sieht die Installation von Modulen auf einer bogenförmigen Struktur vor, die es ermöglicht, die Module entlang der Unterkonstruktion zu verschieben und damit Räume für den Lichteinfall zu öffnen. So lässt sich der Raum unter der Solaranlage für einen weiteren Zweck nutzen, beispielsweise um die Wirtschaftlichkeit in der automatisierten Landwirtschaft zu erhöhen. Und in puncto Ressourceneffizienz ist ein wichtiger Innovationserfolg gelungen mittels digitalisierter Prozesse auf der Baustelle.

Botschafter des Wandels

Die Beschäftigten gelten bei der Joachim Goldbeck Holding allesamt als Botschafter des Wandels. Das positive Innovationsklima entsteht nicht zuletzt aus einer flexiblen Unternehmensstruktur, in der die Mitarbeiter innovative Konzepte und neue Ideen in die Organisation einbringen können. Dazu zählt das Veröffentlichen von Beiträgen in eigenen Kanälen, aber auch die Organisation von Workshops. Für Prozessinnovationen stehen etablierte Kommunikationskanäle bereit, über die alle Kollegen informiert bleiben oder auch für ihre Leistungen anerkannt werden. Der direkte Dialog mit dem Top-Management ist ebenfalls möglich – zum Beispiel während eines Spaziergangs zur Lunchzeit.

Joachim Goldbeck Holding GmbH
69493 Hirschberg a. d. Bergstraße
https://goldbecksolar.com
Beschäftigte (D): über 200
Erneuerbare Energien

Geschäftsführer
Joachim Goldbeck

Karl Schüssler GmbH & Co. KG

Mit Leidenschaft für Präzision

Die Herstellung von hochpräzisen Werkzeugspannsystemen ist die Kernkompetenz der Karl Schüssler GmbH & Co. KG . Doch nicht nur Maschinen und Werkzeuge sind für das Erreichen perfekter Ergebnisse essenziell, auch das Spannen der Werkzeuge in der Maschine spielt eine wichtige Rolle: Seit mehr als 50 Jahren produziert der Mittelständler solche Werkzeugspannsysteme. Mithilfe seiner Innovationserfolge und einer guten wie konsequenten Außenorientierung im In- und Ausland ist er in die weltweite Spitzengruppe der Branche aufgestiegen.

Je genauer die zu produzierenden Komponenten sind, desto höher sind die Anforderungen an Präzision und Wiederholgenauigkeit. Im Maschinenbau, in der Automobil-, Luft- und Raumfahrtindustrie oder auch in der Medizintechnik spielt Zerspanung eine wichtige Rolle. Hier sind höchste Genauigkeit und Bearbeitungsqualität bei sehr hoher Produktivität und Wirtschaftlichkeit gefordert. „Wir bewegen uns in Genauigkeitsklassen, die weit über den Anforderungen der Norm liegen und genießen weltweit einen ausgezeichneten Ruf als ‚µ-maker'", erklärt der Geschäftsführer und Inhaber Klaus Schüssler.

Kunden wirken als Innovationstreiber

Das Alleinstellungsmerkmal des erfolgreichen Mittelständlers ist neben dem hohen Servicegrad und der beeindruckenden Qualität zudem der partnerschaftliche Umgang mit allen Kunden, die als Innovationstreiber wirken. „Die Neukundengewinnung funktioniert bei uns über die stetige Weiterentwicklung der Produkte und ist die Grundlage dafür, wettbewerbsfähig und erfolgreich zu sein und auch zukünftig zu bleiben", sagt Klaus Schüssler. Der direkte Dialog ermöglicht es, Produkte und Dienstleistungen kontinuierlich zu verbessern, und die Anforderungen der Kunden helfen, innovative Ansätze zu identifizieren und auf Machbarkeit zu prüfen. Außerdem arbeitet man mit Universitäten und anderen Institutionen zusammen, was ebenfalls dazu beiträgt, die eigenen Produkte am Markt kontinuierlich zu verbessern.

Als weltweiter Player in der Region verwurzelt

Die Karl Schüssler GmbH & Co. KG ist weltweit in über 50 Ländern aktiv und unterhält mehrere eigene Vertriebsgesellschaften auf fast allen Kontinenten. Sehr stolz ist man aber auch auf Themen wie Nachwuchsarbeit und Ausbildungsangebote. Ferner legt der Mittelständler großen Wert auf Nachhaltigkeit im gesamten Wertschöpfungsprozess. So nutzt er zum Beispiel bewusst Wärmerückgewinnungssysteme und Strom aus regenerativen Energien. Die Firma ist im Südwesten Deutschlands groß geworden und trotz ihrer weltweiten Aktivitäten fest in der Region verwurzelt. Aus Stahl entstehen dabei Produkte, die in Verarbeitung und Design nahezu Kunstwerken entsprechen.

Karl Schüssler GmbH & Co. KG
72411 Bodelshausen
https://www.k-schuessler.de
Beschäftigte (D): 51 bis 200
Metallverarbeitung

Geschäftsführer
Klaus Schüssler

TOP 100

Keller Blechtechnik GmbH

★★

Brennen fürs Blechle

Ein Fitnessstudio, eine Physiotherapeutin und eine Etage als Kreativzone sind nur einige der Zutaten für das gute Innovationsklima bei der Keller Blechtechnik GmbH, das die Beschäftigten zu Höchstleistungen anspornt. Die Firma entwickelt, konstruiert und fertigt Produkte für die Branchen Maschinenbau, Pharmatechnik, Elektrotechnik und Umwelttechnik, von einfachen Blechteilen bis zu kompletten Baugruppen, und punktet auch in den TOP 100-Bewertungskategorien „Außenorientierung/ Open Innovation" und „innovationsförderndes Top-Management".

Ein Meilenstein des Mittelständlers, der 1901 als Hufschmiede begann, ist das neue 11.000 Quadratmeter große Unternehmensareal. Gemeinsam mit der Fachhochschule Offenburg wurden die modernen Anlagen geplant und realisiert, zudem hat man einen digitalen Zwilling erstellt. Hierbei wurden alle 75 Beschäftigten einbezogen, die im Vorfeld virtuell an ihrem neuen Arbeitsplatz Platz nehmen konnten. Heute entwickelt man dort in produktspezifischen Workshops Lösungen zusammen mit den Kunden, die sie sich später patentieren lassen können.

Die Kernkompetenz ist Schnelligkeit

„Unsere Mitarbeiter sind im Innovationsprozess die wichtigsten Akteure und brennen dafür", erklärt der geschäftsführende Gesellschafter Harald Keller, der das Familienunternehmen in der vierten Generation führt. Zur Steigerung der Kreativität und der Wohlfühlqualität steht der Belegschaft ein Fitnessstudio zur Verfügung, bei Verspannungen hilft eine Physiotherapeutin. Neue Ideen werden direkt mit der Team- und der Geschäftsleitung besprochen – auf diese Weise fließen die Erfahrungen der Mitarbeiter aller Ebenen in den Innovationsprozess ein. Hinzu kommt eine kompakte Einheit im Top-Management, die sehr entscheidungsfreudig ist. Um der Sinnhaftigkeit mehr Raum zu geben, hat man eine komplette Etage als Kreativzone eingerichtet. Die Kernkompetenz des Unternehmens liegt darin, innerhalb kurzer Zeit neue Produkte zu entwickeln. „Nicht selten schaffen wir es, in nur 12 bis 24 Stunden erste Musterteile vorzuzeigen", sagt der Geschäftsführer.

Das Vorbild heißt Smart Factory

Die Fertigung im neuen Gebäude erfolgt nach dem Vorbild der Smart Factory: Die Maschinen sind allesamt vernetzt und werden über ein Dashboard koordiniert. Gefertigt wird alles vor Ort: Vorn in der Anlage kommt Blech hinein – und am Ende kommen fertige Baugruppen heraus. Rein gar nichts wird verschwendet, denn der Wertstrom konnte im Hinblick auf Materialfluss und Effizienz deutlich gesteigert werden. „Mit unserer Technik sind wir allerbestens ausgestattet. Das gibt es sonst nur bei großen Unternehmen", fügt der Geschäftsführer hinzu.

Keller Blechtechnik GmbH
79346 Endingen
https://keller-blechtechnik.de
Beschäftigte (D): 51 bis 200
Metallverarbeitung

Geschäftsführer
Harald Keller

LAMBERT GmbH

Gut beschirmt in die Zukunft

Neue oder verbesserte Produkte sollten das Leben leichter machen. Dies darf die LAMBERT GmbH für sich in Anspruch nehmen: Die 1974 gegründete Firma stellte ursprünglich Marktschirme her und hat sich seitdem stark weiterentwickelt. Inzwischen ist sie zusätzlich auf die Außenbereiche in der Gastronomie und auf Sonnenschutz für Privatkunden spezialisiert. Das Umsatzwachstum der letzten Jahre liegt nicht zuletzt an der innovationsorientierten Geschäftsführung, die auch viel Wert auf Nachhaltigkeit legt.

„Unsere Mitarbeiter garantieren zusammen mit einem flächendeckenden Händlernetz einen hervorragenden Service, der unseren Kunden den Alltag erleichtert", sagt der Geschäftsführer Paul Lambert, der das Unternehmen gemeinsam mit drei weiteren Familienmitgliedern leitet. Von der hohen Qualität der Produkte, einer Ersatzteilversorgung, die bis zu 30 Jahre garantiert wird, und einem nahezu vollständigen Verpackungskreislauf profitiert auch die Umwelt. Stillstand gibt es natürlich nicht: Die Produktpalette wird kontinuierlich erweitert, zum Beispiel um Windschutz- und Markisensysteme, um Faltzelte und Verkaufsanhänger.

Immer offen für Neues

Das innovationsorientierte Top-Management ist stets am Puls der Zeit und arbeitet kontinuierlich am Ausbau der Marktposition: sei es, dass Messebesuche immer mit der Suche nach zukunftsträchtigen Ideen verbunden sind oder dass ein klar definierter Teil der Arbeitszeit regelmäßig in innovationsbezogene Weiterbildung investiert wird. Lambert erklärt: „Um als kleinerer Mittelständler am Markt bestehen zu können, tüfteln wir ständig an neuen Lösungen und sind gegenüber Neuem aufgeschlossen." Die Fähigkeit, in hohem Maße flexibel und lösungsorientiert zu agieren, zeigte sich auch in der schnellen Reaktion auf die Herausforderungen der Coronapandemie: 2021 trug das Familienunternehmen zusammen mit der Stadt Göppingen und weiteren Partnern mit einem Test-Baukastenzelt inklusive Festzeltboden dazu bei, die Testkapazitäten der Gemeinde deutlich zu erhöhen.

Mitdenken lohnt sich

Der Geschäftsführer setzt auch auf die Kreativität seiner Beschäftigten, die sich jederzeit mit ihren Ideen und Verbesserungsvorschlägen an ihre Vorgesetzten oder an die Geschäftsleitung wenden können. Es herrschen flache Hierarchien und eine Politik der offenen Türen. Individuelle Gewinnbeteiligungen und Prämien sowie Schulungen und Onlineseminare tragen ebenfalls zum erfolgreichen Auftritt der LAMBERT GmbH bei. Alles mit dem Ziel, auch zukünftig ein Unternehmen zu sein, das für Qualität und Nachhaltigkeit seiner Produkte bekannt ist und das weiterhin wächst.

LAMBERT GmbH
73037 Göppingen
https://www.lambert-gmbh.de
Beschäftigte (D): bis 50
Markt- und Sonnenschirme/
Mobile Verkaufssysteme

Geschäftsführer
Paul Lambert

LMT Tools GmbH & Co. KG

Da bleibt keine Schraube locker

In Hamburg-Altona gründete Wilhelm Fette 1908 eine Werkstatt und baute die ersten Wälzfräser – produktive Maschinen für Verzahnungsarbeiten. Zwei Weltkriege und ein paar Dekaden später wird das Unternehmen übernommen und gehört heute zur LMT Tools GmbH & Co. KG, einem Hersteller von Präzisionswerkzeugen und Spezialmaschinen. Eine starke Außenorientierung und kreative Prozesse machen den Mittelständler mit rund 1.000 Beschäftigten in 26 Ländern auf drei Kontinenten weltweit erfolgreich.

„Innovation ist bei uns ein äußerst strukturierter Prozess", berichtet der Geschäftsführer Daniel Ehmans. Viermal im Jahr findet ein Strategic-Development-Meeting statt. Dabei diskutieren Vertreter aus den Bereichen Vertrieb, Marketing, Research and Development, Produktion, Supply-Chain sowie der Finanzchef über Innovationen. Aber auch über Markttrends, den Status quo von Entwicklungsprojekten und den Produktlebenszyklus von Neuerungen wird gesprochen.

Innovation und Performance machen den Unterschied

Weltweit kooperieren die Spezialisten mit Universitäten und Forschungsinstituten. Sie besuchen Branchenveranstaltungen, verfolgen Medien und Entwicklungen im Internet. Wertvoll im Hinblick auf Neuerungen ist immer wieder die Zusammenarbeit mit Herstellern und Kunden. „Windkraftanlagen werden etwa immer leistungsfähiger", erklärt Daniel Ehmans. „Je größer der Durchmesser der Rotoren, umso stärker die mechanische Belastung. Also braucht man größere und festere Bolzen – und darauf müssen wir bei der Entwicklung unseres Werkzeugsortiments reagieren." Gerade im Offshore-Betrieb ist die Belastung durch Wind und Wetter hoch – und wer wollte nur wegen einer lockeren Schraube auf die stürmische See hinausfahren müssen? „Deshalb muss einfach alles halten", sagt der Geschäftsführer. Mit ihrem Trendradar verfolgen die Werkzeugmacher in Lahr in Baden-Württemberg, welche Technologien wo eingesetzt werden und welche Entwicklungen morgen Innovationspotenzial bieten.

Kreative Spielwiese

Über einen interdisziplinären Innovation-Hub werden Innovationsideen gesammelt, bearbeitet und gesteuert. Ein Idea-Development-Council recherchiert gezielt Input zu produktspezifischen Themen. Der Hub geht inhaltlich weiter, denn dort werden auch Themen wie die Verwertung wiederverwendbarer Verpackungen oder die Nutzung künstlicher Intelligenz bei der Fernwartung durchdacht. „Wir haben mehr als 100 Jahre Erfahrung im Werkzeugbau, und unser Portfolio ist sehr vielfältig", berichtet Daniel Ehmans stolz. Die meisten Innovationen seien inkrementell. Ein Hub, ein Ideenlabor, ist da eine schöne kreative Spielwiese für einen erfolgreichen Mittelständler wie die LMT Tools GmbH & Co. KG.

LMT Tools GmbH & Co. KG
77933 Lahr
https://www.lmt-tools.com/de
Beschäftigte (D): über 200
Anlagen-/Maschinenbau

Geschäftsführer
Daniel Ehmans

M&M Software GmbH

Mit agilem Mindset

Ob in der Prozess- und Gebäudeautomatisierung, im Maschinenbau, im Engineering oder in der Energietechnik: Die Softwarelösungen der M&M Software GmbH kommen auf der ganzen Welt zum Einsatz. Der Betrieb mit seinen 280 Beschäftigten an vier Standorten in Deutschland und Asien ist seit mehr als 35 Jahren auf dem Markt und realisiert individuelle Applikationen für Kunden aus verschiedenen Industrien. Sein Erfolg basiert auf einem kreativen und fruchtbaren Innovationsklima sowie auf innovativen Prozessen.

„Um auf steigende Komplexität flexibel reagieren zu können, haben wir uns für agiles Arbeiten entschieden und in den vergangenen zwei Jahren eine Matrixstruktur etabliert", sagt der Geschäftsführer Christian Gnädig. „Wir haben uns bewusst für die Trennung von Personalführung und Projektarbeit entschieden." Als dritte Säule wurden im Rahmen der Neustrukturierung Kompetenzcenter eingerichtet. Dort konzentrieren sich die Mitarbeitenden auf das Thema Innovation, beobachten Trends und entwickeln Ideen.

Alle Mitarbeiter einbeziehen

Mittels einer E-Mail-Adresse können alle Beschäftigten des Mittelständlers Ideen und Verbesserungsvorschläge einbringen. Die Kompetenzcenter prüfen die technologischen Vorschläge, und die Abteilung Human Resources prüft die organisatorischen. In Steering-Committees werden die Ideen diskutiert. Diese Runden treffen sich wöchentlich und bestehen aus der Geschäftsführung und vier Beschäftigten, was unter anderem verhindert, dass radikale Ideen eventuell zu früh ausgebremst werden. Ein Corporate-Strategy-Manager koordiniert die Innovationen zwischen dem Kompetenzcenter und dem Top-Management. Ende 2023 wurden außerdem wöchentliche One-to-One-Gespräche eingeführt. „Das war anfangs doch gewöhnungsbedürftig", erzählt der Geschäftsführer Thomas Gaus. „Mittlerweile schätzen die Angestellten die Möglichkeit, mit ihren Vorgesetzten über ihre Entwicklung im Unternehmen zu reden, über die tägliche Arbeit oder neue Ideen."

Mehr Metaebene

Das Top-Management fördert ein kreatives „Einfach-mal-machen"-Klima. Wer möchte, kann eine Woche im Jahr im Kompetenzcenter mitarbeiten. Raus aus dem Projektalltag – rein in den Innovationsinkubator. Die Mitarbeitenden vertiefen ihr Verständnis von Innovation, sie weiten ihren Blick, und das motiviert sie, eigene Ideen zu entwickeln. Daneben können sie an drei Arbeitstagen im Jahr selbst entscheiden, womit sie sich gezielt beschäftigen. Zwei Jahre nach Beginn ihres internen Strukturwandels ziehen die Geschäftsführer in Sachen neue Organisation und agile Prozesse eine positive Bilanz und sind überzeugt davon, dass Agilität nur so gestärkt werden kann.

M&M Software GmbH
78112 St. Georgen
https://www.mm-software.com/de
Beschäftigte (D): 51 bis 200
IT-Entwicklung/-Beratung

Geschäftsführer
Christian Gnädig und Thomas Gaus

TOP 100

TOP 100
TOP 100
TOP 100
TOP 100
TOP 100
TOP 100
TOP 100
TOP 100
TOP 100
TOP 100
TOP 100
TOP 100
TOP 100
TOP 100
TOP 100
TOP 100
TOP 100

mbw Group

Die Welt jeden Tag ein bisschen edler machen

Sie sorgt für Glanz: Die mbw Group in Rheinmünster entwickelt mit ihren Kunden aus dem Automotivebereich und aus der Bau- und der Elektroindustrie innovative Beschichtungssysteme. 1987 gegründet, zählt der Mittelständler heute zu den führenden Anbietern auf dem Gebiet der Oberflächenveredelung von Metallen und Aluminium, in der galvanischen Behandlung ebenso wie in der chemischen Beschichtung. Hinter dem Erfolg steht auch ein aktives Top-Management, das sich als Innovationstreiber versteht.

„Technische Projekte werden oft zu Innovationsprojekten", sagt die Geschäftsführerin Vanessa Schmidt. Allein 35 Millionen Nackenstützen für Autos veredeln diese Oberflächenexperten im Jahr. 2018 stellten sie eines der strategischen Verfahren um, bauten neue Beschichtungsanlagen und reagierten damit frühzeitig auf die anstehenden Änderungen in der europäischen Chemikalienverordnung. Derzeit entsteht die dritte Generation dieser Anlage. „Auch die ist eine Innovation", sagt Schmidt, „denn sie arbeitet umweltschonender und verbraucht weniger Energie. In einer energieintensiven Branche ist das ein großer Erfolg!"

Modern und zukunftsfähig

Innovation ist bei der mbw ein fortlaufender Prozess, und das Top-Management versteht sich als treibende Kraft. Schmidt verantwortet die strategische Ausrichtung, sie gibt das – im Fall der Beschichtungsanlage sehr hohe – Budget frei. Ihr Ziel ist es, die Marktführerschaft in Europa zu behalten. Dabei ist die Innovationsstrategie Teil der Firmenstrategie, sie wird transparent vermittelt und ständig weiterentwickelt. Das Innovationsziel lautet: nachhaltiger produzieren und die dynamische technologische Entwicklung nutzen, um die Produktqualität weiter zu verbessern. „Darüber hinaus müssen wir als Mittelständler ein attraktiver Arbeitgeber sein" betont die Geschäftsführerin. „Die Gesellschaft wandelt sich, und die Generation Z will mitgestalten, hat aber ein völlig anderes Mindset. Das müssen wir mit unserer Erfahrung verknüpfen."

Visionär denken

Das Management analysiert den gesellschaftlichen Wandel und die aktuellen Megatrends: Was bedeuten etwa Änderungen in der Mobilität für uns, welche Teile benötigen E-Autos, und wie veredeln wir sie? Vanessa Schmidt hat einiges angestoßen, auch eine Zukunftswerkstatt, in der Beschäftigte an Neuerungen mitwirken können. 2023 fanden außerdem erstmals Workshops statt, in denen Management und Techniker ein Zukunftsbild diskutierten: Wer sind wir? Wo stehen wir? Und wo wollen wir hin? „Trotz Pandemie, Kriegen und Krisen", bilanziert Vanessa Schmidt, „konnten wir unseren Umsatz halten und zugleich in neue Entwicklungen investieren."

mbw Group
77836 Rheinmünster
https://www.mbw-group.com
Beschäftigte (D): über 200
Oberflächenbeschichtung

Geschäftsführerin
Vanessa Schmidt

MCD Elektronik liefert weltweit komplexe Test- und Automatisierungstechnik. Kunden aus der Automobil-, Luftfahrt-, Medizin-, Energie- und Haushaltstechnik lassen ihre Testsysteme von dem Mittelständler entwickeln und fertigen.

MCD Elektronik GmbH

★★★★★★★

Scheinbar Unmögliches möglich machen

1983 traten vier junge Männer aus Baden-Württemberg an, die Welt zu verändern: Eine Eichleitung zur Steuerung des Hochfrequenzpegels von Sende- und Prüfanlagen wollten sie bauen – präziser als alles, was der Weltmarkt seinerzeit bot. Es war keineswegs ein größenwahnsinniger Plan, denn er funktionierte. Heute liefert die MCD Elektronik GmbH mit Sitz in Birkenfeld komplexe Mess- und Automatisierungstechnik in 55 Länder. Auch ihr prima Innovationsklima und mutige Prozessinnovationen machen die Firma erfolgreich.

Er sei, sagt der Business-Development-Manager Labib Feidy, durch seine Ausbildung in den USA etwas amerikanisch geprägt. Er mag die „Think Big"-Mentalität. Als er 2022 die „Wall of Heroes" etablierte, hatte das nichts mit simplen Mitarbeiter-des-Monats-Bildchen zu tun. Im Gegenteil: Beschäftigte, die sich besonders engagieren, werden als „Innovation Hero" oder „Performance Hero" gefeiert – mit Gratifikation, Zertifikat, PR-Mitteilung sowie prominent platzierten Plakaten. „Das sehen alle Kollegen, das sehen Kunden", erzählt Feidy, „die Leute freuen sich und sind total stolz."

Hochmotivierendes Innovationsklima

Wer die Gen Z gewinnen will, muss etwas bieten. Das tut die MCD: 16 Weiterbildungstage pro Jahr, Freiräume während der Arbeitszeit, um eigene Ideen zu verfolgen, schnelles Feedback. Mitarbeiter können Standorte in Ungarn und China besuchen und an „Creativity Days" der Führungsebene ihre Verbesserungen präsentieren, an „Tec Days" finden zudem Kooperationen mit Universitäten statt. Die neueste Innovation heißt „Chronos": ein Tool, das Arbeitszeiten außerhalb des Firmengeländes erfasst und einen hohen Mehrwert für Homeoffice-Worker schafft. „Zwei Werkstudenten haben es entwickelt, als Reaktion auf das neue Arbeitszeiterfassungsgesetz", sagt Feidy. „Wir haben ihnen freie Hand gelassen und konnten die Software am Ende perfekt ins ERP-System integrieren. Die Daten werden automatisiert in unser Zeiterfassungssystem eingebunden."

Vertrauen ist wichtig

Seit Kurzem gibt es den Sechs-Stunden-Tag für alle – bei vollem Gehalt. Wer sein Pensum geschafft hat, geht. Oder hilft anderen. „Es ist ein Geben und Nehmen und führt dazu, dass quasi alle Fische im Teich in dieselbe Richtung schwimmen", erklärt Labib Feidy. „Die Leute fühlen sich frei und zugleich als Teil von etwas." Und sie arbeiten konzentrierter, schaffen in sechs Stunden so viel wie vorher in acht. „Das hat mich überrascht", gibt Feidy zu. „Anfangs war ich skeptisch, aber wir müssen Neues wagen, wenn wir auch künftig erfolgreich sein wollen." Dank des Sechs-Stunden-Modells wird jetzt zudem in zwei Schichten produziert – mit dem Team sind zugleich auch die Prozesse effizienter geworden. Chapeau!

MCD Elektronik GmbH
75217 Birkenfeld
https://www.mcd-elektronik.de
Beschäftigte (D): 51 bis 200
Mess-/Prüftechnik

Business-Development-Manager
Labib Feidy

Metzger Kunststoff-Technik ist spezialisiert auf den Schwimmbadbau, auf Schwimmbadzubehör, den Rohrleitungsbau und auf die Herstellung individueller technischer Kunststoffteile.

Metzger Kunststoff-Technik GmbH

Wellness für höchste Ansprüche

Seit 1998 fertigt die Metzger Kunststoff-Technik GmbH Schwimmbäder und Whirlpools auf höchstem technischen Niveau. Spezielle Kunststoffe, verarbeitet mit größter Präzision und unter Einsatz modernster CNC-Dreh- und -Frästechnik, ermöglichen es den Experten, Swimmingpools unabhängig von handelsüblichen Standardmaßen zu fertigen. Zu einem großen Teil am Innovationserfolg beteiligt ist das Top-Management des in Kernen bei Stuttgart ansässigen Familienunternehmens.

An seinen ersten Swimmingpool kann sich Siegfried Metzger noch gut erinnern. Ein Kunde fragte damals, ob er ihm einen Schwallwasserbehälter bauen könne. Metzger, eigentlich gelernter Kunststoffmeister, baute zu dieser Zeit technische Kunststoffteile. Er tüftelte eine Weile, und als er fertig war, war sein Kunde hochzufrieden – und brachte ihn auf eine Idee: „Du, Metzger, wenn du solche Behälter bauen kannst, kannst du auch Schwimmbäder bauen", sagte der Kunde vor 25 Jahren. Metzger hat dem Mann viel zu verdanken, denn so ist er in die Branche hineingerutscht.

Innovation in Kooperation mit Kunden

Heute fertigt der Mittelständler individuell konzipierte Pools und technische Kunststoffteile und geht dabei auf jeglichen Kundenwunsch ein. Die Experten finden Lösungen für Massagedüsen und schwebende Treppen, für Energiesparkonzepte und Whirlpools in Leichtbauweise. „Jeder Pool ist eine Sonderanfertigung", sagt Metzger, „und viele neue Ideen entstehen während der Planung und des Baus im Dialog mit unseren Kunden." Außerdem investiert er regelmäßig in neueste Maschinen und in Mitarbeiterschulungen. Und er lässt sein Team gern experimentieren. Über Jahre haben die Spezialisten zum Beispiel an einem Poliermittel getüftelt, das die verwendeten Kunststoffe perfekt glänzen lässt. Nach fünf Jahren war es so weit: „Unsere Oberflächen sind jetzt spiegelglatt", berichtet Metzger. „Es gibt nicht viele in Deutschland, die das so hinbekommen." Der Erfolg spricht sich herum: Der Betrieb wird weiterempfohlen und pflegt ein ausgezeichnetes Netzwerk.

Qualität made in Germany

„Würden wir keine Topqualität liefern, hätten wir nicht diese Marktposition", sagt Metzger. „Dafür lasse ich einen Kunststoffmechaniker gern auch mal 15 Stunden extra in ein Bauteil investieren, Hauptsache, es ist am Ende perfekt." Inzwischen ist sein Sohn ins Unternehmen eingestiegen. Er bringt neues Wissen mit, und der Senior gibt seine Erfahrung weiter. Er begrüßt alle Mitarbeiter per Handschlag, fragt sie, wie es ihnen geht, und spricht mit ihnen über Aufträge und über eventuelle Fertigungsprobleme. Vielleicht kann man ja doch noch irgendwo irgendein Detail ein bisschen besser machen ...

Metzger Kunststoff-Technik GmbH
71394 Kernen
https://www.metzger-kunststoff.de
Beschäftigte (D): bis 50
Baugewerbe/Handwerk

Geschäftsführer
Siegfried Metzger

montratec GmbH

Intralogistik zwischen Kuhweiden

Wer in seinem Unternehmen etwas bewegen will, braucht einiges – nicht zuletzt ein Transportsystem. Das intelligente Monoschienensystem der montratec GmbH im baden-württembergischen Dauchingen verknüpft industrielle Produktions- und Logistikprozesse und verbindet flexibel Prozesse zwischen Robotern und Arbeitsplätzen. Das modulare System bietet beinahe unbegrenzte Gestaltungsmöglichkeiten. Der Erfolg des Mittelständlers hat sehr viel mit seinem guten Innovationsklima und der durchdachten Prozessgestaltung zu tun.

Dauchingen ist ein kleiner Ort mit etwa 4.000 Einwohnern, gelegen zwischen Schwarzwald und Schwäbischer Alb. Hightech vermutet man hier nicht unbedingt. „Digitalisierung ist in unserem Unternehmen stark verankert", berichtet der Geschäftsführer Sven Worm. „Wir waren schon immer ein bisschen anders, ein bisschen unkonventioneller. Genau das schätzen unsere Kunden." Neben all den hochmodernen Intralogistikprodukten, den Fahrstrecken, Shuttles, Steuerungen und Konfiguratoren. Europas größter Luft- und Raumfahrtkonzern Airbus entschied sich jüngst für die montratec GmbH – und die schloss den größten Auftrag ihrer Firmengeschichte ab.

Den Mitarbeitern etwas zutrauen

Der unkonventionelle Geist des Mittelständlers spiegelt sich auch im Innovationsklima: Das Team ist jung, die Hierarchien sind flach, die Prozesse sind agil. Es gibt kein Bällebad, dafür aber Sitzwürfel, Darts und Play-Stations, denn entspannte Köpfe sind kreativer. „Wir agieren wie ein Start-up", sagt Worm. „Unsere Strukturen animieren die Leute, sich einzubringen. Alle hier kommunizieren direkt und transparent, wir sammeln, diskutieren und ranken Ideen – Innovation passiert strukturiert, aber niemand muss einen zehnseitigen Antrag formulieren." Zu Beginn witzelte die Branche über die „Jugend-forscht-Truppe". Aber Sven Worm sieht sich als Mentor. Er findet, es lohne sich, die ungewöhnlichen Ansätze der Jungen mit der Erfahrung der Älteren zu verbinden. „Wichtig ist, dass die Mitarbeiter reflektieren und nicht das einzelne Produkt als Ganzes verstehen, sondern den Prozess. Und dass sie aus Fehlern lernen."

Visionäre Ideen brauchen manchmal Zeit

Das Produktmanagement organisiert das Monitoring, beobachtet Marktentwicklung, Technologie und Wettbewerb, bringt technische und marktgetriebene Entwicklungen zusammen und steuert. Alle Innovationen durchlaufen einen mehrstufigen Entwicklungsprozess. Alle vier Wochen wird diskutiert, wo man steht und wo es am Ende hingehen soll. Dafür nutzen die Spezialisten spezifische Tools. So macht montratec heute 200 % mehr Umsatz als vor fünf Jahren. „Früher wurden wir belächelt, heute werden wir kopiert", sagt der Geschäftsführer abschließend.

montratec GmbH
78083 Dauchingen
https://www.montratec.de
Beschäftigte (D): 51 bis 200
Anlagen-/Maschinenbau

Geschäftsführer
Sven Worm

Mosca GmbH

★★★

Sicher von A nach B

Am Ende soll alles heil ankommen. Darum gründete Gerd Mosca 1966 ein Unternehmen für Transportgutsicherung. Heute ist die Mosca GmbH in Waldbrunn im Odenwald Technologieführer in der Umreifungsbranche. Das Familienunternehmen mit weltweit 27 Niederlassungen und rund 1.350 Beschäftigten entwickelt leistungsstarke Umreifungsmaschinen, hochwertige Umreifungsbänder sowie komplexe Anlagen zur Sicherung von Transportgütern. Hinter dem Innovationserfolg steht auch eine konsequente Außenorientierung.

Jeder kennt es, aber kaum einer weiß, wie es heißt: Ein Umreifungsband ist jenes fest gespannte Band aus Kunststoff, das von einer Umreifungsmaschine um ein Paket oder eine Palette gespannt wird, um die entsprechende Fracht zu sichern. Denn auch größere Lieferungen, zum Beispiel Schaltschränke, sollen heil ankommen. „Innovation findet bei uns in den Bereichen Digitalisierung, Nachhaltigkeit und Consulting statt", erzählt Johannes van der Beek, Group Director R&D. „Wir bauen unser Consulting aktuell stark aus und haben im Sommer 2023 ein Techcenter eröffnet."

Vernetzung beim Kunden ausbauen

Im Tech-Center berät das Unternehmen Kunden, wie sie ihre Waren optimal für den Transport sichern können. Nachhaltigkeit und Digitalisierung denkt es eng verknüpft. Darum läuft zurzeit auch ein Feldversuch: Eine Umreifungsmaschine wurde vor Ort beim Kunden vernetzt. Über ein Tablet bedient, generiert die Maschine kontinuierlich Daten – Auffälligkeiten werden automatisch gemeldet und der Service kann Störungen frühzeitig beheben. Für die Vernetzung mit oder ohne Cloud bietet Mosca eine entsprechende KI-Lösung. „So verstehen wir Industrie 4.0", erklärt van der Beek. „Auf diese Idee sind wir stolz. Zu Ende gedacht ist sie nämlich auch eine Geschäftsmodellinnovation, weil wir vom Verkäufer einer Maschine zum Betreiber werden." Das Potenzial der Innovationen ist groß, so können Maschinen mit komplexen Einflussgrößen aus der Umgebung noch besser betrieben werden.

Nonstop-Performance

Bei Neuerungen sind alle relevanten Unternehmensbereiche von Anfang an involviert. Service und Vertrieb sowie Marketing und Technik bringen die „Stimme des Kunden" ein. Und die Kunden bringen sich auch selbst ein: Neugierig, was die Experten wieder Neues ausprobieren, beteiligen sie sich gern an Feldtests. Messen, Fachtagungen und Trendscouting sowie Kooperationen mit Universitäten liefern Inspiration. Zudem hat man ein Sustainability-Council etabliert, um das Thema Nachhaltigkeit voranzubringen. Dieses treibt laut van der Beek sowohl die Firma als auch die Mitarbeiter um. Daher will man in Zukunft noch mehr Kreislaufwirtschaft betreiben.

Mosca GmbH
69429 Waldbrunn
https://www.mosca.com/de-de
Beschäftigte (D): über 200
Anlagen-/Maschinenbau

Group Director R&D
Dr. Johannes van der Beek

TOP 100

TOP 100 TOP 100 TOP 100 TOP 100
TOP 100 TOP 100 TOP 100 TOP 100 TOP 100
TOP 100 TOP 100 TOP 100 TOP 100 TOP 100
TOP 100 TOP 100 TOP 100 TOP 100 TOP 100
TOP 100 TOP 100 TOP 100 TOP 100 TOP 100
TOP 100 TOP 100 TOP 100 TOP 100 TOP 100
TOP 100 TOP 100 TOP 100 TOP 100 TOP 100

Office Mix GmbH

Kampf dem Kleinkram

Im Alltag kostet Kleinkram viel Zeit, Geld und Nerven. In Büros etwa machen C-Artikel wie Bleistifte, Büroklammern und Papier nur 5 % des Einkaufsvolumens aus, aber bis zu 85 % des gesamten Beschaffungsaufwands. Für diese Problematik hat die Office Mix GmbH in Mannheim intelligente und effiziente Lösungen entwickelt. Mit ihrem fruchtbaren Innovationsklima und smarten Prozessen sorgt sie dafür, dass Kunden wieder mehr Zeit fürs Wesentliche haben.

Alexander Oesterle, einer der beiden Geschäftsführer, kommt aus der IT-Branche. Er bringt Technologiewissen mit – und eine spezielle Prägung: „Ich gebe als Chef nicht vor, was zu tun ist, sondern ich fördere eine Kultur, in der unsere Mitarbeiter selbstständig Ideen entwickeln." Wer will, darf deshalb freitags in einem internen Start-up-Hub eigene Projekte vorantreiben – den halben oder auch den ganzen Tag lang. So entsteht im Moment auf Initiative eines IT-Kollegen ein Shop, in dem Kunden Print-on-demand-Wünsche realisieren können. Das ganze Team ist begeistert und entsprechend motiviert.

Unternehmensklima als Ideen-Inkubator

Neben Radiergummis auch Toilettenpapier oder Kaffeemaschinen zu liefern ist nicht innovativ. Innovativ sind jedoch die angebotenen Finanzierungsangebote, die Leasing und individuelle Bezahlmodelle miteinander kombinieren. „Innovativ ist außerdem, dass wir per Telemetrie den Kaffeeverbrauch messen und so unsere Kunden rechtzeitig mit Nachschub versorgen", erläutert der Geschäftsführer. „Wir verstehen ihre Prozesse und fügen uns nahtlos ein. Sie müssen sich um nichts mehr kümmern und haben mehr Zeit für das Wesentliche." Automatisierung ist dabei auch noch ein wichtiges Thema. Und weil Innovation oftmals dann beginnt, wenn Bekanntes neu kombiniert wird, entstehen in einer Umgebung, die Eigeninitiative fördert, auch dazu immer wieder neue Ideen. „Eine ‚Stabsstelle Innovation' einzurichten bringt nichts", erläutert der Geschäftsführer Peter Köhnlein, „Innovation muss von allen gemeinsam gelebt werden."

Alte Strukturen aufbrechen

In der weitgehend traditionell organisierten Branche sind die Prozesse des 1990 gegründeten Bürologistik-Dienstleisters heute oftmals disruptiv. Das Top-Management hat viele alte Strukturen aufgebrochen und durch moderne, effiziente und digitale Service-, Logistik- und Warehouse-Konzepte ersetzt. Aktuell arbeiten man daran, Kosten und Aufwand beim Versand zu reduzieren und nachhaltiger zu gestalten. „In unserem Team entstand die Idee, wiederverwendbare Mietverpackungen zu nutzen", erzählt Oesterle. „Gerade haben wir mit einem Start-up zusammen ein Pilotprojekt dazu gestartet."

Office Mix GmbH
68199 Mannheim
https://officemix.de
Beschäftigte (D): 51 bis 200
Handel

Geschäftsführer
Peter Köhnlein und
Alexander Oesterle

Ospa ist einer der international führenden Hersteller von Wasseraufbereitungsanlagen für Privat-, Hotel- und Kommunalschwimmbäder.

TOP 100

Ospa Apparatebau Pauser GmbH & Co. KG

★★★

Der Traum vom perfekten Schwimmbad

Da sieht sogar Daniel Düsentrieb alt aus: Der Ingenieur Oscar Pauser war ein geborener Erfinder. 1927 erfand er ein Werkzeug zur Schärfung der Zacken an feingezahnten Bandsägen, später folgten Prüfgeräte für Autoelektrik, ein Beichtstuhlofen und Kugelschreiberminen, bis er sich Anfang der 1950er-Jahre Schwimmbädern zuwandte. Heute ist die Ospa Apparatebau Pauser GmbH & Co. KG eine führende Produzentin von Schwimmbadtechnik. Und das nicht zuletzt dank kluger Prozesse und eines innovationsfördernden Top-Managements.

Wasser ist nicht gleich Wasser: In Schwimmbädern reizt es oft die Haut, brennt in den Augen und riecht nach Chlor. „Unser Großvater hat 1953 den Schlammlift erfunden, als er sah, wie umständlich die Bademeister die öffentlichen Bäder reinigten", erzählt der Geschäftsführer Michael Pauser. Heute entwickelt die Firma Wasseraufbereitungsanlagen für „Wohlfühlwasser" ohne lästigen Chlorgeruch. Mit ihrer speziellen Membran-Salzelektrolyse-Desinfektion reduziert sie den Einsatz von Chemikalien um bis zu 75 %. Zum Einsatz kommt die Technik in hochwertigen Privat- und Hotelschwimmbäder sowie in kommunalen Schwimmbädern. Michael Pauser leitet mit seinem Cousin Stefan Pauser das operative Geschäft. Innovation sehen beide als ihre wichtigste Aufgabe an.

Als Erster in der Branche klimaneutral

Das zeigt sich vor allem beim Thema Nachhaltigkeit. „Während der Ölkrise fing man an, Energie zu sparen", berichtet der Geschäftsführer Stefan Pauser. „Heute geht es um mehr: um nachhaltigen Bäderbetrieb, um Langlebigkeit und geringere Personalkosten in gewerblichen Schwimmbädern." Vor einigen Jahren stellte man von Öl auf Gas um, nun plant man einen Firmenneubau im KfW40-Standard. Das neue Gebäude wird in Holzbauweise erstellt, ist mit Wärmepumpen und einer leistungsstarken PV-Anlage ausgestattet. Der zugekaufte Strom kommt direkt von Solarfeldern, das reduziert den CO_2-Ausstoß gegen null.

Das Heft in die Hand nehmen

Als einziger Anbieter entwickelt und produziert Ospa alle Komponenten für Aufbereitungsanlagen selbst: Filter und Pumpen, Desinfektionsanlagen, Gegenstromanlagen oder Wasserfälle. Man entwickelte außerdem innovative Steuerungscomputer mit Webbrowser, eigenem Bussystem sowie Internetzugriff per Web-App. „Durch unsere hohe Fertigungstiefe haben wir direkten Einfluss auf die Qualität unserer Produkte" sagt Stefan Pauser. Geschäftsführung, Vertrieb, Einkauf und Technik arbeiten eng zusammen. Zweimal im Jahr tauschen sie sich zudem mit Vertriebspartnern und Topkunden aus. Kürzlich hat Stefan Pauser die Stelle eines Produktmanagers geschaffen, der den Prozess zukünftig koordinieren wird. „Einer muss das Heft in die Hand nehmen", betont Pauser.

Ospa Apparatebau Pauser GmbH & Co. KG
73557 Mutlangen
https://www.ospa-schwimmbadtechnik.de
Beschäftigte (D): 51 bis 200
Schwimmbadtechnik

Geschäftsführer
Michael und Stefan Pauser

PINK GmbH Thermosysteme

Mit der Technologie von morgen

Das Niedertemperaturverfahren des Silbersinterns ist eine neue Technologie für hochzuverlässige Verbindungsaufbauten und löst durch seine hervorragende Materialeigenschaften und hohe Beständigkeit konventionelle Weichlötverbindungen in leistungselektronischen Modulen ab. Die PINK GmbH Thermosysteme produziert Hightechvakuumanlagen in den Bereichen Sintern, Löten, Trocknung und Niederdruckplasma. Ihr Erfolg basiert vor allem auf dem Engagement des innovationsfördenden Top-Managements.

„Seit dem 16. Lebensjahr war mir klar, dass ich eines Tages in die Firma meines Vaters einsteigen wollte. Nach dem Abitur habe ich mich für das Studium der Betriebswirtschaftslehre entschieden, weil mein Vater der Auffassung war, dass es besser ist zu wissen, wie man eine Firma führt", sagt Andrea Pink, die seit 2009 Geschäftsführerin von PINK ist. „Wir sind Weltmarktführer für Vakuumlötanlagen. Aktuell haben wir dies auf eine modulare Bauweise umgestellt und können somit auch das neu entwickelte und weltweit patentierte modulare Sintermodul in einer Linie ergänzen. Das kann explizit für die Hochvolumenproduktion von komplexen Fertigungslinien von Hochleistungsbauelementen, etwa für die neueste SiC-Chip-Technologie, eingesetzt werden", erläutert Pink.

Global und zukunftsorientiert

Diese Technologie ermöglicht eine höhere Leistungsdichte auf kleinerer Baufläche und ist entscheidend für Zukunftstechnologien wie Elektromobilität und den Energiesektor. „Wenn wir die Energiewende realsieren wollen, müssen wir diese Technologie skalieren und produzieren. Unsere Anlagen unterstützen das", sagt Pink. Mehr als 30 Jahre Erfahrung hat PINK mit dem Vakuumlötverfahren, das sich wegen seiner Prozesssicherheit in der Leistungselektronik etabliert hat. Das Modulsystem erlaubt zudem den einfachen Einbau einzelner Teile, sodass Kunden nicht mehr ganze Produktlinien austauschen müssen. Das spart Ressourcen, Geld und Zeit. „Modularität an sich ist nicht neu. Neu ist, dass wir jetzt eine komplette Modularität für unsere Vakuumlötanlagen bieten können. Diese Modularität 2.0 wird 2024 etwa 60 % bis 70 % unseres Umsatzes ausmachen", erklärt die Geschäftsführerin.

Immer einen Schritt voraus

Allein 2020 bis 2022 wurden der Firma 21 nationale und internationale Patente erteilt. Wenn man Technologieführer bleiben will, geht das laut Andrea Pink nur über neue Produkte. Im innovationsorientierten Top-Management sind sie zu viert: ein Prokurist und ein Entwicklungsleiter, der nahe am Kunden ist, Themen identifiziert, Lösungen sucht. Und Vater Pink, der noch immer für die große Fertigungstiefe verantwortlich zeichnet. Andrea Pink verantwortet die Strategie und das Innovationsbudget des Mittelständlers.

PINK GmbH Thermosysteme
97877 Wertheim
https://www.pink.de
Beschäftigte (D): 51 bis 200
Anlagen-/Maschinenbau

Geschäftsführerin
Andrea Pink

plating electronic GmbH

Niemals stehen bleiben

Was hat das Smartphone, das Sie in der Hand halten, mit der plating electronic GmbH zu tun? Die Wahrscheinlichkeit ist groß, dass eines der Bauteile mit Anlagen produziert wurde, in denen ein Schaltnetzteil dieses Unternehmens verbaut ist. Der Mittelständler zählt zu den Technologieführern bei Gleichstrom- und Pulsstromquellen für elektrochemische Prozesse in Industrie und Forschung, vor allem in der Galvanotechnik. Großes Potenzial haben seine Lösungen auch in der Wasseraufbereitung und in der Wasserstoffwirtschaft.

Die Firma entwickelt, konstruiert und liefert kleine Gleichrichter, die modular aufgebaut sind, aber auch große Gleichrichterschränke mit bis zu 240 Kilowatt Gleichstromleistung. Hergestellt werden sie in einem modernen Firmengebäude in Sexau bei Freiburg, das in Sachen Energieeffizienz vorbildlich ist. Die Schaltnetzteiltechnik, auf die man sich hier spezialisiert hat, bietet viele Vorteile, ist aber komplex aufgebaut. Deshalb beschäftigt das Unternehmen neben vier Hardwareentwicklern und einem Konstrukteur auch sechs Softwareentwickler.

Effizienter werden und Mehrwert bieten

Innovation bedeutet für die innovationsorientierte Geschäftsführung vor allem, die Schaltnetzteiltechnologie an neue Anforderungen anzupassen und die Energieeffizienz zu steigern. Deshalb suchen die Mitarbeiter aktiv nach Neuerungen bei Bauteilen und bei Komponenten. „Unsere Entwickler achten sehr darauf, immer die neueste Generation von Bauteilen zu verwenden, damit unsere Lösungen noch effizienter werden und der Kunde einen Mehrwert spürt", sagt der Firmenmitbegründer Karl Rieder. Das Unternehmen bietet Standardgrößen, fertigt aber auch kundenspezifische Sonderlösungen. Die Ingenieure sind stets bereit, eine Extrameile zu gehen, wenn ein besonderer Kundenwunsch vorliegt, zum Beispiel eine neuartige Ansteuerung. Mit ihrem speziellen Know-how hat sich die plating electronic GmbH eine führende Position in ihrer Technologienische erarbeitet; europaweit gibt es in diesem Segment gerade einmal eine Handvoll Mitbewerber.

Der Firmengründer als Entwicklungsleiter

Karl Rieder, mittlerweile Alleineigentümer, ist nicht nur der Geschäftsführer des Hauses, sondern leitet auch die Entwicklungsabteilung. Seine Söhne Sebastian und Matthias sind ebenfalls technisch versiert. Ihr Schwerpunkt liegt derzeit im Vertrieb, wo sie nach neuen Einsatzgebieten und Geschäftsfeldern suchen, beispielsweise in der elektrolytischen Wasseraufbereitung und in der Wasserstofftechnologie. Denn eines ist klar: Ein Technologieführer und Innovationstreiber darf niemals stehen bleiben.

plating electronic GmbH
79350 Sexau
https://www.plating.de/de
Beschäftigte (D): 51 bis 200
Elektronik/Elektrotechnik

Geschäftsführer
Dorothea und
Karl Rieder

TOP 100

ProMinent GmbH

★★

Ein Turm voller Ideen

Innovative Technik rund um das Thema Wasserqualität – das ist das Kerngeschäft der ProMinent GmbH. Ihre Aktivitäten gliedern sich in die vier Produktbereiche Dosiertechnik, Sensorik, Wasseraufbereitung und Desinfektion. Für jeden Bereich gibt es sogar eine eigene Entwicklungsabteilung, die jeweils auf einer Etage im neuen Engineering-Tower am Hauptsitz in Heidelberg untergebracht ist. In einem weiteren Stockwerk arbeiten Digitalentwickler am Thema Industrie 4.0.

Beim Neubau für die Entwicklungsabteilungen wurde selbstverständlich auch an Kreativinseln, Ruhezonen und Brainstorming-Räume gedacht, denn der engagierten Geschäftsführung ist das Thema Innovation ein großes Anliegen. Aber nicht nur die knapp 50 Entwickler im neuen Engineering-Tower befassen sich täglich mit innovativen Lösungen – die gesamte Belegschaft ist eingebunden. Um das Innovationsklima bei der ProMinent GmbH noch fruchtbarer zu gestalten, werden außerdem regelmäßig Ideenwettbewerbe ins Leben gerufen, bei denen die Vorschläge der Mitarbeiter gesammelt, bewertet und am Ende prämiert werden.

Matrixorganisation und agiles Arbeiten

Ob im Schwimmbad oder in der Kläranlage: Oft kommen Lösungen aus verschiedenen Unternehmensbereichen gebündelt zum Einsatz. Die Forschungs- und Entwicklungsabteilungen sind zwar räumlich voneinander getrennt, aber durch eine Matrixorganisation fachlich eng miteinander verbunden. Auf diese Weise treffen sich Experten mit ähnlichen Aufgaben und Verantwortlichkeiten regelmäßig zum Austausch. Zudem unterstehen alle vier Produktbereiche einer einheitlichen Forschungs- und Entwicklungsleitung, die eng mit der Geschäftsführung verzahnt ist. Hinzu kommt, dass die gesamte Produktentwicklung agil organisiert und auf Flexibilität und Anpassungsfähigkeit ausgerichtet ist. So können die Entwicklerteams schnell auf veränderte Kunden- und Marktanforderungen reagieren. Die Entwickler der ProMinent GmbH sitzen zwar tatsächlich in ihrem Turm, aber keineswegs im sprichwörtlichen Elfenbeinturm.

Digitalisierungsabteilung mit viel Freiraum

Sicherheit, Effizienz und Umweltverträglichkeit, etwa durch den reduzierten Einsatz von Chemikalien, stehen im Mittelpunkt vieler Entwicklungen. Doch auch die Vernetzung der verschiedenen Technologien spielt eine wichtige Rolle. Sie ist sogar das zentrale Thema der Aktivitäten der Digitalisierungsabteilung. In diesem Fachbereich herrscht eine Lean-Start-up-Mentalität mit viel kreativem Freiraum. Die gesamte Belegschaft des Mittelständlers ist sich einig: Die Zukunft wird immer digitaler.

ProMinent GmbH
69123 Heidelberg
https://www.prominent.de
Beschäftigte (D): über 200
Anlagen-/Maschinenbau

Vice President Product Management & Marketing
Andreas Zühlcke

PS Consulting GmbH

Mut zur Veränderung

Digital von zu Hause arbeiten, das Büro wird lediglich als gelegentlicher Treffpunkt genutzt – seit der Coronapandemie ist das in vielen Firmen so. Die PS Consulting GmbH, ein Trainings- und Beratungsunternehmen für Projektmanagement, setzt schon seit mehr als 25 Jahren auf dezentrales Arbeiten und digitale Vernetzung. Auch auf anderen Gebieten ist der Mittelständler Vorreiter, etwa wenn es um modularisierte Seminarinhalte geht oder um innovative Formen des Blended Learning.

Über 450 Jahre Projekterfahrung und weit mehr als 50.000 Seminarteilnehmer, in 50 Ländern und 10 Sprachen absolvierte Seminar- und Beratungseinsätze – die Leistungsbilanz der PS Consulting GmbH klingt beeindruckend. Die Berater überzeugen vor allem in den TOP 100-Bewertungskategorien „Außenorientierung/Open Innovation" und „Innovationsklima". Das Ziel ihrer Beratungen ist natürlich der Nutzen für den Kunden, deren Anforderungen stets erfüllt werden. Im Seminarmarkt heißt das derzeit vor allem, schneller und kurzfristiger das passende Angebot zu erstellen und zu realisieren.

Experimentieren erwünscht

Dies ist eine Herausforderung, der sich das gesamte Team tagtäglich stellt. „Wir haben unsere kompletten Seminarinhalte modularisiert und digitalisiert, so können wir sie jetzt sehr schnell passend für einzelne Kunden kombinieren", sagt der Gründer und Geschäftsführer Patrick Schmid. Er achtet bei der Auswahl der Mitarbeiter darauf, dass sie auch einmal gegen den Strich denken und gern experimentieren. „Wer nur Vordefiniertes abarbeiten will, passt nicht in unser Team und wird sich bei uns auch nicht wohlfühlen", erklärt Schmid. Sämtliche Mitarbeiter haben die Möglichkeit, Prozesse auf den Prüfstand zu stellen und neue Lösungen vorzuschlagen. Zudem experimentieren sie in ihren Seminaren fortlaufend mit neuartigen, innovativen Formen der Vermittlung. Viele Trainer integrieren beispielsweise das Smartphones in ihre Präsenzseminare, beispielsweise für Abstimmungen und Brainstormings.

Der Kunde im Fokus

Nutznießer all dieser Neuerungen sind letztlich die Kunden, die aus unterschiedlichsten Branchen stammen. Die erfahrenen Berater, die überwiegend aus der systemischen Beratung kommen, begegnen ihrem Gegenüber im Kundenunternehmen partnerschaftlich, empathisch und auf Augenhöhe. Die Zusammenarbeit beginnt mit einer Bedarfsanalyse und einer klaren Ziel- und Erfolgsdefinition. Sie ist geprägt von einer Grundhaltung, die Bestehendes wertschätzt und zugleich Mut macht, die Dinge auch mal anders anzugehen und zu verändern.

PS Consulting GmbH
72221 Haiterbach
https://www.psconsult.de
Beschäftigte (D): bis 50
Unternehmensberatung

Geschäftsführer
Patrick Schmid

Reinhart Kober Großkinsky Braun Rechtsanwälte PartGmbB

Veränderung als Chance

Nicht jeder gute Anwalt ist automatisch auch ein guter Unternehmer. Bei Dr. Sebastian Braun, Dr. Bernd Kober und Dr. Ingo Großkinsky ist dies anders. Die drei Fachanwälte bilden das Top-Management der Reinhart Kober Großkinsky Braun Rechtsanwälte PartGmbB. Unter ihrer Führung hat sich das Unternehmen zur größten, profiliertesten und innovativsten Anwaltskanzlei im Raum Neckar-Odenwald sowie im Main-Tauber-Kreis entwickelt. Seit 2023 arbeiten die Anwälte weitgehend papierlos.

Beim Innovationswettbewerb TOP 100 überzeugt der Mittelständler insbesondere durch sein innovationsförderndes Top-Management. Die drei Geschäftsführer haben zum Teil auch wirtschaftswissenschaftliche Qualifikationen, und sie kümmern sich persönlich um die Ideensammlung und um das Innovationsmanagement. Dabei agieren sie zukunftsorientiert und haben permanent die Anforderungen von morgen im Blick. Sie ergreifen Chancen, setzen kleinere Veränderungen kurzfristig um, und begegnen schwierigen wie komplexen Sachverhalten lösungsorientiert.

Auf dem Weg zur papierlosen Kanzlei

Ein Musterbeispiel für ein erfolgreiches Innovationsprojekt ist die Umstellung der Kanzlei auf einen nahezu papierlosen Büroverbund. Dafür hat das Top-Management an allen vier Standorten ein vollkommen neues Softwaresystem eingeführt. Eine Umstellung, die von ganz oben initiiert und von einem Projektteam realisiert wurde, das eigens für diese Aufgabe zusammengestellt wurde. Hierdurch konnte wiederum eine hohe Akzeptanz bei allen Mitarbeitern erreicht werden. Seit der gelungenen Umstellung werden jeden Tag mehrere hundert Seiten Papier eingespart. Auch darüber hinaus setzt man auf moderne Technologien zum Wohle der Umwelt, zum Beispiel auf Onlinebesprechungen mit Mandanten oder auch auf Videoschaltungen bei Gerichtsterminen.

Neue Rechtsgebiete und Dienstleistungen

Innovativ ist das Top-Management auch bei der langfristigen strategischen Ausrichtung der Kanzlei. Zum einen setzt es auf ein Team von qualifizierten Fachanwälten mit unterschiedlichen Schwerpunkten, so zum Beispiel auf den Gebieten Baurecht, Sanierungsrecht, Erbrecht sowie Arbeitsrecht. Zum anderen erweitern sie ihre Kanzleien regelmäßig um Kollegen für neue, bislang nicht abgedeckte Rechtsbereiche, etwa das Medizinrecht. Darüber hinaus entwickeln die Anwälte innovative Angebote und Dienstleistungen, beispielsweise in den Bereichen Datenschutz, Vermögensverwaltung, Treuhandverwaltung und Immobilienverwaltung. Bei allem was sie tun, ist den drei Kanzleichefs klar: Veränderungen sind keine Bedrohung, sondern bieten in erster Linie neue Chancen.

Reinhart Kober Großkinsky Braun Rechtsanwälte PartGmbB
97941 Tauberbischofsheim
https://www.rkgb.legal
Beschäftigte (D): bis 50
Rechtsberatung

Geschäftsführer
Dr. Sebastian Braun,
Dr. Bernd Kober und
Dr. Ingo Großkinsky

Renz Solutions GmbH

★★★★★

Die Zukunft der Energiegewinnung

Klima und Lüftung, Akustik, Decken, Licht und Wände: Bei der Renz Solutions GmbH erhalten Kunden alles aus einer Hand. Das Forschungs- und Consultingunternehmen beschäftigt sich mit der Optimierung von Gebäudestrukturen. Das aktuellste Projekt ist der Bau eines Demo-Gebäudes, das eine neuartige Klimatechnik zeigt – für eine bis zu 90%ige Energierückgewinnung. Das Ganze realisiert der zukunftsorientierte Mittelständler in Zusammenarbeit mit zwei Hochschulen sowie dem „Center for Applied Energy Research" in Würzburg.

Vor über 40 Jahren gründete der Geschäftsführer und Inhaber Jochen Renz das Unternehmen, das mittlerweile aus fünf Gesellschaften besteht. Dazu gehören ein Forschungsinstitut, eine Warengesellschaft und die Planungsgesellschaft Renz Solutions. „Wir verbinden 18 ineinander greifende Innenausbaugewerke zu einem einzigen, damit unsere Kunden nicht unterschiedliche Ansprechpartner haben", erklärt Renz.

Neue Arbeitswelten nach Corona

Die Firma greift die aktuellen Veränderungen in der Bau- und Arbeitswelt auf: Bedingt durch die Erfahrungen im Homeoffice möchten die Mitarbeiter nun auch im Büro eine Atmosphäre vorfinden, in der sie konzentriert und ungestört arbeiten können – mit guten klimatischen und akustischen Bedingungen sowie einer geringen Ansteckungsquote. Renz Solutions erstellt dafür individuelle Arbeitsweltkonzepte. Hier kommen vor allem Glas-Akustik-Schallschirme zum Einsatz, eine spezielle Licht- und Beleuchtungstechnik sowie moderne Klima-Komfort-Module, die die verschiedenen Anforderungen in einem Gerät vereinen. Die Temperaturdifferenzen zwischen Tag und Nacht sind dabei die Basis für eine bis zu 90%ige Energierückgewinnung. Diese Anforderungen an künftige Arbeitswelten stellt der Mittelständler auch an sich selbst: So schafft das innovationsfördernde Top-Management für seine Mitarbeiter die gleichen optimalen Bedingungen für angenehmes und gesundes Arbeiten. Mit diesen Maßnahmen unterstützt die Geschäftsleitung aber nicht nur das körperliche Wohlbefinden der Beschäftigten, auch ihre Kreativität wird durch die attraktive Raumgestaltung in positiver Weise gefördert.

Anregungen durch eigene Mitarbeiter

Das Top-Management ermutigt zudem seine Mitarbeiter, Ideen aktiv einzubringen, die dem Unternehmen helfen, sich weiterzuentwickeln. So kann beispielsweise jeder mit einer vor Ort zur Verfügung stehenden Betriebspsychologin sprechen und dabei Verbesserungsvorschläge anbringen, etwa in Bezug auf die Prozessoptimierung. So bietet Renz Solutions Raum zum innovativen Austausch, der nicht nur ein fruchtbares Innovationsklima unterstützt, sondern auch dem gesamten Unternehmenserfolg dient.

Renz Solutions GmbH
71134 Aidlingen
https://www.renz-solutions.de
Beschäftigte (D): 51 bis 200
Baugewerbe/Handwerk

Geschäftsführer
Jochen Renz

Richard Neumayer GmbH

Vorfahrt für den Klimaschutz

Einst Dorfschmiede, heute erfolgreicher Automobilzulieferer: Die Richard Neumayer GmbH befindet sich bereits in der fünften Generation in Familienbesitz. Schon allein deshalb denkt man hier langfristig und legt bei allem Tun großen Wert auf Umwelt- und Klimaschutz. Unter der Leitung des Geschäftsführers Dirk Neumayer, einem Physiker mit Forschungserfahrung, setzt das Unternehmen im baden-württembergischen Hausach auf die Technologie der kontrollierten Abkühlung und spart damit sehr viel Heizenergie.

Das Unternehmen, das in den TOP 100-Bewertungskategorien „Innovationserfolg" und „innovationsförderndes Top-Management" überzeugt, hat seinen Sitz im Kinzigtal, mitten im Schwarzwald. Der Geschäftsführer Dirk Neumayer erlebte während seiner Jugend das Waldsterben direkt mit. Damals wurde ihm klar: Die Umwelt ist bedroht und muss geschützt werden. Gleichzeitig wusste er, dass Umweltprobleme gelöst werden können, wenn man sie aktiv angeht. Deshalb fokussiert er seine Anstrengungen in Sachen Innovation heute bewusst auf den CO_2-Fußabdruck seines Betriebs und setzt dabei an verschiedenen Punkten an, vor allem bei der Verbesserung der Material- und der Energieeffizienz.

100 % Ökostrom

Dirk Neumayer ist seit 2011 im Unternehmen – 2017 übernahm er die Geschäftsführung. Seitdem hat sich viel getan: Zwei neue Produktionshallen erhöhen die Fertigungstiefe und ermöglichen smarte Arbeitsabläufe. Zusätzlich investiert man in die Entwicklung energieeffizienter Prozesse. Ein Beispiel hierfür ist das „Controlled Cooling": Statt die Metallteile nach der Umformung erst abzukühlen und dann für die Weiterverarbeitung wieder aufzuheizen, werden diese in einem isolierten Behälter kontrolliert abgekühlt. Parallel dazu wurden sämtliche Prozesse elektrifiziert und die Energieversorgung auf reinen Ökostrom umgestellt. Dieser wird mittlerweile nicht mehr nur eingekauft, sondern zu einem erheblichen Teil per Photovoltaik und Windenergie selbst erzeugt. „Im Vergleich zu 2018 haben wir unseren CO_2-Fußabdruck um 90 % reduziert", sagt Neumayer erfreut.

Material sparen durch Leichtbauweise

Sogar CO_2-freies Schmieden ist möglich und bei ersten Schmiedeteilen auch schon gelungen. Ferner setzt man auf Industrie 4.0, um Verbesserungspotenziale zu erkennen und Prozesse zu optimieren. Bionik, in Kombination mit Simulation und Werkstoffexpertise, hilft, das Gewicht von Bauteilen zu reduzieren. Innovation ist für Neumayer Leidenschaft. „Ich hätte nie gedacht, dass es so spannend sein kann, ein Unternehmen zu führen", sagt er. Dass er dabei innovativ ist, verwundert nicht: Schon als Kind träumte er davon, Erfinder zu werden.

Richard Neumayer GmbH
77756 Hausach
https://www.r-neumayer.de
Beschäftigte (D): über 200
Metallverarbeitung

Geschäftsführer
Dirk Neumayer

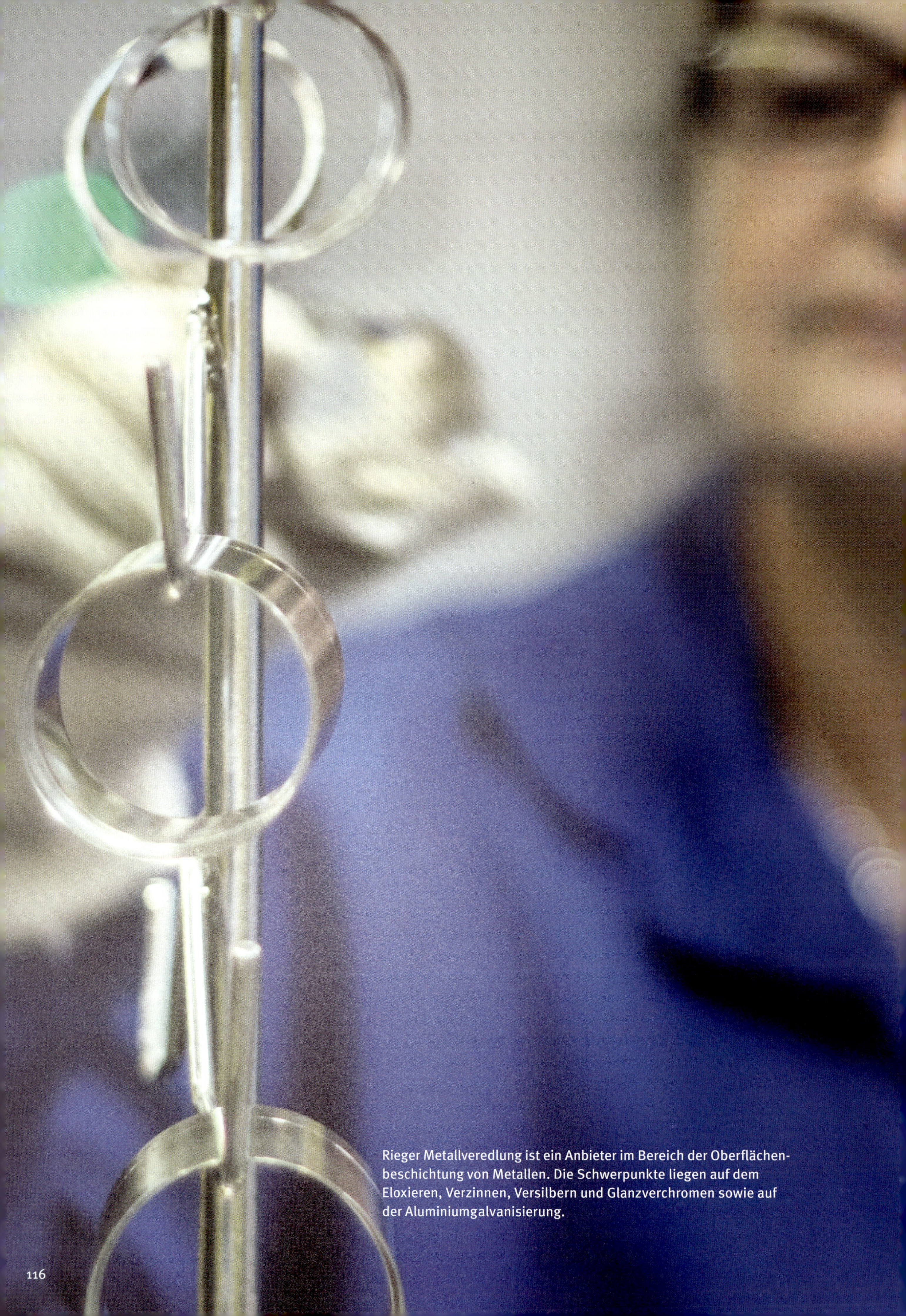

Rieger Metallveredlung ist ein Anbieter im Bereich der Oberflächenbeschichtung von Metallen. Die Schwerpunkte liegen auf dem Eloxieren, Verzinnen, Versilbern und Glanzverchromen sowie auf der Aluminiumgalvanisierung.

Rieger Metallveredlung GmbH & Co. KG

Glänzende Qualität

Microsoft wurde einst in einer Garage gegründet – bei der in Steinheim am Albuch beheimateten Rieger Metallveredlung GmbH & Co. KG war es ein umgebauter Hühnerstall. Eine Erfolgsstory sind beide Unternehmen geworden, wobei Rieger 2023 sein 70-jähriges Bestehen feierte und damit eine wesentlich längere Tradition hat. Das Unternehmen, das in zweiter Generation von Franz Rieger geführt wird, überzeugte in den TOP 100-Bewertungskategorien „Außenorientierung/Open Innovation" und „innovationsförderndes Top-Management".

Die Rieger Metallveredlung GmbH & Co. KG ist Dienstleister im Bereich der Oberflächentechnik und Galvanik. Als Lohnveredler stellt sie keine eigenen Produkte her, sondern verbessert die Produkte ihrer Kunden. Geführt wird das Unternehmen von einem dreiköpfigen Managementteam. Dieses setzt sich zusammen aus dem Geschäftsführer Franz Rieger, der kaufmännischen Leiterin Beate Dimter und dem technischen Leiter Igor Rudel. Zu dritt trifft man sich regelmäßig, um Innovationen zu besprechen und voranzutreiben – etwa die konsequente Digitalisierung der Betriebsabläufe oder die notwendigen Schritte, um die Firma in Zukunft energieautark zu machen.

Energieautark bis 2035

Die Energieautarkie ist derzeit zwar noch ein Fernziel, das bis 2035 erreicht werden soll, die ersten Schritte sind aber bereits getan. „Wir sind schon klimaneutral zertifiziert, wollen in Zukunft aber nicht nur Ökostrom zukaufen, sondern unseren Strom selbst produzieren", erklärt Franz Rieger. Als Unternehmer sei man gut beraten, seine Ziele langfristig zu verfolgen und beharrlich daran zu arbeiten. Davon ist er überzeugt. „Man darf nicht erwarten, dass sich jede Investition schon im nächsten Jahr amortisiert. Entscheidend ist, dass sie sich über 10 oder 20 Jahre rechnet", sagt Rieger. Langfristig sei auch die Zusammenarbeit mit den Kunden. Meist kenne man die gegenseitigen An- und Herausforderungen und findet partnerschaftlich passende und optimale Antworten auf die verschiedenen Fragestellungen.

Partnerschaftlich Antworten finden

„Unser Erfolg muss immer auch der Erfolg der Kunden sein", erläutert Franz Rieger. An echten Technologiesprüngen arbeitet das Unternehmen gemeinsam mit Forschungsinstituten. So entwickelt man im Moment in Kooperation mit dem Forschungsinstitut für Edelmetalle und Metallchemie ein neuartiges, energieeffizientes Verfahren zur Beschichtung von Aluminiumguss. Auch dieses Projekt rechnet sich nicht kurzfristig, sondern erst auf lange Sicht. Aber Innovation in der Beschichtungstechnik ist in der Regel kein Sprint, sondern ein Marathon.

Rieger Metallveredlung GmbH & Co. KG
89553 Steinheim am Albuch
https://www.rieger-metallveredlung.de
Beschäftigte (D): bis 50
Metallverarbeitung

Geschäftsführer
Franz Rieger

Die Rybak + Hofmann rhv-Technik GmbH + Co. KG ist Expertin für thermisches Spritzen zur Oberflächenbehandlung und für innovative Beschichtungen von 3-D-gedruckten Bauteilen.

Rybak + Hofmann rhv-Technik GmbH + Co. KG

★★★

Neuerungen für den Leichtbau

Wenn man Wissen teilt, wird es mehr und nicht weniger. Auf dieser Erkenntnis fußt das Innovationsklima der Rybak + Hofmann rhv-Technik GmbH + Co. KG. Der Lohnveredler, der sich auf das thermische Spritzen als Technologie zur Oberflächenbehandlung spezialisiert hat, setzt auf Mitarbeiter, die mitdenken und ihre Ideen einbringen. Und er entwickelt innovative Technologien nicht alleine, sondern teilt sein technologisches Know-how mit Kunden und Hochschulen.

Der Blick über den Tellerrand gehört bei dem mittelständischen Unternehmen zum Alltag, denn alle Mitarbeiter sind stets darauf bedacht, fachübergreifend mit anzupacken und mitzudenken. „Unsere Mitarbeiter sind interdisziplinär qualifiziert und in mehreren Tätigkeitsfeldern eingearbeitet. So haben wir unser Know-how auf viele Schultern verteilt", erläutert die Geschäftsführerin Claudia Hofmann. Sie ist überzeugt davon: Wer den Freiraum hat, Dinge selbst zu erkunden und auf spielerische Art und Weise zu entdecken, der hat auch Spaß an der Arbeit und entwickelt kreative und unkonventionelle Lösungen.

Kundenseminare in der rhv-Akademie

Wissen teilen und Ideen austauschen, darauf setzt der Mittelständler auch im Kontakt mit seinen Kunden, die aus unterschiedlichen Branchen kommen – vom Dichtungshersteller über den Verpackungsmaschinenbauer bis zur Luft- und Raumfahrtindustrie. Auch wenn thermisches Spritzen keine Raketenwissenschaft ist: Zirkonoxid-Beschichtungen, die mithilfe dieses Verfahrens aufgetragen wurden, helfen, Satelliten sicher ins All zu bringen. Um die Konstrukteure ihrer Kundenunternehmen mit all den Möglichkeiten des thermischen Spritzens sowie den verschiedenen Oberflächen vertraut zu machen, betreibt die Rybak + Hofmann rhv-Technik GmbH + Co. KG eine eigene Akademie. Hier erfährt man, welche Werkstoffe sich für das thermische Spritzen eignen und welche Funktionsverbesserungen mit dieser Form der Oberflächenbehandlung erreicht werden.

Thermisches Spritzen in Kombination mit 3-D-Druck

Wissen teilt die Firma nicht nur über ihre Akademie, sondern auch in verschiedenen Forschungskooperationen. Gemeinsam mit dem Labor für Robotik und visuelle Systeme der Hochschule Aalen haben die Mitarbeiter eine Lösung entwickelt, mit der 3-D-gedruckte Bauteile im thermischen Spritzen beschichtet werden können. Eine knifflige Aufgabe, denn Kunststoffe sind zwar ideal für den Leichtbau, aber häufig nicht hitzebeständig. Doch die Experimente führten zu geeigneten Materialien, die inzwischen bereits in Kundenprojekten eingesetzt werden. Der Austausch von Wissen hat sich hier aufs Neue bewährt.

Rybak + Hofmann rhv-Technik GmbH + Co. KG
71332 Waiblingen
https://www.rhv-technik.com
Beschäftigte (D): bis 50
Metallverarbeitung

Geschäftsführerin
Claudia Hofmann

Safetec GmbH

★★

Mit dem virtuellen Zwilling zu mehr Sicherheit

Der Rückbau der kerntechnischen Anlagen in Deutschland ist eine Aufgabe für Jahrzehnte. Auch andere europäische Länder stehen vor einer ähnlich großen Herausforderung. Die Safetec GmbH in Heidelberg, die früher vor allem Personal für den sicheren Betrieb von Kernkraftwerken vermittelte, hat sich zum Technologieführer für den Rückbau entwickelt. Bei TOP 100 überzeugt sie vor allem in den Bewertungskategorien „Innovationserfolg“ und „Außenorientierung/Open Innovation“.

Das Unternehmen ist seit mehr als 30 Jahren Projekt-, Beratungs- und Servicepartner der Kerntechnik und konzentriert sich heute auf den Rückbau von Kernkraftwerken. Neue Konzepte und der Einsatz künstlicher Intelligenz beschleunigten den Wachstumsprozess des Betriebs und helfen bis heute, mit Menschen und Material schonend umzugehen. Ausgangspunkt der Erfolgsgeschichte war unter anderem der „Safetec Innovation Summit“, zu dem 2022 alle Kunden, Partner und Lieferanten eingeladen waren.

Digitales Rückbautool als Durchbruchsinnovation

Zu diesem Zeitpunkt hatte man schon bahnbrechende Neuerungen in der Entwicklung, musste dafür aber noch Kunden gewinnen. Zudem war die Safetec GmbH auf der Suche nach den richtigen Hardware-Lieferanten, zum Beispiel für die Messtechnik. Auf dem Innovation-Summit stellte der Mittelständler damals seine Hauptneuheit vor: Das digitale Rückbautool SAIF, das inzwischen bei Kunden im Einsatz ist. Diese selbst entwickelte Software trug zu einem enormen Wachstumsschub bei: Jährlich kommen mehr als 100 neue Mitarbeiter hinzu, und ein Ende des Booms ist nicht in Sicht. SAIF ist eine echte Durchbruchsinnovation und arbeitet mit einem virtuellen Zwilling, um Kernkraftwerke oder andere kontaminierte Gebäude freizumessen. Diese erhalten damit den messtechnischen Nachweis, dass sie so wenig radioaktive Aktivität aufweisen, dass sie nicht mehr überwacht werden müssen.

Wachstumspotenzial außerhalb der Kerntechnik

Inzwischen wird das Tool bereits beim Rückbau von sechs Kernkraftwerken eingesetzt. Künftig kann die Technologie zudem beim Rückbau von Fabriken und Krankenhäusern mit schädlichen Rückständen beziehungsweise mit belasteten Materialien eingesetzt werden – oder bei Radonmessungen im Privatbereich. Das Marktpotenzial ist enorm. „Wir planen, uns in den kommenden Jahren auch zunehmend internationaler auszurichten und stehen daher mit Interessenten aus der Schweiz, aus Belgien und Schweden im engen Austausch“, sagt der Geschäftsführer Timo Knoll, dem die Wachstumsideen nicht ausgehen. Die Erfolgsstory des Unternehmens hat gerade erst begonnen.

Safetec GmbH
69123 Heidelberg
https://www.safetec-strahlenschutz.de
Beschäftigte (D): über 200
Energie

Geschäftsführer
Timo Knoll

Sprenger GmbH

Präzision, Meisterschaft und Liebe zum Detail

Wenn es um Pinzetten für den Einsatz in Arztpraxen und Krankenhäusern geht, führt kaum ein Weg an der Sprenger GmbH vorbei. Sie hat ihren Sitz in Frittlingen im Landkreis Tuttlingen, mitten im größten deutschen Medizintechnikcluster, und profitiert davon, dort Teil eines starken Netzwerks zu sein. Sie kooperiert mit Partnerunternehmen, zum Beispiel aus dem Bereich Scheren, mit Digitalberatern und mit ihren Stammkunden, aber auch mit den Hochschulen in der Region.

Der Chirurgietechnikhersteller, der bei TOP 100 in der Bewertungskategorie „Außenorientierung/Open Innovation" am besten abschneidet, ist ein seit 45 Jahren bestehender Familienbetrieb mit vielen langjährigen Stammkunden. Er hat sich kontinuierlich weiterentwickelt und verfügt heute über ein Portfolio von weit mehr als 1.000 verschiedene Pinzetten, unter anderem für die Herz-, die Augen- und die Mikrochirurgie. Der Exportanteil liegt bei 80 % – und in Sachen Zertifizierung ist das Unternehmen absolut auf der Höhe der Zeit.

Zusammenarbeit mit der Hochschule Furtwangen

Innovationen werden nur selten im Alleingang entwickelt: Zuletzt arbeitete der Mittelständler im Rahmen eines Förderprogramms des Deutschen Zentrums für Luft- und Raumfahrt an der Digitalisierung seiner internen Prozesse und wurde dabei von einem externen Digitalisierungsberater unterstützt. Durch diese Kooperation ist es ihm gelungen, jenseits des Alltagsgeschäfts eine eigene Digitalabteilung zu etablieren. Ein weiterer wichtiger Innovationstreiber sind die Studierenden des Medizintechnikcampus der Hochschule Furtwangen, die ihre Praxissemester im Unternehmen verbringen. Zum Teil schreiben sie ihre Bachelor- und Masterarbeiten zu firmenrelevanten Themen und liefern auf diese Weise wertvollen Innovationsinput. Aber nicht nur das: Mehrmals im Jahr entstehen in Zusammenarbeit mit den Kunden neue Produktideen und Neuentwicklungen.

Kundenspezifische Neukonstruktionen

„Wir haben die komplette Fertigungstiefe bei uns im Haus und sind deshalb in der Lage, für unsere Kunden völlig neue Instrumente zu konstruieren und zu realisieren", erläutert der Geschäftsführer Christian Sprenger. Nicht aus jeder Anfrage wird ein Produkt, aber pro Jahr werden etwa drei bis vier kundenspezifische Neuentwicklungen verwirklicht. Sprenger ist überzeugt davon, dass die besten Ideen dort entstehen, wo der Radar auf Empfang steht, und kooperiert somit eng mit Experten und Anwendern sowie mit Forschung und Wissenschaft. Doch noch etwas ist für die Pinzetteninnovation unabdingbar: Präzision, Meisterschaft und Liebe zum Detail.

Sprenger GmbH
78665 Frittlingen
https://www.sprenger-med.de
Beschäftigte (D): bis 50
Medizintechnik

Geschäftsführer
Karl-Heinz und
Christian Sprenger

Stadtwerke Radolfzell GmbH

Mehr als die Grundversorgung

Energie, Infrastruktur und Mobilität: Das sind die drei Geschäftsbereiche, in denen sich die Stadtwerke Radolfzell GmbH für die Region engagiert. 125 Beschäftigte befassen sich mit Wärme-, Wasser- und Stromversorgung, mit Internet und Telefonie, Stadtbus und Carsharing. Das innovationsorientierte Top-Management sieht sich gut für die Herausforderungen der Zukunft gewappnet, denn die Weichen in Richtung Dekarbonisierung und erneuerbare Energien sind schon gestellt.

Klimaneutralität ist das große Ziel, das die Geschäftsleitung der Stadtwerke verfolgt: Es wird ein klimaneutraler Stadtbus eingeführt, den Einwohnern von Radolfzell steht eine Flotte elektrisch betriebener Mietwagen zur Verfügung, der unternehmenseigene Fuhrpark wurde auf Elektrofahrzeuge umgerüstet, und der Neubau des Betriebsgebäudes ist ebenfalls klimaneutral. 30 öffentliche Ladepunkte für E-Autos hat man in der Region installiert, und für Wallboxen gibt es einen günstigeren Elektromobilitätstarif.

Photovoltaik mit Stromspeicher

„Wir machen viel, aber unsere aktuell wichtigste Innovation ist sicherlich die autarke Stromversorgung für Privatkunden durch Photovoltaik mit Stromspeicher", erklärt der Geschäftsführer Tobias Hagenmeyer. Die Stadtwerke unterstützen bei der Planung und der Einrichtung einer PV-Anlage auf dem eigenen Dach. Das ergänzt sich bestens mit dem hohen Anteil an regional erzeugtem Strom, den das Unternehmen mittels eigener Windkraft- und Solaranlagen generiert. „Wir müssen unseren Kunden mehr anbieten als nur die Grundversorgung", betont Hagenmeyer. „Heutzutage sind ganzheitliche Lösungen gefragt, die oftmals auch über unser Kerngeschäft hinausgehen." Geschäftsmodelle verändern sich, die dezentrale Energieversorgung zum Beispiel nimmt einen immer größeren Stellenwert ein. Die Innovationsmanagerin der Stadtwerke Radolfzell hat immer den Blick darauf, wohin sich der Markt entwickelt.

Austausch im Netzwerk

Impulse erhält die Innovationsmanagerin etwa durch die Teilnahme am Netzwerk Thüga, in dem sich kommunale Energie- und Wasserdienstleister, aber auch Start-ups und forschende Unternehmen austauschen. Neue Ideen kann jeder an die Geschäftsleitung und den Betriebsrat schicken, eine Kommission entscheidet dann über die Realisierung. Anschließend initiiert der Ideengeber eine divers aufgestellte Projektgruppe, die das Projekt eigenverantwortlich vorantreibt. Auch dieses Vorgehen trägt dazu bei, dass die Stadtwerke Radolfzell eine Vorreiterrolle einnehmen und andere Stadtwerke ähnlicher Größe inspirieren.

Stadtwerke Radolfzell GmbH
78315 Radolfzell
https://www.stadtwerke-radolfzell.de/
Beschäftigte (D): 51 bis 200
Energie

Geschäftsführer
Tobias Hagenmeyer

TOP 100

Stolz Aufrolltechnik GmbH

★★★

Mit vollem Einsatz

Am Zapfhahn, bei der Brandbekämpfung oder im Sanitärumfeld: Für den Transport von Flüssigkeiten kommen häufig Schläuche zum Einsatz. Die Stolz Aufrolltechnik GmbH in Herdwangen-Schönach sorgt dafür, dass ihre Kunden stets die passenden Schlauchaufrollsysteme haben. So gut wie jedes Produkt wird dabei individuell konstruiert und gefertigt. Der Geschäftsführer Robert Stolz stößt dank langjähriger Erfahrung immer wieder selbst Neuerungen an. Damit trägt er proaktiv zu einem positiven Innovationsklima im Unternehmen bei.

„Wir sind in unserer Nische Spezialisten", erklärt der Geschäftsführer Robert Stolz. „In fast jedem Projekt werden von uns Sonderprodukte gefordert." Täglich besucht er mit dem Betriebsleiter die Fertigung und informiert sich über die Ideen seiner knapp 30 Mitarbeitenden. „Unser Betriebsleiter und die Kollegen aus der Konstruktion sind sehr stark ins Thema Innovation involviert, vor allem bei Verbesserungen in der Serienfertigung. Viele gute Vorschläge kommen aber auch von den Kollegen aus der Fertigung", betont Stolz.

Motiviert für neue Vorschläge

Durch das konsequente Shopfloor-Management ist Stolz über Projektfortschritte immer informiert und kann mitdiskutieren: „Man muss einfach immer am Ball bleiben, denn auch kleine Verbesserungen sind wichtig." Dazu gehören auch Veränderungen, die dazu führen, dass sich die Mitarbeitenden im Unternehmen wohlfühlen. Nur dann seien sie bereit, über neue Dinge nachzudenken und Ideen vorzuschlagen. Ideen aus seinem Team prüft Stolz sofort und gibt umgehend Feedback. Seine Tür steht für alle Kollegen immer offen: „Nur wer sieht, dass seine Vorschläge ernst genommen und realisiert werden, ist motiviert, erneut einen Impuls zu äußern", begründet er seine rasche Rückmeldung. „Sofort anpacken, nicht lange warten" lautet deswegen seine Maxime. Sonst verlaufen gute Ideen leider gern auch mal im Sande.

Flexibel reagieren

Auch wenn es für die Materialien, die der baden-württembergische Mittelständler für sein Produkt benötigt, wenig umweltfreundliche Alternativen gibt, behält Stolz den Umweltschutz trotzdem stets im Blick. So hat er kürzlich eine ältere Maschine gegen eine energiesparendere Variante ausgetauscht. Oder er greift selbst zum Hörer, um Kunden davon zu überzeugen, dass der Transport ihrer Produkte aus Umweltschutzgründen besser gebündelt erfolgt statt als Einzellieferung. Für die Herausforderungen der Zukunft sieht sich der Geschäftsführer gut gewappnet: „Dank unserer Größe können wir schnell und flexibel umsteuern und uns jederzeit an den Markt anpassen."

Stolz Aufrolltechnik GmbH
88634 Herdwangen-Schönach
https://stolz-aufrolltechnik.de
Beschäftigte (D): bis 50
Anlagen-/Maschinenbau

Geschäftsführer
Robert Stolz

TES Electronic Solutions GmbH

Mehr Ideen als freie Kapazitäten

Chips für die Halbleiterindustrie, Software für Embedded Systems oder Prozessoren für Multimediaanwendungen: Die TES Electronic Solutions GmbH beschäftigt sich alleinig mit der Forschung und Entwicklung von Mikroelektronik. 2005 wurde das Unternehmen als Spin-off des Technologiekonzerns Thales gegründet. Der Mitgründer und Geschäftsführer Jürgen Zeller ist oft Ideentreiber von Innovationen. Um immer am Puls der Zeit zu bleiben, nutzt er gern vielfältige Quellen.

„Wir arbeiten ständig an führenden Forschungs- und Entwicklungsprojekten für Kunden sowie an proprietären Technologien", erzählt Jürgen Zeller. „Deshalb brauchen wir unsere Mitarbeiter gar nicht zu motivieren, neue Ideen einzubringen. Wir haben jetzt schon weit mehr, als wir mit unseren Kapazitäten realisieren können." Der Elektroingenieur hat selbst viele Jahre in der Entwicklung gearbeitet und ein großes Netzwerk aufgebaut. So werden permanent kreative und disruptive Innovationsansätze an ihn herangetragen.

Fachgremium bewertet Vorschläge

Impulse von außen, Ideen von den Mitarbeitern, Anregungen vonseiten des Top-Managements: Da kommt einiges zusammen. Welche dieser Ideen am Ende in Innovationsprojekte münden, entscheidet das Technology-Management-Board. Das Fachgremium bewertet die Realisierungs- und Vermarktungschancen und entscheidet gemeinsam mit dem innovationsfördernden Top-Management über die Verwirklichung und die Investitionsmittel. „Wir versuchen immer bereits in einem frühen Stadium, die Kunden einzubinden, und haben deshalb häufig schon konkrete Finanzierungen für unsere Innovationsprojekte", erklärt Jürgen Zeller. Da neue Technologien in der Mikroelektronik zumeist sehr komplex sind, dauert die Entwicklung solcher Innovationen oftmals mehrere Jahre. Dabei arbeitet der Mittelständler mit Sitz in Leinfelden-Echterdingen bei Stuttgart mit einem globalen Netzwerk aus Partnerfirmen, Spezialisten, Hochschulen und Freelancern zusammen.

Vertriebspartner in aller Welt

Die Entwicklungen der TES Electronic Solutions GmbH kommen in aller Welt zum Einsatz. In vielen Regionen hat das Unternehmen Vertriebspartner, aber längst nicht in allen. Daher nutzt es zur Vermarktung spezielle globale Internetplattformen von externen Dienstleistern. „Und wir stellen derzeit auf eine neue Content-Marketing-Strategie um und setzen einige neue Projekte auf, darunter Videos auf YouTube", sagt Jürgen Zeller. Er weiß: Vor allem der Bereich Mikroelektronik verändert sich rasend schnell. „Da müssen wir immer am Ball bleiben."

TES Electronic Solutions GmbH
70771 Leinfelden-Echterdingen
http://tes-dst.com
Beschäftigte (D): 51 bis 200
Elektronik/Elektrotechnik

Geschäftsführer
Jürgen Zeller

Theben AG

Vom Zeitschalter zum Smart Home

In den 1920er-Jahren fiel Paul Schwenk auf, dass in Treppenhäusern häufig das Licht angeschaltet blieb. Der Feinmechaniker erfand daraufhin den Treppenlicht-Zeitschalter – und legte damit die Grundlage für die Theben AG. Viele weitere Erfindungen folgten. Mittlerweile ist das Familienunternehmen ein erfolgreicher Hersteller zahlreicher Gebäudeinstallationstechniken. Auch die vierte Generation im Top-Management weiß, wie man Innovationsprozesse erfolgreich anstößt.

Zeitschalter gehören auch heute noch zum Portfolio der Theben AG. Hinzugekommen sind jedoch viele weitere Produkte: Präsenz- und Bewegungsmelder, Dimmer, Thermostate und natürlich Zubehör fürs Smart Home. Weit mehr als 10 % des Umsatzes steckt das Top-Management jährlich in Innovationstätigkeiten. Das Business-Development arbeitet eigens mit einem Trendradar, um keine interessanten Trends zu verpassen. Aus den Analysen leiten sich kurz-, mittel- und langfristige Maßnahmen ab.

Tüfteln im Kreativlabor

Für gute Ideen gibt es im Unternehmen unterschiedliche Prozesse: Der Produktentstehungsprozess gilt für Produkte, die in bestehende Geschäftsbereiche passen. Jeder Bereich erstellt Produkt-Roadmaps, dann übernimmt die zentrale Vorentwicklung die nächsten Schritte. „Hier folgen wir in der Regel dem Stage-Gate-Prozess mit strukturierten Phasen“, erläutert Lothar Saal, Leiter des Business-Development. Anders läuft der Innovationsprozess bei Ideen, die nicht ins bestehende Portfolio passen: Mitarbeitende bewerben sich mit ihrer Idee, um daran im Kreativlabor eine Weile zu arbeiten, und zwar mit 20 % ihrer Arbeitszeit. „Hier wird stets im Team gearbeitet. Und es kommen kreative Methoden wie ‚Design-Thinking‘ oder ‚Business-Model-Canvas‘ zum Einsatz“, sagt Saal. Im Kreativlabor dürfen auch emotionale Aspekte eines Produkts eine Rolle spielen, zum Beispiel ein spezielles Design oder besonders nachhaltige Materialien.

Sicherer und grüner

Das Thema Nachhaltigkeit ist allerdings keine Nische im Unternehmen. Denn um die selbst gesteckten Nachhaltigkeitsziele zu erreichen, hat der Vorstandsvorsitzende Paul Sebastian Schwenk eigens zwei Mitarbeitende eingestellt, die sich ausschließlich um dieses Thema kümmern. Weitere Herausforderungen sieht er auf den Gebieten Vernetzung, IT-Sicherheit und Dekarbonisierung. Sein Ziel: „Wir wollen unsere Produkte noch intelligenter, sicherer, komfortabler und grüner machen.“ Sein Urgroßvater hat mit dem Treppenlicht-Zeitschalter eine gute Basis dafür gelegt.

Theben AG
72401 Haigerloch
www.theben.de
Beschäftigte (D): über 200
Elektronik/Elektrotechnik

Vorstände
Michael Matthesius,
Paul Sebastian Schwenk
und Thomas Sell

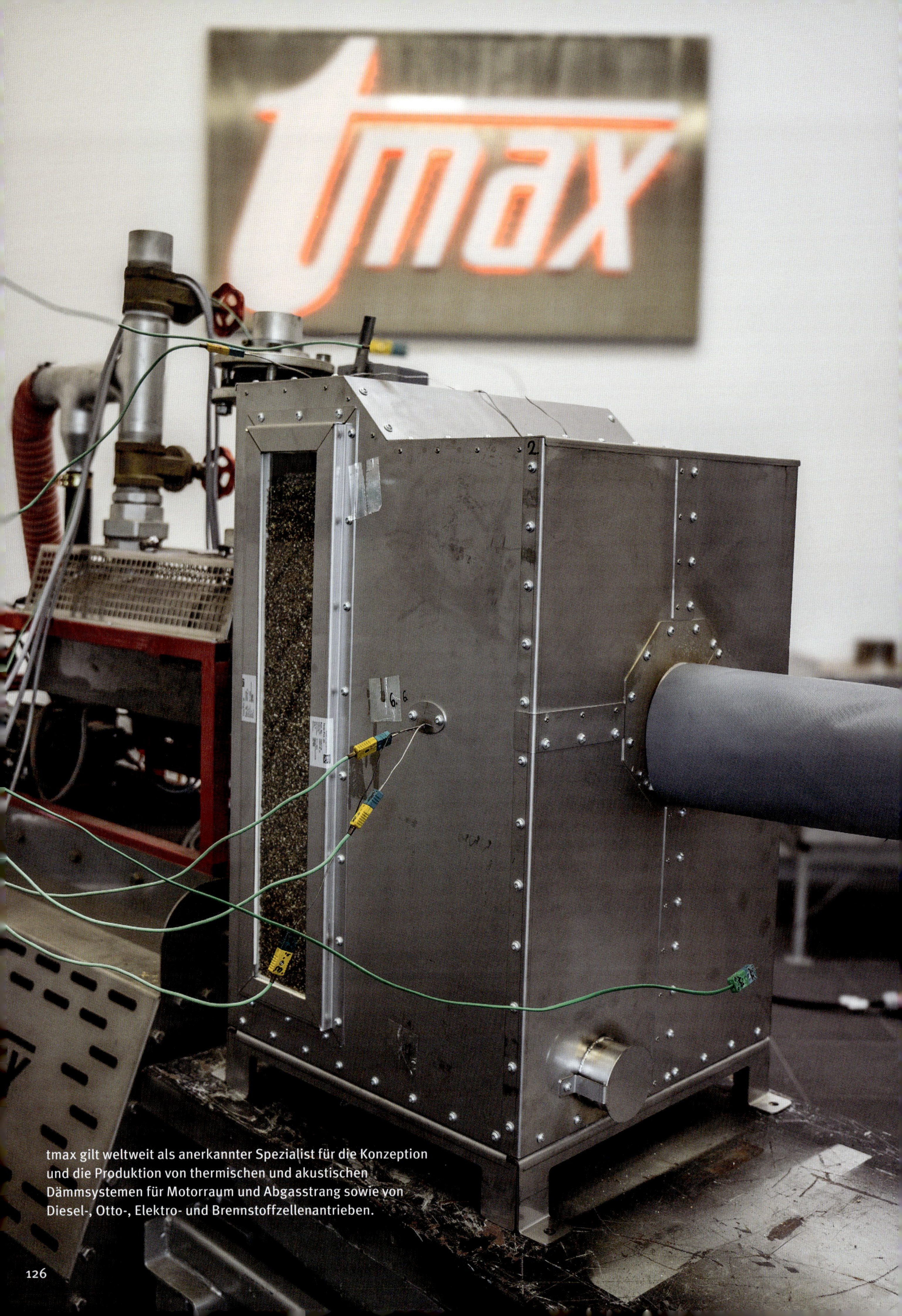

tmax gilt weltweit als anerkannter Spezialist für die Konzeption und die Produktion von thermischen und akustischen Dämmsystemen für Motorraum und Abgasstrang sowie von Diesel-, Otto-, Elektro- und Brennstoffzellenantrieben.

TOP 100

tmax Germany GmbH

★★★★

Mit kühlem Kopf gegen heiße Temperaturen

Ob in Autos, Lastwagen oder Schiffen: Verbrennungsmotoren werden sehr heiß. Damit die Temperatur innerhalb des Systems gehalten werden kann, Brände ausgeschlossen sowie Mensch und Material vor Hitze geschützt werden können, braucht man die richtige Dämmung. Als Experte für Hochtemperaturisolierungen fertigt die tmax Germany GmbH für ihre Kunden maßgeschneiderte Lösungen. Das Thema Innovation ist beim Top-Management um den Geschäftsführer Thorsten Thom und den Director Corporate Development Dr. Jesco Gumprecht angesiedelt.

„tbrain" heißt die Innovationsschmiede, die Thorsten Thom schon kurz nach seinem Eintritt in das Mannheimer Unternehmen ins Leben gerufen hat. Das Innovationsteam besteht aus Dr. Jesco Gumprecht und vier weiteren Kollegen aus unterschiedlichen Bereichen. Das interdisziplinäre Team ist stets auf der Suche nach weiteren Anwendungsgebieten für Isolierungen, nach neuen Verfahren und Materialien. Ihr aktuellster Geniestreich: ein 3-D-Verfahren, mit dem sämtliche Oberflächen der zu dämmenden Komponenten passgenau isoliert werden können. So lässt sich eine wesentlich effektivere Isolierung herstellen als bisher.

50 Jahre Erfahrung

Das Top-Management der tmax Germany GmbH freut sich über das Engagement und den kreativen Geist ihrer Kollegen, die so lange tüfteln, bis sie die passenden Antworten für die unterschiedlichen Anforderungen ihrer Kunden gefunden haben. Ist eine Idee gut und die Geschäftsführung von ihrer Sinnhaftigkeit überzeugt, steht einer Budgetierung nichts im Wege. So wie bei der Anschaffung einer neuen Maschine für ein Nähverfahren, mit der noch dickere Dämmstoffe für Isolierungen eingesetzt werden können – ein neuer Auftrag folgte auf dem Fuße. Verbrennungsmotoren sind übrigens lediglich ein Anwendungsbereich für die Hochtemperaturisolierungen der tmax Germany GmbH. Interessant wird für die Ingenieure aus Mannheim zukünftig das Thema Wasserstoff werden. „Mit unserer über 50-jährigen Erfahrung können wir dem Markt, der sich derzeit noch in der Entwicklungsphase befindet, frühzeitig mit unserem Know-how zur Seite stehen", sagt Jesco Gumprecht.

Nachhaltigkeit erhöhen

Selbst für potenzielle Antriebe mit Methanol und Ammoniak hat der Mittelständler schon Ideen in der Schublade. Und auch vor ungewöhnlichen Herausforderungen wie zum Beispiel einer Hitzedämmung für gewerbliche Espressomaschinen scheuen die Isolierexperten nicht zurück. „Was all unseren Produkten gemein ist: Sie erhöhen die Nachhaltigkeit", erklärt Thorsten Thom. „Sie helfen unseren Kunden, gezielt bestimmte Emissionsvorgaben zu erreichen, und sie ermöglichen einen effizienteren Betrieb der Systeme, wodurch Ressourcen eingespart werden."

tmax Germany GmbH
68169 Mannheim
https://tmaxgroup.com/de
Beschäftigte (D): über 200
Metallverarbeitung

Vorsitzender der Geschäftsführung
Thorsten Thom

Transline Deutschland GmbH

Aussagekräftige Inhalte in passender Sprache

Multilinguale Kommunikation ist wahrlich kein triviales Aufgabenfeld. Die Transline Deutschland GmbH in Reutlingen hilft Firmen bei dieser Herausforderung. Mit 150 Beschäftigten und 5.000 Fachübersetzern in 160 Sprachen sieht sich der Übersetzungsdienstleister als Full-Service-Partner: vom Texten mehrsprachiger Websites über Untertitel für Videos bis zu Übersetzungen von Gebrauchsanweisungen. Das Top-Management fördert den Einsatz moderner Technologien für innovative Lösungen und orientiert sich dabei immer an den Anforderungen der Kunden.

Linguistische Sprachmodelle wie ChatGPT oder neuronale Netzwerke wie DeepL machen dem Geschäftsführer Maximilian Lachnit keine Angst, im Gegenteil: „Wir sehen diese Technologien nicht als Konkurrenz zu unserem Geschäft. Stattdessen versuchen wir, sie für unsere Zwecke und die des Kunden bestmöglich einzusetzen." Um die Technologien optimal zu nutzen, beschäftigt der Mittelständler sogar eigene Computerlinguisten, die Prozesse automatisieren oder sich kluge Mensch-Maschine-Interaktionen überlegen. So werden etwa Aufträge vollständig automatisiert den passenden Übersetzern zugewiesen.

Future-Lab für neue Themen

Als Herausforderung sieht es Maximilian Lachnit, die Kunden vom richtigen Einsatz der neuen Technologien zu überzeugen und ihnen die Grenzen, aber auch die vorhandenen Risiken aufzuzeigen – gerade in Branchen, in denen Sicherheit und Regulatorik eine wichtige Rolle spielen. Um hervorragende Qualität zu liefern, entwickelt das Unternehmen regelmäßig neue Lösungen für den gesamten Content-Prozess beim Kunden. Das Future-Lab arbeitet zudem immer wieder an innovativen Themen und holt sich dabei gern Input von vielen Seiten: Kunden werden an mehreren Punkten in den Innovationsprozess eingebunden, indem sie beispielsweise Neuerungen anregen oder Prototypen testen. Die 5.000 Fachübersetzer, die allesamt in ihrem Metier ausgebildet und branchenerfahren sind, können sich mit Verbesserungsvorschlägen einbringen. Zu Hochschulen hat die Firma einen ebenso guten Draht und bietet im Bereich Translation-Management sogar ein duales Studium an.

Lernende Organisation

„Wir wollen allen unseren Angestellten und Übersetzungspartnern Mut machen, eigene Ideen zu liefern und sie zu verwirklichen", sagt Lachnit. Er sieht sich als Befähiger, der gute Voraussetzungen für die Realisierung von Projekten schafft. So etablierte man kürzlich das Konzept der „lernenden Organisation" , das als Grundlage dafür dient, eine Organisation zukunftsfähig aufzustellen. „Die Branche ist stetig im Wandel", berichtet Lachnit. „Dank immer neuer Technologien können wir unser Angebot kontinuierlich ausbauen."

Transline Deutschland GmbH
72766 Reutlingen
https://www.transline.de
Beschäftigte (D): 51 bis 200
Kommunikation/Marketing/Medien

Geschäftsführer
Maximilian Lachnit

Ulmer Wohnungs- und Siedlungs-Gesellschaft mbH

Auf neue Ideen bauen

7.300 Wohnungen auf 450.000 Quadratmetern: Seit mehr als 90 Jahren schafft und verwaltet die Ulmer Wohnungs- und Siedlungs-Gesellschaft mbH Wohnraum für mittlerweile 15.000 Ulmer Bürger. Im Fokus dieses größten lokalen Mietwohnungsanbieters steht das bezahlbare Wohnen. So werden jährlich über 50 Mio. Euro in den Bau neuer Mietwohnungen investiert. Das Top-Management legt dabei besonders viel Wert auf Nachhaltigkeit und fördert das Innovationsklima im Unternehmen.

„Klimaschutz ist eines unserer wichtigsten strategischen Themen", erläutert der Geschäftsführer Dr. Frank Pinsler. Dazu gehört aber mehr als nur die Umstellung der Heizsysteme in den Gebäuden und die Reduzierung des Energiebedarfs durch energetische Sanierungen. Besonders innovative Ideen sind zum Beispiel der Einsatz von Recyclingbeton und -klinker bei Neubauten. Auch ein Holzhybridgebäude befindet sich derzeit im Bau. In einem Bestandsbau wurden außerdem Balkone flächendeckend mit Photovoltaikanlagen ausgestattet. „Vieles probieren wir einfach aus, ohne erst lange herumzudiskutieren", betont Pinsler.

Abteilungs- und funktionsübergreifende Teams

Dank seiner Kontakte zur Baubranche und zu Kollegen aus anderen Wohnungsbaugesellschaften bringt der Geschäftsführer selbst immer wieder Ideen ein. Aber er ermutigt auch die Mitarbeiter, ihre Vorschläge zu äußern. Abteilungsleiter und Geschäftsführer geben schnell ihr Feedback, um die Kollegen zu weiteren Anregungen zu motivieren und Projekte voranzutreiben. Alle zwei Jahre findet im Unternehmen eine Klausurtagung für alle statt, auf der auch abseitige Themen diskutiert werden und Querdenken explizit gefragt ist. Abteilungs- und funktionsübergreifende Teams entwickeln auf agile Weise neue Ideen. Kommt es zur Realisierung, werden die Ideengeber möglichst führend in die Projekte eingebunden – unabhängig von ihrer Funktion im Haus. Sollte ein Projekt scheitern, wird dies akzeptiert, denn aus Fehlern lernt man, weiß Pinsler.

Einsatz von KI

Zur Innovationsstrategie des innovationsorientierten Top-Managements gehört es, mindestens einmal im Jahr ein großes neues Projekt zu realisieren. Der Einsatz künstlicher Intelligenz wird dabei immer häufiger eine Rolle spielen. Vor Kurzem hat man zum Beispiel eine Quartiersgarage digitalisiert, indem eine Kennzeichenerkennung für die Ein- und Ausfahrt entwickelt wurde. Auch beim Thema Bauen und im Kundenbeziehungsmanagement soll künftig häufiger KI zum Einsatz kommen. „Auch wir müssen immer am Puls der Zeit bleiben", betont der Geschäftsführer.

Ulmer Wohnungs- und Siedlungs-Gesellschaft mbH
89073 Ulm
https://www.uws-ulm.de
Beschäftigte (D): 51 bis 200
Immobilien/Facility-Management

Geschäftsführer
Dr. Frank Pinsler

uma Schreibgeräte Ullmann GmbH

Von der Plastikflasche zum Kugelschreiber

Angetrieben vom Anspruch, hochwertige und individuelle Schreibgeräte zu fertigen: Die uma Schreibgeräte Ullmann GmbH gehört mit jährlich über 80 Millionen Werbeträgern weltweit zu den führenden Herstellern von Werbekugelschreibern in Deutschland. Mehr als 300 Modelle sind dank eines gesunden Innovationsklimas derzeit im Programm des Familienunternehmens mit Sitz im Schwarzwald. Das Marketing setzt zur Außendarstellung auf eingängige Geschichten rund um die bekannten und vielfältigen Schreibgeräte.

1949 hatte Fritz Ullmann die Idee, Kugelschreiber mit Firmennamen zu versehen und sie als Werbeträger zu vermarkten. Heute wird seine Firma in dritter Generation von seinem Sohn Peter und seinen Enkeln Alexander und Jochen geleitet. 170 Beschäftigte am Standort in Fischerbach in Baden-Württemberg plus weitere 170 Heimarbeitsfamilien, die die Schreibgeräte konfigurieren und danach verpacken, bringen die Firma mit ihren Ideen voran. „Innovatives Denken ist bei uns nicht nur eine Sache der Entscheider. Jeder kann seine Ideen einbringen“, sagt der Geschäftsführer Alexander Ullmann.

Nachhaltig produzieren

„Im Mittelpunkt unserer Tätigkeit steht seit fünf Jahren das Thema Nachhaltigkeit“, erklärt Ullmann. Der Mittelständler fertigt einen großen Teil seiner Kunststoffprodukte aus recyceltem Material oder verwendet alternative Rohstoffe, beispielsweise Metall oder Holz. Für neue Produktionsideen arbeitet er eng mit den Herstellern der Materialien zusammen. Die Story, dass der Kugelschreiber zuvor eine PET-Flasche war, kommt bei allen Kunden sehr gut an. „Wir schicken zum Roll-out an die Großhändler eine Box mit einem nachhaltigen Kugelschreiber, einer Plastikflasche und einem Link zu einem Film aus unserer Produktion, in dem die Entwicklung von der Flasche zum Schreibgerät gezeigt wird“, erzählt Ullmann, der auch das Marketing im Betrieb verantwortet. „Das hilft den Großhändlern bei der Vermarktung unserer Produkte.“

Gegenseitig anspornen für den Erfolg

Für die Klimaneutralität spornen sich alle in der Firma gegenseitig an. Designer suchen nach neuen Trends, Vertriebsmitarbeiter bringen Ideen von Kundenbesuchen mit und Mitarbeiter in der Produktion schlagen effizientere Prozesse vor. Regelmäßig treffen sich die Geschäftsführung und die Führungskräfte zum Innovationsmeeting, bei dem alle Vorschläge diskutiert werden. Bekommt ein Vorschlag das Go, gestaltet der Ideengeber danach im Projektteam die Neuerung aktiv mit. Für erfolgreich durchgeführte Projekte gibt es Gutscheine für den firmeneigenen Einkaufsladen. Dass die Gutscheine häufig ausgeteilt werden können, freut Alexander Ullmann.

uma Schreibgeräte Ullmann GmbH
77716 Fischerbach
https://www.uma-pen.com
Beschäftigte (D): über 200
Bürobedarf

Geschäftsführer
Jochen, Peter und Alexander Ullmann

Visteon Electronics Germany GmbH

Durch Zuhören neue Ideen generieren

Displays, die dahinterliegende Software, Batteriemanagementsysteme für E-Fahrzeuge: Die amerikanische Visteon Corporation entwickelt und produziert alles rund um die Cockpit-Elektronik von Automobilen. Die Visteon Electronics Germany GmbH ist in Deutschland für den Vertrieb und das Projektmanagement mit den hier ansässigen OEMs zuständig. Das hiesige Top-Management ist in die Innovationsprozesse des internationalen Konzerns eng eingebunden und kann dank der Nähe zum Kunden viele Ideen einbringen.

Die Firma hat etwa 160 Beschäftigte in Deutschland. Dr. Markus Gauer ist der Geschäftsführer und kommt ursprünglich aus der Luft- und Raumfahrtbranche, bevor er zu Visteon wechselte. Genau wie er kommen auch andere Beschäftigte aus verschiedenen Technologiebereichen. „Die unterschiedlichen Perspektiven bringen neue Ansätze in die Entwicklung mit unseren Kunden und in unsere finalen Produkte für die Automotivebranche“, sagt Gauer überzeugt. Die Teams in Deutschland sind das Bindeglied zwischen den Kunden und den Produktlinien des Mittelständlers, die weltweit verteilt sind.

Enge Beziehungen zu den Kunden

Potenzielle Änderungen werden im Rahmen eines internationalen Change-Management-Boards im Vorfeld besprochen, des Gremiums, das über Ideen und Änderungsvorschläge der Mitarbeiter entscheidet. Je nach Umfang und Aufwand der Änderung durchlaufen potenzielle Neuerungen weitere Kontrollgremien, bis sie realisiert werden. „Das Board trifft sich zweimal pro Woche, sodass die Kommunikation eng getaktet ist und wir schnell handeln können“, berichtet der Geschäftsführer. Das Innovationsklima bei Visteon bewertet er sehr positiv: Jeder kann seine Ideen einbringen, um das Unternehmen voranzubringen, sei es im Zusammenhang mit Produkten oder mit der Optimierung von Prozessen. „Durch unsere engen Kontakte zu den Kunden kennen wir ihre Bedürfnisse. Wir hören ihnen gut zu und wissen daher, wo ihre Schmerzpunkte liegen und können dementsprechend passende Lösungen anbieten“, betont Dr. Gauer.

Trainingstools im Intranet

Um immer über das eigene Portfolio informiert zu sein und beim Kunden zeigen zu können, was möglich ist, nehmen die Vertriebsmitarbeiter an regelmäßigen Produktschulungen teil. Im Intranet gibt es zudem viele Trainingstools zum Selbstlernen. Außerdem finden in Deutschland und an den verschiedenen Entwicklungsstandorten interdisziplinäre Workshops statt, in denen neue Innovationsideen generiert werden. Ein großes Thema ist Digitalisierung und KI. Beides wird künftig in immer mehr Produkte und Prozesse integriert sein. Auch für die sich verändernden Verbrauchergewohnheiten haben die Cockpit-Experten schon Ideen.

Visteon Electronics Germany GmbH
76227 Karlsruhe
https://www.visteon.com
Beschäftigte (D): 51 bis 200
Automobilzulieferer/Fahrzeugbau

Geschäftsführer
Dr. Markus Gauer

WERMA Signaltechnik GmbH + Co. KG

★★★★★★

Die Signale stehen auf Grün

Läuft alles wie geplant? Sind alle Verbrauchsmaterialien verfügbar? In einer Werkhalle gibt es Situationen, in denen es wichtig ist, dass die Mitarbeitenden Bescheid wissen. WERMA Signaltechnik GmbH + Co. KG entwickelt und produziert optische und akustische Signalgeräte für den Maschinen- und Anlagenbau und für die Logistik. Darüber hinaus bietet sie Systeme für die Prozessoptimierung der Anlagen an. Das innovationsfördernde Top-Management führt das mittelständische Unternehmen mit professionellen Prozessen zum Erfolg.

Strategie und Ziele: Einmal im Jahr treffen sich das innovationsfördernde Top-Management und weitere Führungskräfte im Rahmen einer Strategiesitzung, um den Fokus für die nächsten Jahre zu definieren. Dazu werden Technologie- und Produkt-Roadmaps erstellt, und die Aufgaben werden jeweils auf die einzelnen Bereiche verteilt. Für ein familiengeführtes Mittelstandsunternehmen mit knapp 400 Mitarbeitenden liegen die Innovationsprozesse mit solch einem Vorgehen auf hohem Niveau.

Innovationsstrategie nach innen und außen

Alle im Unternehmen können Ideen für neue Produkte oder für Prozessverbesserungen einbringen. Produktideen landen im Entwicklungsteam, Vorschläge für interne Optimierungen im sogenannten kontinuierlichen Verbesserungsprozess, kurz KVP. In der Vorentwicklung kümmert sich eine Innovationsmanagerin in Gemeinschaftsarbeit mit Mitarbeitenden aus dem Business-Development und dem Produktmanagement darum, dass die agilen Innovationsprojekte in die richtigen Bahnen gelenkt werden. Sie koordiniert darüber hinaus Design-Thinking-Workshops, in denen darüber nachgedacht wird, welche Technologien in Zukunft für das mittelständische Unternehmen interessant sein könnten. „Unsere Innovationsstrategie richtet sich sowohl nach außen als auch nach innen", sagt der Entwicklungsleiter Daniel Kensy. „Zum einen stellen wir den Kundenmehrwert immer in den Vordergrund; zum anderen fokussieren wir uns auf unsere drei Kernkompetenzen: Digitalisierung, Automatisierung und Software."

Leitfaden zur Nachhaltigkeit

Die Themen Umweltschutz und CO_2-Fußabdruck spielen für Kensy und das weitere Top-Management eine wichtige Rolle. „Wir wollen unseren Innovationsprozess gemäß den Nachhaltigkeitsanforderungen weiterhin optimieren", erläutert der geschäftsführende Gesellschafter Matthias Marquardt. „Lean und clean" sollen jegliche Prozesse werden. Mit diesem Ansatz möchte WERMA Signaltechnik die Nachhaltigkeitsaspekte schon bei der Entwicklung neuer Produkte einfließen lassen.

WERMA Signaltechnik GmbH + Co. KG
78604 Rietheim-Weilheim
https://www.werma.com
Beschäftigte (D): über 200
Elektronik/Elektrotechnik

Die Geschäftsleitung
Daniel Kensy und
Matthias Marquardt

Wilhelm Layher GmbH & Co KG

Ein stabiles Gerüst für den Erfolg

Ihre Produkte waren schon auf Baustellen am „Big Ben“ in London im Einsatz, am Eiffelturm in Paris und an der Kathedrale von Santiago de Compostela: Die Wilhelm Layher GmbH & Co KG, führender Hersteller von Systemgerüsten, verfügt über mehr als 75 Jahre Erfahrung im Gerüstbau. Rund 30.000 Kilometer Stahlrohr verarbeitet sie jedes Jahr. Das Top-Management dieses Familienunternehmens mit Sitz im Zabergäu in Baden-Württemberg ist eng in den Innovationsprozess eingebunden.

„Wir wollen den Gerüstbau für unsere Kunden einfacher, schneller und noch sicherer machen“, erklärt der Geschäftsführer Wolf Christian Behrbohm. Deshalb ist Layher nicht nur in einem intensiven Austausch mit seinen Kunden und nimmt Impulse vom Markt auf, sondern die Geschäftsleitung gibt auch strategische Entwicklungsziele vor, denn ihre Unternehmensstrategie zielt auf die Innovationsführerschaft ab. Sie nimmt an den allgemeinen Entwicklungsrunden teil und ist speziell in die strategischen Entwicklungsprojekte auch operativ eingebunden. Die Geschäftsführer unterstützen und motivieren die Projektteams, und sie begleiten den Projektfortschritt.

Mensch im Zentrum

Die Innovationsprozesse bei Layher folgen einer stringenten Struktur: Neue Ideen werden abteilungsübergreifend auf ihren Kundennutzen geprüft und im besten Fall anschließend realisiert. Unter Berücksichtigung aktueller Normen und neuester Berechnungsmethoden erstellen dann die Entwicklungsingenieure aus dem technischen Büro erste Zeichnungen. Prototypen werden am Versuchsstand umfangreichen Testreihen unterzogen. „Den Startschuss für die Serienproduktion erhält ein neues Produkt jedoch erst, wenn es den Praxistest bei Kunden bestanden hat“, erläutert Wolf Christian Behrbohm. „Im Zentrum unserer Entwicklungsarbeit stehen immer auch die Menschen, die im Baustellenalltag mit unseren Produkten arbeiten.“ Ein Entwicklungsteam kümmert sich ausschließlich um die Entwicklung neuer und die Weiterentwicklung bestehender Gerüstsysteme.

Viele kleine Verbesserungen

Innovation ist jedoch nicht nur die Aufgabe der Entwicklungsabteilung: Um Prozesse zu verbessern, die Organisation zu optimieren und immer neue Möglichkeiten für Logistik, Lieferfähigkeit und Serviceleistungen zu erschließen, ist jeder Mitarbeiter dazu aufgefordert, seine Ideen und Anregungen einzubringen. „Was zählt, sind nicht die ganz großen Veränderungen. Kleine, stufenweise Verbesserungen führen unserer Erfahrung nach in der Summe zu Spitzenleistungen“, betont der Geschäftsführer. Nicht ohne Grund sind die Systemlösungen von Layher weltweit der Standard im Gerüstbau.

Wilhelm Layher GmbH & Co KG
74363 Güglingen-Eibensbach
https://www.layher.com
Beschäftigte (D): über 200
Metallverarbeitung

Geschäftsführer
Tobias Dürmeier, Wolf Christian Behrbohm und Stefan Stöcklein

Winkler Technik GmbH

★ ★ ★

Erfolg ist Teamsache

Vor 120 Jahren gründete Adolf Winkler einen Schlossereibetrieb in Berlin. In den 1960er-Jahren legte sein Sohn Alfred mit einem neuartigen Kunststoffrohr als einer der ersten Heizungsbauer in Deutschland den Grundstein für die moderne Fußbodenheizung. Heute ist die Winkler Technik GmbH eine der international führenden Firmen für Befestigungssysteme zur Flächentemperierung von Gebäuden, Hallen, Stadien, Einfahrten und Flughafenlandebahnen. Das Top-Management legt großen Wert auf ein lebendiges Innovationsklima.

Alexander Winkler und seine Frau Veronika Winkler führen das Unternehmen mittlerweile in der vierten Generation. Die Beschäftigten der Winkler Technik GmbH entwickeln und vertreiben die Produkte weltweit. „Aufgrund unserer Größe haben wir sehr kurze Wege. Jeder kann direkt mit seinen Ideen zu uns kommen“, erklärt Alexander Winkler. Regelmäßig führen er und seine Frau Gespräche mit den Abteilungen. Und in manchen Meetings geht es ausschließlich um Innovationen.

Pokal für beste Ideen

„Wir legen Wert darauf, dass alle ihre Vorschläge einbringen, auch die ruhigeren Kollegen“, betont Winkler. „Erfolg ist schließlich Teamsache.“ Die Belegschaft besteht aus einer bunten Mischung, unter anderem aus Ingenieuren, Betriebswirten, Kaufleuten und auch einem ehemaligen Pastor. Sie befruchten sich gegenseitig mit ihren Einfällen, Fachblindheit ist solch einem gemischten Team fremd. „Im Grunde kann ich Leute mit jedem Hintergrund einstellen, solange sie sich für die Branche interessieren“, erzählt der Geschäftsführer. Mithilfe verschiedener Videos zu den internen Abläufen erfolgt ein Teil der fachlichen Einarbeitung virtuell. Hat jemand eine ungewöhnliche Idee zur Verbesserung eines Produkts, die er weiterverfolgen will, gewährt die Geschäftsleitung gern den Freiraum, diesen Gedanken weiterzuspinnen. Und am Ende eines jeden Jahres wird dem „Ideenfuchs des Jahres“ ein Pokal verliehen.

Recyceltes Material

Viele Weiterentwicklungen beruhen auf Nachfragen von Kunden, die bestimmte Anforderungen für ihre Heizsysteme haben. Für passende Lösungen arbeitet das Unternehmen eng mit seinen produzierenden Partnern und den Materialherstellern zusammen. Auch der Kunde wird früh ins Boot geholt. Das Thema Umweltschutz steht dabei schon lange im Fokus: Für diverse Produkte wird seit 50 Jahren recyceltes Material verwendet, das bei der Fertigung von Fensterprofilen anfällt. „Aktuell laufen interessante Tests mit Gras als Zumischung, um noch ökologischer zu sein“, verrät Veronika Winkler.

Winkler Technik GmbH
88662 Überlingen
https://www.winkler-technik.com
Beschäftigte (D): bis 50
Baugewerbe/Handwerk

Geschäftsführer
Alexander und Veronika Winkler

Wöhrle GmbH & Co. KG

Leidenschaft vorleben

Seit mehr als 100 Jahren konzentriert sich die Wöhrle GmbH & Co. KG in Wildberg auf die Herstellung von Präzisionsstanzteilen und Baugruppen für anspruchsvolle Anwendungsgebiete. Vor allem die Automobilindustrie, aber auch andere Branchen, die hochwertige Stanzteile benötigen, gehören zum Kundenstamm. Sowohl die Gesellschafter als auch das Top-Management kennen dank langjähriger Erfahrung die Branche im Detail und tragen mit ihrem positiven Führungsstil zu einem kreativen Innovationsklima bei.

„Wir haben die Lösung" – das ist das Motto des in Baden-Württemberg ansässigen Unternehmens. Und das leben die rund 700 Mitarbeiter in den 6 Werken in Europa und Mexiko jeden Tag. „Meine Aufgabe ist es, eine Kultur zu schaffen, in der unsere Mitarbeitenden sich gerne einbringen und auch mal experimentieren können", sagt Michael Fahrenbach, der seit sieben Jahren der Geschäftsführer bei Wöhrle ist. 1999 hat ein Family-Office aus erfahrenen Unternehmern die Anteile der Firma übernommen. Sie verfolgen die gleichen Ziele wie ihr Top-Manager: „Die Mitarbeitenden sollen sich mit ihren unterschiedlichen Fähigkeiten kreativ im Betrieb einbringen können. Wir bieten ihnen den Freiraum dafür."

Gestalter der Unternehmenskultur

Der Geschäftsführer versteht sich als Moderator und Gestalter der Unternehmenskultur, der „Leidenschaft und Begeisterungsfähigkeit" vorlebt. Ein Motto, das sich die gesamte Firma 2023 auf die Fahnen schrieb und auf das alles Handeln ausgerichtet wurde. „Innovationsfähigkeit fängt beim Kopf eines Unternehmens an", sagt Michael Fahrenbach überzeugt. „Dann folgt auch die Belegschaft." Eine Innovationsstrategie verfolgt er daher bewusst nicht, „denn Innovation muss von den Menschen im Unternehmen selbst kommen und nicht, weil eine Strategie sie so vorschreibt." Der Geschäftsführer schafft vielmehr den nötigen Raum und legt die strategische Ausrichtung fest, damit die Mitarbeitenden Ideen ausprobieren können und daraus im besten Fall Neues entsteht.

Direkte Rückmeldungen

Das Top-Management fördert das kreative Potenzial der Angestellten unter anderem mit Schulungen, mit dem Besuch von Messen oder auch von Lieferanten. All das führt immer wieder zu frischen Impulsen. Will jemand Neues ausprobieren, stellt die Führungsriege dafür flexibel ein Budget zur Verfügung. „Alle Ideen können jederzeit unkompliziert mit dem Vorgesetzten oder mit mir als Geschäftsführer besprochen werden", erzählt Fahrenbach. Jeder Mitarbeitende erhält direkt eine Rückmeldung, sodass gute Ideen gar nicht erst verlorengehen. Beim Tüfteln an Innovationen leistet die Belegschaft oft Pionierarbeit, an dessen Ende einzigartige Neuerungen stehen.

Wöhrle GmbH & Co. KG
72218 Wildberg
https://www.woehrle.de/de
Beschäftigte (D): über 200
Automobilzulieferer/Fahrzeugbau

Geschäftsführer
Michael Fahrenbach

Wolftechnik Filtersysteme GmbH & Co. KG

★★

Nachhaltig trennen

Egal, ob Lebensmittel oder Getränke, Farben, Klebstoffe oder Kosmetik: Es gibt unzählige Produkte, die bei ihrer Herstellung gefiltert werden müssen. Die Wolftechnik Filtersysteme GmbH & Co. KG liefert die passenden Filtersysteme zur Abtrennung von Feststoffen aus Flüssigkeiten. Der kreative Kopf des 40-köpfigen Unternehmens ist der Geschäftsführer Peter Krause. Nach vielen Stationen in der Firma ist er vor inzwischen mehr als 20 Jahren ins Top-Management aufgestiegen und widmet sich mit Begeisterung dem Thema Innovation.

Peter Krause war im Vertrieb, in der Technik und im Marketing, und er hat die Marke „Wolftechnik" Anfang der 2000er-Jahre mit aufgebaut. Dank seiner umfassenden Erfahrung bringt der 60-jährige Geschäftsführer auch heute noch viele Ideen ins Haus. „Es ist einfach mein persönlicher Drang, immer wieder etwas Neues zu machen", erklärt der Ingenieur. Vor allem die ESG-Themen, also Environmental, Social and Corporate Governance – auf Deutsch: Umwelt-, Sozial- und Unternehmensführung – liegen ihm am Herzen. Er setzt sich besonders dafür ein, dass die Produkte aus seinem Haus immer umweltfreundlicher werden.

Filtersystem im Hygienedesign

Filtersysteme, die weniger Einwegmaterialien benötigen, die einen geringeren Energieverbrauch haben oder an denen weniger Kunststoffteile verbaut werden – solche und weitere Entwicklungen sollen laut Krause zur Nachhaltigkeit beitragen. „Unsere Innovationsstrategie lautet: ‚Wir wollen jedes Jahr zwei bis drei Produkte erneuern oder aktualisieren und alle zwei Jahre ein innovatives Produkt neu auf den Markt bringen'", erläutert der Geschäftsführer. Dazu schaut er bei den Kunden ganz genau hin, um herauszufinden, was in den Branchen fehlt. Eine Lösung des Mittelständlers, an die sich die Mitbewerber bisher nicht herangetraut haben, ist ein besonders hygienisches selbstreinigendes Filtersystem, mit dem verschiedene Lebensmittel ohne Restbestände aus den vorherigen Durchläufen gefiltert werden können.

Innovationsideen vorantreiben

Das Kompetenzlevel im Unternehmen ist hoch: Etwa die Hälfte der Belegschaft besteht aus Ingenieuren und Technikern. Aus der Coronakrise heraus erstellte Krause mit seinen besten Leuten ein Team für die Forschung und Entwicklung neuer Produkte. „Oft kommen Kunden mit speziellen Anforderungen auf uns zu, für die wir kreative Lösungen finden müssen", sagt er. Das Innovationsteam reagiert aber nicht nur auf Kundenwünsche, sondern treibt auch eigene Innovationsideen aktiv voran. „Das Ziel ist es, unsere Nachhaltigkeitsstrategie stetig weiter auszubauen", betont der Geschäftsführer.

Wolftechnik Filtersysteme GmbH & Co. KG
71263 Weil der Stadt
https://www.wolftechnik.de
Beschäftigte (D): bis 50
Anlagen-/Maschinenbau

Geschäftsführer
Peter Krause

Würth IT GmbH

Global vernetzt, lokal verankert

Mehr als 1.300 Beschäftigte in 12 Geschäftsbereichen an unterschiedlichen Standorten: Die Würth IT GmbH in Bad Mergentheim in Baden-Württemberg ist der IT-Dienstleister für über 400 Würth-Gesellschaften auf der ganzen Welt. Ob es dabei um SAP, Microsoft- und Office-Anwendungen, E-Business oder Rechenzentren für den Konzern geht: Die IT-Experten finden für ihre Kunden innerhalb der Würth-Gruppe immer eine Lösung. Das Thema Innovation liegt in den Händen des Top-Managements. Von hier aus werden die Ideen in strukturierte Prozesse überführt.

Ungefähr ein Drittel ihrer Arbeitszeit verbringen die zwei Geschäftsführer Christian Berndt und Dr. Thomas Burkhart mit Aufgaben rund um den Bereich Innovation: Sie suchen stets nach neuen Ideen, stoßen Projekte an, finanzieren und begleiten sie. „Innovationen stehen bei uns ganz klar im Fokus, denn wir dürfen auch künftige Kundenbedürfnisse nicht aus den Augen verlieren“, sagt Christian Berndt. Dabei ist ihm wichtig: Das Management bereitet den Weg für Kreativität und Innovation – die Ideen für die Innovationen kommen jedoch von den Mitarbeitern.

Verbesserungsworkshop für neue Mitarbeiter

Der Mittelständler agiert hierbei nach dem Gartner-Modell „Run-Grow-Transform“. Das bedeutet konkret: Der laufende Betrieb muss in jedem Fall erhalten bleiben, also „Run“, soll jedoch mittels Skalierung wachsen, „Grow“, und parallel werden neue Ideen und Innovationen gefördert, „Transform“. Das Top-Management legt viel Wert darauf, dass jeder im Unternehmen Verbesserungsvorschläge einbringt, und das von Beginn an. Alle neuen Mitarbeiter besuchen daher nach Ablauf ihrer Probezeit einen Verbesserungsworkshop, in dem sie nach dem Verbesserungsbedarf befragt werden, den es ihrer Meinung nach im Betrieb gibt. Die Einbindung der Belegschaft zeigt Erfolge: Ein Projekt, das von den Mitarbeitern initiiert und am Ende erfolgreich realisiert wurde, ist PICO, ein KI-Chatbot, der alle Außendienstmitarbeiter der Würth-Gruppe bei ihrer Arbeit unterstützt.

Abwärme der Rechenzentren nutzen

Die wichtigsten Herausforderungen der kommenden Jahre sieht das Top-Management beim Thema Nachhaltigkeit. Intern wird, soweit dies möglich ist, jetzt schon auf umweltfreundliche Aspekte geachtet. So beheizt zum Beispiel die Abwärme der Rechenzentren die Büroräume. „Wir animieren unsere Mitarbeiter auf unterschiedlichste Weise, über Nachhaltigkeit und Maßnahmen zum Klimaschutz nachzudenken“, sagt der Geschäftsführer Dr. Thomas Burkhart. Auch zehn Jahre nach Gründung des IT-Unternehmens sind Top-Management und Belegschaft noch immer voller Ideen, Motivation und Tatendrang.

Würth IT GmbH
97980 Bad Mergentheim
https://www.wuerth-it.com
Beschäftigte (D): über 200
IT-Entwicklung/-Beratung

Geschäftsführer
Christian Berndt und
Dr. Thomas Burkhart

Bayern

Die Zahl der goldenen Sternchen in den nachfolgenden Unternehmensporträts entspricht der Zahl der TOP 100-Auszeichnungen.

* „Innovator des Jahres“ 2024 in der Größenklasse B
** „Innovator des Jahres 2024“ in der Größenklasse C

A & D Verpackungsmaschinenbau GmbH

Sondermaschinen in sechs Monaten lieferbar

Verpackungsanlagen für die Pharma- und die Medizinbranche sind das Spezialgebiet der A & D Verpackungsmaschinenbau GmbH. Holger Ahr und Sven Jonasson führen das Unternehmen in zweiter Generation und legen Wert darauf, dass die Mitarbeiter aktiv und abteilungsübergreifend am Erfolg mitwirken. In den meisten Fällen ist das Top-Management bei Meetings dabei und gibt sein schnelles Go für die Realisierung neuer Ideen. Ein wichtiger Baustein für die Umsatzgenerierung ist so gleich mit entstanden – die neue Visionsabteilung.

Wer im Allgäu die vier Jahreszeiten erlebt, muss je nach Witterungslage ziemlich flexibel sein. Mit dieser Philosophie fährt das innovationsfördernde Top-Management der A & D Verpackungsmaschinenbau GmbH auch im Firmenalltag bestens. Auszubildende und langjährige Mitarbeiter sollen in unterschiedliche Bereiche hineinschnuppern. „Dadurch entsteht ein Verständnis für den jeweils anderen. Und es lassen sich neue Prozesse entwickeln, die dem gesamten Unternehmen einen Gewinn bringen", berichtet der Geschäftsführer Holger Ahr. So hilft ein Mechaniker mal in der Fertigung, und Verwaltungsleute fahren mit auf eine Messe.

Chefs geben schnell Rückmeldung

Der Geschäftsführung ist es wichtig, dass die Abteilungen möglichst eigenständig und auf dem kurzen Wege an Verbesserungen arbeiten. So gibt es bei diesem Mittelständler ein eigenes Tool für Änderungsmanagement. Wird dort eine Idee eingestellt und für gut befunden, erfolgt meist sofort die Realisierung. In Wochenmeetings hat zudem jeder Mitarbeiter die Möglichkeit, eigene Vorschläge einzubringen. Fast immer ist ein Mitglied des Top-Managements dabei, gibt Feedback oder sogar eine Sofortfreigabe. Durch das geförderte abteilungsübergreifende Wissen gehen zum Beispiel Angebote schnell an den Kunden, weil der Vertrieb die Technik- und die Entwicklungsanforderungen kennt. Außerdem lassen sich so Abläufe optimieren.

Visionsinspektion im Eigenbau

Dank der schlanken Prozesse schafft es A & D, eine Sondermaschine in nur sechs Monaten zu entwickeln, zu fertigen und für die strengen Vorgaben in der Medizintechnik zu qualifizieren. Als großen Innovationserfolg verbucht der Mittelständler seine neue Visionsabteilung, die in erheblichem Maß zum Gesamtumsatz beiträgt: Das vierköpfige Team verbaut ein eigenes Kameraprüfsystem anstatt einer zugekauften Variante. „Unsere Expertise wurde immer größer, und wir sahen das Potenzial der Visionsinspektion", erläutert der Geschäftsführer Sven Jonasson. Mittels KI lässt sich damit die Sterilbarriere einer Verpackung im Inlineverfahren prüfen.

A & D Verpackungsmaschinenbau GmbH
88138 Weißensberg
https://www.adpack.eu/de
Beschäftigte (D): 51 bis 200
Anlagen-/Maschinenbau

Geschäftsführer
Sven Jonasson und Holger Ahr

A. Eberle GmbH & Co. KG

★★★★★★

Messen und regeln – in allen Netzen

Durch die Bildung symbiotischer Kooperationen mit Partnern, die teils Mitbewerber sind, gelingen der A. Eberle GmbH & Co. KG bedeutende Produktneuheiten. Vor allem bei der laufenden Expansion in internationale Märkte verschaffen eine gezielte Außenorientierung und eine schnelle Entwicklungszeit Vorteile. Mit seinen elektrotechnischen Produkten und Services richtet sich dieser Mittelständler an Energieversorgungs- und Industrieunternehmen. Als wichtigen „Innovationstreiber" forciert er aktuell Verbesserungen beim Thema Nachhaltigkeit.

Die Versorgungssicherheit des Stromnetzes in Zeiten der Energiewende ist ein spannendes und gewinnbringendes Zukunftsfeld. Für große Global Player, die sich in diesem Bereich diversifizieren möchten, ist A. Eberle mit langjährig gewachsener Branchen- und Technologiekompetenz ein wichtiger Entwicklungspartner, auch weil man Innovationen unkonventionell anschiebt: etwa über offene Kooperationen mit Industriefirmen – „zum beiderseitigen Erfolg und auch mit schnellen Realisierungsphasen", sagt der Geschäftsführer Stefan Hoppert.

Vertrieb und Marketing vernetzt mit den Kunden

Eine gezielte Außenorientierung und ein stetiger Dialog mit den Kunden bestimmen zudem das Marketing und den Vertrieb des Mittelständlers. So unterstützt man Handelspartner und auch deren Kunden, damit diese die besten Produkterfahrungen sammeln können und wertvolle Anregungen aus der Praxis liefern. Hierbei helfen lokale Messen, digitale Kundenevents sowie die Mehrsprachigkeit bei der gesamten Unternehmenskommunikation. Insbesondere bei der Einführung neuer Produkte liefern Schlüsselkunden in der Prototyp-Phase wertvolle Impulse. Dank dieser Open Innovation wird A. Eberle auch 2024/25 mit Neuheiten glänzen. Die aktuellen Highlights: ein Kurz- und Erdschlussortungsgerät als Digitalisierungseinheit für Ortsnetzstationen, ein fest installierter Power-Quality-Netzanalysator für neue Marktsegmente sowie der neue Flaggschiff-Spannungsregler für Transformatoren mit Stufenschaltern.

Top-Management mit Weitsicht

Als sich noch keiner in der Energiebranche vorstellen konnte, dass eines Tages Public-Cloud-Plattformen für Smart-Grid-Analytik zum Einsatz kommen, hat das Top-Management diese Innovation forciert und intern betreut. Die Weitsicht zahlte sich aus, indem man sich bei branchenspezifischen Software-as-a-Service-Applikationen einen Vorsprung sicherte. Aktuell engagiert sich die komplette Belegschaft für mehr Nachhaltigkeit. „Wir erstellen eine unternehmensweite CO_2-Bilanz, optimieren die Müllentsorgung und prüfen die Möglichkeit, einen Teil unseres Strombedarfs aus einer Photovoltaikanlage auf dem Dach zu speisen", erzählt der Geschäftsführer Stefan Hoppert stolz.

A. Eberle GmbH & Co. KG
90461 Nürnberg
https://www.a-eberle.de
Beschäftigte (D): 51 bis 200
Elektronik/Elektrotechnik

Geschäftsführer
Stefan Hoppert und
Dr. Thomas Smolka

TOP 100

ADITO Software GmbH

★ ★ ★

Selbstorganisation in Kreisen

Seit mehr als drei Jahren arbeitet die ADITO Software GmbH in einer neuen Rahmenstruktur, basierend auf einer holokratischen Unternehmensorganisation. Damit gelingt es dem CRM-Spezialisten aus dem bayerischen Geisenhausen, Innovationen schneller zu realisieren, Prozesse zu beschleunigen und Teams themenbasiert zusammenzubringen. Für Neuentwicklungen holt man langjährige Kunden mit ins Boot, und zwar mittels eines branchenbezogenen Open-Innovation- und Partner-Modells.

2019 haben die Führungskräfte des Softwareanbieters beschlossen, die bislang eher hierarchischen und in Abteilungen organisierten internen Strukturen und Prozesse grundlegend zu verändern. „Wir suchten ein Modell, bei dem jeder seine Kompetenzen und Stärken optimal einbringen kann", erklärt der Geschäftsführer Tobias Mirwald. 2021 wurden die Abteilungen zugunsten einer „Kreisstruktur" aufgelöst. Ein Jahr später gab es eine Ergänzung: Die Arbeitszeit wurde auf 36 Wochenstunden festgelegt, flexibel einteilbar auf vier oder fünf Tage, im Homeoffice, mobil oder im Unternehmen.

Holokratieorganisation beschleunigt Prozesse

In der neuen Organisationsform gibt es keine starren Positionen mehr. Die Mitarbeiter übernehmen Rollen und finden sich selbstbestimmt in Teams zusammen, in denen crossfunktional und eigenverantwortlich an Projekten gearbeitet wird. Tobias Mirwald über die Vorteile: „Das lässt Spielraum für individuelle Weiterentwicklungen, weil die Rollen je nach Aufgabenstellung und persönlicher Stärke gewechselt werden können." Hinzu kommt: Wechselwillige Mitarbeiter suchen nicht unbedingt eine externe Herausforderung, sondern können einen anderen Kreis bei ADITO wählen. Schon kurz nach der Einführung der holokratischen Organisationsform verbesserte sich der Teamzusammenhalt, und die Entwicklungs- und Entscheidungsprozesse verkürzten sich deutlich. Selbstredend, dass die Rahmenstruktur laufend angepasst wird, sodass Kreise und Rollen neu hinzukommen oder gelöscht werden können.

Crowdfunding für Branchen-CRM

Die besten Impulse für Weiterentwicklungen kommen aus dem Markt. Deshalb hat der Mittelständler für bestimmte CRM-Branchenlösungen ein Verfahren entwickelt, das ausgewählten Kunden einen echten Benefit bringt: Die Kunden unterstützen ADITO bei Innovationen via Open Innovation mit ihrer Expertise. Sie kommen so in einen Best-Practice-Austausch mit Branchenkollegen, erhalten als Erste spezifische Lösungen für ihre Bedürfnisse und profitieren natürlich von einem vergünstigten Preis. ADITO wiederum kann eine skalierbare Neuheit erfolgreich in der Zielbranche vermarkten.

ADITO Software GmbH
84144 Geisenhausen
http://www.adito.de
Beschäftigte (D): 51 bis 200
IT-Entwicklung/-Beratung

Geschäftsführer
Tobias Mirwald

agilimo entwickelt individuell konzipierte Lösungen für IT-Sicherheit und Enterprise-Mobility, die Anwenderfreundlichkeit und moderne Cybersecurity miteinander vereinen.

agilimo Consulting GmbH

★★★

Besser als James Bond

Immer einen Schritt voraus: Um Sicherheitsprobleme in Hard- und Software auszuschließen, setzt die agilimo Consulting GmbH die Hackerbrille auf. Das Erfolgsrezept ihrer Cybersecurity-Lösungen ist eine stark expandierende Kundschaft aus KMU, Kommunen, Behörden – und eine „geheime“ Mission. So ist die IT-Firma mit ihrem Produkt für hochsicheres Arbeiten im Geheimschutz bisher die Einzige, die die Vorgaben des Bundesamts für Sicherheit in der Informationstechnik einhält. Dank eines herausragenden Innovationsklimas hat sich im Team eine Eigendynamik entwickelt.

Vor Cyberangriffen sind Unternehmen und Behörden nicht gefeit, allem voran beim mobilen Arbeiten. Um vorzubeugen, sucht agilimo aus Angreifersicht nach Schwachstellen und erstellt Schutzkonzepte. So wandelt sie sich von einer reinen Beratungsfirma zur Anbieterin von Cybersecurity, Operations und Service. Der Geschäftsführer Marcus Heinrich erklärt: „Wir erkennen in Projekten immer mehr, dass wir Kunden besser als der Branchendurchschnitt mit Lösungen versorgen können.“ Aktuelles Beispiel ist das erste deutsche INDIGO-Projekt, mit dem der Mittelständler hochsicheres Arbeiten ermöglicht.

Von der Idee zum Exklusivanbieter

Die Geschichte von INDIGO, dem Apple-Sicherheitsprodukt zur Informationsübertragung mittels iPhone und iPad, klingt spannend: „INDIGO, unsere neueste Innovation für Geheim- und Regierungsoperationen, initiierte ein Mitarbeiter. Zunächst war es noch eine Idee, inzwischen sind wir die Einzigen, die die strengen Vorgaben des BSI berücksichtigen“, sagt Heinrich und schreibt den Erfolg dem lebendigen Innovationsklima im Haus zu. Jeder Einzelne kann Ideen einbringen, das Management unterstützt die Entwicklung mit Budget und Zeit – und sucht strategische Partner für die Neuerungen. „Dies motiviert das Team, weitere Ideen einzubringen“, sagt der Geschäftsführer Thomas Edelmann. Die effiziente Cyberabwehr-Lösung für Kommunen ist ein anderes Erfolgsbeispiel. Um der steigenden Auftragszahl gerecht werden zu können, sind 2023 gleich 12 neue Kollegen eingestellt worden – alle von Mitarbeitern empfohlen.

Sprung nach oben

In Jour fixes und mittels des Kollaborationstools „Jira“ entscheidet man, welche Ideen weiterverfolgt werden. Alle Produkte sind „made in Germany“: agilimo setzt auf deutschsprachige Produkte und Mitarbeiter, um den Kunden rund um die Uhr besten Service zu liefern. In den Medien, bei Partnern, Unternehmen und Behörden ist der Mittelständler inzwischen als innovativer Treiber mit großem Vorsprung bekannt. Thomas Edelmann macht das steile Wachstum deutlich: „Allein mit den Cybersicherheit-Produkten und INDIGO erwarten wir in den nächsten Jahren mindestens eine Verdreifachung des Umsatzes.“

agilimo Consulting GmbH
63820 Elsenfeld
https://www.agilimo.de
Beschäftigte (D): bis 50
IT-Entwicklung/-Beratung

Geschäftsführer
Marcus Heinrich und
Thomas Edelmann

André Douverne | chez Douverne

Besser schlafen – besser leben!

Ist das Bett, in dem ich schlafe, wirklich das richtige? Und: Tut es meinem Körper gut? Bei chez Douverne können Interessenten das vor ihrem Kauf testen, indem sie mehrere Nächte in dem Bett schlafen. Mit diesem innovativen Geschäftsmodell gelang es Cornelia und André Douverne, in vier Jahren ein Umsatzwachstum von knapp 45 % zu erwirtschaften. Von ihnen stammt die Marketingidee, ein altes Weingut zu einer edlen Fünf-Sterne-Unterkunft umzubauen, um dort Betten ihres Partners Hästens zu verkaufen – Schlafstätten, hergestellt aus feinsten Naturmaterialien.

André Douverne kommt aus dem Vertrieb, seine Frau Cornelia ist gelernte Bankkauffrau. Bevor sie sich mit dem Verkauf hochwertiger und ökologischer Betten selbstständig machten, erarbeiteten sie ein ausgefeiltes Konzept. Ihre Verbindung von Hotel und Bettenverkauf ist einzigartig in Deutschland und wird von der Konkurrenz interessiert beobachtet. Bei ihrem schwedischen Partner Hästens wird das Kleinunternehmen mit Sitz in dem beschaulichen Dorf Sommerach in Bayern in einem Atemzug mit dem New Yorker Hästens-Store genannt.

Aufmerksamkeit für Kundenbedürfnisse

Doch das Führungsteam von chez Douverne ruht sich auf den Erfolgen nicht aus. „Wir suchen gezielt nach neuen Bereichen", erzählt André Douverne. Aufmerksam nimmt sein Team jegliche Anregungen von Kunden auf, bleibt in ständigem Dialog. So wurden nach einer Kundenanalyse die hochwertigen Leuchten von „Occhio" ins Portfolio aufgenommen, welche für eine besondere Lichtarchitektur in den Hotelzimmern sorgen. Nach einigen Monaten Hotelerfahrung ermöglichte das Ehepaar seinen Gästen, individuell und mit Wechselmöglichkeit, die für sie passende Festigkeit der Matratze zu wählen. Der bayerische Mittelständler achtet bei seinem Tun auf jedes Wort der Kunden und versucht sich in deren Lebensgefühl und Bedürfnisse hineinzudenken. So werden die Betten nur von eigenen Mitarbeitern ausgeliefert, und das mit weißen Handschuhen und Schuhüberziehern, um im Schlafbereich die höchstmögliche Hygiene zu bieten.

Neue Märkte erschließen

Parallel weitet das Ehepaar sein Geschäftsmodell stetig aus. Basierend auf seinen Erfahrungen im Vertrieb von Reisemobilen kam André Douverne auf die Idee, die gewöhnlichen Schaumstoffmatratzen durch maßgeschneiderte Betten von Hästens zu ersetzen. Zusammen mit dem schwedischen Partner entwickelte man die Matratzen und ein entsprechendes Vertriebssystem. Vor Kurzem schafften die Douvernes ein Test-Reisemobil an, in dem sie ihre in Handarbeit gefertigten Betten auch auf Messen vorführen können. Wichtig ist ihnen stets ein hervorragender Service mit viel Engagement. Deshalb streben sie in den kommenden drei Jahren ein Mitarbeiterwachstum von 85 % an.

André Douverne | chez Douverne
97334 Sommerach
https://www.chez-douverne.com
Beschäftigte (D): bis 50
Handel

Geschäftsführer
Cornelia und
André Douverne

ASAP Gruppe

★★★★★★★★

Die Automobilindustrie der Zukunft

Für den Ausdruck „so schnell wie möglich" hat sich längst die englische Abkürzung „asap" etabliert. Auch wenn die vier Buchstaben der ASAP Gruppe eine andere Bedeutung haben, passt das Kürzel dennoch sehr gut zum Unternehmen: Der Automotive-Engineering-Partner mit seinen 1.700 Beschäftigten hat sich auf autonomes Fahren, Elektromobilität und Connectivity spezialisiert. Sein Innovationserfolg ist eng mit den schnellen und schlanken Arbeitsprozessen verbunden. Das innovationsfördernde Top-Management lenkt das Ganze.

Der Unternehmensname ASAP steht für „Automotive Systems and Projects". Die Automotive-Megatrends, in denen der Betrieb unterwegs ist, deuten auf dessen zukunftsorientierte Unternehmensstrategie hin: autonomes Fahren, Elektromobilität und das vernetzte Kommunizieren von Fahrern, Fahrzeugen und Services. Hier bedarf es Kreativität, um der neuen Technologie gerecht zu werden. „Mit unseren Innovationen haben wir in den vergangenen fünf Jahren unseren Umsatz verdoppelt", berichtet der Geschäftsführer Michael Neisen.

Schneller und günstiger

Die Unternehmensgruppe war nach eigenen Aussagen während der Coronapandemie der einzige Engineering-Dienstleister der Branche, der keine Umsatzeinbußen zu verzeichnen hatte. „Das war so, weil wir am Markt sehr gefragt sind", sagt Neisen. Ein Grund für den Erfolg ist, dass ASAP es schafft, seine Maxime „effizienter zu arbeiten" konsequent zu verwirklichen. Darüber freuen sich vor allem die Kunden, die die Produkte und Dienstleistungen schneller und besser nutzen können. Hier nennt der Geschäftsführer eine Testautomatisierung als Beispiel, bei der es um Validierung, Elektrik und Elektronik sowie um die Software bestimmter Systeme ihrer Kunden geht. Mithilfe der Software von ASAP können die Tests rund um die Uhr durchgeführt werden, ohne dass menschliches Handeln erforderlich ist. Dieser Automatisierungsprozess, der durch künstliche Intelligenz unterstützt wird, macht Firmen produktiver und effizienter.

Die Zukunft im Fokus

Das engagierte Top-Management folgt hierbei einer klaren Strategie, um den Ideenmotor kontinuierlich am Laufen zu halten und am Markt stets ganz vorne mit dabei zu sein. Michael Neisen besucht aus diesem Grund regelmäßig Tagungen, die ihm frische Impulse geben hinsichtlich der aktuellen Marktanforderungen und der Optimierungsmöglichkeiten, die er für sein Unternehmen sieht. Dabei entstand auch die Idee, eine neue Software für die Kunden zu entwickeln – 2023 hat man dies realisiert. Damit und mit vielen weiteren Entwicklungen möchte das Unternehmen die Automobilindustrie der Zukunft aktiv mitgestalten.

ASAP Gruppe
85080 Gaimersheim
https://www.asap.de
Beschäftigte (D): über 200
Automobilzulieferer/Fahrzeugbau

Geschäftsführer
Michael Neisen

attempto GmbH & Co. KG

★★★★★★★

Software wie ein Maßanzug

Ein intelligentes Kundenportal, eine erfolgreiche App, eine individuelle Software: Mit solchen Neuerungen können Firmen rasant skalieren – und manchmal auch die Zukunft ein Stück besser machen. Die attempto GmbH & Co. KG bietet dafür maßgeschneiderte IT-Lösungen und glänzt mit technologischer Neugier, einem lebendigen Ökosystem und einer kreativen Unternehmenskultur. Damit erreicht sie bei TOP 100 beste Ergebnisse, zum Beispiel in den Bewertungskategorien „Innovationserfolg", „Außenorientierung/Open Innovation" und „Innovationsklima".

Eine hauseigene Innovationsmanufaktur und ein kreatives „attempto Lab": In diesen Räumen dreht sich bei dem Mittelständler alles um die Zukunft. Hier beobachtet und analysiert das Team systematisch neueste Entwicklungen, zudem forscht, adaptiert und testet es modernste Technologien. Man zieht Querverbindungen und schaut über den Tellerrand: „Wir beschäftigen uns ständig mit den wichtigsten Neuerungen und Trends der Branche, um für die Kunden ein wertvoller Partner zu sein – auch bei komplexen IT-Vorhaben", erklärt der Geschäftsführer Franz Berno Breitruck.

Im Ökosystem Zukunft gestalten

Schnelligkeit und Expertise erreicht die Firma durch die Verbindung mit Partnern: „Entwicklungen sind heute so schnelllebig und komplex, dass wir uns auf das Wissen von Forschern, Fachleuten und Kunden verlassen müssen", betont Breitruck. Für zukunftsorientierte Partner stehen die Türen bei attempto deshalb weit offen. In der hauseigenen Akademie geben Experten ihr Wissen kontinuierlich weiter. Das Unternehmen lädt regelmäßig zu Vorträgen, Workshops und Austauschforen ein und stellt temporär auch Büroräume zur Verfügung. Der Standort in München ist auf diese Weise zu einem wichtigen Kristallisationspunkt für ein internationales Ökosystem geworden: „In diesem Netzwerk wollen wir gemeinsam und vertrauensvoll die Zukunft gestalten", erläutert der Geschäftsführer. Dazu wird den Kunden Unternehmensberatung, Softwareentwicklung und Service in einem angeboten.

Innovation für eine sinnhaftere Welt

Als mittelständisches Unternehmen knüpft man das Thema Innovation ganz bewusst an Verantwortung: etwa in Form von IT-Lösungen für mehr Nachhaltigkeit oder für mehr Gesundheit. Und in Form eines konsequenten Engagements in sozialen Projekten. Zuletzt suchten Mitarbeiter zum Beispiel den Dialog an Schulen: „Gerade die neuesten Technologien wie künstliche Intelligenz wollen wir mit der jungen Generation reflektieren", erklärt Breitruck. Denn für ihn und sein Team ist Innovation kein Selbstzweck: „Die Technologie soll unsere Welt besser und sinnhafter machen", unterstreicht er.

attempto GmbH & Co. KG
82041 Oberhaching
https://www.attempto.eu
Beschäftigte (D): 51 bis 200
IT-Entwicklung/-Beratung

Geschäftsführer
Franz Berno Breitruck

TOP 100

AUMÜLLER AUMATIC GmbH

★★★★★★★★

Innovator des Jahres

Die Fenstersprinter

Frisches Know-how macht erfolgreich. Das zeigt auch das Beispiel der AUMÜLLER AUMATIC GmbH. Die Herstellerin von Antrieben und Steuerungen rund um die Automatisierung von Fenstern folgt systematisch dem Open-Innovation-Ansatz. So holt das Team regelmäßig Experten und Hochschulen mit ins Boot und kommt damit viel schneller als früher zu Innovationserfolgen. Zuletzt entstand auf diese Weise sogar ein neues Geschäftsmodell: Fenster, die sich eigenständig melden, bevor es zu einer Fehlfunktion kommt.

Automatisierte Fensterlösungen und die firmeninternen Prozesse noch innovativer machen: Für dieses Ziel hat die AUMÜLLER AUMATIC GmbH 2023 eine neue Abteilung gegründet. Im Bereich Unternehmensentwicklung dreht sich seitdem alles darum, neue Technologien und Methoden zu identifizieren und sie für das Unternehmen nutzbar zu machen: „Immer wieder arbeiten wir dafür ganz gezielt mit Experten und Forschern zusammen“, erläutert die Geschäftsführerin Ramona Meinzer.

Die Design-Sprinter

Die Investitionen in neues Know-how zahlte sich sehr schnell aus für den Mittelständler: „Vorentwicklungen, für die wir früher knapp zwei Jahre benötigten, entstehen bei uns heute in wenigen Tagen“, berichtet Meinzer. Dafür hat das Team die Methode „Design-Sprint“ zusammen mit Experten Schritt für Schritt im Unternehmen verankert. Bei dieser Vorgehensweise kommen von Anfang an Kunden, Vertriebler, Partner und Entwickler an einen Tisch. Gemeinsam loten die Stakeholder Anforderungen, Wünsche und Machbarkeit systematisch aus. „Nach fünf Tagen wissen wir genau, was eine Zielgruppe braucht und ob eine Idee für die Produktentwicklung trägt“, erklärt Meinzer. Eine weitere Methode, die bei der Strategieentwicklung und Prozessoptimierung Einzug gefunden hat, ist „Lego Serious Play“. „Komplexe Problemstellungen werden bei Aumüller jetzt spielerisch und kreativ gelöst“, fügt die Geschäftsführerin hinzu.

Fenster, die kommunizieren

Eine erfolgreiche Kooperation mit der Technischen Hochschule Augsburg mündete sogar in ein neues Geschäftsmodell: „Zusammen mit Forschern hat unser Team Lösungen entwickelt, um in den Fenstern Informationen zu sammeln, aufzubereiten und zu nutzen“, erzählt Meinzer. Eine Software wertet die Daten aus und informiert bei Bedarf automatisch den Kunden, wenn eine Wartung oder Reparatur ansteht. Damit ist der Mittelständler innerhalb kurzer Zeit in das große Trendthema „Predictive Maintenance“ eingestiegen. Und erweist sich damit als Vorreiter, der entschlossen in Richtung Zukunft steuert.

AUMÜLLER AUMATIC GmbH
86672 Thierhaupten
https://www.aumueller-gmbh.de
Beschäftigte (D): 51 bis 200
Elektronik/Elektrotechnik

Geschäftsführerin
Ramona Meinzer

Bensussen Deutsch & Associates GmbH

★★

Modernes Merchandising

Ob Poloshirt, Baseballkappe oder Bluetooth-Box: Wenn Betriebe ihren Mitarbeitern zu feierlichen Anlässen etwas Gutes tun wollen, muss dies wohl bedacht und gut organisiert sein. Darum kümmern sich die Profis der Bensussen Deutsch & Associates GmbH. Der führende Werbemittelhändler Deutschlands sorgt für das bekannte Rundum-sorglos-Paket in Form von Merchandise- und Werbeartikeln. Beflügelt von seinem guten Innovationsklima und der gezielten Außenorientierung bleibt der Mittelständler beständig auf Erfolgskurs.

Die Geschenke sind keine Artikel von der Stange, sondern werden individuell für die Kunden der Bensussen Deutsch & Associates GmbH gefertigt. „Unsere Artikel kann man nirgendwo sonst kaufen. Durch den intensiven Austausch mit unseren Kunden wissen wir, was bei ihren Mitarbeitern am allerbesten ankommt", sagt der Geschäftsführer Peter Beichel, der gemeinsam mit dem Geschäftsführer Tino Gerstner die Firma erfolgreich leitet.

Fast alles geht

Für das gute Innovationsklima im Betrieb sorgt unter anderem das unkomplizierte Miteinander der mehr als 40 Mitarbeiter. Das bedeutet: Es wird nicht hierachisch gedacht – kommuniziert wird auf Augenhöhe. Viele Ideen entstehen nämlich dadurch, dass die Kollegen miteinander darüber sprechen, welche Artikel bei welchen Kunden gerade angesagt sind. „Anything goes", beschreibt Beichel das Prinzip. Bei der Ideenfindung gibt es keine Grenzen, mit einer einzigen Einschränkung: Das Ganze muss kaufmännisch sinnvoll sein und der Corporate Identity des Kunden entsprechen. Durch den internen Austausch gedeihen Ideen, die naheliegen, aber erst einmal gedacht werden müssen. So freute sich ein Kunde aus dem Baugewerbe, dass der Kissinger Mittelständler Bluetooth-Boxen für seine Angestellten organisierte, die damit jetzt ihre Lieblingsmusik auf den Baustellen hören können.

Informationen aus erster Hand

„Unsere Arbeit mutet zunächst vielleicht simpel an, unterm Strich ist sie aber ziemlich komplex", erzählt Tino Gerstner. Seit der vergangenen Coronapandemie verschickt der Betrieb die bestellten Geschenke den Mitarbeitern seiner Kunden häufig direkt nach Hause. „Allein die Adressrecherche sowie die Einhaltung der Datenschutzbestimmungen nehmen sehr viel Zeit in Anspruch", berichtet Gerstner. Hinzukommt, dass die Agenturprofis ihre Kunden oft vor Ort besuchen, um sich ein Bild über die Wünsche und Bedürfnisse der Beschäftigten machen zu können. Dadurch erfahren die Werbemittelexperten aus erster Hand, welche Firmengeschenke in welchen Unternehmen und auch in welchen Branchen gut ankommen.

Bensussen Deutsch & Associates GmbH
86438 Kissing
https://www.bdainc.de
Beschäftigte (D): bis 50
Kommunikation/Marketing/Medien

Geschäftsführer
Peter Beichel und Tino Gerstner

Bisping & Bisping GmbH & Co. KG

★★

Erfolgreich im Netz

Im Internet liegt die Zukunft. Wer sie mitgestalten will, muss schnell, gut vernetzt und ideenreich sein. All das ist die Bisping & Bisping GmbH & Co. KG. Die IT- und Telekommunikationsfirma bietet eine einzigartige digitale Infrastruktur für große Messen und Kongresse. Zudem übernimmt sie eine Vorreiterrolle beim Glasfaserausbau in Bayern. Vor allem in den TOP 100-Bewertungskategorien „Innovationserfolg", „Innovationsklima" und „Außenorientierung/Open Innovation" hat das Unternehmen herausragende Ergebnisse erzielt.

Privathaushalte, Firmen, Regionen – von schnellem Internet profitieren alle. Auch große Veranstaltungen und Messen funktionieren nur mit einer leistungsfähigen IT-Infrastruktur. Dafür hat dieser Mittelständler mit Sitz in Lauf erstmals 2018 für die NürnbergMesse eine ganz neue digitale Lösung entwickelt: Sie steuert LAN, WLAN, IT und Netzwerke weitgehend automatisiert. Dazu dockt die Software direkt an das ERP-System der Veranstalter an, erfasst automatisch den Workflow, erkennt digital Störungen und steuert die Mitarbeiter. „Mit dieser IT-Lösung sparen Veranstalter viel Zeit und Personal", berichtet der Geschäftsführer Johannes Bisping.

Glasfaserausbau als konzertierte Aktion

Ein Pionier war der Mittelständler auch beim Thema Glasfaser: Schon vor 12 Jahren erkannte er das Potenzial der Breitbandtechnologie. Heute engagiert er sich für einen effizienten Ausbau, vor allem in den ländlichen Regionen Bayerns. Dank Open Innovation und Kooperationen mit Marktteilnehmern wie Stadtwerken oder Tiefbaufirmen bringt Bisping & Bisping Geschwindigkeit und Kosteneffizienz in den Ausbau. „Unsere systematische Zusammenarbeit mit verschiedensten Partnern schafft große Synergien", betont Bisping. So werden gemeinsam mit Stadtwerken Rohre und Leitungen realisiert, der Wissens- und Technologieaustausch mit Tiefbauunternehmen vorangetrieben und konzertierte Bauarbeiten organisiert. Damit werden Kompetenzen gebündelt, das Know-how auf allen Seiten vergrößert und Ressourcen geschont. Der Netzausbau kommt somit oftmals schneller und nachhaltiger voran.

Verantwortung für die Zukunft

Vernetzung und Nachhaltigkeit sind aber kein Einzelfall: Da das Unternehmen in Branchenverbänden und Ausschüssen engagiert ist, entstehen neue Ideen und Projekte oft in engem Austausch mit weiteren Akteuren und Wissensgebern. Auch die Mitarbeiter zeigen sich beeindruckend ideenreich, oft geht es dabei um mehr Energieeffizienz. Mit einer E-Flotte, regenerativem Strom und einem Rechenzentrum, das Geothermie und Abwärme nutzt, sind viele dieser Ideen schon realisiert. Und auch in Zukunft sollen Innovation und Verantwortung Hand in Hand gehen.

Bisping & Bisping GmbH & Co. KG
91207 Lauf
https://bisping.de/
Beschäftigte (D): 51 bis 200
Internet/Multimedia/E-Commerce

Geschäftsführer
Johannes Bisping

blackned GmbH

★★

Digital voll im Einsatz

In Krisen- und Kriegsgebieten ist Vernetzung überlebenswichtig. Heere in Deutschland und im NATO-Gebiet sind aber digital nicht optimal aufgestellt. Aus diesem Grund hat die blackned GmbH eine innovative Hightechsoftware entwickelt, die die Akteure effizienter vernetzt: Die digitale Plattform könnte Einsätze sicherer und intelligenter machen. Bei dieser Innovation verfolgt der Mittelständler einen klaren Open-Innovation-Ansatz und denkt konsequent über Firmen- und Ländergrenzen hinaus.

Glaubt man Timo Haas, haben westliche Streitkräfte ein Kommunikationsproblem. „Viele nutzen noch Feld-Funkgeräte, mit denen sie oftmals träge, fehleranfällig und kompliziert kommunizieren. Bei übergreifenden Kommunikationsnetzen herrscht weitestgehend Fehlanzeige“, erläutert der Geschäftsführer. Dabei könnte die Digitalisierung viele Aufgaben in Kriegsgebieten erleichtern – und sogar Menschenleben schützen: „Wir haben eine Software entwickelt, die dafür wichtige digitale Möglichkeiten eröffnet“, unterstreicht Haas.

Mehr Apps statt dickere Panzer

TACTICAL CORE heißt die entsprechende 5G-basierte Kommunikationsarchitektur. Mit dem übergreifenden, schnellen Mobilfunknetz können Akteure Informationen und Daten effizient und sicher kommunizieren. „Viele Einsätze könnten damit auch intelligenter werden“, betont Timo Haas. Denn die Software funktioniert ähnlich wie ein App-Store und kann die neuesten Technologien einbinden: zum Beispiel eine App, die militärische Szenarien mit sehr großen Datensätzen abgleicht und Entscheidungen optimiert. Oder eine andere App, die Objekte oder Fahrzeuge und sogar Verletzungen automatisiert erkennt und richtig einordnet. „Software-defined defense“ heißt das im Fachjargon. „Dieser digitale Ansatz könnte die Verteidigung revolutionieren“, erklärt Haas.

Open Innovation auf internationalem Parkett

Damit das gelingt, setzt man bei blackned konsequent auf den Open-Innovation-Ansatz: „Wir pflegen ein internationales Ökosystem und investieren systematisch in die Beteiligung an anderen Firmen. Auf diese Weise erschließen wir uns wertvolles Know-how und neue Märkte“, unterstreicht der Geschäftsführer. Oft entstünden dabei Win-win-Situationen, die viel Dynamik erzeugten – im besten Fall auch für eine internationale Entwicklung: „Die Zukunft der Verteidigung liegt in der internationalen Vernetzung. Und gerade im NATO-Gebiet müssen die Länder zukünftig über Grenzen hinweg effektiv zusammenarbeiten können.“ Als Vorreiterin für Open Innovation auf internationalem Parkett könnte die blackned GmbH dabei eine wichtige Rolle spielen.

blackned GmbH
87751 Heimertingen
https://blackned.de
Beschäftigte (D): 51 bis 200
IT-Entwicklung/-Beratung

Geschäftsführer
Timo Haas

Blue Energy Group AG

Energiewende unter der Erde

Wer an erneuerbare Energien denkt, hat glänzende Solarmodule und sich drehende Windräder vor Augen. Die Blue Energy Group AG hingegen baut Ökokraftwerke, die unter der Erde verschwinden können. Diese neuartige Technologie ist unabhängig vom Wetter und bietet eine hohe Versorgungssicherheit. Mit Forschern, Kunden und Partnern lotet der Mittelständler unablässig neue Technologien, Anwendungsfelder und Entwicklungen aus – und ist damit ein innovativer Wegbereiter für die Energiewende und eine nachhaltige Zukunft.

Es klingt nach einem utopischen Zukunftsszenario: Unternehmen und Städte nutzen ihre Abfälle, um Energie und Wärme zu gewinnen. Das passiert CO_2-neutral oder CO_2-negativ, bietet eine verlässliche Energiesicherheit und senkt die Entsorgungs- und CO_2-Kosten. Dieses Szenario wird durch Blue Energy bereits möglich gemacht: „Wir bauen Ökokraftwerke, die aus Holzabfällen und carbonhaltigen Stoffen wie Plastik, Styropor oder Klärschlamm effektiv Energie erzeugen", erklärt der Vorstandsvorsitzende Jochen Sautter.

Ohne Lärm, Geruch und tote Tiere

Sautter kann die vielen Vorteile der innovativen Technologie klar benennen: „Unsere Kraftwerke werden meistens schnell genehmigt, weil sie als kompakte Cubes errichtet werden und sich hervorragend in das jeweilige Umfeld integrieren lassen. Damit erzeugen sie weder Lärm noch Geruch, gefährden keine Tiere und verändern die Landschaft nicht", betont er. Der größte Vorteil ist, dass Unternehmen nicht auf Sonne und Wind hoffen müssen, um Energiesicherheit zu haben. „Unsere Technologie liefert rund um die Uhr Energie. Und das das ganze Jahr über", berichtet der Vorstandsvorsitzende. Aktuell ist die Firma verstärkt mit Betreibern von Ladesäulen für E-Autos im Gespräch: „Photovoltaik allein reicht in Zukunft nicht aus, um eine flächendeckende Ladeinfrastruktur zu betreiben", erklärt Jochen Sautter. Hier wollen er und sein Team nachhelfen, sodass die Mobilitätswende endlich vorangetrieben wird.

Viele Leuchtturmprojekte

Technologien für erneuerbare Energien entwickeln sich rasant weiter. Um stets up to date zu bleiben, erprobt man daher in vielfältigen Projekten mit Partnern neue Materialien und Methoden. Nicht selten schafft es das Team bis zur Praxisreife – meist in enger Zusammenarbeit mit Hochschulen und Forschungsinstituten. So hat die Blue Energy Group AG schon aus Weizen- und Dinkelspelzen einer Brauerei und aus Kakaoschalen einer Schokoladenfabrik Energie erzeugt. Für das große Thema „grüner Wasserstoff" hat man sogar eine eigene Versuchsanlage gebaut. Alles für eine enkeltaugliche Zukunft!

Blue Energy Group AG
89250 Senden
https://blue-energy-group.de
Beschäftigte (D): bis 50
Energie

Vorstandsvorsitzender
Jochen Sautter

BSH GmbH & Co. KG

Von null auf tausend

Es ist die Geschichte einer rasanten Entwicklung: vom kleinen Handwerksbetrieb zum modernen Photovoltaikanbieter mit 1.000 Beschäftigten. Geschrieben hat sie das Gründer-Ehepaar Michaela und Rainer Bötsch. Von Anfang an investierten sie unbeirrt in die Digitalisierung und beteiligten sich später geschickt an mehreren Handwerksbetrieben. Heute zählt die BSH GmbH & Co. KG zu den führenden Photovoltaikanbietern in Deutschland und wächst mit ihren Partnerfirmen munter weiter.

„Eigentlich wollten wir nie mehr als 15 Beschäftigte haben", erklärt der Geschäftsführer Rainer Bötsch. Damals führte er gemeinsam mit seiner Frau noch einen kleinen Heizungsfachbetrieb. Vor sechs bis sieben Jahren kam dann der Boom der erneuerbaren Energien. „Wir haben uns zu diesem Zeitpunkt bewusst für den grünen Weg entschieden. Wir wollten die Energiewende mit Photovoltaik und Stromspeicher aktiv mitgestalten", erklärt Bötsch. In kurzer Zeit wuchs der Mittelständler von 50 auf 500 Beschäftigte und legte nun den Fokus auf ganzheitliche Energiesysteme für Eigenheime.

Win-win-Situation dank Open Innovation

Doch von Überforderung keine Spur: Konsequent digitalisierte die Firma ihre Prozesse. Demnächst soll auch die Kundenberatung automatisiert ablaufen – mit Avatar und ChatGPT. „Damit sparen wir viel Zeit und Personal. Und wir haben Freiräume für das wirklich Wichtige", betont der Geschäftsführer. Denn alles lässt sich natürlich nicht digitalisieren, gute Handwerker zum Beispiel. Einem drohenden Fachkräftemangel begegnete der Mittelständler mit jeder Menge strategischem Geschick. Er beteiligte sich an vier Handwerksbetrieben und wuchs auf 1.000 Beschäftigte an. Es war eine echte Win-win-Situation: Die BSH hatte trotz voller Auftragsbücher immer genügend Handwerker zur Verfügung. Und die Handwerksbetriebe profitierten von kräftigen Investitionen und schnellem Wachstum. „Im Netzwerk haben wir auch ein viel größeres Skalierungspotenzial", erklärt Bötsch.

Social Media und Burger im Garten

Erfindungsreich zeigt sich das Team auch im Marketing: „Wir sprechen unsere Kunden über zahlreiche Social-Media- und Medienkanäle an", erklärt Michaela Bötsch. Originelle Aktionen fernab der digitalen Welt gehören ebenfalls dazu. So brät das Team zum Beispiel Burger – vor dem Baumarkt oder auch im Garten ihrer Kunden. „Zu unseren Events in Privatgärten kommen meistens viele Nachbarn", erzählt Michaela Bötsch. Die Kunden erhalten bei einer erfolgreichen Empfehlung eine Provision; und die Nachbarn werden nicht nur mit gutem Essen versorgt, sondern mit etwas Glück auch bald mit moderner Photovoltaik.

BSH GmbH & Co. KG
97631 Bad Königshofen
https://www.bsh-energie.de
Beschäftigte (D): über 200
Erneuerbare Energien

Geschäftsführer
Michaela und
Rainer Bötsch

croit GmbH

★★

Bezwinger der Datenberge

Die Menschheit produziert so viele Daten wie nie zuvor. Diesen Trend erkannte 2017 ein Team von Softwareentwicklern und Open-Source-Fans um den Gründer und Geschäftsführer Martin Verges. Gemeinsam gründeten sie ein Unternehmen: die croit GmbH. Mit ihren kosteneffizienten Produkten zur Datenspeicherung treffen sie bis heute den Nerv vieler Firmen, die ihre Datenmengen besser managen möchten. Seit Jahren wächst der Mittelständler rasant, auch weil das agile Top-Management Innovation und Kundennähe geschickt miteinander verbindet.

Digitalisierung, Automatisierung, vernetzte Maschinen: Viele Unternehmen speichern täglich gewaltige Datenmengen. Manche nennen es „Datengold". Doch zur Wahrheit gehört auch, dass die Datenflut technische Herausforderungen, steigende Kosten und zahlreiche Fragen in die Unternehmen gespült hat: Wohin mit all den Daten? Wie kann man sie sicher bewegen und speichern? Und wie kann man sie flexibel und gewinnbringend nutzen?

Kostengünstig dank Open Source

Als Antwort auf derartige Fragen hat die croit GmbH auf der Basis der Open-Source-Software „Ceph" eine Lösung für die Datenspeicherung entwickelt. „Diese hochinnovative Lösung haben wir in ein smartes Produkt überführt, das kostengünstig ist, leicht zu handhaben und darüber hinaus schnell implementiert werden kann. Alle Kunden bekommen ihre Daten damit ohne neue Hardware zügig und sicher in den Griff", erläutert der Gründer und Geschäftsführer Martin Verges. Diese Lösung macht die Daten außerdem flexibel und skalierbar, ohne dass Firmen zusätzliche Fachkräfte einstellen müssen. „Das ist ein großer Vorteil in Zeiten, in denen so viele Fachinformatiker fehlen", erklärt Martin Verges. Gemeinsam mit dem US-amerikanischen Halbleiterhersteller Intel entwickelte das Team zuletzt eine Storage-Lösung für Supercomputer, die als schnellste offen verfügbare Speicherlösung am Markt gilt. Diese Lösung basiert wiederum auf DAOS, einer Open-Source-Software von Intel.

Kundennähe als Innovationstreiber

Diese Innovationskraft geht Hand in Hand mit einer intensiven Kundenähe: Dazu bietet ein Supportteam Kunden weltweit rund um die Uhr Unterstützung bei technischen Fragen an. „Wir ziehen aus unseren Support-Cases auch systematisch neue Erkenntnisse für uns selbst", sagt der Managing Director Andy Muthmann. Der Status quo reicht ihm nicht. Das Team entwickelt sein Produkt deshalb permanent weiter. Mindestens einmal pro Monat kommt eine neue Version heraus, die das aktuelle Feedback der Anwender abbildet. „Diese innovative Grundhaltung generiert einen starken wirtschaftlichen Erfolg – für unsere Kunden und für uns", betont Muthmann.

croit GmbH
81247 München
https://croit.io
Beschäftigte (D): bis 50
IT-Entwicklung/-Beratung

Geschäftsführer
Andy Muthmann

CSP hat sich auf innovative Software für Firmen spezialisiert. Diese Software bietet umfassende Lösungen für die Erfassung, die Überwachung und die Dokumentation von Prozess- und Produktionsdaten.

CSP GmbH & Co. KG

★★

Die Null-Fehler-Strategen

Gute Geschäftsmodelle gehen mit der Zeit: Die CSP GmbH & Co. KG hat mit einer Umstellung von Softwareverkauf auf Softwaremiete ihr Wachstum kräftig angeschoben. Das Servicemodell ist ein Innovationserfolg, der die Kunden begeistert und mehr Transparenz und Sicherheit in die Industrie 4.0 bringt. Um innovativ zu sein, investiert der Mittelständler zudem entschlossen in das eigene Team. Denn mit einem fruchtbaren Innovationsklima strömen nicht nur neue Ideen ins Unternehmen, sondern auch wertvolle Mitarbeiter.

Effiziente Lösungen für die Industrie 4.0 sind gefragter denn je. Die Software von CSP erfasst, überwacht und dokumentiert Daten zuverlässig. „Unsere Kunden können mit unseren Lösungen die Qualität ihrer Produkte steigern, Vorschriften effektiv erfüllen und hohe Kosten sparen", erläutert der Geschäftsführer Korbinian Hermann. Er und sein Team arbeiten hart daran, teure Fehler und Ausfälle in der Produktion ihrer Kunden komplett zu vermeiden.

Taktgeber der Industrie 4.0

Die Weichen für diese Null-Fehler-Strategie stellten er und der Chief-Technology-Officer Amadeus Lederle vor drei Jahren, als sie die Leitung des Unternehmens im bayerischen Großköllnbach übernommen haben. Seither entwickelt sich der Mittelständler sehr ambitioniert weiter. Ein Beispiel dafür ist das neue Servicemodell namens „Software Operations", das auf Mieten statt Kaufen setzt: „Unsere Kunden profitieren enorm von diesem Mietmodell, weil wir Neuerungen und Updates direkt an sie weitergeben können", sagt Hermann. Dabei bindet das Team auch neueste Technologien ein. „Mittels künstlicher Intelligenz haben wir zuletzt ein Tool entwickelt, das Ausreißer in Datenkurven frühzeitig erkennt und mögliche Störungen im Produktionsprozess ganz präzise voraussagt", erläutert Lederle. Mit Innovationen wie diesen versteht sich das Unternehmen inzwischen als Taktgeber für die Industrie 4.0.

Innovativ gegen Fachkräftemangel

Diese dynamische Grundhaltung verhalf dem Mittelständler auch zu einem kräftigen Personalwachstum. „Wir hatten noch nie ein Problem damit, geeignete Fachkräfte für uns zu begeistern", erzählt Hermann. Als Arbeitgeber attraktiv zu sein, fällt aber nicht vom Himmel. Deshalb ermöglicht das Unternehmen seinen Mitarbeitern mithilfe von E-Learning-Plattformen und externen Schulungsangeboten, sich kontinuierlich weiterzubilden. Auch eine eigene Akademie, großzügige Freiräume und Zeit für das Ausarbeiten neuer Ideen tragen zu einem herausragenden Innovationsklima bei. Ein fruchtbarer Boden also für eine innovative Zukunft!

CSP GmbH & Co. KG
94431 Großköllnbach
https://www.csp-sw.de
Beschäftigte (D): 51 bis 200
IT-Entwicklung/-Beratung

Die Geschäftsleitung
Korbinian Hermann und
Amadeus Lederle

Eberhardt GmbH

Darfs noch eine Idee mehr sein?

Ein saftiger Schinken oder eine deftige Landjägerwurst schmecken auch dank Ingenieurskunst. So ein Käse? Keineswegs! Denn die guten Ideen der Metall verarbeitenden Eberhardt GmbH prägen seit 60 Jahren die Verarbeitungsverfahren der Wurst- und Fleischindustrie. Mit ihren hochklassigen Edelstahlprodukten erreicht sie Kunden weltweit. Die Zusammenarbeit mit Lebensmittelexperten und Auftraggebern führt zu einer starken Außenorientierung des Unternehmens, das durch neue Produkte auch einen Innovationserfolg erzielen konnte.

Bei der Produktion von Fleisch- und Wurstwaren hat die Lebensmittelsicherheit oberste Priorität, gefolgt von der Herausforderung, den Rohstoff Fleisch nicht zu verschwenden. Mit seinen Produkten hat sich das traditionsreiche Unternehmen auf diese Anforderungen der Kunden spezialisiert. „Wir liefern stets maßgeschneiderte Lösungen, damit Lebensmittel sauber und verlustfrei verarbeitet werden können", sagt der Geschäftsführer Kevin Eberhardt.

Gemeinsam zum Ziel

Damit die Zusammenarbeit mit den Kunden schnell ans Ziel führt, hat man ein Kundencenter nach den Vorgaben der Lebensmittelindustrie eingerichtet. „Ob Reinräume, Maschinen oder Fachpersonal, wir können dort die Situation des Klienten nachstellen und dadurch auf lange Testreihen verzichten", erklärt Eberhardt. Über das Kundenfeedback hinaus fließen auch Expertenmeinungen in die Entwicklung neuer Produkte und Dienstleistungen ein. So ist beispielsweise das Deutsche Institut für Lebensmitteltechnik e. V. ein regelmäßiger Ansprechpartner der Eberhardt GmbH. Neben Fleischpressen liefert die Firma auch vollautomatische Anlagen. Diese hochmodernen Robotiklösungen verfügen über eine KI-basierte Qualitätsprüfung, entwickelt durch eine IT-Agentur. „Der branchentypische Personalmangel erfordert zunehmend automatisierte Anlagen, die unsere Kunden sehr stark nachfragen", erklärt Eberhardt.

Erfolgreich gewandelt

Der Mittelständler hat sich in den letzten Jahren einer Marktveränderung stellen müssen: Immer mehr kleine Metzgereien oder Fleischerbetriebe schließen. „Wir konzentrieren uns jetzt auf größere Kunden und auf Nischen", berichtet der Geschäftsführer. Neue Kunden fanden sich zum Beispiel durch die Entwicklung des „Food Finishers": Diese Fleischpresse verkürzt die Reife- und Salzzeit von Schinken um die Hälfte, was eine Verdopplung der Kapazitäten bedeutet. Da der Schinken unter Vakuum bearbeitet wird, dringt das Salz tiefer in die Fleischfasern ein und das Produkt bleibt keimfrei. Insgesamt ist der Umsatz so um 40 % gestiegen. „Ein solcher Wandel gelingt nur mit einer tollen Mannschaft, die motiviert zusammenarbeitet", betont Kevin Eberhardt.

Eberhardt GmbH
91586 Lichtenau
https://eberhardt-gmbh.de
Beschäftigte (D): 51 bis 200
Metallverarbeitung

Geschäftsführer
Kevin Eberhardt

Ehret+Klein AG

★ ★ ★

Frischer Wohnraum für morgen

Neuer Wohnraum ist knapp und wird im Zuge der Zinssteigerungen 2023 wohl auch nicht ausreichend entstehen. Deshalb setzen die Immobilienprofis der Ehret+Klein AG nicht nur auf die Konzeption und die Realisierung von Neubauprojekten, sondern auch auf die Revitalisierung von Bestandsimmobilien. Dabei arbeiten sie im Rahmen einer aktiven Außenorientierung eng mit wissenschaftlichen Experten und künftigen Nutzern zusammen. Die Konzentration auf „Upcycling“ hat dem Unternehmen einen Innovationserfolg eingebracht.

Überregional ist Wohnraum besonders knapp, doch immer wieder entdecken die Starnberger Spezialisten für Quartiersplanung in die Jahre gekommene „Schmuckstücke“, die nur auf eine kreative Umnutzung und neue Bewohner warten. „Als Projektentwickler mit 20 Jahren Erfahrung sehen wir die Möglichkeiten, die in solchen Immobilien stecken“, erzählt der Gründer Michael Ehret. Der neuen Nutzung geht oft eine intensive Recherche voraus, um Immobilien ideal weiterzuentwickeln.

Lebensraum gemeinsam gestalten

Eine gern genutzte Quelle für neue und innovative Ideen ist die regelmäßige Zusammenarbeit mit wissenschaftlichen Stellen. Gemeinsam mit dem Cluster „Sustainable Real Estate“ der TU München wurde beispielsweise die Kernsanierung des denkmalgeschützten „Maschinenhauses“ geplant, das ursprünglich als Heizkraftwerk des Schwabinger Krankenhauses fungierte. Dabei konnte man eine moderne Wärmezirkulation einbauen, ohne die historische Fassade zu beschädigen. Besonders wichtig ist dem Quartiersplaner aber, dass die zukünftigen Bewohner sich in ihrem Lebensraum wohlfühlen. Deswegen finden die Anwohner und die neuen Nutzer in Bürgerworkshops eine Plattform, sodass sie zur Planung „ihrer“ Immobilie beitragen können. „Wir möchten erreichen, dass unsere Immobilien allen Freude machen“, erläutert Ehret. Bei der Neugestaltung des Landauer Galeria-Kaufhof-Areals äußerten die Bürger etwa den Bedarf nach einer Tiefgarage, die ergänzend in die Planung integriert wurde.

Mit Erfolg Werte erhalten

„Erschaffen und erhalten ist unsere große Mission“, erklärt Michael Ehret. Dieser Mission sieht sich vor allem die Tochtergesellschaft e+k upcycle verpflichtet, die sich auf die nachhaltige Revitalisierung von Bestandsimmobilien spezialisiert hat. Denn der Bedarf an kreativen Ideen zur Weiterentwicklung veralteter Wohn- und Arbeitsräume ist deutschlandweit enorm. Ein weiterer innovativer Ansatz der Immobilienprofis: Alle Gewinne wurden reinvestiert, vor allem in die Weiterbildung der eigenen Mitarbeiter. So schaffen frische Ideen die Basis für den Wohnraum von morgen.

Ehret+Klein AG
82319 Starnberg
www.ehret-klein.de
Beschäftigte (D): 51 bis 200
Immobilien/
Facility-Management

Geschäftsführer
Michael Baureis,
Erdal Bektas, Konstantin
von Abercron

EITEC Führungsbahnschutz-Systeme GmbH

★★★

Nichts von der Stange

Wo empfindliche Hightechmaschinen vor industriellen Verunreinigungen geschützt werden müssen, kommen die Abdecklösungen der EITEC Führungsbahnschutz-Systeme GmbH zum Einsatz. Seit mehr als 30 Jahren liefert das oberbayerische Unternehmen auf Kundenwunsch Spezialanfertigungen, die im Maschinenbau breite Verwendung finden. Dabei kann sich der Mittelständler auf seine ideenreichen Mitarbeiter verlassen, die im Rahmen strukturierter Innovationsprozesse Neuerungen schnell und flexibel realisieren.

Neue Entwicklungen und Produkte gehören bei EITEC zur Tagesordnung. Die Firma produziert Komplettlösungen, aber vor allem maßgefertigte Abdecksysteme für Kunden aus der Industrie. Das Angebot umfasst vielfältige modulare Abdecksysteme aus Stahl sowie Schutztore und Lüftungsgitter. „Die Bedarfe unserer Kunden erfordern eine schnelle, flexible Entwicklung. Dadurch leben wir Innovation tatsächlich Tag für Tag", sagt der Geschäftsführer Rochus Gold.

Prozesse für schnelle Ergebnisse

Eine Voraussetzung für zeitnahe Reaktionsfähigkeit sind optimale Innovationsprozesse, die eine gute Kommunikation untereinander und mit den Kunden fördern. EITEC nutzt dazu agile Methoden, um die Mitarbeiter in selbst verantworteten Teams zu organisieren. Diese Teams, bestehend aus Entwicklern und Technikern, genießen die Freiheit, Projekte eigenständig umzusetzen und Entscheidungen auf operativer Ebene zu treffen. „Das Bürokratisieren liegt uns nicht", bestätigt Gold. „Wir schätzen eindeutige Kommunikations- und Entscheidungswege, um neue Ideen zügig voranzubringen." Ein transparentes Wissensmanagement per SAP-Workflow, tägliche Absprachen der Teams und die direkte Einbindung des Kundenfeedbacks in den Produktionsprozess garantieren rasche Entwicklungsergebnisse. Das Resultat sind zufriedene Kunden, die ihre Idee innerhalb kürzester Zeit als reales Produkt vom Fertigungsband rollen sehen.

Mut zur neuen Idee

Frei entscheiden, experimentieren, selbst verantworten – das ist das Erfolgsrezept des Mittelständlers, wenn es darum geht, frische Ideen schnell zu realisieren. Die Geschäftsführung setzt deshalb viel Vertrauen in die Entscheidungen der Mitarbeiter und fördert Kreativität und Offenheit für Neues: „Wir möchten unsere Teams dazu ermutigen, Lösungswege selbstbestimmt und mutig auszuprobieren", erläutert der Geschäftsführer. Der Ideenreichtum der Belegschaft ist dementsprechend groß. Ob 3-D-Visualisierungen von Produktkonzepten oder neuartige Komponenten für ein Stahllamellensystem: Innovationen gelingen diesem agilen Unternehmen Tag für Tag.

EITEC Führungsbahnschutz-Systeme GmbH
85301 Schweitenkirchen
https://www.eitec.de
Beschäftigte (D): bis 50
Anlagen-/Maschinenbau

Geschäftsführer
Rochus Gold

EKC.AG

★★

Ideen sind der Rohstoff für Erfolg

Baumaterial, Chemikalien, Plastik – für nahezu alle Dinge des täglichen Lebens sind Rohstoffe die unverzichtbare Basis. Ganze Industriezweige hängen von der zuverlässigen Belieferung mit Rohstoffen ab. In Europa ist die EKC.AG eine etablierte Ansprechpartnerin in Sachen Mineralien, Petrochemikalien und Brennstoffe. Der Rohstoffhändler hat mit seiner langjährigen Marktkenntnis einen Innovationserfolg realisiert, der auch dank effizienter und strukturierter Prozesse gelang.

Seit der Gründung 2006 konnte die EKC.AG mit Sitz in Würzburg ihr Portfolio kontinuierlich erweitern. Seit 2021 handelt sie nicht nur mit Brennstoffen und Industriemineralien wie Chromerz, Rohbauxit, Graphit und Quarz, sondern auch mit Petrochemikalien. „Der Rohstoffhandel erfordert weltweite Marktkenntnisse und Expertenwissen", sagt der Vorstand Vladimir Platunov. „Wir haben unser Wissen dazu genutzt, neue Handelsfelder zu erschließen und dadurch neue Kunden zu gewinnen."

Den Markt kennen

Drei Faktoren bewirkten laut Platunov, dass der Firma 2022 die Steigerung ihres Umsatzes um 50 % gelang: Trendbewusstsein, der Einstieg in ein neues Handelsfeld und die digitale Verschlankung der Geschäftsprozesse. Einen Trend erkannte das elfköpfigen Team im Handel mit Bauxit, aus dem Aluminium, aber auch feuerfeste Ziegel hergestellt werden. Durch den Aufbau einer Niederlassung in Shanghai konnte man neue Absatzmöglichkeiten generieren. In den Handel mit Petrochemikalien stieg der Mittelständler erst 2021 ein und hat dann in den letzten drei Jahren immer größere Kunden von der guten Qualität seiner Rohstoffe überzeugen können. „Wir haben die Zeichen des Markts erkannt und zügig reagiert", erklärt der Vorstand. Zu guter Letzt hat das Team auch die täglichen Prozesse automatisiert und beispielsweise die Zahlungsabwicklung digital verbessert. Diese Prozessinnovation wurde ebenfalls in kürzester Zeit realisiert.

Schnell reagieren

Das Stichwort „effiziente Prozesse" gilt auch für die Ideenorganisation des Unternehmens. „Wir haben bei uns kurze Laufwege, sodass neue Ideen immer sofort bei der Geschäftsführung auf dem Tisch landen", sagt Vladimir Platunov. In regelmäßigen Treffen der Techniker und dem Top-Management stehen nicht zuletzt Zukunftstrends auf der Tagesordnung. Ein strukturierter Forecast-Prozess hilft dem Mittelständler, den Rohstoffmarkt zu analysieren und zügig zu reagieren. Den wichtigsten Rohstoff für die eigene Produktion hat er dabei immer auf Lager: Ideen sind die Basis für den Erfolg der EKC.AG.

EKC.AG
97074 Würzburg
https://www.ekc.ag
Beschäftigte (D): bis 50
Handel

Vorstand
Vladimir Platunov

TOP 100

TOP 100 TOP 100 TOP 100 TOP 100
TOP 100 TOP 100 TOP 100 TOP 100 TOP 100
TOP 100 TOP 100 TOP 100 TOP 100 TOP 100
TOP 100 TOP 100 TOP 100 TOP 100 TOP 100
TOP 100 TOP 100 TOP 100 TOP 100 TOP 100
TOP 100 TOP 100 TOP 100 TOP 100 TOP 100
TOP 100 TOP 100 TOP 100 TOP 100 TOP 100

ESG Elektroniksystem- und Logistik-GmbH

★★★★★★★★★★

Auf Einsätze perfekt vorbereitet

Sich per Virtual Reality in andere Welten zu versetzen, beispielsweise im Gaming-Umfeld, ist reine Spielerei. Wenn die ESG Elektroniksystem- und Logistik-GmbH sich dieser Technologie annimmt, geht es hingegen um Leben und Tod. Mit dem Mixed-Reality-Projekt „Simulierte Verwundetenversorgung“, kurz „SimVwu“, zeigt der Anbieter sicherheitsrelevanter Elektronik- und IT-Systeme, wie dank eines positiven Innovationsklimas Lösungen entstehen, die Menschenleben retten.

Anders als beim Kraulenlernen führt in der militärischen Sanitäterausbildung das Trockenschwimmen nicht weit. Doch wie sollen sich Sanitäter und Soldaten auf ihre Einsätze vorbereiten? Auf hochkonzentriertes Arbeiten im Sirenenlärm, unter Gefahren und von vielen Faktoren gestresst? Die Antwort kennt die ESG, denn sie hat sie für die Bundeswehr entwickelt: Das Mixed-Reality-Projekt „SimVwu“ ermöglicht es, Szenarien jeglicher Art realistisch zu simulieren, so wie sie im Einsatz herrschen können. Damit erhöht es den Ausbildungserfolg signifikant.

Experimentieren erwünscht

Für Innovationserfolge wie „SimVwu“ schätzen das Militär, Behörden und Unternehmen den Mittelständler und unterhalten in der Regel langjährige Partnerschaften zu ihm. Die Ingenieure dieses Technologieexperten vernetzen Einzelkomponenten zu Gesamtsystemen, experimentieren in der Drohnenabwehr mit Sensoren und Effektoren und testen Software auf Herz und Nieren. Kurzum: Sie beschäftigen sich mit allen passenden Technologien, die ihnen in die Finger kommen. Ihr Arbeitgeber gibt ihnen genügend Raum dazu. Wie könnte er Zeit und Budget besser investieren als in ein positives Innovationsklima, das die Basis dafür schafft, sicherheitsrelevante Elektronik- und IT-Systeme engagiert zu produzieren? Rasante Software- und Entwicklungszeiten verlangen von den Experten, dass sie immer mit einem Auge in Richtung Zukunft blicken, um für die Anforderungen der Kunden maßgeschneiderte Produkte anbieten zu können.

Gesunder Sportsgeist

Etwa ein Viertel der Mitarbeiter reichte 2022 Verbesserungsvorschläge oder Innovationsideen ein, 90 % davon wurden realisiert. Neben der Freude an Technologie treibt ein gesunder Sportsgeist den erfolgreichen Mittelständler an. Aus diesem Grund werden regelmäßig interne Innovations- und Systems-Engineering-Preise verliehen. Doch ob einzeln oder als Team: Erfinder werden bei der ESG Elektroniksystem- und Logistik-GmbH im bayerischen Fürstenfeldbruck gefeiert, denn Innovationsstärke ist der beständige Motor für ihren Erfolg.

ESG Elektroniksystem- und Logistik-GmbH
82256 Fürstenfeldbruck
https://esg.de
Beschäftigte (D): über 200
Engineering

Geschäftsführerin
Katja Ziegler

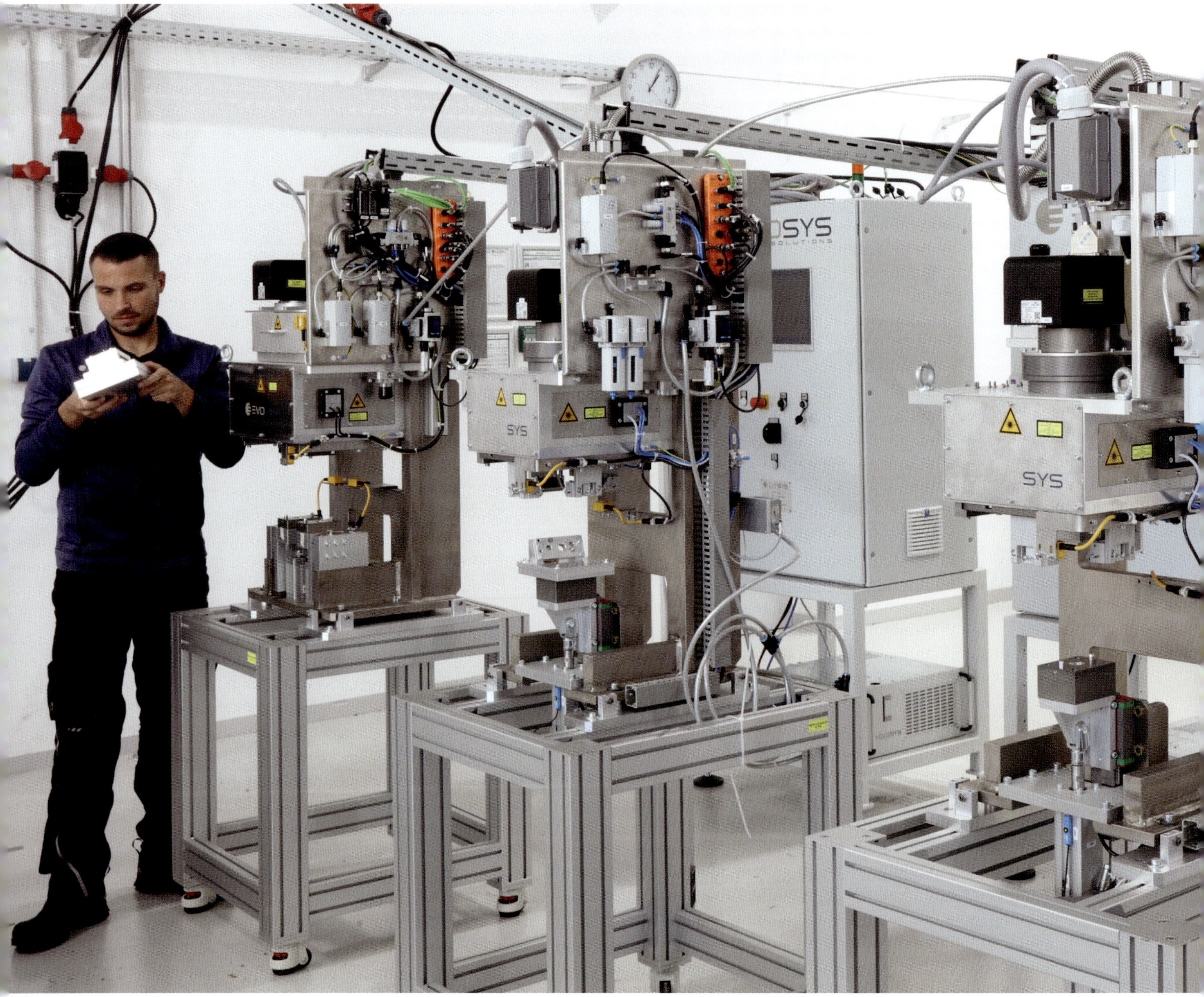

Evosys entwickelt und produziert Maschinen für das Laserschweißen von Kunststoffen und bietet dazu auch die entsprechende Anwendungsberatung an.

TOP 100

Evosys Laser GmbH

★★★

Auf einer Wellenlänge für höchste Qualität

Wenn aus der Masterarbeit ein serienreifes Produkt wird und die Mitarbeiter ihre Messgeräte kurzerhand selbst erfinden, spricht das für ein positives Innovationsklima. Was die Evosys Laser GmbH technisch genau macht, ist nicht so leicht zu verstehen. Spricht der Geschäftsführer Holger Aldebert mit Kunden und Interessenten, hebt er deshalb vor allem eines hervor: Mit den Laserschweißanlagen aus Erlangen lassen sich Kunststoffe hervorragend verbinden.

„Firmen können tolle Neuerungen auf den Markt bringen", berichtet Frank Brunnecker, der zweite Geschäftsführer von Evosys. „Sie müssen sie dann aber auch verkauft bekommen." Evosys gelingt beides, weil man es den Kunden so leicht wie möglich macht: „Wir integrieren neue Technologien in einfach zu bedienende Gesamtlösungen, damit der Entscheider nicht durch zu viel Technik abgeschreckt wird." Als Paradebeispiel nennt er das patentierte Verfahren „Advanced Quasi-Simultaneous Welding", kurz AQW, das zwei verschiedene Wellenlängen mit der Methode des quasi-simultanen Schweißens verbindet.

Von der Masterarbeit zur Serie

Wie AQW genau funktioniert, mag ein Buch mit sieben Siegeln bleiben, aber: Anwender sparen bis zu 60 % Schweißzeit, und die zusammengefügten Kunststoffteile bringt so schnell nichts mehr auseinander. Zu einem echten Innovationserfolg wird das Produkt aus der Sicht des Geschäftsführers Holger Aldebert vor allem auch deshalb, weil es in einem Lasermodul untergebracht ist, das sich komfortabel integrieren lässt. Eine Mitarbeiterin entwickelte die Idee im Rahmen ihrer Masterarbeit, aus Eigenantrieb arbeitete sie sie zum fertigen Produkt aus. Das Konzept der zeitlichen Freiräume für ein gutes Innovationsklima geht also auf. Weitere Entwicklungen wie eine Eigenbaudiode zur Leistungsmessung an Lasern und das Netzteil „EvoSupply" entstanden ebenfalls in diesem Rahmen. Früher setzte Evosys Fremdprodukte für beide Anwendungen ein. Die intern entstandenen Lösungen bieten eine höhere Qualität und sind darüber hinaus günstiger.

Zukunftssicher dank Wandlungsfähigkeit

Rund 70 % der Kunden kommen aus der Automobilindustrie. Ein Drittel der Produkte werden für Fahrzeuge aller Antriebsarten eingesetzt. Da sich der Spezialist für Lasertechnik in ganz unterschiedlich zukunftsfähigen Marktsegmenten bewegt, muss er wandlungsfähig bleiben. Das fällt dem 2015 gegründeten Unternehmen nicht schwer: Damals hatte es gerade einmal eine Handvoll Beschäftigte – heute sind es mehr als 150. Evosys wäre nicht Evosys, wenn man nicht längst begonnen hätte, Verantwortung im Unternehmen gut aufzuteilen. So gelingt auch höchste Flexibilität.

Evosys Laser GmbH
91058 Erlangen
www.evosys-laser.de
Beschäftigte (D): 51 bis 200
Anlagen-/Maschinenbau

Geschäftsführer
Frank Brunnecker und
Holger Aldebert

FENECON ist ein führender Hersteller von Stromspeichern und Energiemanagementsystemen. Im März 2024 eröffnete er in Iggensbach eine neue Fabrik für Industriespeicher aus gebrauchten Fahrzeugbatterien, die „FENECON CarBatteryReFactory“.

TOP 100

FENECON GmbH

★★

Triebkraft der Pionierarbeit

Innovator des Jahres

Getragen von der gemeinsamen Vision einer 100%igen Energiewende, bringen die Beschäftigten der FENECON GmbH mit unvergleichlicher Dynamik Zukunftstechnologien für smarte Energiemanagementlösungen voran. Ihr Weitblick ist Inspiration und Arbeitsgrundlage zugleich. Aus diesem erstklassigen Innovationsklima erwächst ein Innovationserfolg, der Maßstäbe setzt – und der bei TOP 100 zum zweiten Mal in Folge zur Auszeichnung führte: diesmal in der Größenklasse C.

Industriespeicher auf der Basis von E-Fahrzeug-Batterien: 2011 legte Franz-Josef Feilmeier, der Gründer und Geschäftsführer der FENECON GmbH, den Grundstein für Innovationen, die seitdem maßgeblich die Energiewende vorantreiben. Im Moment arbeiten die Tec-Spezialisten an einem Forecast-System für Photovoltaik-Großspeicher: Ein entsprechender Algorithmus kalkuliert die Solarproduktion, die daraus generierte Strommenge und tageszeitspezifische Verbrauchswerte. Die Kopplung mit Stromvermarktern ermöglicht es, günstig und CO_2-arm Strom gezielt zuzukaufen und so das Energiemanagement zu optimieren.

Eigenverantwortlichkeit als Ideentreiberin

Ein Innovationserfolg dieser Größenordnung kann nur in einem überaus produktiven Innovationsklima entstehen: In strategisch angelegten Strukturen arbeiten die Mitarbeiter maximal frei und gemäß ihren Kompetenzen an eigenen Ideen – eine essenzielle Voraussetzung zur Weiterentwicklung von Individuum und Unternehmen. So bilden etwa maximal zehn Personen je einen Steuerungskreis, bestimmen Führungsrollen für die Team- und Technikkoordination und für die Qualitätskontrolle und organisieren so ihre Projekte eigenverantwortlich. Diese Ausgewogenheit und hohe Abstimmungsquote machen die Tec-Firma in puncto sinnstiftendes Vorankommen vor allem für die Generation Y attraktiv. Denn neben einem modernen Führungsstil und zukunftsweisenden Technologien ist die Fachkräftegewinnung ein zentrales Anliegen. Und sie gelingt: Allein 2023 wuchs die Belegschaft um 50 %.

Geteilte Innovationskraft, doppelte Energie

Die enorme Triebkraft der Pionierarbeit bei den erneuerbaren Energien dringt durch weit geöffnete Türen nach außen: Die intern initiierte, herstellerunabhängig entwickelte Open-Source-Software steht Forschung und Lehre offen. „Wir haben das System bewusst ausgelagert, damit viele Menschen daran mitgestalten können“, sagt Feilmeier. Der Ansatz stärke dank seiner Kompatibilität und Variabilität das Innovationspotenzial mit Blick auf die Sektorenkopplung, einem zunehmend wichtigen Element der Energiewende. „Verschiedene Systeme im Haushalt können so maximal effizient arbeiten und sich gegenseitig optimieren.“

FENECON GmbH
94469 Deggendorf
https://fenecon.de
Beschäftigte (D): über 200
Energie

Geschäftsführer
Franz-Josef Feilmeier

„Sehr viele Fachkräfte haben große Lust, an unseren Neuentwicklungen mitzuarbeiten."

Franz-Josef Feilmeier
Geschäftsführer

Herr Feilmeier, inwiefern ist Ihr im März 2024 eröffnetes Werk in Iggensbach bei Deggendorf ein Meilenstein auf Ihrem Expansionskurs?
In der „CarBatteryReFactory" entstehen aus neuen obsoleten Elektrofahrzeugbatterien Energiegroßspeicher. Zudem haben wir die Produktion des Heimspeicher-Energiemanagementsystems dorthin verlagert, erweitert und automatisiert. Pro Jahr können wir in diesem Werk etwa 500 Großspeicher und 30.000 Heimspeicher-Einheiten herstellen – die werden dringend für die Energiewende benötigt. Und da dies ein innovatives und CO_2-einsparendes Projekt ist, werden wir von der EU mit 4,5 Mio. Euro bei insgesamt rund 25 Mio. Euro gefördert.

Welche Rolle spielt selbstlernendes Energiemanagement bei Ihren Speichern?
Unsere in die Stromspeicher integrierten KI-basierten Energiemanagementlösungen berechnen die PV-Stromerzeugung sowie den Stromverbrauch bis zu 34 Stunden im Voraus. Das ermöglicht eine smarte Kopplung von Strom, E-Mobilität und Wärme. Vor allem ab 2025, wenn alle Energieversorger ihren Privat- und Gewerbekunden per Gesetz dynamische Börsenstrompreise anbieten müssen, können unsere Kunden enorm Kosten sparen. Dieser ganz erhebliche Mehrwert führte uns von der Innovationsführerschaft in die Marktführerschaft.

Sehen Sie Ihre Vision – „Ein Speicher an jedem Netzanschluss" – in naher Zukunft erfüllt?
Ja, das wird durch die hohe Rentabilität angetrieben. Zudem erhalten wir von den Batterie- und Elektrofahrzeugherstellern große Kontingente an nagelneuen obsoleten Batterien, zum Beispiel wenn die Verkaufszahlen eines Modells nicht den Planzahlen entsprechen. Das macht Großspeicher aktuell überraschend günstig. Zeitgleich sind die Netzentgelte erheblich gestiegen. Das kürzlich verabschiedete Solarpaket bringt außerdem einen massiven Bürokratieabbau. Mit dem erfolgreichen Modell der Großspeicherfertigung aus Elektrofahrzeugbatterien etablieren wir gerade auch ein Werk in den USA.

Inwiefern ist Fachkräftemangel für Sie ein Thema?
Wir sind 2023 bei Personal und Umsatz um je 50 % gewachsen. Derzeit kommen im Schnitt 27 Bewerber auf eine Stellenausschreibung – so viele Fachkräfte haben Lust, an unseren Tec-Entwicklungen mitzuarbeiten. Das gibt uns die Chance, wirklich gute Teams zu bilden, um noch innovativer zu werden.

Die Zukunft einer Energieversorgung Deutschlands mit 100 % erneuerbaren Energien ist nah. Was der Innovationserfolg der FENECON damit zu tun hat, schildert **Franz-Josef Feilmeier.**

GEALAN Fenster-Systeme GmbH

Branchenliebling mit Profil

Auch wenn Fensterprofile optisch etwas hermachen können, beginnen Architekten und Planer meist nicht bei diesen Elementen, wenn sie ein neues Projekt angehen. Das innovationsorientierte Top-Management der GEALAN Fenster-Systeme GmbH, Anbieter innovativer Fensterprofile aus Kunststoff, weiß allerdings um ihren festen Platz in der Wertschöpfungskette. Die Innovationsprozesse der Firma sind so ausgelegt, dass man nicht nur den Fensterbauern, sondern auch der gesamten Baubranche das Leben so leicht wie möglich macht.

Millionen Nutzer sind auf der Plattform „bimobject" registriert, um sich digitale Bausteine für Bauwerksmodelle herunterzuladen. Die besten Building-Information-Modelling-Daten für Fensterprofile auf dieser Plattform kommen von GEALAN. Bei Fenstern und Türen sind sie in der Beliebtheitsskala auf Platz 1, unter allen Datenanbietern auf Platz 15. Dauerte es früher viele Stunden oder sogar Tage, größere Fensterelemente in CAD-Programmen aufzubauen, geschieht dies mit GEALAN nun in nur wenigen Minuten.

Gute Strukturen sind die Basis

Liebling von Planern und Architekten wird man nicht zufällig. Dahinter steckt harte Arbeit, die bei GEALAN in klar definierten Prozessen strukturiert ist. Dabei hat man stets die gesamte Fenster-Wertschöpfungskette im Blick. Schulungen in agilem Projektmanagement, in Design-Thinking und Kreativitätstechniken stehen außerdem regelmäßig auf dem Programm. Angefangen beim automatisierten Hochregallager am Standort Tanna in Thüringen über ganz neue Produkte bis hin zu inkrementellen Verbesserungen: An allen Innovationen des Unternehmens waren stets Mitarbeiter aus verschiedenen Fachbereichen beteiligt, die zuvor in agilen Methoden geschult wurden. In groß angelegten Customer-Journey-Projekten sensibilisiert man die Belegschaft für die Belange verschiedener Kunden und Stakeholder – auch für die von Investoren und Häuslebauern.

Die Customer-Journey machts möglich

So wissen die Beschäftigten: Während Architekten von BIM-Objekten profitieren, wissen Monteure ein spezielles Dichtungsprofil zu schätzen, mit dem sich das sogenannte Gewerkeloch schließen lässt; Bestandskunden, die Investitionssicherheit brauchen, freuen sich über Anpassungen in bewährten Profilsystemen; Neukunden lassen sich von der geradlinigen Formensprache der Produktneuheit GEALAN-LINEAR begeistern; und eine im agilen Team entstandene Idee, wie man Profile besser stapeln kann, nützt den Fensterbauern, denn sie sparen Zeit und Personal bei Transport, Lagerung und der automatisierten Verarbeitung. Die GEALAN-Fenster-Systeme GmbH setzt also überall dort an, wo sie etwas besser machen kann.

GEALAN Fenster-Systeme GmbH
95145 Oberkotzau
www.gealan.de
Beschäftigte (D): über 200
Chemie/Kunststoff

Geschäftsführer
Ivica Maurovic und
Tino Albert

Grünwalder Akademie GmbH

Neue Denkweisen für die Zukunft

Es ist beeindruckend, wie sehr sich die Gedanken aus Belegschaft und Geschäftsführung der 2022 gegründeten Grünwalder Akademie GmbH gegenseitig befruchten. Diese Wechselbeziehung prägt das produktive und motivierende Innovationsklima des Trainings-, Coaching- und Beratungsunternehmens aber nicht allein: Der Mehrwert, den die Kundschaft für ihre individuellen Unternehmungen aus den Seminaren zieht, wirkt zusätzlich inspirierend auf das sechs Personen starke Team.

An Neugestaltungen mitwirken, Kollegen in innovativem Denken fördern, sich fortbilden, Erfolgsprämien erhalten sowie namentlich in Publikationen erwähnt werden: alles attraktive Anreize, kreative Ideen in die Seminargestaltung einzubringen. Doch diese Stimuli wirken eher on top, denn die Beschäftigten der Grünwalder Akademie sind ohnehin hochgradig intrinsisch motiviert. Sie wollen ihre Kunden, Unternehmen und sich selbst weiterbringen. Sie lieben es, sinnbildliche Seismografen für Veränderungen, Zukunftsthemen und -technologien zu sein und Neuorientierung in vielen Lebensfragen zu bieten.

Auf der Suche nach Neuem

Dieser dynamische Geist in einem agilen Umfeld mit Start-up-Strukturen bringt stetig neue Erfolge. Aus der gemeinsamen Auseinandersetzung mit Chancen und Möglichkeiten von morgen entstehen frische Impulse und Zusammenhalt. „Als innovativer Trainingsanbieter auf den Gebieten der Achtsamkeit und Persönlichkeitsentwicklung reagieren wir schnell auf Markt- und Branchenveränderungen", erläutert der Geschäftsführer Christian Geissler. Technik, Kultur, Gesellschaft, Finanzen – alle Trends haben Einfluss auf Coachingaspekte. „Wir geben Neues sofort ins Testing, bewerten die Resultate und entwickeln dann zum Beispiel Produkte. Wir passen bestehende Geschäftsmodelle an oder gestalten Abläufe komplett neu", beschreibt Geissler. Die eigens konzipierten Programme auf die individuellen Bedürfnisse und Ziele aller Teilnehmer zuzuschneiden ist oberstes Bestreben und permanenter Workflow zugleich.

Innovation ist das Zukunftskapital

Die Beschäftigten besuchen regelmäßig Vorträge, aber sie erweitern ihr Wissen auch in der Freizeit, etwa mittels Podcasts, Foren und Literatur. Kooperationen mit Hochschulen untermauern die Inhalte und Lehrmethoden auf der Basis aktueller Forschungsergebnisse. Kundenfeedback fließt in Optimierungsprozesse ein, Evaluierungsergebnisse externer Partner unterstützen neue Dienste und Anwendungen. Eine solch angereicherte innovative Lösungskompetenz befähigt die Kunden dazu, mithilfe zahlreicher Ansätzen und Denkanstöße ihre Zukunft nach den eigenen Anforderungen zu gestalten.

Grünwalder Akademie GmbH
82031 Grünwald
https://www.gruenwalder-akademie.de
Beschäftigte (D): bis 50
Weiterbildung

Geschäftsführer
Christian Geissler

Hans Schmidt Werbeverpackungen GmbH

Erfolg folgt auf Erfolg

Je kleiner die Firma, desto größer das Zukunftsdenken? Auf die 29 Beschäftigten der Hans Schmidt Werbeverpackungen GmbH trifft dies zu. Von Lichtenberg in Oberfranken aus arbeiten alle zusammen daran, das eigene Unternehmen weiterzuentwickeln – und ebenso konsequent auch die Geschäfte ihrer Kunden. Die zunehmende Dynamik dabei erwächst aus dem innovationsfördernden Top-Management: Die junge Chefin animiert ihre Belegschaft täglich zu Kreativität und Eigeninitiative.

Welche Werte passen zum Unternehmen, und stimmen sie mit meinen eigenen überein? Mit dieser Frage übernahm Janneke Klasen 2021 als fünfte Generation die Leitung des Familienbetriebs. Als Erstes formte sie ein Leitbild. Die 1881 gegründete Firma in eine erfolgreiche Zukunft zu führen bedeutet für sie vor allem, menschlich nahbar zu sein. Das, erklärt die Geschäftsführerin, mache den Austausch authentisch und zielführend. Fairness, Teamgeist, Verantwortung und Innovativität lebt sie bis heute vor – so macht sie die Ideale für die Belegschaft greifbar.

Stärker werden: eine Kettenreaktion

Klasen selbst entwickelte sich mit, denn als Mutter und erste weibliche Führungskraft im Betrieb musste sie ihre Rolle erst finden. Parallel stärkte sie von Anfang an den internen Zusammenhalt, etwa mit Dialogrunden und einem Team-Tag. Kommunikation, Transparenz und Offenheit sind ihr sehr wichtig, deshalb sucht sie mindestens einmal wöchentlich das Gespräch mit den Mitarbeitern in der Produktion und fragt, wie es ihnen geht, wie es läuft. „Vertrauen und Wertschätzung sind die Basis, um gemeinsam etwas zu erreichen", sagt sie. Erfolge würden im Sinne eines innovationsorientierten Top-Managements laufend im Haus kommuniziert – ein Anstoß für die Beschäftigten, auch etwas beizutragen. Klasen: „Positives Feedback stärkt sie und motiviert sie zu weiteren Ideen: eine Kettenreaktion. Mit dieser Führungsphilosophie können wir nur gewinnen."

Innovation als Summe vieler Einzelteile

Der Fokus der Verpackungsspezialisten liegt darauf, den Kunden zuzuhören, um optimale Unterstützung leisten zu können vor dem Hintergrund steigenden Kostendrucks, hoher Qualitätsansprüche, vermehrter Gesetzesvorgaben und Nachhaltigkeitsbemühungen. „Engpässe unserer Auftraggeber und die des Markts zu lösen ist für uns zukunftsgerichtetes Handeln", erklärt Klasen. Dazu tragen die Mitarbeiter bei, aber auch Impulse aus dem Verbands- und Lieferantennetzwerk. Jede noch so kleine Anregung zählt: Innovation ist für Janneke Klasen die Summe aus neuen Ideen, Einsatz, Ausprobieren, Korrigieren und Optimieren. „Das vermitteln wir unseren Leuten so praktisch wie möglich." Und dann springe der Funke über.

Hans Schmidt Werbeverpackungen GmbH
95192 Lichtenberg
https://schmidtpack.de
Beschäftigte (D): bis 50
Druck/Papier/Verpackung

Geschäftsführerin
Janneke Klasen

TOP 100

Hartmann Präzisionstechnik

Mit Weitblick

„Man wird nicht jünger" – mutet dieses Statement aus dem Mund eines Mittzwanzigers nicht befremdlich an? Schon ein wenig. Und doch ist es wahr. Mehr noch: Jonas Hartmann, der Inhaber von Hartmann Präzisionstechnik, zeigt damit neben Realitätssinn auch unverzichtbaren Weitblick. Den wiederum übersetzt er für sein Unternehmen im oberpfälzischen Illschwang konsequent in strategische Innovationsprozesse. Beflügelt von einem derart inspirierenden Top-Management, zieht sein Team zu 100 % mit.

Jonas Hartmann macht es einfach anders als so viele seines Metiers: 2021 gründete der heute 24-Jährige seinen Fertigungsbetrieb, der auf hochwertige Komponenten für Maschinen- und Formenbau mittels CNC-Frästechnik, CNC-Drehen und Schweißarbeiten spezialisiert ist. Die ersten eineinhalb Jahre war er noch bei einer anderen Firma angestellt. Seit 2023 widmet er sich vollständig der Selbstständigkeit – und der Innovation: für ihn und seine sechs Mitarbeiter die Grundlage nachhaltigen Erfolgs, so Hartmann: „Wir streben gemeinsam nach optimaler Prozesssicherheit."

Arbeiten mit Tablets und Robotern

Der Schlüssel: Digitalisierung. „Ich kreiere sehr gern Neues", sagt der Inhaber. Den Betriebsablauf will er von Beginn an sauber strukturieren, vom Einkauf bis zur Endkontrolle. Lösungen sucht er branchenunabhängig und modifiziert sie gemäß seinen Zielen, etwa die papierlose Fertigung, deren Basis eine Software mit eigenen Zusatzelementen ist. Daran binden Hartmann und sein junges Team schrittweise Maschinen und deren Ausgabeschränke an. Diese Schränke sind eine Innovation in sich: Sie „wissen" anhand von RFID-Scan-Technik unter anderem, welches Werkzeug an welcher Anlage benötigt wird und wo es sich gerade befindet. Bald sollen die Spezialisten alle Arbeitsvorgänge via Tablet und Smartphone kontrollieren und sich digital einarbeiten können. Zudem übernehmen Roboter derzeit eine zweite Fertigungsschicht. „Alles zur Effizienzsteigerung", sagt Jonas Hartmann.

Genuine Freude an Zukunftstechnologien

Aktuell koordiniert der Geschäftsführer das Innovationsmanagement noch selbst. Auf lange Sicht plant er, die Prozessverantwortung für die Weiterentwicklung des spezialisierten Fertigungsbetriebs ausgesuchten Mitarbeitern zu übertragen. Sein Team, das laufend Ideen einbringt, soll in den nächsten fünf Jahren auf bis zu 60 Kollegen wachsen. Auch ein zweiter Standort sei denkbar. Als Arbeitgeber für jüngere Generationen hat er gute Karten: „Genau wie ich haben Menschen in meinem Alter Spaß an künstlicher Intelligenz und Automatisierung. Wir sind damit aufgewachsen." Die Freude an der Zukunftsgestaltung des Unternehmens kommt demnach nicht nur aktuell, sondern auch morgen von ganz allein.

Hartmann Präzisionstechnik
92278 Illschwang
https://www.hartmann-präzisionstechnik.de
Beschäftigte (D): bis 50
Metallverarbeitung

Inhaber
Jonas Hartmann

HDI Generalvertretung Jahreis & Kollegen

★★★★

Sicher wissen, wie und was versichern

Bekanntlich kommt es oft anders als man denkt – ganz egal, wie gut man plant. Wohl dem, der im Ernstfall mit einer Versicherung gewappnet ist, die vor schmerzlichen Folgen schützt. Gerade für Unternehmen ist Risikoabsicherung ein Muss, können Entscheidungen doch weitreichende Konsequenzen haben. Doch wie die passende Versicherung finden in der Angebotsflut, mit der wir zunehmend auch digital überschwemmt werden? Die HDI Generalvertretung Jahreis & Kollegen wartet mit innovativen Antworten auf.

Die Digitalisierung ist es denn auch, die Udo Jahreis, Inhaber und Geschäftsführer der seit 2009 in Bayreuth, Nürnberg, Dresden, Düsseldorf, Osnabrück, Halle (Westfalen) und Eitdorf nahe Bonn praktizierenden Versicherungsagentur, als größte Herausforderung für die Branche bezeichnet. Es gelte, „ein schlüssiges Konzept zu erstellen und es mit den passenden Marketingmaßnahmen und der nötigen digitalen Visibility und Transparenz zu etablieren".

Hohe Kompetenz

Der HDI Generalvertretung Jahreis & Kollegen, die unter dem Dach des HDI Haftpflichtverbands der Deutschen Industrie vornehmlich Unternehmen, deren Mitarbeitern, Freiberuflern und Verbänden zur Seite steht, ist dies mit einer Reihe innovativer Angebote gelungen. Online oder im persönlichen Gespräch: Die Spezialisten punkten vor allem mit ihrer Expertise. Die Gliederung in klar voneinander abgegrenzte Fachgebiete hilft, Lösungen für branchenspezifische Risiken zu entwickeln. Damit man bei Normen und Gesetzen stets auf der Höhe der Zeit ist, arbeitet HDI Jahreis & Kollegen eng mit den Vertretern der Industrie- und Berufsverbände, mit erstklassigen Führungskräften der Wirtschaft und des Handels sowie mit Hochschulen zusammen. Ein arbeitgeberfinanziertes ausgefeiltes Fortbildungswesen sorgt überdies für eine hohe Kompetenz der Mitarbeiter. Diese Stärken spielt man nun auch online aus.

Online sensibilisieren

Dazu gehören Internetseminare, bei denen sich Teilnehmer und Referent interaktiv austauschen. Nutzer können mit Experten fachspezifische Fragen und Antworten erörtern sowie wichtige, zeitgemäße Themen besprechen: zum Beispiel die Auslagerung von Pensionsverpflichtungen, Schutz vor Haftungsrisiken aus dem Nachweisgesetz im Rahmen der betrieblichen Altersversorgung, CO_2-neutrale Kfz-Flottenversicherungen sowie Risiken aus der persönlichen Haftung für Geschäftsführer und Vorstände. In Kooperation mit IT-Dienstleistern können sich Interessenten zudem multimedial auf den Feldern Recht, Rechnungswesen und Betriebswirtschaft fortbilden. Mit ihren digitalen Kanälen treffen diese Experten offenbar einen Nerv.

HDI Generalvertretung Jahreis & Kollegen
95444 Bayreuth
https://berater.hdi.de/agentur-jahreis
Beschäftigte (D): bis 50
Finanzdienstleistungen/
Versicherungen

Inhaber
Udo Jahreis

Heraplast GmbH

Innovation als Triebfeder

Innovative Prozesse anzustoßen und die Organisation nach dem besten erzielbaren Ergebnis auszurichten: Das verantworten mehrheitlich die Geschäftsführer bei der Heraplast GmbH mit Sitz im oberbayerischen Vilgertshofen. Trotzdem lebt der nachhaltige Erfolg des innovationsorientierten Top-Managements bei dem 40 Mitarbeiter starken Hersteller von Compounds und Masterbatches stark davon, dass die Belegschaft mitzieht – und sich nicht etwa mit dem Erreichten zufriedengibt. Denn das könnte ja nun wirklich jeder.

Das Tagesgeschäft überlässt Alban Heitmeir inzwischen den anderen Spezialisten im Haus. Gleichwohl geht der Geschäftsführer der Heraplast GmbH so gut wie jeden Tag durch seinen Betrieb in der Gemeinde Vilgertshofen, südwestlich von München. Mit offenen Augen und offenem Mindset sucht er permanent nach zukunftstauglichen Ideen dazu, wie sich interne Technik und Strukturen verbessern lassen. Lösungsansätze findet er auch schon mal in anderen Branchen – und passt sie an die firmeneigene Herstellung kundenspezifischer Compounds und Masterbatches für die Kunststoffindustrie an.

Kleiner Hinweis, weitreichende Wirkung

Die Prozesse bei Heraplast sind zwar mit Blick auf ihre Organisation zunächst Chefsache. Nach Kriterien wie Vereinfachung von Abläufen, Arbeitserleichterung, Fehlervermeidung und Ressourcenschonung entscheiden die fünf Mitglieder des Top-Managements darüber, ob und wann eine Neuerung realisiert wird. Verbesserungsvorschläge aus der Belegschaft sind aber auch jederzeit willkommen. Jeden noch so kleinen Hinweis nehmen die Geschäftsführer ernst. So hatte ein Mitarbeiter beispielsweise nach Produktionsende ein unübliches Geräusch in einer Halle gemeldet. Die anschließende Prüfung ergab undichte Druckluftleitungen. Die Geschäftsleitung ersetzte prompt alle flexiblen Schläuche durch Metallrohre – keine bloße Reparatur, sondern eine Investition in die Zukunft. Denn so verringern sich langfristig der Druckluftenergieverbrauch und die zugehörigen Kosten.

Nachhaltiger Erfolg ist das Ziel

Vermeintliche Kleinigkeiten wie diese verliert man bei Heraplast nicht aus dem Blick. Im Tagesablauf entstehen dem Geschäftsführer zufolge ständig neue Ideen. Da er nachhaltigen Erfolg anstrebt, tüftelt er jedoch bisweilen über Jahre an einem chancenreichen Einfall und bezieht externe Spezialisten in die Realisierung ein. Zuletzt entstand so eine einzigartige Anlage zur vollautomatischen Dosierung von bis zu 33 Komponenten. Das Innovationstempo dürfe das Personal weder über- noch unterfordern, erklärt Heitmeir. Zeitgleich gelte es, einmal Erreichtes fortzuentwickeln: „Stillstand wird schnell zu Rückschritt. Innovation ist die Triebfeder für jeden Einzelnen bei uns."

Heraplast GmbH
86946 Vilgertshofen
https://www.heraplast.de
Beschäftigte (D): bis 50
Chemie/Kunststoff

Geschäftsführer
Alban Heitmeir

HIBO Haustechnik GmbH & Co. KG

Ganz spezieller Anlagenbau

Steiles Wachstum war nicht das Ziel, als Manfred Hiebl und Michael Bortenschlager die HIBO Haustechnik GmbH & Co. KG gründeten. Doch da hatten sie die Rechnung ohne ihre begeisterten Kunden gemacht. Schnell wünschten sich diese ihre Expertise in Sachen Heizung und Sanitär, Kälte- und Klimatechnik sowie Lüftung. Längst ist aus dem Zwei-Mann-Betrieb ein Unternehmen mit 57 Beschäftigten geworden, dessen Innovationserfolg auch darin besteht, sein Portfolio ständig zu erweitern.

2018, ein Jahr nach ihrem Start, gründeten die beiden Geschäftsführer schon die Abteilungen „Anlagenbau“ und „Klimatechnik“. 2020 ging es weiter, da eröffneten sie eine eigene Produktionsabteilung für lufttechnischen Anlagenbau sowie für Kälte- und Klimaanlagen für Industrie und Großkunden. Seit 2021 gehört der Kundendienst für Heizung und Sanitär, Klima und Lüftungstechnik zum Unternehmen, und seit 2023 hilft nun auch noch die „Isolierabteilung“ den Kunden beim Energiesparen.

Ganz eigene Definition von Innovationserfolg

„Innovation in dem Sinne, dass wir etwas komplett Neues erfinden, ist bei uns im Handwerk eher selten. Aber dass wir mit der Zeit und mit den Bedürfnissen unserer Kunden gehen, das kommt bei uns sehr oft vor“, erklärt Manfred Hiebl. Wenn ein Kunde beispielsweise spezielle Einzelteile braucht, die es im Handel noch gar nicht gibt, laufen Manfred Hiebl, Michael Bortenschlager und ihr Team jedoch sehr wohl zu Höchstleistungen auf: Binnen 24 Stunden genau passende Formteile zu liefern oder exklusive Anlagenteile für andere Installationsbetriebe zu fertigen, das sind Herausforderungen, die sie sehr gern annehmen. Dafür arbeiten die verschiedenen Teams eng zusammen und finden stets die beste Lösung. Die hauseigene Produktion ermöglicht dann die direkte Zusammenarbeit zwischen dem Projektleiter des Kunden und der eigenen Werkstatt. So ist das Unternehmen für seinen speziellen Anlagenbau weit über die bayerischen Landesgrenzen hinaus bekannt.

Umsatzwachstum um mehr als 70 %

„Namhafte Großunternehmen lassen bei uns ihre Sonderlösungen produzieren. Das ist unser persönlicher Innovationserfolg“, erklärt Michael Bortenschlager. Ein Umsatzwachstum um mehr als 70 % in den vergangenen vier Jahren gibt ihm recht. Und ein Ende ist nicht in Sicht. So ist der Firmensitz, der 2019 erbaut und 2021 aufgestockt wurde, zwischenzeitlich schon wieder zu klein geworden. Die HIBO Haustechnik wird an ihrem Hauptsitz in Moosburg an der Isar weiter expandieren – auch, wenn das so eigentlich gar nicht geplant war.

HIBO Haustechnik GmbH & Co. KG
85368 Moosburg a. d. Isar
https://hibo-haustechnik.de
Beschäftigte (D): bis 50
Klima/Sanitär/Heizung

Geschäftsführer
Manfred Hiebl und
Michael Bortenschlager

ICUnet.Group

Menschen über Grenzen hinweg zusammenbringen

Bis vor Kurzem ist die Welt gut ohne ein globales Talentmanagement ausgekommen, doch diese Zeiten sind vorbei. Deshalb findet und bindet die ICUnet.Group die besten Talente weltweit und setzt sie zur richtigen Zeit am richtigen Ort ein – mit Training, Coaching, Beratung, E-Learning und digitalen Tools. „Wir schaffen Mehrwert, indem wir Menschen über Grenzen hinweg zusammenbringen", lautet das Purpose-Statement des Passauer Unternehmens. Das innovationsorientierte Top-Management packt dabei mit an.

„Ein gemeinsamer Purpose als Sinnstiftung, gepaart mit einer ausgeklügelten „DE&I"-Strategie – Diversity, Equity und Inclusion – das sind die besten Innovationstreiber für Unternehmen", sagt der Vorstand und Gründer Dr. Fritz Audebert überzeugt. Die ICUnet lebt diesen zukunftsgerichteten Managementstil täglich und wird von ihren Kunden als Innovationsführerin bezeichnet, sowohl in der Global-Mobility-Branche als auch bei der Beratung von international agierenden Firmen. Damit ist ICUnet ein One-Stop-Shop für ein umfassendes Global-Talent-Management, das mit der eigens entwickelten Software namens IND perfekt bedient werden kann.

Kreatives Innovationsklima durch Anreize

Das innovationsfördernde Top-Management bei ICUnet zeichnet sich unter anderem dadurch aus, dass es mithilfe eines lebendigen Innovationsklimas die Mitarbeiter dazu anspornt, sich mit Ideen einzubringen. Motivierend wirkt sich etwa das zweigeteilte und innovative Bonusmodell aus: Mitarbeiter werden am Unternehmenserfolg beteiligt, herausragende und innovative Leistungen werden durch Awards incentiviert. Excellence-Initiativen fördern zudem die Kreativität der Mitarbeiter. So werden etwa neue Ideen, die zuvor von einem Team aus Ideenmanagern positiv bewertet und vom Management angenommen wurden, finanziell belohnt. Als Grundlage für eine positive Innovationskultur sieht man außerdem psychologische Sicherheit, weshalb Führungskräfte darin im Rahmen einer „DE&I"-Initiative geschult wurden.

Teamevents mit mehr als 40 Nationalitäten

Für das gute Innovationsklima sorgen nicht nur finanzielle Anreize. So läuft seit drei Jahren auch eine Initiative zur Förderung von Inklusion bei der ICUnet. Daraus sind zum Beispiel eine Inclusion-Mailbox, ein „DE&I"-Newsletter und regelmäßige Veranstaltungen hervorgegangen, etwa „Lunchroulettes" und „Lunchbreak Sessions". Darüber hinaus kommen alle zwei Jahre bei Teamevents rund 200 Kollegen aus der ganzen Welt mit mehr als 40 Nationalitäten zusammen. Menschen über Grenzen hinweg zusammenzubringen ist bei diesem Mittelständler eben nicht nur der Ehrgeiz im Hinblick auf seine Kunden, sondern auch im Hinblick auf die eigenen Mitarbeiter.

ICUnet.Group
94032 Passau
https://www.icunet.group
Beschäftigte (D): 51 bis 200
Unternehmensberatung

Vorstand und Gründer
Dr. Fritz Audebert

INRO Elektrotechnik GmbH

★★

Familienunternehmen mit Pioniergeist

„Schon immer elektrisch“ ist das Motto der INRO Elektrotechnik GmbH. Seit 30 Jahren begleitet sie mit ihren Produkten die Ablösung verbrennungsmotorischer Antriebssysteme im industriellen Umfeld. Angetrieben durch ein innovationsfreudiges Top-Management, liefert das bayerische Unternehmen mit seinen 140 Beschäftigten elektrische Lösungen für eine nachhaltigere Mobilität. Und dies betrifft inzwischen nicht mehr nur die Industrie, sondern auch „normale“ Automobile.

„Im Aufspüren von Technologietrends hat unsere Führungsebene stets einen sicheren Instinkt bewiesen. Wir sind nicht ohne Grund einer der führenden Komplettanbieter in Europa bei elektrobetriebenen Nutzfahrzeugen“, sagt der Geschäftsführer Michael Ries. Das Handeln von INRO ist seit jeher auf eine langfristige Nutzbarkeit der Produkte und eine entsprechend lange Betreuung der Kundschaft ausgelegt. Deshalb gewährleistet das Top-Management, dass das dafür benötigte Know-how intern vorhanden ist und so die komplette Produktentwicklung abgedeckt wird.

Optimierte Prozesse schaffen Raum für Innovation

Die aktuellen Entwicklungen zielen auf die Nutzung dezentraler, regenerativer Energien und integrieren sie in ein zukünftig intelligentes Stromnetz. Das Führungsteam steht klar hinter diesen Zielen. So will INRO auch in Zukunft den unternehmerischen Erfolg und die eigene Innovationskraft sichern. „Als einen Treiber von Innovation sehen wir aber auch die kontinuierliche Optimierung der internen Prozesse. So haben wir schon 2015 die papierlose Fertigung eingeführt. Zurzeit sind wir außerdem dabei, Wertstromanalysen und Lean-Management-Schulungen in unserem Haus durchzuführen“, präzisiert die Geschäftsführerin Barbara Ries. Dafür hat das Top-Management zusätzliche Stellen geschaffen. Ein Automatisierungstechniker und ein Experte für Lean Management befassen sich künftig intensiv mit Prozessoptimierungen. Das spart kontinuierlich Zeit, Material und Kapazitäten und schafft mehr Raum für Innovationen.

20 % der Arbeitszeit für die Forschung

Zuletzt hat die Führungsriege sogenannte Explorer im Team ernannt. „Das sind Kollegen, die 20 % ihrer Arbeitszeit für Forschung und Entwicklung freigestellt bekommen. Wir haben das sogar vertraglich verankert, genauso wie einen Sonderetat für den Besuch von Weiterbildungen und Kongressen“, berichtet die Geschäftsführerin. So gewährleistet das engagierte Top-Management, dass die Firma durch Innovationen und den Einsatz hocheffizienter Leistungselektronik ganz wesentlich zur Schonung natürlicher Ressourcen beiträgt. Schließlich soll das Motto „INRO – schon immer elektrisch“ nicht nur für das Gestern und das Heute gelten, sondern auch für das Morgen.

INRO Elektrotechnik GmbH
63811 Stockstadt
https://www.inro-et.de
Beschäftigte (D): 51 bis 200
Elektronik/Elektrotechnik

Geschäftsführer
Barbara und Michael Ries

Institut für Vorsorge und Finanzplanung GmbH

★ ★ ★

Professionelle Lösungen für die Finanzbranche

Eine bedarfsgerechte Vorsorge für das Alter und die Gesundheit wünschen sich die meisten Deutschen. Doch in der Praxis ist dieses Thema häufig komplex. Mit seinen Produkten und Leistungen erleichtert das Institut für Vorsorge und Finanzplanung GmbH die Orientierung für alle Marktteilnehmer. Sein Motto: „Einfach mehr Vorsorge". Dafür setzt das unabhängige und inhabergeführte Unternehmen vor allen Dingen auf die Ideen und Vorschläge seiner Mitarbeiter und fördert damit ein fruchtbares und motivierendes Innovationsklima.

„Wir pflegen flache Hierarchien. Unsere Bereichsleiter schaffen Rahmenbedingungen, in denen die Kollegen aktiv mitwirken, ihre Ideen einbringen und verwirklichen können", sagen die Gründer Prof. Michael Hauer und Prof. Dr. Thomas Dommermuth. Mit einem respektvollen Umgang und Gesprächen auf Augenhöhe sorgt das Top-Management des Mittelständlers dafür, dass das Klima am Arbeitsplatz locker und angenehm ist. So ist in den vergangenen Jahren eine Atmosphäre entstanden, die es jedem ermöglicht, Wissen aus verschiedenen Bereichen zu erlangen und miteinander zu verknüpfen, neue Ideen entstehen zu lassen und ungewöhnliche Lösungsansätze auszuarbeiten.

Küche und Lounge dienen der Kreativität

Als kreativer Raum dient dabei auch die Küche. Hier stellt das Unternehmen neben dem Müsli fürs Frühstück und den warmen Mahlzeiten fürs Mittagessen auch kommunikative Atmosphäre zum Spinnen von mitunter auch verrückten Ideen bereit. Für den offenen Austausch steht den Mitarbeitern außerdem ein gemütliches Lounge-Zimmer zur Verfügung. „Auf diese Weise kommt viel zustande", berichtet Prof. Michael Hauer überzeugt. In den vergangenen 23 Jahren seit der Firmengründung stellte er das immer wieder fest. Geistesblitze werden direkt an die Bereichsleiter übermittelt, Ideen zu laufenden Projekten finden Platz in regelmäßig stattfindenden Meetings. Für den besten Vorschlag zahlt die Firma am Ende des Jahres eine Prämie – ebenso wie für sehr innovative Ideen. Bei erreichtem Umsatzziel erhalten die Mitarbeiter zudem eine Jahresprämie.

Mehr als 200 neue Ideen im Jahr 2022

Doch natürlich entstehen die guten Ideen nicht nur in der Küche und der Lounge oder beim gemeinsamen Feierabendbier. Scrum, Kanban und Design-Thinking sorgen ebenfalls dafür, dass Innovationen nicht nur zufällig, sondern auch ganz gezielt angestoßen werden. Das wirkt sich positiv auf das Innovationsklima aus. 2022 haben so rein statistisch 16 der insgesamt 28 Beschäftigten mehr als 200 konkrete Ideen eingebracht. Das gute Betriebsklima des Mittelständlers bewirkt also eine kreative Vorschlags- und Ideenkultur, in der gern der kurze Dienstweg genutzt wird.

Institut für Vorsorge und Finanzplanung GmbH
92665 Altenstadt
https://ivfp.de
Beschäftigte (D): bis 50
IT-Entwicklung/-Beratung

Geschäftsführer
Sebastian Maischl,
Prof. Michael Hauer und
Thomas Krapf

ITM ist ein führendes radiopharmazeutisches Biotechunternehmen und arbeitet daran, eine neue Generation radiomolekularer Präzisionstherapeutika und -diagnostika für schwer zu behandelnde Tumoren zu entwickeln.

ITM Isotope Technologies Munich SE

Leidenschaftlich präzise im Kampf gegen Krebs

Was macht eigentlich ein radiopharmazeutisches Biotechunternehmen? Diese Frage beantwortet Steffen Schuster, der Vorstandsvorsitzende der ITM Isotope Technologies Munich SE: „Wir entwickeln und produzieren sogenannte medizinische Radionuklide für die Diagnostik und die Therapie von Krebspatienten. Diese Moleküle docken, vereinfacht ausgedrückt, an Krebszellen an und helfen uns im Kampf gegen die Krankheit." Auch weil sich die Radiopharmazie rasant entwickelt, gehört Open Innovation bei ITM zur Unternehmenskultur.

ITM beliefert Kliniken und Pharmafirmen weltweit und entwickelt ein eigenes Portfolio an Medikamenten. Auf der Basis des globalen Netzwerks, das sich das Unternehmen in 20 Jahren aufgebaut hat, sollen Krebspatienten eine wirksamere, zielgerichtete Behandlung erhalten. Steffen Schuster erklärt, wie die Außenorientierung des Mittelständlers im Innovationsalltag in der Praxis aussieht: „Wir nutzen zum einen den engen Kontakt zu unseren Direktkunden und generieren aus ihren Anfragen neuartige Ideen. Über sie erhalten wir auch stets authentische Einblicke in die Bedürfnisse und erfahren von innovativen Ansätzen."

Bedürfnisse von Spezialisten als Innovationstreiber

Weil unter den 600 Kunden rund um den Globus, die ITM beliefert, vor allem Krebsspezialisten sind, erhält das Garchinger Unternehmen den Anstoß für Innovationsideen immer aus erster Hand. Innovationstreiber ist aber auch die Frage: „Wohin geht die Reise in der Wissenschaft?" Der Ehrgeiz der mehr als 500 Beschäftigten ist es immer, schon vor der Publikation in einer Fachzeitschrift die Lösung für ein neues Problem parat zu haben. „Auch auf internationalen Konferenzen und Kongressen oder auf Branchenveranstaltungen erhalten wir viele Impulse dafür, womit wir uns in Zukunft beschäftigen sollten", fügt der Vorstandsvorsitzende hinzu. Die ITM profitiert hier sowohl von ihrer Mitgliedschaft im Verband der Biotechnologie-Industrie als auch von eigenen Wettbewerbsanalysen und klassischer Marktforschung, die beide Aufschluss darüber geben, in welche Richtung sich die Branche künftig entwickeln wird.

Netzwerk sichert schnelle Patientenversorgung

Das große Interesse an Open Innovation hat bei ITM aber nicht nur wirtschaftliche Gründe: „Wir arbeiten global mit Partnern zusammen. Schon allein wegen der geringen Halbwertszeit unserer Produkte sind wir auf ein hervorragendes Netz und kurze Wege angewiesen", erläutert Steffen Schuster. Deshalb kümmert sich ein Team aus Key-Account-Managern auf internationaler Ebene um die Geschäftspartner – unter anderem mit dem Ziel, die Betriebsprozesse zu optimieren. Denn wenn es um den Kampf gegen Krebs geht, kommt es mitunter auf jeden einzelnen Tag an.

ITM Isotope Technologies Munich SE
85748 Garching
https://www.itm-radiopharma.com
Beschäftigte (D): über 200
Biotechnologie/Life Science

Vorstandsvorsitzender
Steffen Schuster

Die Jafari Consulting GmbH coacht und betreut institutionelle und private Börsenanleger. Die Grundlage dafür ist der von Nazila Jafari erfundene „FibonacciCode“, ein professionelles und wissenschaftlich gestütztes Handelssystem.

Jafari Consulting GmbH

Systematisch zum Börsenerfolg

Schon vorher wissen, wohin sich die Kurse bewegen. Den Aktienmarkt messbar machen, bevorstehende Trends definieren und erfolgreich an der Börse handeln – das bietet Nazila Jafari. Sie ist die Gründerin und Geschäftsführerin der Jafari Consulting GmbH in Utting am Ammersee. Im Rahmen einer Geschäftsmodellinnovation stellt das innovationsorientierte Top-Management dieses System zusätzlich auf einer digitalen Lernplattform bereit. Einige Absolventen des Programms sind in der Zwischenzeit sogar im Team des bayerischen Mittelständlers tätig.

Strategisch an der Börse handeln und stetig Vermögen aufbauen, Absicherung gegen Inflation und große Kursschwankungen – das sind die Kernelemente des „FibonacciCode"-Systems, welches die hauptberufliche Traderin und Investorin Nazila Jafari in mehr als 25-jähriger Tätigkeit und Forschung entwickelt hat. Mit diesem Konzept lassen sich Handelsprozesse an der Börse strukturieren und auch neue Marktbewegungen gewinnbringend anpassen. An ihren Erkenntnissen lässt die Gründerin und Geschäftsführerin längst auch andere teilhaben – und so formt sie in Seminaren und Coachings ihre Kunden zu Top-Tradern und Investoren. Das Top-Management initiiert und begleitet den gesamten Innovationsprozess.

Digitale Lernplattform

In exklusiven Onlineworkshops schulen das Top-Management und ein Team erfahrener Coachs die Teilnehmer – Unternehmer, Selbstständige, leitende Angestellte und Privatpersonen – live am Aktienmarkt. Seit 2021 betreibt das Unternehmen zudem eine digitale Lernplattform, geschaffen durch Amir Arsalan Saidi, den Sohn der Gründerin. Darüber hinaus bietet Jafari Consulting Lernvideos und kostenfreie Kurse, die das Know-how für einen systematischen Handel vermitteln. Video-Tutorials auf YouTube gehen auf aktuelle Markttendenzen ein. „Vor allem durch unsere digitale Lernplattform, aber auch die anderen Kommunikationskanäle, konnten wir unseren Umsatz um ein Vielfaches steigern. Unsere Live-Coachings werden bestens angenommen und können außerdem nachträglich als Video angeschaut werden", sagt Amir Arsalan Saidi.

Offen für Neues

Viele der Mitarbeiter des Mittelständlers haben das Lernprogramm selbst absolviert und wurden danach in das Team aufgenommen. Sie kennen die Perspektive der Kunden aus eigenem Erleben. Das Top-Management ist aufgeschlossen für neue Ideen, die jederzeit eingebracht werden können. „Wir haben ein tolles Team, das wir aufgrund der großen Nachfrage im laufenden Geschäftsjahr sogar verstärken. Dabei achten wir stets auf unsere übergeordneten Ziele: ein Höchstmaß an Service sowie Know-how bereitzustellen und so unseren Kunden Wachstum zu ermöglichen. Daran lassen wir uns messen", erklärt Nazila Jafari.

Jafari Consulting GmbH
86919 Utting am Ammersee
https://fibonaccicode.de
Beschäftigte (D): bis 50
Unternehmensberatung

Geschäftsführung
Amir Arsalan Saidi
und Nazila Jafari

Josef Stanglmeier Bauunternehmung GmbH & Co. KG

Bauen am Puls der Zeit

Ressourcenschonend zu wirtschaften ist in der Baubranche ganz und gar nicht selbstverständlich. Für die Josef Stanglmeier Bauunternehmung GmbH & Co. KG ist dieses Ziel jedoch verbindlich. Das Familienunternehmen erzeugt die auf dem Firmengelände benötigte Energie zu 90 % selbst. Und digitale Prozesse optimieren das gesamte Leistungsangebot – von der Projektkonzeption bis zur Steuerung auf den Baustellen im Hoch- und Tiefbau. Für ein Plus an Motivation werden alle 300 Angestellten am Unternehmenserfolg beteiligt.

Das Top-Management ist Initiator und Treiber von Innovationsprozessen. „Wir agieren am Puls der Zeit und setzen lösungsorientiert auf digitale Prozesse, angefangen bei internen Workflows über den Datentransfer von der Baustelle zur Verwaltung bis hin zur Maschinentechnik“, berichtet der Geschäftsführer Leonhard Wiedemann. Einen der jüngsten Erfolge erzielte das Bauunternehmen mit einem Energiekonzept, durch das man die am Standort benötigte Energie ausnahmslos selbst produzieren möchte. Intelligente Steuersysteme und Energiespeicher ermöglichen die Realisierung dieser Vorgabe inzwischen fast vollständig.

Motivierende Leitkultur

Für das Personalmanagement hat der Mittelständler einen Anspruch definiert, der sich auch im Unternehmensmotto widerspiegelt: „Erstklassig. Erfolgreich. Ehrlich.“ Leonhard Wiedemann fügt hinzu: „Wir wollen zu den Besten gehören und setzen uns konsequent für unsere Mitarbeiter ein.“ Man pflegt deshalb eine lebendige Kommunikationskultur, die selbstverständlich auch Fragen erlaubt. Jeder Einzelne kann seine Ideen und Verbesserungsvorschläge einbringen. Die Teams werden systematisch gefördert und qualifiziert. Eine zusätzliche Motivation entsteht durch das Einbinden der Angestellten in Entscheidungsprozesse. Jährliche Sachwertbezüge beteiligen jeden Mitarbeiter am Firmenerfolg. Darüber hinaus bildet der Mittelständler seinen Nachwuchs seit vielen Jahren selbst aus und gibt auf diesem Weg die Unternehmenswerte an die nächsten Generationen weiter.

Effizienz und Qualität

Im Leistungsangebot des seit über 100 Jahren bestehenden Familienunternehmens mit 55 Mio. Euro Jahresbauleistung setzt das Top-Management auf Qualität und effiziente Prozesse. Etliche Zertifikate belegen das hohe Niveau der Leistungen. In Nieder- und Oberbayern gehört der Mittelständler zu den führenden Anbietern und ist auf baulicher Seite auch in die Innovationsprozesse ihrer Kunden involviert. „Wir haben durch Prozessoptimierungen inzwischen Hunderttausende von Euros eingespart – auch im Interesse unserer Kunden“, bilanziert Leonhard Wiedemann.

Josef Stanglmeier Bauunternehmung GmbH & Co. KG
93326 Abensberg
www.stanglmeier-bau.de
Beschäftigte (D): über 200
Baugewerbe/Handwerk

Geschäftsführer
Leonhard Wiedemann, Christiana Leitenmaier und Michael Welzhofer

KERN Microtechnik GmbH

★★★

Mit höchster Präzision die Zukunft gestalten

Ist es möglich, ein menschliches Haar zu gravieren? Ja, der KERN Microtechnik GmbH ist das gemeinsam mit einem Partner gelungen. Und dies ist nur ein Beispiel für die Höchstleistungen des erfolgreichen Anlagen- und Maschinenbauers in Eschenlohe, der unter anderem hochpräzise CNC-Bearbeitungszentren entwickelt und fertigt. Dass das Unternehmen seit Jahren zur Weltspitze gehört, liegt zum einen an seinem äußerst innovationsfreudigen Top-Management und zum anderen an der von intensiven Kooperationen geprägten Außenorientierung.

Die Haargravur gelang mit der Hochpräzisionsanlage „Kern Micro HD“, die 2020 lanciert wurde und noch immer starke Umsätze generiert. „Ein erfolgreiches Geschäftsmodell in Deutschland, vor allem im Mittelstand, beruht wesentlich auf Innovation und Differenzierung“, erklärt der Geschäftsführer Simon Eickholt. Das Wissen um die hohe Relevanz von Innovationen ist im Haus fest verankert – der Anteil von Marktneuheiten der letzten drei Jahre am Umsatz beträgt stolze 75 %. Qualität und Zuverlässigkeit sind dabei ebenso wichtig wie der Anspruch, die Grenzen des Machbaren zu erweitern.

Top-Management auf Zukunftskurs

„Innovation umfasst längst mehr als nur Technologie und die Entwicklung neuer Produkte. Die Geschäftsleitung lebt daher eine entsprechende Kultur vor und schärft ihre Ziele kontinuierlich“, sagt der Geschäftsführer Sebastian Guggenmos. Dies zeigt sich auch in zielgerichteten Prozessen und effizienten Innovationsteams. So werden bei regelmäßigen „Gate Reviews“, in die alle Abteilungen involviert sind, laufende und neue Projekte eingehend geprüft und dann entweder erfolgreich abgeschlossen oder korrigiert. Denn wer die Nase vorn haben will, muss sich immer wieder neu erfinden und die eigene Strategie den Herausforderungen der Zukunft anpassen. Dazu gehört zum Beispiel, bei Innovationsprojekten immer öfter Nachhaltigkeit gleich mitzudenken oder sogar von Vornherein im Fokus zu haben.

Fruchtbare Zusammenarbeit

Kooperationen mit Kunden und Partnern sind ein elementarer Bestandteil des Erfolgs der KERN Microtechnik GmbH. „Wenn der Kunde glücklich ist, sind wir es auch. Deshalb geben unsere Experten ihr komplettes Know-how an die Käufer unserer Anlagen weiter und begleiten sie ein Maschinenleben lang“, sagt Eickholt. Diese Nähe zur Kundschaft, durch die regelmäßig Innovationsprozesse angestoßen werden, verschafft dem Mittelständler wichtige Wettbewerbsvorteile – ganz nach dem Firmenmotto: „Together two steps ahead.“ Zudem sorgt die Zusammenarbeit mit Universitäten, Verbänden und Fraunhofer-Instituten dafür, dass der Maschinenbauer auch künftig die Grenzen des Machbaren immer weiter verschieben wird.

KERN Microtechnik GmbH
82438 Eschenlohe
www.kern-microtechnik.com
Beschäftigte (D): über 200
Anlagen-/Maschinenbau

Geschäftsführer
Simon Eickholt und Sebastian Guggenmos

Miriam Wohlfarth ist eine Fintech-Seriengründerin und hat mit Ratepay eines der ersten deutschen Fintechs gegründet. Ihre jüngste Firma Banxware ermöglicht Plattformen, Kredite zu vergeben. Ferner ist sie Mitglied des Digital Finance Forum des Bundesfinanzministeriums, Gesellschafterin bei Startup Teens und Aufsichtsrätin der talentsconnect, der Daimler Mobility und der freenet AG.

So geht Unternehmen!

Sie gilt als Expertin für die Digitalwirtschaft und für die Plattform-Economy und ist zudem als eine der ersten Fintech-Gründerinnen in Deutschland bekannt geworden: **Miriam Wohlfarth** erklärt im Interview mit **Rainer Heubeck,** wie Unternehmensgründung und -führung heute funktioniert, welches Mindset und welche Fähigkeiten dafür nötig sind und wie ein Unternehmen innovativ bleibt oder es wird. Stichworte Leadership und Veränderungsbereitschaft. Der Tipp, den sie Unternehmerinnen von morgen mit auf den Weg gibt: Einfach machen!

Resilienz ist eine der wichtigsten Fähigkeiten, die man als Unternehmensgründer haben sollte. Sie lässt sich zwar trainieren, aber wenn man sie gar nicht hat, ist es nicht empfehlenswert, eine Firma zu gründen.

Sie wollten Diplomatin werden und sind stattdessen erfolgreiche Unternehmerin geworden. Was hat Sie dazu bewogen, einen sicheren Job aufzugeben und ein Unternehmen zu gründen?

Letztlich waren es Menschen, die mich dazu inspiriert haben. Ich habe vor mehr als 23 Jahren den Gründer von Bibit kennengelernt, der heute CEO von Adyen ist, eines der erfolgreichsten Technologieunternehmen Europas. Dieser Gründer, Pieter van der Does, hat mich inspiriert und mir angeboten, den Vertrieb für Bibit, ein niederländisches Online-Bezahlunternehmen, in Deutschland zu gestalten. So bin ich in die Start-up-Welt gekommen und habe gesehen, wie die Gründer arbeiten und wie diese Welt tickt. Ich war acht Jahre dabei und habe den Prozess begleitet, von der kleinen Firma bis zum Exit an eine Bank. Irgendwann habe ich mir gedacht: Das kann ich auch. Ich kann ebenso gut Sachen verkaufen, ich bin ebenso intelligent.

Was konkret haben Sie in Ihrer Zeit bei Bibit gelernt?

Vor allem habe ich dort gelernt, dass es wichtig ist, in diversen Teams zu arbeiten. Das Gründerteam dieses Payment-Unternehmens war bunt gemischt: Pieter kam aus dem Vertrieb, er hatte wenig Ahnung von Technologie und Finanzierung, konnte aber sehr gut verkaufen und das Unternehmen gut positionieren. Und er hatte Mitgründer an seiner Seite, die genau diese anderen Dinge gemacht haben. Es war also keine One-Man-Show – das Team war gemeinsam erfolgreich.

Wie kam es dann dazu, dass Sie Ratepay gegründet haben, Ihr erstes eigenes Unternehmen?

Letztlich war die Gründung auch kundengetrieben. Viele Kunden meines damaligen Arbeitgebers fragten etwas an, das es am Markt noch nicht gab. Und ich dachte mir, das müsste man bauen, so etwas müsste man machen. Und dann sagte ich mir, wenn der Pieter das konnte, dann kann ich das auch – ich muss nur noch die richtigen Leute finden.

Was sind Ihre wichtigsten „lessons learned“ nach zwei Unternehmensgründungen?

Ich glaube, es ist wichtig, sich bewusst zu machen, dass man sehr viel aushalten muss. Resilienz kann man zwar trainieren, aber wenn man sie gar nicht hat, ist es nicht wirklich empfehlenswert, ein Unternehmen zu gründen. Denn wenn man gründet, läuft längst nicht immer alles rund. Auf dem Papier stellt man sich vieles so vor, wie es sein soll, aber in der Realität klappt es oft einfach nicht. Vor allem, wenn man ein Unternehmen gründet, das ein ganz neues Produkt entwickelt. Meine Erfahrung ist: Es gibt ständig etwas, das nicht klappt; man muss sich konstant damit auseinandersetzen, dass man Dinge wieder ändern muss, anpassen muss, neu machen muss, weil Dinge eben nicht funktionieren.

Und dann ist es natürlich im Start-up-Umfeld so, dass man auch sehr viele Absagen bekommt. Wir hatten zum Beispiel 2023 mehr als 200 Pitches, in denen es um Finanzierung ging. Da bekommt man sehr, sehr viele Absagen. Man muss damit klarkommen, dass man quasi immer wieder eine Klatsche bekommt. Das muss man aushalten und trotzdem optimistisch bleiben. Dieses Aushalten von Schwierigkeiten, das Dranbleiben und Nichtaufgeben, das ist elementar wichtig. Der zweite Punkt ist die Begeisterung: Nur die Begeisterung für eine Sache hält einen am Ball – und sie ermöglicht es auch, dass man andere Menschen dafür begeistert. Ein dritter Punkt: Ich glaube sehr an Vielfalt und Diversität. Dabei geht es nicht so sehr um männlich oder weiblich, sondern es geht vor allem darum, ein Unternehmen mithilfe von Teams zu führen, in denen man die besten Talente zusammenbringt. Man sollte nicht versuchen, alles selbst zu machen, denn das funktioniert oft nicht. Ich halte es für wichtig, im Team zu führen und wirklich Expertinnen und Experten für die verschiedenen Bereiche zu haben, etwa für Technologie oder Finanzen. Das ist die beste Basis dafür, ein starkes Produkt zu entwickeln.

Sie haben den Prozess von der Gründung bis zur Unternehmensführung durchlaufen. Braucht man als Gründerin andere Qualitäten und Kompetenzen als bei der Führung eines gefestigten Unternehmens?

Ja, auf jeden Fall. Als Gründerin oder Gründer muss man vor allem sehr inspirierend auf andere wirken. Es geht darum, Menschen für eine Idee zu begeistern, sie ins Boot zu holen, sie anzufeuern. Das ist etwas anderes, als ein Unternehmen zu führen. Als Unternehmensführerin – je nachdem, wie die Situation ist, wenn es vielleicht auch um Transformation geht – braucht man also andere Managementqualitäten.

Deshalb habe ich irgendwann bei Ratepay einen CEO eingestellt. Denn ich wusste, ich bin gar nicht so sehr gut darin, Strategien zu entwickeln. Das ist nicht meine Welt, und es macht mir auch nicht wirklich viel Spaß. Aber ich glaube, ab einer gewissen Firmengröße ist es nötig, dass man mehr Klarheit vermitteln und eben auch einen Weg vorgeben kann.

In Ihrem Buch „Die Macherinnen" schreiben Sie, dass Innovation anstrengend ist. Warum ist das so? Und wie bleibt oder wird man trotzdem innovativ?

Innovation ist immer ein Verlassen der Komfortzone. Man muss sich aus etwas Gewohntem herausbewegen und offen für Neues bleiben. Innovation hat nichts mit dem Alter oder mit dem Alter eines Unternehmens zu tun. Es sind auch nicht immer nur Start-ups, die Innovation vorantreiben. Wichtig ist, dass Unternehmen stets herauszufinden versuchen: Passt das noch, was ich mache? Mögen meine Kunden das tatsächlich, oder denke nur ich, das ist toll? Es ist essenziell, herauszufinden, ob man überhaupt auf dem richtigen Track ist. Dazu gehört, dass man seinen Markt wirklich kennt, dass man seine Kunden kennt und mit ihnen spricht. Das ist die Basis für Innovation. Unternehmen müssen sich immer wieder hinterfragen: Mache ich eigentlich noch das Richtige? Passt dieses Produkt in die Zukunft? Was muss ich jetzt tun, um auch in zehn Jahren noch erfolgreich zu sein? Was würde passieren, wenn ich mein Geschäftsmodell jetzt selbst zerstöre? Wodurch könnte das passieren? Das sind sehr unangenehme Fragen, aber sie sind von fundamentaler Bedeutung, wenn man auch in Zukunft erfolgreich sein will. Man muss sich überlegen, in welche Richtung könnte es gehen, was muss ich tun. Es muss gar nicht sein, dass man alles selbst „baut". Es gibt ja auch Start-ups. Und ich glaube, dass traditionelle Unternehmen zukünftig sehr viel mehr mit Start-ups zusammenarbeiten müssen. Die sind kleiner, sie sind agiler, sie können Innovationen einfach befeuern – aber sie haben oft nicht die Kunden. Ich glaube, es wäre gut, hier Brücken zu bauen, sich gegenseitig zu befruchten und Wege der Zusammenarbeit zu finden. Traditionelle Unternehmen und Start-ups sollten sich nicht als Feinde sehen, sondern gemeinsam etwas vorantreiben. Ich bin davon überzeugt, dass das gut funktionieren kann. Es gibt ein schönes chinesisches Sprichwort: Wenn der Wind der Veränderung weht, bauen die einen Mauern und die anderen Windmühlen. Wir müssen dahin kommen, dass wir in unserer Gesellschaft offener werden für Veränderungen.

Sie haben in Ihrem Buch angeführt, dass Frauen, die ein Unternehmen gründen, deutlich unterrepräsentiert sind und weniger Zugang zu Risikokapital haben. Wie waren Ihre Erfahrungen, hatten Sie es als Frau schwerer?

Nein, ich hatte es nicht schwerer. Mein Produkt war ein Finanzprodukt, was ja „ein männlich dominiertes Thema" war. Das hat dazu geführt, dass die Investoren und die potenziellen Geldgeber es besser verstehen konnten. Oft sind Firmen, die von Frauen gegründet wurden, auf „weiblichere Produkte" ausgerichtet, in die sich Männer nicht so gut hineinversetzen können. Das ist meiner Meinung nach einer der Hauptgründe, warum dort manchmal weniger Kapital fließt. Es gibt aber Produkte, die Männer nicht so brauchen, Frauen jedoch sehr wohl. Das führt dazu, dass Frauen häufiger für Produkte pitchen, die vielleicht eher weiblich sind. In reinen Männerteams bekommen sie dafür oft nicht so viel Geld wie für ein Produkt, das auch in der Männerwelt relevant ist. Denn in den Investorenrunden sitzen ganz wenige Frauen. Und es bräuchte wahrscheinlich mehr davon, damit dort mehr Verständnis für typisch weibliche Produkte entsteht. Ich selbst hatte keine Probleme, ich habe mich auch nie benachteiligt gefühlt. Vielleicht, weil es ein Nischenthema war, in dem ich mich sehr gut ausgekannt habe, es ist eben ein Finanzprodukt gewesen. Unternehmerinnen von morgen mit spezieller Expertise rate ich deshalb gern: Einfach machen!

KNETÄ GmbH

Kreativ und nachhaltig auf Zukunftskurs

Wer kennt sie nicht – die Knete, das vielseitige Produkt, mit dem Kinder ihrer Kreativität freien Lauf lassen können? Seit rund zehn Jahren bietet die KNETÄ GmbH mit Sitz in Schweinfurt das traditionelle Produkt in einer neuen Form an: Die Gründerin und Geschäftsführerin Lisa Stein hatte die Vision, den „Knetmarkt" mit einem umweltfreundlichen, veganen und für Kleinkinder unbedenklichen Produkt zu revolutionieren. Der anhaltende Erfolg basiert nicht zuletzt auf einem regen Innovationsklima und durchdachten Prozessen.

Inzwischen blickt man im Unternehmen stolz auf ein umfangreiches Sortiment nachhaltiger Knetprodukte samt Zubehör, das von namhaften Firmen vertrieben oder als Werbegeschenk angeboten wird. „Bei KNETÄ überwinden wir das Gewöhnliche auf außergewöhnliche Weise. Unsere Marke zeichnet sich durch bahnbrechende Innovationen aus, ob umweltfreundliche und mehrfach verwendbare Verpackungen oder vegane Rezepturen. Bei uns steht nicht nur die Kreativität im Mittelpunkt, sondern auch der Stolz, die Spielregeln des Knetmarkts neu zu definieren", sagt Lisa Stein.

Innovationsförderndes Betriebsklima

Die Mitarbeiter denken stets lösungsorientiert und nutzen etwa ein „Ideenparkhaus" für ihre Verbesserungsvorschläge, mit denen die internen Prozesse und die Produktpalette optimiert werden. In ihrer täglichen „Fokuszeit" kreieren sie zudem kreative Ideen, die sie bei wöchentlichen und monatlichen Meetings einbringen können. Bei den „Monthlys" geht das Team vor allem auf die Probleme des Vormonats ein und entwickelt daraus Lösungen, die regelmäßig zu überzeugenden Verbesserungen führen. „Jeder im Team ist an diesem Prozess beteiligt. So fühlen sich alle verstanden und vereint mit der Idee oder dem Projekt", erklärt Stein. Ein Beispiel dafür ist die effiziente Erweiterung und Optimierung des Firmenlagers. Dies wurde von den Lager- und Produktionsbeschäftigten geplant und realisiert und ist nun die Basis für eine zukünftige digitale Lösung.

Kreative Innovationsprozesse

Der erfinderische Mittelständler pflegt eine positive Fehlerkultur, die von einer digitalen videogestützten E-Learning-Plattform unterstützt wird – so können alle die richtigen Abläufe nachvollziehen. Kollegen, die eine fundierte Idee entwickelt haben, sind immer bei der Geschäftsleitung willkommen. Ist der Ansatz vielversprechend, geht es tiefer in die Recherche, wobei eine IT-Mitarbeiterin zeitgleich die Machbarkeit prüft. Das Ziel ist stets, die Abläufe rund um die erfolgreichen Produkte zu verbessern. Denn, so meint die Geschäftsführerin abschließend: „Unsere Knete ist der Schlüssel zu glücklichen Familienmomenten, die das Herz berühren und die Kreativität in jedem Generationenkreis entfachen."

KNETÄ GmbH
97422 Schweinfurt
https://www.knetae.de
Beschäftigte (D): bis 50
Spielwaren

Geschäftsführerin
Lisa Stein

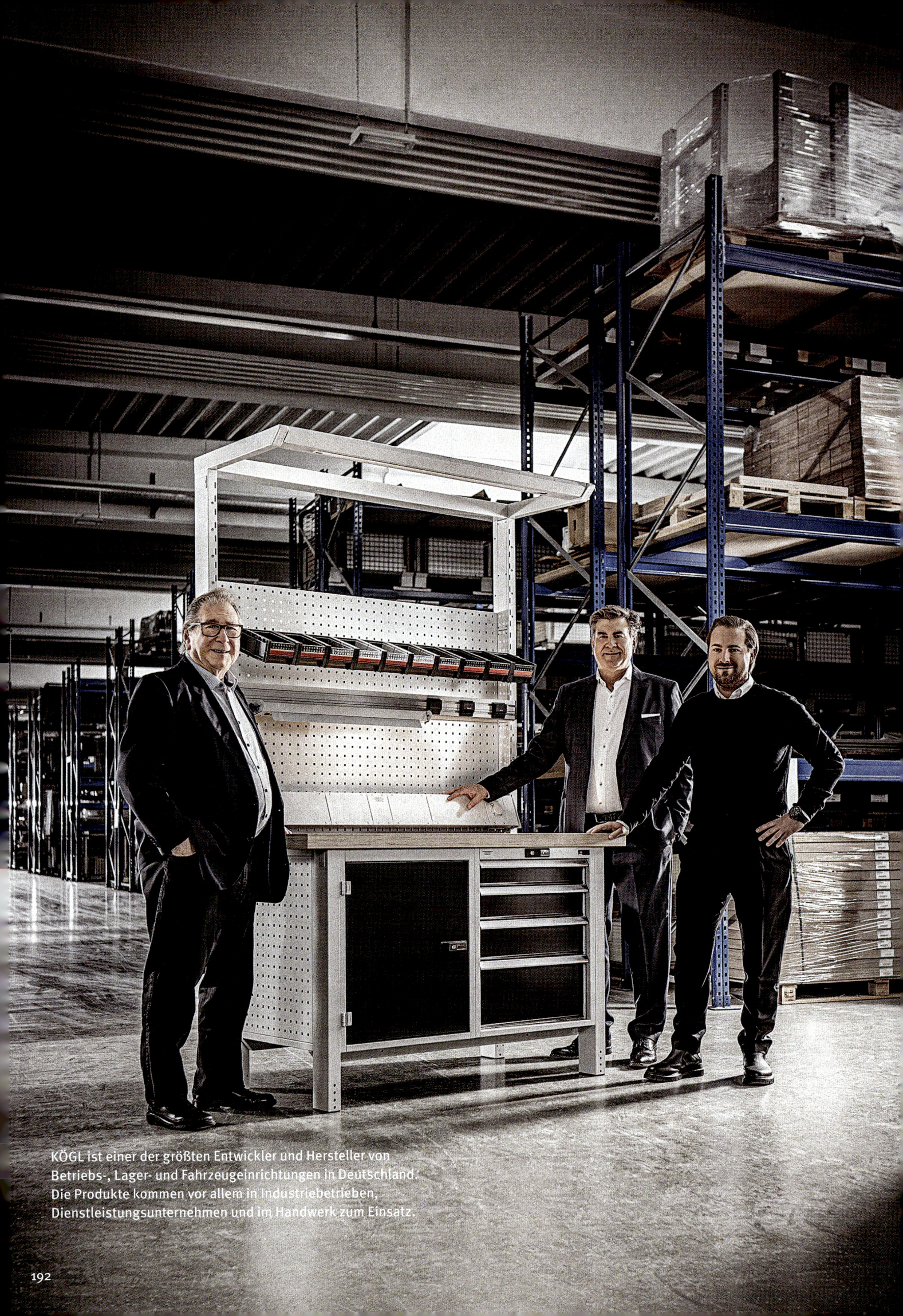

KÖGL ist einer der größten Entwickler und Hersteller von Betriebs-, Lager- und Fahrzeugeinrichtungen in Deutschland. Die Produkte kommen vor allem in Industriebetrieben, Dienstleistungsunternehmen und im Handwerk zum Einsatz.

KÖGL GmbH Betriebs-, Lager- u. Fahrzeugeinrichtungen

Von der Idee zum Premiumprodukt

Handwerker sollten immer die richtige Ausrüstung griffbereit im Fahrzeug haben, damit jeder Auftrag professionell ausgeführt werden kann. Die passende Fahrzeugeinrichtung dafür hat die KÖGL GmbH im Programm: Das Familienunternehmen mit Sitz im bayerischen Bubesheim hat sich spezialisiert auf die Entwicklung und die Herstellung hochwertiger und individueller Produkte rund um Betriebs-, Lager- und Fahrzeugeinrichtungen und überzeugt mit seinen Innovationserfolgen. 2024 feiert der Mittelständler bereits sein 60-jähriges Bestehen.

Die vielfältigen Produkte des Metallverarbeiters werden vor allem in Industrie- und Dienstleistungsbetrieben eingesetzt. Dabei liegt der Fokus darauf, Kundenwünsche durch individuelle Sonderanfertigungen zu erfüllen. Markus Kögl, Geschäftsführer in der dritten Generation, sagt dazu: „Unser Premiumportfolio hebt sich durch ein einheitliches Rastersystem im Baukastenprinzip, durch komplette Modularität und höchste Funktionalität mit einer Vielzahl innovativer Detaillösungen vom Markt ab.“ Der Erfolg gibt ihm recht: KÖGL ist national die Nummer eins und international in der Spitzengruppe der Branche.

Effiziente Technologien im Einsatz

Besonders stolz ist die Geschäftsleitung auf KALEXA, das digitale Konfigurationstool für Standard- und Individualprodukte. Dank seiner Weiterentwicklung mittels KI können administrative und organisatorische Prozesse optimiert werden. „Durch intelligente Prozesse schaffen wir die Grundlage für flexibles und agiles Handeln im Vertrieb und somit einen deutlichen Mehrwert“, führt Kögl aus. Denn Innovation ist ein kontinuierlicher Prozess, der sich in neuen Produkten und verbesserten internen Abläufen niederschlägt. Bei dem Mittelständler gibt es kaum ein Meeting, in dem nicht über neue Ideen gesprochen wird. Dies belegt auch der Anteil der Marktneuheiten der vergangenen drei Jahre am aktuellen Gewinn, der bei rund 80 % liegt. Jedes Innovationsprojekt wird von einem Expertenteam begleitet, ein Mitglied der Geschäftsführung ist stets dabei und gibt das Projekt frei.

Mitarbeiter als Ideenquelle

KÖGL hat rund 180 Beschäftigte, die für so manchen der immer willkommenen Verbesserungsvorschläge verantwortlich sind. Sie können sie über den „Mitarbeiterkasten“, direkt beim Vorgesetzten oder bei der Geschäftsleitung einbringen. Ist ein positives Ergebnis zu erwarten, werden die Ideen realisiert. Als Motivation gibt es eine monetäre Belohnung für den Initiator, die sich am Einspar- oder Umsatzpotenzial bemisst. Die Offenheit für Innovationen und neue Produktionsverfahren wird von der Geschäftsleitung vorgelebt, wodurch ein gutes Innovationsklima gefördert wird. Denn „nur wem es gelingt, sich abzuheben, ist auch dauerhaft erfolgreich“, sagt Markus Kögl.

KÖGL GmbH Betriebs-, Lager- u. Fahrzeugeinrichtungen
89347 Bubesheim
https://www.koegl.de
Beschäftigte (D): 51 bis 200
Metallverarbeitung

Geschäftsführer
Markus Kögl

LABOKLIN LABOR FÜR KLINISCHE DIAGNOSTIK GmbH & Co. KG

★★★

Das Tierwohl stets im Blick

Wenn ein geliebtes Haustier krank wird, führt der erste Weg zum Tierarzt. Der wird wahrscheinlich eine Blutprobe entnehmen und zur Untersuchung an ein tiermedizinisches Labor schicken. Hier kommt die LABOKLIN LABOR FÜR KLINISCHE DIAGNOSTIK GmbH & Co. KG ins Spiel: Das akkreditierte Fachlabor für Veterinärdiagnostik mit Hauptsitz in Bad Kissingen verdankt seinen großen Erfolg auch einem hervorragenden Innovationsklima und dem engagierten, innovationsorientierten Top-Management.

Seit seiner Gründung 1989 ist der Mittelständler auf der Erfolgsspur: Heute arbeiten rund 550 Beschäftigte an verschiedenen Standorten für dieses größte privat geführte tiermedizinische Labor in Europa. Sein umfassendes Leistungsspektrum reicht von klinischer Labordiagnostik, Parasitologie, Allergie und Hygiene bis zu Pathologie und Genetik. „Unsere Firmenphilosophie, stets nach Innovation zu streben und uns nicht auf Bewährtem auszuruhen, führte zu weiteren Erfolgen. Das macht mein Team und mich sehr stolz", sagt die Geschäftsführerin Dr. Elisabeth Müller.

Mitdenken erwünscht

Erfolg ist immer das Ergebnis eines gelungenen Zusammenspiels hoch motivierter Teamplayer. So auch bei Laboklin: Ein erheblicher Teil der Arbeitszeit kann für die Entwicklung von Ideen genutzt werden; entweder am Arbeitsplatz oder in separaten Aufenthaltsräumen und an Stehtischen, wo man sich interdisziplinär austauschen kann. Die Abteilungsleiter sammeln dann die Verbesserungsvorschläge und leiten sie an das Top-Management weiter, das zügig über deren Realisierung entscheidet. Positiv auf das Innovationsklima wirkt sich auch die Möglichkeit aus, gemeinsam mit Universitäten Forschungsprojekte zu initiieren und eigene Studien auf Fachkongressen einem breiteren Publikum vorzustellen. So wurde eine Mitarbeiterin der Pathologie nach einer erfolgreichen Forschungskooperation zur Spezialistin auf diesem Gebiet und wird für Vorträge auf bedeutenden Tagungen eingeladen.

Geschäftsführung als Treiber von Innovation

Um die Entwicklung hochfunktionaler Produkte voranzutreiben, ist das Top-Management aktiv in den Innovationsprozess eingebunden. Bei regelmäßigen Treffen wichtiger Fachabteilungen werden Synergien generiert und Projekte definiert, über deren Fortgang die Geschäftsführung stets mitentscheidet. Zur Innovationskultur gehört auch der Fokus auf Digitalisierung: Eigens entwickelte Apps wie „LaboTrack" zur Rückverfolgbarkeit von Proben oder „4Paws" für die Tiergesundheit sind nur zwei Beispiele von vielen. „Ein Ziel zu erreichen erfordert besondere Anstrengungen – es dauerhaft zu halten, noch größere. Deshalb freuen wir uns sehr, erneut bei TOP 100 bestanden zu haben", betont Müller abschließend.

LABOKLIN LABOR FÜR KLINISCHE DIAGNOSTIK GmbH & Co. KG
97688 Bad Kissingen
https://www.laboklin.com
Beschäftigte (D): über 200
Pharma/Labortechnik

Geschäftsführerin
Dr. Elisabeth Müller

LEBEN-Dämpfungstechnik GmbH

Die hohe Kunst der Dämpfungstechnik

Ob in Krananlagen, in Eisenbahnen oder in der Automatisierung – Dämpfungselemente der LEBEN-Dämpfungstechnik GmbH werden auf vielfältige Weise eingesetzt. Das Unternehmen hat sich auf die Entwicklung und Produktion hydraulischer Industriestoßdämpfer, gashydraulischer Puffer und Sonderdämpfer spezialisiert. Die erfolgreichen Kundenbeziehungen, die seit Jahrzehnten rund um den Globus bestehen, basieren auf der hohen Kompetenz im Bereich der Dämpfungstechnik, aber auch auf der starken Außenorientierung des Mittelständlers.

Das Familienunternehmen wurde 1967 gegründet und machte sich mit der Konstruktion von Pistenfahrzeugen und Liftanlagen für Skigebiete einen Namen. Weil Anfang der 1980-Jahre die großen Schneemassen ausblieben, stellte man weitsichtig auf die Entwicklung und Produktion von Stoßreduzierelementen, Schwingungsdämpfern und Gasfedern um. „Wir liefern Innovationen stets im Dienst des technischen Fortschritts", so beschreibt der Gründer und Geschäftsführer Klaus Leben eine der Firmenmaximen. Der Anteil von rund 50 % innovativer Verbesserungen am aktuellen Gewinn der letzten drei Jahre unterstreicht seine Aussage.

Innovationspartner Kunde

Die Kundenbedürfnisse werden sehr ernst genommen, denn nicht selten sind sie der Ausgangspunkt für Innovationen. Um speziellen Wünschen gerecht zu werden, wurde schon so manches Produkt modifiziert oder weiterentwickelt. Auch das Beschwerdemanagement und Anfragen zu individuellen Anwendungen haben hohe Priorität. Auf der Website des Unternehmens können Kunden zum Beispiel mithilfe einer Uploadfunktion ihre Anfrage samt Skizze, Modell und Berechnung sowie einen bereitgestellten Fragebogen einreichen. In enger Zusammenarbeit mit dem Kunden wird dann die Lösung ausgearbeitet. Auch durch die Zusammenarbeit bei der Entwicklung und Validierung der Dämpfungstechnik mit verschiedenen Partnerlaboren, Ingenieurbüros und Testinstituten entstehen kontinuierlich innovative Verbesserungen.

Freiräume für Ideen

Um die Innovationskraft zu erhalten und auszubauen, fördert das Top-Management systematisch ein gutes Innovationsklima. Ein fest eingeplantes, kurzfristig verfügbares Budget für unkonventionelle Ideen belegt dies ebenso wie das Gewähren kreativer Freiräume zur Entwicklung eigener Ideen. Kurze Entscheidungswege und flache Hierarchien ermutigen die Mitarbeiter dazu, sich mit ihren Verbesserungsvorschlägen jederzeit an die Geschäftsführung oder an die Abteilungsleiter zu wenden. Klaus Leben meint abschließend: „Auch in Zukunft brauchen wir für die Stoß- und Schwingungsdämpfung innovative sowie qualitätssichernde Konzepte, um unseren internationalen Branchenspitzenplatz zu erhalten und auszubauen."

LEBEN-Dämpfungstechnik GmbH
86987 Schwabsoien
https://compenser.de
Beschäftigte (D): bis 50
Anlagen-/Maschinenbau

Gründer und Geschäftsführer
Klaus Leben

Leistritz hat sich spezialisiert auf die Entwicklung und Produktion von Hightechlösungen in der Turbinen-, Pumpen-, Extrusions- und Produktionstechnik. An weltweit 13 Standorten sind mehr als 1.800 Beschäftigte im Einsatz.

TOP 100

Leistritz Aktiengesellschaft

Neue Wege in die Zukunft

Als Paul Leistritz 1905 eine Maschinenfabrik gründete, sprach niemand von Businessplänen, Wagniskapital oder Start-ups. Dabei steckte gleich im ersten Auftrag jede Menge Wachstumspotenzial: 30.000 Metallschaufeln für Dampfturbinen der MAN-Motorenfabrik. Heute ist die Leistritz Aktiengesellschaft mit Sitz in Nürnberg die Konzernmutter der Leistritz Group mit den Geschäftsfeldern Turbinen-, Pumpen-, Extrusions- und Produktionstechnik. Ihre Innovativität basiert unter anderem auf dem innovationsorientierten Top-Management und modernen Prozessen.

Der Gründungsmythos prägt das Unternehmen bis heute, sagt der Vorstand Michael Everts, technisch und kulturell: „Wie Paul Leistritz denken auch wir heute groß. Gerade im Moment, denn wir wachsen sehr stark und wandeln uns vom Komponentenlieferanten zum Systemlösungsanbieter." Auf der Basis seines Knowhows, kreativer Ideen und ausgeprägter Kundennähe setzt dieser Hidden Champion zukünftig auf Turnkey-Lösungen – individuelle Komplettlösungen, die die Kunden, so wie beim „schlüsselfertigen Bauen", ohne weiteren Aufwand direkt anwenden können.

Kundennähe und Prozesse 4.0

Die Geschäftsführer der Business-Units koordinieren das Innovationsmanagement. Die Steuerung erfolgt über einen Innovation-Funnel – nach der Logik eines Sales-Funnel werden Ideen so systematisch vorangetrieben. Das bewährt sich vor allem im Maschinenbau, in der Turbinen-, Spindel- und Produktionstechnik. Die Realisierung und Implementierung übernehmen die Engineeringabteilungen. „Als schlanker Mittelständler neigen wir nicht dazu, unsere Struktur aufzublähen", erklärt Everts. In der gesamten Firmengruppe arbeiten die Beschäftigten agil, nicht nur in den klassischen Bereichen wie Entwicklung oder IT, sondern auch in Projekten, die die Produktion oder die Industrialisierung neuer Produkte betreffen. So gelingt es, Fertigungsverfahren permanent weiterzuentwickeln und neue Anwendungsfelder zu erschließen. „Unsere Innovationen sind immer inkrementell und radikal", betont Michael Everts.

Das Top-Management als Treiber

Der Vorstand und die Business-Unit-Geschäftsführer investieren viel Zeit und Geld in Verbesserungen. Auch der Innovation-Funnel geht auf den Vorstand zurück. „Stets die besten Bedingungen für Innovationsideen zu schaffen ist quasi unsere Überlebensgarantie", sagt Everts. Großes Zukunftsthema bei allem ist die Nachhaltigkeit: In der Turbinentechnik etwa sorgen Verbesserungen für leisere und sparsamere Triebwerke. In der Pumpentechnik sparen Re- und Upcycling CO_2 ein. Intelligente Extrusionstechnik und ganz neue Verfahrenstechnik schonen Ressourcen. „Klima und Nachhaltigkeit treiben uns in Sachen Innovation ganz stark an", berichtet der Vorstand, „in allen Belangen."

Leistritz Aktiengesellschaft
90459 Nürnberg
https://www.leistritz.com/de
Beschäftigte (D): über 200
Anlagen-/Maschinenbau

Sprecher des Vorstands
Michael Everts

Luitpold Apotheke, Inh. Karlheinz Ilius e. K.

★★

Die Versandapotheke der ersten Stunde

Als der Apotheker Karlheinz Ilius seine Apotheke im bayerischen Bad Steben 2004 um eine Internetapotheke erweiterte, war er ein Pionier. Der Versandhandel mit Medikamenten entwickelte sich rasant. Heute ist die Luitpold Apotheke mit der angegliederten Website eine der führenden und ältesten deutschen Onlineapotheken. Verantwortlich für den Erfolg sind innovative und gut strukturierte Prozesse innerhalb der Firma und ein sehr engagierter Geschäftsführer.

Die ersten Päckchen packte der Geschäftsführer Karlheinz Ilius im Keller seiner Apotheke – etwa 30 am Tag und unterstützt von sechs Mitarbeitern. Schon Anfang der 1980er-Jahre hatte er begonnen, Krankenhäuser zu beliefern, zunächst im Ort, später überregional. Ein Änderungsgesetz machte dem ein Ende: Apotheken durften künftig nur noch innerhalb ihrer Region liefern. Aber dann entfiel 2004 die Preisbindung für rezeptfreie Medikamente, und Apotheker durften ab sofort Rabatte vergeben. Zeitgleich wurde der bundesweite Versand genehmigt. Karlheinz Ilius sah seine Chance und wurde Internetunternehmer. „Guter Rat muss nicht teuer sein", sagt er.

Pharmazie mit KI

Heute verlassen 20.000 bis 22.000 Pakete am Tag die beiden Logistikzentren. Die Zahl der Mitarbeiter ist auf über 200 gestiegen, der Jahresumsatz liegt im mehrstelligen Millionenbereich. Treibende Kraft hinter Innovationen ist der Geschäftsführer: „Wir wollen noch schneller werden. Unser Ziel ist es, Medikamente am Tag der Bestellung auszuliefern." Darum ließ er das Lagersystem optimieren: KI-gesteuerte Roboter lagern Medikamente platzsparender ein und sortieren sie bei Bestellung effizienter in Pakete. Eine hochmoderne Verpackungsstraße beschleunigt Prozesse, die Ware wird automatisch kommissioniert. Am Ende bringen Cutter alle Pakete auf die passende Größe. So geht eine kleine Packung Kopfschmerztabletten nicht im Riesenkarton auf die Reise, und Füllmaterial wird überflüssig. Die Neuerungen machen das Unternehmen leistungsfähiger und nachhaltiger.

Projekt E-Rezept

Beim Ideenmonitoring profitiert das Unternehmen von der engen Zusammenarbeit mit der Pharmaindustrie. „Wir tauschen uns stetig aus und bekommen viel über Marktentwicklung, Bedarf sowie Forschung und Entwicklung mit", erklärt Ilius. Auch über seine drei stationären Apotheken bekommt er Ideen für Neuerungen, zum Beispiel zur jüngsten Herausforderung des ehemaligen Netzpioniers: eine Infrastruktur für das neue E-Rezept zu implementieren, damit Patienten ihre digitalen Rezepte einreichen können – und zwar unkompliziert, sicher und natürlich online.

Luitpold Apotheke,
Inh. Karlheinz Ilius e. K.
95152 Selbitz
www.medikamente-per-klick.de
Beschäftigte (D): über 200
Gesundheitswesen

Geschäftsführer
Karlheinz Ilius

MaxSolar GmbH

★★★

Grüner Strom für alle

Sie arbeiten jeden Tag an der Energiewende und planen, bauen und betreiben Bürgersolarparks und Photovoltaik-Freiflächenanlagen, entwickeln neue Speichersysteme und bauen eine Infrastruktur für E-Mobilität auf. Als einer der führenden deutschen Projektentwickler unterstützt die MaxSolar GmbH mit Sitz in Traunstein Gewerbe- und Industriebetriebe, Unternehmen und Kommunen beim Umstieg auf regenerative Energien. Der Innovationserfolg der Energiepioniere basiert auch auf dem prima Klima im eigenen Haus.

„Die Königsdisziplin", sagt der Geschäftsführer Christoph Strasser, „ist es, grünen Strom unabhängig vor Ort zu erzeugen und dort auch zu verbrauchen." Im fränkischen Bundorf hat das Unternehmen jüngst vorgemacht, wie das gehen kann: Die Bürger wollten auf erneuerbare Energien umsteigen. Eine 125 Megawattpeak große Solaranlage wurde gebaut. Mit der erzeugten Sonnenenergie können rund 37.500 Haushalte versorgt werden – doch Bundorf hat nur 900 Einwohner. Also wird auch Energie ins Fernwärmenetz eingespeist, und sämtliche Haushalte werden über neu verlegte Rohre angebunden. Die Bundorfer bekommen grünen Strom – und grüne Wärme.

Neue Leuchtturmtechnologie

Bürger und Kommune sparen nicht nur CO_2, sondern auch Geld. Mit ihrem selbst erzeugten Strom sind sie unabhängig von Öl und Gas, von Geopolitik, Fördermengen und Weltmarkt. „Wir können heute die Preise für die kommenden 28 Jahre vorhersagen", sagt der Geschäftsführer. Bei ihrem jüngsten Projekt haben die Spezialisten erstmals eine Sektorenkopplung eingesetzt, die aus Strom Wärme gewinnt. Ein technologisch neuer und zugleich zwingender Schritt, findet Strasser. „Wenn es uns nicht gelingt, Wärme zu dekarbonisieren, werden wir die Klimaziele nie erreichen. Die Erzeugung von Wärme sorgt für den größten CO_2-Ausstoß." Am Ende haben die Pioniere mit ihrem Zusammenspiel unterschiedlicher Technologien eine Blaupause geschaffen, die es auch anderen Kommunen erlaubt, ein regionales Fernwärmesystem zu realisieren, das zudem förderfähig ist. Selbst planen sie schon ein Dutzend weitere Projekte, die Strom und Wärme innovativ verknüpfen.

Mit Leidenschaft und neuen Ideen

Die über 230 Beschäftigten sind im Schnitt 35 Jahre alt. Sie arbeiten mobil, engagieren sich, bringen Ideen ein, übernehmen Verantwortung. Sie wollen was bewegen. Und bei einem Projekt wie dem Energiedorf Bundorf erleben sie auch, dass ihre Arbeit bedeutsam ist. Was sie wiederum motiviert, weitere Verbesserungen zu entwickeln, die natürlich stets ein „proof of concept" durchlaufen. „Ganzheitliche grüne Energiekonzepte: Das ist der Beitrag unserer Generation gegen die Klimakrise", erklärt der Geschäftsführer.

MaxSolar GmbH
83278 Traunstein
www.maxsolar.com
Beschäftigte (D): über 200
Erneuerbare Energien

Geschäftsführer
Christoph Strasser

Metallbau Götzl

★★

Wenn es einmal gefunkt hat

Mit 18 Jahren gründete Peter Götzl einen Metallbaubetrieb, da hatte er gerade seinen Meisterbrief bekommen. Heute ist er Ende Dreißig und Metallbau Götzl ein Hightechunternehmen. Kreative Lösungen für individuelle Metallbauprojekte, stets mit modernster Rohrlasertechnologie fachmännisch realisiert: Dieser Kurs hat den Mittelständler erfolgreich gemacht. Innovativität steht dabei immer an oberster Stelle – und sie ist natürlich Chefsache.

Die erste Innovation, die Peter Götzl in seinem Betrieb realisierte, war ein Rohrlaser. Bis zu diesem Moment war sein Betrieb eine Bauschlosserei wie viele, in der man sägt, schweißt, flext und Geländer, Treppen und Balkone baut. „Die Rohrlasertechnik funktioniert ganz anders", sagt der Geschäftsführer. „Wir fertigen digitale Zeichnungen vom Endzustand des Produkts und bauen Steckverbindungen, um die Rohre zusammenzufügen. So können wir sie danach präzise schweißen und die Fehlerquote liegt bei null." Inzwischen boomen Rohrlasermaschinen – damals wurde Peter Götzl für sein Interesse an der Neuerung belächelt.

Tradition und Innovation

Ihn aber faszinierten die neuen Denkansätze, die sich mit der Laserbearbeitungsmaschine eröffneten. Und so folgte nach der ersten Innovation schon bald die zweite. „Innovation bedeutet für mich, für jedes neue Projekt immer wieder die technisch beste Lösung zu finden", erläutert Götzl. In Akquisegesprächen muss er neue Kunden von seiner Rohrlasertechnologie aber oftmals erst noch überzeugen, da die wenigsten sie kennen. Doch die schnelle Fertigung ohne Ausschuss und die günstigeren Produktionskosten beeindrucken. Wer das einmal erlebt habe, will laut Götzl keine anderen Verfahren mehr einsetzen. Mit sieben Rohrlaseranlagen, einem großen Konstruktionsbüro und mit eigener Logistik zählt Metallbau Götzl heute zu den Branchenführern.

Nachhaltiger lasern und schweißen

Mit seinem Konstruktionsteam diskutiert Peter Götzl regelmäßig über aktuelle Projekte und Herausforderungen. Hantelbänke, Fahrräder, Rohrkonstruktionen für Sofas – seine Werkstatt fertigt heute Serien bis zu einer Million Teile. Das hätte er sich mit 18 Jahren nicht träumen lassen. Doch der Geschäftsführer ist nicht nur Meister seines Fachs, sondern auch Manager und treibende Kraft bei Innovationen. Jüngst hat er in eine neue Power-to-Gas-Technologie investiert. „Beim Laserschneiden braucht man Stickstoff", sagt er. „Während der Pandemie stand der Betrieb manchmal still, weil keine Lieferung kam. Jetzt nutzen wir überschüssigen Strom aus unserer hauseigenen PV-Anlage und erzeugen unseren Stickstoff selbst."

Metallbau Götzl
92681 Erbendorf
https://metallbau-goetzl.de
Beschäftigte (D): bis 50
Metallverarbeitung

Geschäftsführer
Peter Götzl

MGN Mediengruppe Nürnberg GmbH

Ansteckende Neugier

Im Marketing ist der Kontakt zwischen Unternehmen und Stakeholdern von zentraler Bedeutung. Die 2015 gegründete MGN Mediengruppe Nürnberg GmbH berät Firmen in allen Belangen des digitalen Touchpoint-Managements. Mittels Social-Media-Betreuung, Software- und Web-Entwicklung sowie Videografie begeistert der Mittelständler die Konsumenten seiner Kunden und schafft Markenerlebnisse, die im Gedächtnis bleiben. Hinter dem Erfolg stehen kluge Innovationen und eine unkonventionelle Außenorientierung.

Eine ihrer jüngsten Innovationen heißt „Virtual Interactive Collabis Intelligence", kurz VICI. Das ist eine Plattform, die Know-how im Unternehmen hält. „Wir haben es immer wieder bei Kunden, aber auch bei uns selbst erlebt, dass Wissen leicht verschwindet", erklärt der Chief-Operating-Officer der Mediengruppe Deutschland, Christian Weninger. „Wenn Mitarbeiter kündigen, verlässt oft viel Wissen den Betrieb – auch Wissen, das sich die Leute im Job angeeignet haben." Um diesen steten und kostspieligen Verlust zu stoppen, haben die Experten nach einer Lösung gesucht.

Nie zu kurz denken

VICI funktioniert per Belohnungsystem: Mitarbeiter laden ihr Wissen in eine interne Datenbank und verschlagworten es. Alle können den so entstehenden Wissenschatz nutzen, denn alle haben Zugriff darauf. Wird Wissen abgerufen, schreibt der Mittelständler dem Urheber automatisiert virtuelle Coins gut. Auch die Beschäftigten untereinander können Coins vergeben – sozusagen als Dankeschön. Diese Coins dürfen einen Wert von bis zu 50 Euro im Monat nicht übersteigen und werden steuerfrei ausbezahlt. Eine weitere Innovation ist „Software as a service": Für eine Hotelkette hat die MGN ein Tool entwickelt, mit dem diese ihre Gäste an großen Buchungsplattformen vorbeileiten und damit hohe Gebühren sparen können. „Bei allem, was wir tun, fragen wir uns, wo unser Kunde in fünf Jahren stehen möchte?", erklärt Weninger. Das Resultat dieser Strategie: eine sehr hohe Kundenzufriedenheit und ein Umsatzplus von zuletzt über 70 %.

Schwarmintelligenz nutzen

In ihren Projekten arbeiten die Spezialisten oft mit externen Freelancern – Informatikern wie Kreativen – zusammen und holen sich so frische Ideen ins eigene Haus. Und sie pflegen Kontakte zu Studierenden in der Region, beispielsweise zur Hochschule für angewandte Wissenschaften in Ansbach. „Studenten haben oft gute Ideen, weil sie ‚out of the box' denken. Sie probieren Dinge einfach aus", sagt der Geschäftsführer Oliver Winkler. Durch neugieriges Ausprobieren und Schwarmintelligenz entstand ja auch die Plattform VICI des Mittelständlers, der nach dem Motto agiert: „Alle denken mit – wir denken voraus."

MGN Mediengruppe Nürnberg GmbH
90431 Nürnberg
https://mediengruppenuernberg.de
Beschäftigte (D): bis 50
Kommunikation/Marketing/Medien

COO Mediengruppe Deutschland
Christian Weninger

Michael Glatt Maschinenbau entwickelt und produziert Kolonnen und Rührwerksbehälter, Reaktoren, Tanks und Wärmetauscher, betreibt aber auch Sondermaschinenbau.

Michael Glatt Maschinenbau GmbH

Tradition und Innovation

Vor 100 Jahren gründete Michael Glatt eine Walzenriffelei, später wurde daraus ein Mühlenbaubetrieb. In den 1960er-Jahren entwickelte der Sohn die Firma zum Spezialhersteller für Silos und Druckbehälter. Heute ist die Michael Glatt Maschinenbau GmbH in Abensberg ein Global Player, der für seine Kunden aus der chemischen und pharmazeutischen Industrie Apparate und Behälter baut, etwa Rührwerksbehälter, Reaktoren, Tanks und Wärmetauscher. Sein Erfolg basiert auch auf einem lebendigen Innovationsklima.

„Wir sind ein Traditionsunternehmen", berichtet der Geschäftsführer Martin Dreßen, „und wir öffnen Türen in die Zukunft." In den vergangenen zwei Jahren hat man zum Beispiel eine Weltneuheit entwickelt. „Ein Gasanlagenbauer kontaktierte uns, da er H2-Behälter brauchte", erzählt Dreßen. „Technologisch ist das eine sehr anspruchsvolle Aufgabe, wegen der hohen Drücke und weil man bei Wasserstoff nur mit bestimmten Materialien arbeiten kann. Man fragte uns: ‚Schafft ihr das?' Wir haben die Herausforderung angenommen und so die Tür zum Zukunftsmarkt Wasserstoff aufgestoßen."

Starkes Wachstum

Möglich wurde Technologieführerschaft durch fachliche Expertise – und durch eine Geschäftsmodellinnovation: den Wandel vom Handwerks- zum Industriebetrieb. Der Prozess begann vor fünf Jahren und ist in den vergangenen zwei Jahren konsequent vorangetrieben worden. Schon immer stellten die Experten Spezialanfertigungen her. Früher wurden die Kundenwünsche in Pläne übersetzt und gebaut, heute setzt man viel früher an: Lösungen werden entwickelt, Planung, Konstruktion, TÜV-Prüfung, Auslieferung übernimmt man auch. Darum konnte sich der Mittelständler im Engineering so stark entwickeln, dass er den Auftrag für die H2-Behälter überhaupt erst annehmen konnte. Im Vorher-nachher-Vergleich hat sich der Umsatz verdoppelt. Der Anteil von Innovationen am Umsatz ist auf 40 % gestiegen, am Gewinn auf 50 %. Und dieses Wachstum wurde in Krisenzeiten erzielt.

Innovation ist ein ständiger Fluss

Das Top-Management hat auch das Vorschlagswesen verbessert, ein neues Tool eingeführt, verschiedene Anreize etabliert. Das wirkt aufs Klima, sagt Martin Dreßen: „Das Team fühlt sich stärker eingebunden. 2023 wurden 60 Ideen eingereicht, viele absolut sinnvoll. Rund 45 haben wir realisiert." Ist die Stimmung erst einmal so gut und produktiv, entwickelt sich sogar eine sich selbst verstärkende Dynamik. Der Auftraggeber jenes Gasanlagenbauers, der Dreßen damals fragte: „H2-Behälter bauen, könnt ihr das?", war übrigens der Energieversorger RWE – der mit Partnern gerade den ersten industriellen Wasserstoffspeicher in Europa baut.

Michael Glatt Maschinenbau GmbH
93326 Abensberg
http://www.glattistgutgmbh.de
Beschäftigte (D): 51 bis 200
Anlagen-/Maschinenbau

Geschäftsführer
Martin Dreßen

Das MLL ist ein weltweit führendes Labor für die Diagnostik und Erforschung von Leukämieerkrankungen und Lymphomen. Modernste Technologien und hohe personelle Kompetenz gehen hier Hand in Hand.

MLL Münchner Leukämielabor GmbH

★★★★★★

Innovativ gegen Leukämie

Jede Krebsdiagnose ist ein Schock. Und davon, wie schnell und präzise eine Diagnose gestellt wird, hängt nicht nur die Art und der Verlauf der anschließenden Therapie ab, sondern letztlich auch die Entscheidung über Leben und Tod. Die MLL Münchner Leukämielabor GmbH ist international führend in der Diagnostik von Lymphomen und Blutkrebs. Immer neue Innovationen und eine starke Außenorientierung haben das Labor zum Technologieführer in einer hoch spezialisierten Nische gemacht.

Mehr als 330 Spezialisten arbeiten heute in dem Labor im Münchner Westen, mehrfach mussten die Räumlichkeiten am Standort vergrößert werden, weil die Räume zu klein geworden waren. Seit 2005 wurden über 2,5 Millionen Befunde erstellt. „Das war nicht vorauszusehen“, sagt der Geschäftsführer Prof. Torsten Haferlach. „In unserem Businessplan sind wir von 10.000 Einsendungen pro Jahr ausgegangen, und das war ein Best-Case-Szenario.“ Dass der Erfolg ihn und seine beiden Mitgründer überrollt hat, liegt an einer rasanten technischen und wissenschaftlichen Entwicklung – auf die das Team stets innovativ reagierte.

Innovation steigert Reputation

Schon früh setzte das Labor auf Digitalisierung und Automatisierung. In den Jahren 2019 bis 2023 haben sie ihre Diagnostikmethoden weiter verbessert: In allen Unternehmensbereichen wurde schrittweise KI getestet und etabliert, neue Algorithmen eingeführt und Workflows gebündelt. So wurden Befundungszeiten, bei höchster Präzision, weiter verkürzt und die Kosten zugleich um 10 % bis 20 % gesenkt. Wegen ihrer hohen Fallzahlen bieten Hersteller den Experten regelmäßig Kooperationen an. „Die erproben dann mit unserer Entwicklungsabteilung neue Geräte“, sagt Haferlach. „Etwa die Hälfte unserer Geräte sind heute Spezialanfertigungen.“ Da fahren etwa Roboter Proben von einem Prozessgerät zum anderen – auch so lassen sich Workflows optimieren. „Wenn wir Geräte koppeln, nutzen wir dafür natürlich auch eine eigene Software, die wir ebenfalls stetig aktualisieren.“

Globale Vernetzung sichert Höchstleistungen

Auch Pharmafirmen schätzen das Labor als Partner, etwa für klinische Studien, denn es verfügt über den weltweit größten digitalen Datensatz zur Leukämiediagnostik. Die Wissenschaftler forschen auch: 2023 waren Haferlach und seine Kollegen auf allen relevanten internationalen Kongressen und haben an mehr als 50 Publikationen mitgeschrieben. Ohne diese Außenorientierung könnte das Speziallabor angesichts des hohen Tempos in Forschung und Entwicklung seine Spitzenposition nicht halten. „Wir investieren viel Zeit und Geld“, sagt Prof. Haferlach, „und bemühen uns täglich um Innovation und weitere Höchstleistungen in der Diagnostik, Therapie und Forschung.“

MLL Münchner Leukämielabor GmbH
81377 München
https://www.mll.com
Beschäftigte (D): über 200
Gesundheitswesen

Geschäftsführer
Prof. Dr. Dr. Torsten Haferlach,
Prof. Dr. Claudia Haferlach und
Prof. Dr. Wolfgang Kern

„Die aktuelle Entwicklung bietet unglaubliche Chancen für die Medizin."

Prof. Dr. Dr. Torsten Haferlach
Geschäftsführer

Warum ist die translationale Forschung, also die Verknüpfung unterschiedlicher Disziplinen und Ressourcen, für ein hoch spezialisiertes Labor wie Ihres so bedeutsam?
Wenn ich allein vor mich hin forsche, ist völlig offen, was dabei herauskommt und ob das Ergebnis den Patienten eines Tages nutzt. Als Labor achten wir aber stets darauf, dass unsere Forschung vielleicht nicht morgen, aber spätestens übermorgen den Kranken zugute kommt – in Form einer schnelleren, präziseren Diagnostik oder anderer Ergebnisse, die Therapien optimieren. Weil die wissenschaftlichen sowie medizinischen Entwicklungen hinter unseren diagnostischen Methoden schnelllebig sind, müssen wir uns mit anderen Wissenschaftlern austauschen. Schließlich sind wir ein privates Unternehmen. Wir forschen zwar wie eine Universität, aber ohne die staatlichen Fördergelder.

Mit welchen internationalen Einrichtungen arbeiten Sie zusammen?
Wir haben eigene Abteilungen für Forschung und Entwicklung, für Bioinformatik und für KI und tauschen uns permanent mit Wissenschaftlern in den USA aus, darunter auch Experten der renommierten Mayo-Klinikgruppe. Demnächst werden uns Kollegen eines Labors in Salt Lake City, das ebenfalls führend in der Leukämiediagnostik ist, besuchen. Sie wollen von uns Methoden der Automatisierung und KI-Anwendung in der Diagnostik lernen. Wir werden ihnen unsere Algorithmen zur Inhouse-Nutzung zur Verfügung stellen, dafür bekommen wir wissenschaftlich verwertbare Proben von ihnen. Wir expandieren also mit unserem digitalen Wissen an Standorte, die wir selbst nicht bespielen, und können umgekehrt Material für Forschungszwecke nutzen, an das wir sonst nicht kämen.

Welchen konkreten Nutzen hat dieser globale Austausch für die Patienten?
Eine verantwortungsvolle Auswertung von Patientendaten birgt vielfältige Potenziale für die Zukunft der medizinischen Versorgung. Unsere Datenbank ist riesig, da wir alles digital erfassen. Deshalb können wir jederzeit auf potenziell skalierbare, aber auch auf sehr spezielle und äußerst seltene Daten zugreifen und uns darüber mit Experten in aller Welt austauschen: Wie oft habe ich diese Zellveränderung schon gesehen, und wie war der klinische Verlauf? Habt ihr das auch schon mal gesehen, und wie sah eure Diagnostik aus? Solche Zusammenhänge zu erkennen hilft enorm, und die Patienten profitieren davon, weil Diagnostik und Therapie immer besser werden.

Warum eine globale Vernetzung
wichtig für die Innovativität des MLL ist, erklärt
Prof. Dr. Dr. Torsten Haferlach.

Murata Electronics Europe B. V. Germany Branch

★★★★

Fortschritt durch Technik

Ein klarer Fall von „Keiner kennt ihn – aber jeder hat ihn“: Der japanische Murata-Konzern ist einer der größten Hersteller von elektrischen und elektronischen Bauteilen weltweit. Seine Kondensatoren, Spulen, Akkus oder Sensoren, um nur ein paar der vielen Bauteile und Verwendungen zu nennen, stecken in Handys, Fernsehern oder Autos. Die Nürnberger Murata Electronics Europe B. V. Germany Branch, die auch in München einen Standort hat, setzt beim Unternehmenserfolg auf ihr engagiertes Top-Management und auf ein kreatives Innovationsklima.

„Fortschritt durch Technik“ lautet kurz gefasst die Philosophie des Firmengründers Akira Murata. Bis heute prägt diese das Innovationsklima und die Innovationskraft der beiden Unternehmensbereiche Automotive und Mass-Market in Deutschland. So wurden in den vergangenen zwei Jahren wasserabweisende Kondensatoren für die Autoindustrie entwickelt, deren Ausfallwahrscheinlichkeit minimal ist. Verschiedene RFID-Lösungen verbessern Nachverfolgungsprozesse vor, während und auch nach der Produktion. Zudem haben die Elektronikexperten Logistik und Lieferketten transparenter und nachhaltiger gestaltet.

Kreative Freiräume

„Bei Innovationsprojekten arbeitet unser Top-Management eng mit dem des Kunden zusammen“, sagt der Geschäftsführer Rüdiger Scheel. „Wir begleiten von der Idee bis zur Realisierung beziehungsweise Implementierung.“ Verbesserungen hängen häufig eng mit Change-Management zusammen, weil die erfolgreiche Verwirklichung einer neuen Idee nicht selten Veränderungen bei Aufgaben, Prozessen oder Strukturen erfordert. „Change-Management und Innovation ist unsere Kernkompetenz“, sagt Scheel. Stetes Streben nach der Entwicklung neuer Produkte ist die übergeordnete Innovationsstrategie. Sie wird transparent kommuniziert und motiviert die Mitarbeiter dazu, Verbesserungsvorschläge einzubringen. Die Geschäftsführung schafft Freiräume dafür: Alle Beschäftigten können während ihrer Arbeitszeit und begleitet von Coachs ihren Ideen nachgehen.

Anerkennung und Wertschätzung

Überzeugende Ideen werden über ein Mitarbeiterbeteiligungsmodell honoriert und lokal und global ausgezeichnet. Alle Beschäftigten können ein breitgefächertes Weiterbildungangebot und zudem 2 % ihrer Arbeitszeit für ihre persönliche Entwicklung nutzen. Sie können an Ideenwettbewerben teilnehmen oder je nach persönlicher Neigung speziellen Projektteams beitreten. Dabei gilt: Keine Angst vor Fehlern, denn sie sind eine Chance und geradezu notwendig, um Dinge besser zu machen. „Wir leben den ‚Drive for Excellence‘ nicht nur als Unternehmen, sondern auch im Unternehmen“, sagt der Geschäftsführer.

Murata Electronics Europe B. V.
Germany Branch
90441 Nürnberg
https://www.murata.com/en-eu
Beschäftigte (D): über 200
Elektronik/Elektrotechnik

Geschäftsführer
Rüdiger Scheel

Nanotec Electronic GmbH & Co. KG

★ ★ ★

Power, Präzision und Performance

Motoren mit integriertem Controller, bürstenlose DC-Motoren oder Linearaktuatoren mit Schrittmotoren – die Nanotec Electronic GmbH & Co. KG gehört zu den führenden Herstellern von Motoren und Steuerungen für hochwertige Antriebslösungen. Die Kunden kommen unter anderem aus der Halbleiterfertigung, der Automatisierungs- oder der Medizintechnik. Innovation ist für diese Spezialistin mehr als Technik, was man an ihrer starken Außenorientierung und an ihren strukturierten Prozessen sieht.

Eine ihrer ersten Innovationen war ein Paukenschlag: Drei Jahre nach Gründung brachte das Unternehmen den ersten „Plug & Drive"-Motor auf den Markt – und setzte einen Standard. Gut möglich, dass die jüngste Innovation ähnlich einschlägt: „Wir haben auf unserer Website einen Produktkonfigurator eingebettet", erzählt der Geschäftsführer Dr. Christian Hainzlmaier. „Die Kunden können Modelle unserer Motoren jetzt online in ihre Produkte hineindesignen. Konfigurationen kennt man vom Autokauf, aber hier ist der Nutzen noch viel größer, weil die Entwickler sehr anwendungsbezogen arbeiten und nun viel Zeit und Arbeit sparen."

Inspiration von allen Seiten

Zwei Drittel ihres Umsatzes erzielen die Elektronikexperten mit kundenspezifischen Produkten. Mehr als 80 % der Motoren und Steuerungen werden nach individuellen Wünschen gefertigt, in sehr kleinen ebenso wie in großen Stückzahlen. „Das zeigt deutlich, wie stark unsere Außenorientierung ist", erklärt Hainzlmaier. Zudem kooperiert die Firma mit verschiedenen Universitäten und engagiert sich in der Start-up-Szene. „Wir sind an einem Getriebe-Start-up beteiligt, auch da herrscht ein reger Informationsfluss." Der technische Vertrieb interagiert intensiv mit den Kunden, eine eigene Applikationsabteilung kann Kundenanwendungen fix simulieren und damit im Support Probleme eins zu eins besprechen. Beides führt zu mehr Inspiration im Betrieb. Bei sämtlichen Innovationen arbeiten Geschäftsführung, Vertrieb, F&E und Produktmanagement eng zusammen. Es gibt Roadmaps, denen alle folgen.

Keine Zeit verlieren

Ständig optimierte Prozesse garantieren, dass Neuerungen zügig realisiert werden können. Für seine Größe ist der Mittelständler gut aufgestellt, meint Dr. Hainzlmaier: „Wir orientieren uns am Amazon-Versandmodell und wollen unseren Kunden künftig in wenigen Tagen Motoren liefern." Ein Pilotprojekt mit US-Kunden zeigt, dass Nanotec das Ziel in den kommenden ein bis zwei Jahren erreichen könnte. Vielleicht gehört zum Erfolgsgeheimnis auch, dass die Motorenbauer divers und frauenfreundlich handeln: „35 % unserer Mitarbeiter sind Frauen", erläutert Dr. Christian Hainzlmaier. Das ist außergewöhnlich für eine Techfirma.

Nanotec Electronic GmbH & Co. KG
85622 Feldkirchen
https://www.nanotec.de
Beschäftigte (D): 51 bis 200
Elektronik/Elektrotechnik

Die Geschäftsführung

Naturwaerme.org Inh. Tony Seifert

Zwei Gewerke – ein Auftrag

Die Zukunft des Planeten ist sehr eng verknüpft mit der des Menschen. Richten wir die Erde zugrunde, gefährden wir unser Überleben. Darum zählt die Neo-Ökologie, eine Neuausrichtung der Ökologie, in der sich Konsum und Umweltschutz vereinen, zu den Megatrends und damit zu den wichtigsten Veränderungsdynamiken unserer Zeit. Nachhaltigkeit wird dabei zum Wirtschaftsfaktor. Das zeigt sich auch anhand des Booms der Photovoltaikanlagen. Die Naturwaerme.org Inh. Tony Seifert reagiert darauf mit einer logischen Innovation.

Tony Seifert ist Unternehmer und Visionär. Um die steigende Nachfrage seiner Kunden nach Photovoltaikanlagen nicht abschmettern zu müssen, stellt er schon bald einen Dachdecker in seiner Firma ein. Und noch einen – und noch einen. Denn in Deutschland ist die Montage einer PV-Anlage die Sache eines Dachdeckers, den Anschluss an das Stromnetz darf wiederum nur ein Elektromeisterbetrieb vornehmen. „Die meisten PV-Anbieter sind keine Handwerker, sondern reine Vertriebsfirmen", erklärt der Geschäftsführer. „Die Montage übernimmt dann ein Subunternehmer, der zwar auch für Schäden haftet, aber versuchen Sie mal, die Haftungsansprüche durchzusetzen, wenn Wasser durch Ihr Dach dringt und sich Schimmel an den Wänden bildet. Das ist nicht einfach."

Nicht auf schnelles Geld setzen

Ein weiteres Plus seiner Idee, zwei Gewerke zu verbinden und den Kunden damit einen Rundum-Fachbetriebsservice zu bieten, ist, dass einer der Dachdecker auch Meister ist. Und Meister dürfen ausbilden. „Mit dem Fachkräftemangel haben wir kein Problem mehr", erzählt Seifert. „Alle Fachkräfte, die wir für die Montage von PV-Anlagen brauchen, können wir jetzt selbst qualifizieren." In nur zwei Jahren wuchs die Belegschaft von 15 auf rund 50 Mitarbeiter, der Umsatz stieg von 3 auf 14 Mio. Euro. Im Februar 2024 waren die Auftragsbücher schon so voll, dass man 2024 die 20-Millionen-Marke knacken wird. Es gehe nicht um die billigste, sondern um eine seriöse Montage: „Eine PV-Komplettanlage soll den Kunden Geld sparen und sie nicht Unsummen kosten. Bei Schäden reden wir schnell über mehrere Zehntausend Euro", sagt Seifert.

Innovation ohne smarte Prozesse und Tools

Heute hat der Handwerksbetrieb auch einen eigenen Vertrieb. Das ist ungewöhnlich, bietet aber Vorteile: Die Fachleute kontrollieren alle verbauten Komponenten und garantieren höchste Qualität. Es gibt keine Inkompatibilitäten. Live oder in 3-D auf der Website können sich Kunden zudem ansehen, wie ihre künftige PV-Anlage aussieht und funktioniert. Bevor Seifert seinen ersten Dachdecker einstellte, hatte er sich seine Branche angesehen und den Markt analysiert. Die Idee, die daraus entstand, war also sehr innovativ.

Naturwaerme.org Inh. Tony Seifert
63814 Mainaschaff
https://naturwaerme.org
Beschäftigte (D): bis 50
Baugewerbe/Handwerk

Geschäftsführer
Tony Seifert

Neue Materialien Bayreuth GmbH

Forschung für die Industrie von morgen

Sie entwickelt innovative Werkstoffe und energieeffiziente Verfahren für die industrielle Praxis: Die Neue Materialien Bayreuth GmbH ist eine außeruniversitäre Forschungseinrichtung mit Schwerpunkt auf Partikelschäumen, faserverstärkten Kunststoffen, neuartigen Metallpulvern und Polymer-Metall-Hybriden, auf Spritzgießverfahren und Umformtechnik sowie additiver Fertigung mit Kunststoffen und Metallen. Der Innovationserfolg des Unternehmens basiert stark auf Open Innovation.

Thomas Alva Edisons Forschung zu Elektrizität und Elektrotechnik führte Ende des 19. Jahrhunderts dazu, dass erst ihm und dann der Welt ein Licht aufging. Strom, verstand Edison, braucht einen gleichmäßigen Widerstand aus fortlaufenden Fasern – also konstruierte er einen Glühfaden aus Wolfram. Bald begannen verschiedene Firmen, die Glühlampe zu vermarkten. „So ähnlich greifen wir heute Erkenntnisse aus der Grundlagenforschung auf und entwickeln Lösungen für die Industrie von morgen", sagt der Geschäftsführer Prof. Holger Ruckdäschel. „Kommerzialisiert werden sie dann von Partnern."

Enorm gut vernetzt

Beispiel Titan: Das Metall wird großteils in China abgebaut. Der Import kann geostrategisch heikel werden, die Gewinnung ist energieintensiv, und die EU und die USA haben Titan auf die Liste der kritischen Rohstoffe gesetzt. „Zugleich wird es in der Chipindustrie und der Luftfahrt- oder Medizintechnik dringend gebraucht", erklärt Ruckdäschel. „Darum arbeiten wir daran, Titan zu recyceln." Zahlreiche Kooperationen sorgen für den Technologietransfer zwischen Grundlagenforschung und angewandter Entwicklung: mit diversen nationalen wie internationalen Unternehmen aus verschiedenen Branchen und entlang der gesamten Wertschöpfung. Eine besonders enge Verbindung besteht zur Universität Bayreuth, die gleichzeitig Anteilseignerin am Unternehmen ist, und zum Bayreuther Gründerzentrum. Aber auch andere namhafte Forschungsinstitute gehören zu dem Kompetenznetzwerk.

Innovationspotenzial analysieren

Die Wissenschaftler arbeiten absolut marktorientiert, Innovationen sollen Kunden erfolgreich machen. Das geht nicht ohne kontinuierliche Weiterbildung, technologisch, aber auch zu Geschäftsmodellen oder Wertschöpfungsfragen. Experten im Haus bewerten zudem die Nachhaltigkeit von Lösungen. „Jüngst haben wir ein Verfahren entwickelt, bei dem Partikelschaumstoffe für Styroporverpackungen nicht mit Wasserdampf geformt werden, sondern durch elektromagnetische Strahlung. Denn damit lassen sich bis zu 90 % Energie einsparen", berichtet Ruckdäschel. „Weil wir so viele Technologien unter einem Dach vereinen, sind wir so schlagkräftig."

Neue Materialien Bayreuth GmbH
95448 Bayreuth
https://www.nmbgmbh.de
Beschäftigte (D): 51 bis 200
Neue Materialien und Werkstoffe

Geschäftsführer
Prof. Holger Ruckdäschel

noax Technologies AG

Verlässlich auch unter extremen Bedingungen

Ein Industriecomputer muss viel können – und noch mehr abkönnen: klirrende Kälte bis zu –30 °C und starke Hitze bis zu +55 °C sowie Staub und Schmutz, Nässe, Vibration, Öl und Säure. Die noax Technologies AG in Ebersberg bei München baut solche robusten Computer. Die Hightechgeräte made in Germany sind von sechs Seiten geschützt, haben ein helles LED-Display und einen Multi-Touch, den man sogar mit Handschuhen bedienen kann. Der Innovationserfolg des Mittelständlers gründet auch auf neu etablierten Prozessen.

„In einer Branche, die sich rasant entwickelt, innovativ zu sein, ist natürlich eine Herausforderung", sagt die Vorständin Verena Schechner. „Wir sind in der IT-Welt zu Hause, doch bei uns geht es nicht nur um Tempo, für unsere Kunden ist Zuverlässigkeit ebenso wichtig." Produktlinien werden nicht alle sechs Monate umgeworfen – im Gegenteil. Manche Kunden nutzen die widerstandsfähigen und zuverlässigen Computer des Mittelständlers bis zu 20 Jahre. Zuletzt konnten die Experten mehrere bedeutende Produktinnovationen realisieren.

Technik der nächsten Generation

Eine neue intuitive PCAP-Touch-Technologie garantiert höchste Berührungssensibilität und ermöglicht eine noch nicht da gewesene Präzision bei der Displaynutzung – auch an den Rändern und auch mit Handschuhen. Eine neue sogenannte Motherboard-Generation verbessert die Performance der Geräte. Ihr dreistufiges Wärmemanagement schützt vor Überhitzung, zahlreiche Schnittstellen passen sich den Kundenanforderungen an, und die Software „nSMART" hilft nicht nur, alle Einstellungen zu konfigurieren, sondern überwacht auch die Gesundheit des Panel-PCs, sodass Wartungen frühzeitig durchgeführt werden können. „Außerdem haben wir diverse Prozessinnovationen realisiert", ergänzt Verena Schechner. „Die Störungen der internationalen Lieferketten, verstärkt durch die Pandemie, haben dafür gesorgt, dass wir unsere Prozesse ganz neu gedacht, deutlich verschlankt und konsequent digitalisiert haben."

Prozesse auf neuem Level

Die Customer-Experience wurde verbessert, ein cloudbasiertes CRM-Tool optimiert Pre- und After-Sales-Prozesse, und eine neue Fehlerkultur wurde etabliert. Da man eine offene Kommunikation pflegt, ist das Vertrauen der Mitarbeiter gewachsen. Im Bereich Industrie-PCs ist noax heute Technologie- und Branchenführer. Mit einem speziell auf die Logistikbranche zugeschnittenen Produkt hat das Unternehmen einen neuen Markt erschlossen. Und die vielen Innovationen haben den Umsatz zuletzt um 40 % gesteigert. „Mit den neuen Boards haben wir ein ganzes Produktspektrum einmal gedreht", sagt Verena Schechner. „Es war wirklich eine spannende Zeit."

noax Technologies AG
85560 Ebersberg
https://www.noax.com
Beschäftigte (D): bis 50
Elektronik/Elektrotechnik

Vorständin
Verena Schechner

noris network AG

★★

Vom IT-Whitespace bis in die Cloud

Bei ihrer Gründung 1993 war die noris network AG mit Sitz in Nürnberg einer der ersten Internetservice-Provider. Heute ist sie eine inhabergeführte Aktiengesellschaft mit mehr als 500 Beschäftigten. Der Dienstleister für IT-Outsourcing, Managed Services, Cloud-Services, Colocation- und Finance-IT setzt auf nachhaltigen Erfolg statt auf schnellen Gewinn, wächst organisch und weist einen Umsatz von mehr als 150 Mio. Euro im Jahr aus. Hinter diesem Erfolg stehen eine starke Außenorientierung und optimal aufeinander abgestimmte Prozesse.

Eine schnelle Branche erfordert permanente Innovation. Darum haben sich die Nürnberger IT-Spezialisten mit Datenschutzforen, Finanzdienstleistern und Wirtschaftsverbänden vernetzt, zum Beispiel mit eco, Bitkom oder Gaia-X, der Gesellschaft für Datenschutz und Datensicherheit. „Durch den Austausch wissen wir immer genau, welche Themen und Trends die Branche bewegen“, sagt der Vorstand und Mitgründer Joachim Astel. „Und wir wissen, wo Potenziale und Entwicklungsmöglichkeiten für uns liegen.“

Gute Connections

Mit ihren Sparringpartnern diskutieren die Experten über neue Geschäftsmodelle und Produkte für ihre Kunden, die aus dem Bereich Banken und Versicherungen, Industrie, öffentliche Verwaltung und Software kommen. Das sind etwa Cloudlösungen, die im Gegensatz zu denen der bekannten US-Riesen Microsoft, Google oder Amazon-Web-Services europäischen Datenschutzstandards entsprechen müssen. Oder IT-Services, die vom Energieeffizienzgesetz, dem Data-Act oder dem Artificial-Intelligence-Act der Europäischen Union beeinflusst werden. Die ITler von noris gehen auf Messen und sprechen mit Kunden und Mitarbeitern. 2023 wurde ein Kundenbeirat gegründet: „Das Gremium besteht aus zwölf ausgewählten Kunden und gibt uns Feedback aus dem Alltag“, sagt Astel. „Das hilft, denn so konnten wir schon einige Services noch stärker auf den Kundenbedarf ausrichten.“

Perfekte Prozesse

„Neue Lösungen werden schnell implementiert“, sagt der Vorstand. „Schließlich entwickeln wir seit 30 Jahren auch Software, um unsere eigenen Prozesse stetig zu verbessern.“ Sämtliche Innovationsideen, die direkt oder auch über das Ideenmanagement eingehen, koordiniert der Vorstand. Das Produktmanagement steuert und initiiert Produktinnovationen und die Product-Roadmap im Zuge des Product-Steering-Committee. Und manchmal sind gute Ideen auch sehr simpel, sogar in einer komplizierten Branche: Jüngst schlug ein Mitarbeiter vor, in den riesigen Serverhallen Pfeile anzubringen, wie im Hotel, um nicht lange nach den entsprechenden Schränken suchen zu müssen. Gesagt, getan.

noris network AG
90471 Nürnberg
https://www.noris.de
Beschäftigte (D): über 200
Internet/Multimedia/
E-Commerce

Vorstände
Joachim Astel,
Ingo Kraupa und
Florian Sippel

PALLMANN GmbH

Die Hidden Champions der Parkettoberfläche

Im Jahr 1900 gründete Georg Pallmann eine Fabrik für Schuhcreme und Lederpflegemittel. Später erweiterte er das Sortiment und begann, auch Holzschutzmittel zu produzieren. Heute ist die PALLMANN GmbH Premiumanbieterin von Produkten und Systemen für die Oberflächenveredelung von Parkett. Sie beliefert Handwerker in 50 Ländern mit allem, was sie für Parkettoberflächen brauchen – ob es um Neuverlegungen geht, um Renovierungen oder um Werterhaltung. Seine starke Außenorientierung und seine Innovativität machen das Unternehmen so erfolgreich.

Parkett ist etwas Besonderes, findet der Geschäftsführer Stefan Neuberger. Holzböden sind nachhaltig, schaffen ein gutes Raumklima und bringen Charme in Wohnungen und Häuser: „Mit unseren Produkten werden Gründerzeitvillen renoviert, Böden in Schulungszentren veredelt, und im Berliner Gropius-Bau etwa, bringen sie die Räume mit einem Parkettboden in Rohholzoptik zum Strahlen." Dabei setzen die Spezialisten auf Nachhaltigkeit. So brachten sie 2014 ein lösemittelfreies Versiegelungssystem inklusive Grundierung und Fugenkitt heraus und 2022 die erste lösemittelfreie einkomponentige Parkettversiegelung.

Ein Gamechanger auf dem Parkett

Doch dann gelang den Laborexperten ein Coup. Schon vor 20 Jahren setzten sie mit ihrem Magic-Oil-Parkettöl einen Standard: Das Öl imprägniert, das Wachs schützt die Oberfläche, das Produkt ist lösungsmittelfrei und trocknet in zwölf Stunden durch. „Damals wurden wir ausgelacht, heute hat jeder Öl-Wachs-Gemische im Sortiment", sagt Neuberger. 2023 ist gelungen, die Rezeptur nachhaltig zu verbessern, indem man Leinöl aus China durch Hanföl aus Deutschland ersetzte. Der Hanf wird im Umkreis von 30 Kilometern angebaut, das Öl im Kaltpressverfahren in einer Ölmühle in der Nähe gewonnen. Bei der Produktion entstehen jetzt 60 % weniger CO_2. „Damit sind wir Technologieführer und setzen Impulse am Markt", erklärt der Geschäftsführer. „Auf diese Innovation sind wir wirklich stolz, und natürlich werden wir in Zukunft auch die Rezepturen anderer Produkte umstellen."

Regionale nachwachsende Rohstoffe nutzen

Das Innovationsteam arbeitet bei der Produktentwicklung gern mit Kunden zusammen – die sind schließlich Handwerker und bringen viel Sachkenntnis mit. Man kooperiert mit Parkettherstellern, tauscht sich im „Netzwerk Boden" aus, nutzt Synergien. Und es wird mit Experten ganz anderer Disziplinen über Innovationen diskutiert: Welche heimischen Pflanzen ließen sich noch nutzen? Könnten wir außer den Nüssen der Hanfpflanze auch Stiel und Blätter verwerten? Können wir mit Landwirten kooperieren, für die Ölpflanzen eine interessante Zwischenfrucht bei der Gründüngung sind? Stefan Neuberger ist begeistert: „Das ist eine absolut spannende Entwicklung!"

PALLMANN GmbH
97076 Würzburg
https://de.pallmann.net
Beschäftigte (D): 51 bis 200
Baugewerbe/Handwerk

Geschäftsleitung
Klaus Stolzenberger,
Stefan Neuberger
und Michael Röster

PRAENATAL Pränatalmedizin, Gynäkologie und Genetik (MVZ) GbR

★ ★ ★

Ein gutes Bauchgefühl

Medizinische Fachkompetenz ist das eine – Dr. Michael Schälike, der Leiter eines der größten inhabergeführten medizinischen Versorgungszentren in Deutschland, hat aber noch andere Qualitäten: Er erstellt Auswertungen und Big-Data-Analysen und denkt konsequent im Sinne all seiner Patienten. Das zeigen zum Beispiel die neu gestalteten Räumlichkeiten der Nürnberger PRAENATAL Pränatalmedizin, Gynäkologie und Genetik (MVZ) GbR. Was die Patientinnen hier erwartet, ist alles andere als der gewöhnliche Standard.

Die Zahl der Schwangerschaften in Deutschland geht zurück, die Zahl der Patientinnen des MVZ steigt hingegen. Das verwundert nicht, denn Dr. Michael Schälike hat mit seiner Geschäftspartnerin Dr. Heike Nelle in neue Praxisräume investiert, die jetzt nicht mehr medizinisch-steril wirken, sondern eine angenehme Wohlfühlatmosphäre verbreiten. Es ist ein Kompetenzzentrum, das werdende Mütter gern aufsuchen und in dem auch der Partner jederzeit willkommen ist, um etwa bei Ultraschalluntersuchungen dabei zu sein.

Die Zuweiserstatistik genau analysiert

Ein Schwangerschaftszentrum, in dem der Mensch im Mittelpunkt steht, ist im Falle der MVZ möglich, weil die wirtschaftlichen Zahlen stimmen und genügend Umsatz generiert wird, damit man überhaupt in eine Wohlfühlatmosphäre investieren kann. Das liegt unter anderem daran, dass der Praxisinhaber und Geschäftsführer Dr. Michael Schälike diverse Software-Tools selbst entwickelt hat, die die wirtschaftliche Performance seines Unternehmens aufzeigen und mithilfe deren Analyse verschiedene Prozessverbesserungen angestoßen wurden. So auch ein „Recall"-Konzept, das die Patientinnen automatisch an den Termin ihrer nächsten Vorsorgeuntersuchung erinnert. Vor allem durch die systematische Auswertung der Zuweiserstatistik bekam die Firma wertvolle Impulse. Dabei werden diejenigen Ärzte identifiziert, die Patientinnen, die eine spezialisierte Diagnostik oder Therapie benötigen, in das MVZ überweisen. „Wir konnten so unsere Kernkooperationspartner ausfindig machen, aber auch sehen, wo wir noch weiße Flecken haben", erläutert Dr. Michael Schälike.

Alle Ansprechpartner unter einem Dach

Außergewöhnlich sind aber nicht nur die Prozessverbesserungen und -innovationen. Innovativ ist auch das Praxismodell an sich: Durch die Kombination von Gynäkologie, Pränataldiagnostik und Genetik finden werdende Eltern alle Ansprechpartner gebündelt unter einem Dach. Hebammen und Gynäkologen aus ganz Nordbayern haben zudem kompetente Ansprechpartner und Mitbehandler an ihrer Seite. Medizinische Spitzenqualität, kombiniert mit Innovationskraft und Wohlfühlatmosphäre – ein Konzept, das aufgeht.

PRAENATAL Pränatalmedizin, Gynäkologie und Genetik (MVZ) GbR
90402 Nürnberg
https://www.praenatal.com
Beschäftigte (D): 51 bis 200
Gesundheitswesen

Geschäftsführer
Dr. Michael Schälike

TOP 100	TOP 100	TOP 100	TOP 100	TOP 100	TOP 100	TOP 100	TOP 100	TOP 100	TOP 100
TOP 100	TOP 100	TOP 100	TOP 100	TOP 100	TOP 100	TOP 100	TOP 100	TOP 100	TOP 100
TOP 100	TOP 100	TOP 100	TOP 100	TOP 100	TOP 100	TOP 100	TOP 100	TOP 100	TOP 100
TOP 100	TOP 100	TOP 100	TOP 100	TOP 100	TOP 100	TOP 100	TOP 100	TOP 100	TOP 100
TOP 100	TOP 100	TOP 100	TOP 100	TOP 100	TOP 100	TOP 100	TOP 100	TOP 100	TOP 100
TOP 100	TOP 100	TOP 100	TOP 100	TOP 100	TOP 100	TOP 100	TOP 100	TOP 100	TOP 100
TOP 100	TOP 100	TOP 100	TOP 100	TOP 100	TOP 100	TOP 100	TOP 100	TOP 100	TOP 100
TOP 100	TOP 100	TOP 100	TOP 100	TOP 100	TOP 100	TOP 100	TOP 100	TOP 100	TOP 100
TOP 100	TOP 100	TOP 100	TOP 100	TOP 100	TOP 100	TOP 100	TOP 100	TOP 100	TOP 100
TOP 100	TOP 100	TOP 100	TOP 100	TOP 100	TOP 100	TOP 100	TOP 100	TOP 100	TOP 100
TOP 100	TOP 100	TOP 100	TOP 100	TOP 100	TOP 100	TOP 100	TOP 100	TOP 100	TOP 100
TOP 100	TOP 100	TOP 100	TOP 100	TOP 100	TOP 100	TOP 100	TOP 100	TOP 100	TOP 100
TOP 100	TOP 100	TOP 100	TOP 100	TOP 100	TOP 100	TOP 100	TOP 100	TOP 100	TOP 100
TOP 100	TOP 100	TOP 100	TOP 100	TOP 100	TOP 100	TOP 100	TOP 100	TOP 100	TOP 100

Service Layers GmbH

Mehr als nur Standardanwendungen

In unserer digitalen Welt spielt im Business das Thema „digitale Identität" eine Schlüsselrolle. Eine Reihe von Anbietern bietet hierfür High-End-Software an. Doch nicht jedes Unternehmen ist mit einem Programm von der Stange zufrieden, da eigene Strukturen und Besonderheiten meist nicht adäquat abgebildet werden. Genau hier setzt die Service Layers GmbH an: Sie bietet State-of-the-Art-Lösungen für das Identity-and-Access-Management als Software-as-a-Service und macht sie individuell anpassbar.

Das Angebot des Mitttelständlers ist gewissermaßen nach dem Zwiebelprinzip aufgebaut. Das heißt, die Software ist in verschiedene Schichten, sogenannte Layers, aufgeteilt – und in jeder Schicht kann der Kunde eigene Spezifikationen und Applikationen einbauen oder von IT-Dienstleistern einbauen lassen. So etwa von der Muttergesellschaft der Service Layers GmbH, der iC Consult.

Vorreiter bei neuem Geschäftsmodell

Mit seinem Geschäftsmodell „private Software-as-a-Service" war das Unternehmen ein absoluter Vorreiter auf dem Markt. Erst später zogen andere Firmen nach, auch Großkonzerne wie Microsoft. „Je komplexer der digitale Anwendungsfall ist und je größer die Anzahl der digitalen Prozesse, desto schneller kommt man an den Punkt, an dem normale Software-as-a-Service, also die Nutzung eines Standardprogramms, nicht mehr funktioniert", erklärt der Geschäftsführer Heiko Hütter. „Die Plattform erlaubt es uns, Standardprodukte unserer Partner schnell, sicher, skalierbar und weltweit verteilt bereitzustellen. Hierbei bleibt unserem Kunden die volle Kontrolle über die Daten und Funktionen erhalten – aus Unternehmensperspektive ein signifikant strategischer Vorteil", ergänzt Andre Priebe, der Chief-Technology-Officer der Muttergesellschaft iC Consult. Mittlerweile arbeitet der Mittelständler für die ersten Adressen der deutschen Wirtschaft. Dank des Innovationserfolgs ist er kontinuierlich auf Wachstumskurs. Und er hat es geschafft, innerhalb von fünf Jahren profitabel zu werden, was für Softwareentwickler die absolute Ausnahme ist.

Weiter auf Wachstumskurs

Der Geschäftsführer Heiko Hütter ist gelernter Wirtschaftsinformatiker und hat die neuartige Plattform anfangs selbst mitentwickelt. Inzwischen kümmert er sich vorwiegend um strategische Fragen und betreut Schlüsselkunden. Zum Top-Management zählen auch Daniel Deckers als Product-Owner und der Cloud-Architekt Timm Hobbs. Zu dritt führen Hütter, Deckers und Hobbs die Service Layers GmbH in Richtung Zukunft und halten sie auf Wachstumskurs. Dabei verfolgen sie eine klare Strategie: das Produkt stetig verbessern, kontinuierlich neue Kunden gewinnen und den Fokus beibehalten.

Service Layers GmbH
80807 München
https://servicelayers.com
Beschäftigte (D): bis 50
IT-Entwicklung/-Beratung

Geschäftsführer
Heiko Hütter

Sozialbau Kempten steht für innovative Wohn- und Städtebauprojekte, etwa durch die Realisierung von Vollholzhäusern. Ein Fokus liegt auf intelligenten Lösungen zur Heizungssteuerung und Optimierung der CO_2-Bilanz.

Sozialbau Kempten Wohnungs- und Städtebau GmbH

★★

Schwammstadt-Prinzip und Urban Mining

Weiterbildung wird bei der Sozialbau Kempten Wohnungs- und Städtebau GmbH großgeschrieben. An durchschnittlich 15 Fortbildungstagen im Jahr befassen sich die Beschäftigten mit fachlichen Themen, schauen aber auch über den Tellerrand. Die Führungskräfte diskutieren in ihren Seminaren derweil strategische Fragen wie den Einsatz künstlicher Intelligenz. Ebenfalls außergewöhnlich: ein Prämiensystem, bei dem die Zahl der Verbesserungsvorschläge und ihr Innovationsgehalt in die Prämienhöhe einfließen.

Die Wohnungswirtschaft gilt als eher konservative und träge Branche; umso mehr lässt es aufhorchen, dass dieser Mittelständler in den TOP 100-Bewertungskategorien „Innovationsklima" und „Außenorientierung/Open Innovation" herausragend abgeschnitten hat. Ein Grund dafür: Zeit für Ideen, die allen Mitarbeitern während der Arbeitszeit zur Verfügung steht . Sie hat schon zu zahlreichen Neuerungen geführt, beispielsweise brachten engagierte Kollegen den Vorschlag ein, eine Krisenmanagementsoftware einzuführen, die im Notfall per Smartphone informiert.

Kooperation mit Brandschutzexperten

Wenn es um die Durchführung besonders innovativer Großprojekte geht, setzt die Firma häufig auf Co-Innovation. So errichtete sie im Allgäu ein einzigartiges siebengeschossiges Vollholzhaus, bei dem sogar die Aufzugschächte aus Holz gefertigt sind. Dabei kooperierte die Sozialbau Kempten mit einem innovativen Holzbauunternehmen und mit Brandschutzexperten der TU München. Ein weiteres Pionierprojekt, die Quartiersentwicklung Parkstadt Engelhalde, funktioniert nach dem Prinzip der Schwammstadt und basiert auf intelligenter Regenwassernutzung. Das Konzept wurde gemeinsam mit Architekten und Außenanlagenplanern entwickelt. In Zusammenarbeit mit aufgeschlossenen Baufirmen hat man zudem die Idee des Urban Mining erprobt: Es konnten 1.500 Tonnen Stahl und 30.000 Tonnen Beton als Unterbau für Straßen und Plätze im Quartier wiederverwendet werden.

Intelligente Heizungssteuerung und Smart Metering

Der Mittelständler ist ein echter Vorreiter in Sachen intelligente Heizungssteuerung und CO_2-optimierte Bewirtschaftung des Gebäudebestands – und setzt dabei verstärkt auf den Einsatz von Smart Metering. So engagiert er sich gemeinsam mit dem Allgäuer Überlandwerk und der Firma Techem in einer Reihe von Pilotprojekten zum Thema Smart- und Submetering. Dahinter steckt die Idee, die Abrechnung verschiedener Medien, beispielsweise Gas, Wasser, Fernwärme und Strom, auf einem einzigen Zähler zu bündeln. Gerade komplexe Innovationsprojekte schultert die Sozialbau Kempten oft nicht im Alleingang, sondern im Verbund mit innovationsstarken Partnern.

Sozialbau Kempten Wohnungs- und Städtebau GmbH
87435 Kempten
https://sozialbau.de
Beschäftigte (D): 51 bis 200
Wohnungswirtschaft

Die Geschäftsleitung
Martin Langenmaier und Thomas Heubuch

Swoboda Wiggensbach KG

Kommunikation über alle Ebenen hinweg

Man kann sie zwar nicht direkt sehen, aber die Produkte der Swoboda Wiggensbach KG sind in fast jedem zweiten Fahrzeug weltweit verbaut. Das international tätige Familienunternehmen, das seinen Hauptsitz im Oberallgäu hat, entwickelt und fertigt Bauteile für Lenkungs- und Getriebesteuerungen, Magnetbaugruppen sowie Steckverbinder. Es ist außerdem Entwicklungslieferant und Hersteller von Sensoren. Seit über 75 Jahren herrscht in der Firma ein gutes Innovationsklima mit strukturierten und erfolgsfördernden Innovationsprozessen.

„Wir trauen uns etwas." So beschreibt der Geschäftsführer Christian Göser das positive Innovationsklima im Betrieb. „Wir waren schon immer ein kompetenter Entwicklungspartner für die Automobilindustrie und werden dies auch mit den neuen Technologien für die Elektromobilität bleiben." Rund 4.000 Mitarbeiter an 12 Standorten weltweit schauen gern über den Tellerrand, wenn es darum geht, auch mal außergewöhnliche Kundenwünsche zu erfüllen.

Schneller zu Lösungen kommen

Das Thema Innovation ist dabei an mehreren Punkten innerhalb der Firma genau verankert: Das Team Technisches Innovationsmanagement bespricht Innovationen und Entwicklungen, die über das Tagesgeschäft hinausgehen. Das hierarchie-, funktions- und standortübergreifende Kernteam bearbeitet zudem vorab Fragen, damit die Lösungsfindungen in den einzelnen Fachabteilungen beschleunigt werden. „Die Aufgabe des Kernteams ist es, Hebelprojekte zu identifizieren, die Swoboda deutlich voranbringen und schnell spürbare Veränderungen bewirken", erklärt der Geschäftsführer Dr. Klaus Skrobanek. Gibt die Geschäftsleitung ihre Zustimmung, werden die Ideen mit den Fachabteilungen und mithilfe der Expertise von Kollegen aller Abteilungen realisiert. „Das gewährleistet eine regelmäßige Innovationskommunikation über alle Ebenen hinweg", erläutert Skrobanek.

Vorentwicklungen präsentieren

Damit die Auslandsstandorte schon früh über Strategien informiert sind, finden einmal im Jahr Technologietage mit sämtlichen Standortleitern statt. Die Entwicklungsabteilung präsentiert Vorentwicklungen, die Standortleiter können weitere Ideen dazu einbringen. Internationale Projekte über die weltweiten Standorte hinweg werden vom internationalen Bereich „Operational Excellence" in Wiggensbach geleitet. Eine Jury bewertet innovative Prozessverbesserungen und Optimierungen an den einzelnen Standorten. „So werden Innovationspotenziale gehoben und neu definiert, vor allem auf prozessualer Ebene", erklärt der Geschäftsführer Christian Göser.

Swoboda Wiggensbach KG
87487 Wiggensbach
http://www.swoboda.com
Beschäftigte (D): über 200
Automobilzulieferer
Fahrzeugbau

Geschäftsführer
Christian Göser und
Dr. Klaus Skrobanek

Technoblech GmbH

Automatisierung gegen Fachkräftemangel

Viele Unternehmen benötigen für ihre Produktion Einzelteile oder ganze Baugruppen aus Blech. Die Technoblech GmbH mit Sitz in Arnbruck in Bayern fertigt seit 1989 mechanische Blechkomponenten, zum Beispiel für die Medizintechnik, die Filmtechnik, die elektronische Industrie, die Labortechnik sowie den Maschinenbau. Das Thema Innovation ist vor allem im Top-Management angesiedelt: Der engagierte Geschäftsführer Ron Friedl hat immer wieder neue Ideen, wie er seinen Kunden auch bei komplizierten Aufträgen helfen kann.

Vom Industriemechaniker über den Meister und den Betriebswirt bis hin zum Servicetechniker sowie Konstruktions- und Produktionsleiter: Ron Friedl hat im Laufe seines Arbeitslebens viel Erfahrung im Bereich Sondermaschinenbau gesammelt. Für fast alle Probleme hat er eine passende Antwort parat. Und das, obwohl er erst seit zwei Jahren der Geschäftsführer der Technoblech GmbH ist. „Ein großer Kunde aus der Medizintechnik weiß unser Know-how besonders zu schätzen", erzählt Friedl stolz. „Schon in der Entwicklungsphase von neuen Produkten wendet er sich regelmäßig an uns, um zu erfahren, was bei unseren Komponenten technisch möglich ist."

Branchenkontakte nutzen

Inspirationen holt sich der Geschäftsführer, indem er auf LinkedIn die aktuellen Diskussionen seiner Branche stetig und mit Neugierde verfolgt. Alle wichtigen Veranstaltungen in der Umgebung und Fachmessen besucht er selbst. Außerdem hält er engen Kontakt zu einem Ableger der Fachhochschule Landshut, der dem mittelständischen Unternehmen als Partner bei innovativen Ideen zur Seite steht. Die wichtigsten Trends für seine Branche sind laut Friedl die Digitalisierung und die Automatisierung. „Um das Produktionsvolumen auch in Zukunft beibehalten zu können, brauchen wir automatisierte Prozesse, weil wir in den kommenden Jahren nicht mehr ausreichend Fachkräfte finden werden", sagt er überzeugt.

Schnelle Realisierung

Der Anfang ist gemacht: Die Lagerregale von Technoblech sind bereits mit RFID-Technologien ausgestattet. Sie melden per Gewichtsmessung selbstständig, wenn das Material zur Neige geht. In Kürze wird eine Maschine geliefert, die automatisch mit unterschiedlich großen Teilen beladen werden kann. Weitere Automatisierungen sind geplant. Für das Innovationsmanagement sind Ron Friedl und Daoud Belhaj-Hmida zuständig. Vor allem der Vertriebsleiter spürt, was die Kunden brauchen. „Ich realisiere vieles lieber direkt, statt lange zu planen", berichtet der Geschäftsführer. Damit begeistert er Kunden, Mitarbeiter und Gesellschafter immer wieder aufs Neue.

Technoblech GmbH
93471 Arnbruck
https://www.technoblech-gmbh.de
Beschäftigte (D): 51 bis 200
Metallverarbeitung

Geschäftsführer
Ron Friedl

Uponor ist ein internationaler Spezialist für Fußbodenheizung und Trinkwasserinstallation, für Heizung, Sanitär und Klimatisierung.

Uponor GmbH

★★

Sicheres Wasser für alle

Alles, was sie tut, dreht sich um Wasser: Seit mehr als 100 Jahren setzt sich die Uponor GmbH für hygienische Trinkwasserversorgung und für energieeffizientes Heizen und Kühlen ein. Mit Produkten der Gebäudetechnik bietet sie ihren Kunden zuverlässige, nachhaltige und komfortable Lösungen. Seit Kurzem ist das Unternehmen, das finnische Wurzeln hat, Teil der schweizerischen Georg-Fischer-Gruppe. Das Top-Management ist eng in die Innovationsprozesse eingebunden.

Die Produkte sind in einem Gebäude nicht sichtbar, aber sie sollen die Welt ein bisschen besser machen: Diese Mission ist essenzieller Bestandteil der Unternehmensstrategie von Uponor. „Wir streben kontinuierlich nach Lösungen, die unseren Kunden immer noch ein Stück weiterhelfen", sagt der Chief-Technology-Officer Thomas Fuhr. „Jede Neuerung muss den Kundennutzen erhöhen." Um im Führungskreis sowie in der gesamten Organisation den Fokus nochmals stärker auf das Thema Innovation zu legen, hat man zuletzt einen Chief-Innovation-Officer ins Führungsteam der Firma aufgenommen.

Prozesse optimiert

Gemeinsam mit der Unternehmensberatung Gartner wurden die internen Innovationsprozesse analysiert und optimiert. In diesem Zusammenhang hat das Top-Management auch die Investitionen in die Forschung und Entwicklung deutlich erhöht. Neue Ideen der Mitarbeiter fließen nun in ein digitales Innovationstool der F&E-Abteilung ein und werden anschließend von einem cross-funktionalen Team nach vorgegebenen Kriterien im Dialog bewertet. Darüber hinaus haben interne und externe Innovationsteams mehr Freiräume für mittel- und langfristige Innovationsprojekte erhalten. Und bei besonders schwierigen oder disruptiven Themen entbindet man Mitarbeiter teilweise von anderen Aufgaben, damit sie sich ausschließlich mit der neuen Idee beschäftigen können. „Wir ermutigen alle Kollegen, an unserem Innovationsprozess teilzunehmen", betont Thomas Fuhr.

Nachhaltige Lösungen

Der Aspekt Nachhaltigkeit steht bei allem im Vordergrund und ist fest in der Firmenstrategie verankert. „Unsere Vision ist es, ein anerkannter Marktführer für nachhaltige Gebäudelösungen zu werden", erläutert Fuhr. „Unser Produkt-, Service- und Lösungsportfolio ist darauf ausgelegt, auf die Veränderungen und Herausforderungen der kommenden Jahrzehnte zu reagieren." Dazu zählt der verantwortungsvolle Umgang mit der Ressource Wasser, das Sparen von Energie, aber auch das Thema Fachkräftemangel. Deshalb sollen die Produkte von Uponor künftig noch einfacher und schneller installiert werden können.

Uponor GmbH
97437 Haßfurt
https://www.uponor.com/de-de
Beschäftigte (D): über 200
Baugewerbe/Handwerk

Chief-Technology-Officer
Thomas Fuhr

WDT – Werner Dosiertechnik GmbH & Co. KG

Auf der Erfolgswelle schwimmen

Vor 40 Jahren erfand Dietmar Werner ein System zur Dosierung von Chlorgranulat. Heute ist die WDT Werner Dosiertechnik GmbH & Co. KG weltweit tätig: Sie entwickelt und produziert Mess-, Regel- und Dosiertechnik für die Desinfektion öffentlicher und privater Schwimmbäder sowie Steuer- und Attraktionstechnik für Wellnessbereiche. Das Top-Management setzt auf innovative Prozesse und orientiert sich beim Netzwerken und bei der Selbstdarstellung gern nach außen.

Der 80-jährige Dietmar Werner ist noch immer Teil der Geschäftsführung, das Tagesgeschäft liegt allerdings mittlerweile in den Händen der nächsten Generation. Dem Geschäftsführer Jochen Rieger, der das Unternehmen mit seinem Bruder Rainer leitet, liegt vor allem die Firmenentwicklung am Herzen: Zufriedene Mitarbeiter, eine Kultur der Offenheit und eine transparente Kommunikation sind ihm ein wichtiges Anliegen. Auch für das Thema Innovation fühlt er sich verantwortlich.

Mensch im Mittelpunkt

Noch heute profitiert Jochen Rieger von den Innovationscoachings, die er und sein Bruder als junge Führungskräfte durchliefen. Den Menschen in den Mittelpunkt zu stellen ist für ihn damals wie heute eine der wichtigsten Aspekte, um ein Unternehmen voranzubringen. Wissen zu fördern, Mitarbeiter weiterzuentwickeln und eine transparente Unternehmens- und Kommunikationskultur zu pflegen gehören ebenfalls dazu. Seine Innovationsstrategie: „Wir geben nur die Leitplanken vor. In denen können sich unsere Führungskräfte frei bewegen." Rieger ist darüber hinaus sehr aktiv in Unternehmerkreisen unterwegs und holt sich dort immer wieder neue Anregungen. Innovationsworkshops mit den Führungskräften und der Einsatz agiler Kreativtools sind für ihn weitere Ansätze, um frische Ideen zu generieren. Kunden und Lieferanten sieht er als Partner, mit denen gemeinsam Neues geschaffen werden kann.

Gut gelaunt und kompetent

Auch auf Messen wird das Thema Netzwerken gelebt: Gern präsentiert sich das Unternehmen auf Gemeinschaftsständen zum Beispiel zusammen mit Pumpen- oder Filterherstellern. „Dass wir uns als gut gelauntes und kompetentes Team zeigen, fällt den Besuchern immer wieder auf", berichtet Rainer Rieger. Das wirkt sich auch auf das Thema Nachwuchsgewinnung aus: „Wir finden aufgrund unserer positiven Außenwirkung in unserer Region immer sehr schnell gute Mitarbeiter. Selten müssen wir offene Stellen explizit ausschreiben." Auch hier zahlt sich der partnerschaftliche Gedanke aus.

WDT – Werner Dosiertechnik GmbH & Co. KG
86637 Wertingen
www.werner-dosiertechnik.de
Beschäftigte (D): 51 bis 200
Anlagen-/Maschinenbau

Geschäftsführer
Jochen Rieger, Dietmar Werner und Rainer Rieger

Wintergärten Gruber GmbH & Co. KG

Das Handwerk mit modernen Technologien stärken

Sie verbinden das Drinnen mit dem Draußen: Die Wintergärten Gruber GmbH & Co. KG in Ascha in Bayern beschäftigt sich mit rahmenlosen Schiebesystemen, Glas-Panorama-Fassaden und hochwertigen Wintergärten. Jeder Auftrag, ob für private oder gewerbliche Kunden, ist ein individuelles Werkstück und wird von den Experten selbst geplant, gefertigt und montiert. Die knapp 50 Beschäftigten wissen das lebhafte Innovationsklima, das auch ein Verdienst des engagierten Top-Managements ist, zu schätzen.

Vom Lehrling bis zum Meister – jeder bei Wintergärten Gruber arbeitet täglich an Verbesserungen oder Neuerungen. „Unsere Mitarbeiter wissen, dass es bei uns keinen Standard gibt, sondern jeder ständig seine Ideen einbringen kann", berichtet der Geschäftsführer Christian Gruber. Er leitet den Familienbetrieb in zweiter Generation, Unternehmensgründer war sein Vater Heinrich Gruber. Die kurzen Entscheidungswege sieht Christian Gruber als einen der größten Vorteile für eine schnelle und zielorientierte Realisierung von Innovationsideen.

Freiheit und Verantwortung

Gruber ist Metallbaumeister und kann deshalb bei Innovationsprojekten auch fachlich mitreden. Die enge Zusammenarbeit ganz ohne Hierarchiedenken ist ihm ein wichtiges Anliegen. „Unser gesamter Betrieb ist darauf ausgerichtet, stets Neues zu entwickeln und die besten Produkte zu liefern", betont der Geschäftsführer. Ausprobieren ist ausdrücklich erwünscht. Nicht selten kommt der Produktionsleiter schon mit einem fertigen Prototypen zur Geschäftsleitung, um seine Idee, bereit zur Ansicht, zu präsentieren. „Wir geben unseren Mitarbeitern die Freiheit, Verantwortung zu übernehmen", berichtet Christian Gruber. „Da wir die Ideenfindung täglich fördern und unterstützen, wir die Ideen dann möglichst gemeinsam im Team realisieren und so Innovation wirklich leben, haben wir einen sehr hohen Motivationsgrad unserer Mitarbeiter."

Keine Langeweile

Der Geschäftsführer sieht es als seine Mission, das traditionelle Handwerk zu stärken und mit modernsten Technologien zu verbinden. Auch wenn die Mitarbeiterzahl jedes Jahr um 10 % wächst, sieht er es als Herausforderung, auch künftig weiterhin gute Fachkräfte zu finden. Um den Nachwuchs schon früh für das Handwerk zu interessieren, veranstaltet das Unternehmen mit Viertklässlern Werkstatttage, an denen die Schüler mit Azubis an kleinen Projekten arbeiten. Gruber sagt abschließend: „Ich bekomme immer wieder das Feedback von unseren Mitarbeitern, dass es bei uns nie langweilig wird."

Wintergärten Gruber GmbH & Co. KG
94347 Ascha
https://wintergarten-gruber.de
Beschäftigte (D): bis 50
Baugewerbe/Handwerk

Die Unternehmerfamilie
Heinrich, Christian und Julian Gruber

TOP 100

TOP 100
TOP 100
TOP 100
TOP 100
TOP 100
TOP 100
TOP 100
TOP 100
TOP 100
TOP 100
TOP 100
TOP 100
TOP 100
TOP 100
TOP 100
TOP 100
TOP 100
TOP 100
TOP 100
TOP 100
TOP 100
TOP 100
TOP 100
TOP 100
TOP 100
TOP 100
TOP 100
TOP 100
TOP 100
TOP 100
TOP 100
TOP 100
TOP 100
TOP 100

Zengerle & Riederer Hörsysteme GmbH

Schön zu hören

Was kann ein Hörakustiker mehr bieten als Hörgeräte und Gehörschutz? Eine ganze Menge, wie die Zengerle & Riederer Hörsysteme GmbH beweist: In den zehn Unternehmensfilialen im Allgäu und in Oberschwaben setzt man auf innovative Beratung und Anpassung, sodass aus dem Besuch beim Hörakustiker ein Erlebnis wird. Die Abteilungen Innovationsmanagement und Business-Development schaffen es gemeinsam, dass im Haus ein gutes Innovationsklima herrscht und kreative Ideen in fruchtbare Prozesse geleitet werden.

2012 eröffneten die beiden Hörakustikmeister Christoph Riederer und Dominic Zengerle jeweils ein eigenes Geschäft. Fünf Jahre später beschlossen die zwei Freunde, sich zusammenzutun, um ihre Energie zu bündeln und Synergien zu nutzen. Seitdem haben sie viele Innovationsideen realisiert. So ist unter anderem die Stelle eines Innovationsmanagers geschaffen worden, der zusammen mit dem Kollegen aus dem Business-Development die Weiterentwicklungen im Unternehmen lenkt. Gemeinsam wollen sie ein positives Innovationsklima schaffen.

Niederschwelliges Angebot

„Der Austausch mit den Akustikern in den Filialen ist uns sehr wichtig, damit wir den Bezug zu den Kunden nicht verlieren“, betont der Innovationsmanager Enrico Gulisano. Einmal in der Woche fährt er deshalb in die Läden, um Verbesserungsvorschläge zu diskutieren. „Bei uns soll jeder niederschwellig seine Ideen einbringen können“, fügt Alexander Thal aus dem Business-Development hinzu. Ein virtuelles Whiteboard, auf das alle zugreifen können, dient dabei als Ideen-Hub. Einmal im Jahr gibt es einen Feedback-Workshop für alle Filialmitarbeiter. Hinzu kommen Young-Talent-Workshops für Auszubildende und Gesellen, damit auch Ideen der jüngeren Generation ins Unternehmen einfließen. „Wir gehen offen mit unseren Projekten um. Jeder weiß immer, woran wir gerade arbeiten, und kann sich einbringen“, sagt Enrico Gulisano.

Prototypen durch fruchtbare Prozesse

Im Innovationsprozess setzen die Verantwortlichen auf die Methode „Lean Start-up“: immer wieder Vorhandenes verbessern und Neues ausprobieren. So wurde der erste Prototyp für einen Vergleichstower, an dem der Kunde verschiedene Hörsysteme direkt im Laden testen kann, zunächst in der Hauptfiliale in Kempten installiert. Der überarbeitete Prototyp Nummer zwei ging dann an alle Filialen. In den dritten Prototypen flossen weitere Verbesserungsvorschläge ein. „Unsere Kunden werden jünger, und ihr Kaufverhalten ändert sich“, erklärt Alexander Thal. „Darauf stellen wir uns mit kreativen Ideen für das Kauferlebnis ein.“

Zengerle & Riederer Hörsysteme GmbH
87435 Kempten
https://www.zr-hoersysteme.de
Beschäftigte (D): bis 50
Optik/Akustik

Geschäftsführer
Dominic Zengerle und Christoph Riederer

Berlin Brandenburg

Die Zahl der goldenen Sternchen in den nachfolgenden Unternehmensporträts entspricht der Zahl der TOP 100-Auszeichnungen.

TOP 100

aconium GmbH

★★★★

Neuer Name für beständige Qualität

Ob Breitbandausbau, digitaler Zwilling, autonomes Fahren oder erneuerbare Energien – die aconium GmbH ist Expertin für zukunftsgewandte Projekte. Hinzu kommt eine eigene Akademie, die der Kundschaft für Schulungen, Präsentationen oder Veranstaltungen zu diversen Themen wie „eGovernment" und „digitale Bildung" offensteht. Neben dieser guten Außenorientierung sind es vor allem schlanke Innovations- und Entscheidungsprozesse, die zu einer starken Marktpräsenz des in Berlin ansässigen Mittelständlers beitragen.

Nach der Umfirmierung hat sich für die Kunden der aconium GmbH lediglich die Ansprache geändert – die Qualität bleibt erhalten. Das bedeutet für Kommunen, Regionalverbände und Unternehmen, dass der als „Kommunalversteher" bekannte Dienstleister in Berlin weiter zukunftsorientierte Lösungen für Breitbandinfrastrukturen, Geoinformationssysteme oder digitale Strategien für die Regionalentwicklung bietet. „Stark nachgefragt wird Back-End-Digitalisierung, also die komplette digitale Abwicklung von Verwaltungsprozessen", berichtet der Geschäftsführer Tim Brauckmüller.

Ad-hoc-Austausch bringt Innovationen voran

Um Verbesserungen oder neue Dienstleistungen voranzutreiben, setzt das Unternehmen auf Schwarmintelligenz: Ideen werden teamintern entwickelt und durch einen regelmäßigen Austausch zwischen Teamleitungen und dem Top-Management weitergegeben. Ergänzt durch zusätzliche Leitfragen, Leitfäden und regelmäßige gemeinsame Jour fixes der einzelnen Teams, erwiesen sich diese Innovationsprozesse als erfolgreich. Auch interne Veränderungen lassen sich auf diese Weise zeitnah realisieren. Tim Brauckmüller nennt beispielhaft die Ausgründung einer Funktionseinheit in eine strategische Taskforce sowie die schnelle Integration neuer Schulungen in die Akademie. Bei Software-as-a-Service-Produkten wird die interne Anwendungsentwicklung direkt in den Prozess integriert.

Vor Ort verankert

„Neben der Optimierung interner Prozesse ist es wichtig, Fragen von Partnern und Kunden aus den Regionen aufzugreifen und Lösungen vor Ort zu erarbeiten", sagt Brauckmüller. Hierbei unterstützen bundesweite Regionalbüros der aconium GmbH. Wenn etwa ein Landkreis eine stärkere Mobilfunkversorgung benötigt, wird dieses Thema zunächst in einem „Regional-Call", einem Austausch zwischen Experten und Stakeholdern des Landkreises, besprochen. Auch wird ein interdisziplinäres Projektteam für die Erstanalyse eingesetzt. So lässt sich der jeweilige Bedarf schnell erfassen und gemeinsam ein strategischer Lösungsvorschlag entwickeln.

aconium GmbH
10115 Berlin
https://atenekom.eu
Beschäftigte (D): über 200
Kommunikation/Marketing/Medien

Geschäftsführer
Tim Brauckmüller

alfred rexroth GmbH & Co. KG

Eigenverantwortung – der Schlüssel zum Erfolg

Aus dem Unternehmen heraus haben Matthias Wiese und Neda Seyedi vor drei Jahren die Führung der alfred rexroth GmbH & Co. KG in Berlin übernommen. Innerhalb kurzer Zeit schaffte es das junge Führungsduo, aus dem Sanierungsfall ein gut laufendes Unternehmen für Metallverarbeitung mit derzeit 110 Beschäftigten zu machen. Gleichzeitig erweiterten die beiden mit einem Masterstudium im Bereich Coaching und Führung ihre Kompetenzen für die neuen Aufgaben.

Ihre Angestellten zu eigenverantwortlichem Handeln zu motivieren – das ist eines der Ziele von Matthias Wiese und Neda Seyedi. Alle sollen mitgestalten. „Zu Beginn sind wir vor allem in den Dialog gegangen und haben zugehört, welche Verbesserungsvorschläge die Leute haben", berichtet das Geschäftsführerduo. Einmal im Monat zieht sich das gesamte Führungsteam einen Tag lang in ein Hotel zurück. Dort denkt man gemeinsam über die weitere Unternehmensstrategie nach. Dabei lassen sich die Geschäftsführer auch gern von guten Argumenten überzeugen.

Fokus auf der Generation Z

Ein zentraler Punkt für das agile Top-Management ist es, genügend gute Fachkräfte zu gewinnen. Deshalb beschäftigt es sich auch intensiv mit den Vorstellungen und Bedürfnissen der „Generation Z". Denn mit einer attraktiven Ausbildung hofft das Führungsduo, langfristig genügend Nachwuchs an ihr Unternehmen zu binden. Dafür investiert es Zeit und Geld: So wird zum Beispiel gerade die Werkshalle in 3-D gescannt. Bald können dann Schüler, Studenten oder interessierte Fachkräfte mit einer 3-D-Brille auf Messen oder am heimischen Computer virtuell die Maschinen bedienen und so einen Eindruck von der Arbeit bekommen. Für junge Menschen mit Migrationshintergrund organisiert das Top-Management Deutschkurse während der Arbeitszeit. „Da sind ganz tolle Leute dabei, die hervorragende Arbeit leisten", sagt Neda Seyedi. Es lohne sich, diese Mitarbeiter gezielt zu fördern.

Austausch mit anderen Unternehmen

Nachhaltigkeit liegt dem Führungsduo ebenfalls am Herzen. Der Berliner Mittelständler erzeugt ein Viertel (und bald sogar die Hälfte) seines Stroms per Photovoltaikanlage selbst – zusätzlich bekommt er beim Stromeinkauf von einem Energieberater Hilfe. Wärme aus der Laser-Schneidanlage geht ins Unternehmen zurück. Gleichzeitig unterstützen Wiese und Seyedi andere Gründer. Und das nicht nur mit Tipps, sondern auch bei der Erstellung von Prototypen. Solch vielseitiger Austausch, auch innerhalb von Unternehmensnetzwerken und bei Weiterbildungen, ist den beiden enorm wichtig.

alfred rexroth GmbH & Co. KG
12277 Berlin
https://alfred-rexroth.de
Beschäftigte (D): 51 bis 200
Metallverarbeitung

Geschäftsführer
Matthias Wiese und
Neda Seyedi

DZG Metering GmbH

Zähler für die Zukunft

Stromzähler gehören zu den Alltagsgegenständen, die in ihrer zeitlosen Funktionalität jeder Mode zu trotzen scheinen. Doch hinter den Kulissen der DZG Metering GmbH, der „Deutschen Zählergesellschaft“, treffen elektromechanische Klassiker auf neue digitale Standards. Mit einem modernen Messsystem für E-Mobilität erzielte der traditionsreiche Mittelständler einen Innovationserfolg, der nicht zuletzt das Ergebnis sehr gut strukturierter Prozesse ist.

Bis 2018 konzentrierte sich die DZG auf die Versorgung deutscher Energieanbieter mit Zählerprodukten nach nationaler Spezifikation. Durch die Entwicklung eines Gleichstrom-Messgeräts für Schnellladesäulen hat sich das Unternehmen nach hundert Jahren einen neuen Markt erschlossen. „Nach Zeiten des Umbruchs sind wir so wieder zukunftsfähig“, sagt der Geschäftsführer Ulrich Feldmüller.

Tradition trifft auf Innovation

Mit herkömmlichen Gleichstromzählern wird die eingespeiste Nettoleistung einer Ladesäule für E-Autos ungenau erfasst. Diese Feststellung war die Grundlage für Gespräche mit der italienischen Firma alpitronic, dem Marktführer für Schnellladesäulen. Gemeinsam entwickelten die beiden Unternehmen das wegweisende Gleichstrom-Messgerät „GSH01“, welches 2021 zugelassen wurde. „Wir sind alleiniger Hersteller dieses Geräts, das inzwischen in jeder zweiten Ladesäule in Europa verbaut ist“, berichtet der Geschäftsführer. Allein der Verkauf dieses Produkts ließ den Umsatz 2022 um 100 % steigen. Durch dieses Alleinstellungsmerkmal eröffnet sich dem Unternehmen außerdem erstmals ein weltweiter Markt. „Aktuell sind wir im Gespräch mit asiatischen sowie amerikanischen Kunden“, sagt Feldmüller. Deshalb wird an dem innovativen Zähler schon wieder stetig getüftelt, damit er später auch internationalen Standards entspricht.

Vorausschauende Planung

Um sicherstellen zu können, dass eine Produktentwicklung am Ende nicht am Markt vorbeigeht, wird der Vertrieb stets frühzeitig eingebunden. Die regelmäßige Erstellung eines Forecast-Plans und auch die Modellierung künftiger Anforderungen gehören zum festen Programm der Forschungsabteilung. Durch die Einbindung der Datenbank „EPLAN“ in das hauseigene ERP-System konnten Prozesse der Produktentwicklung zudem transparenter gestaltet werden. „Das nächste Ziel unserer Produktplanung ist der stringente Einsatz recyclingfähiger Rohstoffe im Herstellungsprozess“, sagt der Geschäftsführer. Auch mit dieser Zukunftsvision zeigt die DZG Metering GmbH, dass Innovation ihr kontinuierliches Markenzeichen ist.

DZG Metering GmbH
16515 Oranienburg
https://www.dzg.de
Beschäftigte (D): bis 50
Elektronik/Elektrotechnik

Geschäftsführer
Ulrich Feldmüller

ehotel AG

★★★★★★★★

Geballtes Wissen rund um Geschäftsreisen

Wenn Unternehmer und ihre Angestellten reisen, sind vorab andere Punkte zu klären als beim Jahresurlaub: Kann man schnell und nach Unternehmensrichtlinien buchen? Lassen sich Reisebuchungen in die eigenen Verwaltungssysteme einbinden? Die Berliner ehotel AG hat sich auf die besonderen Anforderungen von Geschäftsreisenden spezialisiert. Mithilfe neuer Technologien und Prozesse gelang ihr ein Innovationserfolg, der auch dank des Engagements und Ideenreichtums der Mitarbeiter realisiert werden konnte.

Seit mehr als 20 Jahren prägt die ehotel AG das Onlineangebot in Sachen Hotelbuchungen für Geschäftsreisende. Im Jahr 2000 war das Unternehmen eines der ersten, das mit der Wireless-Application-Protocoll-Technologie, kurz WPA, Hotelbuchungen über Mobilgeräte möglich machte. Auch heute noch ist es technologischer Vorreiter, wenn es um das schnelle Suchen und sichere Buchen von Hotels geht. „Über unsere eigens entwickelte Meta-Search-Technologie lassen sich mehr als sieben Millionen Hotelangebote durchstöbern", erklärt der Vorstand Fritz Zerweck.

Sortierte Fülle

Dieses Angebot ist weltweit einmalig, denn es bündelt die Vorschläge von Hotelvermittlern, Veranstaltern und Wiederverkäufern und lässt sich über eine Fülle intelligenter Filter schnell und übersichtlich sortieren. Unter anderem kann so auch nach Hotels mit E-Ladestation oder einem kostenfreien Transfer vom Bahnhof zum Hotel gesucht werden. Dazu bekommt man transparente Informationen über den CO_2-Fußabdruck eines Hotels. „Auch für Unternehmen spielt beim Reisen das Thema Nachhaltigkeit eine immer größere Rolle", sagt Zerweck. Genauso relevant ist die Möglichkeit, die eigenen Compliance-Richtlinien in die ehotel-Software einzubinden. Das Ergebnis für Kunden ist eine effiziente Buchungsabwicklung, die Zeit spart und Kosten reduziert. „Die kontinuierliche Verbesserung unserer Prozesse hat zu mehr Kundenzufriedenheit geführt und damit zu einem deutlich höheren Umsatz", ergänzt der Vorstand.

Mitarbeiter als Ideenquelle

Auf die Ideen seiner 45 Mitarbeiter kann sich Zerweck verlassen. Die meisten der 380 Vorschläge, die 2022 von ihnen kamen, konnten verwirklicht werden. Vor allem wurden damit interne Prozesse und die Zusammenarbeit mittels digitaler Tools angestoßen. Neue Ideen fördern auch die Kooperationen mit branchennahen Unternehmen. „Unsere gemeinsamen Projekte sollen Innovationen anstoßen, uns herausfordern und inspirieren", erklärt Fritz Zerweck. Denn auf die Reise in die Zukunft geht die ehotel AG am liebsten weiterhin als Pionierin ihrer Branche.

ehotel AG
10405 Berlin
https://www.ehotel.de
Beschäftigte (D): bis 50
Internet/Multimedia/E-Commerce

Vorstand
Fritz Zerweck

TOP 100

TOP 100
TOP 100
TOP 100
TOP 100
TOP 100
TOP 100
TOP 100
TOP 100
TOP 100
TOP 100
TOP 100
TOP 100
TOP 100
TOP 100

Nortal AG

Spitze in der digitalen Transformation

Estland ist ein Musterbeispiel in Sachen Digitalisierung. Nach der Unabhängigkeit musste das Land seine Verwaltung neu organisieren, so schnell und so schlank wie möglich, sprich digital. Der Gang zum Amt führt die Esten daher längst ins Internet. Auch bei der Cybersicherheit sind sie Weltspitze. In diesem Umfeld entstand die Nortal AG, die Kunden auf der ganzen Welt bei der digitalen Transformation begleitet. Der Erfolg des Unternehmens basiert nicht zuletzt auf einer starken Außenorientierung und natürlich auf konsequent digitalen Prozessen.

„Lebenslanges Lernen ist für uns Alltag", sagt der Vorstand Ole Behrens-Carlsson. Um Unternehmen und Regierungen zu unterstützen, sich in einer zunehmend komplexen Welt zurechtzufinden und dabei immer wieder Mehrwert durch eine intelligente Transformation ohne Reibungsverluste zu schaffen, benötigt man Wissen. Und dieses altert schneller denn je. Darum werden bei Nortal etliche Quellen und Formate genutzt, um Know-how zu sammeln, zu organisieren und allen Mitarbeitern zugänglich zu machen.

Das Eichhörnchen-Prinzip

Die Mitarbeiter besuchen etwa Kongresse und Messen. Sie hören und halten Fachvorträge, lesen und schreiben Whitepaper. Man pflegt ein großes Netzwerk, kooperiert mit Universitäten, Start-ups und nutzt Trendmonitoring. „Außerdem lernen wir von Kunden, Innovationspartnern und in unseren Projekten stets dazu, vor allem dann, wenn es internationale Projekte sind. Unsere Kollegen in den USA haben zum Beispiel einen Vorsprung in Sachen Cloud-Technologien", sagt der Vorstand. Der Wissenstransfer findet über das Intranet statt, über Meetingformate, aber auch über Projektplattformen und Schulungsangebote zu IT-Themen und zur persönlichen Weiterentwicklung. Damit bündeln die Experten Spezialkompetenzen und können je nach Anforderungsprofil entsprechende Projektteams zusammenstellen.

Den Vorsprung nach Deutschland bringen

Oft reisen Delegationen der deutschen Dependance, die ihren Sitz in Berlin hat, ins estnische Tallinn. Best Practices von dort beeinflussen Prozesse und die Organisation der deutschen Niederlassung. „Wir verfolgen in Deutschland einen ganzheitlichen Beratungsansatz, der den Erfolg unserer Kundenprojekte sicherstellt", erläutert Behrens-Carlsson. Auf der einen Seite stehen „Business Units", die über Fachwissen zu Branchen verfügen. Auf der anderen Seite verfügen die „Capabilities" über konkrete Fähigkeiten – von der Softwareentwicklung über das Prozessmanagement bis zum UX-Design. Durch permanenten Austausch legt man die Basis für die ergebnisorientierte Projektarbeit bei der Nortal AG. Die sorgt mit ihrer umfassenden Beratung dafür, dass Deutschland große Schritte in der digitalen Transformation macht.

Nortal AG
10719 Berlin
https://nortal.com/de
Beschäftigte (D): über 200
IT-Entwicklung/-Beratung

Vorstand
Ole Behrens-Carlsson

Otte Projektmanagement unterstützt Organisationen und neue Joint Ventures bei der Entwicklung und Umsetzung ihrer Projekte. Der Fokus liegt dabei auf dem Industrie- und dem Sonderbau, so auch bei der Zusammenarbeit mit dem DLR.

Otte Projektmanagement GmbH

★★

Ozeanriesen und Schnellboote

Es gibt Standardbauten und Sonderbauten. Sonderbauten sind beispielsweise Hochhäuser, Krankenhäuser, Schulen oder Forschungseinrichtungen. Die Otte Projektmanagement GmbH in Berlin berät seit mehr als 20 Jahren beim Bau von Sonderbauten für Forschung und Entwicklung und von industriellen Großanlagen, begleitet aber auch Forschungsexperimente. Mit fundiertem Wissen entwickeln die Spezialisten maßgeschneiderte Projektmanagementkonzepte. Ihre Innovativität gründet auf ihrem kreativen Unternehmensklima und ihrer Außenorientierung.

Das erste Treffen fand in einem Baucontainer statt. Ein Konzern, so hieß es, wolle seine Messverfahren für die Kerosinverbrennung aktualisieren und perspektivisch in die Wasserstoffverbrennung einsteigen. Der Geschäftsführer Martin Otte wusste lange nicht, um welchen Konzern es sich überhaupt handelte, alles war geheim. Das Deutsche Zentrum für Luft- und Raumfahrt e. V. (DLR) hatte ihn im Vorfeld kontaktiert und gefragt, ob man das Projekt gemeinsam entwickeln wolle. Er hatte zugesagt. Und deshalb stand er nun in diesem Container.

Innovationen geschehen lassen

„Wir bringen Menschen zusammen", sagt Otte, „um gemeinsam etwas Neues zu schaffen." Konzerne sind gemeinhin groß und schwerfällig. Die Berater hingegen sind wie Schnellboote unterwegs – und helfen den Riesen, Innovationen im Start-up-Tempo zu realisieren. Sie arbeiten agil, sind versiert in innovativen Methoden und Teambuilding, und sie sind geschult durch regelmäßige Kreativklausuren. Mit einem Tool, das sie in Anlehnung ans Design-Thinking für ihre Zwecke entwickelt haben, führen sie ihre Kunden durch einen User-Requirement-Specification-Prozess. Sie sammeln Wissen, arbeiten zentrale Aspekte heraus und machen sie zugänglich. Sie setzen partizipative Teams ein, priorisieren Verantwortung und sorgen für schnelle Entscheidungen.

Transfer zwischen Wirtschaft und Wissenschaft

„Innovation ist unerlässlich für den Geschäftserfolg", erklärt Martin Otte, „darum kooperieren wir mit Unis. Studenten der Steinbeis School of International Business and Entrepreneurship werden bei uns in Projekte integriert und von erfahrenen Beratern betreut." Umgekehrt sorgen die Studenten für einen Wissenstransfer und arbeiten wissenschaftlich zu Themen der Praktiker. Mit dem Team im Container brainstormten die Berater an jenem Tag übrigens auf neuen, digitalen Whiteboards: Vorne werden Ideen notiert, und von hinten kann ein Mitarbeiter passende Daten zuspielen. Nachmittags stand die Idee, nach fünf Monaten stand der Plan – im Mai 2024 begann die Realisierung des neuen Messgeräts für die optische Diagnose direkter Wasserstoffverbrennung im Bodenexperiment. Dies ist ein Beitrag für das Ziel, 2035 CO_2-frei zu fliegen.

Otte Projektmanagement GmbH
10629 Berlin
https://www.otte-pm.net/
Beschäftigte (D): bis 50
Unternehmensberatung

Geschäftsführer
Martin Otte

„Simultane
und agile Prozesse
sorgen auch
in der Forschung
für Tempo
und Bewegung.“

Martin Otte, Geschäftsführer Otte Projektmanagement GmbH (OPM)
Christian Fleing, leitender Ingenieur Deutsches Zentrum für Luft- und Raumfahrt e. V. (DLR)

Herr Otte, Sie sind Projektmanager, Herr Fleing, Sie sind Ingenieur beim DLR. Gemeinsam haben Sie mit einem Team aus Forschern und Triebwerksherstellern eine Innovation ermöglicht. Ihr Ziel war ein neues Messverfahren für die Kerosinverbrennung, um so die Wasserstoffverbrennung voranzutreiben. Was war Ihre größte Herausforderung?

Fleing: Meine größte Herausforderung war, dass wir die klassischen Entwicklungswege verlassen mussten. Vor 70 Jahren, als der Propellerantrieb durch den Jetantrieb ersetzt wurde, haben Wissenschaftler die Welt von einer Idee überzeugt, seither fliegen wir mit Triebwerken. Heute befinden wir uns in einer anderen Situation: Die Gesellschaft fordert Innovationen, die Menschen wollen CO_2-frei fliegen. Darum können wir nicht einfach ein Produkt technisch weiterentwickeln, sondern wir müssen ein gesellschaftliches Ziel in unsere Arbeit integrieren. Und wir müssen unsere Entwicklungsschritte hinterfragen: Sind sie zeitoptimiert, oder können wir sie beschleunigen? Die intrinsische Motivation hat sich geändert, und deshalb funktionieren klassische Werkzeuge nicht mehr.

Otte: Für mich war die größte Herausforderung die Detailtiefe, mit der wir ins Thema eingestiegen sind. Wir haben hier ja ein vollkommen neues technisches Gerät entwickelt. Als Nichtingenieure mussten wir das Thema fachlich durchdringen, und da hat mir schon manchmal der Schädel gequalmt. Zugleich lag darin auch eine große Chance. Denn die Fragen, die mein Team und ich gestellt haben, um die Technikdetails zu verstehen, haben die Ingenieure dazu gebracht, immer noch präziser und zugleich einfacher zu denken. So schälte sich die Idee heraus, das G-Modul zu entwickeln.

Das G-Modul ist ein Messgerät zur Abgasanalyse bei der Kerosinverbrennung. Was ist innovativ daran?

Fleing: Die Abgasanalysemethoden in der Luftfahrt haben sich in den vergangenen 20 Jahren nicht wesentlich verändert. Mit unserem neu entwickelten G-Modul und einer optischen Sonde gewinnen wir nun sehr viele ganz neue Messwerte. Sie werden den Stand der Wissenschaft völlig verändern, der Wissenszuwachs ist enorm. Das ist Innovation schlechthin: im Kleinen für die Messtechnik im DLR, im Größeren für die Produktentwicklung bei Triebwerks- und Flugzeugherstellern – und am Ende vor allem für das Klima.

Herr Otte, wie konnten Sie als Projektmanager bei dem Entwicklungsprozess helfen?

Otte: Mit Kommunikation, sprich: mit unserem Arbeitsprozess, unserer Fragetechnik und damit, dass wir simultan arbeiten. So nutzen wir Surface-Hubs, das sind elektronische Whiteboards, die von mehreren Seiten bespielt werden. Während wir eine erste Skizze erarbeitet haben, hat also ein Mitarbeiter Daten zugespielt, die uns geholfen haben, weiter in die Tiefe zu gehen. So konnten wir on the Job Ergebnisse darstellen und hatten dabei ständig direktes Feedback der DLR-Mitarbeiter. Die Überarbeitungsschleifen wurden immer präziser. Dieses Vorgehen schafft eine sehr hohe Konzentration. Darum sind wir auch schnell zu einem Ergebnis gekommen.

Fleing: Oft hat man ja eine Idee, und alle sagen: Das arbeiten wir mal aus, und in zwei Wochen treffen wir uns wieder. Beim nächsten Meeting fängt man quasi von vorne an, und irgendeiner sagt immer: Nee, so geht das doch nicht. Der Entwicklungsprozess zieht sich endlos hin. Bei diesem Projekt haben wir vom ersten Treffen und einer vagen Idee bis zur Investitionsentscheidung acht Monate gebraucht. Das ist unglaublich schnell. Das G-Modul wird jetzt gebaut und liefert dann Daten, die den Wasserstoffantrieb von Flugzeugen überhaupt erst möglich machen.

Wie blicken Sie heute auf den Projektmanagementprozess zurück?

Fleing: Wir stehen ja erst am Beginn einer Entwicklung. Aber künftig werden wir in der Lage sein, ein Kerosintriebwerk in ein Wasserstofftriebwerk zu transformieren. So können wir, gemeinsam mit unseren Partnern bei Triebwerks- und Flugzeugherstellern, dafür sorgen, dass das Fliegen umweltverträglicher wird. Wir können eine technische und gesellschaftliche Transformation begleiten. Das ist etwas, was mir als Mensch wichtig ist – und ich freue mich, dass ich auch als Techniker meinen kleinen Beitrag dazu leisten kann.

Otte: Wir bei OPM sehen uns als Ermöglicher. Mit unserem Prozessmanagement ermöglichen wir Geschwindigkeit und öffnen Räume für Neues. Das Projekt mit dem DLR hat gezeigt, dass auch in Wissenschaft und Forschung Innovationen in kurzer Zeit realisiert werden können. Das war eine tolle Erfahrung.

Wie Konzerne im Start-up-Tempo
Innovationen realisieren
können, schildern **Martin Otte** von OPM
und **Christian Fleing** vom DLR.

REISS Büromöbel GmbH

Arbeitswelten, die inspirieren

Innovationen entstehen in der Regel nicht am Reißbrett – sie werden getrieben von den Anforderungen aus der Praxis und durch Kooperation und Austausch. Das gilt auch für das Unternehmen, dessen Namensgeber und Gründervater einst das Reißbrett erfand: die REISS Büromöbel GmbH. Sie ruht sich aber nicht auf den Erfindungen der Vergangenheit aus, sondern investiert in neue Produktionsanlagen für die Losgröße 1 und schiebt Entscheidungen über Innovationsideen gar nicht erst auf die lange Bank. „Aktiv dranbleiben an Neuerungen" lautet die Devise.

Wenn ein Unternehmen langsam wächst, sind Prozesse und Logistik irgendwann nicht mehr optimal ausgerichtet. In solch einer Situation bedarf es manchmal einer Art Befreiungsschlag. Die REISS Büromöbel GmbH, die unter anderem in den TOP 100-Bewertungskategorien „Innovative Prozesse und Organisation" und „Außenorientierung/Open Innovation" überzeugt, hat 2020 eine neue, hochmoderne Möbelproduktion in Betrieb genommen. Diese arbeitet besonders energieeffizient und materialsparend. Sie ermöglicht es außerdem, fast vollautomatisch kundenindividuell zu fertigen, sogar in Losgröße 1, die sich auf die Herstellung von Einzelstücken bezieht.

Schnelle Entscheidungsprozesse

Sämtliche Innovationsprozesse bei dem Büromöbelhersteller koordiniert die Geschäftsleitung. Darüber hinaus gibt es mehrere Plattformen beziehungsweise Arbeitskreise, die Innovationen in ihrem speziellen Bereich besprechen und vorantreiben. Eine der Runden befasst sich mit Produktinnovationen, eine weitere mit Prozessinnovationen im Betriebsablauf und mit Neuerungen im IT-Bereich. „Mit diesen Runden, die sich regelmäßig treffen, stellen wir sicher, dass wir schnelle Entscheidungsprozesse haben. Es bringt nichts, nur zu überlegen, aber nicht zu entscheiden", betont der Geschäftsführer Hans-Ulrich Weishaupt. Ergänzend dazu werden über eine Intranetplattform Themen und Ideen gesammelt und kategorisiert. Interessante Vorschläge, die dort auftauchen, werden in den verschiedenen Innovationsrunden aufgegriffen und weiterverfolgt – oder sie münden in Projektarbeiten für Auszubildende oder Studenten.

Kooperation mit Architekten und Designern

Bei seinen Produktinnovationen achtet die Firma nicht nur auf Funktionalität, sondern auch auf Optik und Design. Die enge Kooperation mit Architekten und Designbüros zeichnet ihre Entwicklungs- und Konstruktionsabteilung aus. In Zusammenarbeit mit renommierten Designern entstehen einzelne Produktideen und neuartige Produktserien sowie Bürowelten. Damit ist REISS seiner Zeit oft ein Stück voraus. Aber das war 1903 ja nicht anders, als Robert Reiss sein Patent für das Reißbrett erhielt.

REISS Büromöbel GmbH
04924 Bad Liebenwerda
https://www.reiss-bueromoebel.de
Beschäftigte (D): über 200
Bürobedarf

Geschäftsführer
Hans-Ulrich Weishaupt

TOP 100

Smart InsurTech AG

Digitale Lösungen für den Versicherungsmarkt

Agile Softwareentwicklung ist eine Sache, aber wie gestaltet man ein ganzes Unternehmen agil? Indem man es nicht hierarchisch, zentral und bürokratisch organisiert, sondern holakratisch. Und indem man die Entscheidungen nicht von oben nach unten trifft, sondern dezentral an bestimmte Rollen und Teams delegiert. Die Smart InsurTech AG in Berlin setzt seit 2018 auf eine holakratische Organisationsform und verbindet sie seit 2020 zusätzlich mit der Arbeitsweise „Mobile first".

Innovative Software für die Versicherungswirtschaft, die die Versicherer, die Makler und die Endkunden miteinander verbindet: Das ist das Kerngeschäft dieses Unternehmens, das vor allem in den TOP 100-Bewertungskategorien „innovative Prozesse und Organisation" und „innovationsorientiertes Top-Management" überzeugt. Die Smart InsurTech ist eine Tochter der Hypoport SE und arbeitet an digitalen Lösungen für den Versicherungsmarkt. Angesichts einer sinkenden Zahl von Versicherungsvermittlern, die immer größere Bestände zu betreuen haben, sind innovative digitale Datenlösungen und Automatisierungen für die Branche wichtiger denn je.

Die Gesamtorganisation als Innovationstreiber

Als holakratische Organisation setzt die Firma nicht auf eine einzelne Innovationsabteilung, vielmehr versteht sie die Gesamtorganisation als Innovationstreiber. Das Ziel aller Beschäftigten ist es, die Prozesse bei den Kundenfirmen und auch intern stetig zu optimieren. Damit dies erreicht wird, hat Transparenz höchste Priorität: Wichtige Informationen zu Prozessen und Projekten sowie relevante Kennzahlen sind für alle Mitarbeiter jederzeit einsehbar. „Jeder kann genau nachvollziehen, was in welchem Bereich gerade passiert, mit welcher Priorisierung und mit welchem Erfolg. Das ist Teil unserer DNA", sagt der Chief-Sales-Officer Sebastian Langrehr. Entscheidungen werden nicht mehr an einem Knotenpunkt getroffen, sondern dezentral nach definierten Regeln. Wichtig dabei: die Einwandbehandlung nach dem Konsentprinzip. Vorschläge werden angenommen, wenn es keine schwerwiegenden Einwände gibt. Gibt es aber welche, müssen sie in die Vorschläge integriert werden.

Beratungsprozesse automatisieren

Die Innovationsziele sind vom Leitungsgremiun definiert: dem Markt das bieten, was er morgen und übermorgen braucht; Verwaltungsprozesse digitalisieren und Beratungsprozesse automatisieren; künstliche Intelligenz in der Versicherungswirtschaft mehr zum Einsatz bringen. Diese Ziele sind auch in der strategischen Ausrichtung verankert. Doch das Top-Management kann sie natürlich nicht allein erreichen, sondern nur mit seinem agil aufgestellten Team. Und bei allen Aktivitäten gilt stets: „Mobile first!"

Smart InsurTech AG
10557 Berlin
https://www.smartinsurtech.de
Beschäftigte (D): 51 bis 200
IT-Entwicklung/-Beratung

Chief-Sales-Officer
Sebastian Langrehr

Bremen/Hamburg
Mecklenburg-Vorpommern
Niedersachsen
Schleswig-Holstein

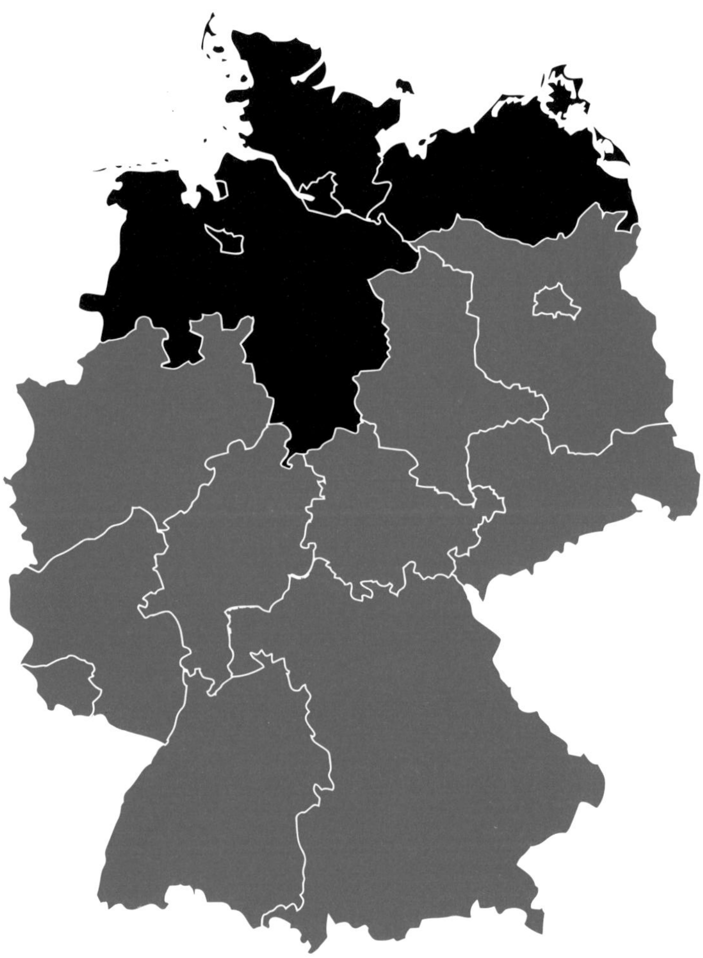

TOP 100

Die Zahl der goldenen Sternchen in den nachfolgenden Unternehmensporträts entspricht der Zahl der TOP 100-Auszeichnungen.

Bittrich & Bittrich Steuerberatungsgesellschaft mbH

Die digitale Kanzlei

Liegt es an der Feel-Good-Managerin oder an der hervorragenden Feedbackkultur? Fakt ist: Bei der Bittrich & Bittrich Steuerberatungsgesellschaft mbH bringen sich außergewöhnlich viele Mitarbeiter mit Ideen ein. Die Innovationskraft des Mittelständlers profitiert außerdem von automatisierten Prozessen, viel Agilität und jeder Menge Digitaltools. Damit zeigt sich die Firma besonders stark in den TOP 100-Bewertungskategorien „Innovationsklima" und „innovative Prozesse und Organisation".

Wer sich wohlfühlt, ist kreativer: Vielleicht ist das das Geheimnis hinter dem großen Ideenreichtum dieses Teams. Denn bei dem Steuerberatungsunternehmen kümmert sich eine Feel-Good-Managerin um die Wünsche und das schlummernde Potenzial in der Belegschaft. Dazu gehört, dass die Wohlfühl-Beauftragte neben Entspannung, Spaß und Austausch eine lebendige Feedbackkultur fördert. So werden jeden Monat alle Beschäftigten aktiv nach Verbesserungsvorschlägen gefragt und die Anregungen und Ideen systematisch ausgewertet: „Wir halten alle an, Prozesse und Abläufe zu hinterfragen. Daraus entstehen immer wieder neue Ideen, die das Unternehmen voranbringen", erklärt der Geschäftsführer Holger Bittrich.

Cloud und KI statt Stift und Papier

Diese blühende Innovationskultur wird ergänzt durch ein fünfköpfiges Technik-Team, das kontinuierlich nach digitalem Innovationspotenzial sucht und Neuerungen effektiv realisiert. Heute laufen deshalb alle Prozesse digital ab; das Team arbeitet mit Cloud, Big Data und künstlicher Intelligenz statt mit Stift und Papier. So liest etwa eine individuell angepasste Software Daten und Dokumente automatisch ein, sie erstellt Angebote und Rechnungen und bietet eine Vielzahl digitaler Analysetools. „Eine konsequente Digitalisierung ermöglicht ein ganz anderes Arbeiten, denn Informationen und Daten sind vernetzt und von allen schnell abrufbar. Das unterstützt eine herausragende Beratungsleistung", sagt der Geschäftsführer.

Flexible Teams, agile Methoden

Für eine erfolgreiche Steuerberatung kommen bei dem Mittelständler auch agile Methoden und Teams zum Einsatz: „Wir arbeiten in unterschiedlichen Konstellationen zusammen, um das maximale Know-how für einen Kunden zusammenzubekommen", sagt der Geschäftsführer. Agile Methoden wie Scrum, Design-Thinking oder Risiko- und Szenarioanalysen erhöhen zusätzlich die Flexibilität: „Diese Methoden bieten vor allem eine große Chance: Sie lassen uns noch mehr Zeit für die inhaltlichen Fragen unserer Kunden und steigern damit letztlich die Qualität unserer Beratungsleistung", betont Holger Bittrich.

Bittrich & Bittrich Steuerberatungsgesellschaft mbH
21335 Lüneburg
https://bittrich.de
Beschäftigte (D): 51 bis 200
Steuerberatung

Geschäftsführer
Dr. Holger Bittrich

blau direkt GmbH

★★★★★

Mehr Farbe bei Versicherungen

Die Versicherungsbranche in Deutschland hat ein eher graues Image. Die blau direkt GmbH will dieses Klischee umkrempeln, und zwar mit digitalen Angeboten. Der IT-Spezialist überzeugt unter anderem in der TOP 100-Bewertungskategorie „Innovationsklima" – mit einer gezielten Weiterbildung und einem erfolgreichen Ideenmanagement. Aber auch beim „Innovationserfolg" schnitt der Lübecker Mittelständler glänzend ab, denn als technologischer Vorreiter wächst er seit Jahren überdurchschnittlich schnell.

Cloudlösungen, digitales Datenmanagement, Endkunden-App: Seit Jahren mischt die blau direkt mit digitalen Angeboten das graue Image der Versicherungsbranche auf. Die Themen Chatbots und KI folgen bald: 2024 möchte das Team bereits eine Handvoll KI-Projekte realisieren. Damit zeigt sich die Firma als digitaler Pionier in einer traditionellen Branche und gestaltet den digitalen Wandel benutzerfreundlich.

[illegible]elfmade-Innovationen

[illegible]ür seine große Innovationskraft nutzt der IT-Spezia[illegible]st systematisch den Ideenreichtum seiner Mitarbei[illegible]r. Regelmäßig bringt das Team Vorschläge ein und [illegible]eleuchtet monatlich in interdisziplinären Stakehol[illegible]r-Meetings neue Themen und Trends. „Die Verbin[illegible]ng von [illegible]anchen-Know-how und IT-Wissen birgt in [illegible]serem [illegible] viel kreatives Potenzial", berichtet der [illegible]ief-Pro[illegible]t-Officer Marcel Canales. Dieses Poten[illegible]l erw[illegible]t die Firma durch Schulungen und Wei[illegible]bildu[illegible] für alle Beschäftigten. Neue Ansätze und [illegible]nkwe[illegible] fließen damit kontinuierlich ins Unter[illegible]nme[illegible]d es gibt große Freiräume, sich weiterzu[illegible]wi[illegible]. „Viele von uns wechseln auch zwischen Abteilungen und können dann ein Problem aus ganz neuen Blickwinkeln betrachten", sagt Canales.

Wie Spotify oder YouTube

Besonders viel seiner Innovationskraft steckte der Lübecker Mittelständler zuletzt in eine Kunden-App für Makler. Diese erleichtert die digitale Kommunikation, erfasst Verträge und Daten und generiert automatisiert Vorschläge. „Das Wichtigste für uns ist aber, dass die App unseren Kunden Spaß macht. Es soll kinderleicht sein, sich mit Versicherungs- oder Investmentthemen zu beschäftigen", erklärt der Chief-Product-Officer. Dafür hat das Team ein anspruchsvolles Design mit einer sehr hohen Nutzerfreundlichkeit kombiniert. Im Vorfeld hat sich das Unternehmen hierfür von beliebten Anwendungen und Plattformen, etwa Spotify oder YouTube, inspirieren lassen. Denn vor hohen Ansprüchen hat bei diesem Mittelständler niemand Angst. Und wer kann schon etwas dagegen haben, wenn die Versicherungsbranche sich künftig von einer farbenfroheren Seite zeigt ...?

[illegible]rekt GmbH
[illegible] Lübeck
[illegible]s://www.blaudirekt.de
[illegible]schäftigte (D): über 200
[illegible]inanzdienstleistungen/
Versicherungen

Chief-Product-Officer
Marcel Canales

Comparus GmbH

★ ★ ★

Digitale Ökosysteme statt Klein-Klein

Geschäftsmodelle digital weiterbringen: Mit einer passenden Strategie, innovativen Technologien und einer guten Software ist das möglich, wie die Comparus GmbH zeigt. Sie digitalisiert, transformiert und optimiert seit mehr als 20 Jahren Geschäftsprozesse – vor allem im Bankensektor. Mit einer neuen Plattform möchte der Mittelständler künftig ganze Branchen und Regionen in vernetzte Ökosysteme verwandeln. Und nutzt selbst für solche Innovationserfolge höchst agile Prozesse.

„In Deutschland ist das digitale Potenzial bei Weitem noch nicht ausgeschöpft", sagt der Geschäftsführer Dmitri Gamarnik. Gemeinsam mit seiner Frau Britta Gamarnik und seinem Team begleitet er Firmen bei der digitalen Transformation – von der Strategieberatung über den Einsatz agiler Methoden bis zur Migration von Geschäftsprozessen in die Cloud. Das Ziel: Unternehmen konsequent digital ausrichten.

Digital zusammen wachsen

Seine Produkte und Lösungen entwickelt der Mittelständler rasant weiter. Zuletzt mit der Idee, Branchen und Regionen auf einer digitalen Plattform effizient zu vernetzen und sie in ein agiles Ökosystem zu verwandeln. „Mit KI und Automatisierung wäre die digitale Zusammenarbeit mehrerer Unternehmen effizienter denn je. Alle Akteure könnten davon profitieren", sagt Britta Gamarnik. Die Idee mit dem Namen TiONA wurde auf Herz und Nieren getestet und ist mittlerweile erfolgreich im Einsatz. Die Geschäftsführerin glaubt daran, dass dem kollaborativen Arbeiten die Zukunft gehört: „Stellen Sie sich vor, Banken könnten mit Kunden, Partnern, Behörden und Steuerberatern über eine einheitliche Plattform kommunizieren sowie Dokumente automatisiert erstellen und austauschen. Die Kostenersparnis wäre enorm", erklärt Gamarnik. Mit TiONA fokussiert man sich aber nicht nur auf Branchen oder Regionen, vielmehr ist man für alles offen.

Innovationen im 10-Wochen-Takt

Für derartige Innovationen beobachtet das Team der Comparus GmbH hellwach aktuelle Trends und Paradigmenwechsel im weiten Feld der Digitalisierung. Zudem arbeiten die Angestellten sich ständig in neue Themen ein. Als agile, skalierte Organisation nutzen sie sogenannte Business-Technology-Standards, mit denen neue Ideen und Konzepte in die Unternehmensentwicklung einfließen. Zusätzlich managt der Mittelständler Innovation durch 10-wöchige, verbindliche Ganztages-Workshops. Im Anschluss setzen verschiedene Teams gezielte Maßnahmen um, die das Unternehmen für die darauffolgenden 10 Wochen voranbringen sollen. Da kann es ja nur noch in Richtung Zukunft gehen.

Comparus GmbH
22419 Hamburg
https://comparus.de
Beschäftigte (D): bis 50
IT-Entwicklung/-Beratung

Geschäftsführer
Dmitri und
Britta Gamarnik

Dextra FM GmbH & Co. KG

Mit der Zukunft im Reinen

Mit reinem Gewissen in eine nachhaltig saubere Zukunft? Kein Problem für die Dextra FM GmbH & Co. KG – ein konsequent grün eingestelltes Facility-Management-Unternehmen, das sich mit allen Aspekten des professionellen Reinigens auskennt. Dabei sind ökologische Lösungen das (Reinigungs-)Mittel der Wahl. Denn vor allem das Top-Management will für die Mitarbeiter und die Umwelt das Beste erreichen und hat damit einen Innovationserfolg für das Unternehmen erzielt.

Seit mehr als 20 Jahren sorgt der Facility-Dienstleister im Umkreis von Bremen und Bremerhaven für Ordnung und Sauberkeit – ob in Büros, neu gebauten Immobilien, in Fertigungsanlagen oder an Tatorten. Dabei sieht man sich als Vorreiter auf dem Gebiet der umweltfreundlichen Reinigung. Aufgrund der Verwendung biologischer Reinigungsmittel konnten berufstypische Erkrankungen der 250 Beschäftigten entscheidend minimiert werden. „Darauf sind wir stolz, denn das Fundament unseres Erfolgs sind unsere Mitarbeiter", sagt der Geschäftsführer Philipp-J. von der Heide.

Gesunde Einstellung

Dem Wohl seines Personals fühlt sich von der Heide in jeder Hinsicht verpflichtet. Ein Großteil seiner strategischen Überlegungen gilt daher Maßnahmen, die die mentale und körperliche Gesundheit seiner Mitarbeiter schützen. „Wir haben uns auch dadurch etabliert, dass wir Kunden ablehnen, die immer größere Flächen zu immer geringeren Preisen gereinigt sehen wollen", sagt von der Heide. Diese gesunde Einstellung zur Belastbarkeit der Mitarbeiter betrifft auch ihr Wohlbefinden. Vor allem der Einsatz der in der Vergangenheit üblichen petrochemischen Putzmittel gefährdet die Gesundheit der Reinigungskräfte. „Durch das Einatmen der Aerosole entstehen Atemwegserkrankungen und Allergien, bei Kontakt entzünden sich mit der Zeit Haut und Nagelbett", erklärt der Geschäftsführer. Seit 2017 verwendet Dextra FM deshalb nur noch biologische Reinigungsmittel, die mit externen Experten entwickelt worden sind.

Eine saubere Sache

Unter den beiden Markennamen „Cleaneroo" beziehingsweise „Clean Professional" gelingt eine gründliche Reinigung ohne Chemie, nur auf der Basis pflanzlicher Tenside und entmineralisierten Wassers. Der Innovationserfolg basiert vor allem auf einer Reduzierung der Krankentage: „20 Krankheitstage pro Jahr sind in der Branche normal, unsere Leute haben aber gerade einmal 6", berichtet von der Heide. Durch eine geschickte Organisation der Reinigungsrouten sparen die Mitarbeiter außerdem Zeit – ein weiterer Faktor, der das betriebliche Ergebnis verbesserte. So hat Dextra FM also gleich mehrere Gründe, mit sich und der Zukunft im Reinen zu sein.

Dextra FM GmbH & Co. KG
27568 Bremerhaven
https://www.dextra-fm.de
Beschäftigte (D): über 200
Immobilien/Facility-Management

Geschäftsführender Gesellschafter
Philipp-J. von der Heide

Dr. Markus Wolperdinger ist Leiter des Fraunhofer-Instituts für Grenzflächen- und Bioverfahrenstechnik IGB. Der promovierte Chemiker hat langjährige Erfahrung in der industriellen Biotechnologie, im Anlagenbau und bei der Translation wissenschaftlicher Erkenntnisse in die industrielle Realität.

Dr. Elke Präg ist wissenschaftliche Referentin der Institutsleitung des Fraunhofer IGB, Keynote-Speakerin und Autorin. Sie promovierte in den Neurowissenschaften und verfügt durch ihre selbstständige Tätigkeit in der Wirtschaft zudem über einen großen Erfahrungsschatz in der Wissenschaftskommunikation.

Nach der Digitalisierung nun die Biologisierung

Veganes Leder aus Pilzen, Plastik produzierende Bakterien oder ein auf lebenden Organismen basierendes Datenzentrum als Gegenentwurf zur Serverbank: Der Einfluss der Biotechnologie prägt das neue Zeitalter der Bioökonomie. Dies eröffnet innovativen Unternehmen die Chance, Produkte effizienter und nachhaltiger herzustellen oder sogar Produkte mit neuartigen Eigenschaften am Markt zu etablieren. Welches höchst umfangreiche Potenzial in der Bioökonomie steckt, erklären **Dr. Markus Wolperdinger** und **Dr. Elke Präg.**

Geringer Aufwand – schneller Ertrag: Pilze aus dem Labor wachsen mit wenig Energieeinsatz, brauchen kaum Platz und sind schon nach zwei bis drei Wochen nutzbar. Und sie können helfen, zum Beispiel tierfreies Leder herzustellen.

Neue Märkte erschließen, Kosten reduzieren, zusätzliche Kunden gewinnen ... Dies sind nur einige der Möglichkeiten, die die Bioökonomie zu bieten hat für Unternehmen, die bereit sind, umzudenken und in eine nachhaltige Wirtschaftsform zu investieren. Die Bioökonomie legt das Hauptaugenmerk auf die Abkehr von fossilen Rohstoffen wie Erdöl oder Erdgas und den damit verbundenen Abhängigkeiten von Importen und den bekannten negativen Auswirkungen auf unser Klima. Das Ziel der Bioökonomie ist es, vermehrt nachwachsende Rohstoffe sowie Abfall- und Reststoffe und sogar klimaschädliches Kohlenstoffdioxid (CO_2) als Basis einer nachhaltigen Wirtschaft zu nutzen. Dabei sollen nicht nur die Produkte hergestellt werden, die wir seit Jahrzehnten kennen, sondern auch solche, die zum Teil wesentlich bessere oder sogar neuartige Eigenschaften haben im Vergleich zu konventionell hergestellten Stoffen und Materialien.

Ein Beispiel hierfür sind Pilze beziehungsweise ihre Fasernetzwerke, das sogenannte Pilzmyzel, die helfen, unter anderem tierfreies Leder herzustellen. Dazu werden Reststoffe aus der Land- und Forstwirtschaft, etwa Schilfschnitt oder Sägespäne, als Wachstumsgrundlage für den Pilz genutzt und finden damit eine nachhaltige Verwendung. Pilze aus dem Labor haben viele Vorteile: Sie wachsen etwa mit wenig Energieeinsatz, brauchen kaum Platz und sind schon nach zwei bis drei Wochen nutzbar. Außerdem können die Eigenschaften des Materials während der Wachstumsphase kontrolliert und direkt gesteuert werden, wodurch sich ein auf die individuelle Nutzung ausgerichtetes Produkt in konstanter Qualität gewinnen lässt. Auf diese Weise kann auf umweltschädliche Chemikalien verzichtet werden, die beim herkömmlichen Gerben von Tierhäuten zum Einsatz kommen.

Fossile Rohstoffe ersetzen

Ein weiteres wichtiges Ziel der Bioökonomie ist die möglichst effiziente Verwendung der vorhandenen, aber meist nur begrenzt verfügbaren nachwachsenden Rohstoffe. Die Forschung untersucht derzeit, wie die hergestellten Materialien und Produkte in einen Nutzungskreislauf geführt werden können. So wird die Lebens- und Nutzungsdauer eines Produkts deutlich verlängert: von der Produktion über die mehrmalige Nutzung bis zu einer Wiederverwendung der Rohstoffe. Erst dann, wenn eine Rezyklierung nicht mehr möglich ist, kann eine andere Verwendung, zum Beispiel als Zuschlagstoff zu anderen Materialien, oder eine energetische Verwertung erfolgen. Damit wird aus einer biobasierten Bioökonomie eine zirkuläre Bioökonomie, und aus Abfällen werden wertvolle Rohstoffe, die weiter genutzt werden können.

Die Chancen, fossile Rohstoffe zu ersetzen, sind vor allem bei Kunststoffen sehr groß. Hier bietet sich unter anderem die Polymilchsäure (PLA) als Basis für vielfältige Produkte an, die klassische Kunststoffprodukte in ihren Eigenschaften sogar übertreffen können. Als umweltfreundliche Kohlenstoffquelle eignen sich Holzreste oder andere zuckerhaltige Stoffe und sogar CO_2. Biobasierte Kunststoffe aus PLA lassen sich etwa als Verpackungsmaterialien oder Verbundwerkstoffe nutzen. Werden sie mit natürlichen Fasern kombiniert, sind diese Produkte später innerhalb weniger Monate in industriellen Kompostieranlagen vollständig abbaubar und können so erneut zu einem Rohstoff für neue Materialien werden.

In der Bioökonomie werden unter anderem auch neuartige Biotechnologien eingesetzt. Dieser Begriff deutet bereits darauf hin, dass es sich hierbei um die Verbindung von Biologie und Technik handelt. Heute liefert die Natur jedoch nicht mehr nur das Vorbild für technologische Lösungen: Zunehmend werden auf Hochleistung gezüchtete Organismen aus der Natur in technologische Prozesse eingebunden, um biobasierte und nachhaltige Produkte zu erzeugen.

In der industriellen Biotechnologie spielen Mikroorganismen wie Hefen oder Bakterien eine große Rolle. Diese arbeiten, anders als in vielen etablierten chemischen Verfahren, überaus umweltfreundlich: Für ihr Wachstum genügt meist eine wässrige Nährlösung, und die in der Zelle stattfindenden Prozesse laufen bei Zimmertemperatur und unter Normaldruck ab. Dadurch wird die Produktion von komplexen Proteinen wie Enzymen, Hormonen oder Antikörpern nachhaltig, umweltschonend und kostengünstig.

Eng verbunden mit der Biotechnologie sind effizient arbeitende digitale Systeme. Ein Schlagwort ist hier der „digitale Zwilling", mit dessen Hilfe Prozesse am Computer simuliert und variiert werden können, um so kostenaufwendige Versuche im Labor zu reduzieren und dadurch Ressourcen und Zeit zu sparen. Und auch bei der Datenspeicherung und der Verarbeitung werden schon komplexe biologische Systeme wie die DNA genutzt, sodass es der synthetischen Biologie vermutlich in wenigen Jahren gelingen wird, mit den Bausteinen der DNA deutlich mehr Daten als bislang möglich über eine Zeit von mehreren Hundert Jahren zuverlässig zu verarbeiten und zu speichern.

Eine Technologie, mit der alle gewinnen

Essenziell für das Gelingen der Bioökonomie und der zugrunde liegenden biotechnologischen Verfahren ist die Übertragung der Forschungs- und Entwicklungsergebnisse aus dem Labor in den für die industrielle Herstellung relevanten Maßstab: der „Scale-up", die Skalierung von Prozessen. Dabei können erfahrene Partner mit der entsprechenden Kompetenz und Infrastruktur unterstützen. Genau hier liegt eine der Kernkompetenzen des Fraunhofer IGB.

Ein weiterer wichtiger Fokus der Bioökonomie liegt auf der Kommunikation mit der Gesellschaft und darauf, sie über die faszinierenden Möglichkeiten dieser neuen Wirtschaftsform zu informieren. Immer mehr Menschen wird bewusst, dass nicht nur ein Umdenken, sondern ein Neudenken unserer Lebensweise nötig ist. Damit entsteht für Unternehmen zunehmend die Notwendigkeit, umweltbewusst hergestellte Produkte anzubieten und ihre Produktionsverfahren entsprechend anzupassen.

Firmen, die die vielfältigen Potenziale der Bioökonomie erkennen, sind in der Lage, die dafür relevanten Entwicklungen frühzeitig anzustoßen und aktiv an Innovationen und Trends mitzuwirken. Sie richten ihre Strategien und Produktionen an einer zirkulären Bioökonomie aus und erhalten damit nicht nur bestehende Märkte, sondern sind auch unmittelbar an der Schaffung neuer Märkte beteiligt. Die zirkuläre Bioökonomie ist somit das grundlegende und richtungsweisende Konzept einer zukunftsorientierten, klimabewussten Wirtschaft, von der alle profitieren: die Unternehmen, die Umwelt und die Menschen.

enomyc GmbH

Silicon-Valley-Spirit in Hamburg

Wachstumsfinanzierung war der Auftrag – herausgekommen ist eine Frühwarn-App für Verkehrsteilnehmer. Von Hause aus Restrukturierungsberater, knien sich die Mitarbeiter der enomyc GmbH in jedes Mandat voll rein und überraschen auch mit ungewöhnlichen Vorschlägen. Neben der engen Zusammenarbeit mit Kunden, Technologiefirmen und Arbeitsgruppen ist das lebhafte Innovationsklima im Haus eine stetige Quelle der Inspiration. Der Direktor Franz A. Wenzel sieht in „Intrapreneurship" den Schlüssel zum Erfolg.

Begeistert sitzt Franz A. Wenzel auf seinem gelben High-End-Gaming-Stuhl. Der gebürtige US-Amerikaner erzählt von Immersed in Austin, Texas, einem Unternehmen, das ein besonderes 4-K-Headset entwickelt hat. Längst hat er es bestellt und mit seinen Kollegen bei enomyc ausprobiert: Man kann mit „Visor" Bildschirme an die Wand projizieren und von überall auf der Welt zusammenarbeiten – ein „Produktivitätsboost", so Wenzel. Er sieht sich und sein Team als Intrapreneure, als Unternehmer im Unternehmen.

Gemeinsam disruptive Technologien verstehen

Ihren Neigungen entsprechend engagieren sich die Hamburger Unternehmensberater in Organisationen wie dem Hanseatic Blockchain Institute. Sie vernetzen sich und versuchen herauszufinden, welche Auswirkungen disruptive Technologien auf die Geschäftsfelder ihrer Kunden haben könnten. Die Mitarbeiter werden „mehrwert- und interessenbasiert" gefördert, so beschreibt Wenzel das Innovationsklima. Das zahlt sich aus. So haben etwa die Finance-Kollegen eine Lösung dazu gefunden, wie sie sich gegenseitig besser vertreten können. Zudem hat man ein Tool kreiert, das an Sanierungsanforderungen angepasst ist, ein Kerngeschäft von enomyc. Auch auf die Initiative eines Kollegen geht die Implementierung einer Software zurück, mit der man Forderungsausfälle von über 4 % auf unter 1 % reduzieren konnte. Und daraus machte man dann flugs ein eigenes Produktangebot.

Um die Ecke denken

„Wir identifizieren uns mit den Inhalten der Kunden", erklärt die Geschäftsführerin Julia Hammer. Deshalb beschäftigt enomyc auch Fachleute aus Medizin, Luftfahrt oder Architektur. Oft erkennen sie brachliegende Potenziale – und packen an. So hat sich ein Berater mit dem Anbieter eines kamerabasierten Abbiegeassistenten auf den Weg gemacht. Aus der nur „sehenden Lösung" machte man eine „verstehende Lösung". Mitarbeiter fuhren dazu selbst durch Hamburg, um Gefahrenstellen ausfindig zu machen. Herausgekommen ist ein Frühwarnsystem, das Verkehrsteilnehmer mittels künstlicher Intelligenz vor Abbiegeunfällen mit Fahrrädern warnt. Eine saubere Lösung: Die Hamburger Stadtreinigung setzt sie bereits ein.

enomyc GmbH
20354 Hamburg
https://enomyc.com
Beschäftigte (D): 51 bis 200
Unternehmensberatung

Die Geschäftsleitung
Franz A. Wenzel und
Julia Hammer

Die Gebr. Schütt KG blickt auf eine langjährige Geschichte zurück. 1889 als Zimmerei gegründet, hat sich der Familienbetrieb zu einer leistungsstarken Baufirma mit internationalen Referenzen entwickelt.

Gebr. Schütt KG (GmbH & Co.)

★★

Wenn Immobilien mobil werden

Nichts ist mehr in Stein gemeißelt in der Bauwirtschaft. Längst hat die Branche damit begonnen, schon während der Errichtung von Gebäuden an deren Rückbau zu denken. Flexible Konzepte bieten zudem Raum für wechselnde Nutzungen. Mittendrin und offen für die Transformation ist die Gebr. Schütt KG. Der Geschäftsführer Tillmann Schütt betreibt den Holzbaubetrieb in fünfter Generation und macht sein Unternehmen fit für die aktuellen Herausforderungen. Die Innovationsagenda ist dabei in Modulen zusammengefasst.

Das Project-Management-Office ist der Thinktank der Gebr. Schütt KG. In Modulen, zum Beispiel Planung 4.0, Fertigung, Nachhaltigkeit, Personalmanagement und Digitalisierung, identifizieren interdisziplinäre Teams unterschiedliche Innovationsfelder und erschließen sie sich systematisch. Sie legen Handlungsschritte fest und prüfen alle zwei Wochen, wie weit sie gekommen sind. Das Unternehmen realisiert stetig die Transformation der ganzen Bauwirtschaft – wie der berühmte Elefant gegessen wird, nämlich indem man ihn in dünne Scheiben schneidet.

Bauen für die Kreislaufwirtschaft

Im Modul Planung 4.0 greift der Betrieb gesamtgesellschaftliche Themen auf und erhöht die Prozesssicherheit auf dem Bau: Hinter jeder Linie der digitalen Bauzeichnung liegen weitere Informationen. Klicken die Nutzer etwa auf eine Außenwand, sehen sie deren Aufbau – von der Wetterschale über die Folie und die Dämmung bis zur Grobspanplatte. Damit trägt das Projekt zur Kreislaufwirtschaft bei. Wird ein Gebäude in einigen Jahrzehnten rückgebaut, wissen die Beteiligten, was im Detail verbaut worden ist. Kurzum: Bauwerke werden zu Materialspeichern. „Wir bauen nicht mehr für Generationen und Jahrhunderte", erklärt der Geschäftsführer Tillmann Schütt. Gefragt seien Gebäude mit hoher Raumqualität, die wachsen und zurückwachsen. Für internationale Firmen im Bereich grüner Technologie, die sich in Schleswig-Holstein ansiedeln, baut der Betrieb temporäre Büroflächen und verdichtet bestehende Wohnbauten nach.

Digitaler Zwilling erhöht Sicherheit

Dem Personalmangel auf dem Bau begegnet das Unternehmen, indem es Teile, etwa Außenwandelemente, im Ganzen anliefert. So schafft man es, mit wenig Personal Gebäude entstehen zu lassen. Über eine intern entwickelte App rufen die Poliere und Bauhandwerker Bauzeichnungen auf dem Smartphone ab und greifen auf den stets aktuellen Plan zu. Im innovationsfördernden Klima der Gebr. Schütt zahlt die Digitalisierung so auf die Prozesssicherheit ein. Der digitale Zwilling ist über den ganzen Gebäudelebenszyklus Gold wert: Ein Blick in die digitale Datei genügt, um ausschließen zu können, dass der Strom ausfällt, weil an der falschen Stelle gebohrt wurde.

Gebr. Schütt KG (GmbH & Co.)
25572 Landscheide
https://www.schuett-holzbau.de
Beschäftigte (D): 51 bis 200
Baugewerbe/Handwerk

Geschäftsführer
Tillmann Schütt

Greenfield Industrial GmbH

Neue Perspektiven, aussichtsreiche Chancen

Flache Hierarchien und ein offener Austausch von der Projektassistenz bis zur Geschäftsführung kennzeichnen die Innovationsprozesse bei der Greenfield Industrial GmbH. Vom Standort Hamburg aus arbeiten die 15 Beschäftigten des Industrie- und Projektentwicklers gemeinsam an unterschiedlichsten Aufgaben – ob mit dem Ziel eines erfolgreichen Firmenfortbestands oder einer geordneten Geschäftsaufgabe: Die teils hochkomplexen Lösungen erarbeiten die Teams mit viel Sachkenntnis, Branchenexpertise und Fingerspitzengefühl.

Ein Firmeninhaber findet keinen Nachfolger, ein anderer kapituliert vor der Wirtschaftsentwicklung; ein Betrieb steht vor der Insolvenz, in einem anderen fehlen Möglichkeiten zur Liquiditätssteigerung – es sind sensible Themen, mit denen sich die Spezialisten der Greenfield Industrial GmbH befassen. Ihr übergeordnetes Ziel: mit Weitblick und Empathie chancenreiche Perspektiven schaffen. Der Fokus liegt auf Kreislaufwirtschaft: „Wir entwickeln Immobilien weiter, siedeln neues Gewerbe an oder kaufen Maschinenbestände an und vermarkten Assets weiter", sagt der Geschäftsführer Ron Alexander.

Präzises Urteilsvermögen, akkurate Entschlüsse

Schlanke Strukturen und kurze Entscheidungswege kennzeichnen die Prozesse der Beratungsfirma. „Alle im Team haben mehrjährige Branchenerfahrung und denken unternehmerisch. So können sie die vielschichtigen Projektphasen und Situationen treffsicher bewerten und im Sinne des Kunden handeln", sagt Alexander. Einen wichtigen Anteil am Gelingen der Vorhaben, also der Weiternutzung industrieller Vermögenswerte und Liegenschaften, hat ihm zufolge gegenseitiges Kompetenzvertrauen. Und die Gewissheit, bei sehr speziellen Sachverhalten zusätzlich auf die Expertise der gesamten Gruppe zugreifen zu können. Sie umfasst mehr als 80 Firmen. „Dass wir so viele Felder abdecken und ein Komplettpaket anbieten, ist eine Brancheninnovation in sich", sagt der Geschäftsführer.

Neue Ideen durch stete Kommunikation

Aus internem Austausch und Marktbeobachtung entstehen laufend Optimierungsideen – bisweilen auch größere, etwa der Einstieg in das Gebiet „Mergers and Acquisitions". Impulsgeber war ein Unternehmen, das einen Nachfolger suchte. Die Mitarbeiter von Greenfield Industrial besprachen die Situation im wöchentlichen „Huddle", einem Treffen, bei dem die Projektteams sich über den Status quo und über Neuigkeiten austauschen. Gemeinschaftlich entschieden sie, die eigene Firma ins Spiel zu bringen. So habe man sich erfolgreich in die Unternehmensgruppe integriert und damit auch Arbeitsplätze erhalten und Fachkräfte gewonnen. Seit Ende 2023 verstärkt zudem ein Online-Auktionshaus das Portfolio.

Greenfield Industrial GmbH
22525 Hamburg
https://greenfield-industrial.de
Beschäftigte (D): bis 50
Unternehmensberatung

Geschäftsführer
Ron Alexander

Greenflash GmbH

Partnerschaftlich zur Energiewende

Mit regenerativen Energiesystemen für Industrie und Gewerbe gestaltet die Greenflash GmbH mit Stammsitz im niedersächsischen Lingen die Energiewende aktiv mit. Die Kunden erhalten ihre Systeme schlüsselfertig aus einer Hand, auf ihren spezifischen Bedarf zugeschnitten – und erweiterbar. Zu diesem Zweck setzt das junge Team auf Open Innovation und bindet Partnerfirmen wie auch Auftraggeber nutzbringend ein. An den effizient organisierten Prozessen wirken alle knapp 50 Beschäftigten engagiert mit.

Es bedarf interdisziplinärer Expertise, um alle Energieerzeuger und -verbraucher zu einem dezentralem Energiekraftwerk intelligent zu vernetzen. Das Ziel eines solchen ganzheitlichen Energiekonzepts ist es, günstige und grüne Energie zu produzieren. Dieses kann etwa aus Speicher, Photovoltaik, Windkraftanlagen, E-Ladeinfrastruktur, Wärmepumpen sowie weiteren Komponenten bestehen. Die Greenflash GmbH setzt bei ihren inhouse entwickelten Systemen auf Synergien: Kompetenzen wie Ingenieursdienstleistung, Planung und Projektmanagement kommen aus dem eigenen Haus, die bauliche Realisierung leisten wiederum Subfirmen. Es ist eine gute, partnerschaftliche Außenorientierung, so der Geschäftsführer Johann Böker: „Wir stemmen Projekte stets als Gemeinschaft auf Augenhöhe. Jeder bringt sein Fachwissen ein."

Systematischer Austausch, stetes Lernen

Die effiziente Prozessorganisation dient auch der Weiterentwicklung: Was als Know-how im Unternehmen auftaucht, wird in der Greenflash-Academy verankert. Diese E-Learning-Plattform wird von Mitarbeitern mit Informationen zu ihren Projekten, aber auch weiteren Energiethemen befüllt. Zugleich schöpfen sie Wissen aus dieser Quelle. Alle bringen Innovationsideen ein und besprechen sie digital oder in wöchentlichen Präsenzmeetings. An „Visionstagen" tauscht man sich über Neuheiten der Fachbereiche sowie Erfolge aus. Impulsvorträge, zum Beispiel über den Klimawandel, schaffen einen zentralen, motivierenden Kontext. In Projekten arbeiten stets Fachleute aus verschiedenen Abteilungen mit, was Offenheit und Teamwork fördert.

Gemeinschaftlich zum Ziel

„Kundenreise" heißt die gezielt langfristige Interaktion zwischen den Beschäftigten und den Auftraggebern. Ihr Vorwärtskommen auf dem Pfad zur Energiewende endet für die Spezialisten aber nicht mit der einmaligen Realisierung einer Energielösung, wie der Geschäftsführer erklärt. Dem gesamten Team ist es ein Anliegen, die Kundschaft über Entwicklungen im bewegten Energiemarkt und datenbasiert auch über passende zusätzliche Erweiterungsmöglichkeiten ihrer Systeme auf dem Laufenden zu halten. Die Ziellinie zu einer CO_2-freien Industrie will man bewusst miteinander überschreiten.

Greenflash GmbH
49809 Lingen
https://green-flash.de
Beschäftigte (D): bis 50
Erneuerbare Energien

Die Geschäftsleitung
Cordula Dietrich,
Johann Böker
und Niklas Bärk

Heyne & Penke Verpackungen GmbH

Optimal verpackt in Folie und Papier

Knisternde Weingummitüten und bunte Bonbonverpackungen, Banderolen für Chipsdosen, aber auch Falteinschläge für Hygieneartikel: Die Heyne & Penke Verpackungen GmbH in Dassel in Niedersachsen bedruckt alle flexiblen Verpackungen. Sie ist einer der wenigen Komplettanbieter und wird mit immer neuen Anforderungen konfrontiert – aktuell vor allem im Hinblick auf die Nachhaltigkeit ihrer Produkte. Also nutzt die Firma die guten Ideen ihrer Mitarbeiter und schafft dafür ein inspirierendes und fruchtbares Innovationsklima.

Das Familienunternehmen mit knapp 200 Beschäftigten hat seinen Hauptsitz im niedersächsischen Dassel und bedruckt hier Papiere und Folien im Tief- und Flexodruckverfahren. Christoph und Peter Penke-Wevelhoff sind für die Geschäftsführung verantwortlich. „Für ein gutes Innovationsklima sorgen wir schon allein mit unseren flachen Hierarchien. Jeder aus der Belegschaft kann mit seiner Idee zu uns kommen“, erklärt Christoph Penke-Wevelhoff. Vor allem aus der Produktion und dem Vertrieb kommen immer wieder wertvolle Anregungen.

Es winken bis zu 25.000 Euro Prämie

Zuerst prüft ein neutrales Team aus verschiedenen Prozessbereichen sie auf Machbarkeit und berechnet potenzielle Kostenersparnisse. Bis zu 25.000 Euro Prämie winken dem Angestellten, der den Verbesserungsvorschlag eingebracht hat. „Eine solche monetäre Wertschätzung trägt dazu bei, dass sich unsere Angestellten sowohl über die Prozesse als auch über die Produkte Gedanken machen“, sagt Peter Penke-Wevelhoff. Wer dafür neue Ideen entwickeln und ausarbeiten sowie deren Realisierung prüfen möchte, hat die explizite Erlaubnis, während der Arbeitszeit im Internet zu recherchieren. Bis zu 10 % der Arbeitszeit dürfen dafür aufgewendet werden. Das Top-Management nutzt außerdem interne Screenings, um Wachstums- sowie Entwicklungspotenziale aufzudecken. Regelmäßige Weiterbildungen für die beteiligten Teams finden im Haus oder auch extern statt.

Gute Ideen entstehen auch beim Grillen

Alle drei Monate trägt ein Grillabend dazu bei, dass die Kollegen zwanglos ins Gespräch kommen. Auch hier ist schon so manche gute Idee entstanden. Dasselbe gilt für die Weihnachtsfeiern und Sommerfeste, die das Unternehmen im Wechsel organisiert. Doch damit sich diese Ideen dann auch zeitnah verwirklichen lassen, braucht man einen entsprechend modernen Maschinenpark. 10 Mio. Euro wird das Unternehmen hier allein 2024 investieren. Auch darin sieht die Geschäftsführung einen entscheidenden Beitrag zu einem guten Innovationsklima. Schließlich können Neuerungen vor allem dort schnell greifen, wo auf dem neuesten Stand der Technik gearbeitet wird.

Heyne & Penke Verpackungen GmbH
37586 Dassel
www.heynepenke.com/de
Beschäftigte (D): 51 bis 200
Druck/Papier/Verpackung

Geschäftsführer
Christoph und Peter Penke-Wevelhoff

Jacob Leitungsbau GmbH

Die Energiewende gestalten

Ob Strom, Gas, Fernwärme oder Datentechnik: Die Jacob Leitungsbau GmbH mit Sitz im niedersächsischen Hoogstede ist ein wichtiger Partner rund um alle Arten von Leitungsbau. Das Top-Management der Tiefbaufirma legt viel Wert auf Aus- und Weiterbildungsmaßnahmen für seine Mitarbeiter und beteiligt sie aktiv an unternehmerischen Entscheidungen. Digitale Tools und klare Strukturen prägen die Innovationsprozesse des erfolgreichen Mittelständlers.

Zum Erfolgsrezept dieses seit rund 50 Jahren bestehenden Tiefbaubetriebs zählen eine hohe Investitionsbereitschaft und die kontinuierliche Auseinandersetzung mit Zukunftstechnologien. So steht aktuell der Leitungsbau für Wasserstoff auf der Agenda des Top-Managements. Um sein Unternehmen zukunftsfähig zu machen, investiert der Geschäftsführer Thorsten Schlampp bis zu 100.000 Euro jährlich in die Weiterbildung und die Qualifizierung seiner Beschäftigten.

Kooperativer Führungsstil

Zur Gestaltung eines positiven Innovationsklimas hat das Top-Management einen kooperativen Führungsstil und flache Hierarchien etabliert, die bei Bedarf Gruppenentscheidungen erlauben. In Einzelfällen gibt der Geschäftsführer auch Unternehmenszahlen an die Mitarbeiter weiter, um den Erfolg oder Misserfolg von Maßnahmen aufzuzeigen. So entsteht eine tragfähige Basis für unternehmerisches Verständnis und für ein erfolgreiches Ideenmanagement. Auf dieser Grundlage entschied Thorsten Schlampp beispielsweise gemeinsam mit den Mitarbeitern über den Erwerb einer Anlage für horizontale Lenkbohrungen. Das Team stimmte mehrheitlich für den Kauf, man führte eine Analyse durch und investierte schließlich 600.000 Euro. Auch auf anderen Ebenen gilt das Gemeinschaftsprinzip, zum Beispiel beim Abwägen von Chancen und Risiken, beim Monitoring von Innovationsprozessen sowie im Controlling.

Digitaler Wandel

Um die internen Prozesse optimal zu strukturieren, hat man zahlreiche Arbeitsabläufe digitalisiert: Als einer der ersten Arbeitgeber in der Region führte die Jacob Leitungsbau ein mobiles Zeiterfassungssystem ein, das einer besseren Organisation der Aufgaben und zugleich der Arbeitssicherheit dient. Mit dem System melden sich die Mitarbeiter bei ihren Projekten an und ab, melden Fehlzeiten oder buchen Urlaub. Auch Bedienungsanleitungen für Maschinen oder Absperrpläne für Baustellen sind digital abrufbar. „Wir verfügen auf allen Ebenen über ein hohes Maß an Agilität, um die Energiewende zu realisieren und den Ausbau der Dateninfrastruktur voranzutreiben“, erläutert der Geschäftsführer zusammenfassend.

Jacob Leitungsbau GmbH
49846 Hoogstede
https://www.jacob-leitungsbau.de
Beschäftigte (D): 51 bis 200
Baugewerbe/Handwerk

Geschäftsführer
Thorsten Schlampp

Jungmann Systemtechnik GmbH & Co. KG

★★

Taktgeber im Kontrollraum

Kontrollräume entwickeln sich vor dem Hintergrund von KI, Internet of Things und Machine-Learning zunehmend zum Erfolgsfaktor. Ein Taktgeber für die dort eingesetzte Technologie ist die Jungmann Systemtechnik GmbH & Co. KG. Dieser IT-Spezialist eröffnet mit einem Technologiewechsel neue Zukunftsperspektiven. Seine Innovationsprozesse sind geprägt durch ein gezieltes Monitoring. Und die Beschäftigten können im Rahmen des innovationsförderlichen Betriebsklimas ihre Expertise kontinuierlich weiterentwickeln.

Mehr als 20 Jahre Expertise bringt der Systemtechnikspezialist in seine Innovationen ein: aus der Konzeption von Kontrollräumen für die Sektoren Industrie, Energie, Verkehr, Sicherheit und Big-Data-Center. Im Fokus seiner jüngsten Neuerungen stehen zusätzlich die Erfordernisse von Zukunftsmärkten wie Elektromobilität, erneuerbare Energien und immer komplexer gestaltete IT-Sicherheitssysteme. Auf diesen und weiteren Gebieten erfordern auch die Leitstände und die Kontrollräume, in denen alle Daten zusammenlaufen, ein höheres Niveau.

Mit Weltneuheit zur Innovationsführerschaft

Mit dem jüngsten Innovationserfolg, dem Produkt „JST MultiStreaming", ist nun eine Weltneuheit entstanden. „Damit bieten wir eine neue Stufe der Kontrollraumsteuerung, mit der wir zum Innovationsführer werden. Für diese Entwicklungsstufe haben wir einen Wandel vom Integrator zum Systemhersteller vollzogen, der eigene Software und Hardware kombiniert", sagt der Geschäftsführer Florian Rinck. Das System verschaltet alle Quellen des Leitstands flexibel über ein Netzwerk und erzielt dabei Voll- und Georedundanz. Damit können die Anwender zum Beispiel Fabriken mit mehreren Standorten über nur einen Kontrollraum steuern. Mittels der Präsentation flexibel wählbarer Inhalte als Multi-Anzeige lässt sich das System optimal auf aktuelle Szenarien und auch auf die jeweiligen Bediener abstimmen.

Expansion durch gute Prozesse

Um die extrem hohe Qualität der Kontrollraumsysteme gewährleisten zu können, beschäftigt die Jungmann Systemtechnik ausgebildete Kontrollraumspezialisten. Sie kommen je nach ihren individuellen Stärken zum Einsatz und können ihre Expertise kontinuierlich ausbauen. In die Entwicklungsprozesse sind Teams aus dem Produktmanagement, dem Software-Engineering und dem Aftersales involviert. Dabei kommt ein richtungsweisendes Produkt- und Umsatzmonitoring zum Einsatz. „Wir sind inzwischen optimal aufgestellt, um auch Kunden in der gesamten EU zu betreuen. Hier sind bereits erste Filialen geplant", berichtet der Geschäftsführer Stephan Wiese.

Jungmann Systemtechnik GmbH & Co. KG
21614 Buxtehude
https://www.jungmann.de
Beschäftigte (D): bis 50
IT-Entwicklung/-Beratung

Geschäftsführer
Stephan Wiese und
Florian Rinck

NSB Group

★ ★ ★

Volle Fahrt voraus

Eine Reederei ist ein Schifffahrtsunternehmen, das Schiffe verchartert oder für Transporte auf See anbietet. Ein Bereederer hingegen kümmert sich um das technische, kommerzielle und personelle Management von Schiffen. Die NSB Group in Buxtehude ist einer der größten Bereederer und hat 2022 einen Geschäftsbereich ausgegründet: die zero 2 one invest GmbH. Deren Geschäftsmodell ist es, neue Firmen zu gründen – immer angetrieben von einer starken und nachhaltigen Außenorientierung.

„Seit Juni 2022 haben wir schon fünf neue Firmen ausgegründet", sagt Christian Sinz, der Geschäftsführer der zero 2 one GmbH. „Jede entwickelt Lösungen für ein Problem in der Schifffahrt, das sich aber auch in anderen Branchen vermarkten lässt." Möglich wurde die Ausgründung durch einen Gesellschafterwechsel. Seither kann die Geschäftsführung freier und schneller entscheiden. Und weil sich damit auch viele Innovationsmöglichkeiten eröffneten, begann man, Kontakte zu Start-ups zu knüpfen.

Gutes Essen durch mehr Effizienz

Die Innovationskraft von zero 2 one sieht Sinz darin, dass die junge Firma das traditionelle Geschäft kennt und zugleich Innovationen zügig am Markt etablieren kann. Er und sein Team profitieren davon, dass die Firmengruppe als Co-Creation-Partner wahrgenommen wird: Investoren laden zu Netzwerk-Events ein, Gründer von Start-ups schärfen ihre Geschäftsmodelle. Zugleich gehen Sinz und sein Team auf Menschen und Firmen zu, die zu ihrem Profil passen. „Das ist wie bei einer Hochzeit", erläutert Sinz. „Wer eine Firma gründet, sollte harmonieren." Ein Beispiel für so eine gut funktionierende Ehe ist eine Ausgründung für die Versorgung von Schiffs-Crews. So kalkulierte der Caterer vor der Ausgründung, ob der Sack Reis in Kuala Lumpur 50 Cent preiswerter ist als in Singapur – erst dann wurde die Lieferkette optimiert. Jetzt fließen mehr Ressourcen in die Ernährung, und das Essen für die Besatzung ist besser.

Gemeinsam etwas besser machen

Schon länger verfolgt das Mutterhaus die Strategie, Mitarbeitern weitreichende Freiräume zu lassen. Verschiedene Bonus- und Anreizsysteme belohnen Verbesserungen, und die persönliche Weiterentwicklung wird gefördert. Die Ausgründung von zero 2 one setzt auf Intrapreneurship und gibt den Angestellten die Chance, wie Unternehmer im Unternehmen zu agieren. Die wesentlichen Treiber eines neuen Geschäftsmodells werden als Gesellschafter in den Gründungsprozess eingebunden. „Damit gelingt es uns, die Mitarbeiter all unserer ausgegründeten Firmen langfristig zu motivieren und zu binden", erklärt Tim Ponath, der Geschäftsführer der NSB Group.

NSB Group
21614 Buxtehude
https://nsb-group.com
Beschäftigte (D): 51 bis 200
Schifffahrt/Schiffsbau

Geschäftsführer
Tim Ponath

Orthopädie-Technik-Service aktiv GmbH

★★

Schritt für Schritt neue Ideen realisieren

Eine Orthese, ein Paar Einlagen oder andere medizinische Hilfsmittel direkt aus dem 3-D-Drucker? Das innovative Verfahren der Orthopädie-Technik-Service aktiv GmbH mit Sitz in Greifswald bietet neue Möglichkeiten in der Rehabilitations- und Orthopädietechnik. Sie nutzt sie in ihren 3 Werkstätten und 14 Sanitätshäusern in Mecklenburg-Vorpommern. Ein innovationsförderndes Top-Management und die manchmal auch etwas unkonventionellen Prozesse machen den Mittelständler so erfolgreich.

Eines Tages, es war im Jahr 2020, betrat ein Maschinenbaustudent die Orthopädie-Technik-Service aktiv GmbH. Im Rahmen seiner Masterarbeit wollte er einen 3-D-Drucker bauen und erkundigte sich direkt beim Geschäftsführer Frank Starkowski, ob er einen benötige. Starkowski fand den jungen Mann sympathisch und das Thema additive Fertigung interessant. Doch diese Technologie war teuer. Als der Student gehen wollte, fragte er, was das Ganze kosten solle. „Ungefähr 2.000 Euro, vielleicht 3.000 Euro." Der Geschäftsführer staunte, zögerte nicht lange und nahm das Angebot sofort an.

Smarte Einlegesohlen

Anfangs druckten die Spezialisten Prototypen oder kleinere Hilfsmittel wie Orthesen fürs Daumengrundgelenk. 2022 und 2023 nutzten sie diese Technologie jedoch intensiv, um radikale Innovationen zu entwickeln, etwa die weltweit erste smarte Einlegesohle. „Sie ist mit einem hauchdünnen und hochflexiblen Sensornetz ausgestattet, das die Temperatur der Fußsohle misst. So erkennen beispielsweise Diabetiker frühzeitig eine beginnende Entzündung", erzählt der Geschäftsführer. „Beim digitalen Fräsen fällt zudem viel Abfall an. Einlagen zu drucken spart daher auch Ressourcen." Zwei Tage die Woche beschäftigt sich das engagierte Top-Management ausschließlich mit dem Thema Innovationen, denn die Sensortechnik entwickelt sich rasant, und für die Versorgung der Patienten ergeben sich fast täglich neue Inspirationen.

Technik am Menschen – Technik für den Menschen

Die F&E-Abteilung greift die Ideen anschließend auf. Die Innovationsstrategie lautet: Konventionelle orthopädische Hilfsmittel mit Sensortechnik und Software verknüpfen und zu eigenen, nachhaltig marktfähigen Produkten entwickeln. Es gibt einen Rahmenplan, effiziente Tools, Budgets werden kalkuliert und Partner gesucht. „Wenn wir eine smarte Einlage bauen, haben wir nicht das Know-how, auch die zugehörige App zu entwickeln", sagt der Geschäftsführer. Die Hierarchien sind flach, die Strukturen klar. „Als Entwickler sind wir Macher und agieren auch mal etwas hemdsärmelig. Wir greifen gern zum Äußersten – wir reden miteinander", fügt Frank Starkowski zum Abschluss schmunzelnd hinzu.

Orthopädie-Technik-Service aktiv GmbH
17489 Greifswald
https://www.ot-aktiv.de
Beschäftigte (D): 51 bis 200
Medizintechnik

Geschäftsführer
Frank Starkowski

ray facility management group

★★

Ein 360-Grad-Blick auf Immobilien

Viele Unternehmen spüren es: Längst fehlen in Deutschland nicht mehr nur Fachkräfte, sondern Arbeitskräfte überhaupt. Wie macht man aus dieser Not eine Tugend? Die ray facility management group hat darauf reagiert, indem sie ihre Prozesse optimiert und wo immer möglich auf Automatisierungslösungen setzt, die sie zum Teil gemeinsam mit Lieferanten entwickelt. Aber auch die Kunden müssen überzeugt werden und bereit sein, die neuen Technologien zu akzeptieren.

Dieser Mittelständler ist aus einer vor 27 Jahren erfolgten Ausgründung hervorgegangen, die zu Beginn der Geschäftstätigkeit rund 300 Beschäftigte hatte. Mittlerweile beschäftigt der Unternehmensverbund, der alle Dienstleistungen rund um das Gebäude- und das Immobilienmanagement anbietet, mehr als 3.500 Mitarbeiter. Bei TOP 100 überzeugt die ray facility management group in der Bewertungskategorie „Außenorientierung/Open Innovation" – unter anderem, weil sie ihre Geschäfts- und Markenstrategie konsequent auf die Bedürfnisse der Kunden ausgerichtet hat.

Alle Dienstleistungen aus einer Hand

„Wir sind in den vergangenen Jahrzehnten sukzessive gewachsen. Zum Teil durch Zukäufe, zum Teil aber auch durch die Ideen und Wünsche unserer Kunden, denen wir nachgekommen sind", berichtet der Geschäftsführer Nils Bogdol. Gerade Großkunden, die Hunderte von Liegenschaften zu betreuen haben, legen Wert darauf, nicht Dutzende verschiedener Verträge abschließen zu müssen. Sie bevorzugen es, ein breites Spektrum an Dienstleistungen aus einer Hand zu erhalten: von der Gebäudereinigung über Industriewartung und Maschinenreinigung bis zu Wachschutz, Heizung-, Lüftung-, Sanitärtechnik und Hausverwaltung oder Arbeitnehmerüberlassung. Diesen Kundenwunsch erfüllt die niedersächsische Firma wie kaum eine andere. Um ihre Marktposition in Zeiten knapper Personalressourcen zu behaupten, setzt sie derzeit auf KI und Automatisierung. So ermöglicht etwa eine automatische Frequenzerfassung in Sanitäranlagen und Konferenzräumen es, die Arbeitskräfte genau dann einzusetzen, wenn tatsächlich Bedarf besteht.

Entwicklungspartner und Pilotanwender

Bei innovativen Robotiklösungen, zum Beispiel automatisch arbeitende und sich selbst wieder mit Wasser auffüllende Saugschrubbmaschinen, ist das Unternehmen oft Entwicklungspartner und Pilotanwender der Hersteller. Aber nicht nur die Lieferanten, auch die Kunden werden bei Innovationen mit ins Boot genommen. Denn sie müssen bereit sein, die Supporttechnologie vor Ort einbauen zu lassen, beispielsweise WLAN-Verbindungen und optische Sensorik. Echte Innovationen entstehen eben nicht im Alleingang, sondern durch Zusammenarbeit und Kooperation.

ray facility management group
49451 Holdorf
http://www.ray.de
Beschäftigte (D): über 200
Facility-Management

Geschäftsführer
Nils Bogdol

RIFTEC GmbH

Ein lohnendes Engagement

„Nur nicht stehen bleiben, nicht nachlassen, sich nicht ausruhen, weiter hungrig bleiben", das ist die Devise von Dr. Axel Meyer, dem Gründer und geschäftsführenden Gesellschafter der RIFTEC GmbH in Geesthacht. Das Unternehmen in Schleswig-Holstein, das er vor mehr als 20 Jahren zusammen mit zwei Kollegen aus einem Forschungsinstitut heraus gründete, ist ein Vorreiter in der Technologie des Rührreibschweißens – und überzeugt in den TOP 100-Bewertungskategorien „Innovationsklima" und „innovationsförderndes Top-Management".

Seit knapp zehn Jahren gehört der mittelständische Betrieb zur HAI-Gruppe, die über ein ausgeklügeltes KVP-System verfügt und von dem die RIFTEC GmbH ebenfalls profitiert: Die Mitarbeiter können ihre Verbesserungsvorschläge ohne großen Aufwand in ein niedrigschwelliges IT-gestütztes System einpflegen und erhalten daraufhin zeitnah und verlässlich eine Rückmeldung. Darin äußern sich die internen Gutachter konkret zum Einsparpotenzial des Vorschlags. Auf diese Weise erfahren die Mitarbeiter schnell, welche Prämie mit der Realisierung ihres Vorschlags jeweils verbunden ist.

Interdisziplinäre Zusammenarbeit

Für verwirklichte Ideen gibt es automatisch 10 % der Einsparungen des ersten Jahres als Prämie. Eine weitere Besonderheit des fruchtbaren Innovationsklimas: Die Technologen und Ingenieure haben enorme Freiräume, um in Absprache mit dem Top-Management Weiterentwicklungen oder Innovationen voranzutreiben und dabei interdisziplinär zusammenzuarbeiten. So entstehen mitunter sogar neue Prozessvarianten des Rührreibschweißens, die die Herstellung völlig neuer Bauteile ermöglichen. Mit einer jüngst neu entwickelten Variante können auch Aluminium und Titan verschweißt werden. Dies ermöglicht es, vollkommen neue Komponenten zu fertigen, die in der Satelliten- und Raumfahrttechnik zum Einsatz kommen.

Als Technologiepionier am Puls der Zeit

Der engagierte Geschäftsführer kommt ursprünglich aus der Helmholtz-Forschung und ist bis heute einer der Pioniere bei der Weiterentwicklung des Rührreibschweißen. Um am Puls der Zeit zu bleiben und auch um qualifizierte Mitarbeiter zu gewinnen, ist er in verschiedenen schweißtechnischen Fachverbänden tätig. So ist Meyer unter anderem der stellvertretende Vorsitzende der „Forschungsvereinigung Schweißen und verwandte Verfahren" beim Schweißfachverband DVS. „Ich möchte wissen, wer an welchen Themen forscht, und ich möchte die Forschung auch aktiv beeinflussen", erläutert er. Seine Vision ist klar: RIFTEC soll nicht stehen bleiben, sondern weiterhin Innovationsführer bleiben.

RIFTEC GmbH
21502 Geesthacht
https://www.riftec.de
Beschäftigte (D): bis 50
Anlagen-/Maschinenbau

Geschäftsführer
Dr. Axel Meyer

SALT AND PEPPER Holding GmbH & Co. KG

★★★

Mit Neugier und Leidenschaft

Unternehmen stehen vor der Notwendigkeit, sich zeitgemäß aufzustellen. Die SALT AND PEPPER Holding GmbH & Co. KG unterstützt ihre Kunden bei diesem Schritt. Der Mittelständler in Bremen ist jedoch mehr als nur ein Engineering- und IT-Dienstleister: Mit einem breiten Spektrum an Dienstleistungen in den Bereichen Produkt- und Organisationsentwicklung sowie Produktionsoptimierung ist er ein gefragter Fortschritts- und Veränderungspartner. Zudem bietet er maßgeschneiderte Lösungen für die Herausforderungen der modernen Wirtschaft.

Wer KI-Programme in Kundenprojekten einsetzt, tut gut daran, das Thema auch in der eigenen Firma entsprechend zu forcieren. Die Belegschaft der Bremer Unternehmensgruppe SALT AND PEPPPER, welche in den beiden Bewertungskategorien „Innovationsklima" und „Außenorientierung/Open Innovation" besonders überzeugt, treffen sich regelmäßig in internen „competence hubs". Dort beschäftigen sie sich mit neuen Technologien und Zukunftstrends, insbesondere im Bereich künstliche Intelligenz. „Alle unsere Ingenieure und Informatiker haben eine tiefe Leidenschaft dafür, Dinge neu zu denken und weiterzuentwickeln", sagt der Geschäftsführer Sven Scholz.

Fortschrittspartner der Industrie

Zum positiven Innovationsklima trägt auch ein differenziertes und umfassendes Weiterbildungsangebot bei. Die „SALT AND PEPPER Academy" bildet die Mitarbeiter kontinuierlich weiter, etwa zum Scrum-Master und zum Product-Owner sowie in den Methoden Design-Thinking und OKR. Denn als Fortschrittspartner der Industrie müssen die Ingenieure und IT-Spezialisten immer flexibel agieren und auf die neuesten Anforderungen der Märkte eingestellt sein. Schon bei der Auswahl neuer Angestellter achtet das Unternehmen auf vorhandenes Fachwissen, Technikbegeisterung, Kreativität und Neugier. „Unsere Kollegen brennen dafür, stets auf dem neuesten Stand zu sein. Als Early Adopter transferieren wir die neuesten Standards dann umgehend in die Abläufe unserer Kunden", sagt der Geschäftsführer.

Den Horizont erweitern

Ein weiterer Innovationstreiber ist der von SALT AND PEPPER initiierte Innovators-Club. In dieser offenen Ideenschmiede tauschen sich über 30 Unternehmen aus diversen Branchen regelmäßig über innovative Methoden und Technologien aus. Sie diskutieren über konkrete Use-Cases und über die Einsatzmöglichkeiten neuer Technologien und Softwareanwendungen. Dem Blick über den Tellerrand dienen auch die Fokusgruppentreffen des Innovators-Club, die im regelmäßigen Turnus von sechs Wochen stattfinden. Wer innovationsfreudig und neugierig ist, lernt einfach gern dazu. Und eine Möglichkeit hierzu ist der Austausch mit anderen.

SALT AND PEPPER
Holding GmbH & Co. KG
28359 Bremen
https://www.salt-and-pepper.eu
Beschäftigte (D): über 200
Unternehmensberatung

Geschäftsführer
Sven Scholz

Sennheiser electronic SE & Co. KG

Sounderlebnisse, die begeistern

Bei der Sennheiser electronic SE & Co. KG erfolgt das Scouting und das Monitoring neuer Technologien in einer eigenen Abteilung, die schon heute die Anforderungen antizipiert, die in ungefähr zehn Jahren auf die Kunden zukommen werden. Das „Future Technologies"-Team beobachtet gezielt innovative Technologiefelder und erstellt User-Szenarien. Diese Anwendungszenarien werden dann mit der Kundschaft iteriert, bevor über den Start eines Vorentwicklungsprojekts final entschieden wird.

Das 1945 gegründete Familienunternehmen, das sich in den vergangenen Jahren bewusst auf das professionelle Audiogeschäft fokussiert hat, überzeugt in den TOP 100-Bewertungskategorien „innovative Prozesse und Organisation" und „innovationsförderndes Top-Management". Es beschäftigt momentan knapp 300 Mitarbeiter im Bereich Forschung und Entwicklung. Innovative Spitzentechnologie in Sachen Hard- und Software wird in den kommenden Jahren weiter an Bedeutung gewinnen, denn Sennheiser hat seine Consumer-Sparte verkauft und fokussiert sich seit 2021 überwiegend auf die beiden Bereiche „Professionell Audio" und „Business Communications".

Professionelle High-End-Anwendungen

Die strategische Fokussierung ist vor allem den beiden Co-CEOs Daniel und Andreas Sennheiser zu verdanken, die gemeinsam mit dem Executive-Management-Board technologisch anspruchsvolle, professionelle High-End-Anwendungen in den Mittelpunkt der unternehmerischen Aktivitäten rücken. Ihr Ansatz ist es, die Bedürfnisse, die die Kundschaft in etwa fünf bis zehn Jahren haben wird, früh zu antizipieren und dafür modernste Technologien und Services zu entwickeln. Vor allem der Ausbau von KI-Anwendungen spielt dabei eine wichtige Rolle, aber auch ein Profilwechsel vom Produkt- zum Serviceanbieter von Cloudlösungen ist in vielen Bereichen denkbar. Wie wichtig das Thema Innovation für Sennheiser ist, zeigt sich auch daran, dass Markus Redelstab, der Chief-Technologie-Officer, seit 2023 Teil der Geschäftsleitung ist. Ein konsequenter Schritt, denn der Erfolg des Unternehmens fußt insbesondere auch auf seiner Technologieführerschaft.

Lab-X als Inkubator

Da viele Projekte weit in die Zukunft gerichtet sind, ist dem Beginn einer Produktentwicklung in der Regel eine Vorentwicklungs- oder Pilotphase vorgeschoben. Um sich neben den traditionellen Märkten auch neue Geschäftsfelder zu erschließen, hat das Unternehmen den Start-up-Inkubator „LabX" etabliert, der parallel zur Entwicklung und Vorentwicklung neu definierte Marktfelder aufbaut. Ein erfolgreiches Beispiel ist der neue Geschäftsbereich „Sennheiser Mobility". Auch hier fokussiert Sennheiser sich vorrangig auf die Anforderungen von morgen und übermorgen.

Sennheiser electronic SE & Co. KG
30900 Wedemark
www.sennheiser.com
Beschäftigte (D): über 200
Optik/Akustik

Chief-Technologie-Officer
Markus Redelstab

Stöbich Brandschutz GmbH

★★★★

Pionier im baulichen Brandschutz

Für öffentliche und gewerbliche Bauten gibt es strenge Verordnungen hinsichtlich des Brandschutzes. Die Stöbich Brandschutz GmbH verhindert mit ihren Produkten, dass sich Feuer und Rauch auf Förderanlagen ausbreiten können, die durch verschiedene Brandabschnitte laufen. Ihr textiler Brandschutz hingegen kommt etwa in Museen zum Einsatz. Der neueste Geschäftsbereich ist Brandschutz für Lithium-Ionen-Batterien. Das Thema Innovation ist stets beim Top-Management angesiedelt.

Der Unternehmensgründer Dr. Jochen Stöbich war ein Tüftler. Den Grundstein für seine Firma legte er 1980 mit der Entwicklung der ersten Brandabschottung für durchlaufende Fördersysteme. Danach folgten weitere Weltneuheiten. Nach seinem Tod 2021 führt das Top-Management seinen Gedanken fort: Das Thema Innovation ist weiter Chefsache. „Wir sehen Innovation heute allerdings nicht mehr nur rein als Erfindung neuer Produkte, sondern betrachten sie nun ganzheitlich über das gesamte Unternehmen hinweg", erklärt der Geschäftsführer Helmut Schaller.

Sponsor für gute Ideen

Helmut Schaller treibt seine Belegschaft immer wieder zu neuen Ideen an und initiiert unterschiedlichste Innovationsprojekte. Das können außer Produktneuheiten auch kreative Kundenlösungen mit bestehenden Produkten, eine interne Prozessverbesserung oder aber auch neue Geschäftsmodelle sein. Gemeinsam mit den Mitarbeitenden aus der Entwicklungsabteilung bildet die Geschäftsführung das Innovationsmanagement, „denn gute Ideen brauchen einen Sponsor, der sie unterstützt", erläutert Helmut Schaller. Verbesserungsvorschläge von Mitarbeitenden landen beim Produkt- und Portfoliomanagement, das die Einreichungen dokumentiert und zur Bewertung an den entsprechenden Bereich weiterleitet. 2023 sind weit über 540 Vorschläge eingegangen. Für den Geschäftsbereich Batteriesicherheit wurde zudem ein Thinktank etabliert, in dem über neue Technologien gemeinsam nachgedacht wird.

Geschwindigkeit beibehalten

„Nicht die Großen fressen die Kleinen – die Schnellen überholen die Langsamen", sagte einst der Gründer Dr. Jochen Stöbich. Deswegen ist das Thema Innovationen heute immer noch ein wichtiger Teil der Unternehmensstrategie. „Eine Herausforderung wird es für uns sein, unsere Geschwindigkeit beizubehalten und trotz Wachstum nicht träge zu werden", betont der Geschäftsführer. „Wir orientieren uns daher an der Arbeitsweise von erfolgreichen Start-ups mit Blick auf Kreativität, Diversität, Kollaboration, Entspannung sowie Fehlerkultur und Freiheit."

Stöbich Brandschutz GmbH
38644 Goslar
https://www.stoebich.com
Beschäftigte (D): über 200
Sicherheit

Geschäftsführer
Helmut Schaller

UNIBERG GmbH

Stabile Netzwerke

Der Ausbau des schnellen Internets ist für viele Branchen ein wichtiger Wirtschaftsfaktor. Für Organisationen oder Einrichtungen mit kritischer Infrastruktur sind zuverlässige Netze besonders wichtig. Die in Bebensee ansässige UNIBERG GmbH trägt mit ihrer Software dazu bei, dass der Transport von Informationen im Internet gesichert ist und dabei immer leistungsfähiger wird. Der Austausch mit vielen Akteuren sorgt für neue Ideen, die nicht selten in Innovationserfolge münden.

„Wir bauen das Internet in Europa mit aus." So fasst der Geschäftsführer Andreas Möller die Aufgabe seiner Firma zusammen. Gestartet ist die UNIBERG GmbH in Schleswig-Holstein Anfang der 1990er-Jahre mit dem Consultinggeschäft. Aus den Beratungen der Unternehmen ergeben sich auch heute noch etliche Softwareprojekte, die Lösungen für spezielle Kundenprobleme bieten. Gehörten früher ausschließlich Provider zu den Kunden des Mittelständlers, haben sich diese inzwischen auf die Industrie ausgeweitet.

Förderprojekt zur Baustellenoptimierung

In den vergangenen drei Jahren ist das IT-Unternehmen von knapp 30 auf 130 Beschäftigte aus 25 Nationen gewachsen. Ein Grund für das starke Wachstum ist die Neuausrichtung auf Förderprojekte von Bund und Land. „Für uns eine wahre Geschäftsmodellinnovation", sagt Möller. Derzeit arbeiten die Softwareexperten zum Beispiel in einem öffentlichen Förderprojekt zur 5-G-Baustellenoptimierung. Die Kombination aus 5-G-Netzwerken, Edge-Computing und künstlicher Intelligenz schafft flächendeckend robuste, einfach handhabbare sowie störungsfreie Verarbeitungs- und Netzwerkinfrastrukturen, wodurch viele Prozesse auf der Baustelle automatisiert und optimiert werden können. „Die Technologie kann überall dort gut genutzt werden, wo sich Produktionsumfelder und Personengruppen ständig ändern", fügt Andreas Möller hinzu.

Austausch mit vielen Akteuren

Außer UNIBERG sind Forschungseinrichtungen, Hochschulen und Unternehmen der Bauwirtschaft an dem Projekt beteiligt. Solch ein breites Netzwerk an Akteuren ist typisch für das mittelständische IT-Unternehmen. Es ist Mitglied in vielen Initiativen und Organisationen, die als Innovationstreiber in ihrem Bereich gelten. Zudem steht es bei vielen Projekten in engem Austausch mit der Politik. Nicht zuletzt werden die Kunden oft in Innovationsprozesse eingebunden, zum Beispiel, indem sie neue Produkte günstiger bekommen, wenn sie den Softwareexperten Rückmeldung geben. Das alles zeigt, dass das Netzwerk der UNIBERG GmbH mindestens so stabil ist wie die Datennetze ihrer Kunden.

UNIBERG GmbH
23816 Bebensee
https://uniberg.com
Beschäftigte (D): 51 bis 200
IT-Entwicklung/-Beratung

Geschäftsführer
Andreas Möller

Variotech GmbH

★★★★★★★

Konstante Fertigungsqualität

Wenn Produkte automatisiert gefertigt werden, müssen Bauteile in die Anlage eingeführt werden. Die Variotech GmbH in Nordhorn liefert dazu die passenden Werkstückträger. Dabei ist jedes Bauteil und jede Anlage anders, deshalb haben die Ingenieure keine Standardträger auf Lager. Aufgrund ihrer Expertise entwickeln sie immer wieder Innovationen, die die Kunden begeistern. Das gute Innovationsklima des niedersächsischen Mittelständlers ist bei jedem Projekt neu zu spüren.

Mal braucht ein Robotergreifarm Platz, um das Werkstück aus dem Träger zu heben, mal wird das Bauteil angesaugt. Mal ist es sehr abriebempfindlich, und mal braucht es eine spezielle Umgebungstemperatur. Bei jedem neuen Projekt gehen Ingenieure und Designer wieder auf die Suche nach der perfekten Lösung. Ihr neuester Innovationserfolg ist der „Polar Bear": ein Träger, der dafür sorgt, dass bei feuchtigkeitssensiblen Produkten das Kondensat direkt entweicht, sodass ein chemischer Korrosionsschutz sowie der nachfolgende Waschvorgang entfallen können.

Patentiertes Verfahren

„Viele Ideen bringen unsere Vertriebsmitarbeiter aus den Produktionshallen unserer Kunden mit", erklärt der Geschäftsführer Benedikt Fleig. Häufig fällt ihnen etwas auf, was noch verbessert werden könnte. So zum Beispiel jüngst bei der Wäsche von Bauteilen, für die die Variotech in nur sechs Monaten einen neuartigen Kunststoffträger entwickelte, der leicht zu bedienen ist. „Wir arbeiten bei unseren Neuentwicklungen auch immer eng mit unseren Kunden zusammen, oft bereits vor der Einrichtung einer neuen Anlage", sagt Fleig. Auch im eigenen Haus will man immer auf dem neuesten Stand sein. Automatisierung gehört dabei auf jeden Fall zum alltäglichen Geschäft. Für die effizientere Produktion eines besonders stabilen Werkstückträgers hat sich das Unternehmen das Herstellungsverfahren patentieren lassen.

100 % recycelbar

Ganz nach dem Motto „Versuch macht klug" bietet die Geschäftsleitung ihren Mitarbeitern zahlreiche Gelegenheiten, ihre Ideen einfach mal auszuprobieren. So können alle Beschäftigten an den zwei Firmenstandorten ihre Ideen über ein digitales Touchboard einreichen. Die Vorschläge landen direkt auf dem Schreibtisch der Geschäftsleitung, die sehr schnell darüber entscheidet. Bei der Grundlagenforschung, zum Beispiel bei der Suche nach alternativen Materialien oder beim Umgang mit Rohstoffen, arbeitet man mit Hochschulen zusammen. Mit positivem Nebeneffekt: Schon jetzt haben die Kunststoffprodukte des Mittelständlers eine Recyclingquote von 100 %.

Variotech GmbH
48529 Nordhorn
https://www.variotech.de
Beschäftigte (D): 51 bis 200
Chemie/Kunststoff

Die Geschäftsleitung

VENSYS ist spezialisiert auf die Fertigung und die Entwicklung von Elektrotechnikkomponenten für Windenergie-, Solarenergie- und Speicheranlagen. Der VENCON-Hybrid-Umrichter überzeugt mit einer Leistung von 150 Kilowatt bis in den Megawattbereich.

VENSYS Elektrotechnik GmbH

★★★

Zukunftstechnologien aus Diepholz

Alles für die Energiewende: Die VENSYS Elektrotechnik GmbH beschäftigt sich mit umweltfreundlichen Zukunftstechnologien. Ihre Hybridumrichter sorgen dafür, dass die aus Sonnen- und Windkraft gewonnene Energie in einer Batterie zwischengespeichert oder ins Netz eingespeist wird. Auch Rotorblattverstellsysteme für Windenergieanlagen werden in Diepholz gefertigt. Für das Top-Management, das gerade mit einer neuen Geschäftsführung besetzt wurde, bedeuten Innovationen eine Investition in die Zukunft.

„Made in Germany" heißt es seit der Gründung von VENSYS im Jahr 2008. Und auch für die beiden neuen Geschäftsführer Thomas Peters und Wolfgang Feldmann ist klar: Die Produktion des Unternehmens wird in Diepholz bleiben. „Wenn wir weiter technologisch Vorreiter im Wettbewerb sein wollen, müssen wir in unsere Mitarbeiter investieren", betont Peters.

Über den Tellerrand schauen

Dem Top-Management ist daran gelegen, dass alle 100 Beschäftigten jederzeit die Möglichkeit haben, sich mit ihren Ideen einzubringen. Das betriebliche Vorschlagswesen bietet den Raum dafür: Ein Arbeitskreis diskutiert und bewertet die eingereichten Vorschläge nach einem festgelegten Schema und stellt die Ergebnisse der Geschäftsführung vor. Die Teilnehmer des Arbeitskreises wechseln jährlich, damit stets unterschiedliche Meinungen aus kaufmännischen und gewerblichen Bereichen berücksichtigt werden. Generell haben die Mitarbeiter die Möglichkeit, bis zu 100 % ihrer Arbeitszeit für die Entwicklung eigener Innovationsideen zu nutzen. „Wir begrüßen es, wenn jemand über den Tellerrand schaut", sagt Wolfgang Feldmann. Input kommt nicht nur aus der eigenen Belegschaft, sondern auch beispielsweise durch den Austausch mit Hochschulen und Instituten im Rahmen von Forschungsprojekten. Zudem liefern intensive Gespräche mit Kunden oder potenziellen Kunden immer wieder neue Ideen und Entwicklungsansätze.

Betriebsgelände als Labor

Die Experten von VENSYS wissen ganz genau, worüber sie reden: Das Betriebsgelände mit eigenen Sonnenkraft- und Windenergieanlagen, mit Ladesäulen für E-Autos und Batteriespeichersystemen dient als Labor für die Produkte, die man den Kunden anbietet. Als Herausforderung sehen die beiden Geschäftsführer die Anpassung ihrer Systeme an zukünftig höhere Leistungen der Anlagen sowie an neue Batterietechnologien. Auch die Stabilisierung dezentraler Energienetze haben sie im Blick. Ihre laufenden Forschungsprojekte versprechen erfolgreiche Lösungen – mehr wird aber noch nicht verraten ...

VENSYS Elektrotechnik GmbH
49356 Diepholz
https://www.vensys-elektrotechnik.de
Beschäftigte (D): 51 bis 200
Erneuerbare Energien

Geschäftsführer
Wolfgang Feldmann und Thomas Peters

TOP 100

TOP 100 TOP 100 TOP 100 TOP 100 TOP 100 TOP 100 TOP 100 TOP 100 TOP 100
TOP 100 TOP 100 TOP 100 TOP 100 TOP 100 TOP 100 TOP 100 TOP 100 TOP 100 TOP 100
TOP 100 TOP 100 TOP 100 TOP 100 TOP 100 TOP 100 TOP 100 TOP 100 TOP 100 TOP 100
TOP 100 TOP 100 TOP 100 TOP 100 TOP 100 TOP 100 TOP 100 TOP 100 TOP 100 TOP 100
TOP 100 TOP 100 TOP 100 TOP 100 TOP 100 TOP 100 TOP 100 TOP 100 TOP 100 TOP 100
TOP 100 TOP 100 TOP 100 TOP 100 TOP 100 TOP 100 TOP 100 TOP 100 TOP 100 TOP 100
TOP 100 TOP 100 TOP 100 TOP 100 TOP 100 TOP 100 TOP 100 TOP 100 TOP 100 TOP 100
TOP 100 TOP 100 TOP 100 TOP 100 TOP 100 TOP 100 TOP 100 TOP 100 TOP 100 TOP 100
TOP 100 TOP 100 TOP 100 TOP 100 TOP 100 TOP 100 TOP 100 TOP 100 TOP 100 TOP 100
TOP 100 TOP 100 TOP 100 TOP 100 TOP 100 TOP 100 TOP 100 TOP 100 TOP 100 TOP 100
TOP 100 TOP 100 TOP 100 TOP 100 TOP 100 TOP 100 TOP 100 TOP 100 TOP 100 TOP 100
TOP 100 TOP 100 TOP 100 TOP 100 TOP 100 TOP 100 TOP 100 TOP 100 TOP 100 TOP 100
TOP 100 TOP 100 TOP 100 TOP 100 TOP 100 TOP 100 TOP 100 TOP 100 TOP 100 TOP 100
TOP 100 TOP 100 TOP 100 TOP 100 TOP 100 TOP 100 TOP 100 TOP 100 TOP 100 TOP 100

TOP 100

Wiethe Content GmbH

★★★★

Kreativ und innovativ

Auf 11.000 Quadratmetern entstehen in 50 Fotoboxen und 6 Studios jedes Jahr 4 Millionen Bilder von 500.000 Artikeln. Damit ist die Wiethe Content GmbH mit Sitz in Georgsmarienhütte bei Osnabrück der größte Content-Produktions-Dienstleister in Europa. Knapp 200 Beschäftigte setzen die Lifestyle- und Konsumgüterprodukte ihrer Kunden mit Filmen, Fotos oder computergeneriert in Szene. Für neue Ideen holen sich die Kreativen regelmäßig Input von außen, und am Innovationsprozess sind viele Abteilungen beteiligt.

Hat jemand eine Idee, wird sie direkt breit diskutiert: Projektmanager, Fotografen, Produzenten und andere, die die Veränderung betrifft, diskutieren am Round Table ihres Fotostudios, das in Bremen angesiedelt ist. So kann jeder gleich am Anfang seine Sichtweise einbringen und weitere Details beisteuern. Bevor man die Idee bis zur Serienreife weiterverfolgt, müssen natürlich der Bedarf analysiert und die Kosten eruiert werden. „Schließlich nützt es nichts, eine Idee weiterzuentwickeln, die keiner haben will oder die für den Markt zu teuer ist", erklärt der Geschäftsführer Markus Wiethe.

KI und CGI im Trend

In der Kreativbranche ist es besonders wichtig, stets die neuesten Trends zu kennen. Damit sie sich eingehend informieren können, erhalten einige Mitarbeiter die Gelegenheit, zur weltgrößten Technikmesse in Las Vegas zu reisen. Andere beobachten Start-ups und ihre technischen Entwicklungen, zum Beispiel kooperiert Wiethe Content aktuell mit einem Start-up, dass Weiterbildungen zu künstlicher Intelligenz anbietet. Mehrere Mitarbeiter aus der Contentproduktion haben sich bereits zum „Master Business with Artificial Intelligence" schulen lassen, denn künstliche Intelligenz ist ein wichtiger Zukunftstrend für die Branche. So werden gewisse Routineaufgaben im Haus schon durch einen KI-unterstützten Workflow automatisiert, was wiederum die Effizienz optimiert. Für das Thema CGI, also computeranimierte Bilder, ging das Unternehmen außerdem eine Forschungskooperation mit dem Fraunhofer-Institut ein.

Netzwerke pflegen

Auch Kunden werden in die Innovationsprozesse eingebunden. Nicht selten haben die Kreativen engen Kontakt mit der Entwicklungsabteilung der Kundenfirmen, sodass man gemeinsam schon früh über passenden Content für neue Produkte nachdenken kann. „Wir steuern zudem zusammen mit unseren vier wichtigsten Kunden ein Gremium, das sich auf den Erfahrungsaustausch zu Innovationsthemen und -projekten fokussiert", berichtet Markus Wiethe. Für den Fall, dass dabei Bildszenarien getestet werden müssen, stehen eigene Flächen im Unternehmen bereit. So helfen passende Netzwerke in jeder Lebenslage.

Wiethe Content GmbH
49124 Georgsmarienhütte
https://wiethe.com
Beschäftigte (D): 51 bis 200
Internet/Multimedia/E-Commerce

Geschäftsführer
Markus Wiethe

Hessen

TOP 100

Die Zahl der goldenen Sternchen in den nachfolgenden Unternehmensporträts entspricht der Zahl der TOP 100-Auszeichnungen.

Advancis Software & Services GmbH

Sicherheit in unsicheren Zeiten

Im Sicherheits- und Gebäudemanagement zählt die Advancis Software & Services GmbH zu den internationalen Marktführern. Vor allem die offene Softwareplattform „WinGuard" sichert diesem Softwarehaus große Innovationserfolge. Für Weiterentwicklungen setzt das innovationsorientierte Top-Management auf eine enge Zusammenarbeit mit Technologiepartnern aus dem Hard- und Softwarebereich. Über ihr Kerngeschäftsfeld hinaus machen die Unternehmenslenker zudem als kreative Quartierentwickler am Stammsitz Langen von sich reden.

In unsicheren Zeiten braucht man im Gesundheitswesen, in Verwaltungen und Rechenzentren oder beim Betrieb kritischer Infrastrukturen verlässliche Sicherheitslösungen. Advancis bietet hier mit der offenen Softwareplattform „WinGuard" ein markterprobtes Produkt, das für unterschiedliche Nutzer leicht zu bedienen ist und die gesamte Sicherheits-, Gebäude-, Kommunikations- sowie IT-Infrastruktur abdeckt. Die zugehörigen Dienstleistungen wie Installation, Support, Service und Wartung werden über ein großes Netz zertifizierter Integrationspartner gewährleistet.

KI hilft beim Krisenmanagement

„Um ‚WinGuard' noch besser zu machen, arbeiten wir eng mit internationalen Hard- und Softwarepartnern zusammen. Deren Neuerungen fließen kontinuierlich in unsere Entwicklungsprozesse ein – und umgekehrt", sagt der Geschäftsführer Jan Meiswinkel. Genauso bedeutend sei es, neue Verfahren wie Building-Information-Modeling oder KI zu berücksichtigen, um Innovationstreiber zu bleiben. Mit seiner Expertise ist der Mittelständler von Beginn an im Technologieteam von SPELL, zuständig unter anderem für die Integration von Sensordaten in KI-basierte Mehrwertdienste. So soll in Krisensituationen ein Informations- und Zeitgewinn bei der Lagebewältigung erzielt werden. Das Forschungsprojekt SPELL steht für „Semantische Plattform zur intelligenten Entscheidungs- und Einsatzunterstützung in Leitstellen und Lagezentren" und wird vom Bundesministerium für Wirtschaft und Klimaschutz gefördert.

Nachhaltiges eigenes Quartier

Teil der Firmenidentität ist die kontinuierliche Bereitschaft zur Verbesserung. Das gilt auch für das Arbeitsumfeld: Nachdem man schon 2015 ein eigenes Bürogebäude in der Nähe des Bahnhofs Langen errichtet hat, entsteht dort aktuell auch der „Advancis Campus" auf 30.000 Quadratmetern. Jan Meiswinkel: „Uns fehlen adäquate Büros, temporäre Wohnmöglichkeiten für neue Kollegen und eine Kinderbetreuung. Wir schaffen jetzt ein attraktives Umfeld." Was der Geschäftsführung wichtig ist: Mehr als ein Drittel des Campus werden nun zu Grünflächen, und die Häuser sind mit dem höchsten KfW-Energiestandard „44 EE" geplant!

Advancis Software & Services GmbH
63225 Langen
https://advancis.net
Beschäftigte (D): 51 bis 200
IT-Entwicklung/-Beratung

Die Geschäftsführung

ADVISORI FTC GmbH

★★★★★★

KI-Experten in Hochform

Schwachstellen in Software sind fatal. Um sie bereits bei der Softwareentwicklung zu finden, steht die ADVISORI FTC GmbH ihren Kunden mit innovativen Produkten und Services zur Seite. Künstliche Intelligenz EU-konform integrieren? Auch hier führt die Frankfurter Firma ein stark wachsendes Feld an. Beflügelt durch ein herausragendes Innovationsklima, erklimmt sie zudem die Vertikale: Seit ihrer Gründung 2014 kann ADVISORI ein starkes Wachstum verzeichnen – und bei TOP 100 schon zum sechsten Mal einen Innovationserfolg.

Die hessische Unternehmungsberatung gilt als Expertin für große Datenmengen. Doch es geht um mehr: Sicherheit und Datenschutz stellen Konzerne und Mittelständler vor Herausforderungen. Und wie lässt sich KI unter Einhaltung der steigenden EU-Datenschutzverordnungen integrieren? Diesen Aufgaben stellt sich ADVISORI mit einem klaren Credo: beste Qualität und hohe Kosteneffizienz. Gestützt wird der Geschäftsführer Boris Friedrich von einem stetig wachsenden Team. So hat sich die Mitarbeiterzahl mittlerweile verdoppelt: Insgesamt 110 Köpfe treiben die Firmenentwicklung voran.

Eine Win-win-Situation

Gefragt nach dem Pulsschlag von ADVISORI, antwortet Boris Friedrich: „Innovation – sie beginnt mit einer kühnen Idee und dem Mut, sie zuzulassen!" Ihr Secure-Software-Development-Lifecycle-Konzept etwa unterstützt die Entwicklung sicherer Software von Anfang an. Beim Kunden werden so Sicherheitsvorfälle und Fehler im Softwarecode kostengünstig reduziert. Eine Win-win-Situation, wie Boris Friedrich erklärt. „Wir konnten somit Neukunden dazugewinnen sowie den Umsatz und die Reputation steigern." Damit Innovationen entstehen können, investiert das Top-Management stark, finanziell wie kapazitiv. Um bei der Cybersecurity und der EU-konformen KI den Wettbewerb anzuführen und für Kunden hochqualitative, kostengünstige Lösungen zu realisieren, setzt ADVISORI auf intensive Weiterbildungen. Das Ziel: Manpower mit Expertise!

Herausragende Ideen mit vielen Benefits

Neues gemeinsam voranbringen – dafür engagiert sich das Top-Management mit Prozessoptimierungen und Arbeitsgruppenbildung. Ideen und Entwicklungswünsche kann jeder einbringen: im „Walk-in" mit dem Geschäftsführer, im Einzelgespräch mit dem Bereichsleiter oder mittels der OKR-Methode, die etwa neue Ziele abbildet. Herausragende Ideen werden weiterverfolgt und präsentiert. Neben Boni gibt es weitere Anreize und gewinnbringende Freiräume, wie Friedrich erklärt: „Ein neuer Mitarbeiter hat proaktiv die Erschließung eines neuen Vertriebsmarkts vorangetrieben. Mit Support des Teams und des Managements ließ sich dies in nur einem Quartal realisieren."

ADVISORI FTC GmbH
60329 Frankfurt am Main
https://www.advisori.de
Beschäftigte (D): 51 bis 200
IT-Entwicklung/-Beratung

Geschäftsführer
Boris Friedrich

Alfred PRACHT Lichttechnik GmbH

Ideen für nachhaltige Leuchten

Wie können Industrieleuchten möglichst nachhaltig und trotzdem hochwertig hergestellt werden? Antworten auf diese Frage bietet die Alfred PRACHT Lichttechnik GmbH schon seit vielen Jahren. So entwarf sie zum Beispiel in Kooperation mit Universitäten Leuchtenserien auf der Basis biologischer Kunststoffe. Für Leuchten aus herkömmlichen Kunststoffen entwickelt das hessische Familienunternehmen gerade gemeinsam mit Wissenschaftlern, aber auch mit Partnern aus der Entsorgungsbranche ein Recyclingsystem.

Der Firmensitz von PRACHT liegt zwar sehr ländlich, doch die Geschäftsführung, mittlerweile die vierte Generation, pflegt enge Kontakte zu den Universitäten in den umliegenden Städten: In einer Kooperation mit der Universität Kassel und dem Fraunhofer-Institut geht es etwa um die Frage, wie Kunststoffe nach dem Zerlegen der zurückgenommenen Leuchten aufgewertet werden können. Denn das Ziel des Geschäftsführers Jonathan Pracht ist es, den Kunststoff wieder in neue Leuchten einzubauen. Durch solche Kooperationen kann er häufig Uni-Absolventen für sein Unternehmen gewinnen.

Raum für Kreativität

Viel Entwicklungsarbeit passiert jedoch auch intern. „Ich möchte, dass PRACHT eine Organisation ist, die ganzheitlich arbeitet und viel Raum für Kreativität bietet", erklärt Pracht. Der studierte Erziehungswissenschaftler setzt auf ein gutes Betriebsklima und das bewusste Schaffen von Räumen für den persönlichen Austausch. Neue Kollegen lernen dank eines Einarbeitungsplans alle Bereiche kennen und dürfen gern Verbesserungsvorschläge machen. Durch ihren Blick von außen erkennen sie leichter festgefahrene und vielleicht veraltete Abläufe. Feste meetingfreie Zeiten bieten Ruhe zur Entwicklung kreativer Ideen. Jonathan Pracht legt Wert darauf, dass ihn alle 170 Beschäftigten kurzfristig mit Vorschlägen ansprechen können. So hatte ein Mitarbeiter eine Idee dazu, wie eine Ladesäule für E-Autos gebaut werden könnte. Daraus entstand ein ganz neues Geschäftsfeld.

Fokus auf Nachhaltigkeit

PRACHT legt ein besonderes Augenmerk auf ökologische Aspekte: „Nachhaltigkeits-Buddys" in verschiedenen Abteilungen überlegen, an welchen Stellen Veränderungen möglich sind. Sie schufen zum Beispiel gemeinsam mit anderen Fachabteilungen eine sehr umweltfreundliche Verpackung. Zudem arbeitet der Mittelständler derzeit zusammen mit dem örtlichen Klärwerk an einem Projekt, mit dem grüner Strom mithilfe von Brennstoffzellen aus Klärschlamm generiert werden soll. Und die Mitarbeiter können ihre E-Fahrzeuge im firmeneigenen Solarpark laden. Dieser Fokus auf Nachhaltigkeit überzeugt nicht nur die Belegschaft, sondern auch die Kunden.

Alfred PRACHT Lichttechnik GmbH
35232 Dautphetal-Buchenau
https://www.pracht.com
Beschäftigte (D): 51 bis 200
Elektronik/Elektrotechnik

Geschäftsführer
Thomas Scherer, Jonathan Pracht und Vilmos Polgar

Die B&B Hotels Germany GmbH ist die führende und am schnellsten wachsende unabhängige Hotelkette im Bereich „Value for Money“ in Europa.

B&B Hotels Germany GmbH

Einchecken im Hotel der Zukunft

Wie soll denn eine Hotelkette innovativ sein? Gegenfrage: Warum sollte sie es nicht sein? Schließlich verfolgt sie wie jedes Unternehmen das Ziel, die Kundenzufriedenheit und den Gewinn zu maximieren. Die in Hochheim am Main ansässige B&B Hotels Germany GmbH stellt mit zahlreichen innovativen Prozessen unter Beweis, dass sie auf diesem Gebiet eine Vorreiterrolle in der Hotellerie einnimmt. Denn bei dem Mittelständler herrscht ein fruchtbares Innovationsklima.

Gute Ideen sind hilfreich, will man die Kosten für Hotelbesucher fair gestalten: Um das Internet für die Angestellten und Gäste schneller zu machen, holten Max C. Luscher, Chief-Executive-Officer Central & Northern Europe, und sein Team ein Angebot eines Telekommunikationsanbieters ein. Es verschlug ihnen jedoch die Sprache, als sie den Betrag sahen, der allein für das neu zu installierende Glasfasernetz fällig geworden wäre. Aus diesem Grund lehnten sie das Angebot dankend ab. Stattdessen wurde Geld in die Hardware der IT-Systeme investiert.

Jede Stimme wird gehört

Das Ergebnis: Das Internet lief wesentlich schneller, als es über die Installation des angefragten IT-Dienstleisters gewesen wäre. Und die Alternative, die durch das kreative Wirken des Unternehmens zustande kam, war viel kostengünstiger. Eine Win-win-Situation für alle Beteiligten. Das Besondere ist, dass nicht nur die Geschäftsleitung kreative Ideen einbringt –auch die Mitarbeiter dürfen ihre Vorschläge äußern. „Bei uns wird jede Stimme gehört", erklärt Luscher, beispielsweise dann, wenn Mitarbeiter neue Entwicklungen entdecken oder Prozesse optimieren wollen. Konkrete Vorschläge werden immer begrüßt. „Alle sind eingeladen, sich Gedanken zu machen. Wir geben ihnen gern die Möglichkeit dazu", betont der CEO. Zudem können alle an Weiterbildungen teilnehmen, um sich selbst und das Unternehmen weiterzubringen.

Digitalisierung zahlt sich aus

Die Prozesse von der Idee bis zur Markteinführung sind bei der Hotelkette gut eingespielt. Ein Beispiel dafür sind die neuen digitalen Checklisten. Ob bei Lebensmitteln, bei der Hygiene oder auch im Büro: Die Beschäftigten können die Checks jetzt digital und einfach über das Smartphone vornehmen. So kann zum Beispiel das Housekeeping Reinigungen in Echtzeit dokumentieren und damit den Nachweis der Hygienestandards transparent erbringen. Dabei spart man Zeit und eine Menge Papier. Jährlich kann der Mittelständler damit seine Kosten um einen Betrag im mittleren sechsstelligen Bereich reduzieren – Geld, das wiederum gezielt in neue Innovationen investiert werden kann.

B&B Hotels Germany GmbH
65239 Hochheim am Main
https://www.hotel-bb.com/de
Beschäftigte (D): über 200
Hotel/Gastronomie/Tourismus

CEO Central & Northern Europe
Max C. Luscher

Die Deutsche Zentrale für Tourismus e. V. fördert den Tourismus in Deutschland, indem sie Marketingstrategien entwickelt, um Deutschland global als Reiseziel zu positionieren. Innovationen gehören dabei zur DNA der Digitalstrategie.

Deutsche Zentrale für Tourismus e. V.

★★★★

Tourismus digital gestalten

Deutschland ist ein beliebtes Reiseziel von Menschen aus aller Welt. Auch innerhalb der eigenen Landesgrenzen verbringen deutsche Reisende gern ihren Urlaub. Die Deutsche Zentrale für Tourismus e. V. in Frankfurt am Main vermarktet seit mehr als 75 Jahren die Destination Deutschland im Auftrag des Bundesministeriums für Wirtschaft und Klimaschutz. Eine lebendige Außenorientierung und ein Top-Management, das immer auf der Suche nach Neuem ist, prägen die Innovationskultur der traditionsreichen Organisation.

Im Mai 1948 in Frankfurt am Main gegründet, hat die Deutsche Zentrale für Tourismus e. V., kurz DZT, heute 25 Niederlassungen auf der ganzen Welt. Diese informieren internationale Gäste über Deutschlands Vorzüge und Besonderheiten als Reiseland. „Wir entwickeln und verwirklichen Marketingstrategien, um den Standort Deutschland als attraktives Reiseziel zu positionieren, den Tourismus zu fördern und auf diese Weise den Wirtschaftsstandort zu stärken", sagt die Vorstandsvorsitzende Petra Hedorfer. Und das offenbar sehr erfolgreich: Über 80 Millionen Übernachtungen ausländischer Gäste wurden 2023 gezählt.

Wissen visualisieren

Die Welt der Reisenden ist also auch eine Welt der großen Zahlen und ihrer Verknüpfungen untereinander. Deshalb liegt der Einsatz von künstlicher Intelligenz bei der Auswertung von Übernachtungszahlen und -zeiträumen, aber auch von anderen Eckdaten der touristischen Wertschöpfungskette, nahe. Voraussetzung dafür sind semantisch ausgezeichnete Daten, die offen zur Verfügung stehen. Genau diese Basis hat der Mittelständler durch die Aufbereitung von 550.000 Datensätzen geschaffen – in Kooperation mit anderen Institutionen. „Gemeinsam mit Partnern aus Wirtschaft und Wissenschaft haben wir einen sogenannten Knowledge-Graphen entwickelt, der die Daten zusammenführt und verknüpft", sagt Hedorfer. Durch die visualisierten Daten lassen sich neue Perspektiven gewinnen und Rückschlüsse ziehen. „Dieses bundesweite Open-Data-Projekt ist ein Meilenstein für die gesamte deutsche Reisebranche."

Innovation gemeinsam fördern

Die Vorstandsvorsitzende investiert viel Zeit in die Recherche und Analyse neuer touristischer Trends. Gemeinsam mit dem Top-Management fördert sie ein innovationsfreudiges Betriebsklima und zukunftsweisende Projekte wie beispielsweise den Knowledge-Graphen, der komplexe Sachverhalte auf einen Blick sichtbar macht. „Wir sehen uns im Bereich Innovation als Vorbild für die Reisebranche in Deutschland und wollen dazu ermutigen, neue Wege zu gehen", sagt die Vorstandsvorsitzende. Die Zukunft des Tourismus digital zu gestalten – das ist der DZT als Wegbereiterin ihrer Branche jedenfalls bereits geglückt.

Deutsche Zentrale für Tourismus e. V.
60325 Frankfurt am Main
https://www.germany.travel
Beschäftigte (D): 51 bis 200
Hotel/Gastronomie/Tourismus

Vorstandsvorsitzende
Petra Hedorfer

EAM GmbH & Co. KG

Energiepartner für die Zukunft

Sonne, Wasser, Wind – natürliche, erneuerbare Energiequellen bestimmen die Zukunft. Auch Kommunen stellen sich der Herausforderung der Energiewende und werden dabei durch die EAM GmbH & Co. KG beraten und unterstützt. Da dieser Energieversorger ein rein kommunales Unternehmen ist, weiß man dort, welche Hindernisse Landkreise, Städte und Gemeinden zu überwinden haben. Strukturierte Innovationsprozesse und ein vorausschauendes Top-Management sorgen dafür, dass neue Ideen zielstrebig verwirklicht werden.

Die EAM hat insgesamt 127 kommunale Anteilseigner aus der Mitte Deutschlands. Das Unternehmen liefert Ökostrom für Privat- und Gewerbekunden und betreibt eigene Wasser- und Windkraftanlagen. Als „EnergiewendePartner" unterstützt es aber auch Städte und Gemeinden und ihre Bürger darin, Konzepte zu Windenergie, E-Mobilität oder Photovoltaik umzusetzen. „Wir sehen uns als Treiber der Energiewende in der Region und beraten daher auch in einer eigenen Firmensparte", erläutert der Geschäftsführer Hans-Hinrich Schriever.

Gut vorbereitet für Neues

Das vielfältige Angebot des Energieversorgers ist das Ergebnis gründlicher Vorbereitungen und einer strukturierten Analyse neuer Zukunftsthemen. Im Rahmen eines stetigen Foresighting-Prozesses, der mögliche Veränderungen aufzeigt, identifiziert man zukünftige Herausforderungen und Chancen. Auf diese Weise ist auch die Geschäftsmodellinnovation entstanden, sich als „EnergiewendePartner" auf dem Markt zu etablieren. Aktuell berät sich ein Round-Table aus Mitarbeitern des Innovationsmanagements sowie externen Experten zum Zukunftstrend „Energiegewinnung aus Wasserstoff". In kleinen Gruppen können dazu Ideen im Rahmen eines „Open Ideation"-Prozesses ausgetauscht und schrittweise erprobt werden. „Wir setzen auf Perspektivenvielfalt und öffnen deshalb unsere Innovationsprozesse gezielt für Wissen von außen", sagt Olaf Kieser, Vorsitzender der Geschäftsführung.

Nachhaltig handeln

Auch die Geschäftsführung investiert viel Zeit, um bestens auf die Herausforderungen von morgen vorbereitet zu sein. Dabei steht vor allem das Thema Nachhaltigkeit im Fokus: 2022 wurde der erste Nachhaltigkeitsbericht nach DNK-Standard erstellt und ein Unternehmensmagazin realisiert, das den Mitarbeitern und den Kunden die Inhalte der eigenen Nachhaltigkeitsstrategie vermittelt. „Unser Ziel ist Klimaschutz auf allen Ebenen", sagt Schriever. „Wir wollen unsere Produkte, aber auch das gesamte Unternehmen CO_2-neutral und ressourcenschonend ausrichten." Damit bleibt die EAM ihrem Vorhaben treu, schon heute konsequent an einem besseren Morgen zu arbeiten.

EAM GmbH & Co. KG
34131 Kassel
https://www.eam.de
Beschäftigte (D): über 200
Energie

Geschäftsführer
Olaf Kieser und
Hans-Hinrich Schriever

EintrachtTech GmbH

★★★★

Steiler Pass auf digitale Transformation

Fußball und autonomes Fahren ergänzen sich großartig – zumindest, wenn die EintrachtTech GmbH für eine gelungene Schnittmenge sorgt. Die Tochtergesellschaft des Bundesligisten Eintracht Frankfurt verantwortet seit vier Jahren dessen digitale Auftritte und Zukunftspläne. Mit der Realisierung kühner Ideen hat sich das Unternehmen bereits einen internationalen Ruf erworben, der ihm einen beachtlichen Innovationserfolg bescherte. Im Rahmen einer aktiven Open Innovation werden neue Ideen vorangetrieben.

Seit der Gründung 2019 plant und realisiert EintrachtTech alle digitalen Geschäftsmodelle des Fußballclubs, darunter auch IoT-Lösungen, eine eigene App und ein eigenes Bezahlsystem sowie gemeinsame Projekte mit wissenschaftlichen Institutionen und Digital-Start-ups. „Durch die kontinuierliche Weiterentwicklung der Geschäftsfelder konnte der Innovationsvorsprung in der Fußballbundesliga weiter ausgebaut werden“, sagt der Geschäftsführer Timm Jäger.

Innovation als Teamarbeit

Eine gute Fußballmannschaft braucht elf Mitglieder, das ist auch bei EintrachtTech nicht anders. Was das kleine, aber höchst innovative Team aus Digital- und Marketingexperten in nur vier Jahren verwirklicht hat, erstaunt die internationale Fußballgemeinschaft. Als „digitalster Club der Welt“ wird Eintracht Frankfurt gefeiert, und das deutliche Umsatzplus seit der Gründung der Digitaltochter bestätigt deren wirtschaftlichen Erfolg. Neben der Eintracht-App „mainaqila“ hat die Firma das Bezahlsystem „mainpay“ realisiert, das die Fans im heimischen Stadion und auch international einsetzen können. Im Moment steht die „Arena of IoT“ im Zentrum, denn das Stadion fungiert im Rahmen des Forschungsprojekts „Campus Free City“ als Reallabor für eine Flotte autonomer Roboterfahrzeuge. „Gemeinsam mit Hochschulen und Technologiepartnern erproben wir den Nutzen dieser Fahrzeuge für die Smart City von morgen“, erklärt Jäger.

Nach dem Spiel ist vor dem Spiel

Trotz aller Erfolge plant EintrachtTech bereits für die Zukunft. Dabei spielt die nationale und internationale Vernetztheit des erfolgreichen Start-ups eine ganz entscheidende Rolle, denn es will seine Innovationsideen auch anderen Sportorganisationen zugänglich machen. „Wir entwickeln unsere Plattform gerade als White-Label-Lösung für andere Sportklubs und Stadienbetreiber weiter“, berichtet der Geschäftsführer. „Denn damit wollen wir 2024 ein weiteres neuartiges Geschäftsfeld etablieren.“ Dank ihrer überzeugenden digitalen Neuerungen bleibt die EintrachtTech GmbH weiterhin auf Erfolgskurs und stiehlt damit dem Fußball fast schon ein bisschen die Show.

EintrachtTech GmbH
60528 Frankfurt am Main
https://www.eintracht.de
Beschäftigte (D): bis 50
Internet/Multimedia/E-Commerce

Geschäftsführer
Timm Jäger

TOP 100

EXPRESSO Deutschland GmbH & Co. KG

★★★★

Wo Stapelkarren rocken

Wenn ein Mitarbeiter kurzerhand selbst das Drehbuch für einen Imagefilm schreibt und gemeinsam mit dem schon beauftragten Regisseur das Video realisieren darf, spricht das für ein kreatives Unternehmensklima: Die Beschäftigten sind motiviert, und Eigeninitiative wird geschätzt. Die EXPRESSO Deutschland GmbH & Co. KG, Herstellerin ergonomischer Transport- und Hebegeräte, ist bekannt für ihre Innovationserfolge. Dabei haben Kollegen aus allen Bereichen ihre Finger im Spiel.

Auch Einkaufswagen sind Transportgeräte. Eine neue Entwicklung in diesem Bereich hat das Potenzial, den Gang durch den Supermarkt zu revolutionieren: Der „SmartShopper" ermöglicht es den Kunden, ohne lästiges Schlangestehen an der Kasse die Waren zu scannen und zu bezahlen. Dank einer integrierten Wägung sind Irrtümer und Diebstähle nahezu ausgeschlossen. Der intelligente Einkaufswagen gehört zu den Marktneuheiten, mit denen die EXPRESSO Deutschland in Kassel einen nennenswerten Anteil ihres Umsatzes macht. Die zuständigen Mitarbeiter entwickeln die Customer-Journey der Endkunden permanent weiter.

Innovationen auf Schritt und Tritt

Generell fällt auf, dass bei diesem Unternehmen mitgedacht wird – Innovationen auf Schritt und Tritt: Stapelkarren werden motorisiert; Gepäckwagen werden demnächst über eine Funktion verfügen, mit der Reisende gleich am Eingang eines Terminals ein zu hohes Fluggewicht angezeigt bekommen. Schweißer in der Fertigung merkten, dass Konstruktionsfehler, die sie auf Skizzen bereits korrigiert hatten, trotzdem wieder auftauchten. Heute arbeiten sie mit Rechnern und großen Displays am Arbeitsplatz, sodass Skizzen nur einmal angepasst werden müssen und damit korrekt hinterlegt sind. Neben der Entwicklungsabteilung mit eigenem Budget sind alle Mitarbeiter dazu angehalten, Ideen einzubringen. Immer geht es darum, Anwendern das Transportieren und Heben leichter zu machen und so ihre Gesundheit zu fördern. Mit Befragungen sowie Workshops sucht das Top-Management quer durch die Belegschaft nach dem „next big thing".

Touchpanel für Intranetmuffel

Zu dem hervorragenden Innovationsklima trägt bei, dass sich die Mitarbeiter ernst genommen fühlen. So wurde auf Initiative des Betriebsrats das Beteiligungsmodell angepasst: Statt einer jährlichen Gewinnbeteiligung erhalten alle nun zweimal jährlich Zahlungen, mit denen sie besser planen können. Nicht nur finanziell kommt die Geschäftsführung der Belegschaft entgegen, sondern auch, was ihre Mediennutzung angeht. Und da sich nicht alle Kollegen mit ihren privaten Endgeräten ins Intranet einloggen wollten, wurde ein großes Touchpanel im Eingangsbereich installiert, über das sich alle auf dem Laufenden halten können.

EXPRESSO Deutschland GmbH & Co. KG
34123 Kassel
https://www.expresso-group.com
Beschäftigte (D): 51 bis 200
Anlagen-/Maschinenbau

Geschäftsführer
Dr. Alexander Bünz

firesys GmbH

★★★★

Reportingspezialist mit Anti-Aging-Routine

Gemeinsam mit ihrem Mann Imran Mohammed leitet Diana Kaufhold die nunmehr seit 35 Jahren bestehende firesys GmbH – und schreibt seitdem Erfolgsgeschichte. Unklug wäre es aus ihrer Sicht, damit aufzuhören, ihre unterschiedlichen Aufgaben und Rollen zu reflektieren. Denn für das innovationsorientierte Top-Management des führenden Anbieters von Finanz- und Nachhaltigkeitsreportings gehören Coachings und Supervision zum Arbeitsalltag und stellen eine Art Anti-Aging-Routine für das gesamte Unternehmen dar.

Gerade erst hat Diana Kaufhold den Vertrag über ein sechsmonatiges Intensivcoaching für Imran Mohammed und sich selbst unterschrieben. Das Top-Management möchte herausfinden, wie es das Unternehmen von sich abnabeln kann. „Der Input der anderen kann sonst nicht nach oben sprudeln", erzählt Diana Kaufhold. Alle Führungskräfte bei firesys nehmen regelmäßig Coachings in Anspruch. Wie sie diese für sich nutzen, weiß die Geschäftsführerin nicht. Sie selbst geht mutig und offen in ihre Sitzungen. Nur so komme sie persönlich weiter. Insgesamt stärkt die fest verankerte Reflexion die Innovationskraft des Betriebs.

XBRL und kulturelle Vielfalt

Diana Kaufhold engagiert sich im Vorstand von XBRL Deutschland. Die „Extensible Business Reporting Language", kurz XBRL, ist ein internationaler Standard für den Austausch, die Interpretation und die Darstellung finanzieller und nichtfinanzieller Unternehmensinformationen. In diesem Gremium macht sie sich für die Belange der Firmen stark, denn was zunächst vielleicht abstrakt klingt, wirkt sich auf interne Prozesse aus. Neben XBRL sprechen die Beschäftigten des in Frankfurt ansässigen Reportingspezialisten verschiedene Sprachen. Das Gründerpaar mit iranischen und pakistanischen Wurzeln steht für einen respektvollen Umgang mit unterschiedlichen Kulturen – privat wie beruflich. An einem Beispiel macht Imran Mohammed klar, worauf er großen Wert legt: „Tischsitten dienen dazu, die gemeinsam verbrachte Zeit für alle angenehm zu gestalten. Statt Regeln vorzugeben, zielen wir auch im Unternehmen auf den Sinn dahinter ab."

Reifen bedeutet Wandel

Das Top-Management hat klar geregelt, wer für welchen Bereich zuständig ist. So liegt die Softwareentwicklung bei Imran Mohammed. Gemeinsam finden die Inhaber innovative Antworten auf die Frage, die sie als Unternehmerpaar um- und antreibt: Wie können Kunden die Berichtspflichten, die sich etwa aus der EU-Taxonomie-Verordnung ergeben, mit geringem Zeit-, Arbeits- und Kostenaufwand erfüllen? Sie müssen die Lösung nicht unbedingt selbst auf den Weg bringen. Diana Kaufhold: „Reifen bedeutet Wandel. Früher war es uns wichtig, unterstützen zu können. Heute freuen wir uns, wenn es ohne uns hervorragend läuft."

firesys GmbH
60486 Frankfurt am Main
https://www.firesys.de
Beschäftigte (D): bis 50
IT-Entwicklung/-Beratung

Geschäftsführer
Diana Kaufhold und
Imran Mohammed

TOP 100

TOP 100
TOP 100
TOP 100
TOP 100
TOP 100
TOP 100
TOP 100
TOP 100
TOP 100
TOP 100
TOP 100
TOP 100
TOP 100
TOP 100

FKM Sintertechnik GmbH

3-D-Druckservice in Kunststoff und Metall

Heraustreten aus der vermeintlichen Exotenecke: Während der Vater von Matthias Henkel zusammen mit seinem Kompagnon Jürgen Blöcher vor 30 Jahren den 3-D-Druck nach Deutschland brachte, arbeitet er heute daran, diese Technologie hinsichtlich der Serienreife zu etablieren. Die FKM Sintertechnik GmbH bietet ihren Kunden funktionsfähige Bauteile aus Kunststoff und Metall an. Die entsprechenden Funktionsprototypen, Ersatzteile und Serien kommen direkt aus dem 3-D-Drucker.

Eine Nachricht aus den USA ließ Harald Henkel, den Vater von Matthias Henkel und Inhaber einer Modellbaufirma, und Jürgen Blöcher, den Inhaber einer Gießerei, 1993 aufhorchen: „Es gibt eine neue Technologie, mit der man aus digitalen Daten feste Bauteile herstellen kann." Das Verfahren passte gut zu den Tätigkeitsbereichen der Geschäftsfreunde, deswegen wollten sie es als Erste nach Deutschland bringen. Sie gründeten die FKM Sintertechnik GmbH und legten los. Matthias Henkel erinnert sich gut an diese Zeit, als das Drucken Formen lernte.

Innovationsführer bleiben

Harald Henkel hat sich mittlerweile aus dem Geschäft zurückgezogen. Jürgen Blöcher ist nach wie vor in der Geschäftsführung der Firma tätig. Sein Sohn Christian ist ebenfalls in die Geschäftsführung eingestiegen und damit, wie Matthias Henkel, in die Fußstapfen seines Vaters getreten. „Es ist ein großes Glück, dass wir fachlich und menschlich auf einer Wellenlänge liegen", sagt Matthias Henkel. „Und wir sind beide nur selten mit dem Status quo zufrieden." Mit Investitionen in sechs- oder gar siebenstelliger Höhe treiben sie die Automatisierung und den Logistikbereich stetig weiter voran. Die Bereitschaft zu kalkuliertem Risiko zeichnet das Top-Management der FKM aus. Indem es das Unternehmen mit den innovativsten Technologien für den industriellen 3-D-Druck im Pulverbett ausstattet, profitieren die Kunden von der optimalen Kombination aus Wirtschaftlichkeit und Qualität der produzierten Bauteile.

3-D-Druck fit für die Serie

Dabei kennt die engagierte Geschäftsführung genau das Potenzial, aber auch die Grenzen des industriellen 3-D-Drucks: Innerhalb kurzer Zeit entstehen Bauteile mit einzigartigen Geometrien, die sonst in einem langwierigen Prozess von teuren Werkzeugen hergestellt werden müssten. „Für eine gewisse Stückzahl eignet sich der 3-D-Druck hervorragend", sagt Matthias Henkel. „Für sehr große Serien wird er auf lange Sicht allerdings zu teuer bleiben." Das Top-Management des Mittelständlers zielt auf das Segment eine Stufe darunter ab und sieht es als seine Mission, das Verfahren fit für die Serie zu machen.

FKM Sintertechnik GmbH
35216 Biedenkopf
https://www.fkm.net
Beschäftigte (D): bis 50
3-D-Technologie

Geschäftsführer
Matthias Henkel

GAL Digital transformiert Geschäftsideen rund um App-, Web- und Softwareentwicklungen in digitale Lösungen.

GAL Digital GmbH

★★★★★★

KI-Vorreiter aus der Schäferstadt

Im hessischen Hungen arbeitet ein Team von 40 passionierten Digitalexperten. Daniel Gal, der Geschäftsführer der GAL Digital GmbH, ist sehr stolz auf seine Mannschaft und sieht ihre Hingabe als großen Pluspunkt: „Wir lieben, was wir tun.“ Im Fokus steht das Thema Innovationen. Seine Kunden der ersten Stunde hat das Unternehmen heute noch. Und diese schätzen an den Beschäftigten vor allem ihre zukunftsorientierte Art zu denken. Mit der Anwendung „nele.ai“ will die Digitalagentur künstliche Intelligenz im Mittelstand stärker etablieren.

Bei der GAL Digital GmbH ist nichts in Stein gemeißelt. Die ganze Organisation ist prozessual so ausgerichtet, dass sie sich schnell an neue Anforderungen anpassen und diese zu 100 % erfüllen kann. Das spiegelt auch das Programm „nele.ai“ wider. Regelmäßig werden neue Features veröffentlicht und die Nutzer darüber informiert.

Agile Methoden und genaue Planungen

Dabei schließen sich für den Geschäftsführer Daniel Gal agile Methoden wie Scrum und genaue Planungen gegenseitig nicht aus. Ganz im Gegenteil: „Unsere Mitarbeiter können mobil oder im Homeoffice arbeiten.“ Damit das gut und auch zielführend funktioniert, nutzen alle Kollegen vor dem Feierabend eine selbst entwickelte Software, um die Aufgaben des nächsten Tages genau zu planen. „Unsere Devise ist: Erfolgreiche Menschen planen ihren Tag. Wir schaffen Transparenz und können somit flexibel auf unterschiedliche Ereignisse reagieren. Bei externen Verzögerungen zum Beispiel kann jemand kurzfristig für ein anderes Projekt umgeplant werden“, ergänzt der Geschäftsführer Kristian Kraft. Die selbst realisierte generative KI unterstützt bereits etliche Prozesse im Unternehmen und steigert so die Wirtschaftlichkeit. Kraft verrät, dass er mittlerweile etwa 80 % seiner E-Mails von künstlicher Intelligenz vorschreiben lässt. Das Wertesystem, das der Mittelständler für Kundenbeziehungen entwickelt hat, gilt auch intern und unterstützt die Mitarbeiter bei all ihren Entscheidungen. Wirtschaftlichkeit, Langfristigkeit, Zuverlässigkeit und Aufrichtigkeit bilden die vier Säulen dieses Wertesystems. Im gesamten Unternehmen entsteht so Freiraum für neue vielversprechende Innovationen.

Innovationsmanagement mit System

Weil sich die Mitarbeiter auf ihren Arbeitgeber verlassen können, bleibt der Kopf frei für neue Ideen. Dabei gehen sie das Thema Innovationsmanagement strukturiert und flexibel an und gelangen so zu Antworten für aktuelle digitale Herausforderungen. Zu den festen Strukturen zählen etwa vier Feedbackgespräche im Jahr, die den Beschäftigten diverse Möglichkeiten bieten, sich fachlich wie persönlich gezielt weiterzuentwickeln. Das spornt zusätzlich an.

GAL Digital GmbH
35410 Hungen
https://www.gal-digital.de
Beschäftigte (D): bis 50
IT-Entwicklung/-Beratung

Geschäftsführer
Kristian Kraft
und Daniel Gal

hausexperten.de GmbH

Traumimmobilie garantiert

Ein einzigartiges Sicherheitskonzept, das Bauherren eine 100%ige Kosten- und Projekttransparenz bietet, definiert den Innovationserfolg der hausexperten.de GmbH mit Sitz in Wiesbaden. Das kleine Team setzt sich dafür ein, für die Kunden ein Haus ganz nach ihren Wünschen zu errichten – im Rahmen ihres eigenen, individuell festgelegten Budgets. Innovative Prozesse helfen, nachhaltige Konzepte und Baulösungen zu realisieren, mit denen sich Auftraggeber und Auftragnehmer gleichermaßen wohlfühlen.

Neue Pfade beschreiten, um Bestehendes zu optimieren: Thomas Frank lebt diese Mentalität. Bevor der heutige Geschäftsführer im März 2014 sein Unternehmen gründete, beriet er Kunden als gelernter Fachmann für Baufinanzierung. Später verkaufte er Immobilien. „Dann war die Zeit reif für ein eigenes Geschäft", sagt Frank. Seine Vision: Architektenhäuser zu realisieren, die bis ins Detail den Vorstellungen der jeweiligen Auftraggeber entsprechen. Das Besondere des Konzepts: Es gibt keine Standards. Materialien und Ausstattung sind frei bestimmbar. „Das Hauptkriterium sind die Kundenwünsche", erklärt er.

Reales Gelingen statt Luftschlösser

Passen die Vorstellungen zu Grundstück, Bebauungsplan und dem Auftraggeberbudget, steht dem Vorhaben nichts im Weg. Andernfalls findet das Team Alternativlösungen. „Wir klären die Kunden schon vor der Vertragsunterzeichnung umfassend auf. Auf Baustellen können sie zum Beispiel unsere Arbeitsqualität beurteilen, viel besser als in einem fertigen Musterhaus." Auch Bauherren abgewickelter Projekte stünden für den Austausch bereit. Die enge Einbindung schafft Vertrauen und Sicherheit auf beiden Seiten. Baufortschritte und Rechnungswesen sind jederzeit digital einsehbar. Bislang ist die 100%ige Projekt- und Kostentransparenz plus Festpreisgarantie ein Alleinstellungsmerkmal in der Branche – und ein Teamerfolg dank motivierender Prozesse: Einmal monatlich diskutiert man denkbare Innovationen, im Montagsmeeting haben sämtliche Verbesserungsvorschläge Platz.

Nachhaltigkeit im Fokus

Mit einem Hauskonzept, das Massivholzdecken statt herkömmlicher Stahlbetondecken vorsieht, agiert das Team schon seit Jahren bewusst nachhaltig. Die jüngste Weiterentwicklung für noch mehr Klimaschutz heißt „Zimatherm": eine Hybridbauweise, die Massivholzdecken auf innovativen Ziegelwänden mit modernen Deckenheizungs- und Kühlungstechnologien kombiniert. „Damit reduzieren wir den CO_2-Ausstoß erheblich, fördern die Wohngesundheit und setzen den ökologischen Maßstab herauf", sagt Frank. Die langfristige Steigerung des Umsatzes belegt den Erfolg der Bauspezialisten: In den vergangenen zehn Jahren kletterte er von 400.000 Euro auf das Vierfache.

hausexperten.de GmbH
65185 Wiesbaden
https://hausexperten.de
Beschäftigte (D): bis 50
Immobilien/Facility-Management

Geschäftsführer
Thomas Frank

HET Filter GmbH

Gefährliche Luftpartikel unter Kontrolle

Ist die Luft rein? Bei der HET Filter GmbH dreht sich alles um diese simple Frage. Doch bei der Maschinenbaufirma mit Sitz im hessischen Altenstadt wird sie zur komplexen Aufgabe. „Mit unserer Technologie sorgen wir für eine sichere und saubere Produktionsumgebung in der Pharmaindustrie", erklärt der Geschäftsführer Uwe Hahmann. Seit 30 Jahren entwickelt und fertigt das Unternehmen Filtersysteme und Entstaubungslösungen für seine Kunden weltweit. Die Basis dafür sind eine innovative Organisation und gut strukturierte Prozesse.

Alle HET-Filtersysteme dienen dem Schutz vor hochaktiven und schädlichen Substanzen, wie sie zum Beispiel bei der Herstellung von Medikamenten anfallen. 3.000 davon sind schon weltweit im Einsatz – und es werden immer mehr. „Wir haben dafür eine Organisationsstruktur geschaffen, die die Entscheidungswege verkürzt und den Informationsfluss verbessert. So können wir rasch Entschlüsse treffen und kurzfristig auf Veränderungen reagieren", sagt Uwe Hahmann. Zu dieser Struktur gehört auch, dass das Unternehmen seine Mitarbeiter für die ständig neuen Anforderungen der Branche wappnet.

Innovationsprozesse werden dokumentiert

Der Einsatz von Automatisierung, Datenanalyse und digitalen Lösungen steigert die Leistungsfähigkeit und gewährleistet effiziente Abläufe. Dahinter steckt System. „Wir stellen spezielle Projektteams zusammen, die sich ausschließlich um Innovationsprojekte kümmern", erklärt Hahmann und gibt Einblick in die Prozesse: Diese Teams bestehen aus Mitgliedern verschiedener Abteilungen und Fachbereiche. Zusammen bringen sie eine breite Perspektive und vielfältige Kompetenzen ein. Um die Neuerungen, die dabei letztlich zustande kommen, nachhaltig zu dokumentieren, setzt man Qualitätsmanagementsysteme ein. Wichtig ist dem Geschäftsführer, dass die Unternehmensstrukturen Innovation von unten nach oben ermöglichen – angeregt durch die eigenen Mitarbeiter oder durch Kunden, die eine Lösung für ein bestimmtes Problem suchen.

Fit für die Zukunft

Teil der innovativen Prozesse des Mittelständlers ist die firmeninterne „HET Academy". Einmal im Monat schult das Unternehmen dort bis zu 15 Mitarbeiter einen Tag lang zu einem ausgewählten Thema, etwa zum Explosionsschutz. Vormittags geht es dabei um die Theorie, nachmittags um die Praxis, geräuschvolle Detonationen inklusive. Im darauffolgenden Monat findet eine Erfolgskontrolle statt. „Dieser Prozess ist sowohl intern als auch extern ein regelrechter Booster für unseren Unternehmenserfolg", betont Uwe Hahmann. So wird die Luft immer reiner – jedenfalls in der Pharmaindustrie.

HET Filter GmbH
63674 Altenstadt
https://het-filter.de
Beschäftigte (D): bis 50
Anlagen-/Maschinenbau

Geschäftsführer
Uwe Hahmann

Die Kernkompetenz von Hilscher ist die Entwicklung und die Produktion industrieller Kommunikationslösungen für die moderne Fabrikautomation.

Hilscher Gesellschaft für Systemautomation mbH

★★

Maschinen, die sich verstehen

In der industriellen Kommunikation genießt die Hilscher Gesellschaft für Systemautomation mbH einen hervorragenden Ruf als führender Technologie- und Lösungsanbieter. Weil sie diesem auch weiterhin gerecht werden will, fördert das innovationsorientierte Top-Management stetig die Entstehung von Neuem. Dafür setzt sich auch der Geschäftsführer Sebastian Hilscher persönlich ein. Schließlich soll gewährleistet sein, dass auch in Zukunft weltweit Maschinen automatisiert, schnell und sicher miteinander kommunizieren.

„Großen Wert legen wir auf die Integration eines agilen Frameworks durch unser Top-Management", erklärt Sebastian Hilscher. Der Geschäftsführer leitet seit 2020 das Unternehmen, bei dem mehr als 400 Mitarbeiter an 13 Standorten weltweit angestellt sind. Hilscher war es, der das „Scaled Agile Framework" einführte und damit bereits Anfang 2024 das erste große Planungsmeeting veranstaltete. Hier kommen einmal im Quartal mehr als 200 Entwickler am Hauptsitz in Hattersheim am Main zusammen.

Experimentiertage für Mitarbeiter

Innovationsfördernd wirken neben diesen Planungsmeetings auch die regelmäßig stattfindenden „Experimental Days". Mit ihnen bietet das Top-Management den Mitarbeitern eine Plattform, um neue Trends und deren positive Einwirkung auf Prozesse und Produkte zu untersuchen. „Für uns als mittelständisches Technologieunternehmen sind Innovationen ohnehin fester Bestandteil unseres Tagesgeschäfts und unserer Unternehmensstrategie", erklärt der Geschäftsführer, dem die Firma zusammen mit seinem Vater und seiner Schwester gehört. So kommt es, dass mehr als die Hälfte der Belegschaft in innovationsgetriebenen Bereichen arbeitet und das Unternehmen im Branchenvergleich überdurchschnittlich viel investiert. Aktuell liegt der Fokus auf der Entwicklung einer neuen Chipgeneration, mit der Innovationen auf kleinstem Raum bei Maschinenbauern, Geräteherstellern sowie Anlagenbetreibern integriert werden.

Motivation und Innovationskraft fördern

Weil das Top-Management aktiv in alle Innovationsprozesse eingebunden ist, ist das Unternehmen beim Datenverkehr in Produktionsanlagen immer am Puls der Zeit. Die Geschäftsleitung initiiert zudem Weiterbildungsmaßnahmen zu künstlicher Intelligenz, Digitalisierung und modernen Arbeitsmethoden. Sie ist davon überzeugt, dass sich die Motivation und die Innovationskraft ihrer Mitarbeiter vor allem dadurch fördern lässt, dass sie eigene Erfahrungen sammeln, indem sie Dinge aktiv ausprobieren und trainieren. Damit hat auch die Innovationsabteilung des Mittelständlers immer gut zu tun, weil sie gute Ideen bündelt, um sie teamübergreifend zu verwirklichen.

Hilscher Gesellschaft für Systemautomation mbH
65795 Hattersheim
https://www.hilscher.com
Beschäftigte (D): über 200
Automatisierung/Verfahrenstechnik

Geschäftsführer
Sebastian Hilscher

„Unsere Kunden schätzen vor allem unsere kurzen Entwicklungs-zeiten.“

Sebastian Hilscher
Geschäftsführer

Ihr Unternehmen gewährleistet, dass Maschinen auf der ganzen Welt automatisiert, schnell und sicher miteinander kommunizieren können. Worin besteht künftig die größte Herausforderung für Ihre Kunden?
Wir sehen, dass die großen Themen, mit denen sich produzierende Unternehmen in den kommenden Jahren beschäftigen, sicherheitstechnischer Natur sind. Zum einen aufgrund politischer Vorgaben, wie etwa die neue EU-Vorschrift zur Cyberresilienz, aber auch durch die unternehmerische Notwendigkeit.

Warum sollten sich Unternehmen gut aufstellen?
Cyberangriffe auf Produktionsanlagen nehmen stark zu und sorgen für Produktionsausfälle. Davor sollten sich Fabrikbetreiber in jedem Fall schützen. Wir stehen ihnen beratend zur Seite, wenn es um resiliente Netzwerke geht.

Welche anderen Aspekte werden künftig Ihre Arbeit beeinflussen?
Wir erkennen einen permanenten Bedarf an immer leistungsfähigeren Produkten. In der Halbleiterindustrie bedeutet das: schneller, besser, kleiner. Mit einer neuen Chipgeneration, die wir momentan entwickeln, integrieren wir Innovationen sozusagen auf kleinstem Raum bei Maschinenbauern, Geräteherstellern sowie Anlagenbetreibern.

Wie wappnet Ihr Unternehmen sich dafür?
Wir haben unsere Prozesse entsprechend organisiert, sodass wir neue Themen immer strukturiert angehen können. Innovation wird bei uns prinzipiell über das agile Management gesteuert. Entsprechend schnell sind wir in der Realisierung. Wir klären erst mit dem Produktmanagement, welche Aufgaben anstehen und machen uns dann an die Lösungsfindung.

Laufen diese Prozesse ausschließlich digital ab?
Nein, im Gegenteil. Wir bringen einmal im Quartal für unsere Großraumplanungsorganistion alle Entwickler unserer Firma zusammen. Eigens dafür kommen auch Kollegen aus Varna in Bulgarien nach Deutschland, um die Themen zu bestimmen, die in den nächsten drei Monaten priorisiert werden. Top-Management, Entwicklung, Produktmanagement, Systemarchitekten, Scrum-Master, Product-Owner sowie Programmmanager arbeiten dabei immer sehr wertschätzend Hand in Hand. Auch das ist ein essenzieller Baustein eines erfolgreichen Prozessmanagements.

Wie intelligente Prozesse dafür sorgen, dass die Hilscher Gesellschaft für Systemautomation mbH die Bedürfnisse ihrer Kunden erfüllen kann, erklärt **Sebastian Hilscher.**

KST Institut GmbH

Sprachtherapie als Schlüssel zum Erfolg

Endlich frei sprechen zu können – das ist der Wunsch vieler Menschen, die stottern. Sie leiden nicht nur unter ihrer Redeflussstörung, sondern auch an einem Mangel an Teilhabe, vor allem im Berufsleben. Hier kann die KST Institut GmbH Abhilfe schaffen: Ihre therapeutischen Methoden können nachweislich wirksam angewandt werden. Zum Erfolg des hessischen Mittelständlers tragen eine innovationsorientierte Geschäftsführung und die intensive Zusammenarbeit mit Partnern bei.

„Mit technischen Innovationen und bewährten Therapiekonzepten verändert die Kasseler Stottertherapie die Lebensperspektive ihrer Patienten", so formuliert der Geschäftsführer Herbert Frosch den Anspruch des 1996 gegründeten Instituts. Die größte deutsche Therapieeinrichtung zur Behandlung von Stottern bietet Intensivkurse und langfristige Nachsorgeangebote für alle Altersgruppen ab drei Jahren an. Dank eigens entwickelter Software arbeiten die Kasseler mit einem abwechslungsreichen Mix aus Präsenz-, Online-, Einzel- und Gruppentherapie für Stotternde aus der ganzen Welt in deutscher und englischer Sprache.

Innovativ durch Zusammenarbeit

Bei der Weiterentwicklung seiner Produkte setzt das Institut auf langfristige Kooperationen mit verschiedenen Partnern, etwa mit den Universitäten Bochum und Kassel, dem Goethe-Institut Frankfurt, mit Logopädieverbänden und großen Krankenkassen. Ein Beispiel dafür ist das digitale Tool „KST Freach". Das ist eine ganzheitliche, webbasierte Online-Therapieplattform, die das Unternehmen gemeinsam mit seinen Technologiepartnern ZTM und Vitero entwickelt hat. Das Tool kann über einen Internetbrowser von jedem Computer aus genutzt werden und bietet alle Funktionen für die Planung und Durchführung von Online-Therapien. Nicht zu unterschätzen ist auch die Rolle der Patienten: Ihre Rückmeldungen und Fragen bei Online- oder Präsenzterminen haben schon so manche innovative Verbesserung angestoßen.

Gemeinsam Zeichen setzen

Die Geschäftsleitung entscheidet nach eingehender Diskussion mit allen Führungskräften, welche neuen Projekte initiiert werden. Dabei legt sie auch die Prioritäten für die entsprechenden Ressourcen fest. Als therapeutische Einrichtung ist die KST jedoch auch inklusiv und sozial ausgerichtet. Daher werden Fehler als Teil des Entwicklungsprozesses betrachtet, was wiederum die Entstehung von Ideen fördert. Frosch betont, dass „die Kasseler Stottertherapie mit ihren innovativen Therapiekonzepten nachhaltige Veränderungen bei ihren Patienten bewirkt". Alle Entscheidungen sind somit darauf ausgerichtet, das Leben stotternder Menschen positiv zu beeinflussen.

KST Institut GmbH
34308 Bad Emstal
https://kasseler-stottertherapie.de
Beschäftigte (D): bis 50
Gesundheitswesen

Geschäftsführer
Herbert Frosch

TOP 100

Lässig GmbH

★★★★

So geht Mode heute

„Fast Fashion", das ständige (Über-)Angebot neuer Mode zu niedrigen Preisen, belastet die Umwelt massiv. Die Lässig GmbH mit Sitz in Babenhausen hat dieser Fehlentwicklung den Kampf angesagt und zeigt als international erfolgreiches Fashion- und Lifestyleunternehmen, dass Wirtschaftlichkeit, Menschlichkeit und Nachhaltigkeit in einem innovativen Unternehmen vereinbar sind. Bei TOP 100 überzeugt der hessische Mittelständler unter anderem mit seinem guten Innovationsklima und seinen innovativen Prozessen.

Das Unternehmen wurde 2006 von Claudia und Stefan Lässig gegründet und stellt funktionale Produkte für Babys, Kinder, Eltern und für Hunde her. Das Sortiment umfasst eine Vielzahl von Produkten, darunter multifunktionale Bekleidung im Eco-Design. Die Produkte sind in 50 Ländern und online erhältlich. Claudia Lässig, die gemeinsam mit Karin Heinrich das Unternehmen führt, sagt: „Wir sind überzeugt davon, dass nachhaltiges und zukunftsorientiertes Handeln unerlässlich ist, wenn man langfristig erfolgreich sein möchte. Diese Werte sind fest in unserer Unternehmenskultur verankert und haben maßgeblich zu unserem Erfolg beigetragen."

Offenes und produktives Innovationsklima

Bei dem Mittelständler wird Teamgeist großgeschrieben – man ist stolz darauf, dass innovative Verbesserungen von der engagierten Belegschaft gemeinsam entwickelt und realisiert werden. Das innovationsfördernde Top-Management setzt hierbei auf die aktive Einbindung ihrer Führungskräfte in diverse Entscheidungsprozesse und gewährt den nötigen Freiraum für Eigeninitiative und kreatives Denken. Eine positive Unternehmenskultur und eine offene Arbeitsumgebung fördern bei Lässig die Entwicklung innovativer Lösungen. „Wir verstehen Innovation als Ergebnis und als einen fortlaufenden Prozess. Und wir möchten in unserem Betrieb eine innovationsfreundliche Atmosphäre schaffen, in der Kreativität, Lernbereitschaft und eine positive Fehlerkultur keine Schlagworte sind, sondern gelebte Prinzipien", betont die Geschäftsführerin Karin Heinrich.

Ideen zielgerichtet verwirklichen

Die Innovationskultur bei Lässig basiert maßgeblich auf einem strukturierten Vorgehen bei der Entwicklung neuer Ideen und Konzepte, um den Innovationsprozess weiter zu stärken. Deshalb kümmert sich seit 2023 eine eigene Innovationskoordinatorin um die Förderung und Verwirklichung innovativer Ideen. Durch diese spezialisierte Stelle und die direkte Anbindung an das innovationsfördernde Top-Management wird sichergestellt, dass Innovationen kontinuierlich entwickelt und vorangetrieben werden. Keine Frage, mit dieser Innovationskultur wird der Mittelständler auch weiterhin nachhaltig auf Erfolgskurs bleiben.

Lässig GmbH
64832 Babenhausen
https://www.laessig-fashion.de
Beschäftigte (D): 51 bis 200
Mode/Textilien

Geschäftsführerinnen
Karin Heinrich und
Claudia Lässig

Die M&L AG mit Sitz in Frankfurt am Main ist eine strategische Unternehmensberatung und hat sich als innovativer Lösungsanbieter etabliert. Sie unterstützt ihre Kunden mit einem professionell geführten Innovationsprozess.

M&L AG

★★★★

Das stete Streben nach Spitzenleistung

Smarter Solutions für digitale Zukunftsperspektiven – die M&L AG in Frankfurt am Main ist eine strategische Unternehmensberatung, die Firmendaten und Märkte analysiert. Branchenübergreifend und unabhängig entwickeln die Spezialisten der M&L AG individuelle und innovative Lösungen, die ihre Kunden bei der Optimierung ihrer Vertriebs- und Unternehmenssteuerung unterstützen. Für den eigenen Erfolg sorgen ein innovationsförderndes Top-Management und ein professionelles Innovationsklima.

„Wir haben in den vergangenen zwei Jahren die Abteilung ‚Innovationsmanagement' eingerichtet, um Innovationen nachhaltig zu fördern", erklärt der Vorstand Matthias Mauer. „Über unsere interne Kommunikationsplattform ‚M&L2visit' können alle Beschäftigten strukturiert ihre eigenen Ideen einbringen und vorantreiben. Als Ideenpaten sind die Mitarbeiter dafür verantwortlich, unseren Stage-Gate-Prozess zu durchlaufen. Ein Innovationsmanager unterstützt, wenn beispielsweise jemand seine Idee nicht griffig formulieren kann, oder steuert nach, um Ideenwildwuchs zu vermeiden. Dieser Prozess funktioniert abteilungsübergreifend, und alle Mitarbeiter können jederzeit sehen, in welchem Entwicklungsstatus sich eine Idee gerade befindet."

Kreativität und Teamgeist fördern

Mauer ist überzeugt davon, dass Firmen ihr Ideenmanagement professionalisieren müssen. Eine aktuelle Studie der Bertelsmann-Stiftung zeigt, dass die Innovationskraft in Deutschland sinkt. „Das muss sich ändern! Allerdings müssen die Ideen auch gelenkt werden. Unternehmen sollten sich fragen, auf welchen Gebieten sie Innovationen generieren wollen, in welchen Kompetenzfeldern sie stark sind und welche Ziele sie erreichen wollen." Die neue Plattform strukturiert den eigenen Findungsprozess, fördert aber auch die interdisziplinäre Zusammenarbeit, weil man dort interagieren kann. „Wir nutzen alle digitalen Möglichkeiten, um Kreativität und Teamgeist bei uns zu fördern", erklärt Mauer. „Und wir organisieren Events und Weiterbildungsangebote zu Zukunftsthemen. Wir wollen, dass sich die Mitarbeiter und unsere Innovationskultur stetig weiterentwickeln."

Vorstand als Vorbild

Zu den Unternehmenswerten zählt das Streben nach Spitzenleistung. Für Vorstand Jürgen Lessnich ursächlich für die Innovationskraft: „Dieses Streben treibt jeden Einzelnen an und wird von uns auch vorgelebt. Darum bin ich aktiv in unser Innovationsmanagement eingebunden." Vorstand und Top-Management agieren als Vordenker und Vorreiter. „Dass unser Streben mit einem Innovationspreis belohnt wird, bestärkt uns. Es macht uns alle stolz und treibt uns dazu an, auch in Zukunft innovativ zu sein."

M&L AG
60528 Frankfurt am Main
https://mlconsult.com
Beschäftigte (D): bis 50
Unternehmensberatung

Vorstände
Matthias Mauer und
Jürgen Lessnich

„Unternehmen müssen ihre Zukunfts-fähigkeit durch Innovation sichern.“

Matthias Mauer
Gründer und Vorstand

Sie sind aktuell zum vierten Mal in Folge bei TOP 100 ausgezeichnet worden. Was bedeutet Ihnen diese Auszeichnung?
Um als mittelständisches Unternehmen in einem sehr komplexen Marktumfeld bestehen zu können, sind wir auf die Innovationsleistungen unserer Mitarbeiter angewiesen und darauf, dass immer wieder Innovationen entwickelt werden. Diese Leistungen haben eine besondere Wertschätzung und Sichtbarkeit verdient. Deshalb bedeutet es uns sehr viel, als TOP 100-Innovator ausgezeichnet zu werden. Wir freuen uns riesig über diese Anerkennung.

Einer der aktuellen Trends in der Wirtschaft ist die künstliche Intelligenz. Worauf sollten Unternehmen beim Einsatz von KI achten?
Programme und Tools auf der Basis künstlicher Intelligenz entwickeln sich rasant, und immer mehr Unternehmen möchten sie einsetzen und für sich nutzen. Aber gerade für sie ist Vorsicht geboten, denn die Qualität und die Verlässlichkeit von KI-Tools, etwa die von GPT-Modellen, hängen maßgeblich von der Expertise des jeweiligen Inputgebers ab. Eine KI, und sei sie auch noch so umfangreich, muss immer erst geschult und angelernt werden. Nur durch stete Optimierung lernt sie dazu, und erst dann kann sie irgendwann qualifizierte Antworten liefern. Deshalb sollte man sich dem Thema sehr überlegt nähern, um nicht hohe Investitionen ohne Rentabilität zu riskieren. Bei der M&L AG profitieren unsere Kunden von einem geführten Innovationsprozess, der den Fokus immer wieder auf Ergebnisse und Mehrwerte lenkt. Zudem können wir auf die Expertise unseres Data-Analytics-Teams zurückgreifen. Dort werden diverse KI-Modelle gezielt und umfangreich angelernt und mit Wissensdatenbanken verknüpft, sodass sie immer aktuelle und präzise Antworten liefern.

Bietet die M&L AG denn schon KI-basierte Serviceleistungen an?
Neben unserem eigenen ChatGPT-Assistenten, dem „M&L Smart Pilot JP", der speziell für unsere Vertriebskollegen der M&L Systems GmbH entwickelt worden ist, arbeiten wir aktuell an KI-Prototypen auf dem Gebiet Retail-Management. Diese Services werden neue Horizonte im Einkaufserlebnis von Endkunden eröffnen. Zudem ist seit März 2024 unserer KI basierter Chatbot und digitaler Assistent „Mara ML" auf unserer Website online, der Besucher schnell, kompetent und umfassend über unsere Leistungen informiert und auf alle Fragen zu unserem Unternehmen eine Antwort parat hat.

Warum nicht nur die M&L AG, sondern Unternehmen generell ein professionelles Innovationsmanagement brauchen, erklärt **Matthias Mauer.**

TOP 100

MAINGAU Energie GmbH

★★★★

Mit dem Portfolio punkten

Die Kombination ist speziell: Strom und Mobilfunk, Gas und E-Mobility plus Internetanschluss. Die Maingau Energie GmbH mit Sitz im hessischen Obertshausen ist seit 115 Jahren im Energiegeschäft tätig. Der bundesweite Energieversorger bietet seinen Kunden neben Strom und Gas aber auch Produkte rund um die Themen Telekommunikation und E-Mobilität an sowie einen umfangreichen Onlineshop. Außerdem setzt er konsequent und zielstrebig auf automatisierte Prozesse. Das Portfolio des Mittelständlers ist ein Innovationserfolg.

„Gerade schärfen wir erneut das Thema Innovation bei uns im Haus", sagt der Geschäftsführer Richard Schmitz. So sollen in den Hauptbereichen Produktentwicklung, Vertrieb, Kundenservice und IT neue Trends und neueste Technologien adaptiert werden. Zudem will man organisches und anorganisches Wachstum fördern, zum Beispiel den Ausbau von Onlinevertriebskanälen oder Investitionen in Venture-Capital-Fonds und in Start-ups im Energie- und Smart-Home-Bereich. Mittel- bis langfristig wird das Unternehmen dadurch unabhängiger, etwa vom Gasvertrieb. „Dafür stellen wir 35 Mio. Euro zur Verfügung", berichtet Schmitz.

Künstliche Intelligenz wird immer wichtiger

Der Betrieb setzt stark auf Automatisierung. „2023 haben wir 400.000 Neukunden gewonnen", erläutert der Geschäftsführer. „Ohne KI hätten wir das nicht geschafft. Diese Technologie beschleunigt unser ohnehin starkes Wachstum noch einmal. Zwei Drittel des aktuellen Umsatzes wären ohne die KI-basierte Optimierung unserer Automatisierung nicht möglich." Den Internetauftritt hat man ebenfalls neu strukturiert: Energie, Elektromobilität und Telekommunikation sind nun auf einem Portal vereint, sodass die Kunden nicht mehr wechseln müssen. Das ist komfortabel, ermöglicht Cross-Selling, und am Ende führt die Prozessvereinfachung zu einer stärkeren Kundenbindung. Zudem wurden die Prozesse beim Gaseinkauf optimiert. „Die Beschaffungskonditionen auf dem Gasmarkt ändern sich permanent. Um unseren Kunden beste Preise zu bieten, haben wir ein neues Tool installiert, das diese enorme Komplexität vereinfacht", sagt Schmitz.

Austausch fördern

Innovationen koordiniert man mit der agilen Methode „Objectives and Key Results", kurz OKR. So formuliert die Geschäftsleitung alle drei Monate neue Ziele und Schlüsselergebnisse, die im Intranet veröffentlicht werden. Der Geschäftsführer moderiert außerdem Infoveranstaltungen zu den OKRs und beantwortet die Fragen der Beschäftigten, um den Austausch im Haus zu stärken. Darum zieht man demnächst auch um: Im Neubau ist eine ganze Etage als „Werkstatt" konzipiert – für noch mehr Begegnung, Austausch und Innovation.

MAINGAU Energie GmbH
63179 Obertshausen
https://www.maingau-energie.de
Beschäftigte (D): über 200
Energie

Geschäftsführer
Richard Schmitz

Pascoe pharmazeutische Präparate GmbH

★★★★★★★★

Moderner Pioniergeist

Der Unternehmensgründer der Pascoe pharmazeutische Präparate GmbH, Friedrich Pascoe, war ein Pionier seiner Zeit, als er 1895 begann, ganzheitliche Arzneimittel zu entwickeln. Heute, rund 130 Jahre später, stellt das Unternehmen unter anderem Arzneimittel, Nahrungsergänzungsmittel, Naturkosmetik und hochdosierte Vitamine für den weltweiten Markt her. Produziert wird in Deutschland, nach international gültigen GMP-Richtlinien, den „Good Manufacturing Practices“. Sein kreatives Innovationsklima und -marketing machen den Mittelständler erfolgreich.

Ein sinnstiftender Pioniergeist befähigt das Unternehmen, kontinuierlich innovative Produkte und Verfahren zu entwickeln. In monatlichen Meetings diskutieren Experten aus allen Unternehmensbereichen neue Ideen. Die Basis dafür ist ein Kommunikationsmodell, das intern sicherstellt, dass alle Mitarbeitenden jederzeit Zugang zu allen wichtigen Informationen haben. Ein weiterer Wegbereiter ist die „Entdeckungskultur“, die im Unternehmens gelebt wird. Sie ist unter anderem in das Konzept „Share your Employee“ eingebettet und ermöglicht durch Gemba-Walks oder Praktika in anderen Arbeitsbereichen, Innovationen anzuregen.

Gemeinsames Ziel – gemeinsame Vision

Das gute Unternehmensklima ist eine große Chance, Neues zu entwickeln. Darum sind die Mitarbeitenden in die Strategieentwicklung bei Pascoe eingebunden. Weil jeder als Spezialist auf seinem Gebiet gesehen wird, erhöht diese Strategie die Identifikation mit dem Unternehmen. Zudem fördert sie die Kreativität, das Engagement und verleiht dem täglichen Tun Sinn. „Die ‚Entdeckungskultur‘ und die gemeinsame Strategieentwicklung sind die Grundsäulen für das Verständnis für das große Ganze. Damit wird die Wertschätzung untereinander gesteigert und unser Pioniergeist widergespiegelt“, sagt das Ehepaar Pascoe, das das Unternehmen heute in dritter Generation führt. „Daraus ergeben sich immer wieder neue Impulse, die zu neuen Ideen und neuer Wertschöpfung führen.“

Austausch mit internationaler Fachwelt

Der stete Dialog mit dem Fachkreis zu erfolgreichen Therapieformen prägt den Charakter des Unternehmens. Durch den Einsatz neuester digitaler Technologien ist die Kommunikation in den jeweiligen Landessprachen und über Zeitzonen hinweg so einfach wie nie. Außerdem arbeitet Pascoe weltweit mit Universitäten zusammen. Gemeinsam mit Wissenschaftlern der Universität Marburg hat die Unternehmenstochter Pascoe Vital Nahrungsergänzungsmittel entwickelt, die auf liposomaler Technologie basieren – eine Art Trägersystem, mit dem Wirkstoffe im Körper transportiert werden können. Pascoe hat mit seinen Produkten gezeigt, dass es zu den führenden Unternehmen in Bezug auf Innovationen made in Germany gehört.

Pascoe pharmazeutische Präparate GmbH
35394 Gießen
https://www.pascoe.de
Beschäftigte (D): 51 bis 200
Pharma/Labortechnik

Geschäftsführer
Annette D. Pascoe und
Jürgen F. Pascoe

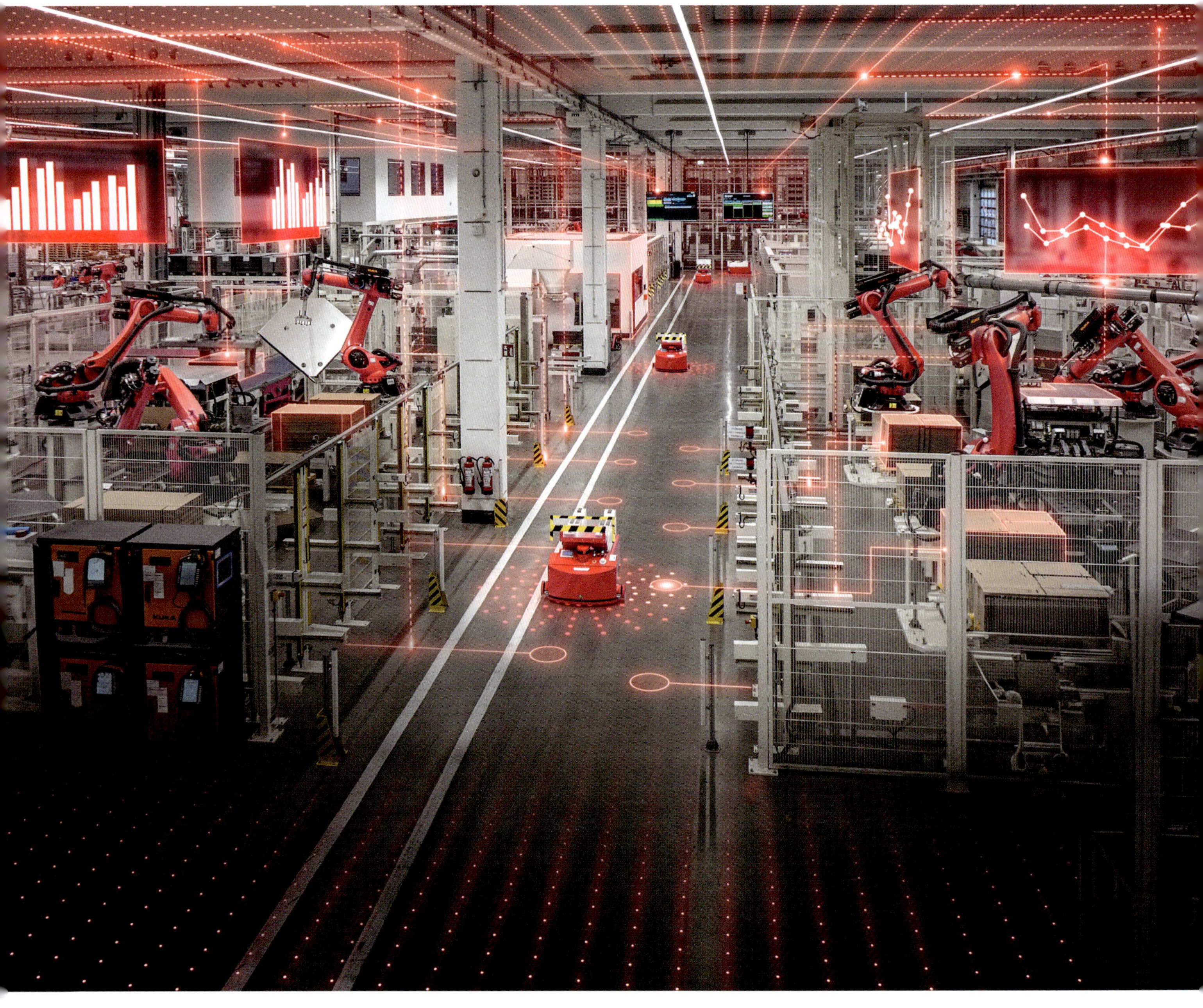

Rittal betreibt eine der modernsten Schaltschrankfertigungen der Welt. Hier gewonnene Erkenntnisse fließen auch in Lösungen für Smart Production und Energiemonitoring für die Industrie ein.

Rittal GmbH & Co. KG

★★★★

Vorreiter für digitale Transformation

Die Industrie steht vor einer Mammutaufgabe: die digitale und die nachhaltige Transformation auf den Weg zu bringen und durch Synergien maximale Potenziale zu entfalten. Welche Chancen sich durch die Kombination von Software- und Hardwarelösungen – über ganze Ökosysteme hinweg – ergeben, zeigt die Rittal GmbH & Co. KG als Vorreiterin der digitalen Transformation gemeinsam mit ihren Schwesterunternehmen aus der Friedhelm Loh Group.

Der Mittelständler mit über 9.200 Mitarbeitern betreibt in der nordhessischen Kleinstadt Haiger die wohl weltweit modernste und nach Industrie-4.0-Standards ausgerichtete Fertigung von Klein- und Kompaktgehäusen. Täglich stellt Rittal dort rund 8.000 Gehäuse her. Das Unternehmen ist einer der weltweit führenden Anbieter für Schaltschranksysteme, Automatisierung und Infrastruktur in den Bereichen Industrie, IT, Energy & Power, Cooling und Service. Zu den Hauptkunden des Global Players zählen sowohl Großkonzerne als auch Mittelständler wie Anlagen- und Maschinenbauer, aber auch IT-Firmen und Energieversorger.

Den Kundenprozess im Blick

Gemeinsam mit den Schwesterunternehmen Eplan, Cideon und GEC bietet Rittal nicht nur Hardware und Systemtechnik, sondern auch Softwarelösungen, die ganze Wertschöpfungsprozesse optimieren. Mittlerweile beschäftigt die gesamte Unternehmensgruppe – mit 12.100 Mitarbeitern weltweit – mehr als 2.000 Softwarespezialisten. Auf Basis standardisierter Software und Systemplattformen liefert sie individuelle Lösungen, um Engineering- und Fertigungsprozesse von Kunden zu unterstützen und zu beschleunigen. Außergewöhnlich ist, wie Rittal die eigenen Innovationsprozesse gestaltet: Im Fokus steht immer der Kunde mit seinen Anforderungen. „Entscheidender als die Managementmethode ist die genaue Kenntnis der Kundenprozesse, auf die wir uns konsequent ausrichten", erläutert Markus Asch, der Vorsitzende der Geschäftsführung von Rittal.

Gemeinsam nach vorn

Typisch für die Innovationsprozesse ist daher, dass sie stets in sehr engem Austausch mit den Kunden stattfinden und man bereits in der Frühphase von Entwicklungen eng zusammenarbeitet. „Unsere Wettbewerbsfähigkeit hängt stark von der Wettbewerbsfähigkeit unserer Kunden ab. Wenn wir also unsere eigene Zukunft sichern wollen, müssen wir unsere Kunden zukunftsfähig machen", betont Markus Asch. Das zeigt: Die führende Marktposition von Rittal ist kein Zufall – sie gründet nicht zuletzt auf flexiblen und kundennahen Innovationsprozessen.

Rittal GmbH & Co. KG
35745 Herborn
https://www.rittal.com/de-de
Beschäftigte (D): über 200
Elektronik/Elektrotechnik

Vorsitzender der Geschäftsführung
Markus Asch

SAMCON Prozessleittechnik GmbH

Fasziniert vom Thema Explosionsschutz

Die Entwicklung, die Produktion und der Vertrieb explosionsgeschützter Kamerasysteme und explosionsgeschützter Beleuchtungstechnik sind das Kerngeschäft der SAMCON Prozessleittechnik GmbH. Dabei arbeiten die Techniker und Konstrukteure nicht im stillen Kämmerlein an ihren Produktideen, im Gegenteil: Alle Standardprodukte fußen auf Entwicklungen, die ursprünglich ein ganz konkretes Kundenproblem lösten. Innovativ sind sowohl die Kamerasysteme als auch die Systeme, die dazu dienen, die Kameras anzuschließen.

Bei TOP 100 überzeugt das Unternehmen vor allem in den Bewertungskategorien „Außenorientierung/Open Innovation“ sowie „innovationsorientiertes Top-Management“. Steffen Seibert, der den Familienbetrieb in zweiter Generation leitet, ist Diplom-Ingenieur für Automatisierungstechnik und vom Thema Explosionsschutz absolut fasziniert. Deshalb arbeitet er auch selbst in verschiedenen nationalen Arbeitskreisen zu diesem Thema mit. Sein Credo ist klar: Ihm geht es nicht um ein Höher, Schneller, Weiter und den größtmöglichen Profit, sondern um höchste Entwicklungs- und Produktqualität.

Technologische Grenzen verschieben

Etwa 5 der 20 Beschäftigten des Unternehmens sind mit Forschungs- und Entwicklungsthemen befasst, wobei Seibert die beiden Bereiche unterscheidet: Bei Entwicklungsprojekten geht es darum, für Probleme der Kunden die passende Lösung zu finden oder aus einem individuellen Produkt ein Standardprodukt zu machen. Um dabei die beste technologische Lösung zu finden, kooperiert das Unternehmen regelmäßig mit den Entwicklungsabteilungen seiner Lieferanten. In Forschungsprojekten hingegen geht es um grundlegende Fragen und um Technologiesprünge, die Grenzen verschieben. Auch hier setzt man auf Kooperationen, vor allem mit wissenschaftlichen Einrichtungen und Partnerfirmen: zum Beispiel, wenn es um Materialien und Beschichtungen für explosionsfeste Kunststoffe geht oder um neue Anwendungsfelder für Thermografiekameras mit Germaniumlinsen.

Geschäftsführer und Erfinder in einer Person

Für viele Erfindungen und Patente ist Steffen Seibert selbst verantwortlich; er ist gewissermaßen Inhaber, Geschäftsführer und Erfinder in einer Person. Auch seine jüngste patentierte Erfindung, das Anschlusssystem „flipConnect“, löst ein Kundenproblem: Durch einen Druckmechanismus kann das Kabel nun angeschlossen werden, ohne dass die Kamera geöffnet werden muss. Das ist weniger fehleranfällig, sodass Komplikationen vermieden werden können. Ein weiterer Fall also, in dem SAMCON das Problem eines Kunden gelöst hat – und die Lösung anschließend zum Serienprodukt wurde.

SAMCON Prozessleittechnik GmbH
35102 Lohra-Altenvers
https://www.samcon.eu
Beschäftigte (D): bis 50
Elektronik/Elektrotechnik

Geschäftsführer
Steffen Seibert

SCHNEIDER GmbH & Co. KG

★★

Für einen perfekten Durchblick

Wenn sich der Geschäftsführer der SCHNEIDER GmbH & Co. KG und sein innovationsförderndes Top-Management darüber Gedanken machen, was der Markt künftig braucht und welche Innovationen zum Gamechanger werden könnten, denken sie nicht an die nächsten Monate oder an das kommende Jahr. Die Innovationsstrategie des Unternehmens ist langfristig angelegt und hat heute schon im Blick, was in fünf Jahren gefragt sein könnte. Der Erfolg gibt dem führenden Systemanbieter von Spezialmaschinen für die Brillenfertigung recht.

„Wie können wir etwas noch besser machen" und „Fasziniert von Innovationen", das sind zwei der Leitsätze des Unternehmensgründers und Geschäftsführers Gunter Schneider. Der gelernte Maschinenbauingenieur wählte 1986 bewusst den Sprung in die Selbstständigkeit, um selbst gestalten zu können – und um Ideen fernab von Konzernhierarchien und Controllingvorgaben weiterverfolgen zu können. Eine Entscheidung, die sich als richtig erwies: Inzwischen ist sein Unternehmen im hessichen Fronhausen einer der weltweit führenden Systemanbieter von Spezialmaschinen für die Brillenfertigung.

Immer wieder technologischer Vorreiter

Gunter Schneider ist nach wie vor der Takt- und Tempogeber für die Innovationskraft seiner Firma, aber er tüftelt längst nicht mehr allein. Ein Team von rund 80 Ingenieuren und Entwicklern sucht jeden Tag nach besseren Lösungen. Mit einem Exportanteil von über 95 % ist SCHNEIDER mittlerweile zwar ein echter Global Player, aber dennoch ein Familienbetrieb geblieben: Die Söhne des Unternehmensgründers arbeiten bereits im innovationsfördernden Top-Management mit. Sein enormes Wachstum verdankt der Familienbetrieb mehreren echten Durchbruchsinnovationen: 1998 leistete man Pionierarbeit bei der Entwicklung von Maschinen für die Freiformfertigung von Gleitsichtgläsern. Mit einer von SCHNEIDER konstruierten Maschine war es erstmals möglich, Gleitsichtgläser in nur einem einzigen Arbeitsgang zu schleifen und zu fräsen.

Systemlösungen statt Einzelmaschinen

Zehn Jahre später begeisterte die Firma ihre Kunden mit der Systemlösung „Modulo". Sie ermöglichte es, verschiedene Prozesse rund um die Brillenglasfertigung mit einem Ring aus autonom kooperierenden und sich selbst steuernden Maschinen zu realisieren. Auf eine neue Stufe wurde dies 2023 mit „Modulo ONE" gehoben, einer erweiterten Systemlösung, die noch stärker auf künstliche Intelligenz setzt. Sie integriert gleich elf weitere, neu entwickelte Maschinen. Und weitere Gamechanger sind bereits in der Pipeline, denn Schneider und sein engagiertes Entwicklerteam arbeiten schon heute an den Lösungen von übermorgen.

SCHNEIDER GmbH & Co. KG
35112 Fronhausen
https://www.schneider-om.com
Beschäftigte (D): über 200
Anlagen-/Maschinenbau

Geschäftsführer
Gunter Schneider

sera GmbH

★★

Mehrwerte für Mensch und Umwelt

Dosiertechnik, Pumpen und Kompressoren – das sind die Kerngeschäftsfelder der sera GmbH. Die Anlagen kommen in Meerwasserentsalzungsanlagen im Oman und in Marokko ebenso zum Einsatz wie in Brauereien oder Schiffsmotoren. Die weltweit tätige Firmengruppe, die zunehmend auch Kompressionslösungen für die Wasserstoffwirtschaft entwickelt, überzeugt bei TOP 100 in den Bewertungskategorien „Außenorientierung/Open Innovation" und „innovationsförderndes Top-Management".

Das hessische Unternehmen ist in Familienbesitz und wird vom Hauptgesellschafter Carsten Rahier in der dritten Generation geführt. Die Verantwortlichkeit für Innovation teilen sich die Entwicklung und der Vertrieb, dort ist die oberste Managementebene direkt damit befasst. Auch die Felder Digitalisierung, IT und IoT sind auf der Top-Management-Ebene angesiedelt. Die Wege sind kurz. Der Geschäftsführer und der zwölfköpfige Führungskreis sind die wichtigsten Innovationstreiber und arbeiten, wie bei einem Mittelständler üblich, eng zusammen.

Intensive Zusammenarbeit mit Start-ups

Die Produktlösungen von sera werden nicht nur für flüssige, sondern auch für gasförmige Stoffe eingesetzt. So war das Unternehmen an mehreren Pilotprojekten beteiligt, in denen Wasserstofftankstellen realisiert wurden. In den vergangenen Jahren hat man außerdem zusammen mit einem Berliner Start-up ein völlig neuartiges Energiespeichersystem auf Wasserstoffbasis speziell für Eigenheime entwickelt. Der eigens dafür entwickelte Kompressor „Agility" ist skalierbar einsetzbar, energieeffizient, servicefreundlich und darüber hinaus besonders leise. Generell kooperiert der Mittelständler im Entwicklungsbereich sehr häufig mit Start-ups und verlagert zum Teil Entwicklungsschritte dorthin. Um die Kontakte zu Start-ups noch zu erweitern, engagiert sich sera bereits seit Jahren mit einem eigenen Preis bei einem Start-Up-Gründerwettbewerb, der auch dabei unterstützt, mit neuen Start-ups in Kontakt zu kommen.

Engagement für die UN-Nachhaltigkeitsziele

Der Unternehmensinhaber Carsten Rahier ist nicht nur an technischen Innovationen interessiert, er ist auch ein Vorreiter in Sachen Nachhaltigkeit. So unterstützt er Umwelttage und Aufforstungsprojekte ebenso wie die „sera Future Challenge", bei der ganze Schulklassen Projektideen für eine nachhaltige Zukunft einreichen können. Wie ernst es dem Top-Management mit diesen Zielen ist, zeigt der Beitritt der sera GmbH 2022 zum UN Global Compact: einem weltweiten Pakt zwischen Unternehmen und der UNO, um die Globalisierung sozialer und ökologischer zu gestalten. Der Firmenslogan „Wir schaffen Mehrwerte für Mensch und Umwelt" ist also überaus ernst gemeint.

sera GmbH
34376 Immenhausen
https://www.sera-web.com
Beschäftigte (D): über 200
Anlagen-/Maschinenbau

Geschäftsführer
Carsten Rahier

TNL Umweltplanung Frank Bernshausen e. K.

Schnelligkeit liegt in ihrer Natur

Der Bau von Energietrassen, Straßen oder Windrädern kann zu Eingriffen in die Natur führen. Um die Auswirkungen für Mensch und Umwelt gering zu halten, müssen sie abgeschätzt und möglicherweise kompensiert werden. Die unabhängige TNL Umweltplanung Frank Bernshausen e. K., im Unternehmensverbund unter dem Dach der TNL Holding, erstellt Gutachten für die Genehmigung solcher Projekte. In einem positiven Innovationsklima entstehen immer wieder kreative Lösungen für schnellere Genehmigungszeiten.

„Wir schaffen eine Unternehmenskultur, die Kreativität und Eigeninitiative fördert", berichtet der Inhaber und Geschäftsführer Frank Bernshausen. Über neue Ideen wird schnell und unbürokratisch entschieden, Erfolg versprechende Neuerungen werden rasch realisiert und standortübergreifend angewendet. „Durch unsere Innovationsfreude haben wir uns mit neuen nachhaltigen Lösungen zur Planungsbeschleunigung als Vorreiter in unserer Branche etabliert", erklärt der Geschäftsführer.

Gut vernetzt, schneller zum Ziel

Biologie und Umweltwissenschaften, Geografie, Land- und Forstwirtschaft: Im Unternehmen sind zahlreiche umweltnahe Fachrichtungen vertreten. Zusammen mit Geoinformationssystem-Fachleuten und einer eigenen Projektmanagementabteilung werden interdisziplinär zielführende Lösungen zur Beschleunigung der Projekte erarbeitet, auch mit Fokus auf innovativen digitalen Möglichkeiten. Mitarbeitende tauschen sich abteilungsübergreifend aus, um durch das Verständnis für die Arbeit der anderen Anregungen für neue Ideen zu bekommen. Aufgrund der sich häufig verändernden Rahmenbedingungen ist die TNL ständig gefordert, schnell zu reagieren und Neues zu entwickeln. Ein Beispiel: Um die Energiewende voranzutreiben und Genehmigungen für Energietrassen, Windräder oder Solarparks schneller zu erreichen, haben die Experten ein Tool zur Habitatpotenzialanalyse entwickelt. Damit lassen sich vorhandene Informationen zusammentragen und mit einem Algorithmus auswerten, sodass die Daten nicht aufwendig im Gelände erhoben werden müssen.

Arbeitsgruppe Innovation und Fehlerkultur

Durch ständige Verbesserungen entwickeln sich Angebote und Struktur des Unternehmens weiter. Eine eigene Arbeitsgruppe dient als Ansprechpartnerin für Verbesserungsvorschläge. Hinzu kommen Ideenworkshops und Meetings, in denen die Mitarbeitenden ihre Ideen präsentieren und darüber diskutieren können. „Unsere Arbeit verändert sich so rasch wie die Natur", erklärt Frank Bernshausen. „Deshalb muss auch unser Unternehmen in der Lage sein, sich schnell weiterzuentwickeln."

TNL Umweltplanung
Frank Bernshausen e. K.
35410 Hungen
https://www.tnl-umwelt.de
Beschäftigte (D): 51 bis 200
Umweltschutz/-technik

Geschäftsführer
Frank Bernshausen

Die ZAM eG ist eingebettet in die genossenschaftliche Finanzgruppe der Volks- und Raiffeisenbanken und bündelt die Interessen ihrer Mitglieder und Kunden. Sie übernimmt in deren Namen die Steuerung und Überwachung der (IT-)Dienstleister der Banken.

TOP 100

ZAM eG

★★

Das Geschäftsmodell als USP

Wenn Banken wichtige Dienstleistungen auslagern, müssen sie in jedem Fall sicherstellen, dass die beauftragten Dienstleister entsprechend der regulatorischen Anforderungen der Bankenaufsicht arbeiten. Dazu gehört vor allem die Steuerung und Überwachung. Weil kaum eine Bank dies aufgrund der Komplexität allein leisten kann, übernimmt die ZAM eG diese Aufgabe für über 700 Genossenschafts- und Privatbanken. Das Geschäftsmodell ist einzigartig in Deutschland. Das gute Innovationsklima des Mittelständlers beflügelt Top-Management wie Mitarbeiter.

„Das, was wir machen, gibt es sonst nicht am Markt. Daher können wir uns nirgendwo etwas abschauen, sondern müssen uns alle unsere Ideen selbst erarbeiten", erklärt der Vorstand Bernd Märzluft. Sechs zentrale große IT- und andere Dienstleister steuert die Genossenschaft für Zentrales Auslagerungsmanagement aktuell. Vor vier Jahren starteten sie mit einem kleinen Team – heute arbeiten 70 IT-affine ausgebildete Banker für ihre Kunden. Und das meist aus dem Homeoffice heraus, wie es bei jungen Start-ups heute in der Regel üblich ist.

Kräfte bündeln

„Wir fördern das kreative Denken bei unseren Mitarbeitern nicht, sondern setzen voraus, dass sie jeden Tag innovativ denken", erläutert die Vorständin Sarah Horn. Die Einzigartigkeit ihrer Aufgabe bringt es mit sich, dass sich die Mitarbeitenden häufig gegenseitig mit ihrem Know-how befruchten und gemeinsam die besten Ideen generieren. Die gemischten Teams müssen sich dabei immer wieder in neue Geschäftsfelder, Regeln und Vorgaben einarbeiten. Viele sind auf ihrem Fachgebiet Experten und lernen dennoch immer viel von den anderen. „Ihre Kräfte zu bündeln ist unsere wichtigste Aufgabe", fügt Sarah Horn hinzu. Die beiden Vorstände waren zu Beginn des Unternehmens oft noch Innovationstreiber – heute sorgen sie eher dafür, dass ihre Mitarbeiter die besten Voraussetzungen bekommen, um kreativ arbeiten zu können. Ihre klare Innovationsstrategie: „Wir wollen täglich noch besser werden."

Probanden einbeziehen

Damit sie die Bedürfnisse ihrer Kunden genau abdecken können, bindet das engagierte Top-Management Pilotbanken eng in die Entwicklungen neuer Angebote mit ein. Diese testen etwa Software und geben ehrliches Feedback, das wiederum in die Weiterentwicklungen einfließt. „Es wird immer wichtiger, die flexiblen Arbeitsweisen unserer Kunden in die Bedienbarkeit unserer Software einzubeziehen", sagt Bernd Märzluft. Außerdem wird künstliche Intelligenz in der Bankenwelt zukünftig eine immer größere Rolle spielen. Auch in diesem Bereich will ZAM als Vorreiter neue Wege beschreiten.

ZAM eG
63263 Neu-Isenburg
https://www.zam-eg.de
Beschäftigte (D): bis 50
Finanzdienstleistungen/
Versicherungen

Vorstände
Sarah Horn und
Bernd Märzluft

Nordrhein-Westfalen

Die Zahl der goldenen Sternchen in den nachfolgenden Unternehmensporträts entspricht der Zahl der TOP 100-Auszeichnungen.

* „Innovator des Jahres“ 2024 in der Größenklasse A

Akademie der Ruhr-Universität gemeinnützige GmbH

Lernen effizienter gestalten

Fortbildungen, die Menschen und Firmen wirklich voranbringen – dieses Ziel hat sich Dr. Yves Gensterblum, der Geschäftsführer der Akademie der Ruhr-Universität gGmbH, gesetzt. Um das zu erreichen, fragt er in kooperierenden Verbänden nach, welche Inhalte ihre Mitglieder benötigen. Zusätzlich evaluiert er nach jedem Kurs, ob die Teilnehmer das Gelernte im beruflichen Alltag auch gut nutzen können. Auf dieser Basis werden alle Fortbildungsangebote kontinuierlich weiterentwickelt.

In die Befragungen der Kursteilnehmenden investiert das Top-Management der Akademie der Ruhr-Universität viel Zeit und Mühe. Mit Anreizsystemen werden die Kursteilnehmenden nach ihrer Fortbildung dazu motiviert, eine erweiterte Kursbewertung abzugeben. Ein wichtiges Ziel ist, dass das Gelernte und die entwickelten Kompetenzen einen möglichst großen Mehrwert für die professionelle Praxis bringen. Je nach Kursform und Themengebiet geben bis zu 40 % der Absolventen ein qualifiziertes Feedback ab. So gewinnt die Akademie hilfreiche Rückschlüsse für einen kontinuierlichen Verbesserungsprozess.

Themen aus der Praxis

Neue Themen erschließt das engagierte Top-Management über ein Netzwerk aus Hochschulen, Unternehmen und Verbänden. Manche Themen sind zwar hochinnovativ, im Mittelstand aber noch nicht durchgängig präsent. Dank der intensiven Kontakte in die Wirtschaft werden dann gemeinsam Angebote entwickelt. Dabei ist für die spätere Anwendung des neu gesammelten Know-hows entscheidend, in welchem Fortbildungsformat dies vermittelt wird: in einem Praxisworkshop oder aber als Zertifikatskurs mit unternehmenseigenem Praxisprojekt. Die Lehre erfolgt durch Vertreter aus Wissenschaft und Wirtschaft, denn sie können den Nutzen einer neuen Methode praxisnah darstellen. Durch die immer kürzeren Innovationszyklen sind innovative Fortbildungsformate notwendig, die eine hohe Lerneffizienz ermöglichen und sich flexibel in den Alltag integrieren lassen, um die Belastung so gering wie möglich zu halten.

KI hilft beim Lernen

Gemeinsam mit dem Deutschen Forschungszentrum für Künstliche Intelligenz, kurz DFKI, und mit Bildungspsychologen der Ruhr-Universität beschäftigen sich der Geschäftsführer Dr. Yves Gensterblum und sein Team in verschiedenen Projekten, damit KI, Virtual Reality und Chatbots Lernprozesse unterstützen können. In Studien zeigte sich, dass eine geförderte Lerngruppe um 20 % effizienter lernt als die Vergleichsgruppe. Ein Nachfolgeprojekt beleuchtet aktuell die Frage, ob Lernen durch Avatare verbessert werden kann. All diese Erkenntnisse fließen in die Lehrformate der Akademie der Ruhr-Universität ein.

Akademie der Ruhr-Universität gemeinnützige GmbH
44803 Bochum-Laer
https://www.akademie.rub.de
Beschäftigte (D): bis 50
Weiterbildung

Geschäftsführer
Dr. Yves Gensterblum

ALVI GmbH

★★★

Mit digitalem Marketing Wissen verbreiten

Große neue Projekte und viele gute Ideen aus der Belegschaft zeugen davon, dass die ALVI GmbH ein gutes Innovationsklima schafft. Sie entwickelt und produziert hochwertige Textilprodukte für Babys und Kleinkinder und erobert damit zurzeit neue Märkte. So erfolgt derzeit der Markteintritt in Polen, weitere Länder sollen folgen. Gleichzeitig erweitert der Mittelständler ständig sein Produktportfolio und hat gerade eine eigene Webshoplogistik aufgebaut, sodass die Waren jetzt ohne Unterstützung durch einen Dienstleister versandt werden können.

Jede Woche treffen sich bei ALVI alle Beschäftigten zum Townhall-Meeting, um den Stand von Projekten zu besprechen und Vorgehensweisen zu diskutieren. Eine Roadmap im Intranet sorgt außerdem dafür, dass alle jederzeit wissen, wer an was arbeitet. Diese gut strukturierten Prozesse bewirken, dass aussichtsreiche Vorschläge zügig realisiert werden. Ein junger Kollege entwickelte etwa einen digitalen Urlaubsschein, ein anderer eine elektronische Zeiterfassung.

Geringere Kosten durch Ideen der Mitarbeiter

Die Mitarbeiter haben viel Freiheit, eigene Ideen zu verfolgen. So recherchierte beispielsweise ein Mitarbeiter angesichts der stark gestiegenen Versandkosten für Babymatratzen alternative Versandmöglichkeiten. Er entdeckte eine Maschine, die die Matratzen zusammenrollen kann, wodurch gleich vier Matratzen in einen Karton passen und dadurch die Versandkosten um stolze 70 % sinken sollten. Diese Maschine wurde schnell bestellt. Und im neu aufgebauten Fulfillment-Center des Webshops optimierte der E-Commerce-Manager die Laufwege so, dass die zuständigen Kollegen jetzt neun Aufträge gleichzeitig abarbeiten können. Dadurch sinken die Logistikkosten um rund 30 %. Derartig wirkungsvolle Ideen werden vom Unternehmen mit Sonderprämien belohnt. Und das wiederum erzeugt in der Belegschaft eine hohe Motivation, sich immer wieder neue Ideen beziehungsweise Verbesserungsvorschläge einfallen zu lassen.

Expertise durch Fernstudium

Darüber hinaus achtet der Geschäftsführer Gabriel Zboralski darauf, möglichst viel Expertise im eigenen Haus zu haben. Deshalb bietet er seinen Beschäftigten unterschiedlichste Fortbildungsmöglichkeiten an. So absolvieren derzeit zum Beispiel zwei Mitarbeiter bei der London Business School ein Fernstudium zu digitalem Marketing. Mit dem Erlernten sollen sie anschließend den Webshop des Unternehmens voranbringen. Denn in vielen anderen Ländern muss noch verbreitet werden, dass die ALVI-Babyschlafsäcke helfen können, den plötzlichen Kindstod zu verhindern. Digitales Marketing ist einer der Schlüssel dazu. Und auch das neue Geschäftsfeld „Loungewear“ soll mittels digitalen Marketings vorangetrieben werden. Weiteres Wachstum ist also programmiert.

ALVI GmbH
37671 Höxter
https://www.alvi.de
Beschäftigte (D): bis 50
Mode/Textilien

Geschäftsführer
Gabriel Zboralski

Arning Bauunternehmung GmbH

Jeder lernt ein Stück vom anderen

Gute Ideen hatten und haben diese Bauexperten jederzeit – und das seit knapp 90 Jahren. Die Arning Bauunternehmung GmbH ist ein in dritter Generation familiengeführter Mittelständler. Das Angebotsspektrum ist groß: vom Roh- und Schlüsselfertigbau, Gewerbe-, Industrie- und Ingenieurbau über Sanierung und Projektentwicklung bis zum Tiefbau mit der Spezialisierung in den Feldern Windenergie, Freileitungs- und Kabelbau ist alles dabei. Das gute Innovationsklima und die gezielte Außenorientierung tragen zum Erfolg der Firma bei.

Ob Maurer oder Poliere, Techniker oder Kaufleute – die Open-Door-Kultur des Unternehmens lädt alle Mitarbeiter dazu ein, ihrer Kreativität freien Lauf zu lassen und Verbesserungsvorschläge zu äußern. „Die Türen zur Geschäftsleitung stehen immer allen offen", betont der geschäftsführende Gesellschafter Marc Willem Arning.

Das Hugo-Prinzip

Dazu gibt es eine Mitarbeiter-App, die sich jeder auf sein Smartphone laden kann. Ideen und Vorschläge können die Nutzer der App unter Angabe ihres Namen vortragen. Wer Hemmungen hat, sein Anliegen persönlich vorzutragen, kann dies auch anonym tun. Außerdem haben alle einmal im Jahr die Möglichkeit, mit dem Vorgesetzten ein Entwicklungsgespräch zu führen. „Unsere Mitarbeiter sind Spezialisten, sie können uns am besten sagen, wo es hakt und an welchen Stellen wir etwas verbessern können", erläutert der Geschäftsführer Michael Fieke hinzu. So machte zum Beispiel einmal ein Polier die Kollegen darauf aufmerksam, wie wichtig Sauberkeit und Ordnung am Arbeitsplatz sind – allein schon für die Sicherheit der Personen, die sich auf der Baustelle aufhalten. Da der Mann sein Anliegen frank und frei kundtat und mit Vornamen Hugo heißt, wird diese Regel seitdem liebevoll das „Hugo-Prinzip" genannt – natürlich mit dem Einverständnis des Namensgebers.

Zusammenarbeit mit der FH Münster

Um stets am Puls der Zeit zu bleiben und frische Innovationen zu generieren, tauschen sich die Bauprofis regelmäßig mit externen Experten aus. Ein Beispiel dafür ist die erfolgreiche Kooperation mit der Fachhochschule Münster, die etwa zu umweltschonenden Baustoffen forscht und dazu spezielle Verfahren zur Produktion von Beton getestet hat. „Wir nutzen die Testergebnisse, um nachhaltiger zu arbeiten", erklärt Marc Willem Arning. Der gute Draht zu den Hochschulen zeigt sich zudem darin, dass der Mittelständler Werkstudenten beschäftigt, die ihre Praxiserfahrungen im Baubetrieb sammeln und in ihr Studium einfließen lassen. Ein Beispiel, das zeigt, wie wertvoll die Zusammenarbeit mit anderen ist – und dass jeder von jedem lernen kann.

Arning Bauunternehmung GmbH
48565 Steinfurt
https://www.arning-bau.de
Beschäftigte (D): 51 bis 200
Baugewerbe/Handwerk

Geschäftsleitung
Michael Fieke und
Marc Willem Arning

AVANCO GmbH

★★★

Die Leichtigkeit des Seins

Sie ist Expertin für Leichtbaumaterialien wie beispielsweise spezielle Kardanwellen für Automobile oder thermoplastische Profile für Flugzeuge: Die AVANCO GmbH entwickelt, baut und veredelt Teile aus Aluminium und Faserverbundwerkstoffen, zu denen auch Kohlenstofffasern und Glasfasern zählen. Der Erfolg des Unternehmens mit Sitz in Herford basiert auf dem Hightechverständnis seiner Beschäftigten und auf seiner innovationsförderlichen Außenorientierung.

Im Hinblick auf die ökologische und die ökonomische Nachhaltigkeit werden Leichtbaumaterialien, die am Ende zu weniger Energieverbrauch führen, immer wichtiger. „In der Praxis übersetzen wir Kundenprobleme in Lösungen", sagt der Geschäftsführer Cedric Tappe. Durch den ständigen Austausch mit den Kunden, die Anpassung an die sich verändernden Bedürfnisse des Markts und die schnelle Realisierung neuer Ideen sind diese Ostwestfalen in ihrem Metier Weltmarktführer geworden. „Dank unserer Innovationen hat sich der Umsatz des Unternehmens in den vergangenen fünf Jahren verdoppelt", berichtet Tappe.

Kundenproblem als Initialzündung

Durch die enge Zusammenarbeit mit den Kunden werden gemeinsam Innovationsideen verwirklicht, auf die man sonst vielleicht gar nicht gekommen wäre. Die Spezialisten von AVANCO hören sich stets gern an, wo genau der Schuh bei den Kundenfirmen drückt. „Wenn uns etwa ein Maschinenbauer erzählt, dass seine Maschinen sich nicht für die Verarbeitung eines neuen sehr dünnen Substrats eignen, können wir Walzen mit glatterer Oberfläche herstellen, mit denen dies möglich ist", erläutert der Geschäftsführer. Als anderes Beispiel nennt er einen Autohersteller, der über „Gewichtsprobleme" der neu zu bauenden Fahrzeuge klagt: „In so einem Fall nehmen wir die Konstruktion genauer unter die Lupe. Das Problem können wir lösen, indem wir Teile aus carbonfaserverstärktem Kunststoff fertigen, die die herkömmlichen Autoteile, die aus Metall sind, ersetzen."

Von externem Know-how profitieren

Seinen Innovationsmotor verstärkt das Unternehmen mithilfe einer strategischen Kooperation mit externen Partnern. Dies gilt beispielsweise für die Entwicklung der neuen Technologie des laserunterstützten Tapewickelns, die unter anderem für den Bau von Wasserstoffdruckbehältern genutzt wird. Mit Hochschulen arbeitet AVANCO zusammen, um externes Know-how zum Thema Wasserstoff einzuholen. „Wenn wir neue Projekte angehen, ist der Input von außen oftmals sehr hilfreich. So gelingt es uns immer wieder, alle Anforderungen zu erfüllen", resümiert Tappe.

AVANCO GmbH
32052 Herford
https://www.avanco.de
Beschäftigte (D): über 200
Anlagen-/Maschinenbau

Geschäftsführer
Cedric Tappe

Bank11 für Privatkunden und Handel GmbH

★★★★

Höher, schneller, weiter

Wer ein Auto kaufen und den Preis dafür nicht auf einen Schlag zahlen kann oder will, finanziert den Kauf. Das gilt für Privatpersonen, aber auch für Autohändler. Je schneller und unkomplizierter die Abwicklung, desto besser. Hier kommt die Bank11 für Privatkunden und Handel GmbH ins Spiel: Sie hat sich auf die Absatz- und Einkaufsfinanzierung bei Fahrzeugen und Versicherungen spezialisiert. Ihr hervorragendes Innovationsklima ist ein wesentlicher Grund für den Innovationserfolg der Firma.

Der 2011 gegründete Mittelständler ist schnell gewachsen: Zu Beginn hatte er 50 Beschäftigte, heute sind es schon mehr als 400. Gleichwohl lebt man nach wie vor den Start-up-Geist. Getreu ihrem Slogan „Schnell. Schlau. Digital" gehen die Experten, zu denen Banker, Kaufleute, Softwareentwickler und Juristen gehören, die Dinge an. „Unsere Leute denken stets eigenständig, schieben täglich Verbesserungen an und beschleunigen die Arbeitsprozesse. Das kommt bei unseren Kunden natürlich gut an", berichtet der Geschäftsführer Jörn Everhard.

Service par Excellence

Kunden haben keine Lust, bei der Finanzierung viele Formulare auszufüllen und womöglich tagelang darauf zu warten, ob ihr Kreditantrag genehmigt wird oder nicht. Über die Bank11 können sie ganz einfach via Smartphone digital signieren – die ansonsten übliche Videolegitimation ist nicht erforderlich beim Abschluss vor Ort am POS. Das Einzige, was die Kunden benötigen, sind eine gültige E-Mail-Adresse und eine Mobilfunknummer, auf die sie direkt zugreifen können. Die notwendige Legitimation übernimmt dann der Händler. Mit nur wenigen Handgriffen wird der Ausweis fotografiert und der Vertrag mittels einer Mobil-TAN digital unterschrieben. „Agiles Arbeiten ist bei uns angesagt. Jeder Mitarbeitende kann bei uns, unabhängig von seiner Funktion, Verbesserungsvorschläge einbringen", sagt Everhard. Neue Ideen werden im Team besprochen und sind stets willkommen – selbst wenn sie kein grünes Licht für die Realisierung bekommen.

Früchte der Innovation ernten

Die fortschrittliche und lösungsorientierte Herangehensweise im Unternehmen trägt Früchte: Allein der Umstand, dass sich die Zahl der Beschäftigten von der Gründung bis heute verachtfacht hat, spricht Bände. Die Maxime, Prozesse intern und damit auch für die Kunden zu vereinfachen, zieht man stringent durch. Dafür erhält die Bank11 von ihren Kunden nicht nur Applaus, sondern erzielt auch Kosteneinsparungen. Und die wiederum schaffen Spielraum für weitere Innovationen. Das spüren am Ende auch die Wettbewerber, denn dieser Mittelständler hat sich innerhalb kürzester Zeit auf dem Markt einen Namen gemacht.

Bank11 für Privatkunden und Handel GmbH
41460 Neuss
https://www.bank11.de
Beschäftigte (D): über 200
Finanzdienstleistungen/
Versicherungen

Geschäftsführer
Jörn Everhard und
Nina-Stephanie Bartha

Baumann Group – the kitchen family

Kreative Küchenprofis

Hier wird geliefert wie bestellt – und das seit mehr als 100 Jahren. Die Baumann Group ist einer der führenden Küchen- und Badmöbelhersteller in Deutschland. 1917 gegründet und heute in dritter Generation geführt, beliefert sie Fachhändler und Küchenstudios mit Möbeln und Einrichtungsgegenständen. Das innovationsfreudige Top-Management und ein gutes Innovationsklima sorgen dafür, dass das Unternehmen seit vielen Jahren ganz vorn mit dabei ist.

Um neue Trends aufzuspüren, arbeitet die in Löhne und Burg ansässige Baumann Group mit kreativen Köpfen zusammen. Im Bielefelder Pioneers-Club hat sie zudem Arbeitsplätze für Mitarbeiter aus der Produktentwicklung, Marketing und Architektur angemietet. Der Club ist für mittelständische Firmen, Start-ups und Digitalisierungsspezialisten der Region eine wichtige Anlaufstelle, dient als dezentraler Arbeitsplatz und vor allem als Hotspot für den Austausch neuartiger Ideen.

Die Idee mit der Ideenbox

In der Zentrale in Löhne hat der Mittelständler zudem eine besondere Ideenbox etabliert: Alle Mitarbeiter können sich diese Box abholen. Dann schreibt der Boxbesitzer seine Verbesserungsvorschläge auf einen Zettel und reicht sie bei der eigens dafür eingerichteten internen Jury ein. „Für jeden Vorschlag, den wir realisieren, gibt es als Belohnung eine Prämie", sagt die Geschäftsführerin Sabine Brockschnieder und fügt hinzu: „Für neue Ideen und kreative Verbesserungsvorschläge sind wir immer offen. Darüber hinaus fördern wir vor allem die Eigenständigkeit all unserer Führungskräfte, die wiederum ihren Teams Raum für eigene Entwicklungen lassen." Der stete Innovationsgedanke ist in der Unternehmensphilosophie fest verankert und prägt die Tätigkeit der Geschäftsleitung.

Am Puls der Zeit

Sabine Brockschnieder beschäftigt sich ausgiebig mit gesellschaftlichen Trends, die auch für den Küchenhersteller eine immer größere Bedeutung bekommen. Ein Beispiel dafür ist die nachhaltige Ausrichtung des gesamten Unternehmens im Sinne der ESG-Kriterien. ESG steht für „Environment Social Governance", also „Umwelt, Soziales und verantwortungsvolle Unternehmensführung". In der Praxis heißt das etwa, dass die hergestellten Produkte so weit wie möglich recycelbar sind. Ein weiterer Trend ist die Urbanisierung: „Der Lebensraum in Städten wird für viele Menschen kleiner. Sie benötigen daher entsprechende Dinge wie kompakte Möbel oder solche mit viel Stauraum", sagt die Geschäftsführerin. Und auch da überraschen die kreativen Küchenprofis regelmäßig mit Neuerungen.

Baumann Group – the kitchen family
32584 Löhne
https://www.baumann-family-group.de/
Beschäftigte (D): über 200
Möbelindustrie

Geschäftsführerin
Sabine Brockschnieder

Beratung Wink® e. K.

★★★★★

Alles eine Frage der Energie

Wärmepumpe, Photovoltaik oder E-Flotte? Viele Unternehmen benötigen dringend eine langfristige Energiestrategie. Hier kommt das Team der Beratung Wink® e. K. zum Einsatz: Die Spezialisten für Strom, Heizung und Co. erarbeiten mit ihren Kunden individuelle, ganzheitliche Lösungen. Transparent und zukunftsgerichtet machen sie Firmen fit für die Energiewende. Dabei hilft dem Beratungshaus ein lebendiges Innovationsklima und ein beeindruckendes Ökosystem, das aus Experten der Energiewirtschaft besteht.

Auf Wärmepumpe umsteigen? Oder doch Öl und Gas behalten? Unternehmen werden beim Thema Energie von so vielen Fragen umgetrieben wie nie zuvor. Ein wilder Mix aus explodierenden Preisen, neuen Technologien und einem Dickicht staatlicher Fördergelder hat viel Unsicherheit befeuert. Gleichzeitig haben sich neue Chancen aufgetan. „Die Energieversorgung ist zu einem hochkomplexen Thema für die Firmenwelt geworden“, sagt der Inhaber Alexander Wink und fasst damit die Situation zusammen.

Ein Team, das für das Thema Energie brennt

Er und sein innovationsbegeistertes Team bieten den Kunden erst einmal Transparenz. „Es gibt unzählige Versorger, Technologien, Wege und Möglichkeiten“, betont der Inhaber. Als unabhängiger Entwicklungspartner hilft der Mittelständler, den richtigen Energieversorger zu finden und Transformationskonzepte oder Dekarbonisierungsfahrpläne zu entwerfen. „Wir verbinden dafür Aspekte wie Mobilität, Heizung, Strom und Automatisierung“, erklärt Alexander Wink. Gefragt sind meist praxisnahe, schnelle Konzepte. Bei der Suche danach profitiert die Beratungsfirma von ihrem guten Innovationsklima: „Wir denken nicht in starren Abteilungsgrenzen und sind offen für Neues. Unsere Auszubildenden bringen wir mit innovativen Entwicklern zusammen, denn gezielte Weiterbildung gehört bei uns zum Alltag“, sagt die Prokuristin Heike Wink. Motivation bringen viele schon mit: „Gerade die Jungen brennen für das Thema“, erzählt sie.

Riesiges Ökosystem

Viele neue Impulse erhält die Firma auch von außen, denn sie arbeitet mit mehr als 100 Energielieferanten und weit mehr als 100 Spezialisten aus der Energiewirtschaft zusammen: „Wir haben zum Beispiel eine strategische Allianz in Sachen Hochleistungswärmepumpen. Deshalb verfügen wir hier über jede Menge Know-how“, erklärt Alexander Wink. Das lebendige Ökosystem aus Spezialisten und Partnern treibt den Mittelständler stetig voran: „Aus diesen Netzwerken kommen viele neue Ansätze, Technologien und Fragen zu uns“, berichtet der Inhaber. Zum Glück für die Kunden – denn gute Ideen zum Thema Energie entscheiden für viele über nichts weniger als ihre Zukunft.

Beratung Wink® e. K.
53819 Neunkirchen-Seelscheid
https://www.beratung-wink.com
Beschäftigte (D): bis 50
Unternehmensberatung

Geschäftsleitung
Heike und Alexander Wink

Bergmann & Steffen GmbH

★★★

Geht nicht gibt‘s nicht

Am Puls der Zeit zu bleiben ist vor allem für Firmen wichtig, die im High-End-Bereich unterwegs sind. Die Bergmann & Steffen GmbH ist hierzulande eine führende Herstellerin von Laser-Remote-Schweißanlagen und Remote-Schweißtechnik. Diese Technik steht für hochdynamisches Laserschweißen. Dabei wird mit großen Brennweiten gearbeitet, die viel Bewegungsfreiheit zulassen. Dank des engagierten Top-Managements und des positiven Innovationsklimas sind die Experten immer auf dem neuesten Stand.

Der Geschäftsführer Uwe Bergmann besucht regelmäßig Branchenevents, Fachtagungen und Messen, zudem hält er Vorträge. Durch sein gut organisiertes Netzwerk weiß er, was seine Kunden umtreibt. So erfährt er, an welchen Stellen es bei den Firmen, die sein Unternehmen beliefert, hakt und wo der Bedarf groß ist. „Wir besprechen die Erkenntnisse dann bei uns im Betrieb“, sagt Bergmann. In seinem Unternehmen, in dem rund 70 Menschen beschäftigt und die Bereiche überschaubar sind, trifft man sich auf dem kurzen Dienstweg, um sich zu verständigen.

Wie neue Dinge entstehen

Kommunikation ist essenziell, dabei sind schon viele Ideen entstanden. Einmal fragte ein Kunde, ob der Mittelständler ihn bei der Batterietechnik einer Anlage unterstützen könne. Eigentlich sind Batterien keine Domäne der Schweißprofis. Uwe Bergmann dachte sich jedoch: Geht nicht gibt‘s nicht. „Wir haben uns in der Firma im großen Kreis zusammengesetzt, um Einfälle und entsprechende Lösungen zu diskutieren“, erläutert der Geschäftsführer. Innerhalb kurzer Zeit entwickelten die Spezialisten ein neues, produktives Schweißsystem, das der Mittelständler bald auf den Markt bringen will. Denn wenn Innovationen entstehen, bedeutet das nicht, dass das Rad neu erfunden werden muss. So hört Uwe Bergmann oft den Satz: „Da hätte man auch selbst drauf kommen können.“

Ideen muss man haben

Dagegen hat er überhaupt nichts einzuwenden. Transformationen entstehen für den Geschäftsführer auch dann, wenn schon Bestehendes verändert wird. Ihm ist dabei wichtig, dass nicht nur er kreativ ist. Die kollegiale Zusammenarbeit wird in seiner Firma großgeschrieben. Der Mittelständler verfolgt eine kollaborative Unternehmenskultur der Offenheit, in der alle Mitarbeiter Ideen austauschen und gemeinsam an innovativen Lösungen arbeiten können. Wie Bergmann wissen auch seine Angestellten, dass es die meisten Innovationen schon am Markt gibt. Man muss nur Ideen haben, sie weiterzuentwickeln. Und daraus werden am Ende wieder neue Innovationen.

Bergmann & Steffen GmbH
32139 Spenge
https://www.bergmann-steffen.de/
Beschäftigte (D): 51 bis 200
Automatisierungs-/Verfahrenstechnik

Geschäftsführer
Uwe Bergmann

Die BIKON-Technik GmbH ist spezialisiert auf Spannsatzanwendungen in allen Bereichen der Antriebstechnik. Der Maschinenbauer entwickelt seit 1972 Spannsysteme und hat weltweit mehr als 100 Patente erlangt.

BIKON-Technik GmbH

★★★★

Schneller als Piraten

Gute Ideen, die erfolgreich realisiert werden, findet man nicht wie Sand am Meer. Es gibt aber Momente, da fallen sie Zlatko Dizdarevic von jetzt auf gleich ein. Dem geschäftsführenden Gesellschafter der in Neuss in Nordrhein-Westfalen ansässigen BIKON-Technik GmbH hilft dabei seine langjährige Erfahrung, die die innovativen Prozesse und die Organisation des mittelständischen Maschinenbauers vorantreibt. Dass die Firma in ihrem Segment zu den Marktführern gehört, ist nicht zuletzt dem engagierten Top-Management zu verdanken.

Der Mittelständler beschäftigt acht Mitarbeiter, spezialisiert hat er sich auf Spannsätze für Antriebstechnik. Ob in der Automobilbranche, in der Medizintechnik, bei Windkraftanlagen oder beim Tagebau – der Bedarf ist groß. Dabei hat die BIKON-Technik GmbH seit vielen Jahren mit Produktpiraterie zu kämpfen: Produkte werden kopiert und danach billiger am Markt angeboten. „Dieses Problem können wir nicht allein durch Patente und Gerichte lösen", sagt der Geschäftsführer Zlatko Dizdarevic.

First Mover

Vor allem dann nicht, wenn der Sitz der Produktpiraten weit entfernt ist, etwa in fernöstlichen Regionen. Doch der Betrieb hält dagegen – und das mit Erfolg. Innovationen verhelfen dem Neusser Maschinenbauer dazu, seine Produkte kontinuierlich weiterzuentwickeln und somit laufend Neuheiten anbieten zu können, sodass potenzielle Nachahmer hinterherhinken. Der Geschäftsführer ist dazu im ständigen Austausch mit den Kunden, wodurch viele Ideen und Verbesserungen entstehen. „Wir haben 2022/23 die Leistungen für Flanschkupplungen deutlich angehoben. Mit der Folge, dass unser Umsatz für Flanschkupplungen um über 250 % gestiegen ist", erklärt der Geschäftsführer. Dies geht wiederum nur mit einer konsequenten strategischen Ausrichtung: „Im Segment Maschinenbau dauert es gut mal bis zu fünf Jahre, bis Produkte marktreif sind. Parallel zu diesem Prozess befragen wir außerdem regelmäßig unsere Kunden, was sie genau brauchen. Wir lassen so lange nicht locker, bis wir das passende Produkt für sie entwickelt haben."

Die jungen Wilden

Auch wenn der Chef ein wichtiger Innovationstreiber ist, als One-Man-Show versteht er sein Unternehmen nicht. Wenn es um neue Einfälle und Verbesserungsvorschläge geht, haben alle seine Angestellten freie Bahn. Er freue sich vor allem, wenn die junge Generation regelmäßig kontrovers über Lösungen diskutiert. Außerdem seien die Digital Natives im Handling digitaler Anwendungen wesentlich fitter. Und so erledigt der Mittelständler digitale Bestellungen im Handumdrehen: Von der Bestellung bis zum versandfertigen Paket dauert es gerade einmal zehn Minuten.

BIKON-Technik GmbH
41468 Neuss
https://www.bikon.de
Beschäftigte (D): bis 50
Anlagen-/Maschinenbau

Geschäftsführer
Zlatko Dizdarevic

Brenner Energie ist ein Dienstleister für Photovoltaik-, Windkraft- und Solarthermieanlagen. Er bietet alles aus einer Hand – von der Beratung bis zum Aufbau, inklusive Wartung, Monitoring und Reinigung.

Brenner Energie GmbH

Photovoltaik für alle

Immer mehr Menschen zur Energiewende bewegen – das ist die Mission der Brenner Energie GmbH. Die Spezialistin für Solar-und Windkraftanlagen setzt dafür auf einen intensiven Austausch mit ihren Kunden. Ein ausgeklügelter Service, gründliche Informationen und regelmäßiges Feedback machen die Abnehmer der Anlagen zufrieden. Für den Erfolg des Dienstleisters sprechen seine überragenden Wachstumszahlen. Damit beeindruckt er auch bei TOP 100 in den Bewertungskategorien „Innovationserfolg“ und „Außenorientierung/Open Innovation“.

Mehr als 200 % Wachstum pro Jahr: Nicht viele Firmen konnten in den harten Coronajahren ihren Umsatz derart steigern. „Wir freuen uns über das anhaltende Wachstum, da wir so immer mehr Menschen auf den Weg der erneuerbaren Energien bringen können“, sagt der Geschäftsführer Marcel Brenner. Sein Unternehmen verbaut dafür vor allem in Deutschland hergestellte Photovoltaikanlagen und setzt auf ein außergewöhnlich umfassendes Serviceangebot.

Besonderes Servicepaket

Mit Beratung, Aufbau und einer nachhaltigen Betreuung steht der Dienstleister seinen Kunden langfristig zur Seite: „Ob Wartung, Monitoring oder Reinigung – wir bleiben auch nach erfolgter Arbeit für unsere Kunden jederzeit ansprechbar“, erklärt Brenner. Zusätzlich zu diesem Servicepaket setzt er auf eine intensive Kommunikation und das Feedback seiner Kunden. Ihre Wünsche, Anregungen oder Verbesserungsvorschläge werden von allen Mitarbeitern, ob nun Vertriebler oder Handwerker, konsequent ins Unternehmen zurückgetragen. Unterstützt wird dieser Prozess durch eine schriftliche Befragung nach jedem Verkauf. So weiß das Team genau, womit die Kunden zufrieden waren und wo noch nachgebessert werden kann. „Mit jedem Feedback können wir unseren Service noch ein Stück besser machen“, erklärt der Geschäftsführer.

Information bringt Sicherheit

Zur lebendigen Kommunikation mit den Kunden gehört auch ein breit gefächertes Informationsangebot. Denn gerade bei einer Investition in Solar- oder Windkraftanlagen suchen die Kunden nach Sicherheit. „Genau diese Sicherheit wollen wir mit unseren vielfältigen Beratungs- und Informationsangeboten garantieren“, betont Marcel Brenner. So nimmt sich das Team viel Zeit, um neue Photovoltaikbesitzer in die Funktionsweise einer Anlage einzuführen, oder zeigt mithilfe von Medien auf, wie ein Ausfall verhindert und Leistungsverlusten entgegengewirkt werden kann. Hinzu kommen Tipps zur Pflege und Wartung der Anlage. All diese Angebote schaffen eine große Transparenz, für die die Auftraggeber gerade beim Thema Photovoltaik sehr dankbar sind.

Brenner Energie GmbH
40878 Ratingen
https://www.brenner-energie.de
Beschäftigte (D): bis 50
Erneuerbare Energien

Geschäftsführer
Marcel Brenner

„Wir messen unseren Erfolg an der Zufriedenheit der Kunden."

Marcel Brenner
Geschäftsführer

Die Brenner Energie GmbH ist seit 2019 jährlich um 200 % gewachsen. Was bedeutet das für ein kleines Unternehmen mit einer Handvoll Mitarbeiter?
Wachstum bedeutet natürlich immer große Veränderungen. Als kleines Unternehmen haben wir nicht sehr viel über effiziente Prozesse oder Abläufe nachgedacht. Das hat sich mit dem rasanten Wachstum in den vergangenen Jahren aber geändert, denn da haben wir gemerkt: Wir müssen unsere Strukturen überdenken und effizientere Prozesse schaffen – sonst führt uns das Wachstum schnell ins Chaos.

Was war denn der erste Schritt?
Zuerst haben wir uns mit einer externen Unternehmensberatung Know-how in die Firma geholt. Gemeinsam mit diesen Experten haben wir dann unsere Prozesse gründlich durchleuchtet und hinterfragt: Wo können wir Zeit und Kosten sparen? Wo müssen wir vielleicht nachlegen oder ausbauen, um das Wachstum gut zu managen und um auch in Zukunft weiter zulegen zu können?

Wie hat sich Ihre Firma dann konkret verändert?
Wir haben beispielsweise ein Customer-Relationship-Management-System eingeführt. Damit laufen unsere Prozesse heute digitaler und effizienter ab. Es kam ein roter Faden in unsere Kundenbeziehungen. Wir haben Kosten gespart, unsere Produktivität um rund 30 % gesteigert und unsere Fehlerquote erheblich gesenkt. Daneben haben wir noch andere Maßnahmen ergriffen: Wir haben etwa in innovative Materialien investiert, vor allem bei der Montage. Auch dadurch können wir jetzt erheblich Zeit bei der Verbauung unserer Module einsparen. Außerdem haben wir eine Abteilung neu gegründet.

Welche war das?
Die Marketingabteilung. Heute ist sie fast so etwas wie unser Aushängeschild und ein wichtiger Draht zu den Kunden. In einem eigenen TV-Studio produzieren wir dort zum Beispiel hochwertige Videos, die unsere Kunden über neueste Themen, Trends und Entwicklungen bei den erneuerbare Energien aufklären. Zudem unterstützen wir die Kunden mit Filmen, Bildern und Texten effektiv bei allen Fragen rund um ihre PV-Anlagen. Das schafft sehr viel Vertrauen und macht unsere Kunden letztlich zufriedener.

Wie die Brenner Energie GmbH mit Prozessinnovationen ein exponentielles Wachstum managte, erklärt **Marcel Brenner.**

TOP 100

buhl-paperform GmbH

★ ★ ★

Alles in Pappe

Immer noch sind Verpackungen meistens aus Kunststoff, Schaum oder Styropor – und damit hochgradig umweltschädlich. Dass es auch anders geht, beweist die buhl-paperform GmbH in Burbach. Der Hersteller von Fasergussverpackungen aus 100 % Altpapier forscht nach immer neuen energieeffizienten und innovativen Verpackungslösungen. Dabei agiert das umweltorientierte mittelständische Familienunternehmen digital, flexibel, nah am Markt – und nah an seinen Kunden. Das Ergebnis: ein beeindruckender Innovationserfolg.

Kreislaufwirtschaft – eine der großen Hoffnungen für mehr Nachhaltigkeit. Die buhl-paperform GmbH realisiert die Idee des Wiederverwertens schon seit ihrer Gründung 1996. Ihre Fasergussverpackungen entstehen aus recycelter Pappe und landen am Ende ihres jeweiligen Produktzyklus in der Papiertonne. „Mit uns können Firmen endlich umweltfreundlicher werden", erzählt der Geschäftsführer Christoph Buhl über den Mehrwert seiner Produkte. Heute gehört seine Firma zu den weltweiten Marktführern. Und so blickt er am Jahresende immer wieder stolz auf viele neue Patente und ein kräftiges Umsatzwachstum.

Ganz nah am Markt

Hinter diesem Erfolg steckt eine kluge Weiterentwicklung des Geschäftsmodells: Die ehemals ausschließlich kundenspezifischen Produkte ersetzte das Team geschickt durch Standardlösungen: „Dazu war es erst einmal nötig, den Markt, neue Technologien und den Wettbewerb im Vorfeld ganz genau zu beobachten", sagt Christoph Buhl. Gemeinsam mit einem Wettbewerber ersetzte die Firma dessen umweltschädliche Schaumstoff-Schiebeschachtel durch ein Modell aus reinem Altpapier: „Wir lieferten ihm die Verpackung – unser Wettbewerber nutzte sein Vertriebsnetzwerk", beschreibt der Geschäftsführer diese Win-win-Situation. Erfolgreich war die Geschäftsmodellinnovation deshalb, weil sie die Reichweite des Mittelständlers erhöhte und den Bedürfnissen der Kunden exakt entsprach. Zudem konnten neue Märkte damit erschlossen werden.

Digital und schlank

Auch technologisch agiert der Verpackungsspezialist zukunftsgerichtet: „Unsere Fabrikate lassen sich ohne zusätzliches Handling in eine voll automatisierte Produktion integrieren", fügt der Geschäftsführer Johannes Keßler hinzu. „Einige unserer Produkte sind zudem komplett digital konfigurierbar. So kommen unsere Kunden schnell und kosteneffizient zu einer individuellen und nachhaltigen Verpackung." In Zeiten steigender CO_2-Preise, Diskussionen um eine Kunststoffsteuer und ehrgeiziger Nachhaltigkeitsziele werden viele Unternehmen nicht mehr lange zögern und ihre Verpackungen endlich grüner machen.

buhl-paperform GmbH
57299 Burbach
https://buhl-paperform.de/de
Beschäftigte (D): 51 bis 200
Druck/Papier/Verpackung

Geschäftsführer
Christoph Buhl und Johannes Keßler

TOP 100

C.D. Wälzholz GmbH & Co. KG

★★★★★★★

Auf dem Weg zum grünen Stahl

Stahl kommt überall zum Einsatz. Seine Herstellung und Weiterverarbeitung bergen aber eine besondere Herausforderung: Sie sind so energieintensiv wie bei kaum einem anderen Werkstoff. Die C.D. Wälzholz GmbH & Co. KG arbeitet mit viel Innovationskraft an einer grüneren Zukunft dieses Materials. Dafür entwickelt der Hersteller von kaltgewalzten Stahlbändern seine Produktionsprozesse stetig weiter. Das Top-Management investiert dabei systematisch und konsequent in moderne Prozesse, neue Technologien und natürlich: in Nachhaltigkeit.

Coils sind aufgewickelte Metalle und bestehen im Falle von Wälzholz aus Bandstahl. „Mit diesem Produkt bilden wir die Schnittstelle zwischen Stahlherstellern und Kunden“, erklärt der Geschäftsführer Dr. Heino Buddenberg. Von kaltgewalzten Bandstählen über rostfreien Präzisionsbandstahl bis zu Elektrobändern für E-Motoren oder Windkraftanlagen: Der nordrhein-westfälische Mittelständler bietet unter anderem für die Branchen Mobilität und Energiewirtschaft sowie für die Werkzeugindustrie individuelle und nachhaltige Stahllösungen und garantiert eine hohe Prozessstabilität. „In allen Bereichen produzieren wir innerhalb engster Toleranzen. Dies ermöglicht unseren Kunden eine reibungslose Produktion“, sagt Buddenberg.

CO_2-Footprint von Stahl

Besonders innovativ zeigt sich Wälzholz bei den Produktionsprozessen. Als erster deutscher Kaltwalzer hat das Unternehmen ein Verfahren etabliert, das den Kunden den CO_2-Verbrauch ihres Produkts automatisch mitliefert. „Wir haben dafür unsere Produktionstechnik samt ERP-System weiterentwickelt. Auf diese Weise können wir bei jedem Arbeitsgang den exakten CO_2-Verbrauch ermitteln“, berichtet der Geschäftsführer. „Das erleichtert der nachfolgenden Wertschöpfungskette die Ermittlung ihrer eigenen CO_2-Emissionen.“ Mit diesem Service ist das Unternehmen klarer Vorreiter. Weitere klimarelevante Schritte geht es unter anderem bei der produktionstechnischen Infrastruktur. Diese ist in vielen Bereichen schon heute optimal auf eine Umstellung auf Wasserstoff vorbereitet. Dazu pflegt man vielfältige Entwicklungspartnerschaften, um durch Prozess- und Materialinnovationen CO_2-Emissionen effektiv zu reduzieren.

Herzstück der Unternehmensstrategie

Beim Thema Innovation vertraut die C.D. Wälzholz GmbH & Co. KG auf ihr engagiertes Führungsquartett, das die Unternehmensstrategie systematisch und konsequent auf aktuelle Trends und damit auf die Zukunft ausrichtet. Derzeit stehen die Themen Nachhaltigkeit, Automatisierung und neue Märkte im Fokus. Damit sichert sich das Familienunternehmen auch in der siebten Generation weiterhin die Technologieführerschaft im Kaltwalzen.

C.D. Wälzholz GmbH & Co. KG
58093 Hagen
www.waelzholz.com
Beschäftigte (D): über 200
Metallverarbeitung

Die Geschäftsführer

Comma Soft ist eine KI-, IT- und Digitalisierungsberatung in Bonn. Das Familienunternehmen unterstützt große Mittelständler und Konzerne aller Branchen bei der digitalen Transformation.

TOP 100

Comma Soft AG

★★★

Die KI-Wegbereiter

Diese KI- & IT-Beratung mit Sitz in Bonn verwandelt sich immer wieder in einen neugierigen, digitalen Thinktank. Denn wissenschaftlicher Forschergeist und kreative Freiräume münden bei der Comma Soft AG regelmäßig in innovative KI- & Digitalisierungslösungen. Gekrönt wird diese Innovationskraft von einem systematischen Austausch mit Partnern aus Wirtschaft und Wissenschaft und einem hohen Budget für Neues. So erreicht die Firma Bestnoten bei TOP 100, etwa in den Bewertungskategorien „Innovationsklima" und „Außenorientierung/Open Innovation".

Mit vielen Experten und promovierten Wissenschaftlern aus unterschiedlichen Disziplinen bündelt dieser Mittelständler ein beeindruckendes Know-how. Er ist damit breit aufgestellt, um neue Themen wie künstliche Intelligenz, Data-Science, IT-Infrastruktur und Cyber-Security einzubinden. „Durch unser tiefgehendes, interdisziplinäres Wissen können wir aktuelle Aspekte flexibel aufgreifen und Neuerungen schnell und ganzheitlich realisieren", erläutert der Vorstand Benjamin Schulte.

Lebhaftes Innovationsklima

Dazu bildet das Team immer wieder Arbeitsgruppen und Taskforces zu den verschiedensten Themen. „In diesen Fokusgruppen beleuchten wir systematisch wichtige IT- und Tech-Trends", erklärt Schulte. Dieses innovationsorientierte Arbeiten wird vom Top-Management gefördert durch großzügige Freiräume und ein hohes Budget für Forschung und Entwicklung: „Wir investieren einen erheblichen Umsatzanteil in unsere Innovationstätigkeit. Damit zielen wir auf ein innovatives Portfolio und zukunftsweisende Geschäftsfelder", betont Schulte. Einen besonderen Fokus legte das Team zuletzt auf die Themen „künstliche Intelligenz" und „generative KI". Daraus sind in der Folge neuartige Lösungen zur Datenanalyse entstanden und eine eigene speziell für die Nutzung in deutschen Firmen entwickelte GenAI-as-a-Service-Lösung.

Glänzend vernetzt

Neue Impulse erhält das Unternehmen auch durch vielfältige Open-Innovation-Aktivitäten. Immer wieder entstehen richtungsweisende Innovationsprojekte, die man gemeinsam mit Kunden, Partnern oder Hochschulen durchführt. Oft geht es dabei um neue Trends oder Technologien, zuletzt zu Themen wie „Decentralized Identities" oder „Zero Trust". Das Top-Management fördert zudem in vielen Formaten wie Stand-ups oder „Deep Dives" den lebendigen Austausch mit Vertretern aus Wirtschaft, Technologie und Wissenschaft: „Seit 2005 veranstalten wir mit den ‚Petersberger Gesprächen' sogar ein jährliches Forum für den Dialog über Disziplinen hinweg", ergänzt Schulte. Damit zeigt sich das Familienunternehmen seit nunmehr 35 Jahren als innovativer Impulsgeber, Problemlöser und Brückenbauer in der IT-Consulting-Branche.

Comma Soft AG
53229 Bonn
https://comma-soft.com
Beschäftigte (D): 51 bis 200
IT-Entwicklung und -Beratung/
E-Commerce

Vorstand
Benjamin Schulte

„Neugier und Innovation prägen die Zusammenarbeit mit unseren Kunden.“

Benjamin Schulte
Vorstand

Sie haben in kurzer Zeit eine generative KI-Lösung für den Standort Europa und für Deutschland entwickelt. Wie kam es dazu?
Ein wesentlicher Schlüssel für die Entwicklung unserer generativen KI-Lösung „Comma LLM“, die in Anlehnung an den britischen Logiker und Mathematiker Alan Turing den Namen „ALAN“ erhielt, war der enge Austausch mit unseren Kunden. Natürlich hatten wir zuvor eine systematische Wissensbasis aufgebaut, denn wir verfolgen seit mehr als zwölf Jahren intensiv alle technologischen Entwicklungen auf den Gebieten künstliche Intelligenz und Machine-Learning. Vor zwei Jahren kamen die Themen „generative KI“ und „Large Language Models“ (LLM) hinzu. Wir bündeln damit ein großes Know-how und probieren in eigenen F&E-Projekten viel aus. Doch letztlich entwickeln wir nicht im Elfenbeinturm. Wir sind getrieben von den Bedürfnissen unserer Kunden. Im Austausch mit ihnen wurde deutlich, dass die bisherigen KI-Tools, vor allem die von US-Anbietern, den Anforderungen deutscher und europäischer Unternehmen nicht gerecht werden. Aus diesem Grund haben wir Anfang 2023 mit unserem Team aus Experten verschiedener Disziplinen eine Alternative entwickelt.

Was fehlte Ihren Kunden genau?
Viele deutsche und europäische Kunden stehen derzeit noch vor einem Dilemma: Sie möchten generative KI nutzen, können dies aber nur begrenzt, da viele Tools nicht die rechtlichen Vorgaben erfüllen und sensible Informationen nicht ausreichend geschützt sind. Genau diese Bedürfnisse decken wir mit unserem Produkt ab: Es ist konform mit Regulatorik und Datenschutz in Deutschland und Europa, und man kann es sicher in der Cloud nutzen, als As-a-Service-Lösung oder als On-Lösung, also im eigenen Rechenzentrum. So behalten die Kunden die volle Kontrolle über ihre Daten und die generierten Ergebnisse.

Wie verlief der Entwicklungsprozess?
Bei solchen Produktentwicklungen helfen unsere etablierten Innovationsprozesse: So testen wir systematisch die Business-Tauglichkeit unserer Produkte und lassen Kundenfeedback schnell einfließen. Für unsere „LLM“-Lösung haben wir zuerst eine Taskforce gebildet, daraus entstand ein F&E-Projekt und schließlich ein eigenes Produktteam. Durch viele interaktive Formate wie Austauschforen und Feedback-Formate in der gesamten Belegschaft sammeln wir zudem das gesamte „Schwarmwissen“ unserer Organisation.

Wie die strukturierten Innovationsprozesse bei Comma Soft zur Generierung einer brandneuen, generativen KI-Lösung beitrugen, erklärt **Benjamin Schulte.**

consenso Consulting GmbH

★★

Digital Transformers

Mehr Effizienz, mehr Transparenz, mehr Gewinn: Das sind die großen Vorteile digitaler Geschäftsprozesse. Das SAP-Beratungshaus consenso Consulting GmbH weiß, wie der digitale Wandel im Unternehmensalltag gelingt. Die engagierten Mitarbeitenden adaptieren die aktuellen Chancen der Digitalisierung und bringen Schwung in die Implementierung. Damit optimieren sie Geschäftsprozesse praxisnah und individuell. Denn digitale Transformation ist von Kunde zu Kunde anders – und bringt nur echten Mehrwert, wenn sie zum Unternehmen passt.

Schon seit den 1990er-Jahren digitalisieren Firmen ihre Geschäftsprozesse. Doch mit modernen Technologien wie künstlicher Intelligenz, Data-Analytics oder dem Internet of Things eröffneten sich vollkommen neue, ungeahnte Möglichkeiten. „Diese rasante Weiterentwicklung von ERP-Software erfordert einen verlässlichen Partner. Einen, der genau passende Lösungen filtert und der Unternehmen langfristig beim digitalen Wandel begleitet“, erläutert der Managing Partner Alexander Angerhausen.

Praxisnah und individuell

Als SAP-Beratungshaus nutzt die consenso dabei die technologischen Möglichkeiten der ERP-Software aus Walldorf, um das Motto „AI meets ERP“ operativ möglich zu machen.“ „SAP gibt ein rasantes Innovationstempo vor, mit dem wir immer Schritt halten“, fügt Angerhausen hinzu. Dafür forscht das Team in einer eigenen Abteilung für digitale Technologien an neuesten Lösungen. Dieses technologische Monitoring ist für den Bielefelder Mittelständler genauso wichtig wie der konkrete Blick auf die Wünsche und Bedürfnisse seiner Kunden. „Unsere wichtigste Aufgabe ist es aber, die gigantischen digitalen Möglichkeiten in konkrete und auch handhabbare Lösungen für einzelne Branchen und Kunden zu übersetzen“, sagt der Managing Partner.

Enabler der digitalen Transformation

Dazu filtert und veredelt das Team SAP-Produkte vornehmlich für den Handel und die Industrie. Oft geht es dabei um digitales Datenmanagement, Absatzprognosen und natürlich die Automatisierung von Prozessen. Mit einem dynamischen System zur Preisanpassung mithilfe künstlicher Intelligenz optimierte das Team beispielsweise das im Handel so wesentliche Preismanagement eines Kunden. „Letztlich sind wir die praxisnahen Enabler der digitalen Transformation“, erklärt Alexander Angerhausen. Wichtig ist dem Mittelständler, Kunden langfristig zu begleiten. „Nur so können wir versteckte Digitalisierungspotenziale aufdecken und digitale Visionen nachhaltig realisieren“, sagt der Managing Partner abschließend.

consenso Consulting GmbH
33607 Bielefeld
https://www.consenso.de
Beschäftigte (D): 51 bis 200
IT-Entwicklung/-Beratung

Managing Partner
Alexander Angerhausen

DATASEC information factory GmbH

★★★

Durchblick im Datendickicht

Milliarden von Datensätzen fallen in großen Firmen jedes Jahr an, müssen digital geordnet und gesichert werden. Als führendes IT-Beratungsunternehmen in Sachen cloudbasiertes Dokumentenmanagement liefert die DATASEC information factory GmbH seit 30 Jahren innovative IT-Lösungen für ihre Kunden. Dabei gestaltet sie im Rahmen einer erfolgreichen Open Innovation die Zukunft und ermuntert auch ihre ideenreichen Beschäftigten dazu, über den Tellerrand zu blicken.

Papierlos organisierte Geschäftsprozesse sind die Zukunft. DATASEC hat sich unter anderem auf Immobiliendienstleister spezialisiert, die Unmengen von Belegen und Rechnungen aus der Verwaltung Zehntausender Wohneinheiten kontieren müssen. Die Basis dafür ist die Komplettlösung „Doku@Web". Damit werden digitale Daten automatisch in der Cloud gesichert, auf eigenen, deutschen Servern. „Unser Dokumentenmanagement-Service per Cloud ist in Europa einzigartig", sagt der Geschäftsführer Sebastian Weber.

Vernetzt mit der Welt

Damit diese außergewöhnliche Cloudlösung auf dem Markt noch bekannter wird, hat DATASEC eine Zusammenarbeit mit dem Institut für Entrepreneurship und Innovation in Wien gestartet: Studenten entwickelten eine Kommunikationsstrategie rund um die Frage, wie potenzielle Kunden das Unternehmen schneller finden können. „Die Lösung ist praxisorientiert und lässt sich hervorragend anwenden", erklärt Weber. In den letzten Jahren hat der Mittelständler zudem viele Fachbeiträge in den Print- und den sozialen Medien lanciert, die das eigene Wissen rund um das KI-gestützte Dokumentenmanagement präsentieren und den Kontakt mit neuen Kunden und mit Experten ermöglichen. Auch mit regionalen Politikern vernetzt man sich und stellt Räume für Diskussionsrunden zur Verfügung. „Wir sehen darin unsere Chance, aktiv am politischen Geschehen teilzunehmen und im Interesse der Branche Einfluss zu nehmen", sagt der Geschäftsführer.

Lernen von Experten

Von der Zusammenarbeit mit Experten profitieren auch die Mitarbeiter: Um Trends im Blick zu haben, bietet DATASEC Workshops mit IT-Vorreitern an. Das Ergebnis ist ein Innovationsklima, in dem die Beschäftigten mit Begeisterung neue Lösungen suchen. So konnten durch Vorschläge aus dem Kollegenkreis etwa ein KI-Modell zur Datenextraktion entscheidend verbessert sowie ruhige und ansprechende Arbeitsplätze verwirklicht werden. Ausprobieren ist dabei das Mittel der Wahl: „Wir fördern eine gute Fehlerkultur", sagt Weber. „Denn wer Angst vor Fehlern hat, kann nicht über den Tellerrand schauen." Den Durchblick im Datendickicht hat der innovative Mittelständler wohl auch dieser Einstellung zu verdanken.

DATASEC information factory GmbH
57072 Siegen
https://www.datasec.de
Beschäftigte (D): über 200
IT-Entwicklung/-Beratung

Geschäftsführer
Tobias Weber,
Tobias Wilsmann und
Sebastian Weber

Die Dr. Fooke-Achterrath Laboratorien entwickeln, produzieren und vertreiben seit 30 Jahren moderne Tests für die In-vitro-Allergiediagnostik und die Autoimmundiagnostik.

Dr. Fooke-Achterrath Laboratorien GmbH

Allergien auf der Spur

Allerorten wird geniest oder gehustet: Rund 30 % der Deutschen leiden unter Allergien, meist gegen Pollen und Nahrungsmittel. Seit 35 Jahren hilft die Dr. Fooke-Achterrath Laboratorien GmbH mit ihrer In-vitro-Diagnostik den Betroffenen, Allergieauslöser zu identifizieren. Im Rahmen eines positiven Innovationsklimas tragen qualifizierte Mitarbeiter zu Prozess- oder Produktverbesserungen bei. Eine umfangreiche Dokumentation schafft eine transparente Darstellung der Innovationsprozesse.

Das zertifizierte Unternehmen konzentriert sich auf die Herstellung moderner In-vitro-Tests, bei denen wenige Milliliter Blut genügen, um Patienten auf Hunderte von Allergenen zu testen. Neben Allergietests bietet der Mittelständler auch Autoimmundiagnostik und mikrobiologische Kontrollen an, etwa von Lebensmitteln. „Für uns hat die Qualität unserer Produkte höchste Priorität, denn nur so können Allergien und Autoimmunerkrankungen zuverlässig und schnell entdeckt werden", sagt die Gründerin und Geschäftsführerin Dr. Margrit Fooke-Achterrath.

Hohe Standards prägen Innovationsklima

Tausende Tests für Kunden aus ganz Deutschland werden jährlich nach den hohen Standards des Labors bearbeitet. 50 Mitarbeiter, darunter zahlreiche Biologen und Medizintechnologen, bilden ein spezialisiertes Team, das die Ansprüche unterschiedlicher Testverfahren kennt und erfüllt. Dabei entstehen immer wieder neue Ideen, die wöchentlich abteilungsübergreifend besprochen werden. Das Qualitätsmanagement sammelt und bewertet diese Verbesserungsvorschläge oder die Produktideen und organisiert ihre Realisierung. Eine Gruppe interner Ansprechpartner unterstützt die Kollegen dabei, ihre Ideen in Innovationsprojekten zu verwirklichen. „Die Mitarbeiter sind die wichtigste Quelle für neue Ideen", betont Fooke-Achterrath. „Die Etablierung eines Qualitätsmanagements hat bewirkt, dass wir diese Ideen strukturierter auf den Markt bringen."

Akribische Dokumentation

Schon seit Jahren ist das Unternehmen nach der DIN-Norm 13485 für Medizinprodukte zertifiziert und dokumentiert somit alle Projektschritte in der Forschung. Die Ergebnisse des wöchentlichen Treffens zwischen der Geschäftsführung und der Entwicklung sind daher transparent, sodass die Mitarbeiter stets informiert sind. „Diesen Prozess wollen wir 2025 digital organisieren", sagt Dr. Fooke-Achterrath, denn durch die akribische Protokollierung kommen Tausende Seiten an dokumentiertem Wissen zustande. Bei so vielen neuen Erkenntnissen lassen auch weitere Innovationen nicht auf sich warten, mit denen das Unternehmen Allergien auf der Spur bleibt.

Dr. Fooke-Achterrath Laboratorien GmbH
41468 Neuss
https://www.fooke-labs.de
Beschäftigte (D): bis 50
Pharma/Labortechnik

Geschäftsführerin
Dr. Margrit Fooke-Achterrath

„Wir diagnostizieren Zukunft. Wir sind die Dr. Fooke.“

Dr. Margrit Fooke-Achterrath
Gründerin und Geschäftsführerin

Sie haben Ihr Unternehmen vor mehr als 35 Jahren gegründet. Was hat Ihren Weg geprägt?
Als promovierte Biologin habe ich mich schon früh auf die Diagnostik von Allergien und Autoimmunkrankheiten konzentriert. Tatsächlich befand sich das erste Labor im Keller unseres Wohnhauses. Unser Alleinstellungsmerkmal war schon damals die In-vitro-Diagnostik mittels Blut. Seither ist viel passiert: 50 hoch qualifizierte Mitarbeiter verantworten eine ausgesprochen breite Palette von Angeboten, von der Allergie- und Autoimmundiagnostik bis zu Untersuchungen von Lebensmitteln und Trinkwasser. Unsere Laboratorien und Testverfahren entsprechen den modernsten wissenschaftlichen Standards.

Wo finden Sie neue Ideen, und wo bewerben Sie Ihre Innovationen?
Wir sind rund um den Globus auf den großen medizinischen Fachmessen vertreten, etwa auf der MEDICA in Düsseldorf oder der „Arab Health" in Dubai. Dort stellen wir regelmäßig unsere neuen Produkte vor, erhalten aber auch wichtige Impulse, die uns zu weiteren Innovationen inspirieren. Zudem verkaufen wir unsere Testkits weltweit sehr erfolgreich an unsere wichtigste Zielgruppe, nämlich an niedergelassene Ärzte und kleinere Labore.

Was zeichnet Ihr Unternehmen aus?
Wir achten auf höchste Qualität unserer Rohstoffe, denn dann können Proben besser ausgewertet werden. Dadurch erhalten die Menschen zudem schneller eine sichere Diagnose – in schlimmen Allergiefällen kann diese Diagnose ihr Leben retten. Darüber hinaus ist uns die gemeinsame Verbesserung von Produkten und Prozessen wichtig. Unsere Mitarbeiter wissen, dass sie sich mit Anregungen, Fragen oder auch Schwierigkeiten immer an die Geschäftsführung wenden können. Probleme werden bei uns gemeinsam gelöst.

Was sind Ihre Ziele für die Zukunft?
Momentan streben wir eine bessere Klimabilanz an, erste Schritte haben wir schon gemacht: Wir beziehen ausschließlich Ökostrom, und unsere Außendienstflotte besteht aus E-Autos. Unser Dokumentenmanagement wird zukünftig papierlos sein, außerdem digitalisieren wir unser Qualitätsmanagement. Mit meiner Tochter Kristina Fooke-Clemens ist die nächste Generation in die Geschäftsführung eingetreten, die wieder neue Ziele verfolgen wird, getreu unserer Devise: „Es gibt immer etwas zu tun – gemeinsam!"

Über die Entwicklung der Dr. Fooke-Achterrath Laboratorien, ihre Anfänge und Ziele sowie die Trendsuche des Top-Managements berichtet **Dr. Margrit Fooke-Achterrath.**

Dr. Marcel Megerle ist spezialisiert auf die Erarbeitung von Familienstrategien und Nachfolgelösungen sowie auf den Aufbau von Familienkulturbüro-Strukturen. Dabei begleitet er mit dem von ihm gegründeten Beratungskollektiv FUTUN:Familien-UnternehmerTUN Unternehmerfamilien bei anspruchsvollen Transformationen und auf dem Weg in eine enkelfähige Zukunft.

Mut zur Nachfolge

Familienunternehmen sind das Fundament unserer Wirtschaft. Doch wie enkelfähig werden sie in Zukunft sein? Und wie zukunftsfähig sind die Enkel? Nicht ohne Sorge stellen mittelständische Unternehmen heute fest, dass sie die Nachfolge nicht mehr so gestalten können, wie es hochgehaltene Traditionen noch erzählen. Mit seinem Beratungskollektiv FUTUN hat **Dr. Marcel Megerle** bislang mehr als 80 Familien begleitet, die neue Wege gehen mussten – und es auch wagten. Hier gibt er Einblicke, wie diese aussehen und warum für viele Familien in diesem Prozess ein gemeinsamer „Werkraum" entscheidend war.

Gemeinsam in dieselbe Richtung steuern: Wie erfolgreich der Generationenwechsel im Unternehmen ist, hängt wesentlich davon ab, ob es der Familie gelingt, für den Strategieprozess zusammenzurücken.

Überrascht reagieren die meisten Menschen darauf, wie viele mittelständische Unternehmen in Deutschland von Familien geführt oder kontrolliert werden: sage und schreibe 90 %. Sie nehmen viel Raum ein in unserer Gesellschaft. Sie geben aber auch Raum: zur Entwicklung von Innovationen, Raum für Arbeitsplätze und für eine Kontinuität von Entscheidungen, wie sie in Konzernstrukturen oft vermisst wird. Doch wer kümmert sich um die Kontinuität und die Stabilität der Familien und ihrer Unternehmen? Klar ist, gelingende Nachfolgeprozesse waren noch nie eine Selbstverständlichkeit. Sie konnten aber als solche wahrgenommen und auch erzählt werden, solange die Geschlossenheit der Familie und ihr hierarchisches Gerüst wenig angegriffen waren und äußere Faktoren als berechenbar galten. Das machte, sehr verkürzt ausgedrückt, die Unternehmens- und Vermögensnachfolge in vielen Fällen zum Selbstläufer. Berechenbar und selbstverständlich ist heute aber nur noch wenig. Vor allem ist der Diskurs über die uns verbindenden Wertesysteme komplexer geworden; teils zum Guten, teils mit der Folge, dass jüngere Generationen sich ihr Wertesystem neu erschließen (müssen). Einzelne zeigen sich damit oftmals überfordert. Zudem driften Jung und Alt leichter und weiter auseinander.

Im Wissen, dass wir die Komplexität der Welt nicht minimieren können, erscheint es sinnvoll, Familien zu befähigen, sie gemeinsam zu bewältigen. Wo Nachfolgetraditionen schwächer geworden sind, werden verbindliche Familienstrategien nötig. Wir beobachten in unserer täglichen Arbeit, dass Familien dafür vier Phasen durchlaufen müssen: Bewusstsein, Entwicklung, Entfaltung und Kultivierung. Der Erfolg hängt wesentlich davon ab, wie es den Familien gelingt, für den Strategieprozess zusammenzurücken. Die meisten benötigen zudem einen neutralen und engagierten Begleiter, der den ganzen Prozess im Blick behält und Räume für das gemeinsame Arbeiten eröffnet.

1. Bewusstsein – offen werden

Was bedeutet Nachfolge, geschichtlich betrachtet? Angefangen mit dem Prinzip der Thronfolge, war meistens Verlass auf eine kausale Ereigniskette. So nahm der älteste Sohn automatisch die Rolle seines Vaters ein, sobald dieser abtrat oder gewillt war, die Führung an ihn weiterzugeben. Heute begegnet die noch operativ tätige Unternehmergeneration einer nächsten, die weder in Richtung Zukunft noch in Richtung Herkunft ausgerichtet ist, sondern im Jetzt lebt. Von dem Zeitgeistgedanken „You only live once", kurz YOLO, kann sich die Nachfolgegeneration nur schwer lösen und entzieht sich damit oftmals dem Verständnis der aktuellen Unternehmergeneration. Darum gilt es, ein gegenseitiges Verstehen herzustellen, auch darüber, dass das, was Nachfolge gestern war und heute ist, morgen anders sein wird. Die Generationen müssen die Zukunft gemeinsam aushandeln – und müssen dabei gleichzeitig in ihren Perspektiven bestehen dürfen. Das Bewusstsein für die „Eigen-artigkeit" des Gegenübers ist es, das dabei einen sinnstiftenden Anschub gibt. Dies braucht Offenheit und meist eine Einladung der älteren Generation. Vor allem, wenn es darum geht, zur Entwicklung einer gemeinsamen Idee aufzubrechen.

2. Entwicklung – Generationentreff im „Werkraum"

Soll der Transformationsprozesses gelingen, so zeigt die Erfahrung, erleben Familien diesen am besten in ko-kreativer Form. Das bedeutet, sie arbeiten Hand in Hand auf gemeinsame Ziele hin. Dafür ist Raum nötig, der solch einem Prozess Halt gibt, sodass er in eine echte Entwicklung – und keine Verwicklung – führt. Wir nennen diesen Raum, den wir öffnen und halten, „Werkraum". Ein Denkraum, den sich alle Beteiligten ganz bewusst nehmen – sei es ein Gesellschafterkreis oder die erweiterte Unternehmerfamilie. Ein Begegnungsraum, in dem Dinge anders gedacht werden, um anders gemacht zu werden. Die Erfahrung der einen gewinnt hier durch die offene Auseinandersetzung mit dem Neuen an Kraft. Und das Neue gewinnt an Qualität, indem es sich mit den Ursprüngen des Bestehenden verbindet. Wenn klug und sensibel moderiert wird, stoßen Familien in diesem Generationendialog zum Kern ihrer Geschichte und zu ihrem künftigen Anliegen vor. Das ebnet den Weg zu einer Familienkulturstrategie, die diesen Kern zum Ausdruck bringt und dem unternehmerischen Handeln Orientierung schenkt.

3. Entfaltung – Nachfolge will gelernt sein

In einem gemeinsamen „Werkraum" wird die Gemeinschaft und der Einzelne bereit, Verantwortung für die Familienkulturstrategie zu übernehmen. Ihre Entfaltung gewinnt an Leben und Beteiligung. Die „Nach-Folge" wird zu einem „Vor-Gang". Das ist auch nötig, denn die anstehenden Weichenstellungen brauchen Zeit und auch Investitionsbereitschaft: Führungsnachfolgen werden zusammen geregelt oder Veräußerungen festgelegt. Junge Nachfolger, die sich bisher nur als Verwandte von Familienfeiern kannten, lernen sich plötzlich als Gesellschafter kennen – und schätzen. Während Mitglieder aus der abgebenden Generation in die entstehenden Gremien überwechseln, qualifizieren sich die Junggesellschafter ganz neu für die Positionen: vom Verstehen der Bilanzen bis hin zu branchenspezifischem Wissen. Vielen hilft dabei ein auf ihre Anliegen zugespitztes Mentoring. Das gilt auch für den Senior, der sich an seine nichtoperative Rolle im Beirat gewöhnen muss. Oder für den neuen Lebenspartner der Nachfolgerin, der gerade beginnt, Teil der Unternehmerfamilie zu werden.

4. Kultivierung – der „Werkraum" wird zum Wirkraum

Stoßen Familien auf diesem Weg kollektiv zur „Enkelfähigkeit" durch, erfahren sie eine neue Souveränität als Entscheidungs- und Verantwortungsgemeinschaft. Verantwortung ist schließlich etwas, das wir nicht übernehmen, weil es in einer Strategie steht, sondern weil es mit einer Kultur verbunden ist, die uns entspricht und uns wichtig ist. Die große Chance für Familien, die die hier geschilderten Transformationen verantwortungsbewusst gestalten, liegt darin, dass sie zusammen eine solche Kultur ausbilden. Bei der langfristigen Pflege und praktischen Umsetzung dieser Kultur ist wiederum ein institutioneller Rahmen hilfreich. Zahlreiche Familien haben dafür ein Familienkulturbüro gewählt, wie es FUTUN anbietet und das Funktionen eines Family-Office, etwa die Steuerung des Familienvermögens, mit erfinderisch gestalteten Zeiten für gelebte Familienstrategiekultur vereint. Dieses Familienkulturbüro kann genauso ein physischer Ort wie auch ein virtueller Verbindungspunkt sein. In dieser Phase eröffnen sich den Individuen Wirkräume, in denen sie die Familienanliegen mit ihren individuellen Lebenszielen verbinden können – nicht aus Pflichtgefühl, sondern aus Freude an der Selbstwirksamkeit in einer Gemeinschaft, die zu neuer Stabilität gefunden hat.

Wir ermutigen Unternehmerfamilien dazu, ihren eigenen „higher purpose" auch im Hinblick auf unsere Gesamtgesellschaft in den Fokus zu rücken. Diese hungert geradezu nach Formen verbindlicher Verantwortungsübernahme. Das zeigen zum Beispiel die Diskurse um „Verantwortungsgemeinschaft" als neues Familienmodell, um „Verantwortungseigentum" als neue Rechtsform für Unternehmen oder um Investitions- und Solidargemeinschaften, die sich der Gestaltung einer regenerativen Marktwirtschaft verpflichten. Zugleich suchen 560.000 deutsche Mittelstandsunternehmen bis 2026 einen Nachfolger, der bereit ist, Verantwortung in der Geschäftsführung zu übernehmen. 560.000 Mal wird sich also mitentscheiden, ob die Gesellschaft in ihrem Ringen um die eigene Enkelfähigkeit starke Entscheidungsträger, Gestalter und Visionäre zur Seite gestellt bekommt.

Zu diesem Thema ist von Dr. Marcel Megerle das Buch „Familienstrategie erleben und gestalten" erschienen, Springer Gabler, 2021.

ECO Schulte GmbH & Co. KG

Jede Tür eine Idee besser

Die Tür als Dreh- und Angelpunkt neuer Innovationen? Wer hier zunächst skeptisch die Stirn runzelt, nimmt angesichts des komplexen Angebots der ECO Schulte GmbH & Co. KG in Menden in Nordrhein-Westfalen eine neue Perspektive ein. Das Unternehmen ist Ansprechpartner für sämtliche Fragen zum Thema „Systemtechnik für die Tür". Dazu vernetzt es sich mit Architekten, Planern der Türenindustrie und Fachexperten und strukturiert seine Innovationsprozesse dank digitaler Tools transparent und effizient.

Seit den Anfängen als Stanzbetrieb vor fast 100 Jahren hat sich die ECO Schulte Gruppe zu einer europaweiten Größe im Bereich exakt aufeinander abgestimmter Systemtechnik für Türen entwickelt. „Wir haben als einziger Anbieter das Komplettprogramm rund um die Tür in unserem Portfolio, etwa Schlösser, Beschläge, Antriebstechnik, Panikstangen sowie die Ausstattung für ein intelligentes Türenmanagement", erklärt der Geschäftsführer Tobias Schulte.

Feedback schafft Verbesserung

Die Welt der Türen und ihrer Bestandteile ist geprägt von Normen und Richtlinien. Ob Schutz vor Flammen, kontaktloses Öffnen bei Panik oder Verriegelung bei Gefahr – Türen müssen im Notfall Leben retten. „Ein einziges unpassendes oder minderwertiges Bauteil kann diese Aufgabe gefährden", erklärt Schulte die Bedeutung einer stimmigen Planung von Projektbeginn an. Damit frühzeitig wichtige Gesetze beachtet werden können, engagiert sich das Unternehmen in Normenausschüssen des Bauwesens. Die Installation eines durchdachten Türsystems erfordert dann auch Expertenwissen. Daher bietet ECO Schulte Schulungen für Monteure an, die Hunderte von Handwerkern erreichen. Das Feedback aus diesen Workshops liefert oft wichtige Optimierungsideen für die eigenen Produkte. Damit diese Einfälle zügig in die Realität übertragen werden können, organisiert der Mittelständler seine Prozesse mit System.

Kompetenz mit System

Insgesamt laufen alle Vorhaben in einem Kompetenzzentrum für Projekte, Prozesse und Produkte zusammen, das diese in Abstimmung mit den Projektleitern steuert. Über die cloudbasierte Prozessmanagement-Software „BICCloud" werden alle wichtigen Prozesse dokumentiert und anschließend von einem Expertenteam modelliert. „Klar definierte Abläufe sorgen dafür, dass Informationen schnell und in strukturierter Form für alle Mitarbeiter zugänglich sind", erklärt Schulte. Mithilfe solch einer Basis kann das vielfältige Angebot des Unternehmens weiter wachsen – und jede Tür noch eine Idee besser werden.

ECO Schulte GmbH & Co. KG
58706 Menden
https://www.eco-schulte.de
Beschäftigte (D): über 200
Metallverarbeitung

Geschäftsführer
Heinz Schulte,
Andrea Widmann und
Tobias Schulte

EJOT entwickelt und produziert Verbindungstechnik. Die Kunden der Firma kommen in erster Linie aus der Automobil- und der Zuliefererindustrie, aus der Elektrotechnik und der Elektronik sowie aus dem Baugewerbe.

TOP 100

EJOT SE & Co. KG

★ ★ ★

Nachhaltige Verbindungen schaffen

Ob im Cockpit eines Autos, an der Fassade eines Hauses oder im Rumpf eines Flugzeugs: In all diesen Fällen halten Verbindungen verschiedene Materialien zusammen. Die EJOT SE & Co. KG in Bad Berleburg hat sich auf ein umfangreiches Sortiment von Verbindungselementen aus Stahl und Kunststoff spezialisiert. Die große Vielfalt ihrer Produkte wird im Rahmen eines strukturierten Innovationsprozesses sauber geplant. Das innovationsfördernde Top-Management des Mittelständlers schafft dafür nachhaltige Voraussetzungen.

Der Einsatzbereich für Verbindungselemente und für Umformteile ist riesig. Die innovativen Produkte der EJOT SE findet man deshalb in fast allen Sparten von Industrie und Technik, darunter Automotive, Bauwesen und Luftfahrt. Die Innovationskraft der Firma zeigt sich in einer beeindruckenden Zahl von Patenten: „Seit unserer Gründung vor mehr als 100 Jahren konnten wir über 2.000 Produkte und Verfahren patentieren lassen“, berichtet der Geschäftsführer Dr. Jens Weber.

Synergien nutzen

Was ist der Grund für die vielen Patente des Mittelständlers? In jedem Fall ein durchdachter und strukturierter Innovationsprozess, der die beiden Produktionsschwerpunkte des Unternehmens miteinander verbindet. Sowohl im Bereich Industrie als auch im Bereich Construction, der sich auf Produkte für das Baugewerbe konzentriert, sorgen DISC-Meetings oder Innovations-Lenkungsausschüsse dafür, dass alle Projekte transparent und zielführend besprochen werden. Die Ergebnisse der R&D-Meetings werden in der großen Runde des „Development Investment Steering Commitee“, kurz DISC, noch einmal durch Mitarbeiter aus Vertrieb, Marketing, Produktmanagement, Einkauf und Controlling begutachtet. „So schaffen wir Synergien zwischen den Experten unserer Abteilungen“, sagt der Geschäftsführer Ralf Birkelbach. Zudem fließen auf diese Weise wirtschaftliche Überlegungen früh in die Produktentwicklung ein.

Klimaschutz ist Chefsache

Das innovationsfördernde Top-Management ist ein Teil der Gremien, investiert aktuell aber besonders viel Zeit in die nachhaltige Transformation des Unternehmens: Bis 2035 soll es komplett klimaneutral sein. Die ersten Schritte wurden mit dem Bau eines neuen Tec-Centers bereits gemacht. In der Herstellung konnten die Emissionen durch natürliches Baumaterial um 50 % reduziert werden. Der künftige Betrieb wird mithilfe von Sonnenenergie und Erdwärme klimaneutral vonstattengehen. Das Top-Management richtet den Blick dabei auch auf den energieintensiven Werkstoff des Schraubenproduzenten: „Hier arbeiten wir schon mit Anbietern zusammen, die ‚grünen Stahl‘ fertigen“, erläutert Dr. Jens Weber. Nachhaltige Verbindungen zu schaffen bleibt also eine Priorität der EJOT SE.

EJOT SE & Co. KG
57319 Bad Berleburg
http://www.ejot.de
Beschäftigte (D): über 200
Metallverarbeitung

Geschäftsführer
Ralf Birkelbach und
Dr. Jens Weber

ESK-SIC GmbH

★★

Rutschfester Weg in die Nachhaltigkeit

„Mit einem Fuß in der Geschäftsführung – mit dem gesamten Rest in der Entwicklung." So beschreiben die Angestellten von Matthias Hausmann ihren Chef. Forschergeist und stetige Aufbruchstimmung verleihen dem kompletten Top-Management der ESK-SIC GmbH Innovationsschwung. In wenigen Jahren soll das gesamte Siliciumcarbid, kurz SiC, aus sogenannten Rezyklaten hergestellt werden. Derzeit laufen die Vorbereitungen für die entsprechende Umstellung der Produktion. Unterstützt wird der kreative Kopf der Firma von fünf Abteilungsleitern.

Wenn der Boden im Flughafengebäude, in der Bahn oder an anderen öffentlichen Orten glitzert, gehen wir oft über Partikel aus Siliciumcarbid, die in den Belägen eingebettet sind. Mit seinen besonderen Eigenschaften sorgt es unter anderem dafür, dass wir nicht ausrutschen. Seine Härte, seine Beständigkeit gegen fast alle Chemikalien und Temperaturen sowie seine Halbleitereigenschaften prädestinieren SiC zudem für weitere Einsätze. So ist es etwa in Schleifscheiben enthalten, und sogar in der Internationalen Raumstation ISS ist es verbaut. Jedoch verschlingt die Produktion extrem viel Energie: Für eine Tonne rohes Siliciumcarbid benötigen Hersteller ungefähr 7,15 Megawattstunden elektrische Energie und emittieren rund 4,2 Tonnen Kohlendioxid.

Bereichsleiter stoßen Veränderungen an

Matthias Hausmann gibt sich damit nicht zufrieden. Der Geschäftsführer ist angetreten, die gesamte Fertigung des traditionsreichen Herstellers von Siliciumcarbid-Körnungen und -Fraktionen auf nur eine Upcyclingvariante umzustellen. Zeitgleich sollen sämtliche Produkteigenschaften verbessert werden. Dank seiner Begeisterungsfähigkeit und wissenschaftlichen Fakten steckte er alle Abteilungsleiter mit seiner Innovationsfreude an. Sie sind es, die die Transformation in ein nachhaltiges Unternehmen erst möglich machen, indem sie in allen Bereichen die Weichen neu stellen: Die Personalabteilung rekrutiert Mitarbeiter mit Qualifikationen, die für die Produktion von Recycling-SiC benötigt werden. Die Abteilung Finanzwesen beschafft Fremdkapital, der Vertrieb kooperiert weltweit mit Konzernen, um deren Lieferkette umzustellen und Qualifikationen zu erwerben.

Geschäftsführer lebt Nachhaltigkeit

Der visionäre Chef und sein Team sind für alle 160 Mitarbeiter immer ansprechbar. Zusammen arbeiten sie mit Hochdruck daran, SiC künftig aus recycelten Dieselrußpartikelfiltern sowie Fräßabfällen zu gewinnen. Und auch das neue Firmengelände mit Grünstreifen für Bienen soll die Handschrift der Nachhaltigkeit tragen, ebenso wie der grüne Strom aus Wasserkraftwerken, den man hier täglich nutzt. Denn der Vater von vier Kindern will seinem Nachwuchs in jedem Fall eine bessere Welt hinterlassen.

ESK-SIC GmbH
50226 Frechen
https://www.esk-sic.de
Beschäftigte (D): 51 bis 200
Chemie/Kunststoff

Geschäftsführer
Matthias Hausmann

EUROPART liefert Ersatz- und Zubehörteile für Nutzfahrzeuge aller Klassen. Das Unternehmen ist außerdem Betreiber von Lkw-, Trailer-, Transporter- und Busflotten in Europa.

EUROPART Holding GmbH

★★★★

28 Länder durch eine Sprache vernetzt

In 28 Ländern Europas ist die EUROPART Holding GmbH vertreten. Alle Mitarbeiter werden vom Geschäftsführer Olaf Giesen in ihrer Landessprache angesprochen. Möglich macht's die Mitarbeiter-App mit integrierter künstlicher Intelligenz. Sie prägt das Innovationsklima des führenden Anbieters von Nutzfahrzeugteilen und Werkstattbedarf. Jeder Einzelne darf Verbesserungsvorschläge über die App einreichen und sich damit zum kreativen Kreis der „Vollblut-Ideengeber" zählen.

Beeindruckende 86 % der Ideen, die die Mitarbeiter über die App des Mittelständlers einreichen, werden realisiert. Das liegt daran, dass die Kollegen die App auf ihrem Smartphone immer bei sich haben. Viele gute Ideen entstehen während der täglichen Arbeit und sind dank mobilem Endgerät schnell eingereicht. Die Anwendung prägt das positive Innovationsklima des europäischen Marktführers im Handel von Nutzfahrzeugteilen. Wenn jemand ein Produkt fotografiert und die EUROPART-Community fragt, um was es sich genau handelt, kann er sicher sein, schnell die dazugehörigen Produktdetails zu erhalten.

Mit wenigen Klicks zum personalisierten Angebot

Die Vorschläge, die die „Vollblut-Ideengeber" einreichen, landen unverzüglich beim engagierten Top-Management und werden genauso schnell verwirklicht. So hatten etwa Außendienstmitarbeiter vorgeschlagen, personalisierte Angebote mit dem Logo des Kunden und Fotos der angefragten Produkte zu versenden. Sehr schnell wurde das entsprechende Feature entwickelt. Mit wenigen Klicks können die Angestellten die Angebote nun erstellen und hinterlassen bei Interessenten und auch bei Kunden einen bleibenden Eindruck. Der Geschäftsführer Olaf Giesen nimmt sich außerdem regelmäßig Zeit für den persönlichen Austausch mit seinen Angestellten. Wer Lust hat, kommt zum „Meet & Greet" in einer besonderen Location. Oft bekommt der Chef dann auch mal zu hören, was nicht gut läuft. „Das gehört zu einer positiven Feedbackkultur einfach dazu", erklärt Giesen. Anschließend werden gemeinsam Lösungen gefunden.

Von der Mitarbeiter- zur Kunden-App

Zurück zur Mitarbeiter-App: Die kommt intern so gut an, dass sie derzeit als Kunden-App ausgerollt wird. Entstanden, um das Innovationsklima zu fördern und den internationalen Austausch zu vereinfachen, trägt sie nun dazu bei, Kunden einen noch besseren Service zu bieten. Sie können mit ihrem Ansprechpartner chatten und auf einen Newsbereich zugreifen – alles ohne Sprachbarrieren. Dabei wäre EUROPART nicht EUROPART, wenn früher oder später nicht auch noch weitere Features in die App integriert würden.

EUROPART Holding GmbH
58135 Hagen
https://www.europart.net
Beschäftigte (D): über 200
Handel

Geschäftsführer
Olaf Giesen

„Die Gesundheit zu fördern ist mir ein großes Anliegen.“

Olaf Giesen
Geschäftsführer

EUROPART feierte 2023 bereits sein 75-jähriges Jubiläum. War das ein Grund für Sie, sich mal richtig verwöhnen zu lassen?
Das könnte man vielleicht meinen. Ich habe das Jubiläum allerdings etwas anders gefeiert. Für mich kam es überhaupt nicht infrage, dass die Geschäftsführung und die Kunden es sich gutgehen lassen, die Mitarbeiter aber leer ausgehen. EUROPART – das sind schließlich wir alle. Jeder von uns setzt sich Tag für Tag für „Vollblut-Trucker" und „Vollblut-Schrauber" in 28 Ländern Europas ein. Wir begreifen uns demnach als eine große Gemeinschaft, die die Wirtschaft am Laufen hält. Deshalb tourten wir 2023 auch von Ende April bis Anfang Juli durch Europa, um mit und bei allen zu feiern. Wir waren dafür mit mehreren Trucks und einem Zirkus unterwegs. Jedes Wochenende stieg an einem anderen Standort eine Party. Und wer stand hinterm Tresen und zapfte Bier? Natürlich der Chef.

Als Arbeitgeber und Partner der Nutzfahrzeugbranche genießt Ihr Unternehmen einen hervorragenden Ruf. Abgesehen vom guten Service: Was tun Sie für Lkw-Fahrer, um ihnen den körperlich anstrengenden Arbeitsalltag angenehmer zu machen?
Wenn man bedenkt, dass ohne die Berufskraftfahrer in unserer Gesellschaft absolut nichts laufen würde, ist es ein Unding, dass Zigtausend Parkplätze zum Übernachten für sie fehlen. Ein wenig Abhilfe schaffen zum Glück die Einrichtungen der „XXLKW Secure Parking". Ihre Anlagen sind bewacht, bieten genügend Komfort und eine gewisse Freizeitqualität. Wir unterstützen hierfür die Truckers-Life-Foundation, die Outdoor-Gyms auf den Parkplätzen errichtet.

Apropos Sport: Sie setzen in Ihrem Unternehmen sehr auf das Thema betriebliche Gesundheitsförderung.
Gemeinsam mit unserem Gesundheitsmanager haben wir den sogenannten EUROPART-Gesundheitstag ins Leben gerufen. Dazu laden wir alle unsere Kollegen ein und fördern so nachhaltig ihre Gesundheit. Und auch unsere Kunden können unseren Gesundheitsmanager bei Bedarf buchen. Er bringt das gesamte Equipment für den vierstündigen Kurs mit, der aus informativen Vorträgen und effektiven Trainingseinheiten besteht. Die Ernährungstipps, Fitness- und Entspannungsübungen, die man bekommt, wenn man sich für so ein Angebot entscheidet, lassen sich ganz hervorragend in den Arbeitstag integrieren.

Wie EUROPART ein fruchtbares Innovationsklima schafft und was eine Tour durch Europa damit zu tun hat, erklärt **Olaf Giesen.**

TOP 100

EXTE GmbH

Mit coolen Ideen zu schattigen Räumen

„Eine Plattform, vier Systeme, alle Möglichkeiten" – so lautet das Motto der EXTE GmbH. Sie produziert Rollladenkastensysteme, die effektiv vor Hitze schützen und alle nach dem gleichen Prinzip funktionieren. Weshalb? Weil Anwender sie somit ganz einfach verarbeiten und ihren Kunden eine enorme Bandbreite an Produkten anbieten können. Und das bei minimaler Lagerhaltung. Dan Friedl ist Inhaber des Familienunternehmens und berief 2023 Holger Manske in die Geschäftsführung, um den Innovationsgrad langfristig hochzuhalten.

Der Chef der mittelständischen Firma und der Manager aus der Maler- und Tapetenwelt kannten sich quasi aus der Nachbarschaft. Holger Manske hatte verschiedene Führungspositionen im Bergischen Land, bevor er zur EXTE GmbH stieß. Hier sollte er mit seiner Expertise für frischen Wind sorgen. „Als marktführender Anbieter in unserem Segment sind wir hervorragend aufgestellt", sagt Dan Friedl. Die Rolle seines Kollegen sieht er besonders darin, die Errungenschaften aus zwei Generationen Unternehmensgeschichte zu bewahren, in die Zukunft zu überführen und die Innovationsgeschwindigkeit nochmals zu erhöhen.

Klimaschutz und Zero-Waste-Strategie

Eine europaweite Studie aus dem Jahr 2022 kommt zu dem Ergebnis, dass ein automatisierter Sonnenschutz den Bedarf an Kühlenergie um 60 % senkt. Angesichts der Klimakrise bietet EXTE folglich eine Technologie der Stunde, womit aus Sicht des Top-Managements eine hohe gesellschaftliche Verantwortung einhergeht. Der eng mit dem Standort verbundene Betrieb verfolgt eine Zero-Waste-Strategie, die den gesamten Produktionsprozess betrifft. „Wir machen hier keinen Müll", sagt Friedl. Ein Fünftel ihrer Zeit investiert die Geschäftsführung in Weiterbildung mit Innovationsbezug. Sie hat das Ohr immer am Markt und bindet ausgewählte Kundengruppen eng in die Produktentwicklung ein. Vor allem die Themen Automatisierung und Digitalisierung nehmen das Top-Management in Anspruch – Stichwort: Smart Home.

Zusammen mit dem Nachwuchs entwickeln

Dan Friedl denkt auch darüber nach, wie er und sein Team die Montage vereinfachen können. Bei zahlreichen Produkten aus der Bauprofilsparte machen sie sich die Gravitation zunutze: Teile müssen nicht mehr aufwendig verschraubt werden, sondern rasten ein. Die Inbetriebnahme eines eigenen Prüfzentrums für Wind- und Soglastmessung mit eigenem Teststand unterstreicht zudem, dass der Wipperfürther Mittelständler weiterhin Großes vorhat: Vor allem bei ausladenden Fensterfronten, wo Blendrahmen mit Gebäuden verbunden werden, muss die Statik entsprechend sorgfältig geprüft werden, damit Anbieter und Bauherren auf der sicheren Seite sind.

EXTE GmbH
51688 Wipperfürth
https://www.exte.de
Beschäftigte (D): über 200
Baugewerbe/Handwerk

Geschäftsführer
Dan Friedl

Fichtner & Schicht GmbH

Die Form der Zukunft

Ja, anfassen ist erlaubt – doch bitte ganz vorsichtig! Die in Schlangen in Nordrhein-Westfalen beheimatete Fichtner & Schicht GmbH gönnte sich zum 50-jährigen Firmenjubiläum einen Relaunch der Corporate Identity. Dabei ging man aber sehr behutsam vor: leicht angepasste Farbverläufe, abgerundete Ecken. Der Wiedererkennungswert war das Wichtigste. Was für den Markenauftritt gilt, prägt die Gesamtstrategie der Firma. Stetige Innovationsentwicklung bedeutet für den Anbieter von Galvanoformung und Werkzeugbau, das Bestehende intelligent in die Zukunft zu führen.

Erosionsschutzkappen der Fichtner & Schicht GmbH, das weiß ihr Geschäftsführer Tim Stricker, sind das Nonplusultra in der Luftfahrt. Und der Markt gibt ihm recht: Fast alle Schutzkappen kommen von dem Hersteller mit dem ausgeprägten Spezialwissen. Legierung und Geometrie – zwar ist der Mittelständler auch dem führenden Anbieter in den USA eine Nasenlänge voraus, dennoch gestaltet sich der Vertrieb dort sehr schwer, weil potenzielle Kunden national ansässige Unternehmen bevorzugen.

Ideen entstehen industrieübergreifend

Da Lamentieren nicht sonderlich hilft, schaut sich das Top-Management in der näheren Umgebung um. Die Fichtner & Schicht GmbH betritt mit ihren Produkten in der Luftfahrt und der Automobilindustrie, dem zweiten großen Geschäftsfeld, regelmäßig Neuland – oft in Kooperation mit Forschungseinrichtungen. Inspirationen holt sich der Spezialist für galvanische Fertigung sowie Werkzeug- und Prüfstandsbau häufig aus anderen Branchen. „Wir schätzen den industrieübergreifenden Austausch sehr", erklärt der Geschäftsführer. Dank dieser Außenorientierung gelang dem Mittelständler eine wichtige Prozessinnovation: Galvanisiert wird in großen offenen Galvanikbecken, durch Verdunstung geht dabei viel Energie verloren. Was wäre aber, wenn es gelänge, das Becken abzudecken? „Alle meinten, dass das niemals funktionieren würde", erzählt Stricker.

Genau hinschauen für den Erfolg

Die Tüftler überlegten hin und her und fragten einen Hersteller nach einem Konzept. Er konnte ihnen aber keine Lösung anbieten. Dann die entscheidende Idee: Konzept und Umsetzung wurden selbst in die Hand genommen. Zusammen mit einer Gebäudetechnikfirma aus demselben Industriepark baute man eine praktische Abdeckung, wodurch Fichtner & Schicht 12 % Energie spart. Das sind 241.000 Kilowattstunden, die dem durchschnittlichen Jahresverbrauch von 80 Einfamilienhäusern entsprechen. Indem die Köpfe des Unternehmens auch in der Produktentwicklung immer um die Ecke denken, erschließen sie sich Marktanteile und behalten dadurch auch in schrumpfenden Branchen ihr „Stück des Kuchens".

Fichtner & Schicht GmbH
33189 Schlangen
https://www.fi-sch.de
Beschäftigte (D): 51 bis 200
Anlagen-/Maschinenbau

Geschäftsführer
Markus Tack,
Jan Stricker und
Tim Stricker

Die Finke Gruppe ist Expertin in der Herstellung und im Vertrieb von Formen für die Glasindustrie, Modellen aller Art und von Spritzgusswerkzeugen.

Finke Gruppe

Ingenieurskunst aus Kunststoffschmelze

Nischenentwicklungen für unterschiedlichste Einsatzzwecke sind eine Spezialität der Finke Gruppe. Für maßgenaue und hochwertige Bauteile testet sie die Grenzen von Schäumverfahren aus und erweitert sie, zum Beispiel um das Spritzprägen. Sowohl im Formenbau als auch in der Anwendungstechnik ziehen die Mitarbeiter an einem Strang, ob bei der Entwicklung neuer Produkte oder bei der Verbesserung von Produkten und Prozessen. Immer gefördert vom engagierten Top-Management.

Markus Finke, der Geschäftsführer und Inhaber der Finke Gruppe, betrachtet einige Blätter, die auf seinem Schreibtisch liegen. Darauf zu sehen: Handskizzen und Anmerkungen. „Das sind Ideen, die unsere Mitarbeiter aus der Fertigungsabteilung eingereicht haben“, erklärt er. Dank des fruchtbaren Innovationsklimas bei dem Industrieunternehmen funktioniert das interne Vorschlagwesen hervorragend. Die Kollegen machen deshalb gern und regen Gebrauch von der Möglichkeit, Verbesserungsideen einreichen zu können. Die verantwortlichen Teams entscheiden dann, ob die Ideen realisiert werden, und implementieren sie gegebenenfalls.

Spritzguss und Sonnencreme

Für Bauteile von Wasserfahrzeugen entwickelten sie ein besonderes Schäumverfahren. Dafür musste einiges beachtet werden: Wasserdruck, Dichtigkeit, Sonneneinstrahlung – selbst die Belastung mit Sonnencreme. Der erfolgreiche Mittelständler ist bekannt für seinen Einfallsreichtum in der Nischenentwicklung. Auch Verfahren wie das Spritzprägen als Weiterentwicklung des üblichen Spritzgießprozesses bezieht er ein. Kollegen aus dem Werkzeug- und Vorrichtungsbau, der Entwicklung und der Blechbearbeitung sitzen in Regelmeetings gemeinsam am Tisch. Selbstaudits und externe Revisionen garantieren stets eine gleichbleibend hohe Qualität und die Einhaltung von Standards. Und das Verbesserungsmanagement wird von einem regelmäßigen Produktaudit mit Korrekturmaßnahmen flankiert – inklusive Dokumentation von Prozessentwicklungen und Entwicklungsfortschritten.

Innovationen für höhere Wertschöpfung

„Die Wertschöpfung bleibt komplett bei uns im Haus“, sagt Finke. Sie zu erhöhen ist auch mit einer weiteren Innovation gelungen: Der Formenbauer transportiert Kunststoffteile in einer selbst entwickelten Mehrwegverpackung, deren Größe sich modular anpassen lässt. Mit Schaumzuschnitten sorgt der Mittelständler dafür, dass die Teile sicher zum Kunden gelangen. Gefahren werden sie mit Fahrzeugen aus dem eigenen Fuhrpark. Auch das ist gut für die Wertschöpfung – und fürs Klima, da das Leergut ohne Umwege zurückkommt. So schließt sich der Wertstoffkreis.

Finke Gruppe
33184 Altenbeken
https://www.finke-gruppe.de
Beschäftigte (D): über 200
Anlagen-/Maschinenbau

Geschäftsführer
Markus Finke

Gebro-Herwig bietet den Kunden intelligente, zukunftssichere Lösungen in den Bereichen Sanitär, Heizung, Klima und Elektro.

Gebro-Herwig Haustechnik GmbH

Gebündelte Expertise aus einem Guss

Vorbei sind die Zeiten, als die heutige Gebro-Herwig Haustechnik GmbH als kleine Schlosserei Handwerksarbeiten anbot. Ihre Entwicklung, die vor 152 Jahren in Paderborn ihren Anfang nahm, ist geprägt von regem Innovationsgeist. Inzwischen führt die trendbewusste Ausrichtung des ingenieurgeführten Anlagenbauers mit Sitz im sauerländischen Arnsberg zu Innovationserfolgen, die den Kunden wie den Angestellten nutzen – und die dabei immer wieder neue Branchenmaßstäbe setzen.

Kein Gebäude ist wie das andere – kein Büro, kein Wohnhaus, keine Klinik. Daher ist jede Konstruktion, die unter dem Dach des erfolgreichen Anlagenbauers entsteht, gewissermaßen ein Prototyp. Fachlich zugewiesene Teams richten die Projekte an den jeweiligen Kundenanforderungen aus. Unter den knapp 120 Mitarbeitern sind Experten für Elektro-, Klima-, Heizung- und Sanitärtechnik. Sie leisten Installation, Wartung, Modernisierung sowie die smarte Verknüpfung der Haustechnik aus einer Hand. Seinen bisher größten Innovationserfolg erzielte das Unternehmen jedoch mit etwas anderem:

Consulting als flexibler Vertragsbestandteil

Zu den Stärken des Mittelständlers gehört auch die Beratung. Der Bedarf sei mit den Jahren deutlich gestiegen, sagt der Geschäftsführer Andreas J. Cloer. Allerdings stieg die Abbruchquote ebenfalls an: Zuletzt pandemiebedingt setzten Interessierte ihre Vorhaben doch nicht um oder wechselten vor Auftragsvergabe den Anbieter. Damit liefen bis zu fünfstellige Kosten für Consulting und Vorab-Ingenieurleistung der Planungsabteilung und der Projektleitung ins Leere. Cloer und sein engagiertes Team entwickelten daraufhin ein bislang branchenuntypisches Produkt, das Consulting und die ingenieurtechnische Planung und Ausführung bündelt. Ein Vertrag mit festen Ausstiegspunkten zu festen Preisen bietet beiden Seiten volle Transparenz und Budgetsicherheit und minimiert die Schnittstellen, an denen Kunden normalerweise selbst Know-how aufbringen müssten.

Mit Ehrgeiz zu Transformation und Innovation

Weiterentwicklung als Anspruch und Ansporn: Dieses Mindset trägt Cloer, der dieses Jahr seine 40-jährige Betriebszugehörigkeit feiert, persönlich in die Belegschaft hinein. Zukunft mit Intelligenz sichern ist seine Mission. Im weitesten Sinn tragen alle im Unternehmen Verantwortung. Und sie teilen die Neugierde und den Ehrgeiz des Top-Managements, eine hohe Transformations- und Innovationsfähigkeit zu wahren. Dazu zählt auch eine gute Fehlerkultur, betont Cloer: „Läuft etwas nicht gut, sind wir selbstbewusst genug, das zuzugeben und einen anderen Weg zu finden.“ Eine weitere Neuerung steht übrigens schon in den Startlöchern – Stichwort: „effizienzbasiertes Monitoring“.

Gebro-Herwig Haustechnik GmbH
59821 Arnsberg
https://www.gebro-herwig.de
Beschäftigte (D): 51 bis 200
Baugewerbe/Handwerk

Geschäftsleitung
Stefan Schmidt, Andreas J. Cloer und Thomas Reiter

Helmerding hiw Maschinen GmbH

Facettenreiches Know-how, maximale Optimierung

So gut wie jede Fertigung hat etwas Einzigartiges: Indem die Mitarbeiter der Helmerding hiw Maschinen GmbH mit Sitz im nordrhein-westfälischen Bad Oeynhausen interdisziplinär ihre individuellen Impulse einbringen, beleben sie permanent das Innovationsklima. Der größte Antrieb ist das Bestreben, das jeweilige Projekt in allen Details optimal an die Anforderungen der Kundschaft anzupassen. Auch neue Kollegen werden aktiv in den Lösungsfindungsprozess eingebunden.

Fachkräfte wollen sich weiterbilden? Das spricht für eine hohe Motivation. Ihre Lernbereitschaft bezieht sich auch auf fachfremde Inhalte? Das verdeutlicht ihr Bestreben, die Expertise auf ein breites Fundament zu stellen. Das neu erworbene Wissen führt zu einer genialen Lösung im Rahmen eines kniffligen Projekts? Das ist eine Multi-win-Situation – und kommt bei der Helmerding hiw Maschinen GmbH gar nicht so selten vor. Kein Wunder also, dass die Mitarbeiterqualifizierung bei diesem Metallbauer merklich zu einem produktiven Innovationsklima führt.

Zusatzwissen erweitert das Lösungsspektrum

Ein Beispiel für den lösungsorientierten Einsatz der Beschäftigten nennt der Geschäftsführer Jakob Dirksen: „Ein Elektrotechniker hatte sich im Bereich Programmierung fortbilden lassen und später einen Kunden damit begeistert. Er setzte sein komplementäres Know-how im laufenden Projekt mit positivem Ergebnis ein.“ In Prozessen wie diesen, getrieben von Eigeninitiative und Tatendrang, zeigt sich der Innovationsgeist des Hauses. Innerhalb eines Jahres entstehen so viele projektspezifische Verbesserungsideen: ob in der Projektierung, in der Konstruktion oder auch direkt an der Anlage. Denn vor der Produktauslieferung kommen auf dem Firmengelände Monteure, Ingenieure oder Techniker zusammen und spezifizieren anhand von Kundenwünschen im modularen System etwa Pressen, Bandanlagen, Automatisierungsanlagen sowie eigenständige Sondermaschinen.

Viele Impulse führen zur Innovation

Wissen vermehrt sich demnach vor allem im täglichen Tun, wie Dirksen sagt. „Maximaler Feinschliff ist das Ziel. Dafür bringen alle ihre Impulse ein.“ Hauptsächlich nährt sich das kollektive Streben nach dem Optimum also vom produktiven Miteinander. Doch es gibt auch einen finanziellen Anreiz, kreativ zu bleiben. So können konstant starke Leistungen einmal im Jahr zu einer prozentualen Leistungszulage führen. Abhängig von der individuellen Leistungsbeurteilung jedes einzelnen Mitarbeiters gibt es zusätzlich eine Gewinnausschüttung. Bei neuen Kollegen stellen Paten sicher, dass sie Lösungen mitentwickeln und zudem schrittweise Verantwortung übernehmen. Um Zukunftsfähigkeit geht es schließlich nicht nur beim Kunden.

Helmerding hiw Maschinen GmbH
32549 Bad Oeynhausen
https://www.helmerding.de
Beschäftigte (D): 51 bis 200
Anlagen-/Maschinenbau

Geschäftsführender Gesellschafter
Jakob Dirksen

Henke AG

Die Mutmacher

Den Mitarbeitern fertige Lösungen vorsetzen, mit denen sie arbeiten sollen? Mit so einer Schema-F-Kultur läuft es bei der Henke AG in Hagen nicht. Warum denn auch? Immerhin sind die rund 140 Beschäftigten des Dächer- und Fassadenspezialisten am nächsten am Geschehen. Das innovationsorientierte Top-Management spornt sie daher systematisch und dabei fast schon spielerisch dazu an, ihren Verbesserungsideen nachzugehen und die daraus entstehenden Projekte eigenverantwortlich zu realisieren.

Es passiert jeden zweiten Freitag im Monat: Die Mitarbeiter kommen zur Arbeit – und lassen ihren Job links liegen. Dieser spezielle Tag ist nämlich allen Projekten gewidmet, die fernab des Alltagsgeschäfts liegen, wie die Prokuristin Nina Ester berichtet. An der Lösung zu arbeiten und nicht nur mit ihr, das ist der Spirit, den das Top-Management unterstützt. „Unsere Beschäftigten haben enormes Potenzial. Ihr Know-how bringt sie besonders nah an Innovationsideen heran. Mit ihren Kompetenzen und ihrem Einsatz erzielen sie die besten Ergebnisse“, erläutert Ester.

Projektteams arbeiten an der Zukunft

Die Firmenspitze ebnet dafür ermutigend die Bahn, koordiniert Vorschläge und befähigt die passend gebildeten Projektgruppen dazu, ihre Veränderungsansätze anzugehen. So entstand beispielsweise ein tägliches Mini-Morgentreffen in der Produktion, bei dem die Teilnehmer gemeinsam Verbesserungspotenziale finden: Ein Team tüftelt an einer Dachflächenvermessung per Drohne, ein anderes treibt die Automatisierung und Digitalisierung von Dokumenten und Planungsstandards voran. Ein größeres Projekt ist die Etablierung eines KI-basierten Lexikons, das künftig interne und externe Fragen rund um die Henke AG beantworten soll. Besondere Wertschätzung erhalten sehr arbeitsintensive Konzepte im Rahmen einer Projektschau: Alle paar Monate haben Teams die Möglichkeit, der gesamten Belegschaft im Detail zu zeigen, womit sie gerade befasst sind.

Wirksame Begegnung auf Augenhöhe

„Von einer solchen Präsentation profitieren bestenfalls alle“, sagt Ester. Je mehr Kollegen die Innovativität aus den eigenen Reihen erleben, desto stärker ist die Inspiration. Auch die familiäre Atmosphäre im Haus fördert Offenheit. „Jeder gilt bei uns als vollwertiges Mitglied. Deshalb planen wir zum Beispiel eine Azubiwerkstatt. Wissenstransfer geht nicht nur vom Management aus.“ Ester bildet sich unter anderem in Zukunftsthemen fort, ebenfalls ein Beitrag zur Innovationsfähigkeit: Aus einem Workshop zu „Frauen in Führungspositionen“, in der Baubranche bisher die Ausnahme, brachte sie Erkenntnisse, aber auch wichtige Netzwerkkontakte mit. „Auch die anderen haben viele Ideen“, sagt Ester begeistert.

Henke AG
58089 Hagen
https://www.henke-ag.de
Beschäftigte (D): 51 bis 200
Baugewerbe/Handwerk

Die Geschäftsleitung

HSR GmbH

Voller Fokus auf den Hydraulikservice

Von der kleinen Werkstatt zum europaweiten Hydraulikservice – diese Entwicklung hat die HSR GmbH in den vergangenen drei Jahrzehnten durchlaufen. Dabei hat das innovationsorientierte Top-Management um Kevin Stahl, Klaus Ochel und Marcel Oben-Stintenberg eine aktive Rolle gespielt. Die drei fördern gezielt die Kreativität und das Engagement ihrer Angestellten und schaffen damit eine positive Arbeitsumgebung, in der frische Ideen ganz ungezwungen entstehen können.

„Wir bestärken unsere Mitarbeiter darin, sich immer wieder Ideen für Innovationen auszudenken. Realisiert werden gute Ideen dann meistens sehr schnell“, sagt der Geschäftsführer Marcel Oben-Stintenberg. Kern der aktuellen Neuerungen ist die eigene Abteilung für Innovationsmanagement. Diese fungiert als zentraler Knotenpunkt zwischen der Ideenentwicklung, ihrer Potenzialbewertung sowie der anschließenden Realisierung. Um ein fruchtbares Innovationsklima zu schaffen, ermutigt das Top-Management alle Mitarbeiter zur aktiven Teilnahme am Innovationsprozess. Neue Ideen sieht die Geschäftsleitung als wesentlichen Teil des beruflichen Alltags und fördert sie durch interne Kampagnen und Innovationsworkshops.

Künstliche Intelligenz als Innovationstreiber

Eingereichte Ideen durchlaufen einen Bewertungsprozess, bei dem Machbarkeit, Marktpotenzial und Ressourcenbedarf geprüft werden. Auf diese Weise konzentriert sich die HSR auf vielversprechende Projekte und nutzt Ressourcen effektiv. Ein weiteres wichtiges Element der Innovationsstrategie ist die Nutzung von künstlicher Intelligenz. „Wir erforschen und integrieren KI-basierte Lösungen, um unsere Prozesse zu optimieren und neue Geschäftsmodelle zu entwickeln. Die Nutzung von KI versetzt uns in die Lage, große Datenmengen zu analysieren, Muster zu erkennen und Vorhersagen zu treffen. Dies übersteigt menschliche Fähigkeiten“, berichtet der Geschäftsführer. Das eröffnet neue Möglichkeiten in der Produktentwicklung und beim Kundenservice und führt unterm Strich zu einer höheren Effizienz.

Strategie sichert Unternehmenserfolg

Diese Effizienz spielt eine entscheidende Rolle bei der HSR GmbH, die mehr als 60 Standorte in Deutschland, den Beneluxländern und Italien betreibt, und dessen Servicetechniker kurzfristig auf mehr als 100.000 Artikel Zugriff haben. Ohne kontinuierliche Verbesserungen in den Abläufen und bei den Produkten lässt sich dieser Standard nicht halten. „Unsere Strategie lebt von agilem Projektmanagement, Design-Thinking und Open Innovation. Kombiniert mit unserer Expertise in KI, macht uns das zu einem führenden Akteur unserer Branche“, sagt der Geschäftsführer Marcel Oben-Stintenberg abschließend.

HSR GmbH
47506 Neukirchen-Vluyn
www.hsr-hydraulics.com
Beschäftigte (D): über 200
Hydraulikservice

Geschäftsführer
Kevin Stahl,
Klaus Ochel und Marcel
Oben-Stintenberg

TOP 100

IBG Automation GmbH

★★★★★

Partner für Automationsprozesse der Zukunft

Zwei Generationen leiten die IBG I Goeke Technology Group. Zusammen mit seinem Sohn Matthias Fabian steht Matthias Goeke an der Spitze der südwestfälischen Firmengruppe, zu der auch die IBG Automation GmbH gehört. Die ist im In- und Ausland für ihre innovativen Automationslösungen bekannt. Mit klarem Fokus auf Sonderanlagen für produzierende Branchen positioniert sich IBG als Generalunternehmer im Maschinenbau und punktet mit einem innovationsorientierten Top-Management, einer starken Außenorientierung und einem herausragenden Innovationsklima.

Die Kunden sind in erster Linie in produzierenden Branchen zu finden. „Das bedeutet, dass ihre Anforderungen sehr hoch sind. Mit uns als Partner können sie ihre Produktionskapazitäten ausbauen", erklärt Matthias Goeke. Ohne ihr jahrzehntelanges Know-how und hervorragende Netzwerke könnte IBG diese Unterstützung nicht gewährleisten. Dafür steht das Unternehmen nicht nur mit Lieferanten und Auftraggebern in engem Kontakt und Austausch: Vor allem im Hinblick auf Forschungsthemen und Entwicklungsprojekte setzen die Geschäftsführer auf eine partnerschaftliche Zusammenarbeit mit Hochschulen.

Regionale, nationale und internationale Netzwerke

Seit Jahren entwickelt IBG beispielsweise zukunftssichere Lösungen zu fahrerlosen Transportsystemen, zu grünem Wasserstoff oder auch zum Batterierecycling – etwa mit den Hochschulen in Aachen, Bochum und Rostock oder mit Fraunhofer-Instituten. „Außerdem sind wir in für uns relevanten Initiativen und Netzwerken vertreten", sagt der Senior-Chef. So engagiert sich die IBG in der Nachhaltigkeitsinitiative des Verbands Deutscher Maschinen- und Anlagenbau, ist in diversen Fachgruppen präsent und nutzt auch regionale Netzwerke wie „Industrie RuhrOst". Diese sind auch deshalb so wertvoll, weil sie einen Querschnitt durch die deutsche Industrie darstellen und hier ein intensiver Austausch über Innovation stattfindet. Zudem schaut man am Standort in Neuenrade ganz grundsätzlich weit über die Landesgrenzen hinaus.

Intensiver Austausch mit Experten weltweit

„Open Innovation ist für uns kein nationales, sondern ein internationales Thema", berichtet Matthias Fabian Goeke. Deutschland gilt nach wie vor als höchst innovatives Maschinenbauland mit einer weltweiten Vorreiterrolle. Auch dafür, diese Vorreiterschaft zu stärken und weiter auszubauen, setzen sich die Südwestfalen ein. Wie das konkret aussehen kann, zeigt das Unternehmen unter anderem auf branchenspezifischen Messen: Auf der weltgrößten Industriemesse in Hannover war IBG zuletzt mit einer vollautomatischen Cockpitmontage vertreten. Die Montageanlage für den Fließbetrieb war aufsehenerregend und ein wertvoller Türöffner für den intensiven Austausch mit Experten aus der ganzen Welt.

IBG Automation GmbH
58809 Neuenrade
https://www.goeke-group.com/de
Beschäftigte (D): 51 bis 200
Anlagen-/Maschinenbau

Geschäftsführer
Matthias Fabian Goeke
und Matthias Goeke

implec ist ein Systemhaus für IT- und Kommunikationslösungen und hat sich auf die Gestaltung individueller Cloudnetzwerke spezialisiert.

TOP 100

implec GmbH

Im Wettlauf mit der Zeit

IT-Probleme zählen heute zu den größten Zeitfressern im Büro: Ganze 40 Minuten verliert jeder einzelne Mitarbeiter pro Tag durch langsame oder nicht funktionierende Technik. Die implec GmbH bewirkt mit ihren ganzheitlichen IT-Landschaften, dass dies ihren Kunden nicht passiert. Innovationserfolge verzeichnet der Mittelständler mit Sitz in Mönchengladbach vor allem dann, wenn wieder ein Auftraggeber mehr dank einer individuellen Lösung störungsfrei arbeiten kann.

Der Geschäftsführer Nils Rochholl sieht sein Unternehmen gleich in mehrfacher Hinsicht hervorragend aufgestellt, wenn es um fortschrittliche Lösungen geht. „Innovation ist auch, ein ganz anderes Preismodell zu nutzen als die Konkurrenz. Die meisten Anbieter rechnen nämlich nach Arbeitsstunden oder gestellten Geräten ab. Für viele Firmen ist es ein Problem, diese Kosten nachzuvollziehen“, erklärt er seine Erfahrung aus mehr als 25 Jahren in der Branche. Deshalb hat er eine andere Lösung gesucht und gefunden.

In der IT ist Prozessdenken innovativ

Neue Wege schlägt implec auch im Hinblick auf seine Unternehmensabläufe ein, sagt Nils Rochholl: „Viele denken, Prozessdenken verhindere Innovation, weil es zu wenig Raum für Kreativität lässt. Ich hingegen bin der Ansicht, dass das Prozessdenken an sich in der IT schon eine Innovation ist. Denn die wenigsten Unternehmen definieren eine Schritt-für-Schritt-Anleitung, die für die Mitarbeiter verständlich ist. Dabei ist es genau das, was eine gleichbleibende Servicequalität gewährleistet.“ Bei implec arbeitet man deshalb mit einem Diagramm für die Abläufe, das dem Kunden zeigt, dass seine Anfrage immer auf dieselbe Art und Weise beantwortet wird. Das Ticketsystem, das damit verbunden ist, haben die Kunden sehr zu schätzen gelernt. Innovation bedeutet für jeden etwas anderes. Das, was für Nils Rochholl zählt, ist der offene Blick für sinnvolle Neuerungen.

Abläufe und Routinen immer wieder hinterfragen

„Bei uns ist es so, dass wir Innovation in sämtlichen Bereichen unseres Unternehmens leben. Schließlich möchten wir nicht, dass sich bei uns oder bei unseren Kunden im Lauf der Monate oder Jahre Arbeitsweisen und Prozesse einschleichen, die auf eine bestimmte Art und Weise ablaufen, nur weil das schon immer so gemacht wurde“, fasst der Geschäftsführer zusammen. Daher hinterfragen er und seine Mitarbeiter sich und ihre Arbeit immer wieder neu und sind stets überall auf der Suche nach kreativen Ansätzen für ihre Auftraggeber. Und so sichern sie denn auch deren kostbarste Ressource: die Zeit.

implec GmbH
41236 Mönchengladbach
https://www.implec.de
Beschäftigte (D): bis 50
IT-Entwicklung/-Beratung

Geschäftsführer
Nils Rochholl

ins-pi GMBH

★ ★ ★

Konstruktive Geschäftsmodelle

40 Mitarbeiter in 13 Ländern, die mehr als 20 Sprachen sprechen: Der Softwarehersteller ins-pi GmbH in Köln kann mit Fug und Recht von sich behaupten, international aufgestellt zu sein. Das trifft sich gut, hat sich das schnell wachsende Unternehmen doch auf die beiden Bereiche Enterprise-Architektur und Transformationsmanagement spezialisiert – und das weltweit. Seine nachhaltigen Innovationserfolge generiert es aus ganz unterschiedlichen Quellen.

Die Entwicklungsfortschritte schlagen sich deutlich in den Zahlen nieder. So schätzt der Geschäftsführer Kadir Özbayram den Anteil der Marktneuheiten der vergangenen drei Jahre am aktuellen Umsatz auf 60 %, bei einem jährlichen Umsatzwachstum von mehr als 45 %. „Im Hinblick auf unsere gesamten Innovationserfolge begeistern uns aber auch die 15 % Gesamtkosten, die wir 2022 dank kostensenkender Prozessneuerungen sparen konnten", sagt Kadir Özbayram, der das Unternehmen zusammen mit Klaus Isenbecker gegründet hat.

Innovationserfolg hat viele Gesichter

Unter Innovation versteht der Geschäftsführer aber nicht nur die Entwicklung und signifikante Verbesserung von Produkten und Dienstleistungen. Mindestens genauso wichtig sei es, die Mitarbeiter während des Prozesses mitzunehmen, konstruktive Geschäftsmodelle zu finden und Prozessinnovation zu betreiben. „La familia", wie Özbayram sein Unternehmen liebevoll nennt, hat deshalb in den vergangenen Jahren eine besonders durchschlagende Geschäftsmodellinnovation realisiert und „HubSpot" eingeführt. Seither kann ins-pi eine Umsatzsteigerung verzeichnen, Ressourcen effizienter nutzen, Kosten senken und ihre Reputation verbessern. Diese Auswirkungen haben dazu beigetragen, das Unternehmen erfolgreicher zu machen und das Wachstum voranzutreiben. Solche Investitionen sind nur möglich, wenn das entsprechende Budget vorhanden ist, denn der Mittelständler kommt ohne Investor aus.

Kunden sind für Herausforderungen gewappnet

Doch natürlich zielen innovative Lösungen nicht nur auf das Unternehmen selbst ab, sondern auch auf die Kunden. Die Innovationserfolge der vergangenen Jahre wie FREELUCY und UPM-X, die zu 100 % auf der Plattform „ServiceNow" laufen, helfen den Kunden, große Herausforderungen zu bewältigen. „Die Betriebe benötigen immer dringender effektive Steuerungsinstrumente in einer digitalen Welt, die täglich komplexer wird", sagt der Geschäftsführer Klaus Isenbecker. Da ist es gut, einen Partner wie ins-pi an der Seite zu haben, der so international aufgestellt ist, dass Vielfalt und Ideenreichtum gewährleistet sind.

ins-pi GmbH
50678 Köln
https://www.ins-pi.com
Beschäftigte (D): bis 50
IT-Entwicklung/-Beratung

Geschäftsführer
Kadir Özbayram und
Klaus Isenbecker

Insta GmbH

★★★★

Die Zukunft der Gebäudeautomation

Nach mehr als 50 Jahren gehört die Insta GmbH zu den Unternehmen mit dem größten Erfahrungsschatz in ihrer Branche. So ist es ihrem Entwicklungs- und Fertigungszentrum für digitale Vernetzung im Bereich der Gebäudetechnik gelungen, mehr als 120 aktive Patente auf den Weg zu bringen. Für diesen Erfolg und auch für die jährlich rund 75 Mio. Euro Umsatz, die das Unternehmen mit Produkten und OEM-Komponenten erwirtschaftet, bereitet das Top-Management den Boden.

Dr. Armin Wulf ist Head of Innovation and Advanced Development bei Insta und erläutert: „Wir haben ein fruchtbares Shopfloor-Management etabliert. Unsere Arbeitsweise ermöglicht es jedem Einzelnen, zielorientiert Verbesserungen in Prozesse und Abläufe einzubringen. Durch diese eingespielten Innovationsprozesse können Ideen direkt und ohne Eskalation in der Hierarchie verwirklicht werden.“ Dadurch entstehen in der Geschäftsführung wiederum mehr Kapazitäten für andere Projekte und Ideen.

Ideen unter der Lupe

Bis zu 70 % ihrer Arbeitszeit wendet das innovationsfördernde Top-Management für die Suche nach Innovationsmöglichkeiten und das Anstoßen und Begleiten von entsprechenden Projekten auf. Dazu gehört auch die aktive Teilnahme an einem dedizierten „New Business and Innovation Review“-Meeting. Dieses einmal pro Monat stattfindende Treffen dient dazu, sämtliche Innovationstätigkeiten engmaschig verfolgen und steuern zu können. „Wir sind dadurch in der Lage, schnell auf nötige Veränderungen innerhalb der gesamten Organisation zu reagieren. Vor allem der zum Teil hohen Dynamik in Innovationsprojekten können wir so gut begegnen“, sagt Dr. Wulf. Als die Branche in den vergangenen Jahren unter gestörten internationalen Lieferketten und mangelnder Verfügbarkeit von Halbleitern und anderen wichtigen Bauteilen litt, machte Insta auf Initiative der engagierten Geschäftsleitung aus der Not eine Tugend und entwickelte Bestandsprodukte innovativ weiter.

Interdisziplinäre Kommunikation als Ideentreiber

Vor allem auf die abteilungsübergreifende Kommunikation legt das Top-Management Wert. Dafür involviert es das Produktmanagement in die Themen und trägt dafür Sorge, dass innovationsfördernde Maßnahmen mit den passenden Mitarbeitern besetzt sind. Der interdisziplinäre Austausch trägt dazu bei, dass neue Ideen von Anfang an richtig bewertet werden können. „Ist das nützlich für unsere Kunden?“ ist die Frage, mit der die Führungsriege Neuerungen auf ihre Tauglichkeit abklopft. Denn das nächste Patent ist nur dann sinnvoll, wenn am Ende die Auftraggeber davon profitieren.

Insta GmbH
58509 Lüdenscheid
https://www.insta.de
Beschäftigte (D): über 200
Elektronik/Elektrotechnik

Geschäftsführer
Alfred Vrieling und
Alexander Burgbacher

Kingspan STG GmbH

Mit Sicherheit zum Technologieführer

Eine Entrauchungsanlage kann im Brandfall das Schlimmste verhindern, da sie für weitgehend rauchfreie Flucht- und Rettungswege sorgt. Hier kommt die Kingspan STG GmbH ins Spiel: Sie gehört zu den führenden deutschen Herstellern von Entrauchungsanlagen, Lüftungstechnik und intelligenten Sicherheitssystemen für Fassaden. Der findige Mittelständler mit Sitz im nordrhein-westfälischen Lemgo verdankt seinen Erfolg nicht zuletzt einem kommunikationsfreundlichen Innovationsklima und durchdachten Prozessen.

„Mit unseren innovativen Antrieben und Steuerungen sorgen wir für sichere, rauchfreie Gebäude und retten damit auch Leben. Sie sind ‚easy to connect' und unbegrenzt flexibel", sagt der Geschäftsführer Frank Wienböker. So auch der neue modulare Antrieb „KCDM", ein leiser und einfach konfigurierbarer Fensterantrieb für Rauchabzug und Lüftung. Dank verschiedener Ausstellweiten ist er kundenindividuell anpassbar. Diese und weitere Entwicklungen sind auch ein Verdienst der innovationsfreudigen Mitarbeiter, die stets lösungsorientiert mitdenken.

Klima der Offenheit befördert Neues

Die rund 165 Beschäftigten arbeiten in einem Umfeld, das sie dazu ermutigt, neue Ideen und Verbesserungsvorschläge zu entwickeln. Über ein Vorschlagswesen können alle „Mitdenker" ihre Ideen einreichen und vorstellen. Aber auch die Türen der Geschäftsleitung stehen immer offen, wenn jemand kreative Anregungen für Fertigungsprozesse oder Produkte einbringen möchte. So konnte etwa durch die Idee eines Mitarbeiters, kleine Dämpfungsgummis in gewisse Antriebe einzubauen, deren Lautstärke wesentlich reduziert werden. Zum guten Innovationsklima trägt auch bei, dass neue Ideen monetär oder durch andere Prämien honoriert werden. Mitdenken lohnt sich also – das zeigt nicht zuletzt die Tatsache, dass im Durchschnitt mehr als 65 % der Verbesserungsvorschläge und Ideen auch realisiert werden.

Effiziente Prozesse

Innovation muss im Kern eines jeden Unternehmens, das langfristig erfolgreich sein will, fest verankert sein. Um diesem Anspruch gerecht zu werden, bindet man alle Abteilungen ab der mittleren Ebene bei regelmäßigen Meetings ein, sodass sie mit ihrem Know-how über die internen Abläufe zu Verbesserungen beitragen können. Die Geschäftsleitung, unterstützt durch ein festes Gremium, bewertet die Vorschläge und gibt sie an das Prozess- und Ideenmanagement weiter. Auch für den Vertriebsleiter Martin Jedral ist es unerlässlich, bei allen Innovationsprozessen systematisch vorzugehen: „Innovation ist unser Antrieb, Sicherheit neu zu definieren. In fünf Jahren wollen wir auf diesem Gebiet deutschlandweiter Technologieführer sein."

Kingspan STG GmbH
32657 Lemgo
www.kingspan-stg.de
Beschäftigte (D): 51 bis 200
Baugewerbe/Handwerk

Die Geschäftsleitung
Frank Wienböker
und Martin Jedral

Konrad Pumpe GmbH

Maschinen zur alternativen Energiegewinnung

Erneuerbare Energien sind weltweit auf dem Vormarsch. Die Anlagen der Konrad Pumpe GmbH leisten einen wichtigen Beitrag zur CO_2-Reduktion. Aktuell werden Maschinen für den Einsatz im Biomasse- und Recyclingbereich unter anderem in Asien, Australien und Indien installiert. Ihren Platz in der internationalen Branchenspitzengruppe verdankt die Firma mit Sitz in Sendenhorst bei Münster unter anderem ihrer engagierten Belegschaft, einer innovationsfreudigen Geschäftsleitung und effektiven Entwicklungsprozessen.

Der Familienbetrieb mit etwa 85 Beschäftigten wurde 1830 als Schmiede gegründet und hat sich im Laufe der Jahre stark weiterentwickelt. Spezialanfertigungen und Eigenentwicklungen gehören heute zu den Stärken der Konrad Pumpe GmbH. Ihre Kernkompetenzen liegen in der effizienten Annahme, Bevorratung und homogenen sowie ressourcenschonenden Aufbereitung von Biomasse und Abfallstoffen für Biogas- und Recyclinganlagen. „Wir sind Vorreiter auf dem Markt für nachhaltige, optimierte Biogas- und Recyclinganlagen. Die Energiegewinnung aus der Verwertung von Rest- und Abfallstoffen gewinnt zunehmend an Bedeutung", sagt der Geschäftsführer Stefan Pumpe.

Systematische Prozessoptimierung

Bei den wöchentlichen Besprechungen zwischen der Geschäftsführung und der Abteilung „Konstruktion und Entwicklung" geht es darum, die internen Prozesse noch effizienter zu gestalten. Darüber hinaus hat das Top-Management Mitarbeiter, die sich intensiv mit Innovationsthemen auseinandersetzen und die Optimierung der Prozesse vorantreiben. Dabei greift man etwa auf die Methoden des Stage-Gate-Prozesses zurück. Bei regelmäßigen Reviews werden wichtige Projekte von der Ideenfindung bis zur Produkteinführung bewertet. Weiter hat der Mittelständler sein Intranet-System entwickelt, in dem jeder seine Verbesserungsvorschläge teilen kann. Einmal im Quartal wird entschieden, welche Ideen weiterverfolgt werden. Im Moment arbeitet man außerdem am digitalen Produktionsprozess mit One-Piece-Flow – dem mitarbeitergebundenen Arbeitsfluss, der sich aus dem Bereich Smart Factory ableitet.

Bioenergie als Zukunftsstrategie

Stefan und Rainer Pumpe, die gemeinsam das Unternehmen leiten, sind stets offen für Neues. Das zeigt sich zum Beispiel an der ständigen Erweiterung der Produktpalette. Dabei rückt das Thema Nachhaltigkeit immer mehr in den Fokus: „Die Perspektive, innovative Anlagenkomponenten für die nachhaltige Energiegewinnung zu entwickeln und voranzutreiben, ist für uns eine große Motivation", sagt Rainer Pumpe. Schöner Nebeneffekt: Durch die zunehmende Ausrichtung auf regenerative Energien erschließen sich weltweit neue Märkte.

Konrad Pumpe GmbH
48324 Sendenhorst
https://pumpegmbh.de
Beschäftigte (D): 51 bis 200
Anlagen-/Maschinenbau

Geschäftsführer
Rainer und Stefan Pumpe

Lemp GmbH & Co. KG

Immer ganz oben mit dabei

Was 1856 mit der Produktion von Werkzeugen auf einer grünen Wiese in Remscheid begann, ist heute eine Unternehmensgruppe mit mehr als 100 Beschäftigten an drei Standorten und mit einer breiten Produktpalette rund ums Dach: Dachrinnenhalter und Rohrschellen, Dachfenster und Laubfangsysteme, Regenwassersammler, SAT-Halterungen und Dohlengitter – alles made in Germany. In siebter Generation ist die Lemp GmbH & Co. KG erfolgreicher denn je, dank ihres innovationsfördernden Top-Managements, engagierter Mitarbeiter und effizienter Prozesse.

Seine Branche sei schon recht konservativ, räumt der Geschäftsführer Ulrich Lutter ein: „Aber das Geheimnis des Könnens liegt immer im Wollen. Ist die Bereitschaft zu Innovation in den Köpfen der Mitarbeiter verankert, kann auch ein kleinerer Betrieb mit langer Tradition sehr modern und kreativ sein." Sagt's und verweist auf ein Produkt, das die Firma 2022 neu auf den Markt gebracht hat: Cover für Rohrschellen und Rinnenhalter, die genau dieselbe Farbe haben wie Rohr und Rinne.

Proaktive Führung

Üblicherweise werden Rinnenhalter und Rohrschellen aus Stahl gefertigt und verzinkt. Dachrinnen und Rohre haben jedoch immer öfter eine an die Fassade angepasste Farbe. „Streichen nützt nichts", sagt Lutter, „denn das Wetter verändert die Beschichtungsfarbe. Darum kaufen wir jetzt das Material vom Hersteller, formen die passende Ummantelung und schaffen so ein optisch harmonisches Gesamtbild." Nicht weniger als eine Revolution in der Branche, die sich die Firma mit Gebrauchsmusterschutz und einer Patentanmeldung sicherte. „Als Geschäftsführer sehe ich meine Aufgabe darin, Dinge zu initiieren, Projekte anzuschieben, Mitarbeiter zu motivieren und Entwicklungen und Ideen zu fördern", erklärt Ulrich Lutter. Dafür ist er viel unterwegs und immer im Gespräch mit Kunden, Mitarbeitern, Produktion, Vertrieb, Entwicklung und IT. Die übergeordnete Innovationsstrategie zielt dabei auf Produkte und auch auf Prozesse ab.

Strategisch innovativ

Innovation muss langfristig gedacht werden, daher hat das Top-Management die „Strategie 2030" entwickelt. Ein Projekt darin ist „Roofus": ein Neubau in Moers, welcher die strategische Weiterentwicklung der Lemp-Gruppe sicherstellt. „Wir werden von einer dezentralen zu einer zentralen Organisation, so können wir unsere Kräfte besser bündeln. Dabei unterstützen uns zusätzlich digitale Prozessse", berichtet Lutter. Zudem wurden zwei neue Stabsstellen geschaffen: Seit Kurzem begleitet ein Projektmanager alle Projekte und Prozesse. Und ein Konstrukteur steuert die Entwicklung der Produktneuheiten. So spielt die Lemp GmbH & Co. KG in Moers mit ihrer 160-jährigen Geschichte in Sachen Innovation ganz vorne mit.

Lemp GmbH & Co. KG
47441 Moers
https://www.lemp.de
Beschäftigte (D): bis 50
Metallverarbeitung

Geschäftsführer
Ulrich Lutter

Masterflex Group

★★★★

Hier steht keiner auf dem Schlauch

Als Fabrik für technische Schläuche fing es 1987 an, mit gerade einmal drei Mitarbeitern. Heute ist die Masterflex Group in Gelsenkirchen auf diesem Gebiet Technologie- und Weltmarktführer. Über 600 Beschäftigte an 14 Standorten stellen Standard- und Sonderschläuche sowie Verbindungslösungen her – für Hightechbranchen wie Luft- und Raumfahrt, Medizintechnik, Maschinenbau oder auch die chemische Industrie. Das Top-Management ist maßgeblich mitverantwortlich für den Erfolg des innovativen mittelständischen Unternehmens.

Ob man den Schlauch noch neu erfinden kann? „Das habe ich mich auch gefragt, als ich vor 18 Jahren ins Unternehmen kam“, erzählt der Vorstandvorsitzende Dr. Andreas Bastin. „Die Antwort ist ein entschiedenes Ja, denn wir bewegen uns in einem hoch spezialisierten Umfeld.“ Der Mittelständler arbeitet mit Hochleistungspolymeren anstatt mit Massenkunststoffen. Weitere wichtige Parameter bei der täglichen Arbeit: Durchmesser, Biegeradius, Druckbelastung oder auch Temperatur. Und nicht zuletzt sind die Anwendungsgebiete anspruchsvoll: Ein defekter Schlauch in einem Hirnkatheter oder einem Flugzeug wäre verheerend.

Kreislaufwirtschaft als Zukunftsthema

Das Top-Management investiert viel in technologische Innovation und entwickelt parallel das Geschäftsmodell weiter: Bis 2035 soll das Unternehmen seine Produktion von Schlauch- und Verbindungssystemen in eine entsprechende Kreislaufwirtschaft überführen. Alle Produkte sollen so konzipiert und produziert werden, dass sie nach ihrer Verwendung zurückgenommen, recycelt und wiederverwendet werden können. Das spart Ressourcen, reduziert Abfall, verringert den CO_2-Fußabdruck und etabliert zudem eine zukunftsfähige Unternehmensstrategie, welche intern „Hero@Zero“ heißt. Diese soll frühzeitig auf rechtliche Regulatorien wie den „Green Deal“ der EU reagieren. „Hero sind wir – Zero wollen wir werden“, sagt Dr. Bastin. „Indem wir das Vernünftigste tun, was man machen kann, nämlich ökologisch wirtschaften, gewährleisten wir unsere Branchenführerschaft auch künftig.“

KI als Innovationstreiber

Zurzeit sucht man gemeinsam mit einem großen Entsorger nach Lösungen fürs Einsammeln, Deponieren und Aufbereiten von Rohstoffen: Wie verändern sich Kunststoffe bei der Reinigung? Welche Daten benötigen wir für das Projekt Hero@Zero? „Ich bin Ingenieur und komme aus der IT“, sagt Dr. Bastin. „Digitalkompetenz liegt mir am Herzen, und darum haben wir für unseren Einstieg in die Kreislaufwirtschaft ein eigenes digitales Informations- und Steuerungselement entwickelt.“ So lässt sich jeder Schlauch identifizieren und tracken – die Grundvoraussetzung dafür, ihn zu verwerten. „Zum Schlauch ist noch lange nicht alles gesagt“, fügt Dr. Bastin abschließend hinzu.

Masterflex Group
45891 Gelsenkirchen
https://www.masterflexgroup.com/de
Beschäftigte (D): über 200
Chemie/Kunststoff

Vorstandsvorsitzender
Dr. Andreas Bastin

MDT technologies GmbH

★★★★★★★★★

Schöner smarter wohnen

Kaffeemaschine und Radio schalten sich ein, sobald der Wecker klingelt, und die Jalousien schließen sich, wenn eine bestimmte Außentemperatur erreicht ist und die Wohnung aufheizt. In einem Smart Home steuert intelligente Technik das Gebäude, sodass seine Bewohner bequemer, sicherer und nachhaltiger darin leben können. Die MDT technologies GmbH mit Sitz im Bergischen Land entwickelt und fertigt zukunftssichere KNX-Technologie für die smarte Gebäudeautomation – mit einem beachtlichem Innovationserfolg.

„Ein RF-Linienkoppler verbindet KNX-Twisted-Pair-Linien zu KNX-RF+-Linien." Das klingt kompliziert, das ist kompliziert – und zugleich sehr komfortabel. Denn der Linienkoppler verknüpft verschiedene Technologien, sodass smarte Geräte unterschiedslos per Funk und Kabel miteinander kommunizieren können. Eine andere technische Innovation der MDT ist weniger kompliziert: „Bislang gab es weiße Taster und Sensoren", erklärt der Geschäftsführer Roger Karner. „Der Großhandel machte uns auf eine Nachfrage nach schwarzen Modellen aufmerksam." Gesagt, getan: Seit Kurzem gibt es auch schwarze Lichtschalter.

Investitionen in die Zukunft

Auch bei der Weiterentwicklung ihres Geschäftsmodells sind die smarten Spezialisten innovativ. So verkauften sie ihre Produkte bisher über den klassischen dreistufigen Vertrieb: Hersteller beliefert Großhandel, Großhandel beliefert Installateure, Installateure beliefern Endkunden. „2023 sind wir ins Projektgeschäft eingestiegen", erzählt Karner. „Künftig liefern wir auch maßgeschneiderte Serien für Großprojekte, etwa beim Bau eines Hotels." Eine Investition in die Zukunft, die sich mittelfristig auch auf den Umsatz auswirken wird. „Unser Portfolio umfasst gut 500 Produkte", resümiert der Geschäftsführer. „Wir sind einer der führenden Hersteller von KNX-Produkten für die Automatisierung von kommerziellen und privaten Gebäuden und gewinnen national und international kontinuierlich Marktanteile hinzu."

Innovation demokratisiert, Prozesse optimiert

Zum Innovationsteam gehören heute neben Geschäftsführung und Produktmanagement auch der Chef der Entwicklungsabteilung sowie die Produktionsleitung. Da mehr Beteiligte entlang der Wertschöpfungskette in den Entwicklungsprozess einbezogen werden, können alle schneller auf eventuell auftretende Schwierigkeiten reagieren. Entsprechend der Gruppengröße wurde der Innovationsprozess optimiert: Sämtliche Verbesserungen und Neuentwicklungen durchlaufen nun drei Stufen – die Vorentwicklung, die Produktentwicklung und den Launch. Nicht zuletzt führt die größere Diversität zu mehr Input, erklärt Roger Karner: „Die Zahl und die technologische Breite unserer Innovationsideen sind enorm gestiegen."

MDT technologies GmbH
51766 Engelskirchen
https://www.mdt.de/Start.html
Beschäftigte (D): 51 bis 200
Elektronik/Elektrotechnik

Geschäftsführer
Roger Karner

Mehrwerk GmbH

Markenerlebnisse mit Mehrwert

Mithilfe modernster Technologien und Datenmanagement-Methoden lädt die Bielefelder Mehrwerk GmbH austauschbare Produkte emotional auf und erzeugt Markenerlebnisse mit Mehrwert. In Branchen wie Banking, Energieversorgung oder Versicherungen steigern die Experten auf diese Weise Wachstum und Kundenbindung bei ihren B2B-Partnern. Dass der Mittelständler im Bereich Value-added-Services inzwischen Vorreiter in Europa ist, liegt auch an seiner starken Außenorientierung und seinem innovationsfördernden Top-Management.

„Wir arbeiten im B2B-Bereich", erzählt der Geschäftsführer Niels Kokkeel. „Aber wenn wir für Banken, Versicherer oder Versorger ein Projekt realisieren, müssen wir immer deren Endkunden im Blick haben." So haben die Spezialisten kürzlich ein neues Feature für eine Geldkarte einer großen deutschen Bank entwickelt. Bezahlen die Bankkunden mit dieser Karte, wird ihnen in Echtzeit ein Guthaben auf die Karte gebucht. Nicht in Form von Bonuspunkten, sondern als digitales Bargeld. Das soll die Kartennutzung für die Kunden der Bank attraktiver machen.

Klein anfangen – groß denken

„Sind wir mit einer Innovation erfolgreich, kommen Millionen Menschen damit in Berührung", sagt Kokkeel. Der Weg dahin beginnt stets mit einer Idee. Um für ganz unterschiedliche Branchen gute Ideen entwickeln zu können, sitzen die Berater in Beiräten von Technologieunternehmen und Start-ups. Der Mittelständler hat aber auch einen eigenen Beirat mit Vordenkern aus seinen Kernbranchen gegründet, die als Sparringspartner der Geschäftsführung agieren. Auch übernimmt man erfolgreich national und international Wettbewerber: 2023 etwa die Etvas GmbH und 2024 die Tenerity-Nordics-Gruppe, deren Technologien sie ins eigene Portfolio integriert, um innovative Mehrwertdienste für Banken zu entwickeln. Die Unternehmensleitung diskutiert außerdem regelmäßig mit Topkunden über Produktinnovationen. Man betreibt auch systematisches Innovationsscouting unter Start-ups, pflegt Partnerschaften mit Softwareentwicklern und sponsort die „FintechWorld", das größte Branchenevent in der DACH-Region.

Gute Ideen brillant realisiert

Das Top-Management treibt Innovationen voran und ist eng in den Innovationsprozess eingebunden. „Wir sind zu siebt in der Geschäftsleitung", berichtet Kokkeel. Diese verantwortet einzelnen Projekte, steuert, setzt stark auf „Objectives and Key Results" und stellt wöchentlich sicher, dass alle auf Kurs sind. So wird aus der Idee eine einfache Lösung für ein in der Regel komplexes Problem. Wobei „einfach" nicht „schlicht" bedeutet, sondern anwenderfreundlich. Schließlich soll kein Kunde der Mehrwerk GmbH je mit Usability-Problemen kämpfen müssen.

Mehrwerk GmbH
33609 Bielefeld
https://www.mehrwerk.de
Beschäftigte (D): 51 bis 200
Kommunikation/Marketing/Medien

Geschäftsführer
Niels Kokkeel

MELLERUD CHEMIE GmbH

Die Krise kreativ genutzt

Es begann 1981: Im schwedischen Örtchen Mellerud hatte Heinz Riedel eine Idee dazu, wie er einen besonders leistungsfähigen Spezialreiniger herstellen kann. Wieder zu Hause, gründete er eine Firma – und benannte sie nach dem Ort seiner Inspiration. Heute produziert die MELLERUD CHEMIE GmbH in Brüggen am Niederrhein rund 200 verschiedene Spezialreiniger und Pflegemittel für Haus, Garten und Werkstatt. Intelligente Prozesse und eine starke Außenorientierung machen den erfolgreichen Mittelständler so innovativ.

Die Chemiebranche ist eine Schlüsselindustrie – und sie steckt in der Krise: Stark gestiegene Energiepreise und eine lahmende Nachfrage machen ihr zu schaffen. „Als Hersteller von Reinigungsmittel für Endverbraucher entwickeln wir keine Rohstoffe", erläutert der Geschäftsführer Marcus Roth, „aber wir kaufen sie ein und spüren die Teuerung natürlich." Das Familienunternehmen, das früh zum Innovationsführer im DIY-Bereich avancierte, reagiert nach dem Motto „Krise als Chance" und treibt die Themen Digitalisierung und Nachhaltigkeit bei den Produkten und auch bei den Prozessen umso intensiver voran.

Standardaufgaben automatisieren

Eine Software prüft heute Etikettentexte, Datenblätter werden automatisiert erstellt. Solche Arbeiten beanspruchen 30 % bis 40 % der Zeit – die die Mitarbeiter nun für Entwicklung und Innovation nutzen. So screenen die Produktmanager inzwischen beispielsweise Kundenrückmeldungen und gaben 2023, als immer mehr Menschen ihren eigenen Strom erzeugten, Rückmeldungen an die Entwicklungsabteilung weiter. „In nur drei Monaten haben wir ein Reinigungsmittel für Balkonkraftwerke entwickelt", erzählt Roth. „Das ist wirklich schnell, zumal wir ein neues, nachhaltiges Tensid einsetzen, das wir erst testen mussten." Marketing und Vertrieb, von Anfang an eingebunden, übernahmen – und im März 2024 war das Produkt im Handel. „Ein weiterer Effekt unserer Prozessdigitalisierung ist, dass wir Regularien wie den Green Deal der EU schon jetzt berücksichtigen", fügt Roth hinzu. „Auch das verschafft uns künftig einen Wettbewerbsvorteil."

Gut vernetzt

Zudem setzt das Top-Management auf Open Innovation: Zur Generierung neuer Ideen wertet ein spezielles Tool das Internet aus. Kundenbefragungen gelten als schwierig – zu Nachhaltigkeitsthemen äußern sich viele Menschen positiv, aber dann greifen sie doch zum billigsten und nicht zum ökologischsten Putzmittel. Das ändert sich erst langsam mit dem Generationenwandel. Außerdem arbeitet man eng mit Universitäten und Forschungseinrichtungen zusammen. „Will man innovativ bleiben und immer nachhaltiger werden", bilanziert Marcus Roth, „dann braucht man als Mittelständler ein gutes Netzwerk externer Partner."

MELLERUD CHEMIE GmbH
41379 Brüggen
https://mellerud.de
Beschäftigte (D): 51 bis 200
Konsumgüter

Geschäftsführer
Marcus Roth

MR Chemie GmbH

Unsichtbares sichtbar machen

Man kennt es aus dem „Tatort“: Die „SpuSi“ kommt, versprüht Flüssigkeiten – und verräterische Blutspuren leuchten auf. Auch die MR Chemie GmbH in Unna macht Unsichtbares sichtbar. Seit Jahren stellt sie Spezialprodukte für die Werkstoffprüfung her, mit denen sich Brücken, Pipelines, Flugzeuge oder AKW auf Mikrorisse prüfen lassen, ohne dass man sie zerlegen muss. Der Erfolg des Mittelständlers basiert stark auf immer neuen Innovationen und einem kreativen Unternehmensklima.

„Der 3-D-Scanning-Markt ist relativ jung“, erklärt der Geschäftsführer Carsten Renzing. „Mit unseren neuen Scanning-Sprays konnten wir uns dort aber schnell etablieren.“ Die Sprays mattieren Oberflächen, sodass 3-D-Scanner auch glänzende, spiegelnde oder reflektierende Flächen präzise abtasten können – und Messfehler des 3-D-Scanners vermieden werden. Ein weiteres Produkt, an dem diese Experten arbeiten: ein Markierstift aus dem „Smart & Clean Bereich“, gefüllt mit fluoreszierender Flüssigkeit. Überall dort, wo Hygiene wichtig ist, in Kliniken und Hotels etwa, hilft er zu prüfen, ob hygiene-kritische Oberflächen ausreichend gereinigt wurden.

Starkes Umsatzwachstum

„Bei beiden Marktneuheiten sind wir Technologieführer“, erklärt die Geschäftsführerin Sandra Jüngling. In den vergangenen drei Jahren hat das Unternehmen den Umsatz um 45 % gesteigert. Zudem konnte man sieben neue Patente anmelden. „Die Basis unserer Innovativität ist, dass unser Vertrieb sehr genau darauf achtet, was unsere Kunden brauchen“, sagt Sandra Jüngling. Dieser Bedarf wird im Haus diskutiert, jeder darf Ideen einbringen. Wie viel Umsatz eine Idee verspricht, ist dabei nicht das wichtigste Kriterium. „Bei neuen Vorschlägen bleibt diese Schätzung stets vage. Wenn ein guter Kunde aber ein Problem hat, das wir für ihn lösen, weil wir eine innovative Technologie entwickeln, dann sorgt sein Bedarf perspektivisch auch für Umsatz“, sagt Jüngling. So wurde der Familienbetrieb vom kleinen Hersteller industrieller Reiniger zum Global Player.

Alle auf Augenhöhe

Ein Unternehmensklima der Offenheit fördert die Innovativität der 50 Mitarbeiter, deren Türen immer offenstehen. Probleme, technische wie menschliche, werden zügig besprochen – auch hier gilt: Unsichtbares sichtbar machen! Die Teams verwalten ihre Budgets eigenständig. Und sollte einmal eine Mitarbeiterin aus dem Marketing eine Idee zu einem 3-D-Technologiethema beisteuern, da sie Erfahrung im Additive Manufacturing mitbringt, wird sie natürlich genauso gehört wie die Ingenieure. „Wir sind nicht allwissend, aber wir haben eine Menge Schwarmwissen im Haus“, sagt Carsten Renzing. „Und das nutzen und fördern wir, wo wir nur können.“

MR Chemie GmbH
59427 Unna
https://www.mr-chemie.de
Beschäftigte (D): bis 50
Chemie/Kunststoff

Geschäftsführer
Sandra Jüngling und
Carsten Renzing

Nexaro GmbH

David gegen Goliath

Staubsauger, die saubermachen, während man sich selbst angenehmeren Dingen widmet, gibt es inzwischen in vielen Haushalten. In der Industrie müssen solche Wunderwaffen allerdings ganz anderen Anforderungen genügen und große Fläche effizient und in hoher, gleichbleibender Qualität reinigen. Die Wuppertaler Nexaro GmbH hat einen Saugroboter für die gewerbliche Reinigung auf den Markt gebracht. Der Innovationserfolg des Start-ups basiert auf klugen Ideen und smarten Prozessen.

Er will eine Revolution. Für nicht weniger ist Dr. Henning Hayn angetreten: „Wir revolutionieren die gewerbliche Reinigungsbranche, weil wir Mensch und Maschine zusammenarbeiten lassen." Sein kollaborativer Saugroboter, kurz: Cobot, fügt sich nämlich ins Team ein. Er saugt autonom und entlastet die Reinigungskräfte, da er ihnen monotone Arbeiten abnimmt. Ihnen bleibt so mehr Zeit für andere Aufgaben. Eine kluge Idee, schließlich herrscht auch in der Reinigungsbranche Personalmangel, bei zugleich hohem Kostendruck.

Perfektes Teamwork

Industriestaubsauger gibt es bereits. Sie sind groß, konzipiert für Flächen bis zu 2.000 Quadratmeter. „In der Praxis sind die meisten Büroflächen aber deutlich kleiner", berichtet Dr. Hayn. „Darum setzen wir auf das Flottenprinzip, auf mehrere kleine Saugroboter." So ein kleiner Helfer kostet nur etwa ein Sechstel eines großen Industriestaubsaugers. Die Wuppertaler Experten entwickelten den Cobot auf der Basis der Lean-Start-up-Methode und als Ausgründung des Staubsaugerherstellers Vorwerk. Dabei profitierten sie von vorhandenem Wissen. Sie nutzten unter anderem die Design-Thinking-Methode und setzten beherzt auf das Pareto-Prinzip: Lieber die verfügbare Zeit nutzen und zügig zu einem Ergebnis kommen, statt ewig nach Perfektion zu streben. Während der Entwicklung half auch die Kooperation mit einer Reinigungsfirma.

Perfektion tötet Effizienz

Das Team begleitete eine Frühschicht und lernte so, worauf es in der Praxis ankommt. In der Testphase schickte eine andere Reinigungsfirma, begeistert von der Idee, eigenes Personal ins Projektteam. Den Prototypen durften die Tüftler dann in echten Objekten testen – und sie entdeckten, dass der Roboter nicht ins lokale WLAN darf. Das hatten sie nicht bedacht. Aber: Fehler sind kein Drama. Man rüstete den Cobot einfach auf Funk um. Was der Cobot noch nicht kann: Tische abwischen, Toiletten putzen, Treppen steigen, Fahrstuhl fahren. „Bei unserem Ansatz geht es nicht darum, Personal zu ersetzen, wir wollen es entlasten", fügt der Geschäftsführer hinzu.

Nexaro GmbH
42275 Wuppertal
https://nexaro.com
Beschäftigte (D): bis 50
Automatisierungs-/
Verfahrenstechnik

Geschäftsführer
Dr. Henning Hayn

OASE GmbH

★★★★

Wasser ist Leben

Vier Jahre nach Ende des Zweiten Weltkriegs gründete August Wübker eine Reparaturwerkstatt für Landmaschinen. Später begann er, Pumpen zu bauen. Heute ist die OASE GmbH in Hörstel in Nordrhein-Westfalen mit 900 Beschäftigten und 27 Standorten ein global agierender Spezialist und Systemanbieter für die kreative Inszenierung von Wasser in Gärten und in der Aquaristik sowie für projektbezogene Fontänentechnik. Der Innovationserfolg des Mittelständlers basiert auf einer konsequenten Kundenorientierung und einer steigenden Zahl digitaler Prozesse.

„Wir verfolgen seit Jahren eine Strategie, die Innovation holistisch versteht – also als Prozess und als eine Art zu denken", sagt Doris von den Benken, die seit 2018 für das Innovationsmanagement verantwortlich ist. Künftig sollen die Verbesserungsprozesse agiler gestaltet werden. Dafür setzt der Betrieb auf Design-Thinking. „Wir wollen eine individuelle Toolbox entwickeln, die auf unsere Anforderungen und die Bedürfnisse unserer Kunden perfekt zugeschnitten ist, denn die Customer-Centricity ist der Kernwert unserer Unternehmenskultur", ergänzt sie.

Geht's nicht noch besser?

Intern werden dafür zwei Design-Thinking-Coachs ausgebildet. Denn nur wer die „pain points" der Kunden präzise erfasst, kann passende Lösungen entwickeln. Die Coachs moderieren dafür den Transformationsprozess, holen die Mitarbeiter ab und nehmen sie mit. Und das mit Erfolg: Die Beschäftigten reagieren offen auf den neuen Ansatz. Es macht ihnen Spaß, die Perspektive zu wechseln. Außerdem entsteht ein neues Wirgefühl im Betrieb: „Wir für unsere Kunden." Darüber hinaus unterstützen viele digitale Tools das Monitoring und das Innovationsmanagement, zum Beispiel eine auf die Firma zugeschnittene Multiprojektmanagement-Software. Das IT-Team arbeitet 24/7 nach dem Follow-the-Sun-Prinzip.

Wassergärten der Zukunft

Auch im Bereich Außenorientierung nutzt die OASE GmbH Design-Thinking. „In den sozialen Medien sind wir sehr aktiv", erklärt der Geschäftsführer Thorsten Muck. „Aus diesem Grund entwickeln wir zusätzlich ein Social-Listening-Tool, mit dem wir noch gezielter auf Kundenwünsche eingehen können." Kreativworkshops sorgen zusätzlich für Inspirationen, ebenso wie die Kooperationen mit Universitäten. Jüngst hat der Mittelständler etwa einen internationalen Wettbewerb initiiert, bei dem der Frage nachgegangen wird, wie der Wassergarten der Zukunft aussehen kann. Angehende Landschaftsarchitekten können hier ihre innovativen Entwürfe einreichen, die von einer Jury, bestehend aus Firmenentscheidern, einem Professor für Freiraumplanung und einem Landschaftsgärtnermeister, bewertet und prämiert werden.

OASE GmbH
48477 Hörstel
https://www.oase.com/de-de
Beschäftigte (D): über 200
Wassertechnik

Geschäftsführer
Thorsten Muck

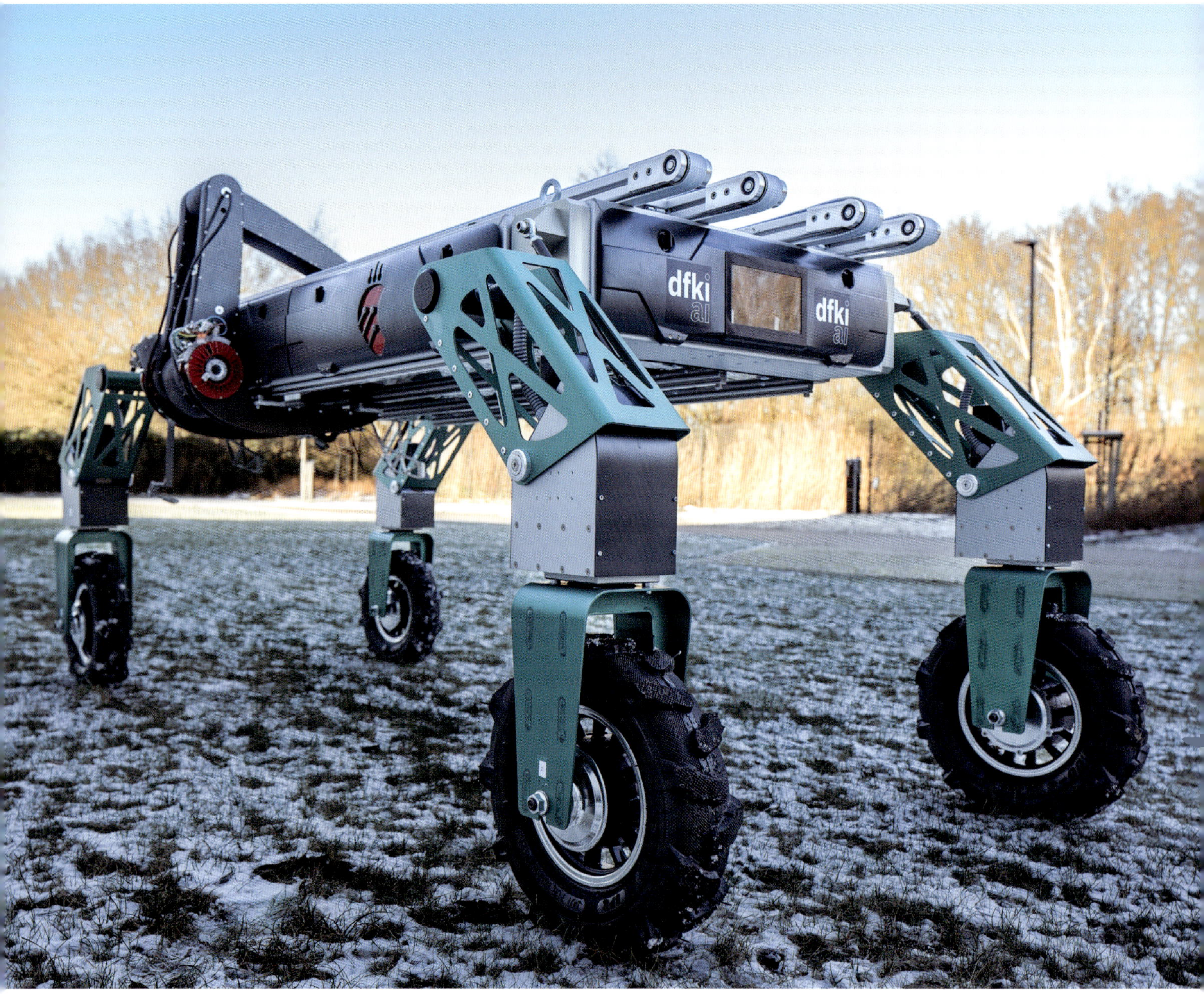

Othmerding entwickelt und produziert Geräte und Maschinen für den Garten- und Landschaftsbau, für die Forst- und Landwirtschaft, für Kommunen, Bauhöfe und Straßenmeistereien. Ein Beispiel ist „RoLand“, der Erdbeerpflückroboter.

Othmerding Maschinenbau GmbH & Co. KG

Ein Start-up aus der Scheune

Es begann auf dem elterlichen Hof, wo Torben Othmerding an neuartigen Baumscheren und einer batteriebetriebenen Rasenwalze werkelte. Die Walze präsentierte er auf einer Fachmesse. Heute bietet die Othmerding Maschinenbau GmbH & Co. KG mit Sitz im Münsterland alles, wovon Gärtner träumen: Rasenbaumaschinen, Aerifizierwalzen, Planierhobel, Ast- und Baumscheren sowie Heckenscheren für Bagger. Währenddessen tüftelt der Geschäftsführer, bestärkt durch die intensive Außenorientierung seines Unternehmens, bereits an neuen Visionen.

Das Netzwerk heißt „Deep Farm Bots": Firmen und Wissenschaftler arbeiten dort an KI-basierten Agrarrobotern, um die Landwirtschaft effizienter und nachhaltiger zu machen. „Die Bauern stehen vor sehr großen ökologischen Herausforderungen, gleichzeitig kämpfen sie mit Personalmangel", erklärt der Geschäftsführer Torben Othmerding. „In dem Netzwerk herrscht ein reger Austausch zu neuen Technologien in der Agrarrobotik, es werden Lösungen durchdacht, und Kooperationen ergeben sich." Auch manche junge Landwirte, fügt er begeistert hinzu, wollen wirklich etwas verändern und denken sehr revolutionär.

Landwirtschaft 4.0

Othmerding, der aus dem Gartenbau kommt und sich auch für Agrarrobotik interessiert, schöpft aus dem geballten Wissen. Im Januar präsentierte er auf der „Grünen Woche" seine neueste Innovation: „RoLand", ein hüfthohes Gerät, das übers Feld fährt, während Greifarme am Boden Erdbeeren ernten. Mit dem Roboter können Erdbeerbauern Pflücker einsparen, die sie durch den Mindestlohn teils mehr kosten, als sie mit ihrer Ernte verdienen. Zurzeit tüftelt Othmerding mit seinem Team an einem Geräteträger: Dem „RoBo GT" kann etwa eine Hacke zwischen die Achsen gehängt werden. So lässt sie sich feiner steuern und kann deutlich effizienter Unkraut jäten. „Es gab einen Geräteträger von Fendt, auf den Gemüsebauern bis heute schwören. Doch die Produktion wurde in den 1990er-Jahren eingestellt. Wir greifen das bewährte Prinzip auf und versuchen, es zu elektrifizieren und zu digitalisieren", berichtet der Geschäftsführer.

Organisierte Kreativität

Innovation lebt auch von Gruppendynamik. „Wenn ein Team zu groß ist, können sich Untergruppen bilden", sagt Othmerding. „Dann geht's schnell um Konkurrenz statt um die beste Lösung." Darum wählt er höchstens sechs Mitarbeiter fürs gemeinsame Innovieren aus, mit unterschiedlicher Expertise. Trinken die abends noch ein Bier miteinander, funktioniert's. So fördert Torben Othmerding auch die Kreativität im Haus: „Die beißt sich mit dem Tagesgeschäft. Darum haben wir unsere Entwickler aus dem Kerngeschäft ausgegliedert. Dieses Team agiert jetzt wie ein Start-up, bekommt ein Ziel und ein Budget und arbeitet eigenständig."

Othmerding Maschinenbau GmbH & Co. KG
59387 Ascheberg
https://www.othmerding.de
Beschäftigte (D): bis 50
Anlagen-/Maschinenbau

Geschäftsführer
Torben Othmerding

Pader Solartechnik GmbH

Voller Energie und Tatendrang

Selbst Energie erzeugen und unabhängig werden von fossilen Brennstoffen und der Preispolitik der Versorger, das ist dieser Tage eine sehr verlockende Vorstellung. Die Pader Solartechnik GmbH in Lichtenau in Nordrhein-Westfalen hilft Eigenheimbesitzern und auch Industriegiganten dabei – mit Photovoltaik- und Solaranlagen. Ein innovationsförderndes Top-Management und ein kreatives Innovationsklima sorgen dafür, dass dem Mittelständler die guten Ideen nicht ausgehen.

„Wir legen viel Wert auf die persönliche Entwicklung und wollen unsere Mitarbeiter bestmöglich fördern", sagt der Geschäftsführer Robin Klein. Aus diesem Grund ist bereits beim Recruiting neuer Kollegen ein Coach mit an Bord. Als ausgebildeter Psychologe und Unternehmensberater schaut dieser, wer gut ins Team passt, wer welche besonderen Fähigkeiten mitbringt und wo man potenzielle neue Mitarbeiter am besten einsetzt. Bei seinen regelmäßigen Terminen bietet der Coach außerdem Einzel- und Gruppengespräche für die Beschäftigten an. Er schaut auf Wachstumschancen und Entwicklungspotenziale und greift ein, wenn es irgendwo hakt.

Entwicklung täglich leben

Das Team fühlt sich wohl, wichtig und wertgeschätzt. Die Arbeitsplätze sind bestens ausgestattet. Man teilt Gedanken und Werte und arbeitet leistungsorientiert. Anhand von bestimmten Kennzahlen können die Vorgesetzten sehen, wer wie performt. Als Klein und sein Partner, der Geschäftsführer Siegfried Buller, 2018 in die Solarbranche einstiegen, merkten sie, dass darin Potenzial steckt. „Im Handwerk herrscht oft eine Wird-schon-irgendwie-Haltung", sagt Siegfried Buller. „Ich hatte gelernt, dass funktionierende Firmen klare Strukturen haben – ein Ziel und einen Plan, wie man dieses erreicht." Das Top-Management kümmert sich heute um das operative Geschäft. Die Gründer denken permanent über Ziele und Innovationen nach. Wenn Ziele nicht erreicht werden, hinterfragen sie sich ehrlich, weshalb das so ist.

Handwerk und Technologie vereinen

Außerdem setzen die Geschäftsführer auf Digitalisierung. Statt simpler Handwerkskunst führen Hightech und Zukunftstechnologien zu herausragenden Ergebnissen auf höchstem Qualitätsniveau. Mit 3-D-Plänen bereiten Planungsabteilung und Elektriker die Montage entsprechend vor. Die digitalen Prozesse helfen, sich aufs Wesentliche zu konzentrieren. Und weil jeder macht, was er am besten kann, sitzen die Vertriebler am Telefon, die Kollegen aus der Buchhaltung schreiben Angebote und bereiten alle relevanten Daten für den Vertrieb auf. „Heute sind wir in der Region Branchenführer für PV-Anlagen", sagt Robin Klein. „Und wir sind die mit dem effizientesten Marketing."

Pader Solartechnik GmbH
33165 Lichtenau
www.pader-solartechnik.de/
Beschäftigte (D): bis 50
Energie

Geschäftsführer
Robin Kein und
Siegfried Buller

Plasmatreat GmbH

Vorsprung durch Innovation

Steinhagen in Ostwestfalen ist vielen durch den Steinhäger Wacholderschnaps bekannt. Der Ort am Südhang des Teutoburger Walds ist aber auch der Sitz eines Hidden Champions und Global Players, der im Bereich der Plasmatechnologie zur Oberflächenbehandlung weltweit Markt- und Technologieführer ist: Die Plasmatreat GmbH, die bei ihren Entwicklungen weltweit eng mit Kunden und Partnern kooperiert, überzeugt bei TOP 100 in der Bewertungskategorie „Außenorientierung/Open Innovation" und mit ihrem Innovationserfolg.

Die Oberflächenvorbehandlungstechnologie „Plasma" ist ein echter Tausendsassa, entsprechend vielfältig ist dieser Mittelständler aufgestellt. „Weltweit arbeiten wir jedes Jahr an deutlich mehr als 1.000 Applikationsprojekten, aus denen anschließend häufig auch wieder neue Entwicklungsprojekte hervorgehen", sagt der Geschäftsführer Christian Buske. Das kann im medizinischen Bereich sein, etwa bei der Bedruckung von Geräten und Utensilien oder bei der Beschichtung von Leichtbauteilen für Flugzeuge oder Drohnen und im Bereich der E-Mobilität.

Innovationen im Dienste der Umwelt

In der Regel arbeiten die Plasmasysteme von Plasmatreat nur mit Druckluft und Strom. Durch die vielen Innovationserfolge in verschiedenen Industrien werden die Prozesse nachhaltiger und umweltfreundlicher. So werden zum Beispiel umweltschädliche Chemikalien in der Elektronikfertigung durch den Einsatz einer neu entwickelten Anlage, die Oxidschichten von Metalloberflächen entfernt, vermieden. Zusammen mit einem Lackhersteller und einem brasilianischen Dosenhersteller hat man zudem ein Verfahren entwickelt, bei dem Bleche für Metalldosen mit der „Openair-Plasma"-Technologie so vorbehandelt werden, dass UV-Lacke direkt auf die Metalloberfläche aufgetragen werden können. Dies erspart den Einsatz lösemittelhaltiger Lacke und bringt darüber hinaus eine immense Energieeinsparung, da die lackierten Dosen danach nicht mehr im Ofen getrocknet werden müssen.

Weltweit vernetzt

Bei ihren Entwicklungsprojekten kooperiert die Firma mit Kunden, aber auch mit Forschungseinrichtungen und Wissenschaftlern in aller Welt, darunter viele Plasmaforscher in den USA, Japan oder Australien. Das Unternehmen ist bestens vernetzt und arbeitet im Verbund an vielen neuartigen Lösungen, etwa an nanodünnen Schichten, die mit Plasmatechnologie aufgebracht werden, um neue Oberflächeneigenschaften, beispielsweise Korrosionsschutz, zu erzeugen. Wenn Sie also das nächste Mal vom ostwestfälischen Steinhagen hören, dann denken Sie ganz bestimmt an diese spannenden Anwendungsbereiche in der modernen Plasmatechnologie.

Plasmatreat GmbH
33803 Steinhagen
https://www.plasmatreat.com
Beschäftigte (D): über 200
Anlagen-/Maschinenbau

Geschäftsführer
Christian Buske

ProDEKon Blechtechnik GmbH & Co. KG

Um 80 % kürzere Durchlaufzeiten

Vor rund 20 Jahren wurde die ProDEKon Blechtechnik GmbH & Co. KG als Zwei-Mann-Betrieb auf einem Hof gegründet. Inzwischen ist daraus ein modernes Industrieunternehmen geworden, das seit 2023 sogar über eine eigene Innovations-Tochtergesellschaft verfügt: die ProDEKon Systems GmbH. Seither hat sich der Mittelständler vom Zulieferer zum Anbieter eigener Produkte weiterentwickelt. Er hat seine Prozesse verbessert und ein Baukastensystem geschaffen, das die Konstruktions- und die Produktionszeiten enorm beschleunigt.

Schon kleine Kinder sind innovativ – das merkt man, wenn sie mit Bauklötzen spielen. Auch die Innovationserfolge der ProDEKon Blechtechnik haben mit einem Baukastensystem zu tun, allerdings nicht im Kleinen, sondern im Großen: Mit diesem Baukastensystem werden neu kreierte Eigenprodukte für den Logistikbereich konstruiert und hergestellt, etwa Rollenförderer, Zahnriemenförderer oder Gurtbandförderer. Aber auch bei den Standardkomponenten, die das Unternehmen für den Maschinenbau liefert, setzt man zunehmend auf das Baukastenkonzept.

Standardkomponenten und Individuallösungen

Ein Baukasten und kundenindividuelle Anfertigungen sind kein Widerspruch: „Wir haben zwar einen bunten Strauß an standardisierten Komponenten, aber wenn die nicht passen, können wir immer noch individuell konfigurieren. Denn wir sagen dem Kunden natürlich nicht: Dann hast du eben Pech gehabt“, erklärt Innovations-Mastermind Jürgen Sandmeier. Als Geschäftsführer der 2023 neu gegründeten ProDEKon Systems GmbH verwirklicht er zahlreiche Innovationsprojekte – in enger Zusammenarbeit mit den Technikern, den Entwicklern und Produktionsmitarbeitern der Hauptgesellschaft. Die Standardkomponenten für die neuen Produkte haben die Durchlaufzeiten in der Konstruktionsabteilung enorm verkürzt: Dauerte die Konstruktion einer individuellen Kundenlösung früher oft 30 bis 40 Stunden, kann sie mit Standardkomponenten aus dem Baukasten oftmals in nur vier Stunden realisiert werden.

Permanente Weiterentwicklung

Doch auf diesen Innovationserfolgen ruht sich das Unternehmen nicht aus. „Das Ganze ist ein Prozess, der nie aufhört, es geht immer weiter. Man kann nicht irgendwann sagen, jetzt habe ich meinen Baukasten, ich bin damit fertig“, erklärt Jürgen Sandmeier. Seine Überzeugung ist: Wer nicht mit der Zeit geht, der geht mit der Zeit. Vor dieser Gefahr ist das innovative und vielseitige Blechtechnik-Unternehmen jedoch gefeit. Dank seiner Innovationskraft wächst es weiter – nicht krebsartig oder exponenziell, sondern langsam, stetig und mit Verstand.

ProDEKon Blechtechnik GmbH & Co. KG
33335 Gütersloh
www.prodekon.com
Beschäftigte (D): 51 bis 200
Anlagen-/Maschinenbau

Die Geschäftsführer

R&S Vertriebs GmbH

Know-how als Schlüssel zum Erfolg

Dinge kritisch zu hinterfragen ist essenziell, wenn man innovativ sein möchte. Sofort Ja zu sagen kann aber auch Vorteile haben, wie das Innovationsklima bei der R&S Vertriebs GmbH zeigt. Es ist davon geprägt, dass neue Ideen grundsätzlich erst einmal bejaht und nicht gleich durch Einwände aufs Abstellgleis gestellt werden. Diese Offenheit ermutigt die Mitarbeiter immer wieder dazu, neue Ideen und Verbesserungsvorschläge einzubringen. Und genau das bringt das gesamte Unternehmen kontinuierlich weiter.

„Wir sagen Ja zum Leben und zu den Chancen, die es uns bietet", fasst der Geschäftsführer Ingmar Rauch die Philosophie des mittelständischen Familienunternehmens zusammen. Nur wer Ja sagt, hat die Chance zu entdecken, was möglich ist. Produktideen, die in der Vergangenheit am Markt gescheitert sind, können zwei oder drei Jahre später plötzlich zünden. Vorschläge für neue Produkte sind aus allen Unternehmensbereichen willkommen. So regte beispielsweise eine Personalleiterin nach einem Restaurantbesuch eine neue Schmalzkreation an, die ein Erfolg wurde.

Gegen den Strom schwimmen

Ja zu sagen hat bei dem Vertriebsunternehmen, das große Supermarktketten wie EDEKA, REWE und PENNY mit Fleisch- und Wurstwaren beliefert, aber nichts mit Konformismus zu tun. „Wir versuchen einfach immer, ein Stück weit anders zu sein als unsere Mitbewerber, und schwimmen deswegen auch gerne mal bewusst gegen den Strom. Im Moment setzt die Branche zum Beispiel stark auf vorgeschnittene Produkte. Wir versuchen hier, unseren Kunden Argumente dafür zu liefern, dass es nachhaltiger ist, direkt an der Theke zu verkaufen", sagt Rauch. Um die Frischetheken kontinuierlich mit neuen und authentischen Geschmacksrichtungen versorgen zu können, hält das Unternehmen engen Kontakt zu Herstellern und Lieferanten. „Wir nehmen eine Mittlerposition ein und motivieren unsere Abnehmer und Lieferanten dazu, innovativ zu sein. Dazu geben wir viele Anregungen", erklärt der Geschäftsführer.

Weiterbildung und Wissenstransfer

Wer andere motivieren will, muss selbst motiviert sein – und es bleiben. Die Mitarbeiter der R&S Vertriebs GmbH werden aus diesem Grund gezielt gefördert, etwa mit unterschiedlichen Weiterbildungsangeboten. So können sie sich zum Fleisch- oder zum Wurstsommelier qualifizieren, oder sie lassen sich zum professionellen Schinkenschneider ausbilden. Davon profitieren die Mitarbeiter, das Unternehmen und die Abnehmer gleichermaßen. Denn die Vertriebsgesellschaft bietet ihren Kunden nicht nur Produkte, sondern zusätzlich umfassendes Know-how und damit den Schlüssel für ihren Erfolg.

R&S Vertriebs GmbH
45219 Essen
https://www.rs-europa.com
Beschäftigte (D): 51 bis 200
Nahrungsmittelindustrie/-handel

Die Geschäftsleitung

Als IT-Unternehmensberatung für die digitale Transformation berät und begleitet die R.iT GmbH seit mehr als 20 Jahren Mittelständler bei der ganzheitlichen Digitalisierung ihrer Geschäfts- und Wertschöpfungsprozesse.

R.iT GmbH

Führen mit Zielen

Sie ist bestens vernetzt, führt regelmäßig Pilotprojekte bei Kunden durch und kooperiert mit Innovationsagenturen sowie externen Partnerunternehmen. Die IT-Unternehmensberatung R.iT GmbH, inzwischen im Technologiequartier der Ruhr-Universität Bochum ansässig, überzeugt in den TOP 100-Bewertungskategorien „Außenorientierung/Open Innovation" und „Innovationsklima". Beides manifestiert sich in der Bürogestaltung: Der Arbeitsplatz, das sogenannte Club-Office, ist ein Ort des Austauschs, der Begegnung und der Zusammenarbeit.

Bei der Gestaltung seiner neuen Räumlichkeiten mit Bar-, Grill- und Kochmöglichkeiten, einer einladenden Außenterrasse, aber auch privaten und halbprivaten Büro- und Konferenzräumen, setzte der Mittelständler auf Kooperation und Co-Innovation. Und das vor allem durch die Zusammenarbeit mit dem Büromöbelhersteller Vitra. Das Ergebnis kann sich sehen lassen: Die Arbeit im einzigartigen Club-Office motiviert die Mitarbeiter, sie fördert die Zusammenarbeit und den Austausch. Zahlreiche Vorstände und Innovationsmanager großer Betriebe ließen sich von der Club-Office-Atmosphäre der R.iT bereits inspirieren.

Freiraum für Innovationen

Bevor die Arbeitsräume für die Mitarbeiter neu gestaltet wurden, trafen diese sich zu Workshops und konnten dort ihre Ideen einbringen. Mitreden und Mitdenken wird bei diesem Mittelständler großgeschrieben. Seit einigen Jahren setzt man deshalb auf Führen mit Zielen und realisiert dies mithilfe eines mehrstufigen OKR-Systems. Für die Angestellten bedeutet das: Sie haben eine klare Zielvorgabe, sind aber völlig frei in der Wahl des Weges dorthin. Das schafft Freiraum für Prozessinnovationen – denn Mitdenken ist kein „nice to have", sondern die Grundvoraussetzung für das tägliche Handeln. IT-gestützte Geschäftsprozessoptimierung, IT-Sicherheit und IT-Strategie sind die drei Kernbereiche dieser Bochumer IT-Unternehmensberatung. Besonders innovative Lösungen werden häufig zunächst als Pilotprojekte verwirklicht.

Bestens vernetzt

So etwa die Verlagerung hochsensibler Geschäftsprozesse komplexer Finanzinstitute in die Cloud oder aber auch IT-Sicherheitskonzepte im Großhandel. Weitere Innovationsimpulse bekommt der Mittelständler aus zahlreichen Netzwerken, beispielsweise dank des Engagements des Geschäftsführers bei der Deutschen Industrie- und Handelskammer oder auch durch die Zusammenarbeit mit dem europäischen IT-Sicherheitszentrum eurobits. Austausch und Begegnung sind bei der R.iT GmbH Trumpf – intern im Club-Office, im Kontakt mit den Kunden, in zahlreichen Gremien und im inspirierenden Umfeld des Technologiequartiers.

R.iT GmbH
44801 Bochum
https://www.rit.de
Beschäftigte (D): bis 50
IT-Entwicklung/-Beratung

Geschäftsführer
Tobias Rademann

TOP 100

TOP 100
TOP 100
TOP 100
TOP 100
TOP 100
TOP 100
TOP 100
TOP 100
TOP 100
TOP 100
TOP 100
TOP 100
TOP 100
TOP 100
TOP 100
TOP 100
TOP 100

R+M/Suttner Unternehmensgruppe

Mit Hochdruck zum Erfolg

Wer oft genug aufs Tor schießt, trifft auch ins Netz. Diese Philosophie bestimmt das positive Innovationsklima der in Heiligenhaus ansässigen R+M/Suttner Unternehmensgruppe. Der Innovationsmanager des nordrhein-westfälischen Unternehmens setzt nicht auf ein einziges großes Projekt – er betreut mehrere parallel, von denen jedes Jahr ein bis zwei den Durchbruch schaffen. Die Grundlage dafür ist ein Innovationsklima, das den Entwicklern Freiräume lässt – und ein agiler Innovationsprozess, in den der Vertrieb aktiv eingebunden ist.

Innovationen, davon ist der Vertriebs- und Innovationsleiter Dirk Niesen fest überzeugt, entstehen nicht durch intensives Nachdenken im Elfenbeinturm, sondern durch intensive Gespräche und Austausch. Dabei ist es wichtig, die Probleme der Kunden zu erkennen und herauszufinden, wo sie der Schuh drückt. Für eine erfolgreiche Unternehmensgruppe, die Komponenten für Hochdruckreiniger für industrielle Anwendungen herstellt, ist das alles andere als trivial, denn oft sind die direkten Kunden eher die Hersteller von Hochdruckreinigern als deren Anwender.

Freiräume außerhalb des Tagesgeschäfts

Um die Rückmeldungen der Mitarbeiter systematisch sammeln und auswerten zu können, hat der Betrieb 2019 ein eigenes Innovationsmanagement eingerichtet, das eng mit dem Vertrieb verzahnt ist und von Niesen direkt geleitet wird. Innovationsmanagement bedeutet dabei nicht, dass der Innovationsleiter die Ideen sammelt und priorisiert und das Engineering sie dann ausschließlich abarbeitet und auch realisiert. Dem Mittelständler ist es vielmehr gelungen, in der gesamten Engineeringabteilung ein sehr fruchtbares Innovationsklima zu schaffen. Wenn Ingenieure innovative Projekte außerhalb des Tagesgeschäfts verfolgen, erhalten sie dafür Zeit, Ressourcen und Unterstützung. So können sie zum Beispiel in Eigeninitiative Prototypen bauen oder Versuchsreihen durchführen.

Mitarbeiter als Innovationstreiber

Ein Schwerpunkt des Unternehmens ist die Entwicklung, Herstellung und der Vertrieb von Komponenten für Hochdruckreiniger, vor allem Hochdruckpistolen. In diesem Bereich ist R+M/Suttner Markt- und Innovationsführer in Deutschland. Das liegt an den intelligent strukturierten Innovationsprozessen und auch am guten Innovationsklima. So haben die Engineeringmitarbeiter ihre Freiräume genutzt und ein völlig neuartiges Ventilsystem entwickelt, das länger hält, leichter zu reparieren ist und zudem noch weniger kostet: ein Volltreffer, der nur zustande kam, weil jeder Spieler ausreichend Freiraum hat, um jeden Tag aufs Innovationstor zu zielen.

R+M/Suttner Unternehmensgruppe
42579 Heiligenhaus
https://rm-suttner.com
Beschäftigte (D): über 200
Metallverarbeitung

Die Geschäftsleitung

Mit mehr als 25 Jahren Erfahrung in der Softwareentwicklung begleitet die rising systems ihre Kunden bei komplexen Digitalisierungs- und Transformationsprozessen.

rising systems AG

★★★★

Innovation als Mission und Auftrag

Als Sebastian Witzmann, der Vorstand der rising systems AG, vor einiger Zeit eine Scrum-Konferenz besuchte, war er von den Aussagen eines der Referenten regelrecht schockiert. Dieser sah nämlich Agilität vor allem als ein Instrument an, mit dem man die Mitarbeiter zu möglichst vielen Überstunden bewegen kann. Witzmann hingegen ist überzeugt: Kreativ ist man nicht, wenn man ständig im Hamsterrad steckt, sondern dann, wenn es regelmäßige Pausen gibt und die Mitarbeiter neben der Arbeit auch ein Privatleben haben.

Dazu muss man wissen: Die rising systems AG, die bei TOP 100 in den Bewertungskategorien „Innovationsklima" und „innovative Prozesse und Organisation" Bestnoten erzielt hat, ist ebenfalls ein zu 100 % agiles Unternehmen, doch sie lebt Agilität anders. So werden die Mitarbeiter der Softwarefirma als gleichberechtigte Partner gesehen, und man macht sich in gemeinsamen Auszeiten Gedanken über den Zweck, den Purpose, und die Mission des Unternehmens. „Wir haben gemeinsam reflektiert, was uns auszeichnet, was unsere Träume sind und wo wir uns zukünftig sehen", berichtet Sebastian Witzmann.

Gemeinsam innovieren, um zu vereinfachen

Beim Thema Purpose setzt man im Haus seit jeher auf Kreativität. Vor einigen Jahren wurde der Unternehmenszweck schon einmal im Team erarbeitet. Allerdings knüpfte man damals vor allem an Geschichten, Momenten, Erfolgserlebnissen, Emotionen und Eindrücken aus der Vergangenheit an; 2023 stand hingegen der Blick in die Zukunft im Mittelpunkt. Mit der Methode „Lego Serious Play" entwarfen die Beschäftigten ihr konkretes Bild von der Zukunft. Daraus ist ein ausformuliertes Unternehmensleitbild entstanden, in dem Innovation einen zentralen Stellenwert hat: „Wir innovieren gemeinsam, um das Leben zu vereinfachen." Und noch etwas wurde den Mitarbeitern klar: Während in der Vergangenheit die Energie vor allem in Kundenprojekte floss, wollen sie ihre kreative Kraft künftig auch für die Entwicklung eigener Softwareprodukte einsetzen.

Vom Projekt- zum Produktunternehmen

Gemeinsam den eigenen Sinn definieren, das ist im Grunde ein magischer Moment. Auch deshalb trägt das erste Softwareangebot, das auf dem Weg vom Projektunternehmen zum Produktunternehmen entstanden ist, den Namen „Magile" – eine Kombination aus „Magie" und „agil". Es ist eine Software, für deren optimale Gestaltung das agile Arbeiten im Unternehmen und vor allem die Arbeitsabläufe und -methoden noch einmal neu definiert und verbessert worden sind. „Agilität" bedeutet eben nicht, bis zum Umfallen zu arbeiten, sondern vor allem, Bestehendes immer wieder infrage zu stellen.

rising systems AG
40597 Düsseldorf
https://rising-systems.de
Beschäftigte (D): bis 50
IT-Entwicklung/-Beratung

Vorstand
Sebastian Witzmann

Schmitz Cargobull AG

Von der Idee zum Business-Case

Wie verankert man das Thema Innovation systematisch in einem Unternehmen? Indem man für dieses Ziel auf allen Ebenen die richtigen Strukturen schafft. Die Schmitz Cargobull AG setzt dafür seit Jahrzehnten unter anderem auf das „Kaizen"-Modell – eine Geschäftsphilosophie, die auf die kontinuierliche Verbesserung in der gesamten Organisation abzielt. Das Unternehmen verfügt außerdem über einen Strategie- und einen Innovationszirkel und initiiert zahlreiche Innovationsentwicklungen innerhalb der Produktlinien.

Das Familienunternehmen ist der führende Hersteller von Sattelaufliegern für temperierte Fracht, General Cargo und Schüttgüter in Europa und überzeugt unter anderem in den TOP 100-Bewertungskategorien „Innovative Prozesse und Organisation" und „Innovationserfolg". Der Impulsgeber für viele Innovationen ist der Innovation-Circle, in dem sich die Führungskräfte aus Forschung und Entwicklung mit dem Vorstand und den technisch orientierten Aufsichtsräten treffen. Bei der Realisierung der Projekte arbeiten Vertrieb und F&E, aber auch Vorentwicklung und Produktlinie eng zusammen.

Produktqualität und Kundennutzen

Innovationen werden nicht um ihrer selbst willen verfolgt, sondern müssen immer einen Beitrag zur Produktqualität und zum Kundennutzen leisten, sei es durch die Zuverlässigkeit im Einsatz, eine vereinfachte Handhabung oder eine verlängerte Lebensdauer. Der Lackmustest für jede einzelne Produkt- und Serviceinnovation ist die Frage nach dem damit verbundenen Business-Case. Ein großer Vorteil für das mittelständische Unternehmen ist, dass es seine Sattelauflieger nach einem Baukastensystem herstellt, das viele Austausch- und Anpassungsmöglichkeiten bietet. Wenn Standardmodule keine kundenspezifische Lösung hergeben, geht man auch mal die Extrameile und nimmt individuelle Anpassungen vor. Einzigartig und maßgeschneidert sind auch die Fertigungsverfahren. Es wird keine Technologie von der Stange genutzt, stattdessen entwickelt man zusammen mit Maschinenherstellern innovative Produkte.

Nachhaltig und digital vernetzt

Viele Innovationserfolge liegen im Bereich der Telematik und der digitalen Vernetzung oder erhöhen die Nachhaltigkeit. So hat der Betrieb eine Typengenehmigung für einen emissionsfreien Kühlkoffer erhalten, mit dem Lebensmittel vom Hub bis zum Supermarkt emissionsfrei gekühlt werden können. Diese Technologie lässt sich mit einer neuartigen elektronischen Generatorachse kombinieren, die während der Fahrt zusätzlichen Strom in die Batterie einspeist. Das zeigt: Innovations- und Nachhaltigkeitsstrategie sind bei der Schmitz Cargobull AG eng miteinander verzahnt.

Schmitz Cargobull AG
48612 Horstmar
https://www.cargobull.com/de
Beschäftigte (D): über 200
Automobilzulieferer/
Fahrzeugbau

Die Vorstände

Sihl GmbH

Aufbruch zu neuen Ufern

Was macht ein Mittelständler, um sich weiterzuentwickeln? Er kann sich in seiner Nische optimieren – oder aber er sucht nach neuen Märkten und Technologien und eröffnet sich damit neue Perspektiven. Die Sihl GmbH, ein Spezialist für Beschichtungen flacher Oberflächen, hat sich dafür entschieden, nach neuen Märkten Ausschau zu halten. Seit Peter K. Wahsner die Geschäftsführung der Firma übernommen hat, ist eine eigenständige Innovationsabteilung aufgebaut worden.

Bei TOP 100 überzeugt das Dürener Unternehmen vor allem in den Bewertungskategorien „innovationsförderndes Top-Management“ und „innovative Prozesse und Organisation“. Denn Peter K. Wahsner, der im Mai 2020 die Geschäftsführung angetreten hat, war sehr schnell klar, dass echte Durchbruchsinnovationen nicht nebenher von der Produktentwicklung mit erledigt werden können, sondern eigenständige Prozesse und Strukturen benötigen. Unter seiner Führung hat die Firma ihre Innovationslandschaft daher komplett neu aufgestellt – mit dem Ziel, neue Märkte zu erschließen.

Bedrüfniszentriertes Innovieren

Die 2020 gegründete Innovationsabteilung des Mittelständlers besteht aus drei Elementen: dem Technologiemanagement und -scouting, der R&D-Abteilung und dem Business-Development. Dieses ist für Handlungsfelder außerhalb des bisherigen Kerngeschäfts zuständig und hat große Freiräume. Die drei Elemente sind nach klaren Regeln miteinander verzahnt: Das Technologiescouting sucht gezielt nach Bedürfnissen und Impulsen, bewertet sie und unterzieht sie einem ersten Proof-of-Value. Anschließend erfolgt das Prototyping durch die R&D-Abteilung. In kurzer Zeit wird durch mehrere Sprints das Produktdesign entwickelt.

Von Flaschendekoration bis Abwasserreinigung

Parallel dazu erarbeitet das engagierte Business-Development des Mittelständlers passende Geschäftsmodelle und kümmert sich außerdem um die entsprechende Kommerzialisierung. „Dabei gehen wir neue Wege. So haben wir in den vergangenen Jahren Spinoffs, Ventures und neue E-Commerce-Modelle aufgebaut“, berichtet Steffen Ohr, Vice President Innovation. Selbst bei völlig neuen Anwendungen, wie der Abwasserreinigung, können die Beschichtungsexperten spannende Impulse generieren. Um sich permanent weiterzuentwickeln, bleibt die Sihl GmbH mit Sitz im nordrhein-westfälischen Düren mit Neuem stetig auf Wachstumskurs.

Sihl GmbH
52355 Düren
https://sihl.com
Beschäftigte (D): über 200
Druck/Papier/Verpackung

Geschäftsführer Innovation
Steffen Ohr

SK UV Gele GmbH

★★

Mit Ideen Trends kreieren

Wie motiviert ist ein Mitarbeiter, der einen Verbesserungsvorschlag oder eine Idee hatte, wenn er dazu lange keine Rückmeldung von seinem Chef bekommt? Damit das Engagement ihrer Angestellten stets hochgehalten wird, entscheidet die SK UV Gele GmbH in Mönchengladbach über Ideen immer sehr schnell. Die Mitarbeiter erleben die Realisierung außerdem direkt mit. Das spornt zum Mitdenken an, fördert einen stetigen Strom an kreativen Ideen und pusht den Erfolg des Mittelständlers.

SK UV Gele ist ein B2B-Unternehmen im Kosmetikbereich, das UV-Gele für Nagelpflege und Nageldesign entwickelt und produziert. Es realisiert auch das Abfüllen und abschließende Etikettieren sowie das individuelle Designen von Kundenlabels. Die Firma überzeugt unter anderem in den Bewertungskategorien „Innovationsklima" und „innovative Prozesse und Organisation". Sie bündelt sämtliche Prozessschritte im eigenen Haus und kann so sehr schnell auf Marktveränderungen oder neue Kundenwünsche reagieren. Das macht Innovationen möglich, die aufhorchen lassen, wie etwa die Entwicklung der Produktlinie „PRO CON", ein UV-Gel-System, das zu 100 % frei von HQ und HQME ist und dem Endverbraucher somit den Gang ins Nagelstudio erspart. Denn HQ und HQME sind Stabilisatoren, die nur für den professionellen Gebrauch zugelassen sind.

Rasche Entscheidungen

Mit etwas über 30 Mitarbeitern ist das Familienunternehmen klein und überschaubar – und deshalb flexibel. Hat ein Angestellter eine Idee, zum Beispiel zur Verbesserung der Produktionsabläufe, wird diese als erstes wohlwollend geprüft. Oft wird in kürzester Zeit darüber entschieden, ob die Idee verwirklicht werden kann. Meist ist der Mitarbeiter die gleiche Person, die selbst direkt von den verbesserten Prozessen profitiert. Neben den Innovationen, die durch persönliche Gespräche oder durch Kundenanfragen angestoßen werden, gibt es einen Ideenpool, der softwaregesteuert verwaltet wird. Er kann von allen Beschäftigten genutzt und eingesehen werden und wird mit der Projektmanagementsoftware „Asana" betrieben – eine Vorgehensweise, die sich in den vergangenen Jahren bestens bewährt hat.

Motivierte und mitdenkende Mitarbeiter

Ständig Neues zu bieten, das ist gerade in der Mode- und Beautybranche essenziell, denn die Trends hier sind oft sehr schnelllebig, etwa der Wechsel von Modefarben. Andere Entwicklungen sind langfristiger, wie der zunehmende Einsatz von UV-Gelen im Privatbereich. Mit seinen engagierten Mitarbeitern ist der innovationsorientierte Mittelständler bestens aufgestellt, sodass er schnell auf Veränderungen reagieren kann.

SK UV Gele GmbH
41179 Mönchengladbach
https://www.sk-uvgele.de
Beschäftigte (D): bis 50
Kosmetikindustrie

Geschäftsführer
Nicole und Oliver Simon

SOMA GmbH

Immer am Puls der Zeit

Im nordrhein-westfälischen Schalksmühle entsteht seit über 50 Jahren Prüf-und Automatisierungstechnik für die Serienfertigung, Dosiertechnik für die gezielte Befettung und digitale Werkerassistenz für die manuelle Fertigung. Dahinter steckt die SOMA GmbH, ein wichtiger Innovationspartner für die produzierende Industrie. Sie versteht sich aber nicht als klassischer Maschinenbauer, sondern als Ingenieurbüro mit angeschlossener Werkstatt, denn mehr als die Hälfte der engagierten Belegschaft sind Ingenieure und Techniker.

In der Prüf- und Automatisierungstechnik agiert der Mittelständler häufig als Systemintegrator, der Software, Robotik sowie Kamera- und Messsysteme zu einer Gesamtlösung zusammenführt und hierbei oft KI-Elemente integriert. „Wir sind immer am Puls der Zeit, was die verfügbaren Technologien angeht. Und wir unterscheiden uns von vielen anderen Anbietern durch unsere innovativen und vielfach nicht marktüblichen Lösungen“, erzählt der Geschäftsführer Johannes Bieling.

Spezialisten für knifflige Fälle

Die Teams sind sehr vielseitig: Auf dem Gebiet der Prüf- und Automatisierungstechnik hat man IoT-fähige Inhouse-Tester entwickelt, die sich in Cloud-Computing-Systeme integrieren lassen. Bei Prüfsystemen für Leistungselektroniken, vor allem im Wachstumsmarkt E-Mobility, überzeugt das Unternehmen mit viel Erfahrung und technischem Know-how. Im Bereich der Dosiertechnik für Schmierstoffe, die ebenfalls zu den Technologiekompetenzen der Spezialisten gehört, bietet Soma neuartige Lösungen für dosiertechnische Applikationen an. Patentierte und innovative Produkte werden in einem Baukasten mit technischer Bratung angeboten. Die neuesten Innovationen ermöglichen es, Dosierprozesse digital zu überwachen und die dazugehörigen Daten an allen erforderlichen Stellen verfügbar zu machen. So können Probleme schnell erkannt und behoben werden. Im Idealfall können die Anlagen sogar so ausgelegt werden, dass sie sich selbst entstören.

Intelligente Werkerführung unterstützt Montage

Ein neues Produktfeld, das schon bei namhaften Kunden im Einsatz ist, ist ein parametrierbares Werkerführungssystem für manuelle Montageprozesse. Dieses System hilft, im Montagealltag Fehler zu vermeiden. Außerdem unterstützt es die Kunden bei der Bewältigung des Fachkräftemangels. Dieses System arbeitet unter anderem mit Pick-to-Light-Systemen, die dem Werker den nächsten Handgriff anzeigen. Es kann ins ERP-System des Kunden integriert werden, was dafür sorgt, dass weltweit die gleichen Qualitätsstandards eingehalten werden können. Erzielt wurde dieser Innovationserfolg dadurch, dass die SOMA GmbH tagtäglich an neuartigen Lösungen arbeitet.

SOMA GmbH
58579 Schalksmühle
https://www.soma.de/de-de
Beschäftigte (D): 51 bis 200
Anlagen-/Maschinenbau

Geschäftsführer
Johannes Bieling

TOP 100

TOP 100
TOP 100
TOP 100
TOP 100
TOP 100
TOP 100
TOP 100
TOP 100
TOP 100
TOP 100
TOP 100
TOP 100
TOP 100
TOP 100
TOP 100
TOP 100
TOP 100
TOP 100
TOP 100
TOP 100
TOP 100
TOP 100
TOP 100
TOP 100
TOP 100
TOP 100
TOP 100
TOP 100
TOP 100
TOP 100
TOP 100
TOP 100
TOP 100
TOP 100

STYLINK Social Media GmbH

Markenbindung dank Influencer-Marketing

Kleine Influencer und YouTuber haben kaum eine Möglichkeit, mit den großen Marken zusammenzuarbeiten. Das will die STYLINK Social Media GmbH in Münster ändern: Auf ihrer Plattform bringt sie Content-Creators und Onlineshops zusammen. Für jeden Klick auf einen Link, der über die Plattform erstellt wurde, gibt es Geld. Die jungen Mitarbeiter des 2017 gegründeten Unternehmens lassen dank eines guten Innovationsklimas ihrer Kreativität freien Lauf und haben viele neue Ideen für erfolgreiche Neuerungen. Das kommt gut an bei den Kunden.

2020 beschäftigte dieser Mittelständer gerade einmal 5 Personen. Vier Jahre später sind es über 90, die aus mehr als 20 Nationen stammen. „Um eine gute Unternehmens- und Innovationskultur aufzubauen, ist es wichtig, sich ständig untereinander auszutauschen", erklärt der Geschäftsführer Michael Elschenbroich. Daher arbeiten alle die meiste Zeit gemeinsam im Büro in Münster. Aufgrund der nahegelegenen Universitäten und Hochschulen findet das Unternehmen immer wieder junge Mitarbeiter mit den unterschiedlichsten Qualifikationen.

Intelligenter Algorithmus

Über 200.000 Influencer und YouTuber weltweit arbeiten mittlerweile mit der Plattform STYLINK und ihren über 1.100 Markenkunden zusammen. Dass so viele Kontakte nicht mehr händisch bearbeitet werden können, ist offensichtlich. Daher hat man einen automatisierten Algorithmus entwickelt, der darüber entscheidet, wie viel Geld pro Klick der Content-Creator erhält. „Mehr als 100 Faktoren fließen in die Entscheidung mit ein, darunter die Qualität des Inhalts, die Anzahl der Links im Beitrag oder der Umsatz, den das Unternehmen durch seine Follower macht", erläutert Michael Elschenbroich. Derzeit basiert der Algorithmus noch auf einem Machine-Learning-System, demnächst soll künstliche Intelligenz zum Einsatz kommen. Die innovative Automation ist das Herzstück des Unternehmens, das europaweit das Größte seiner Art ist und nur wenige Mitbewerber hat.

Menschen zuhören

Das Influencergeschäft ist stetig im Wandel. Daher müssen die Mitarbeiter von STYLINK schnell sein und immer wieder neue Ideen generieren. „Alle sollen mitdenken und unsere Angebote und Prozesse immer wieder hinterfragen", betont Elschenbroich. Für gute Ideen und Vorschläge gibt die Geschäftsführung Zeit und Raum, damit intensiver daran gearbeitet werden kann. Und man hört den Menschen zu: den eigenen Mitarbeitern, den vielen Influencern, den Kunden. „Nur so finden wir heraus, was sie brauchen und wollen", erklärt der Geschäftsführer. Sein Unternehmensziel: Jeden Tag einen Schritt weiter nach vorn machen – zusammen mit seinen Mitarbeitern.

STYLINK Social Media GmbH
48153 Münster
https://www.stylink.com
Beschäftigte (D): 51 bis 200
Kommunikation/Marketing/Medien

Geschäftsführer
Michael Elschenbroich

Die TOI TOI & DIXI Group GmbH ist in Deutschland der Marktführer für mobile Sanitärsysteme.

TOI TOI & DIXI Group GmbH

Das Geschäft mit dem Geschäft

Man sieht sie auf Baustellen, bei Großveranstaltungen oder auch auf Erntefeldern: Wenn viele Menschen für längere Zeit zusammenkommen, ist ein mobiles Toilettenhäuschen der TOI TOI & DIXI Group GmbH immer willkommen. 1973 wurde das Unternehmen in Deutschland gegründet, heute werden die mobilen Sanitärsysteme in vielfachen Ausführungen weltweit vermietet. Dank gut strukturierter und intelligenter Prozesse erzielt der europäische Marktführer immer wieder Innovationserfolge.

Der junge US-amerikanische Soldat Fred Edwards war es, der die Idee der mobilen Toilettenkabine nach Deutschland brachte. Gegründet 1973, fusionierte das Unternehmen TOI TOI 1997 mit dem Mitbewerber DIXI. Seitdem sind sie als Unternehmensgruppe stetig auf Erfolgskurs. Am Produktionsstandort in Gerstungen fertigt die TOI TOI & DIXI Kunststofftechnik eigenständig die Toilettenkabinen. Die für die Logistik und Reinigung benötigten Fahrzeuge werden bei der TOI TOI & DIXI Fahrzeugtechnik gebaut. Für das Innovationsmanagement ist die unternehmenseigene Abteilung Forschung & Entwicklung zuständig, die Neuerungen in Kooperation mit den produzierenden Tochtergesellschaften realisiert.

Kurze Wege

Einmal im Monat treffen sich die Geschäftsführer der Serviceniederlassungen, um Ideen aus der Belegschaft oder der Kundschaft zu besprechen. Alle zwei Monate findet dieses Technikupdate mit den Betriebsleitern statt, und zweimal jährlich kommen alle gemeinsam zu Workshops zusammen, um über Lösungen zu diskutieren. „Dank flacher Strukturen sind die Wege kurz, sodass Ideen auch zwischendurch schnell mal eingebracht werden können“, erläutert Andre Bonewitz, der Leiter der Forschungs- und Entwicklungsabteilung. „Die meisten Vorschläge werden direkt vom oder mit dem Ideengeber verwirklicht.“ Bei Neuerungen fahren die Mitarbeiter seiner Abteilung im Servicefahrzeug mit und bedienen die neue Technik. Etwa bei der Einführung einer Hebevorrichtung, mit der die Toilettenkabinen einfacher auf den jeweiligen Fahrzeugen platziert werden können.

Recycelte Kunststoffe

Aus den regelmäßigen Treffen sind bereits viele gute Ideen hervorgegangen. Unter anderem wird die Fahrzeugflotte derzeit nach und nach elektrifiziert. Die Herausforderung bestand darin, auch die Pumpen für die Reinigung, die über das Fahrzeug angetrieben werden, elektrisch zu betreiben. Mittlerweile bestehen alle neuen Toilettenkabinen zu einem gewissen Anteil aus recycelten Kunststoffen – die neue DIXI GREEN sogar zu 50 %, wobei 30 % aus recycelten Fischernetzen stammen.

TOI TOI & DIXI Group GmbH
40880 Ratingen
https://www.toitoidixi.de
Beschäftigte (D): über 200
Recycling/Entsorgung

Geschäftsführer und CTO
Dr. Holger Wirtz

Trailer Dynamics hat Sattelauflieger mit einem elektrischen Antriebsstrang in modularen Konfigurationen entwickelt. Hinzu kommen weitere Ingenieur- und Entwicklungsleistungen für die Logistikbranche.

Trailer Dynamics GmbH

Aus einem Antrieb mach zwei

Innovator des Jahres

Die Logistikbranche sucht nach Wegen, den Kraftstoffverbrauch ihrer Nutzfahrzeuge zu verringern und bessere Reichweiten zu erzielen. Die Trailer Dynamics GmbH liefert die Lösung: Der Technologie-Innovator hat einen elektrifizierten Antriebsstrang entwickelt, mit dem ein Sattelauflieger einen eigenen Antrieb erhält und so den Sattelzug unterstützen kann. Dieser Innovationserfolg wurde möglich durch ein hoch motiviertes Team und ein dynamisches Innovationsklima.

2025 wird der elektrische Antriebsstrang, den diese Experten aus Eschweiler bei Aachen entwickelt haben, in Serie gehen. Der „e-Trailer" kann herstellerunabhängig an jede Art von Sattelzugmaschine angekoppelt werden. Ein sensorischer Königszapfen, der den Trailer mit der Zugmaschine verbindet, ermöglicht die Echtzeitsteuerung des Antriebsstrangs. „Damit wird das gesamte Sattelzugsystem in einen elektrischen Plug-in-Hybrid umgewandelt", berichtet der Geschäftsführer Michael W. Nimtsch. Durch den verringerten Kraftstoffverbrauch der Sattelzugmaschine wird CO_2 reduziert. In Kombination mit einer batterielektrischen Sattelzugmaschine erhöht sich die Reichweite der Sattelschlepper um satte 500 bis 600 Kilometer.

Vorsprung ausbauen

Nimtsch schätzt, dass seine Firma mit dieser Innovation drei bis fünf Jahre Vorsprung vor den Mitbewerbern hat. Und den will man ausbauen: „Wir rekrutieren sehr kompetente Mitarbeiter, um mit einem hoch qualifizierten Team die Motivation unserer Mannschaft und die Innovationsgeschwindigkeit der Entwicklungen hochzuhalten", erläutert er. 2018 haben Michael W. Nimtsch und Abdullah Jaber die Trailer Dynamics GmbH gegründet und eine Gruppe von jungen Ingenieuren und Softwareentwicklern um sich versammelt. „Wir stehen erst am Anfang einer langen Reise", sagt Jaber. „Wir haben sehr viele neue Ideen für verschiedenste Anwendungen unserer Technologien." Bereits heute denkt man etwa über die Möglichkeiten für automatisiertes und autonomes Fahren von Sattelaufliegern nach. Über Effizienzsteigerungen des Antriebsstrangs oder auch die Reduzierung des Gewichts der Komponenten wird ohnehin tagtäglich diskutiert.

Effizientere Routenplanung

Die Firma will mit ihren Produkten die Logistikbranche dabei unterstützen, ihren Beitrag auf dem Weg zur Klimaneutralität zu leisten. Dazu zählt auch, Routen effizienter zu planen. Dafür haben die Technologie-Innovatoren schon einen KI-gestützten Routenoptimierer entwickelt, der unter anderem die CO_2-Emissionen dokumentiert und der auch das Flottenmanagement unterstützt. „Ziel ist es, den kreativ-innovativen Geist im Unternehmen aufrechtzuerhalten und auf unserem Gebiet First Mover zu bleiben", sagt Nimtsch.

Trailer Dynamics GmbH
52249 Eschweiler
https://trailerdynamics.de
Beschäftigte (D): bis 50
Automobilzulieferer/
Fahrzeugbau

Geschäftsführer
Abdullah Jaber,
Michael W. Nimtsch und
Jochen Mählmann

Universitätsmedizin Essen

★★

Das Krankenhaus der Zukunft

Smart und nachhaltig agieren und dabei den menschlichen Faktor nicht außen vor lassen – das ist das Ziel des engagierten Top-Managements der Universitätsmedizin Essen. Die Universitätsmedizin hat neben der Uniklinik noch weitere Standorte mit speziellen Schwerpunkten und ist mit 11.000 Beschäftigten sowie jährlich 300.000 ambulanten und 70.000 stationären Patienten der größte Gesundheitsversorger im Ruhrgebiet. Ein Innovationsteam sorgt dafür, dass Ideen für mehr Nachhaltigkeit und Digitalisierung als intelligente Prozesse aufgesetzt werden.

Als „Medical Influencer" betreibt Prof. Jochen A. Werner, der Vorstandsvorsitzende der Universitätsmedizin Essen, ein reges Social-Media-Netzwerk. Auf seinen Kanälen tauschen sich zahlreiche Akteure über unterschiedliche gesundheitspolitische Themen aus. „Mir ist es ein besonderes Anliegen, in unserem Haus die digitale Transformation voranzutreiben", berichtet Werner. So hat er etwa dafür gesorgt, dass zusammen mit der Medizinischen Fakultät der Universität Duisburg-Essen das Institut für künstliche Intelligenz in der Medizin gegründet wurde.

130 Nachhaltigkeitsbeauftragte

Digitalisierung ist das eine Standbein seiner Innovationsstrategie, Nachhaltigkeit das andere. „Wir wollen nicht nur ein ‚Smart Hospital' werden, sondern auch ein ‚Green Hospital'. Schließlich braucht man eine gesunde Umwelt, um gesund zu werden – und zu bleiben", erklärt Prof. Werner, der zusammen mit seinen Vorstandskollegen schon zwei Bücher zu diesen Themen herausgegeben hat. Ein Nachhaltigkeitsmanager leitet die Arbeitsgruppe „Team Green" des mittelständischen Unternehmens. Dazu gehören unter anderem 130 Nachhaltigkeitsbeauftragte aus sämtlichen Abteilungen der Universitätsmedizin. Sie sollen bei allen Entscheidungen, die innerhalb ihrer Abteilung getroffen werden, nachhaltige Aspekte mit beachten. Gleichzeitig sollen sie als Multiplikatoren dienen. „Bei Innovationen ist es wichtig, die Mitarbeiter abzuholen, ihr Potenzial zu erkennen und zu nutzen", sagt der Vorstandsvorsitzende.

Ideen in die Tat umsetzen

Gute Ideen allein reichen aber nicht aus, sie müssen auch verwirklicht werden. Das „Team Green" diskutiert vorab über die Vorschläge aus den einzelnen Abteilungen und berichtet regelmäßig an den Vorstand, der am Ende über die Realisierung entscheidet. Für die Digital- und für die Nachhaltigkeitsstrategie, die in Essen stets Hand in Hand gehen, gilt: Innovationen sind kein Selbstzweck, im Mittelpunkt steht immer der Mensch. Und weil genau das Prof. Jochen A. Werner so wichtig ist, erscheint aktuell das dritte Buch, das den Titel „Human Hospital" trägt.

Universitätsmedizin Essen
45147 Essen
https://www.ume.de
Beschäftigte (D): über 200
Gesundheitswesen

Vorstandsvorsitzender
Prof. Dr. Jochen A. Werner

VerbundVolksbank OWL eG

Kreativer Input von vielen Seiten

Welche Bedeutung Innovationen für die VerbundVolksbank OWL eG haben, zeigt unter anderem ihre moderne organisatorische Aufstellung: Gleich drei Einheiten, die die Themen Digitalisierung und Innovation mit diversen Schwerpunkten in Wirkung bringen, wurden in den vergangenen Jahren gegründet. Konsequent strukturierte Prozesse führen regelmäßig zu Innovationserfolgen, die den Kunden und den knapp 1.300 Mitarbeitern der Bank mit ihren insgesamt sieben Zweigniederlassungen in Ostwestfalen-Lippe und im Altkreis Brilon zugutekommen.

Einheit Nummer eins, der Bereich „Innovation & Digitales“, konzentriert sich auf die interne Innovationsarbeit. Hier analysieren die Mitarbeiter neue Trends, sammeln Ideen und bewerten. Die zweite Innovationseinheit ist das Kompetenzfeld „Digitale Wirtschaft & Start-ups“ und setzt sich aus einem interdisziplinären Team zusammen, das als Kompetenz- und Netzwerkpartner in Sachen digitale Transformation im Mittelstand fungiert. Dieses Kompetenzfeld steht Unternehmen und Start-ups aus der Region zur Seite. Die dritte Innovationseinheit, die Tochterfirma OWL Innovation GmbH, fokussiert sich auf die Entwicklung und Realisierung neuer Geschäftsmodelle im B2B-Bereich.

Mitarbeiter werden einbezogen

Jeder Mitarbeitende kann über eine digitale Ideenmanagementplattform Vorschläge einreichen. Fachabteilungen prüfen sie auf Durchführbarkeit und Wirtschaftlichkeit. Über Realisierung oder Ablehnung der Idee entscheidet am Ende ein interdisziplinäres Gremium. Es werden außerdem regelmäßig Ideenkampagnen zu unterschiedlichen Themen ausgeschrieben, für die von den Mitarbeitenden Lösungsvorschläge entwickelt werden sollen. Die Kollegen können sie dann bewerten und kommentieren. Für jede Idee, die das Gremium befürwortet, bekommt der Urheber, unabhängig von der sofortigen Realisierung, eine Basisprämie in Höhe von 150 Euro. Nach erfolgreicher Verwirklichung gibt es eine weitere Prämie von bis zu 5.000 Euro. „Wir fördern so eine ganzheitliche Innovationskultur in unserem Unternehmen“, sagt der Vorstandsvorsitzende Ansgar Käter.

Kreativraum abseits der Bank

Um die Innovationsfähigkeit der Angestellten zu fördern, hat man 2020 das „OWL InnovationLab“ in der Bielefelder Altstadt eingerichtet: ein Raum abseits der Bank, für frische Ideen, kreatives Arbeiten und agile Arbeitsmethoden. Eine Innovation ist das Produkt „VR-CyberGuard“ der OWL Innovation GmbH: Es soll Mittelständler für Cyberangriffe sensibilisieren und sie nach einem Cyberangriff unterstützen. „Mit solchen Innovationen bekräftigen wir unsere Verbundenheit mit dem Mittelstand“, sagt Käter abschließend.

VerbundVolksbank OWL eG
33098 Paderborn
www.verbundvolksbank-owl.de
Beschäftigte (D): über 200
Finanzdienstleistungen/
Versicherungen

Vorstandsvorsitzender
Ansgar Käter

Die VÖB-Service GmbH bietet seit fast 30 Jahren Speziallösungen für die Kreditwirtschaft an. Ihr Leitsatz für 2024, der das Handeln und Wirken prägt: „Kundenzentrierung schafft Innovation.“

TOP 100

VÖB-Service GmbH

Nah am Kunden

Bankensoftware, Beratung, bankspezifische Informationsdienste sowie fachliche Weiterbildung: Das ist das breite Dienstleistungsportfolio, das die VÖB-Service GmbH ihren Kunden, öffentlichen und privaten Banken, anbietet. Als 100%ige Tochter des Bundesverbands Öffentlicher Banken Deutschlands, VÖB, ist der Dienstleister immer nah an den Themen, die die Kunden bewegen. Das innovationsfördernde Top-Management legt viel Wert darauf, dass Input von außen in die Projekte einfließt – vor allem von den Kunden.

„Kundenzentrierung schafft Innovation", so lautet das Leitthema 2024. Und genau da setzt die VÖB-Service GmbH an: Ihre Produkte und Dienstleistungen sind genau auf ihre Klientel zugeschnitten. In Projekten, Workshops und Arbeitskreisen ermitteln die Experten des Unternehmens, was in naher und fernerer Zukunft benötigt wird – dies parallel zu den regulatorischen Entwicklungen und passend zu den Anforderungen und Bedürfnissen ihrer Kunden. Teils erfolgt das mit agilen Ansätzen wie Design-Thinking oder Kundenzufriedenheits- und Marktbefragungen. Die Ergebnisse fließen in die Entwicklung aller neuen oder verbesserten Produkte und Dienstleistungen ein.

Unternehmerisch denken

Vor allem das Top-Management hält stets engen Kontakt zu den Kunden. „Wir sind nicht selten Vorreiter beim Aufspüren von neuen, übergeordneten Themen", berichtet der Geschäftsführer Stephan Henkel. Aber er ist auch stolz auf den engagierten Einsatz, das ausgeprägte Know-how sowie die große Zuverlässigkeit seiner Mitarbeitenden. „Sie arbeiten hoch motiviert, handeln eigenverantwortlich und denken jederzeit unternehmerisch", erläutert Henkel. Für die Arbeit an individuellen Innovationsprojekten gewährt er sehr gern persönliche Freiräume. Projekte und Ideen können zentral über ein firmeninternes Kanban-Board eingereicht, diskutiert und dokumentiert werden. Um die Ausarbeitung der entsprechenden Maßnahmen kümmern sich interdisziplinäre Teams. „Wir gehen offen mit jeglichen Informationen im Unternehmen um, jeder kennt aktuelle Projekte und Kennzahlen", sagt er.

Neue Blickwinkel

Ideen sind bei der VÖB-Service GmbH immer willkommen. Die offene Unternehmenskultur zeigt sich etwa in jederzeit geöffneten Türen und beim allgemeinen Du – vom Auszubildenden bis zur Geschäftsleitung. Die engagierten Pläne des Führungstrios: Das Team soll weiter wachsen, denn jeder neue Mitarbeitende bringt automatisch auch neue Perspektiven ins Haus. Gemeinsam wollen alle dafür sorgen, dass sich der Mittelständler in seinen drei Kerngebieten Digitalisierung, Nachhaltigkeit und Regulatorik konsequent weiterentwickelt. Und das sind doch die besten Voraussetzungen, um auch in Zukunft innovativ zu bleiben.

VÖB-Service GmbH
53175 Bonn
www.voeb-service.de
Beschäftigte (D): 51 bis 200
Finanzdienstleistungen/
Versicherungen

Die Geschäftsleitung
Holger Heuschen,
Stephan Henkel und
Dr. Stefan Hirschmann

VULKAN INOX entwickelt, produziert und vertreibt rostfreie Edelstrahlmittel für den Einsatz auf technischen und dekorativen Oberflächen.

VULKAN INOX GmbH

Erfolgreich in der Nische

Mit Sandstrahlen kann man Oberflächen reinigen oder ihnen bestimmte Eigenschaften verleihen, um sie anschließend weiter zu bearbeiten. Die im nordrhein-westfälischen Hattingen ansässige VULKAN INOX GmbH hat sich auf die Herstellung von edelstahlbasierten Strahlmitteln für die Oberflächentechnik spezialisiert. Das innovationsfördernde Top-Management und sein Team, bestehend aus knapp 50 Mitarbeitern, fokussieren sich ganz auf ihre Nische statt auf Massenfertigung und konnten dadurch schon einige Patente für Produkte und Anwendungen anmelden.

„Wegen unserer Unternehmensgröße haben die Führungskräfte meist mehrere Funktionen. Dadurch sind Entscheidungswege kurz, weil oft nur wenige Personen eingebunden werden müssen", sagt Marc Hidde, der Geschäftsführer der VULKAN INOX GmbH. Zusammen mit André Hahn, Ingenieur für Werkstofftechnik und Leiter des Qualitätswesens, sowie dem Produktionsleiter und dem Team beschäftigt sich Hidde parallel zum Tagesgeschäft mit dem Thema Innovationen – eine gesonderte Entwicklungsabteilung unterhält die Firma dafür nicht.

CO_2-Fußabdruck verkleinert

Die Innovationsstrategie des Top-Managements konzentriert sich ganz auf Nachhaltigkeit. Hat die Muttergesellschaft von VULKAN INOX, die INDUS HOLDING AG, schon hohe Ansprüche an die Geschwindigkeit der Reduzierung des CO_2-Ausstoßes, so setzt die Tochtergesellschaft nochmal eins drauf: Innerhalb von fünf Jahren konnte sie ihren CO_2-Ausstoß bereits um 90 % reduzieren. „Bei den letzten 10 % geht es ins Detail, was wir aber auch noch schaffen werden", sagt Hidde überzeugt. Noch langlebiger, effizienter, energie- und ressourcenschonender sollen Produkte, Prozesse und Anwendungen im Hause werden. „Trotz eines ausgereiften und etablierten Produkts in einem sehr konservativen Umfeld sehen wir uns zu Innovationen verpflichtet, damit wir den globalen Anforderungen für Umweltschutz, Klima und Wettbewerbsfähigkeit auch wirklich gerecht werden", sagt der Geschäftsführer.

Flexibilität als Vorteil

Kleine Ideen werden im Haus schnell verwirklicht. Bei größeren wird stattdessen ein Projektplan mit Meilensteinen erstellt, die in der laufenden Produktion realisiert werden. Ein Beispiel dafür waren mehrere kurz- und langfristige Maßnahmen zur Gaseinsparung, als es infolge des Ukraine-Russland-Kriegs zur Energiekrise kam. „Diese Flexibilität ist unser Vorteil", erklärt der Leiter des Qualitätswesens André Hahn. „Wir können an sehr vielen Dingen gleichzeitig arbeiten. Je mehr Ideen reinkommen, desto besser." Das Ziel der VULKAN INOX GmbH ist es, im sich wandelnden Markt ihre Position zu sichern und sich durch Innovationen noch stärker vom Wettbewerb abzuheben.

VULKAN INOX GmbH
45525 Hattingen
https://www.vulkan-inox.de
Beschäftigte (D): bis 50
Oberflächentechnik

Die Geschäftsleitung
André Hahn
und Marc Hidde

WATERKOTTE GmbH

Pionier bei Wärmepumpen

Der Firmengründer Klemens Oskar Waterkotte erfand Ende der 1960er-Jahre die Technik der Wärmepumpenheizung. Das war eine Zeit, in der das Heizen mit Erdwärme noch lange kein Thema war. Damit ist die WATERKOTTE GmbH der älteste Hersteller von Wärmepumpen. Seit den Anfangstagen haben viele weitere Innovationen des Unternehmens das Licht der Welt erblickt. Ganz im Sinne des Gründers ist auch das heutige Top-Management immer noch stark mit Neuerungen beschäftigt.

Ob Einfamilienhaus, Bankgebäude oder Logistikzentrum: In zahlreichen Gebäuden sind die Wärmepumpen von WATERKOTTE im Einsatz. 850 Großprojekte in ganz Europa hat das Unternehmen schon realisiert. Heizen oder Kühlen – mit der richtigen Steuerung kann eine Wärmepumpe beides leisten. „Mithilfe der eigenen Automationsabteilung können wir unseren Kunden schlüsselfertige Lösungen bieten, von der Pumpe bis zur Regelungstechnik“, erklärt Claus-Rainer Fischer, Geschäftsleiter des Bereichs Automation.

Vorsprung beim Know-how

Auch wenn WATERKOTTE heute nicht mehr der einzige Hersteller von Wärmepumpen ist, kann das Unternehmen dank der Pionierleistung von damals immer noch einen beträchtlichen Know-how-Vorsprung verzeichnen. Das hilft, die Herausforderungen der Zukunft anzunehmen und durch neue Entwicklungen zu meistern. So wird beispielsweise aktuell der Umgang mit Chemikalien gesetzlich neu geregelt: Bei Wärmepumpen muss man zukünftig auf umweltschädliche fluorierte Gase verzichten. „Wir müssen deshalb unsere komplette Produktpalette auf natürliche Kältemittel umstellen“, sagt Claus-Rainer Fischer. Daher werden Neuentwicklungen derzeit mit Fokus auf das zukunftsfähige Kältemittel „R290“, also Propan, mit Hochdruck vorangetrieben. Die Umstellung bei Systemen mit Heizleistungen bis zu 20 kW sind schon erfolgt, Lösungen für größere Leistungsbereiche befinden sich in der Entwicklung.

Schulungen in der Akademie

Eine weitere Herausforderung sieht Fischer in der Notwendigkeit, die schwankende Stromversorgung, die durch die erneuerbaren Energien bedingt ist, vernünftig auszubalancieren und somit Wärmepumpen effektiver zu nutzen. Damit auch die Handwerker ihren Teil zum Klimaschutz beitragen können, bietet ihnen der Mittelständler Schulungen in der hauseigenen Akademie. „Nachhaltigkeit und Umweltschutz stehen bei uns nicht erst seit der Übernahme durch die schwedische Nibe-Gruppe ganz oben auf der Agenda und bestimmen unsere Innovationsstrategie mit“, berichtet Claus-Rainer Fischer abschließend.

WATERKOTTE GmbH
44628 Herne
www.waterkotte.de
Beschäftigte (D): 51 bis 200
Klima/Sanitär/Heizung

Die Geschäftsleitung
Andreas Jung, Thomas Wazynski und Claus-Rainer Fischer

WEICON GmbH & Co. KG

Wendig wie ein Motorboot

Vor 75 Jahren fingen die Weidlings als Werkzeugmacher an. Heute ist die WEICON GmbH & Co. KG ein Chemieunternehmen, das mehr als 450 verschiedene Spezialkleb- und Dichtstoffe, technische Sprays und Hochleistungsmontagepasten anbietet. Aus der Tradition heraus fertigt der erfolgreiche Mittelständler mit Sitz im Münsterland zudem hochwertige Abisolierwerkzeuge. Ein positives Innovationsklima führt dazu, dass die Kunden immer wieder Produkte erhalten, die genau auf ihre Anforderungen zugeschnitten sind.

„Unsere Kunden behandeln wir wie Partner“, erzählt der Geschäftsführer Ralph Weidling, der zusammen mit Ann-Katrin Weidling das Familienunternehmen in vierter Generation leitet. „Wir sehen uns als Serviceführer.“ Das ist möglich, weil der Mittelständler – im Gegensatz zu großen Mitbewerbern – wendig ist wie ein kleines Motorboot und spontan auf die Wünsche seiner Kunden eingehen kann. Genauso sehen das die mehr als 400 Mitarbeiter in den 10 Niederlassungen weltweit. Dank kurzer Wege im Unternehmen dauert die Entwicklung von der ersten Idee bis zum fertigen Produkt nie lange.

Freiräume für Ideen

„Unser positives Innovationsklima zeichnet sich durch Offenheit für Neues aus“, erklärt die Geschäftsführerin Ann-Katrin Weidling. „Wir legen keine starren Zeiten für Brainstormings fest, sondern geben unseren Mitarbeitern genau dann Freiräume und bei Bedarf auch das Budget, wenn sie es benötigen.“ Das gilt für die Weiterentwicklung von Ideen und auch für Fortbildungen – immer mit dem Ziel vor Augen, dass Kunden stets die beste Beratung und den besten Service erhalten. „Bei uns entsteht viel Neues, weil die Kollegen sich etwas zutrauen und das dann auch machen“, sagt Ann-Katrin Weidling. Dabei gilt vom Azubi bis zur Geschäftsleitung das Du als Selbstverständlichkeit, was das familiäre Miteinander fördert.

Schnelles Feedback

Die kreativen Vorschläge der Mitarbeiter werden von der Abteilung Qualitätsmanagement gesammelt. Sie stellt auch sicher, dass die Ideen umgehend bei der Geschäftsleitung landen und es ein schnelles Feedback dazu gibt. „Rund die Hälfte der eingegangenen Vorschläge werden zügig realisiert. Wobei derjenige, der die Idee ins Spiel gebracht hat, stets einbezogen wird“, betont Ralph Weidling. „Die tolle Zusammenarbeit und der Zusammenhalt in unserem Team sind unser Schlüssel zum Erfolg.“ Spaß an der Arbeit und und bei der Arbeit ist dem Führungsteam wichtig – und ist die perfekte Grundlage für ein dauerhaft positives Innovationsklima.

WEICON GmbH & Co. KG
48157 Münster
http://www.weicon.com
Beschäftigte (D): über 200
Chemie/Kunststoff

Die Geschäftsleitung

Wurm entwickelt und fertigt Hard- und Software für die Automatisierung der Kälte- und Gebäudetechnik des Einzelhandels. Das Unternehmen ist technologisch führend und hat mehr als 30 Jahre Erfahrung auf diesem Gebiet.

Wurm GmbH & Co. KG

★★★★

Coole Ideen

Damit Fleisch, Käse und Pizza lange haltbar bleiben, wird in Supermärkten die richtige Kühlung benötigt. Die Wurm GmbH & Co. KG entwickelt Hard- und Software für die Automatisierung der Kälte- und Gebäudetechnik im Lebensmitteleinzelhandel. Außerdem verarbeitet sie die erhobenen Daten und bereitet sie bedarfsgerecht auf. Dank flacher Hierarchien ist das Top-Management eng in die Innovationsprozesse des Unternehmens eingebunden und sorgt für ein herausragendes Innovationsklima.

Die neue Mitarbeiterin heißt Lea. Sie fährt unermüdlich durch die Produktionshallen und bewegt Material. Die Anschaffung des automatisierten Transportwagens Lea war einer der vielen guten Vorschläge, die regelmäßig aus den Reihen der Mitarbeiter kommen. „Kreatives Denken beschränkt sich bei uns nicht nur auf die Kollegen in der Produktentwicklung, sondern soll in der gesamten Firmengruppe gelebt werden“, betont der Geschäftsführer Gianluca di Lieto. Jeder ist angehalten, Anregungen einzubringen. Für bereichsübergreifende Ideen steht die Onlineplattform „Geistesblitz“ zur Verfügung.

Mehr Nutzen bieten

Das Innovationsklima beschreibt di Lieto als „anspornend“: Hat jemand eine gute Idee, gibt es oft Kollegen, die direkt weiterdenken und die Idee noch verbessern. „Auch die Entwicklungsteams diskutieren offen ihre Gedanken und regen sich damit gegenseitig an“, berichtet Matthias Kordon, der Leiter des Produktmanagements. Für die Geräteentwicklung übernehmen er und die Entwicklungsleitung das Innovationsmanagement. Fürs Generieren von Prozessinnovationen wurde die Abteilung „Operations Management“ gebildet. Und für firmenübergreifende Projekte ist das Top-Management verantwortlich. Dessen Innovationsstrategie lautet: „Wir wollen dem Kunden immer mehr Nutzen bieten, als er erwartet.“ Das rechtfertigt auch die etwas höheren Preise, bedingt durch die Leiterplattenproduktion in Europa. „Hier in Europa haben wir mehr Kontrolle in Sachen Nachhaltigkeit“, erklärt der Geschäftsführer die Standortwahl.

Nachhaltig denken

Ohnehin ist für ihn Umweltschutz und Nachhaltigkeit ein wichtiger Aspekt bei der erfolgreichen Unternehmensführung: innovative Software-Algorithmen, die den Betreibern von Supermärkten Energiekosten sparen; retournierte Geräte, die aufbereitet und erneut verwendet werden; Fertigungsverfahren mit besonders geringer Ausschussquote – auch über 150 Jahre nach der Firmengründung gehen dem Team der Wurm GmbH & Co. KG die Ideen noch lange nicht aus. Nicht ohne Grund zählt der Mittelständler in seiner Branche zu den Technologieführern in Europa.

Wurm GmbH & Co. KG
42857 Remscheid
https://www.wurm.de/de
Beschäftigte (D): über 200
Elektronik/Elektrotechnik

Geschäftsführer
Gianluca di Lieto

Rheinland-Pfalz
Saarland

Die Zahl der goldenen Sternchen in den nachfolgenden Unternehmensporträts entspricht der Zahl der TOP 100-Auszeichnungen.

Bluhm Systeme GmbH

Zukunft als Teamwork

Als Eckhard Bluhm 1968 seine eigene Firma gründete, war er zunächst Handelspartner für eine US-amerikanische Firma. Mit Weitblick führte er als Pionier in der Kennzeichnungstechnik das Ein-Mann-Unternehmen zur internationalen Firmengruppe: Heute entwickelt, fertigt und vertreibt die Bluhm Systeme GmbH individuelle Kennzeichnungslösungen auf der ganzen Welt. Die drei Söhne des Gründers setzen hierbei auf Innovation und Zukunftsthemen und pflegen im Team stets eine offene Haltung. Das sorgt für ein fruchtbares und motivierendes Innovationsklima.

Mit Laserbeschriftern, Tintenstrahldruckern und Etikettiersystemen für die Industrie bewältigt das engagierte Team individuelle Codierungs- und Etikettierungsaufgaben. Der Mittelständler mit Hauptsitz im rheinland-pfälzischen Rheinbreitbach ist ein weltweit tätiger Komplettanbieter von Kennzeichnungstechnik. „Unsere Systeme eignen sich für alle Branchen, Materialien und Anwendungen", sagt der Geschäftsführer Volker Bluhm. In der firmeneigenen Etikettendruckerei produziert die Firma zudem große Mengen an professionellen Etiketten. Abgerundet wird das Angebot durch die passende Software, das Zubehör und einen 24-Stunden-Service.

Vernetzt, agil und empathisch

Für ein fruchtbares Innovationsklima pflegt das Familienunternehmen systematisch Offenheit, Austausch und Wertschätzung. „Das fängt ganz konkret an mit offenen Türen, flachen Hierarchien und einer hohen Fehlertoleranz", erzählt Volker Bluhm. Verschiedene Teams arbeiten darüber hinaus agil, selbstverantwortlich und vernetzt zusammen: „So tauschen sich Entwicklung, Vertrieb und andere Abteilungen stetig aus", fügt er hinzu. Wissen sammelt das Team systematisch. So dokumentiert es seit 15 Jahren per Video neues Know-how und innovative Entwicklungsschritte. Dieser interne Wissenstransfer wird ergänzt durch externe Schulungen und einen permanenten Austausch mit Partnern weltweit. Der letzte Baustein heißt „Erfolgsbeteiligung": Alle Mitarbeiter profitieren vom Wachstum und regelmäßigen Erfolgsprämien.

Mit Herzblut in die Zukunft

Hand in Hand mit seinen beiden Brüdern Andreas und Carsten verfolgt Volker Bluhm auch als Geschäftsführer eine klare Innovationsstrategie: „Wir wollen nicht nur reagieren, sondern neue Lösungen antizipieren. So halten wir mit der rasanten technologischen Entwicklung Schritt", sagt er. Zukunftsfelder wie Digitalisierung oder Nachhaltigkeit treibt Bluhm daher konsequent voran. „Aktuell setzen wir entschlossen auf Photovoltaik. Wir recyceln unsere Trägerbandabfälle in der Etikettenproduktion zu 100 % und investieren in die nachhaltige und effiziente Ausstattung unseres gesamten Maschinen- und Fuhrparks."

Bluhm Systeme GmbH
53619 Rheinbreitbach
https://www.bluhmsysteme.com
Beschäftigte (D): über 200
Automatisierungs-/Verfahrenstechnik

Geschäftsführer
Volker Bluhm

ITMediaConsult AG

Breites Portfolio für mehr Planungssicherheit

„Das geht besser!“, dachte Hermann-Josef Sell im Jahr 2000 und gründete gemeinsam mit seinem langjährigen Geschäftspartner Frank Francus die ITMediaConsult AG. Bei früheren Arbeitgebern hatte der Informatiker erkannt, dass dort im Hinblick auf individuelle IT-Hardware für Großkunden noch viel Luft nach oben war. Also beschloss er, sich selbst darum zu kümmern. Seither hat sich sein Unternehmen zum Systemhaus für Auftraggeber aus Industrie, Handel und öffentlicher Verwaltung entwickelt und feiert einen Innovationserfolg nach dem anderen.

Seit ihrer Gründung arbeitet die ITMediaConsult hauptsächlich mit Kunden aus dem „public sector“. Doch 2020 war es an der Zeit, sich mit der neuen Businessunit „POS/Retail“ breiter aufzustellen. „Hierzu haben wir ein komplett neues Produktportfolio entwickelt, das wir mit einem innovativen Pre-Sales-Team an die Großkunden in diesem Segment heranführen“, erklärt der Vorstand Frank Francus. Die individuellen Projektteams passen die einzelnen Lösungen dann gemeinsam mit den jeweiligen Auftraggebern individuell an und finalisieren sie. 13.000 Kassensysteme wurden schon ausgeliefert.

Umsatzsteigerung durch Innovationserfolge

„Diese Produktinnovation betrifft sowohl die Hardware- als auch die Softwareanpassung, sodass die Lösung in die vorhandene IT-Landschaft des Kunden integriert werden kann“, sagt Frank Francus. Dieser Innovationserfolg und auch die anderen machen sich bei ITMediaConsult in höheren Margen bemerkbar: 20 % beträgt der Anteil von Marktneuheiten der vergangenen drei Jahre am aktuellen Gewinn. Den Anteil innovativer Verbesserungen schätzt der Gründer und Vorstand sogar auf 30 %. „In den vergangenen fünf Jahren haben wir uns von 18 Mio. Euro Nettoumsatz auf 60 Mio. Euro hochgearbeitet“, veranschaulicht er. Francus bemerkt aber auch einen deutlichen Reputationsgewinn. Dies liegt nicht zuletzt daran, dass sein Unternehmen Referenzprojekte generiert, die vom Vertrieb intensiv genutzt werden, um den Markt weiter zu erobern.

Kein Grund, die Beine hochzulegen

Mit ihren Innovationen gewinnt die ITMediaConsult AG Großprojekte und schafft es auch dank ihrer Begleitung der Aufftraggeber, diese dauerhaft für sich zu begeistern. Damit die Erfolgskette nicht abreißt, fokussieren sich die Techniker und die Consultants auf die Anforderungen der Kunden, gleichen sie mit dem aktuellen Marktangebot ab und bauen dann ein neuartiges Hardwareprodukt auf. „Viele Unternehmen ruhen sich auf ihren Lorbeeren aus“, betont Frank Francus, „wir aber wollen uns immer breiter aufstellen und noch mehr Stabilität für die Firma und unsere 70 Beschäftigten erreichen.“

ITMediaConsult AG
54422 Züsch
https://itmediaconsult.de
Beschäftigte (D): 51 bis 200
IT-Entwicklung/-Beratung

Vorstand
Frank Francus

JUST VACUUM GmbH

★★★

Vom Vakuum zur Weltraumsimulation

Im weltweiten Wachstumsmarkt für Vakuumtechnik finden sich Branchen wie Luft- und Raumfahrt, Solar- oder Pharmaindustrie sowie die physikalische Grundlagenforschung an Hochschulen. Die JUST VACUUM GmbH setzt für Innovationen in diesen Bereichen auf ein starkes Innovationsmarketing: Die Mitarbeiter erhalten Trainings, damit sie sich erfolgreich mit externen Partnern vernetzen können. Die lebendige Innovationskultur des Unternehmens ist durch offenes Denken, Kreativität und Experimentierfreude geprägt.

„Als Entwickler und Hersteller mit einer Spitzenposition im Markt investieren wir kontinuierlich in neue Technologien", sagt der Geschäftsführer Andreas Jörg. Entwicklungsschwerpunkte sind die Vakuumtechnik sowie Weltraumsimulationsanlagen zum Test von Weltraum- und Luftfahrtkomponenten. Zu den jüngsten Innovationen zählt ein extrem zeitsparender Prozess für das Gefriertrocknen. Er erfüllt die wesentlichen Hygienevorgaben für die Lebensmittel-, die Pharmazie- und die Kosmetikproduktion. Im Unterschied zu Mitbewerbern fertigt das Unternehmen alle Produkte auf hochmodernen Anlagen im eigenen Betrieb.

Produktives Miteinander

Eine innovationsfördernde Unternehmenskultur ermutigt die Mitarbeiter dazu, neue Ideen einzubringen und zu realisieren. Um Verbesserungspotenziale zu erschließen, fördert das Top-Management eine Lernkultur, in der Fehler als Lernchancen betrachtet werden. Brainstormings am Bildschirm oder direkt am Objekt und ein Wissensaustausch zwischen verschiedenen Fachbereichen sind ein selbstverständlicher Teil des Tagesgeschäfts. Zudem erhalten die Mitarbeiter Kurse zu diversen Themen wie „digitale Vernetzung" und Außenorientierung. Das Ziel ist es, Spezialsoftware, Netzwerke und soziale Medien erfolgreich für die Kommunikation mit externen Partnern und für die Unternehmensentwicklung einzusetzen. Damit die Projekte zeitnah und flexibel realisiert werden können, sorgt das Top-Management kontinuierlich für eine Aufstockung der Teams: beispielsweise mit Ingenieuren, Technikern und Fachkräften für die Produktion.

Erfolgreiche Außenorientierung

Für ihre zahlreichen Innovationsprojekte steht die JUST VACUUM GmbH in engem Austausch mit Forschungseinrichtungen und weiteren Instituten. Auch Kooperationen mit anderen Technologiefirmen sind Teil der Erfolgsstrategie, mit der man innovative Sonderlösungen erarbeiten möchte. Außerdem beteiligt sich das Unternehmen an vielen Forschungsprojekten. „Dank unserer Innovationskultur und eines starken Innovationsmarketings konnten wir schon mehrfach Patente anmelden", berichtet Andreas Jörg und zieht damit eine positive Zwischenbilanz.

JUST VACUUM GmbH
66849 Landstuhl
https://www.justvacuum.com/de
Beschäftigte (D): bis 50
Anlagen-/Maschinenbau

Geschäftsführer
Andreas Jörg

Kalypso Media Group GmbH

Spielerisch zum Erfolg

Die Games-Branche hat sich zu einem bedeutenden Wirtschaftszweig entwickelt und ist eine feste Säule der Kultur- und Kreativwirtschaft in Deutschland geworden. In diesem Umfeld bewegt sich die Kalypso Media Group GmbH, ein international tätiger Computerspielentwickler und Publisher mit Sitz in Worms. Beim Thema Innovation steht der inhabergeführte Mittelständler in engem Austausch mit den Kunden, sodass er unter anderem in der TOP 100-Bewertungskategorie „Außenorientierung/Open Innovation" Bestnoten erzielte.

Rund 34 Millionen Menschen spielen in Deutschland Computerspiele. Die Entwickler von Kalypso wissen, wie man digitale Umgebungen so gestaltet, dass man sich gern darin aufhält. Seit 2006 setzt das Top-Management auf Strategie- und Simulationsspiele und hat es sich dabei zur Aufgabe gemacht, die überwiegend für den PC entwickelten Spiele auch für Konsolen zu optimieren. „Wir setzen uns mit voller Leidenschaft für unsere Titel ein", sagt die Geschäftsführerin Dr. Anika Thun. Zu den Flaggschiffen zählen die Serien „Tropico", „Railway Empire" oder „Dungeons".

Im permanenten Dialog mit den Kunden

Die Firma ist in der Außenorientierung so stark, weil sie stets den Austausch mit der Comunity pflegt: „Wir binden die Spieler früh in die Entwicklung ein. Das ist ein fortlaufender Prozess", sagt Thun. Ob Social Media, Foren oder Blogs – alle Dialogmöglichkeiten werden ausgeschöpft. Durch gezieltes Feedback können Spieler Inhalte und Verbesserungen vorschlagen, die dann von den Kalypso-Entwicklern geprüft werden. „Nach einer Kosten-Nutzen-Analyse entscheiden wir, ob wir die vorgeschlagenen Funktionen realisieren können", berichtet Thun. Man befinde sich im ständigen Dialog mit den Kunden, die somit einen signifikanten Beitrag zum Erfolg leisten. Seit ihrer Gründung ist Kalypso stetig gewachsen, inzwischen ist sie an zehn Standorten in fünf Ländern vertreten, mit insgesamt rund 200 Beschäftigten.

Erfolg mit Games-as-a-Service-Modell

„Dieses Personalwachstum spiegelt unsere Strategie sehr gut wider: einen möglichst großen Teil der Wertschöpfungskette abzudecken und gleichzeitig unser Games-as-a-Service-Modell voranzutreiben", erzählt Anika Thun. Dieses Konzept führt zu noch mehr Kundenbindung, denn Spiele sind nie fertig und werden nach ihrer Veröffentlichung mit neuen Inhalten und Updates weiterentwickelt. Dabei gibt das Top-Management in Worms die Richtung vor, kümmert sich um die Vermarktung und Finanzierung, um Distribution und Qualitätssicherung. Die Mitarbeiter in den Studios behalten dennoch ihre Gestaltungsfreiheit, sodass sie jederzeit schnell auf eventuelle technische Probleme reagieren können. „Spielerisch zum Erfolg" ist hier also tatsächlich Programm.

Kalypso Media Group GmbH
67547 Worms
https://www.kalypsomedia.com/de
Beschäftigte (D): 51 bis 200
Internet/Multimedia/E-Commerce

Geschäftsführerin
Dr. Anika Thun

MehrTec ist ein Spezialist für 3-D-Engineering und digitalisiert außerdem Bestandsanlagen für die 3-D-Planung von Rohrleitungen, Stahlbau und kompletten Industrieanlagen.

MehrTec GmbH

★★★

Die Macher mit der klaren Strategie

Jeder kennt die quaderförmigen Gebäude in der Nähe von Autobahnen – riesige Lagerhallen mit Tausenden Quadratmetern Fläche. Die MehrTec GmbH in der Eifel ist ein Ingenieurbüro für Maschinen- und Anlagenplanung, das neben Sonderanlagen auch Arbeitsplattformen und andere Hilfsmittel baut, die in solchen gigantischen Hallen für Sicherheit in der Intralogistik sorgen. Der Innovationserfolg des Mittelständlers ist auch in seiner starken Außenorientierung begründet.

Die jüngsten Innovationen der Firma heißen „RBGFix" und „PDRFix", sperrige Namen für solide Helfer: eine Sicherheitsplattform und ein Safety-Shuttle. Die Plattform ist für Hochregalsysteme konzipiert, sodass Serviceteams auch in 40 Metern Höhe effizient und sicher arbeiten können. Mit dem Shuttle gelangen sie sicher zu Störungen, etwa wenn irgendwo in schwindelerregender Höhe eine Palette verrutscht. „In den vergangenen zwei Jahren haben wir allein für diese beiden Produkte sechs neue Patente angemeldet", sagt der Geschäftsführer Udo Adriany. „Unseren Umsatz hat das um rund 25 % gesteigert."

Erheblicher Reputationsgewinn

Die Mehrtec GmbH gilt international als Innovations- und Marktführer in der Intralogistik. Seit Jahren arbeiten die Ingenieure in einer komplett digitalisierten Umgebung. Sie scannen etwa eine Halle oder Produktionsanlage per Laser und bringen in diesem digitalen Zwilling Ausgangssituation und Ziel zur Deckung. So erreichen sie eine größere Planungssicherheit. Das klingt logisch, ist aber keineswegs der Standard. „Dieses Verfahren erfordert eine Menge Know-how", erklärt Adriany. „Wir bringen viel 3-D-Erfahrung bei Aufmaß, Engineering und Anlagenplanung mit und sind heute in der Lage, mit 60 Milliarden Messpunkten zu arbeiten." Diese Innovativität hat auch zur Folge, dass Adriany in Zeiten des rasanten Fachkräftemangels Bewerbungen von Experten bekommt, die unbedingt bei ihm arbeiten möchten. In den kommenden drei Jahren soll die Firma um 30 % wachsen.

Starke Kundenorientierung

Weil die Spezialisten tief im Thema sind, laden Scannhersteller sie dazu ein, Betaversionen zu testen. Außerdem pflegt man Kontakte zu Universitäten und dem Karlsruher KI-Netzwerk. „Wir arbeiten immer an Prozessen und Produkten fürs operative Geschäft", sagt Udo Adriany, „und wir hören genau zu, welche Probleme die Kunden haben." Beim Thema Open Innovation hört der Ingenieur zudem auf seinen Bauch: „Wenn uns ein Projekt reizt, starten wir auch mal einen Testballon. Wir sind Macher und haben keine Vision, aber eine klare Strategie: Machen, was der Markt braucht – und das mit aller Konsequenz."

MehrTec GmbH
53533 Müsch
https://mehrtec.de
Beschäftigte (D): bis 50
Engineering

Geschäftsführer
Udo Adriany

TOP 100

Neodigital Versicherung AG

★★★★

Bitte schicken Sie kein Fax!

In den Büros der Neodigital Versicherung AG mit Sitz in St. Ingbert steht nirgendwo ein Faxgerät, obwohl es davon in der Versicherungsbranche noch einige geben soll ... Dieses 2017 gegründete Start-up arbeitet strikt digital. Was nicht heißt, dass es dort seelenlos zugeht und keine Menschen zu erreichen sind. Im Gegenteil: Allein 2023 ist die Zahl der Beschäftigten von 75 auf 100 gestiegen. Das junge saarländische Unternehmen expandiert, weil es enorm innovativ ist, stark in Open Innovation – und einfach sehr erfolgreich.

Eine Kfz-Versicherung ist kein innovatives Produkt. Eine, die komplett digital funktioniert, schon. „Noch innovativer ist es", erklärt der Vorstand Stephen Voss, „dass wir unseren Kunden anbieten, Telematik zu nutzen." Dabei zeichnet ein Sensor, groß wie ein 2-Euro-Stück, Bewegungsdaten auf: nicht etwa, wer wann wohin fährt, sondern wie jemand fährt – schnell und mit abrupten Bremsmanövern oder eher defensiv? „Ein Datentreuhänder ermittelt daraus einen Score, und auf dieser Basis bieten wir unseren Kunden bis zu 20 % Rabatt. So können etwa Fahranfänger, die umsichtig fahren, viel Geld sparen", fügt Voss hinzu.

Digital und schnell

Zudem bietet das Start-up anderen Versicherern seine Produkte und Technologie zur Nutzung an. Es wickelt zum Beispiel für einen Wettbewerber alle Glasschadensfälle ab und schickt ihm anschließend die Daten in sein System – Insurance as a Service. „Neodigital steht für den innovativen Prozess", erklärt Voss. „Wir haben die Technologie, andere haben die Kunden." Eine Win-win-Situation, schließlich lässt sich die Zeitspanne zwischen dem Schaden und der Regulierung durch Automatisierung enorm verkürzen. Weil er komplett digital arbeitet, kann der junge Schaden- und Unfallversicherer zügig auf Trends und Marktveränderungen reagieren. Das Ergebnis von Provisionen für innovative Technik plus eigene Abschlüsse: Der Umsatz verdoppelt sich von Jahr zu Jahr. „Wir sind der Vorreiter der Digitalisierung in der deutschen Versicherungsbranche", sagt Mitgründer Voss.

Innovation in allen Bereichen

In den Innovationsprozess sind alle Bereiche eingebunden, von Anfang an. Überhaupt sind die eigenen Mitarbeiter die wichtigste Größe bei neuen Ideen: Sie fahren zu Messen und Konferenzen, experimentieren mit KI. Sie laufen wach durch die Welt, kommunizieren neues Wissen intern und spielen einander Anregungen wie Bälle zu. Außerdem entwickelt Neodigital natürlich Ideen aus ihren Joint Ventures und digitalen Daten. „Wir arbeiten nicht jeden Tag Papierberge ab", sagt Stephen Voss. „Wir arbeiten daran, dass sich der Berg von ganz allein abarbeitet." Darum, bitte, schicken Sie dem Mann nie ein Fax!

Neodigital Versicherung AG
66386 St. Ingbert
https://neodigital.de
Beschäftigte (D): 51 bis 200
Finanzdienstleistungen/
Versicherungen

Vorstand
Stephen Voss

PM-International ist ein weltweit führendes Unternehmen für Nahrungsergänzungsmittel und Kosmetikprodukte im Direktvertrieb.

PM-International AG

Die Mitdenk-AG

Mitarbeiter, die Ideen dazu haben, wie etwas verbessert werden könnte, sind für Unternehmen Gold wert. Die in Speyer ansässige PM-International AG ist sich dessen bewusst und hört ihren Beschäftigten deshalb immer genau zu. Sämtliche Vorschläge werden zudem direkt mit der Geschäftsleitung besprochen – ein Vorgehen, das dazu motiviert, aktiv am Ball zu bleiben. Und das dafür sorgt, dass das Innovationsklima bei dem rheinland-pfälzischen Mittelständler immer fruchtbar bleibt.

PM-International ist ein Entwickler und Hersteller von hochwertigen Nahrungsergänzungsmitteln, die unter dem Markennamen „FitLine“ vertrieben werden. Bei TOP 100 überzeugt das Unternehmen durch sein positives und lebendiges Innovationsklima sowie mit seinen Innovationserfolgen. Demzufolge spielt das Vorschlags- und Verbesserungswesen im Unternehmen eine zentrale Rolle: Es wird alles dafür getan, dass Ideen nicht unter den Tisch fallen. Aus diesem Grund widmet man sich in der ersten Betriebsversammlung eines jeden Jahres vor allem den Verbesserungsvorschlägen des Vorjahres, die oft auch prämiert werden.

Hohe Prämien für realisierte Ideen

Die Prämien für Vorschläge, die verwirklicht wurden, können sich sehen lassen: Zwei Mitarbeiter hatten etwa einen Vorschlag eingereicht, der zu einer Reduzierung der Transportkosten führte. Jeder der beiden erhielt dafür eine Prämie zur Höhe von 12.500 Euro. Andere Mitarbeiter schlugen eine buchhalterische Neuerung vor, für die sie jeweils eine Prämie von 3.300 Euro bekamen. Die Prämien sind in der Betriebsordnung klar geregelt. Immer die Augen offenzuhalten und Dinge zu hinterfragen, dazu werden neue Kollegen schon bei der Einarbeitung ermuntert. Ihre Anregungen sind oftmals besonders wertvoll, weil sie noch unvoreingenommen sind. „Eine Vorgehensweise erst recht hinterfragen sollte man dann, wenn etwas immer schon auf eine bestimmte Art gemacht wurde und nie eine Veränderung stattfand“, erläutert der Vorstand Patrick Bacher.

Ständige Weiterentwicklung

Auch im Bereich der Produktentwicklung gibt es große Freiräume, was bei PM zu zahlreichen Innovationserfolgen führt. Alle Nahrungsergänzungsmittel im Sortiment werden fortlaufend verbessert und weiterentwickelt. Außerdem hat der Mittelständler eine neue Technologie zur Unterstützung der Nährstoffaufnahme entwickelt: Die „Microsolve+-Technologie“, die bereits bei ersten Produkten zum Einsatz kommt, emöglicht eine bessere Löslichkeit von Nährstoffen, beispielsweise von Omega-3, und unterstützt ihre Aufnahme. „Innovation ist für uns keine einmalige Angelegenheit, sondern eine Daueraufgabe“, sagt der Vorstand Sven Palla.

PM-International AG
67346 Speyer
https://www.pm-international.com
Beschäftigte (D): über 200
Nahrungsmittelindustrie/-handel

Vorstände
Patrick Bacher und Sven Palla

Progroup AG

★ ★ ★

Kein Verpackungspark ohne Kooperation

Der Onlinehandel boomt: Nicht nur Amazon, eBay, Zalando und Co., auch viele kleinere Unternehmen bedienen längst einen Massenmarkt. Damit die Ware unversehrt bei den Kunden ankommt, muss sie gut verpackt sein. Meist werden dafür Kartons aus Wellpappe genutzt. Hier kommt die Progroup AG ins Spiel, die sich auf die Lieferung von Wellpappe an mittelständische Verpackungshersteller spezialisiert hat. Ihre Produktion ist im Idealfall in sogenannte Verpackungsparks integriert, sodass die Wellpappe zum Teil über Förderbänder direkt zum Kunden gelangt.

Die Progroup AG, die in den TOP 100-Bewertungskategorien „Innovationsförderndes Top-Management" und „Innovative Prozesse und Organisation" Bestnoten erzielt, ist ein hochmodernes Unternehmen, das in sechs mitteleuropäischen Ländern drei Papierfabriken, zwölf Wellpappformatwerke, ein Logistikunternehmen und ein Waste-to-Energy-Kraftwerk betreibt. Maximilian Heindl ist der Vorstandsvorsitzende des Familienunternehmens und führt dieses in der zweiten Generation. Heute ist Progroup der drittgrößte Hersteller von Wellpappenrohpapier und Wellpappformaten in Europa.

Innovation braucht Kooperation

Das Unternehmen setzt auf enge Kooperation mit seinen Kunden, nach denen es oft sogar die Standortwahl ausrichtet. Und es arbeitet eng mit den Herstellern der hochmodernen Maschinen zusammen, die in den Werken zum Einsatz kommen. „Ohne enge Kooperation wird kein Verpackungsparkmodell erfolgreich sein. Es gibt keine Innovation, die wir nicht mit Lieferanten gemeinsam entwickeln", erläutert Maximilian Heindl. Der studierte Wirtschaftsingenieur, der 2022 Vorstandsvorsitzender wurde, hat selbst längere Zeit bei einem Maschinenbauer gearbeitet, der heute ein wichtiger Lieferant ist. Ab 2019 war er Chief-Development-Officer und kümmerte sich um die Themenfelder Organisation, Digitalisierung, Innovation und werteorientierte Unternehmensführung. Heute ist er als Vorstandsvorsitzender gemeinsam mit dem Strategy-Office unter anderem auch für die Innovationsstrategie des Unternehmens verantwortlich.

Innovation-Board begleitet Stage-Gate-Prozess

Das Innovation-Board unterstützt die Realisierung der Innovationsstrategie, es überwacht zudem den Stage-Gate-Prozess. Dieser dient dazu, Ideen standardisiert zu bearbeiten, Risiken zu minimieren und Ressourcen zu bündeln. An jedem Gate werden die Reife, der Nutzen und das Risiko einer Idee gründlich geprüft. Das „Inno-Board" entscheidet dann, ob an der Idee weitergearbeitet werden kann. Die Wellpappenproduktion ist sehr kapitalintensiv, und Investitionen stellen oft die Weichen für Jahrzehnte. Aus diesem Grund ist es entscheidend, nicht irgendwelche Ideen, sondern die richtigen Ideen zu realisieren.

Progroup AG
76829 Landau
https://www.progroup.ag
Beschäftigte (D): über 200
Druck/Papier/Verpackung

Vorstandsvorsitzender
Maximilian Heindl

TOP 100

Qeridoo GmbH

★★★

Bei jedem Abenteuer dabei

Wie kann man Fahrradanhänger für Kinder sicherer und nachhaltiger gestalten? Und wie lässt sich ihr Design weiter optimieren? An solchen Fragen arbeitet das zehnköpfige Entwicklungsteam der Qeridoo GmbH. Sie überzeugt in der TOP 100-Bewertungskategorie „Außenorientierung/ Open Innovation", und auch ihr Innovationserfolg ist beachtlich: Produktinnovationen in puncto Sicherheit und Prozessinnovationen im Bereich Kundensupport schaffen die Basis für eine durchweg positive Reputation auf dem Markt.

In der vergangenen Coronapandemie gehörten Kontakt- und Reisebeschränkungen für eine gewisse Zeit zum Alltag. Resultierend daraus stieg das Interesse an Outdoor-Aktivitäten und damit auch an Fahrradanhängern für den Kindertransport. Auf diesem Gebiet ist die Qeridoo GmbH in Buchholz in Baden-Württemberg führend. Die Anhänger des Mittelständlers sind mit patentierten Kopfprotektoren ausgestattet und verfügen über ein zuverlässiges Fünfgurt-System, das sich nach dem Anlegen des Sicherheitsgurts automatisch nachspannt.

Chatbot-System für mehr Servicequalität

Hinzukommt, dass das Unternehmen immer wieder Produkte entwickelt, die in Bezug auf Farben und Formen den Nerv der Zeit treffen. Der wichtigste Benefit der Anhänger ist aber, dass sie sehr langlebig sind. So werden selbst für Produkte, die vor zehn Jahren gekauft wurden, heute noch Ersatzteile nachgefragt – und von Qeridoo geliefert. Gleichzeitig sind Fahrradanhänger für den Kindertransport ein echtes Saisonprodukt. Ein Großteil der Kundenanfragen konzentriert sich deswegen auf wenige Sommermonate, was das Unternehmen in der Vergangenheit im Bereich Kundenservice deutlich spürte. Die Lösung war ein neu entwickeltes KI-basiertes Chatbot-System, das den Kundensupport gezielt unterstützt und so produktiver gestaltet. Das System bietet den Kunden rund um die Uhr einen schnellen, effizienten und personalisierten Service und ist so intelligent programmiert, dass es sogar auf Stimmungen und Emotionen reagiert.

Produkte, die Eltern begeistern

Auf den bisherigen Innovationserfolgen ruht sich das Unternehmen aber nicht aus. Im Moment arbeitet das Entwicklungsteam etwa am Einsatz von Recyclingmaterialien und an Komfortverbesserungen. „Wir wollen den Alltag von Eltern einfacher, schöner und abwechslungsreicher machen, und sie mit unseren Produkten immer wieder aufs Neue begeistern", lautet das Credo des Geschäftsführers Nikolai Boldt. Auch wenn Kinderfahrradanhänger weiterhin ein reines Saisonprodukt bleiben: Gelungene Innovationen sind für den Mittelständler eine fortwährende Aufgabe und keine „Schönwetterveranstaltung".

Qeridoo GmbH
53567 Buchholz
https://qeridoo.de
Beschäftigte (D): bis 50
Zweiradbau

Geschäftsführer
Nikolai Boldt

Rabb IT Solutions GmbH

Neue Ansätze testen

Ob es um die konsequente Weiterbildung und Förderung der Belegschaft geht oder um den Aufbau einer eigenen Innovationsabteilung – die Rabb IT Solutions GmbH hat ihr Innovationsklima in den vergangenen Jahren deutlich verbessert. Und so überzeugt der IT-Dienstleister unter anderem in den TOP 100-Bewertungskategorien „Innovationsklima" und „Außenorientierung/Open Innovation". Denn auch bei der Kooperation mit Partnern geht er neue Wege und blickt über den Tellerrand.

Kerngeschäft dieses Familienunternehmens, das seit mehreren Jahrzehnten erfolgreich am Markt besteht, ist die Planung und Realisierung komplexer IT-Rollouts sowie IT-Serviceprojekte im In- und Ausland. Ein Alleinstellungsmerkmal ist seine 30-Minuten-Servicegarantie gegenüber den Kunden. Wenn ein Problem auftaucht, verschwinden Kundenanfragen nicht im Datennirwana, sondern werden innerhalb von 30 Minuten beantwortet.

Im Forschungsverbund zum digitalen Zwilling

Der Mittelständler nutzt Businessnetzwerke, arbeitet mit Schulen und Hochschulen zusammen und pflegt enge Kontakte zu Start-ups. „Einige davon sind aus unserer Branche, wir pflegen aber auch systematisch den Austausch mit branchenfremden Unternehmen, um bewusst über den Tellerrand zu schauen", erläutert der Geschäftsführer Rehan Khan. Um technologisches Neuland zu betreten, nutzt die Firma auch die Möglichkeiten der Forschungsförderung, etwa für ein vierstufiges Projekt zum Thema „Deep-Neural-Networking-for-Smart-Buildings". Im Rahmen des eineinhalbjährigen Forschungsprojekts wurde ein digitaler Zwilling für die Instandhaltung und den Energieverbrauch von Gebäuden geschaffen, mit dem sich viele Smart-Building-Funktionen automatisieren, fernsteuern und überwachen lassen.

Fehler als Lernchancen

Intern hat der Mittelständler seine Weiterbildungsangebote ausgebaut, eine Feedbackkultur etabliert und den Mitarbeitern größere Freiräume ermöglicht. Außerdem wurden kleine Teams und Taskforces gebildet, die bestimmte Innovationsthemen gezielt vorantreiben. „Durch die Möglichkeit, eigene Ideen zu verfolgen und zu verwirklichen, sind unsere Teams deutlich innovativer und vor allem kreativer geworden", sagt Rehan Khan. Er ermutigt seine Angestellten bewusst dazu, regelmäßig neue Ansätze auszuprobieren, und dabei Fehler nicht zu fürchten, sondern als Lernchancen anzunehmen. Eine Einstellung, die nicht fehlen darf, wenn man innovativ sein möchte.

Rabb IT Solutions GmbH
56368 Katzenelnbogen
https://www.rabbgmbh.de
Beschäftigte (D): bis 50
IT-Entwicklung/-Beratung

Geschäftsführer
Rehan Khan

Raiffeisendruckerei GmbH

Ein Pionier mit Fokus auf Nachhaltigkeit

Jedes Jahr fertigt die Raiffeisendruckerei GmbH mehr als zehn Millionen Zahlungskarten, die meisten davon aus recyceltem PVC. Seit 2023 hat sie auch eine weltweit einzigartige Zahlungsverkehrskarte im Angebot: die „Timbercard", die erste plastikfreie Zahlungskarte, die mit Ausnahme von Antenne, Magnetstreifen, Chip und Biokleber komplett aus Holz besteht. Sie ist ein Statement in Sachen Nachhaltigkeit und ein Beispiel dafür, dass Innovationen oft ein Gemeinschaftswerk sind. Ein weiteres Plus des Unternehmens sind seine agilen Innovationsprozesse.

„Der Weg, den wir gehen, ist der typische Weg eines Pioniers: Man weiß nie, was sich hinter dem nächsten Busch verbirgt, man muss immer individuell reagieren", sagt Claudius Pawliczek, der Leiter Products and Operations, und fasst damit die Herausforderungen bei der Einführung der „Timbercard" zusammen. Deshalb gestaltet das Unternehmen seine Innovationsprozesse agil und bezieht Kunden, Vertrieb und Lieferanten permanent mit ein. „Innovation lässt sich heute nicht mehr in festen Zyklen und nach einem festen Plan abarbeiten, dafür dreht sich die Welt viel zu schnell", erklärt Pawliczek.

Innovationsverbund mit starken Partnern

Die Holzkarte ist nicht der erste Schritt des Mittelständlers in Richtung Nachhaltigkeit: Er hatte schon sehr früh Erfahrungen mit Karten aus diversen nachhaltigen Materialien wie Ocean-Plastic oder Maisstärke gesammelt. Die Idee zur Karte aus Holz entstand auf einem Innovationsmeeting, bei dem gemeinsam mit der Muttergesellschaft DG Nexolution über Wachstumsfelder diskutiert wurde. Auf der Suche nach Partnern stieß man auf ein Spin-off der ETH Zürich, die Swiss Wood Solutions AG, die ein Patent auf ein sehr interessantes Produktionsverfahren hatte. Zusammen wurde ein Prototyp entwickelt und das Schwesterunternehmen Copecto gegründet, die wiederum Rechte an dem Verfahren erwarb. Auf dieser Grundlage hat man Pilotkunden gesucht, aber auch mit Zahlungsverkehrsdienstleistern wie Visa und Mastercard gesprochen und dort die Technologie vorgestellt.

Zur Holzkarte kommt nun auch der Ökostrom

Mittlerweile ist die „Timbercard" auf dem Weg vom Nischenprodukt zum Massenmarkt. Um diesen Sprung zu schaffen, hat die Raiffeisendruckerei bereits neue Fertigungstechnologien angeschafft, unter anderem einen fast 30 Tonnen schweren Laminator, mit dem die Holzkarten nach der Beendigung der Industrialisierungsphase im industriellen Maßstab hergestellt werden. Und die nächsten Innovationen sind bereits in der Pipeline: Derzeit baut der Mittelständler neben seinem Betriebsgelände einen Photovoltaik-Park auf. So kann er schon bald die innovativen Holzkarten mit selbst erzeugtem Ökostrom fertigen. Ein Pionier bleibt eben ein Pionier.

Raiffeisendruckerei GmbH
56567 Neuwied
www.raiffeisendruckerei.de
Beschäftigte (D): 51 bis 200
Finanzdienstleistungen/
Versicherungen

Geschäftsführer
Dr. Sandro Reinhardt,
Marco Rummer
und Peter Erlebach

TOP 100

TOP 100
TOP 100
TOP 100
TOP 100
TOP 100
TOP 100
TOP 100
TOP 100
TOP 100
TOP 100
TOP 100
TOP 100
TOP 100
TOP 100
TOP 100
TOP 100
TOP 100

TOP 100

SaarGummi Neo GmbH

★★

Ideen verwirklichen

Gemeinsam Ideen verwirklichen: Für die SaarGummi Group und ihre 2016 gegründete Tochtergesellschaft, die SaarGummi Neo GmbH, ist die Zusammenarbeit bei Prozess- und Produktinnovationen stets selbstverständlich. Die Innovationsprojekte der SaarGummi Neo GmbH werden hierfür von einem Paten im Mutterunternehmen begleitet, der das Projekt später peu à peu übernehmen kann.

Sven Müller ist der Geschäftsführer der Innovationsschmiede und überzeugt davon, dass Innovationen das Leben nicht komplizierter, sondern einfacher machen sollen. „Kompliziert kann jeder – eine einfache Lösung zu finden ist manchmal eine größere Herausforderung, als etwas zu overengineeren", erklärt Müller. So ist es ihm und seinem Team beispielsweise gelungen, eine neuartige Lackierdüse zu entwickeln, die deutlich günstiger in der Herstellung ist und die dazu noch signifikant weniger Lack verbraucht als das Vorgängermodell.

Nachhaltigkeit durch Recycling und Leichtbau

Simplifizierung hat enorme Vorteile für die Nachhaltigkeit: Sie macht Materialien sortenreiner und leichter recycelbar. Inzwischen hat die Firma schon Automobildichtungen entwickelt, die überwiegend aus nachhaltigen Materialien bestehen, zum Beispiel aus biobasierten Werkstoffen oder Recyclingmaterial. Die Vereinfachung kann aber auch dazu führen, dass Bauteile kleiner und damit leichter werden. „Simplifizierung, Nachhaltigkeit der Rohstoffe und Leichtbau – wenn ich auf diese drei Punkte achte, erhalte ich am Ende auch ein nachhaltiges Produkt", berichtet Sven Müller überzeugt. Auch das Thema Recycling steht im Fokus vieler Innovationsprojekte der SaarGummi Neo GmbH. Die Muttergesellschaft verarbeitet indes schon eigene Produktionsabfälle: Sie nutzt Materialien aus dem Recycling von Reifen.

Klare Prioritäten – feste Zuständigkeiten

Weitere Innovationsideen gibt es en masse. Deshalb ist es wichtig, klare Regeln für die Priorisierung und feste Zuständigkeiten für die Innovationsprojekte festzulegen. Für jedes konkrete Vorhaben ist ein Innovationsmanager federführend verantwortlich. Und durch das neu eingeführte Twin- beziehungsweise Patenkonzept wird das Projekt auch frühzeitig im Stammhaus verankert. „Wir legen unseren Fokus in Zukunft noch stärker als bisher auf die Verwirklichung von Ideen", sagt der Geschäftsführer. Denn wie wusste bereits Erich Kästner: „Es gibt nichts Gutes, außer man tut es."

SaarGummi Neo GmbH
66687 Wadern-Büschfeld
https://neo.saargummi.com
Beschäftigte (D): bis 50
Automobilzulieferer/Fahrzeugbau

Geschäftsführer
Sven Müller

Die sta Schalltechnische Anlagen GmbH entwickelt und produziert Full-Service-Schallschutz, Laserschutz und Raumsystemlösungen.

sta Schalltechnische Anlagen GmbH

Mit dem Win-win-Prinzip auf zu neuen Ufern

Als Roger Kunze und Josef Theis die sta Schalltechnische Anlagen GmbH 2003 übernommen haben, beschäftigte der Mittelständler in Hamm in Rheinland-Pfalz knapp 40 Mitarbeiter. Inzwischen hat sich die Zahl mehr als verdoppelt. Mit Michael Theis und Daniel Kunze ist die nächste Generation dabei, das Ruder zu übernehmen. Dabei fokussieren auch sie sich auf Innovation und Wachstum, setzen allerdings andere Akzente. Eines ihrer wichtigsten Ziele: die Mitarbeiter fördern und einbeziehen.

Das Kerngeschäft von sta: individuelle Schallschutzlösungen im industriellen Umfeld – ob durch Schallschutzkabinen, Lärmschutzwände oder auch Maschineneinhausungen. Der Mittelständler in Hamm an der Sieg hat in den beiden TOP 100-Bewertungskategorien „Innovationsklima" und „innovationsförderndes Top-Management" besonders überzeugt. „Unser Produkt ist jedes Mal aufs Neue innovativ, denn kein Projekt ist exakt wie das andere. Wir bauen auch regelmäßig Prototypen, die bislang einmalige Lösungen darstellen", sagt der Geschäftsführer Daniel Kunze. Einen Innovationsstau gab es aber im Bereich Arbeitskultur – hier setzt die neue Führungsriege nun an.

30 Minuten Weiterbildung pro Woche

Good Habits, gute Gewohnheiten, zu haben gilt vielen als Grundlage eines gelungenes Leben. „GoodHabitz" hingegen ist der Name einer bekannten E-Learning-Plattform, die Großunternehmen wie Philipps, Puma und KLM als Referenzkunden aufführt. Auf Initiative von Daniel Kunze steht „GoodHabitz" inzwischen auch allen Mitarbeitern aus dem Büro-, dem Entwicklungs- und dem Vertriebsbereich zur Verfügung. Sie haben den Freiraum, sich jede Woche 30 Minuten während ihrer Arbeitszeit weiterzubilden. Dabei können sie Fremdsprachen oder auch Programmiertechniken lernen, sie können ihr Verhandlungsgeschick verbessern oder sich neue Methoden auf dem Gebiet des Projektmanagements aneignen. „Wenn sich unsere Mitarbeiter eine halbe Stunde pro Woche weiterbilden, bringt das ihnen etwas – und uns als Unternehmen auch. Das ist eine echte Win-win-Situation", erläutert der Geschäftsführer.

Inspirationen aus dem Silicon Valley

Dass der Wirtschaftsingenieur frische Impulse in die Firma bringt, ist kein Wunder, schließlich hat er persönlich Arbeitserfahrung im Silicon Valley gesammelt und dort viele Anregungen erhalten. Auch gehört es zu seiner Stellendefinition, das Unternehmen strategisch voranzubringen. Manche Vorschläge, beispielsweise die Einführung der Vier-Tage-Woche im Unternehmen, stoßen zunächst auf Skepsis, werden dann aber von der ganzen Belegschaft begrüßt. Hier zeigt sich erneut: Neuerungen werden vor allem dann zum Erfolg, wenn alle Beteiligten davon profitieren.

sta Schalltechnische Anlagen GmbH
57577 Hamm/Sieg
https://sta-group.de
Beschäftigte (D): 51 bis 200
Anlagen-/Maschinenbau

Geschäftsführer
Roger Kunze,
Michael Theis und
Daniel Kunze

TOP 100 TOP 100 TOP 100 TOP 100 TOP 100

TOP 100 TOP 100 TOP 100 TOP 100 TOP 100

TOP 100 TOP 100 TOP 100 TOP 100 TOP 100

TOP 100 TOP 100 TOP 100 TOP 100 TOP 100

TOP 100 TOP 100 TOP 100 TOP 100 TOP 100

TOP 100 TOP 100 TOP 100 TOP 100 TOP 100

TOP 100 TOP 100 TOP 100 TOP 100 TOP 100

TOP 100

TST Gruppe

★★

Vom Ein-Mann-Betrieb zum Full-Service-Anbieter

1990 machte sich Frank Schmidt, Sohn eines Fuhrunternehmers, mit nur einem Lkw als Transportunternehmer selbstständig. Und heute beschäftigt der Familienbetrieb mehr als 3.500 Mitarbeiter an 80 Standorten in Deutschland, Österreich und den USA. Die TST Gruppe ist inzwischen zum Full-Service-Logistiker angewachsen, der neben dem Transport unter anderem Lagerhallen, Veredelung, Konfektion und Kommission für seine Kunden anbietet. Das Top-Management sorgt dafür, dass der Erfolg der Firma weiter anhält.

„Unsere Innovationen müssen sinnvoll und nachhaltig sein", erklärt der Geschäftsführer Marcel Bicking. „Wir denken bei Investitionen immer in die Zukunft, denn die Logistik ist eine schnelllebige Branche, und wir müssen uns kontinuierlich anpassen." Wettbewerber aus Asien, steigende Preise, die Unsicherheit, wohin es mit der Weltwirtschaft geht – all das beunruhigt Bicking nicht sonderlich: „Wir sehen uns gut gewappnet, weil wir uns bewusst breit aufgestellt haben." Zu den Kunden der Logistiker gehören vor allem Pharma- und Lebensmittelunternehmen, Automotive und Konsumgüter. Im Bereich Gefahrengut ist TST Marktführer in Europa.

An die Umwelt denken

Wenn es um die Realisierung neuer Ideen geht, ist die Geschäftsleitung inklusive des Inhaber-Duos Frank und Melanie Schmidt oft federführend. Unterstützt werden sie von einem Innovationsteam, das an den verschiedenen Standorten immer wieder schaut, was verbessert oder erneuert werden kann. Nicht selten begleitet sie dabei ein Techniker. Immer mitgedacht wird bei allen Planungen das Thema Umwelt- und Klimaschutz. So machte man vor Kurzem aus drei kleinen Lagerhallen eine effizientere große, die zudem näher am Werk des Kunden liegt als zuvor und damit kürzere Wege bewirkt. Bis 2025 soll der Strom für alle Lagerhallen des Unternehmens komplett selbst generiert werden, und man plant schon den Einsatz von E-Trucks für Shuttle-Transporte.

Automatisierte Prozesse

Über das Thema Nachhaltigkeit hinaus steht auch die Automatisierung im Fokus. So erfolgt in einer Lagerhalle die innerbetriebliche Logistik mittels fahrerloser Transportfahrzeuge mit Hybrid-Elektro-Antrieb. Und für einen Kunden aus der Lebensmittelbranche wurden drei vollautomatische Mischroboter angeschafft, die verschiedene Sorten eines Produkts in einen Karton zusammenpacken. „Das Personal, das wir damit freibekommen, können wir an anderer Stelle sinnvoller einsetzen", erläutern der Inhaber Frank Schmidt und der Geschäftsführer Marcel Bicking. Auch auf die Herausforderung „Fachkräftemangel" hat das Top-Management also schon eine Antwort gefunden.

TST Gruppe
67547 Worms
https://www.tst-logistics.com
Beschäftigte (D): über 200
Verkehr/Logistik

Geschäftsführer
Marcel Bicking und
Frank Schmidt

WIPOTEC ist ein weltweit führender Anbieter intelligenter Wäge- und Inspektionstechnologie. Zu seinen Kernkompetenzen zählt die Entwicklung ultraschneller Präzisionswägezellen.

Wipotec GmbH

★ ★ ★

Einfach mal machen

Ultraschnell und präzise wiegen. Und das sogar, wenn das Produkt auf der Fertigungslinie in Bewegung ist – das können die industriellen Waagen der Wipotec GmbH. Sie bietet aber auch Systeme für Röntgen- und optische Inspektionen für intelligente Wäge- und Inspektionstechnologie an. Der Gründer und Geschäftsführer Theo Düppre treibt die Firma mit Entwicklergeist voran und sorgt mit dem restlichen Top-Management für ein fruchtbares Innovationsklima, das die Beschäftigten dazu motiviert, ihre Ideen immer wieder aktiv einzubringen.

„Geht nicht gibt's nicht" lautet Theo Düppres Motto. „Es beschreibt am besten unsere unbegrenzte kundenorientierte Innovationsfreude und unsere Leidenschaft für die Schaffung neuer wertsteigender Lösungen", sagt der Geschäftsführer. Sein Unternehmen hat schon viele Projekte durchgeführt, an die sich andere nicht herangetrauten. Das ist auch ein Verdienst von Theo Düppre, der an die Maxime glaubt: „Einer muss es einfach mal machen, sonst werden wir nie wissen, ob es klappt."

Ideen ausprobieren

Seine rund 1.200 Angestellten bekommen viel Gelegenheit, Ideen auszuprobieren. Auch wenn das Risiko des Scheiterns besteht: Es zählt der Ehrgeiz, daran zu glauben. Das innovationfördernde Top-Management bietet Raum, Zeit und Geld für solche Versuche. Ein spezielles Team baut alle Neuentwicklungen erst einmal mit einfachen Mitteln, um zu schauen, ob sie funktionieren. „Neues hat immer einen Reiz für uns", sagt Düppre. Anlässe, Dinge zu verbessern oder gar neu zu entwickeln, gibt es in diesem Unternehmen genug. Schließlich sind die Maschinen, die Wipotec für die Kunden baut, nicht selten so einzigartig, dass ständig Anpassungen gewünscht sind. Interdisziplinäre Zusammenarbeit zwischen den Teams gehört da zum Tagesgeschäft. Für Input von außen arbeitet man mit Lehrstühlen an Hochschulen und Universitäten im Rahmen von Förderprogrammen zusammen.

Viel selbst fertigen

Als künftige Herausforderung sieht der Geschäftsführer vor allem die Liefersicherheit. Deshalb setzt er schon lange auf Regionalität: 93 % seiner Lieferanten sind in Deutschland ansässig. Etwa 65 % befinden sich sogar im Umkreis von 150 Kilometern um den Fertigungsstandort. Außerdem hat das Unternehmen eine Fertigungstiefe von 85 %: Zerspanung, elektrische Konstruktion, Leiterplattenbau und Softwareentwicklung kommen direkt aus dem eigenen Haus. „Weil wir sehr viel selbst fertigen, können wir schnell auf Kundenwünsche reagieren", berichtet der Geschäftsführer. „Geht nicht gibt's nicht" gilt auch für die internen Prozesse des Mittelständlers.

Wipotec GmbH
67657 Kaiserslautern
https://www.wipotec.com
Beschäftigte (D): über 200
Anlagen-/Maschinenbau

Geschäftsführer
Theo Düppre

„Unser Ziel ist es, uns vom Strommarkt unabhängig zu machen.“

Theo Düppre
Geschäftsführer

Was tun Sie speziell für den Klimaschutz?
Wir beschäftigen uns seit mittlerweile 30 Jahren mit Energieeinsparungen im industriellen Bereich, lange bevor andere sich mit dem Thema befassten. Mittlerweile agieren wir zu über 90 % energieautark. Anfangs ging es uns gar nicht nur ums CO_2-Sparen, sondern vor allem darum, den Komfort für unsere Mitarbeiter zu erhöhen. Als erstes haben wir deshalb in den Montagehallen eine energiefreundliche Fußbodenheizung installiert, damit das Arbeiten auf dem Boden angenehm ist. In diesem Zusammenhang haben wir unter unserem Parkplatz auf unserem Firmengelände Geomassivbohrungen durchgeführt und auch eine Wärmepumpe eingebaut.

Wie ging es dann weiter?
Anschließend haben wir zusammen mit dem Stadtwerk einen Solarpark errichtet , der eine Leistung von 2,2 Megawattstunden pro Jahr erbringt. Ein Teil davon fließt in unser eigenes Stromnetz. Wenn der Strom produktionsbedingt nicht ausreicht, beziehen wir den restlichen Ökostrom von den Stadtwerken. Auf den Solarpark folgten wiederum solarthermische Wärme- und Kälteanlagen, um damit Heizungen und Klimaanlagen betreiben zu können. Zudem haben wir eine geothermische Wärmeversorgung für die Beheizung unserer Gebäude. Eine Besonderheit ist unser unterirdisches „Schwimmbad“.

Was hat es damit auf sich?
Darin befinden sich 1.000 Kubikmeter Wasser, das durch Rohrsysteme fließt, die mehr als zwei Kilometer lang sind. Diese Rohre ziehen Luft von außen, die mithilfe eines Luft-Wasser-Wärmetauschers vorgewärmt und im Sommer vorgekühlt wird. Diese Luft gelangt danach durch die Lüftungsanlage in unsere Montagehallen. In den Sommermonaten nutzen wir zusätzlich eine Brunnenwasserkühlung.

Was planen Sie noch für die Zukunft?
Wir sind derzeit am Bau einer Vanadium-Redox-Flow-Batterie. Das ist ein hybrides Energiespeichersystem auf Elektrolytbasis. Mit dem gepufferten Strom können wir unsere Maschinen betreiben, die rund um die Uhr im Betrieb sind. Zudem planen wir kleine Windkraftanlagen für sonnenarme Zeiten, die wir per Supraleiter anbinden wollen, um ohne Verluste Strom transportieren zu können. Wir möchten mit unseren Energiekonzepten anderen zeigen, was alles möglich ist, und damit unseren Teil zur nötigen Klimawende beitragen.

Wie die Wipotec GmbH zur grünen Energievorreiterin wurde und damit Innovationserfolge feierte, erklärt **Theo Düppre.**

Sachsen
Thüringen

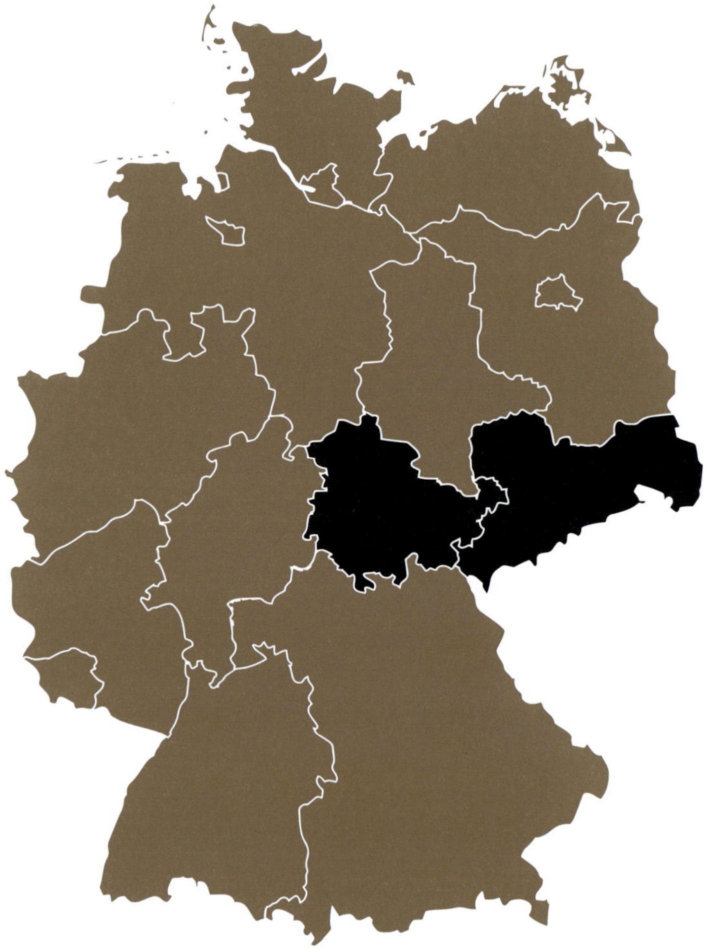

Die Zahl der goldenen Sternchen in den nachfolgenden Unternehmensporträts entspricht der Zahl der TOP 100-Auszeichnungen.

Seit fast 20 Jahren bietet die ACP Deutschland ihren Partnern maßgeschneiderte Lösungen im Bereich der rollgeschnittenen und gestanzten Metallbänder.

ACP Deutschland GmbH & Co. KG

Der Kunde im Fokus

Mehr als 400 verschiedene Arten und Designs von gestanzten und rollgeschnittenen Metallbändern liefert die in Bad Salzungen in Thüringen ansässige ACP Deutschland GmbH & Co. KG ihren Kunden, die aus der Automotive-, der Energie- und der Freizeitindustrie stammen. Bei allen Innovationsprozessen kann der Mittelständler auf das Know-how und die Unterstützung der sechs anderen Gruppenstandorte zurückgreifen. Ein weiterer Erfolgsfaktor ist für den Geschäftsführer Michael Koch die Fokussierung aller Mitarbeiter auf die Kunden.

Wie lässt sich Verpackungsmüll im eigenen Unternehmen und bei den Kunden reduzieren? Welche neuen Werkstoffe gibt es, die Ressourcen sparen? Schon seit Jahren beschäftigt sich das Top-Management der ACP Deutschland im Rahmen von Lean Management mit diesen Fragen. Verschiedene Zertifizierungen zeigen regelmäßig Verbesserungen auf und stellen die aktuelle Vorgehensweise kontinuierlich infrage. Auch Kundenaudits nutzt der Mittelständler, um „Betriebsblindheit“ einzugrenzen und um sich weiterzuentwickeln.

Kunden zu Nachhaltigkeit beraten

Nah am Kunden, seine Bedürfnisse früh erfassen, um so flexibel und schnell reagieren zu können – das Top-Management setzt auf proaktive Unterstützung für beste nachhaltige Lösungen. Der Geschäftsführer Michael Koch achtet daher auf eine maximale Zufriedenheit und eine offene Kommunikation in der Belegschaft, denn jeder im Team muss wissen, wo es bei den Kunden Handlungsbedarf gibt. Ganz weit vorne ist man beispielsweise beim CO_2-Footprint, denn die Kunden fordern die entsprechenden Nachweise ein. Hier kann ACP einen klaren Wettbewerbsvorsprung verbuchen: „90 % unserer Lieferanten sind Schwesterfirmen. Wir können dank einer speziellen Software alle von dort bezogenen Produkte mit einem CO_2-Footprint deklarieren und genau sehen, wo Handlungsbedarf besteht“, berichtet Koch. Laufend finden zudem Auswertungen und Messungen statt.

Schlanke Prozesse im Firmenverbund

Die deutsche ACP-Niederlassung besteht aus einem bewährten Team, das im permanenten Austausch mit der Geschäftsführung ist. Kurze Wege und ein Informationsfluss von beiden Seiten garantieren schnelle Entscheidungen. So könne man laut Koch flexibel auf jede Situation reagieren. Zugleich verweist der engagierte Geschäftsführer auf die „Wissenszentrale“ der Firmengruppe: Seit 20 Jahren ist ACP Teil der internationalen HUEHOCO-Familie, die jahrzehntelange Erfahrung im Rollschneid- und Stanzbandbereich hat. Ein regelmäßiger Kontakt der Beschäftigten innerhalb der Gruppe sorgt für vergleichbare Prozesse und Qualität. Dem Finden neuer Innovationsideen dienen außerdem jährliche globale Strategiemeetings.

ACP Deutschland GmbH & Co. KG
36433 Bad Salzungen
https://acp-global.net/unternehmen/acp-deutschland
Beschäftigte (D): bis 50
Automobilzulieferer/Fahrzeugbau

Geschäftsführer
Michael Koch

TOP 100	TOP 100	TOP 100	TOP 100	TOP 100	TOP 100	TOP 100	TOP 100	TOP 100	TOP 100
TOP 100	TOP 100	TOP 100	TOP 100	TOP 100	TOP 100	TOP 100	TOP 100	TOP 100	TOP 100
TOP 100	TOP 100	TOP 100	TOP 100	TOP 100	TOP 100	TOP 100	TOP 100	TOP 100	TOP 100
TOP 100	TOP 100	TOP 100	TOP 100	TOP 100	TOP 100	TOP 100	TOP 100	TOP 100	TOP 100
TOP 100	TOP 100	TOP 100	TOP 100	TOP 100	TOP 100	TOP 100	TOP 100	TOP 100	TOP 100
TOP 100	TOP 100	TOP 100	TOP 100	TOP 100	TOP 100	TOP 100	TOP 100	TOP 100	TOP 100
TOP 100	TOP 100	TOP 100	TOP 100	TOP 100	TOP 100	TOP 100	TOP 100	TOP 100	TOP 100
TOP 100	TOP 100	TOP 100	TOP 100	TOP 100	TOP 100	TOP 100	TOP 100	TOP 100	TOP 100
TOP 100	TOP 100	TOP 100	TOP 100	TOP 100	TOP 100	TOP 100	TOP 100	TOP 100	TOP 100
TOP 100	TOP 100	TOP 100	TOP 100	TOP 100	TOP 100	TOP 100	TOP 100	TOP 100	TOP 100
TOP 100	TOP 100	TOP 100	TOP 100	TOP 100	TOP 100	TOP 100	TOP 100	TOP 100	TOP 100
TOP 100	TOP 100	TOP 100	TOP 100	TOP 100	TOP 100	TOP 100	TOP 100	TOP 100	TOP 100
TOP 100	TOP 100	TOP 100	TOP 100	TOP 100	TOP 100	TOP 100	TOP 100	TOP 100	TOP 100
TOP 100	TOP 100	TOP 100	TOP 100	TOP 100	TOP 100	TOP 100	TOP 100	TOP 100	TOP 100

Actemium Contracting GmbH

Vielgestaltiges Kompetenznetzwerk

Als Engineering-, Montage- und Wartungsdienstleister zeichnet sich die Actemium Contracting GmbH durch jede Menge Expertise aus, vor allem in der chemischen und pharmazeutischen Industrie sowie in der Kunststoffherstellung. Innerhalb des Holdingverbunds und gemeinsam mit Lieferanten und Kunden setzt der Mittelständler mit Sitz in Schkeuditz auf Open Innovation und eine enge Verzahnung. So ist ein Ökosystem entstanden, über das neue Aufträge generiert und innovative Projekte wie ein Exoskeletttest unterstützt werden.

Ob in einer pharmazeutischen Fabrik oder bei einer Wildwasserbahn auf der Kirmes: Hier wie dort sind die Engineering- und Automatisierungslösungen von Actemium Contracting gefragt. Über Wartungs- und Serviceverträge oder auch regelmäßige Risikoanalysen steht man im ständigen Kontakt mit Kunden und Lieferanten. Dieses Privileg nutzt der Mittelständler, der auch in Leuna, Schwedt und Schwarzheide über Standorte verfügt, für die Entwicklung neuer Produkte und Dienstleistungen – ganz klassische Open Innovation also.

Gastgeber der Smart-Industry-Days

Eine bewährte Plattform sind die zweijährlich stattfindenden Smart-Industry-Days an gleich drei Standorten in Deutschland. Geladen sind Kunden und Lieferanten. Hier referieren Experten über Trendthemen, zum Beispiel Wasserstoff, Energiewende oder Sicherheit. „Außerdem gibt es Präsentationen, etwa zum digitalen Zwilling und zu SF6-freien Schaltanlagen, sowie VR-Trainings und Austausch mit Fachleuten", erklärt der Geschäftsführer Gerald Taraba den Mehrwert für sein gesamtes Team. Parallel zur starken Außenorientierung kann die Firma auf Support durch die VINCI Energies Holding zurückgreifen, beispielsweise auf deren Digitalschmiede: das Zentrum für Technologieentwicklung und digitale Transformation mit Sitz in Frankfurt. Es ist auch mit dem Innovations- und Foresight-Programm der Bundesregierung verzahnt und bietet Actemium Contracting auf Anfrage jede erforderliche Unterstützung.

Neue Umsätze innerhalb des Ökosystems

Durch die enge Partnerschaft des sächsischen Mittelständlers in Schkeuditz mit Lieferanten und Anlagenbetreibern ist ein Ökosystem gewachsen, bei dem gilt: Gesamtlösungen müssen mit einer Wertschöpfung für alle Partner verbunden sein. Die enge Verbindung innerhalb des VINCI-Energies-Netzwerks ermöglicht es Actemium Contracting, stets am Puls der technologischen Entwicklungen zu bleiben und den Kunden erstklassige Dienstleistungen auf Augenhöhe anzubieten. Positiv spielt hier mit hinein, dass Innovationsentscheidungen im Unternehmen immer schnell getroffen werden.

Actemium Contracting GmbH
04435 Schkeuditz
https://www.actemium.de
Beschäftigte (D): über 200
Elektronik/Elektrotechnik

Geschäftsführer
Gerald Taraba

ibe Ermisch entwickelt und fertigt Geräte und Systeme für den Einsatz in der elektrischen Messtechnik und in der Elektroenergietechnik.

ibe Ermisch GmbH

Als Hidden Champion an die Weltspitze

Seit mehr als 30 Jahren bietet die ibe Ermisch GmbH umfassendes Know-how und Gesamtlösungen für Strom-, Spannungs- und Leistungsmessungen in der Elektroenergietechnik. Dafür entwickelt und fertigt das Dresdner Familienunternehmen sowohl Geräte als auch Systeme. Künftig sollen noch mehr Kunden und potenzielle Mitarbeiter davon erfahren. Deshalb hat die Geschäftsführerin Beate-Victoria Ermisch das Innovationsmanagement zur Chefinnensache erklärt.

„Damit Innovation in einem Unternehmen möglich ist, muss sich ein wacher, munterer Geist mit dem Thema und der Möglichkeit treffen", betont Beate-Victoria Ermisch, die Tochter des Unternehmensgründers. Ihre Aufgabe sieht sie darin, diese Begegnung zuzulassen. Mitunter findet sie beim Hundespaziergang im Wald statt. Deshalb ist es den Mitarbeitern erlaubt, ihren Vierbeiner mitzubringen und in der Mittagspause größere Runden im Grün zu drehen. Das Letzte, was Ermisch will, ist, dass Angestellte acht Stunden am Tag vor dem PC sitzen und darauf warten, dass ihnen etwas Innovatives einfällt.

Auch verrückte Gedanken in Betracht ziehen

Die Hälfte ihrer Arbeitszeit investiert sie in das Thema Innovation, mehr als die Hälfte des Umsatzes von 2022 stellte sie im darauffolgenden Jahr für Innovationstätigkeit zur Verfügung. Ihre Aufgabe sieht sie darin, sich aktiv in Innovationsprojekte einzubringen und für das entsprechende Mindset zu sorgen. „Können wir das nicht einfacher machen?" oder „Können wir das nicht neu machen?" sind typische Fragen, die sie bei so gut wie jedem Stand-up-Meeting stellt. Out-of-the-Box-Denken fördert sie nicht nur, sie fordert es auch. So kommt es häufig vor, dass Mitarbeiter mit neuen Ideen auf sie zukommen. „Wir gehen der Sache immer nach. Auch verrückte Gedanken werden bei uns nicht von vornherein abgewiegelt", bekräftigt Ermisch. Flexible Arbeitszeiten, Homeoffice, ein Tischkicker und der nahe gelegene Wald sind nur vier von vielen Dingen, mit denen sie gewährleistet, dass alle Freude an ihrem Job haben.

Eigenprodukte stehen im Fokus

In den vergangenen drei Jahren zielte das Top-Management mit seiner Innovationsförderung darauf, die ibe sukzessive auf- und auszubauen. 2024 steht nun ganz im Zeichen der Eigenprodukte, vor allem im Hinblick auf Software. Dafür hat Beate-Victoria Ermisch eine Meetingserie initiiert, in die neben ihr alle Ingenieure involviert sind und die intern den Namen „ibe wird berühmt" trägt. Denn genau das ist das erklärte Ziel: bekannt machen, dass das Unternehmen als Hidden Champion längst an der Weltspitze angekommen ist.

ibe Ermisch GmbH
01099 Dresden
https://www.ibe-ermisch.de
Beschäftigte (D): bis 50
Elektronik/Elektrotechnik

Geschäftsführerin
Beate-Victoria Ermisch

TOP® 100

TOP® 100 TOP® 100 TOP® 100 TOP® 100
TOP® 100 TOP® 100 TOP® 100 TOP® 100 TOP® 100
TOP® 100 TOP® 100 TOP® 100 TOP® 100 TOP® 100
TOP® 100 TOP® 100 TOP® 100 TOP® 100 TOP® 100
TOP® 100 TOP® 100 TOP® 100 TOP® 100 TOP® 100
TOP® 100 TOP® 100 TOP® 100 TOP® 100 TOP® 100
TOP® 100 TOP® 100 TOP® 100 TOP® 100 TOP® 100

R.A.B.S. Balkonbau GmbH

★★

Systembalkone mit integriertem Solarmodul

Wie schafft es ein mittelständischer Spezialist für Systembalkone, immer wieder innovative Angebote auf den Markt zu bringen? 2024 etwa einen Systembalkon mit integriertem Solarmodul. Der in Thüringen ansässigen R.A.B.S. Balkonbau GmbH gelingt dies mit Konstrukteuren, die reichlich Freiraum zum Experimentieren haben – und mit Vertriebsmitarbeitern, die ein offenes Ohr für die Sorgen und Nöte der Kunden haben. Und die dabei heute schon aufgreifen, was der Markt von Morgen verlangt.

Das Unternehmen, das seinen Stammsitz in Thüringen hat, aber bundesweit tätig ist, überzeugt in den TOP 100-Bewertungskategorien „Außenorientierung/Open Innovation" und durch sein vorbildliches „Innovationsklima". So hat man beispielsweise sehr schnell reagiert, als der Vertrieb feststellte, dass im Markt die Nutzung erneuerbarer Energien stärker zum Thema wurde – auf dem Dach und auf dem Balkon.

Regelmäßige Jour-fixe-Sitzungen

„Glasmodule konnten wir dafür jedoch nicht verwenden, weil sie als Bauprodukt nicht zugelassen sind. Und Plastikmodule gab es anfangs noch nicht", sagt der Geschäftsführer Frederik Steinebach, als er an die schwierigen Anfänge des Innovationsprojekts zurückdenkt, aus dem inzwischen ein funktionsfähiger Prototyp entstanden ist. Eine essenzielle Voraussetzung für Innovationen sind mitdenkende und findige Mitarbeiter, die Bestehendes immer wieder infrage stellen. Bei dem Mittelständler geschieht dies im Rahmen von Jour-fixe-Sitzungen, die auf Abteilungsebene und abteilungsübergreifend stattfinden. Hier bringen die Mitarbeiter ihre Ideen und Vorschläge ein. Das können Prozessverbesserungen sowie Optimierungen in Produktion, Logistik und Montage sein, aber natürlich auch neue Produktideen.

Qualitäts- und Serviceführer

Das offene Ohr für die Vorschläge der Mitarbeiter wird ergänzt durch ein offenes Ohr für die Anregungen der Kunden. Nicht nur bei der Qualität, sondern auch beim Service nimmt das Unternehmen eine führende Rolle im Markt ein. „Viele Kunden kommen bereits im Vorfeld von Bauvorhaben auf uns zu und besprechen mit uns die mögliche Umsetzung", erklärt der Geschäftsführer. So können innovative Ideen oft schon vor dem eigentlichen Vertragsabschluss diskutiert und weiterentwickelt werden. Kundenbedürfnisse und Anregungen gaben auch den Anstoß für das Projekt „Solarbalkon", eine Innovation der Mitarbeiter der R.A.B.S. Balkonbau GmbH, welches den Balkonbau der Zukunft nachhaltig verändern wird. Davon ist Frederik Steinebach überzeugt.

R.A.B.S. Balkonbau GmbH
99996 Unstruttal
https://rabs-balkonsysteme.de
Beschäftigte (D): bis 50
Metallverarbeitung

Geschäftsführer
Frederik Steinebach

Die Thermik Gerätebau GmbH entwickelt, produziert und vertreibt eine Vielzahl unterschiedlichster Temperaturbegrenzer für elektrische Geräte und Motoren.

Thermik Gerätebau GmbH

Der Patent-Rekordhalter

Wenn elektrische Geräte oder Motoren zu heiß werden, kann es schnell gefährlich werden. Damit es gar nicht erst so weit kommt, entwickelt, produziert und vertreibt die Thermik Gerätebau GmbH Temperaturbegrenzer. Und die schalten die Elektrogeräte bei Erreichen einer bestimmten Temperatur einfach ab. Dank strukturierter Innovationsprozesse ist das international tätige Unternehmen seit 25 Jahren Marktführer auf seinem Gebiet. Seine Innovationserfolge können sich sehen lassen.

Mehr als 1.000 Patente gehen allein auf das Konto des Geschäftsführers Marcel P. Hofsaess. „Das sind mehr Patente und Neuentwicklungen, als alle unsere Wettbewerber zusammen in den Markt bringen", sagt der Leiter des Familienunternehmens. Damit tritt er in die Fußstapfen seines Vaters Peter Hofsaess, der das Unternehmen 1968 gegründet und in den 1970er-Jahren im Laufe der vermehrten Normen zur Gerätesicherung groß gemacht hat. Heute hat der Mittelständler weltweit mehr als 900 Beschäftigte in vier Werken auf drei Kontinenten.

Innovation ist Chefsache

In regelmäßigen Meetings der Entwicklungs- und Produktionsbereiche sind alle aufgerufen, Neuerungen oder Verbesserungen vorzuschlagen – sei es zu neuen Produkten, zur Weiterentwicklung bestehender Produkte oder zu optimierten Verfahren. Die Ideen werden im Fachkreis erörtert und in einem Team aus Entwicklern, Konstrukteuren und Qualitätssicherheitsverantwortlichen weiter bearbeitet. Dieses Team bildet das Innovationsressort „IQ" und vereint die Themen Innovation und Qualität. Das Innovationsmanagement liegt bei Hofsaess selbst: „Das hat den Vorteil kurzer Verwaltungswege", sagt er. Die Vorlaufzeit für echte Neuentwicklungen liegt bei drei bis fünf Jahren. Den Wettbewerbsvorsprung schätzt Hofsaess auf mindestens zehn Jahre: „Das liegt daran, dass wir nur Produkte entwickeln, für die es noch keine Konkurrenz gibt. Das ist unser Alleinstellungsmerkmal."

Klein und leistungsstark

Der neueste Innovationserfolg ist der, gemessen an seiner geringen Größe, leistungsfähigste Schalter der Welt. Er ist um mehr als die Hälfte kleiner als vergleichbare Produkte. „Aufgrund des technologischen Fortschritts sind heute die Leistungsklassen und auch die Anforderungen an einen Temperaturbegrenzer stark gestiegen", erklärt Hofsaess. „Mit unserem Know-how war es uns möglich, diesen Anforderungen gerecht zu werden." Die Entwicklungszeit für den Schalter betrug fast zehn Jahre, aber der Aufwand hat sich gelohnt. Und mit über 20.000 Produktvarianten hat Thermik mittlerweile die größte Produktpalette der Branche.

Thermik Gerätebau GmbH
99706 Sondershausen
https://www.thermik.de
Beschäftigte (D): 51 bis 200
Elektronik/Elektrotechnik

Geschäftsführer
Marcel P. Hofsaess

Die TWS Thüringer Wärme Service GmbH ist eine Tochter der TEAG Thüringer Energie AG und der Energiedienstleister für Gewerbe- und Industriefirmen, die Wohnungswirtschaft sowie für die Kommunen und Liegenschaften.

TOP 100

TWS Thüringer Wärme Service GmbH

★★

Ein klarer Auftrag im Gepäck

In den vergangenen Jahren haben zukunftsfähige Energielösungen stetig an Relevanz zugenommen. Die TWS Thüringer Wärme Service GmbH in Erfurt ist ihrer Zeit voraus, wenn es um regenerative Energien und die Unabhängigkeit von Strompreisen am Markt geht. Schon lange entwickelt, finanziert, baut und betreibt sie effiziente Fernwärmesysteme mit Wärme- und Stromerzeugungsanlagen, unter anderem für die Industrie. Das fruchtbare Innovationsklima ist geprägt von einem klaren Auftrag, und der Innovationsprozess wird von einer eigenen Abteilung gesteuert.

Bis 2045 will das Bundesland Thüringen klimaneutral werden. Das ist der Auftrag, den die TWS als 100%tige Tochtergesellschaft der TEAG Thüringer Energie, dem größten Energieversorger der Region, verfolgt. „Dieses Ziel ist fest in unserer Unternehmens-DNA verankert, so dass unser Tun und alle unsere Innovationen darauf ausgerichtet sind", erklärt der Geschäftsführer Rico Bolduan. Viele Ideen kommen von den erfahrenen Technikern, die sich bis ins kleinste Detail mit Wärmelösungen auskennen.

Gemeinsam an neuen Innovationen tüfteln

Eine vierköpfige Innovationsabteilung, bestehend aus Innovationsmanagern und Entwicklungsingenieuren, lenkt die Ideen in die richtigen Bahnen. Nachdem ein Gremium den Vorschlag auf seine Plausibilität geprüft hat, wird er direkt an bestehenden Objekten ausprobiert. Wenn sich die Neuerung anschließend bewährt, wird sie in neuen Projekten von Anfang an mit eingeplant. „Das gilt für technische und auch für kaufmännische Innovationen, zum Beispiel für neue Vertragsgestaltungen, welche wir mit ausgewählten Kunden besprechen, und bei Erfolg auch bei anderen Kunden verwirklichen", erklärt Bolduan. An neuen Vorschlägen mangelt es nicht, weil die Mitarbeiter regelmäßig auf ihren gemeinsamen Auftrag eingeschworen werden. Präsentationen von erfolgreichen Innovationen aus der Vergangenheit zeigen den Kollegen, was alles möglich ist.

KI-gesteuerte Betriebsführung

Die neueste Errungenschaft aus der kreativen Ideenschmiede der TWS ist eine vollständig KI-gesteuerte Betriebsführung der Wärmeanlagen. Dank einer automatisierten wetter- und marktabhängigen Steuerung der Anlagen lassen sich Wärmepreise sehr gut stabilisieren, was dem Erfurter Mittelständler ebenso zugutekommt wie seinen Kunden. „Wichtiger als Umsatzsteigerungen ist uns jedoch die Einsparung von CO_2", fügt der Geschäftsführer Mathias Friedrich hinzu. „Wir wollen zeigen, dass erneuerbare Energien mit den fossilen Energielösungen mindestens mithalten können, und ihnen auf längere Sicht sogar überlegen sind."

TWS Thüringer Wärme Service GmbH
99087 Erfurt
https://www.tws-waerme.de
Beschäftigte (D): 51 bis 200
Energie

Geschäftsführer
Mathias Friedrich und Rico Bolduan

TOP 100

TOP 100
TOP 100
TOP 100
TOP 100
TOP 100
TOP 100
TOP 100
TOP 100
TOP 100
TOP 100
TOP 100
TOP 100
TOP 100
TOP 100

TOP 100

Volksbank Mittweida eG

★★★★★

Kontakte in alle Welt

Auf den ersten Blick ist die Volksbank Mittweida eG eine gewöhnliche Bank. Schaut man hinter die Kulissen, zeigt sich, wie vielseitig sich der Mittelständler nach außen orientiert. Durch verschiedenste Kontakte in alle Welt und in unterschiedlichste Branchen entwickeln sich etliche Ideen dazu, was man im eigenen Haus verbessern und effizienter gestalten kann. Die Vernetzung in alle Richtungen prägt auch das positive Innovationsklima im Unternehmen.

Was können wir von anderen lernen? Nach diesem einfachen Motto handeln alle Mitarbeiter der Volksbank. Vor allem der Vorstand Prof. Leonhard Zintl holt sich immer wieder Impulse aus aller Welt, wie etwa auf Delegationsreisen nach New York oder ins Silicon Valley, wo er schon Einblicke in die Innovation Labs erfolgreicher Unternehmen bekam. Und auch mit dem stark digitalisierten Estland steht Zintl im Austausch. Mit seinen rund 17.000 Kontakten auf der Businessplattform LinkedIn findet er für jede Fragestellung den passenden Ansprechpartner.

Von Gründern lernen

Die sächsische Volksbank bietet mit seinem eigenem Innovationszentrum „Werkbank 32" jungen Gründern und Partnern des Unternehmens Raum für kreativen Austausch wie etwa der Hochschule Mittweida. „Hier erfahren wir viel Neues aus der Region", erläutert der Vorstand Michael Schlagenhaufer. „Und wir profitieren von all den frischen Ideen der Start-ups, da sie immer eine gewisse Leichtigkeit mitbringen, die uns auch guttut." Oft sind die Start-ups Firmen, die nichts mit der Bankenbranche zu tun haben. „Wir überlegen dabei aber immer, wie man deren Dienstleistungen, Produkte oder Prozesse sinnvoll auf unsere Bankgeschäfte übertragen kann", sagt Michael Schlagenhaufer. Eine „Innovationsarchitektin" der „Werkbank 32" bietet den Beschäftigten Workshops an, die bewusst zum Andersdenken anregen sollen. „Bei uns können alle Ideen ausprobieren, auch wenn sie zunächst ungewöhnlich erscheinen", sagt Leonhard Zint.

Beteiligung an KI-Unternehmen

Die Vorstände haben immer ein offenes Ohr für ihre Mitarbeiter. Wer sie von seiner Idee überzeugt, erhält Raum und Budget für weitere Schritte. Die Bank ist außerdem an einem Unternehmen beteiligt, das sich mit dem Thema künstliche Intelligenz beschäftigt. Bei Bedarf hat sie damit schnell Zugriff auf KI-Experten. 2023 feierte der Mittelständler seinen 100. Geburtstag. Mit Blick auf das Jubiläum betont Schlagenhaufer die Bedeutung von Innovationen: „Wenn wir weitere 100 Jahre am Markt bleiben wollen, dürfen wir nicht stehenbleiben!"

Volksbank Mittweida eG
09648 Mittweida
https://www.volksbank-mittweida.de
Beschäftigte (D): über 200
Finanzdienstleistungen/
Versicherungen

Geschäftsführer
Prof. Leonhard Zintl und
Michael Schlagenhaufer

deutscher
mittelstands
summit

deutscher
mittelstands
summit
TOP
100

deutscher
mittelstands
summit
deutscher
mittelstands
summit
deutscher
mittelstands
summit

Die TOP 100-Preisverleihung

Der Deutsche Mittelstands-Summit versammelte erneut die Elite mittelständischer Unternehmerinnen und Unternehmer. Vor rund 1.000 Gästen gratulierte der Wissenschaftsjournalist und TOP 100-Mentor Ranga Yogeshwar am 28. Juni 2024 den ausgezeichneten Top-Innovatoren im „congress centrum weimarhalle“ in Weimar zu ihrem Erfolg. Die Fernsehmoderatorin und Journalistin Linda Zervakis führte durch den Abend. Auch der frühere Bundespräsident Christian Wulff war anwesend und zollte den Innovations-Champions ihren Respekt für die herausragenden Leistungen.

Yogeshwar, Ranga (Hrsg.)
TOP 100 2024 – Vorreiter: Die innovativsten Unternehmen im Mittelstand
Redline Verlag, FinanzBuch Verlag GmbH, München
ISBN 978-3-86881-978-6
ISBN E-Book 978-3-96267-615-5
ISBN E-Pub 978-3-96267-616-2

Mit Beiträgen von
Prof. Dr. Nikolaus Franke
Dr. Marcel Megerle
Dr. Elke Präg
Jens Tönnesmann
Miriam Wohlfarth
Dr. Markus Wolperdinger
Ranga Yogeshwar

Druck
COULEURS Print & More, Köln

FSC
www.fsc.org
MIX
Papier | Fördert gute Waldnutzung
FSC® C129413

Lektorat
Text im Kontext – Anja Poerschke, Berlin

In dieser Publikation wurde auf eine geschlechtsneutrale Schreibweise geachtet. Wo die nicht möglich war, wurde zugunsten der besseren Lesbarkeit das ursprüngliche grammatische Geschlecht verwendet. Es wird darauf hingewiesen, dass damit jeweils alle Geschlechter angesprochen sind.

Fotos
AdobeStock_231082093
AdobeStock_alionaprof
AdobeStock_Corri Seizinger
AdobeStock_danang
AdobeStock_fotomaster
AdobeStock_renaschild
AdobeStock_Serhii/KI-generiert
AdobeStock_thesweetsheep
Paul Bohnert
DFKI Bremen, Othmerding Maschinenbau
Farideh Diehl, DZT
Christian Haasz, FENECON
HSD-Schäfer GmbH, Duisburg, BIKON-Technik
Frank Kleinbach, Fraunhofer IGB
Tobias Koch
Stefan Obermeier
Vera Tammen
weigelt©photographersatwork.com, Otte
Unternehmensarchive

Realisierung
compamedia GmbH
Nußdorfer Straße 4
88662 Überlingen am Bodensee
Telefon 07551 94986-30
top100@compamedia.de

Projektleitung
Thomas Wörl
woerl@compamedia.de

Redaktionsleitung
Christiane Hechler
hechler@compamedia.de

Medien
Sven Kamerar
kamerar@compamedia.de

Autoren der Unternehmensporträts
Frank Bantle
Simone Giesler
Tanja Heil
Gian Hessami
Rainer Heubeck
Christina Lenz
Sabine Lévy
Bernadette Lindebacher
Sabine Olschner
Sarah Rauch
Elke Rutschmann
Dr. Astrid Schau
Anke Schwede
Tonia Sorrentino
Heike Thissen

Internet
Weitere Informationen über TOP 100 finden Sie im Internet:
www.top100.de